LA AVENTURA DE
VIAJAR

LA AVENTURA DE VIAJAR

Prólogo Michael Collins
Colaboradores Simon Adams, R.G. Grant y Andrew Humphreys

DK

DK LONDON

Edición sénior Angela Wilkes
Edición de arte sénior Gadi Farfour
Edición Andy Szudek, Kate Taylor
y Victoria Heyworth-Dunne
Edición en EE UU Karyn Gerhard
Diseño Vanessa Hamilton,
Renata Latipova y Nicola Rodway
Iconografía Sarah Smithies
Coordinación editorial Gareth Jones
Coordinación de arte sénior Lee Griffiths
Preproducción Gillian Reid
Producción sénior Mandy Inness
Diseño de cubierta Surabhi Wadhwa
Coordinación de diseño de cubiertas Sophia M.T.T.
Edición de cubierta Claire Gell
Subdirección de publicaciones Liz Wheeler
Dirección de arte Karen Self
Dirección de publicaciones Jonathan Metcalf

DK DELHI

Edición de arte sénior Ira Sharma
Edición de arte Vikas Sachdeva y Roshni Kapur
Edición Antara Moitra y Madhurika Bhardwaj
Coordinación editorial Soma B. Chowdhury
Coordinación de arte Arunesh Talapatra
Coordinación de cartografía Rajesh Kumar Mishra
Dirección de cartografía Suresh Kumar
Iconografía Aditya Katyal
Coordinación de iconografía Taiyaba Khatoon
Maquetación sénior Harish Aggarwal
Maquetación Rajesh Singh Adhikari,
Syed Md Farhan y Pawan Kumar
Dirección de producción Pankaj Sharma
Dirección de preproducción Balwant Singh
Diseño de cubierta Suhita Dharamjit y Tanya Mehrotra
Coordinación de la edición de cubierta Saloni Singh

Publicado originalmente en Gran Bretaña
en 2017 por Dorling Kindersley Limited
80 Strand, London, WC2R 0RL

Parte de Penguin Random House

Título original: *Journey*
Primera edición 2018

Traducción: Inés Clavero Hernández y José Luis López Angón

ISBN: 978-1-4654-7875-7

Impreso y encuadernado en China

UN MUNDO DE IDEAS
www.dkespañol.com

CONTENIDO

1

EL MUNDO ANTIGUO

14 Introducción

16 Un imperio en marcha

18 Navegantes minoicos

20 Viajes en el antiguo Egipto

22 La expedición a Punt

24 Navegantes polinesios

26 La vuelta a África

28 Mensajeros persas

30 El mundo griego

34 Los viajes de Odiseo

36 Alejandro Magno

38 Los viajes de Zhang Qian

40 La travesía de los Alpes

42 Estrabón

44 El Imperio romano

48 La tabla de Peutinger

50 El *Periplo del mar Eritreo*

52 La *Geografía* de Tolomeo

ASESOR EDITORIAL

Michael Collins ha colaborado en varios libros de DK y publica con regularidad artículos sobre sus viajes, centrados en la arqueología y las civilizaciones y culturas antiguas. *La aventura de viajar* está inspirado en una idea original del padre Collins sobre la historia del viaje.

COLABORADOR PRINCIPAL

Andrew Humphreys es periodista y autor de libros de viajes, y ha escrito o coescrito más de 35 libros para DK, Lonely Planet, *National Geographic* y *Time Out*. Como periodista, documenta viajes con un enfoque histórico, y ha publicado en *The Financial Times*, *The Telegraph* y *Condé Nast Traveler*. Ha escrito dos libros sobre la edad dorada del viaje a Egipto. Es el autor de los capítulos 4, 5, 6 y 7 de *La aventura de viajar*.

2

COMERCIO Y CONQUISTA

56 Introducción

58 Viaje de Xuan Zang a India

60 *Viaje al oeste*

62 Caminos del Señor

64 Expansión del islam

66 Exploración árabe

68 El astrolabio

70 Viajes de los vikingos

74 Las cruzadas

78 El Preste Juan

80 Peregrinos medievales

84 Relatos de viaje medievales

86 La Ruta de la Seda

88 Los viajes de Marco Polo

90 Sobre ruedas

92 Los caravasares

94 Caravanas de sal transaharianas

96 Ibn Battuta

98 Mapas medievales

3

MARINOS Y COLONOS

102 Introducción

104 Zheng He

106 Barcos

108 A India rodeando África

110 Un mundo nuevo

114 Después de Colón

116 Primer mapa del Nuevo Mundo

118 Circunnavegación del globo

122 Cortés y la conquista del Imperio azteca

124 Pizarro y la conquista de Perú

126 Descubrimiento del Amazonas

128 El intercambio colombino

130 La Nueva Francia

134 Samuel de Champlain

136 Primeros misioneros

138 El paso del Noroeste

COLABORADORES

Simon Adams trabajó como editor de libros de referencia infantiles antes de consagrarse por entero a la escritura, hace 25 años. Desde entonces, ha escrito o coescrito más de 60 libros, especialmente sobre historia, viajes y exploraciones. Ha colaborado en los capítulos 1 y 2 de *La aventura de viajar*.

R. G. Grant ha escrito ampliamente sobre historia, historia militar, temas de actualidad y biografías. Sus publicaciones incluyen *Flight: 100 Years of Aviation*, *A Visual History of Britain* y *I Guerra Mundial: la guía visual definitiva*. Fue el asesor editorial de *El libro de la historia* de DK, publicado en 2017. Ha colaborado en los capítulos 1, 2 y 3 de *La aventura de viajar*.

4

LA ERA DE LOS IMPERIOS

142 Introducción

144 Comercio de especias

146 Gabinetes de curiosidades

148 Nueva Holanda

150 Colonias norteamericanas

154 Evliya Çelebi

156 El café

158 Barcos negreros
    por el Atlántico

160 La vida del pirata

162 Viajes por el Imperio mogol

164 La diligencia

166 El Oriente helado

168 La Gran Expedición
    al Norte

170 Calcular la longitud

172 Los viajes del capitán Cook

176 Los nuevos naturalistas

178 Una artista en
    la selva tropical

180 El *Grand Tour*

184 El primer vuelo

186 Rumbo a la bahía
    de Botany

5

LA ERA DEL VAPOR

190 Introducción

192 Alexander von Humboldt

194 Redescubrir Egipto

196 Pintar Oriente

198 El Oeste americano

200 ¡Vaya al Oeste, joven!

202 A todo vapor

204 Los románticos

206 Los viajes del *Beagle*

208 Relatos de viajeros

210 Fotografiar el mundo

212 El corazón de África

216 La era del ferrocarril

218 Trenes

220 La fiebre del oro

222 Thomas Cook

224 Balnearios

226 Guía en mano

228 *Souvenirs*

230 Productos de todo el mundo

232 A través de Australia

234 Cartografiar el Mekong

236 De costa a costa

238 El gran hotel

240 Etiquetas de equipaje

242 Medir India

244 Los primeros alpinistas

246 Primeros parques nacionales

248 La vuelta al mundo

250 Cartografiar los océanos

252 Viajes fantásticos

266 Vías lejanas

270 El sueño americano

274 Esplendor en el mar

276 El esquivo polo Norte

278 La carrera al polo Sur

280 Roald Amundsen

282 El Ford T

284 El descubrimiento de Machu Picchu

286 Alzar el vuelo

288 Aventureros del cielo

290 Viajes por Arabia

292 En busca de sol

294 Más allá de las guías

296 Roy Chapman Andrews

298 En zepelín

300 Alas imperiales

302 Carteles de viajes

304 La Larga Marcha

322 El techo del mundo

324 Carretera adelante

326 La Ruta 66

328 Vuelos baratos

330 En el fondo del mar

332 Volar hasta la Luna

334 La ruta *hippie*

336 El Concorde

338 Nuevos horizontes

340 Exploradores de hoy

342 Nuevas fronteras

345 Biografías

384 Viajes

424 Índice

437 Créditos fotográficos y agradecimientos

6

LA EDAD DE ORO DEL VIAJE

256 Introducción

258 Asia central

260 Groenlandia sobre esquís

262 La bicimanía

264 Escapadas al aire libre

7

LA CONQUISTA DEL CIELO

308 Introducción

310 Grandes desplazamientos

312 El *Windrush*

314 La expedición de la *Kon-Tiki*

316 Wilfred Thesiger

318 La era del reactor

320 Aviones

Prólogo

«Quienes navegan junto a la orilla jamás descubren nuevos territorios.» Cuando daba clases de arqueología en la Universidad Americana de Roma, un alumno estadounidense me dijo esta frase, y pensé que aquellas palabras, adaptadas de una novela de 1925 del francés André Gide, resumían el deseo humano de viajar.

Durante más de 60 000 años, el ser humano ha explorado el mundo por necesidad o curiosidad. Para nuestros antepasados nómadas, cazadores y recolectores, los ríos ya eran tanto una fuente de alimento como una vía de transporte, y cuando comenzaron a cuidar del ganado, tuvieron que desplazarse en busca de pastos. Así comienza la historia del viaje de la humanidad, con sus luces y sus sombras. Los inventos más significativos de la Antigüedad fueron la vela, que convirtió las balsas en barcos, y la rueda, que permitió a nuestros antepasados recorrer grandes distancias. Además, el ser humano aprendió a enganchar animales a carros y carruajes para que tiraran de ellos. Los romanos construyeron una red viaria que conectaba su imperio, en constante expansión. Entretanto, los griegos idearon un astrolabio para cartografiar los mares usando las estrellas y los planetas, y un sistema de longitudes y latitudes gracias al cual los marineros completaron largas travesías. Pese a estos avances, los navegantes creyeron durante siglos que la Tierra era plana, pero aun sí, surcaron los océanos. Aunque

conscientes del peligro que entrañaban sus expediciones, nunca cejaron en su empeño de ir más allá. Otros escalaron las cumbres nevadas de montañas desconocidas llevados de la sed de aventuras, y muchos arriesgaron o perdieron la vida por poco más que disfrutar de una vista espectacular desde los picos más altos del mundo.

Todas las generaciones han contribuido a renovar los medios de transporte. Leonardo da Vinci concibió la idea original del helicóptero en 1493, pero hubo que esperar al siglo pasado para que el viaje aéreo estuviese a la orden del día. Hoy, el turismo de lujo es un sector pujante. Si bien los viajes espaciales continúan ampliando nuestro conocimiento de la inmensidad que se extiende más allá de nuestra galaxia, el fondo de los océanos que cubren el 70 % de nuestro planeta aún es un gran desconocido.

Este libro pasa revista a las múltiples formas de viajar a través de una cadena de historias de exilio, exploración, peregrinación, refugio, cruzadas, comercio, colonización y conquista. Espero que a medida que lean y disfruten de sus espectaculares imágenes, se alejen mentalmente de la orilla para adentrarse en las profundidades. Muchos lo han hecho antes, y sin duda muchos más traspasarán los límites de nuestros horizontes actuales.

Michael Collins

Introducción

Los seres humanos siempre han sido trotamundos. Nuestros antepasados remotos fueron nómadas durante milenos antes de fundar un poblado permanente. Más allá de los motivos prácticos del viaje –el comercio, la guerra, el peregrinaje, la búsqueda de nuevos territorios–, siempre ha existido una necesidad humana más primitiva, el deseo de descubrir qué hay tras la siguiente cordillera, de remontar un río hasta su manantial o de navegar a lo largo de una costa extraña para llegar más lejos y adentrarse en lo desconocido.

Desde la atalaya de nuestra era tecnológica, la magnitud de los viajes realizados antaño a pie, a caballo o en barcos de vela o de remos resulta pasmosa. Los soldados de Alejandro Magno marcharon desde Grecia hasta el norte de India, y los marineros del Mediterráneo se aventuraron hasta el extremo sur de África. Sin apenas otra guía que una brújula, los vikingos navegaron desde Escandinavia hasta las orillas de América del Norte, y los polinesios surcaron el océano Pacífico en busca de nuevas islas que colonizar.

Los largos viajes a lugares lejanos no estaban reservados a una selecta minoría de aventureros. En la Edad Media, miles de peregrinos de la Europa cristiana y del mundo musulmán emprendían penosos periplos por tierra y mar para visitar los Santos Lugares de Jerusalén o La Meca, respectivamente, y los comerciantes transportaban sus mercancías en caravanas por la árida inmensidad del desierto del Sáhara o por las ásperas montañas de la Ruta de la Seda que conectaba China con Europa.

Hace unos 500 años, los viajes de Cristóbal Colón y otros navegantes europeos permitieron dibujar mapas del mundo relativamente precisos por primera vez en la historia. No obstante, tras siglos de exploración, muchos lugares del planeta seguían siendo un misterio. En el siglo xx aún se exploraban junglas o desiertos desconocidos y lugares donde el ser humano aún no había puesto el pie, como el Ártico o la Antártida.

A medida que el barco de vapor, el ferrocarril y, después, el avión normalizaban el viaje a larga distancia, este fue perdiendo su aura romántica a favor del lujo y la innovación que encarnaban desde el Orient Express y los grandes transatlánticos hasta el zepelín y el hidroavión. Hoy, las profundidades del mar y el espacio exterior constituyen nuevos campos de exploración, y los desafíos a la resistencia humana satisfacen nuestra sed de aventuras, desde las travesías por selvas tropicales o regiones polares hasta los vuelos en globo aerostático o en avión solar. Lo único que parece claro es que el ser humano nunca se quedará en casa.

▷ **Mapamundi de Desceliers**
Este mapa dibujado en la década de 1530 por el cartógrafo francés Pierre Desceliers al estilo de las cartas náuticas, con rosas de los vientos y líneas de rumbo, es más una obra de arte que una herramienta para uso de navegantes.

« Yo no viajo para ir a alguna parte, sino por **ir**. Por el **placer de viajar**. La cuestión es **moverse**. **»**

ROBERT LOUIS STEVENSON, *VIAJES CON UNA BURRA POR LOS MONTES DE CÉVENNES*

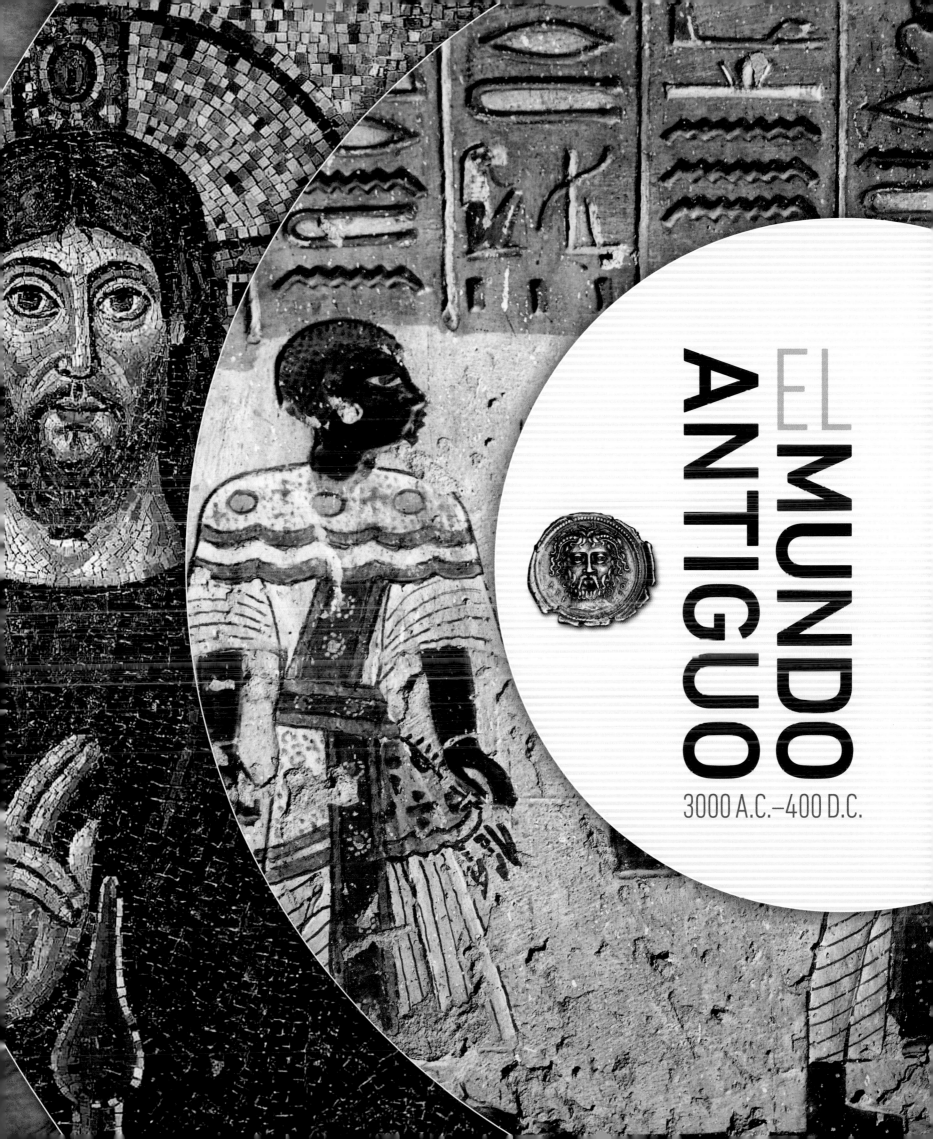

EL MUNDO ANTIGUO

3000 A.C.–400 D.C.

Introducción

Son muchas las especies capaces de recorrer grandes distancias en poco tiempo. No obstante, el bipedismo, junto con ciertos instintos de cazador-recolector adquiridos y una curiosidad aparentemente insaciable, son señas de identidad de *Homo sapiens*, especie en cuya esencia parece estar la exploración, la necesidad vital de arrojar luz sobre lo desconocido. Nuestra capacidad de conceptualización nos permite imaginar mundos mejores y partir en su búsqueda, unas veces cooperando y otras luchando por el camino.

Los primeros viajeros

Se desconoce el nombre y el itinerario del primer viajero, sin duda algún cazador-recolector que buscaba refugio, comida o agua. Partir a por provisiones y volver pudo haber sido una tarea diaria, semanal o mensual. Tras la introducción de la agricultura y la domesticación de animales, los pastores viajaban con los rebaños de los pastos de invierno a los de verano, y viceversa. Los nómadas se desplazaban en busca de agua o terrenos de pastoreo, mientras que los guerreros ansiaban botín y nuevas conquistas.

El comercio internacional se desarrolló en el tercer milenio a.C. con el intercambio de bienes y servicios entre las primeras ciudades de Mesopotamia, cuyos mercaderes recorrían grandes distancias por tierra y mar en busca de nuevos mercados. En la *Epopeya de Gilgamesh*, un poema de *c.* 2100 a.C., resuenan los primeros ecos del comercio de larga distancia por el Índico. En el segundo milenio a.C., los minoicos comerciaban por el Mediterráneo, los egipcios practicaban el trueque con el mítico País de Punt, y los fenicios, vendedores de tintes, reconocieron toda la costa

TRANSPORTE DE CEDROS DEL LÍBANO EN UN RELIEVE ASIRIO (*c.* 800 A.C.)

ODISEO (ULISES), EL ARQUETIPO GRIEGO DEL VIAJERO, EN UN MOSAICO ROMANO

EL DIPLOMÁTICO CHINO ZHANG QIAN VIAJANDO POR ASIA CENTRAL (FRESCO DEL SIGLO VII)

«Un hombre que ha pasado por **experiencias amargas** y ha viajado lejos **disfruta después de un tiempo hasta de su sufrimiento**.»

HOMERO, *ODISEA*

africana. Durante el primer milenio a.C., los polinesios ya surcaban la inmensidad del Pacífico, no para comerciar, sino para buscar nuevas islas.

El mundo clásico

Los griegos del siglo v a.C. realizaron el primer mapa del mundo conocido. Heródoto, el «padre de la historia», dejó constancia de viajes a lugares remotos durante el siglo IV a.C., mientras que Piteas viajó hacia el norte desde su querido Mediterráneo hasta la desconocida y helada Tule (posiblemente Islandia) hacia 325 a.C. En el Imperio persa, los mensajeros aseguraban un servicio postal de larga distancia. Alejandro Magno conquistó extensos territorios a los que llevó la cultura griega, pero también absorbió en buena parte la de las tierras que él y su ejército invadían. La diplomacia china envió a Zhang Qian a ver mundo en el siglo II a.C.,

preparando así el terreno para la Ruta de la Seda, la gran arteria del comercio internacional entre China y Europa.

Con la eficiencia y la organización que les caracterizaba, los romanos revolucionaron el viaje. Su red de calzadas hizo posible el desplazamiento relativamente directo en su vasto imperio, donde los viajeros contaban con la ayuda de mapas y posadas en el camino. En la misma línea, los navegantes del océano Índico disponían de guías detalladas de los puertos y costas que hallarían en su camino, mientras que Estrabón y Tolomeo consolidaron la geografía como disciplina académica. Poco a poco, el mundo empezó a ser más conocido para sus habitantes, y las posibilidades de viajar, no solo en pos del beneficio comercial, sino de aventuras y exploración, se multiplicaron a la par.

LAS CALZADAS ROMANAS AUMENTARON LOS DESPLAZAMIENTOS EN EL IMPERIO

EL MAPA DEL MUNDO DE TOLOMEO DE *c.* 150 D.C. FUE EL REFERENTE HASTA EL RENACIMIENTO

EL TINTE PÚRPURA DE LOS FENICIOS ERA CODICIADO POR LOS EMPERADORES COMO JUSTINIANO I

Un imperio en marcha

En torno a 2340 a.C. nació el primer imperio del mundo en Sumer (Mesopotamia), bajo el rey Sargón de Acad. Los acadios intercambiaban alimentos, cerámica, metales y piedras preciosas con sus vecinos.

El imperio de Sargón de Acad nació en las tierras fértiles situadas entre el Tigris y el Éufrates, en el sur del actual Irak. Además de proporcionar agua para beber y regar los cultivos, los ríos eran vías de transporte. Sin embargo, los demás materiales necesarios para las conquistas y las campañas militares del imperio escaseaban en la región. Todo cuanto aquel suelo arenoso podía dar eran algunos cereales, y la paja y el barro para la construcción de las casas.

Así pues, el imperio estaba obligado a importar para cubrir sus necesidades. La madera de cedro para los barcos venía del Líbano, al oeste, y el estaño y el cobre para herramientas, armas y utensilios llegaban de Anatolia, al norte; del Sinaí, al sur, o de Irán, al este. La piedra para las construcciones también venía de Anatolia, y la cerámica de

▷ **Estandarte de Ur**
Esta caja de madera de función desconocida data de c. 2600 a.C. Sus dos caras principales están cubiertas de mosaicos realizados con la técnica de la taracea que representan escenas de guerra y de paz.

India. El oro, la plata y las gemas se encontraban en la región. Las perlas venían de Bahréin, en el golfo Pérsico; las turquesas y el marfil de India, y el intenso lapislázuli usado en joyería y en los paneles del estandarte de Ur procedía del lejano Afganistán.

Los primeros viajeros

Todos estos productos viajaban con los mercaderes por unas rutas comerciales establecidas. Antes de llegar a Sumer, la mercancía pasaba de un comerciante a otro a lomos de animales de carga, como asnos, o acarreados en carretas. Los productos a granel se enviaban por barco arriba y abajo del Éufrates, ya que el Tigris era menos propicio para la navegación. Los mercaderes llegaban al mercado de alguna población, vendían sus productos al siguiente mercader y después regresaban a casa. Aquellos comerciantes, los viajeros del imperio, fueron el motor de Sumer. Muchos de ellos eran extranjeros que acudían

a vender sus mercancías. Hablaban las muchas lenguas de la región y, aunque pocos supieran leer y escribir,

▽ **El Imperio sumerio**
Sargón de Acad conquistó las ciudades-estado de Mesopotamia para crear un imperio unificado. Las rutas comerciales iban hasta India por el este, y hasta Europa y África, por el oeste.

EN CONTEXTO
Sargón de Acad

La localización exacta de Acad (o Agadé) sigue sin estar clara, pero los arqueólogos la sitúan en el sur de Mesopotamia, a orillas de uno de los brazos del río Éufrates. Según la *Lista de los reyes sumerios*, grabada en sumerio en una tablilla de piedra, Sargón era hijo de un jardinero que se convirtió en copero del rey Ur-Zababa de Kis, que reinó unos seis años hasta que él lo destronó. Sargón gobernó de 2340 a 2284 a.C., si bien algunas fuentes sugieren que su reinado solo duró 37 años. En ese tiempo conquistó toda Mesopotamia e hizo llegar su poder hasta la costa del Mediterráneo y territorios hoy pertenecientes a Turquía e Irán.

CABEZA DE BRONCE DE SARGÓN
(*c.* 2300 A.C.)

◁ **Tablilla sumeria**
En la ciudad de Suruppak aparecieron tablillas de arcilla grabadas con caracteres cuneiformes sumerios. Datan de *c.* 2500 a.C. y contienen registros de compraventa, incluidos envíos de plata para el gobernador de la ciudad.

la costa sureste de África, y en India se han hallado sellos de cerámica de transacciones comerciales con caracteres de la escritura del valle del Indo. Los pormenores de este comercio de larga distancia pueden encontrarse en la *Epopeya de Gilgamesh*, extenso poema épico sobre un rey de Uruk llamado Gilgamesh que gobernó en torno a 2100 a.C.

Los otros grandes viajeros de Sumer fueron los soldados, que recorrieron la región para conquistarla y saquearla. Sus carros serían similares a los que se ven en el estandarte de Ur, donde aparece, entre otras cosas, el ejército sumerio en marcha. Los soldados solían pasar muchos meses fuera y

recorrían nuevos territorios antes de regresar victoriosos a su tierra. El imperio que Sargón y sus tropas perduró unos dos siglos, hasta que en 2154 a.C. se derrumbó después de la invasión de los guti, un pueblo nómada de los montes Zagros, al oeste de Irán.

▽ **Sargón en campaña**
Sargón al frente de su ejército en Siria, según una ilustración del siglo xx. El Mediterráneo le abrió las puertas a Europa y el norte de África.

poseían un amplísimo conocimiento del mundo.

El mundo conocido
Aquellos mercaderes viajeros realizaban periplos de gran alcance. La resina que se encontró en la tumba de la reina Puabi, que reinó en Ur alrededor de 2600 a.C., venía de Mozambique, en

△ **Flota de Akrotiri**
En este fresco de
Akrotiri, asentamiento
de la Edad del Bronce
en la isla de Tera, un
barco minoico pasa
junto a una ciudad
costera. A pesar de
su antigüedad, el
fresco conserva
su rico colorido.

Navegantes minoicos

La primera civilización europea floreció en Creta en torno a 3000 a.C.
Sus fundadores, los minoicos, navegaron por el Mediterráneo oriental,
convirtiéndose así en unos de los primeros viajeros de Europa.

Hasta finales del siglo XIX, los historiadores y los arqueólogos tenían ciertas dudas sobre la historia antigua de Europa. Si bien los documentos históricos situaban la primera civilización europea de la Edad del Bronce en el siglo VIII o VII a.C., los mitos griegos de Homero sugerían que debía de haber surgido antes en algún lugar una civilización que utilizara el bronce. En 1870, el arqueólogo alemán Heinrich Schliemann descubrió en la actual Turquía el yacimiento de Troya, de la Edad del Bronce, y luego encontró oro en Micenas, en Grecia. No obstante, el hallazgo más importante fue el del palacio de Cnosos en Creta por Arthur Evans, arqueólogo británico, en 1900. Este dató el yacimiento en 2000 a.C., lo que convertía a la isla en la cuna de la civilización europea. Como Cnosos era el lugar de nacimiento del mítico rey Minos de Creta, aquella nueva civilización pasó a conocerse como minoica.

El viaje minoico

Aunque Creta no era una isla especialmente fértil, los minoicos cultivaban olivos y vides para vino en las laderas, y trigo en las tierras de labranza. Las ovejas que pastaban en las colinas abastecían de lana a una industria textil floreciente. Todos estos productos se intercambiaban en las islas griegas y el Mediterráneo oriental. Hay pruebas de esta actividad comercial en Egipto, Chipre, Turquía y el Levante mediterráneo, donde han aparecido objetos minoicos en el palacio de Tel Kabri, en el norte del actual Israel.

Los minoicos establecieron su primera colonia de ultramar en la cercana isla de Citera hacia 1600–1450 a.C. y luego se asentaron en Ceos, Melos, Rodas y Tera (actual Santorini), así como en Avaris, en el delta del Nilo, entre 1700–1450 a.C. Para transportar las mercancías y viajar a sus colonias de ultramar construyeron una flota, que también usaron para limpiar de piratas el Egeo.

Por desgracia, no se conoce el nombre de ningún navegante minoico. Además, la primera escritura minoica era jeroglífica y se inscribía en tablillas de arcilla sin cocer, de las que se conservan muy pocas. Hacia 1700 a.C. se introdujo un nuevo sistema basado en sílabas y conocido como Lineal A. Ninguno de los dos sistemas de escritura se ha descifrado, por lo que la

◁ **La civilización minoica**
Los reinos minoicos se establecieron en Creta alrededor de 2000 a.C. Cnosos se convirtió en el centro del poder en 1700 a.C. Los minoicos extendieron su poder hacia el norte, por las islas del Egeo.

◁ **Cerámica minoica**
Los minoicos dominaban la alfarería y crearon bellas vasijas, platos, cuencos y otros objetos de cerámica que decoraban con pigmentos o grabados.

mayor parte de la historia de los minoicos, incluido el origen de su magnífica cultura, está por revelar. Un estudio toponímico de Creta sugiere que no hablaban un idioma indoeuropeo, en cuyo caso no serían griegos, pero no se sabe a ciencia cuál era su procedencia.

El fin de una era

En 1628 a.C., una erupción volcánica destruyó los asentamientos minoicos de Tera. A pesar de ello, en las excavaciones de Akrotiri durante las décadas de 1960

y 1970 aparecieron restos de un gran palacio con numerosos frescos que sobrevivieron a la catástrofe. El volcán arrasó también los palacios de Creta, que fueron restaurados. No obstante, en torno a 1450 a.C. se derrumbaron de nuevo. Se desconoce la naturaleza de esta segunda catástrofe, pero el palacio de Cnosos es todo cuanto queda de aquella civilización.

◁ **Barco minoico**
Los minoicos construían barcos de madera propulsados por una sola vela o por remos para comerciar con otras islas y viajar por el Mediterráneo.

Dos remos a los costados de popa servían de timón para gobernar el barco.

Un solo mástil sostiene una amplia vela de lino o papiro egipcio.

Viajes en el antiguo Egipto

Los antiguos egipcios fueron grandes viajeros que surcaron el Nilo y los mares en robustos barcos de madera. También usaban carros de dos ruedas, tanto para la guerra como para el transporte.

△ **Harjuf**
Harjuf nació en Elefantina, una isla del Nilo, y llegó a ser gobernador del Alto Egipto. Casi todo lo que se sabe de él procede de las inscripciones de su tumba en Asuán.

El Nilo era el río de la vida para el antiguo Egipto, ya que le daba agua para beber y regar los campos de sus márgenes. Su crecida anual fertilizaba la tierra, pero ante todo, el Nilo era la autopista de Egipto, la principal vía de comunicación que mantenía unido el país. La población viajaba río arriba y río abajo en barcas de madera con amplias velas, mientras que los barcos de carga transportaban grano, ganado e incluso grandes bloques de granito para construir templos y palacios. Los egipcios ponían nombre a sus barcos, como se sigue haciendo hoy en día: según las inscripciones de su tumba, un marino llamado Amosis participó en el sitio de Avaris a bordo de un barco llamado *El que se alza glorioso en Menfis*.

Al principio, los egipcios se limitaron a viajar por el Nilo, pero para 2700 a.C. ya estaban explorando el mar Rojo y el Mediterráneo. Durante el reinado de Snefru (2613–2589 a.C.), una flota de 40 barcos de altura navegó hacia el norte por el Mediterráneo hasta Biblos, hoy en el Líbano, para cargar madera de cedro. Bajo la reina Hatsepsut (1478–1458 a.C.), otra importante flota mercante descendió por el mar Rojo y entró en el océano Índico hasta el país de Punt (pp. 22–23).

Los viajes de Harjuf

Se sabe mucho acerca de los viajeros egipcios gracias a *La biografía de Harjuf*, una serie de inscripciones de una tumba de Qubbet el-Hawa, una de las muchas excavadas en la roca en la orilla occidental del Nilo, frente a la actual ciudad de Asuán. Nacido en aquella zona, Harjuf fue nombrado gobernador del Alto Egipto por el faraón rey Merenra I (r. 2287–2278 a.C.) y supervisó las caravanas comerciales que partieron hacia Nubia.

La misión de Harjuf era aumentar el comercio con Nubia y establecer alianzas con los líderes nubios locales, a fin de preparar el terreno para la expansión egipcia en su país. Dirigió al menos cuatro expediciones. De una de ellas regresó con una persona a la que describió al joven faraón Pepi II como «enana», probablemente un pigmeo, y en otra ocasión viajó a la tierra de Yam. Aunque se desconoce la ubicación de esta, se cree que estaba en la fértil llanura que se extiende al sur de la actual Jartum, donde el Nilo Azul se encuentra con el Nilo Blanco, si bien

Clave
Nubia

EGIPTO
El Cairo
Elefantina
Riad
Medina
ARABIA
La Meca
SUDÁN
Jartum
Yam
El Obeid
ERITREA
YEMEN
Adén
Lago Tana
Golfo de Adén
Punt
Río Nilo
Mar Rojo
Nilo Blanco
Nilo Azul

◁ **Los viajes de Harjuf**
Harjuf dirigió al menos cuatro grandes expediciones hacia el sur, hasta Nubia. En uno de esos viajes visitó Yam, una localidad que hoy muchos sitúan al sur de la actual Jartum, en Sudán.

La vela impulsaba el barco; a falta de viento, se utilizaban los remos.

algunos historiadores la sitúan en el desierto libio, al oeste de Egipto.

Viajes en carro

El segundo medio de transporte de los antiguos egipcios era el carro. El carro y el caballo fueron introducidos en Egipto tras la invasión de los hicsos en el siglo XVI a.C. El carro constaba de una caja ligera de madera con dos ruedas radiadas de la que tiraban dos caballos y era conducido por dos soldados.

Aquellos carros eran armas de una eficacia terrible, ya que servían de plataformas móviles desde las que los arqueros podían disparar. Durante la batalla de Qadesh, librada en 1274 a.C.

cerca de la actual ciudad siria de Homs, el faraón Ramsés II (r. 1279–1213 a.C.) se enfrentó con unos dos mil carros de guerra a los hititas, que contaban con

◁ **Comerciantes nubios**
Los nubios vivían en la cuenca alta del Nilo, al sur de Egipto. Los comerciantes llevaban a Egipto oro, ébano, marfil, cobre, incienso y fieras. Durante el Imperio Medio (2040–1640 a.C.), los egipcios se expandieron hasta Nubia y se apoderaron poco a poco del país.

al menos 3700. La existencia de tales carros está atestiguada en las pinturas de la tumba de Tutankamón (r. 1332–1323 a.C.) y en las representaciones de Ramsés II en combate. Fuera del campo de batalla, los carros se usaban para el transporte rápido y eficaz de personas y mercancías.

◁ **Sobre ruedas**
El carro de guerra también era un medio de transporte. En este relieve, un escriba viaja con un carretero que guía a los dos caballos con largas riendas.

Timón de espadilla
en la popa, para mantener el rumbo.

◁ **Nave a vela y a remo**
Los egipcios construían pequeñas barcas fluviales y barcos marítimos más grandes con tablas de cedro clavadas y calafateadas con brea para sellar las juntas.

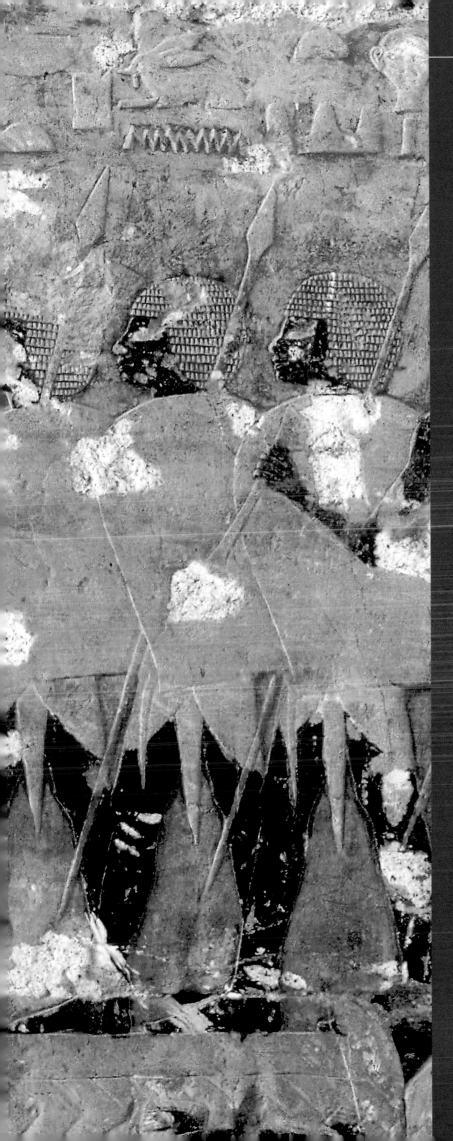

La expedición a Punt

Hace unos 3500 años, la reina Hatsepsut de Egipto envió una expedición al misterioso país de Punt cuya memoria se conserva en piedra.

La situación del país al que los antiguos egipcios llamaban Punt sigue siendo un misterio, aunque la hipótesis más probable es que se hallara en la costa oriental de África, quizá en la actual Somalia o Eritrea. De aquel lugar ignoto y semimítico procedía el preciado incienso que los egipcios empleaban en las ceremonias religiosas. La historia de la expedición a Punt se narra en un bajorrelieve del templo funerario de la reina Hatsepsut erigido en la antigua Tebas (hoy Luxor) tras su muerte en 1458 a.C. Parece que un oráculo del dios Amón ordenó a la reina enviar una misión a Punt. Cinco barcos, con una vela cuadra y treinta remeros cada uno, cargados de oficiales, soldados, sirvientes y mercancías, zarparon hacia el sur del mar Rojo al mando de Nehesi. Temerosos de los peligros del mar abierto, navegaron cerca de la costa. Al llegar a Punt, la expedición atravesó cordilleras y se adentró en el país. En el bajorrelieve, Punt es una tierra de vegetación frondosa, con pastos, ganado y casas abovedadas sobre pilotes a las que se accede por escaleras.

Los soberanos de Punt, el rey Parihu y la reina Atí, dispensaron un recibimiento cálido y respetuoso a los inesperados visitantes, que mostraron su asombro al encontrar un país «desconocido para el hombre». Intercambiaron joyas y armas por un lote de productos exóticos: colmillos de elefante, pieles de leopardo, maderas raras y, sobre todo, los árboles de los que se extraían el olíbano y la mirra, y que fueron llevados a Egipto a fin de que los egipcios pudieran producir su propio incienso. Además, en el bajorrelieve, la expedición regresa con animales vivos, como babuinos atados con correas.

A la vuelta, la expedición remontó el mar Rojo y luego, con una caravana de asnos, alcanzó por tierra el delta del Nilo, donde se embarcó de nuevo hasta Tebas. Allí se plantaron los árboles de incienso en un jardín consagrado al dios Amón. La existencia del bajorrelieve en el templo de Hatsepsut atestigua cuán importante fue para los egipcios el éxito de aquel arriesgado viaje más allá de los límites del mundo conocido.

◁ **Soldados egipcios de la expedición**
Los soldados de la expedición a Punt figuran en una de las paredes del templo funerario de Hatsepsut, cuyas ruinas están en Deir el Bahari, en la orilla izquierda del Nilo, frente a Luxor.

Navegantes polinesios

Unos de los viajes más increíbles de la historia de la navegación son los de aquellos que zarparon de Asia hace miles de años para cruzar el Pacífico y asentarse en las islas de Polinesia.

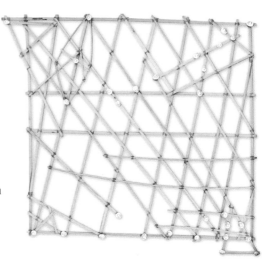

La historia de la navegación polinesia comienza hace más de 2000 años, cuando gentes probablemente procedentes del Sureste Asiático surcaron el Pacífico Norte y empezaron a ocupar las islas occidentales de Micronesia. A partir de allí emprendieron largas travesías marítimas hacia el sur y se instalaron en islas como Samoa y Tonga. Aunque las fechas de estas migraciones no están claras, ya que no existen testimonios escritos, se cree que la colonización de las islas del sur se produjo entre 1300 y 900 a.C. En el siglo XIII d.C., toda Polinesia, hasta Hawái al norte, la isla de Pascua al este y Nueva Zelanda al sur, estaba ya habitada.

Viento, mar y cielo

Los viajeros que hacían estas travesías viajaban en canoas de madera con balancines (para estabilizarlas). Como carecían de instrumentos de navegación, algunos historiadores sugirieron que fueron arrastrados por las tormentas. Sin embargo, aún hoy los polinesios son capaces de navegar de la manera

△ **Carta de palos**
Los navegantes polinesios realizaban mapas con palitos y fibras vegetales que representaban el oleaje y las corrientes en torno a islas. Para representar las islas solían usar conchas, aunque los símbolos variaban entre un cartógrafo y otro.

tradicional, sin instrumentos, como debieron de hacer sus antepasados. Seguramente conseguían deducir en qué dirección viajaban mediante una técnica mixta, observando las estrellas y el océano, y siguiendo las rutas migratorias de las aves. Hoy, los navegantes polinesios usan métodos similares, pero a diferencia de sus antepasados, cuentan con la ventaja de conocer la posición de las islas.

Como todos los primeros navegantes, obtenían pistas del cielo. La posición del sol naciente y poniente informaba sobre los puntos cardinales, y las estrellas proporcionaban otros puntos de referencia. Además, las formaciones nubosas servían como indicador. Por ejemplo, sobre las islas solían formarse determinados tipos de nubes, y las que se movían formando una V apuntaban por lo general hacia tierra, fenómeno

▷ **Bora Bora**
Esta vista de Bora Bora, una de las islas de la Sociedad, muestra una de sus cimas, que forma parte de un volcán extinguido. Se cree que los primeros habitantes de la isla fueron polinesios llegados en el siglo IV.

causado por la reacción al calor que emana de la superficie de una isla. Incluso era posible adivinar ciertos aspectos sobre el tipo de tierra por el color de las nubes, ya que estas solían ser más oscuras por encima de los bosques y más claras por encima de la arena.

Rutas migratorias y oleaje

La experiencia marítima también permitió a los navegantes comprender los mecanismos del mar de fondo, el oleaje generado por los vientos y fenómenos meteorológicos lejanos que suelen responder a patrones regulares. Los polinesios colocaban las canoas en el mismo ángulo respecto al oleaje que observaban. Además, prestaban gran atención al menor cambio repentino del movimiento de la embarcación que indicase que estaban yendo a la deriva.

Los desplazamientos de las aves también proporcionaban información sobre la posición de la tierra. Algunas aves del Pacífico que recorren largas rutas migratorias pudieron haber ayudado a los navegantes a alcanzar tierras lejanas. Por ejemplo, el koel colilargo podría haberles guiado en la travesía entre las islas Cook y Nueva Zelanda, y el chorlito dorado asiático, entre Tahití y Hawái.

▷ **Koel colilargo**
Koel colilargo del Pacífico con su cría y una ratona hada de la Isla Norfolk *(Gerygone igata)*. Es una de las aves que migra de las islas Cook a Nueva Zelanda.

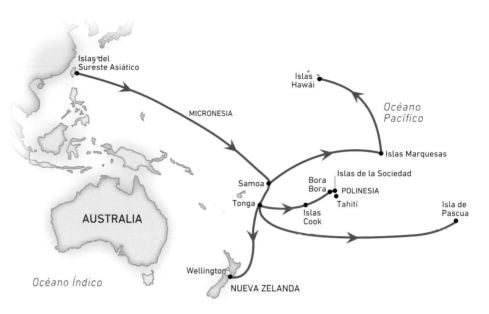

La expansión polinesia
◁ **La expansión polinesia**
Los navegantes polinesios conquistaron una gran área del Pacífico conocida como triángulo polinesio, cuyos vértices son Hawái, la isla de Pascua y Nueva Zelanda.

Información heredada

A medida que hallaban nuevas islas, los navegantes las incorporaban a su atlas mental y memorizaban su ubicación en relación al firmamento. Después transmitían esa información a sus hijos oralmente o por medio de diagramas hechos con ramitas y conchas a modo de cartas náuticas. Cuando entraron en contacto con el mundo occidental, sus conocimientos eran muy amplios. El británico James Cook (pp. 172–175) sostuvo que el navegante Tupaian de Raiatea (islas de la Sociedad), que le ayudó en su primera expedición a la zona, conocía unas 130 islas en un radio de 3200 km a partir de la suya.

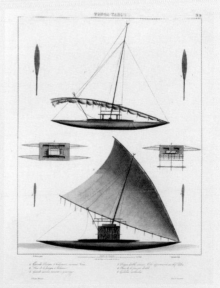

EN CONTEXTO
Canoas de larga travesía

Los polinesios eran excelentes constructores de embarcaciones. Para viajes cortos usaban pequeñas canoas de casco plano y con balancines, y para los largos, grandes naves de dos cascos hechos con tablones y unidos por baos atados con fibras vegetales, a veces con una cubierta entre ambos. Los tablones estaban cuidadosamente calafateados, probablemente con savia. Aunque estaban aparejadas con grandes velas hechas con fibras como la *hala* trenzadas, también podían avanzar a remo. Las canoas de travesía podían medir hasta 30 m de eslora y tenían capacidad para varias familias con sus pertenencias y provisiones.

CANOAS DE DOBLE CASCO Y DE BALANCÍN DE TONGA (DIBUJO DE LA DÉCADA DE 1820)

La vuelta a África

Entre 1500 y 300 a.C., los fenicios comerciaron por el mar Mediterráneo y crearon un vasto imperio marítimo. Incluso dieron la vuelta a África, siendo los primeros en lograr semejante proeza.

Los fenicios vivían en la costa oriental del Mediterráneo, en la zona que hoy corresponde a Líbano, Siria, Israel, Palestina y Turquía. Biblos, en Líbano, fue su primera capital, pero en 1200 a.C. fue sustituida por Tiro, al sur. En 814 a.C volvieron a trasladar su capital y su centro de operaciones, esta vez al otro lado del Mediterráneo, a Cartago, actualmente en Túnez. En vez de crear un imperio unificado que abarcase un vasto territorio, se establecieron en puertos diseminados por la costa meridional del Mediterráneo a modo de ciudades-estado independientes. El nombre de aquel gran imperio, Fenicia, fue acuñado por los antiguos griegos para referirse a la «tierra del púrpura», ya que los fenicios eran célebres por el comercio del colorante púrpura que extraían de caracoles marinos del género *Murex*. También produjeron un tinte llamado azul real de otra especie de caracol marino.

△ **Púrpura imperial**
El tinte púrpura descubierto por los fenicios estaba muy cotizado, pues no desteñía ni perdía intensidad. Más tarde, su uso se restringió a la corte imperial bizantina, de ahí su nombre.

Comercio y cultura

Los fenicios vivían del comercio. Vendían vino a los egipcios en vasijas de terracota y les compraban oro nubio. Por otro lado, comerciaban con los somalíes del este de África, e intercambiaban vidrio y madera, además de esclavos y el famoso tinte púrpura con los griegos. En Cerdeña y en la península Ibérica conseguían plata, que emplearon para negociar con el rey Salomón de Israel. En el Atlántico, en Galicia e incluso en la lejana isla de Gran Bretaña, obtenían estaño que mezclaban con cobre de Chipre a fin de conseguir un bronce lo más duro posible. Recorrían el Mediterráneo

▷ **Moneda de plata**
En esta moneda aparece una de las naves mercantes con las que los fenicios hicieron su fortuna sobre un hipocampo mitológico.

a bordo de naves mercantes con forma de bañera y en su ir y venir difundieron su alfabeto, adoptado primero por los griegos y después por los romanos, que crearon el alfabeto latino que hoy se usa en todo el mundo.

Exploración fenicia

A pesar de las abundantes pruebas arqueológicas de los viajes de los fenicios, la documentación escrita es prácticamente inexistente.

Según antiguos mitos gaélicos, los fenicios y los escitas realizaron una expedición a Irlanda, auspiciada por el rey escita Fenius Farsa. En un antiguo periplo (obra que narra una circunnavegación) griego, que contiene una lista de

△ **Circunnavegación de África**
Si bien se desconoce la ruta exacta de los fenicios, se cree que navegaron hacia el sur por el Índico antes de remontar África por el oeste, después surcaron el Atlántico hacia el norte y viraron hacia el este en el Mediterráneo.

los puertos y descripciones de la costa, consta que en el siglo VI o V a.C. el rey navegante Hannón zarpó de Cartago con 60 barcos para explorar el noroeste de África, donde fundó siete colonias en el actual Marruecos. Se cree que alcanzó el ecuador y llegó a Gabón.

La *Historia* de Heródoto contiene el relato más fascinante de los viajes fenicios. El libro cuenta que el faraón Necao II (r. 610–595 a.C.) envió una expedición fenicia hacia el sur del mar Rojo. Durante tres años, la flota

> «Aquellos [...] se dieron desde luego al comercio en sus **largas navegaciones**. **Cargadas sus naves de géneros** propios del Egipto y de la Asiria.»

HERÓDOTO, SOBRE LOS FENICIOS EN *HISTORIA* (c. 440 A.C.)

descendió por el océano Índico y rodeó el cabo más austral de África antes de poner rumbo al norte por el Atlántico, entrar de nuevo en el Mediterráneo y regresar a la desembocadura del Nilo. Heródoto escribe que los fenicios «navegando hacia poniente alrededor del extremo sur de Libia [África], tenían el sol a su derecha», es decir, al norte. Tal fue la información que llegó a oídos de Heródoto, que no se la creyó porque, como la mayoría de sus contemporáneos, ignoraba que África estaba rodeada de mar y creía que estaba unida a Asia. También hay dudas de que el faraón Necao II hubiera autorizado tal expedición. Tanto si este viaje fue real como si no lo fue, es innegable que los fenicios crearon un imperio marítimo impresionante.

Mensajeros persas

El poderoso Imperio persa aqueménida que dominó el mundo conocido en el siglo VI a.C. se mantuvo unido gracias a la extensa red de caminos reales por los que mensajeros y mercaderes podían circular en paz.

△ **Carro de oro**
Esta pieza de oro de 10 cm de altura perteneciente al tesoro del Oxus representa un carro con un tiro de cuatro caballos (uno de los cuales ha perdido una pata), con su conductor y un pasajero. Se cree que en origen las ruedas giraban.

Fundado en 550 a.C. por Ciro el Grande, el Imperio aqueménida fue el mayor que el mundo había conocido hasta entonces. En el momento de su máximo esplendor, bajo Darío I (r. 522–486 a.C.), contaba con unos 50 millones de habitantes, casi el 44 % de la población mundial. Gobernado eficientemente, se extendía desde Grecia y Libia, al oeste, hasta India y Asia central al este. Cada una de sus numerosas provincias estaba gobernada por un sátrapa, y había un idioma oficial para los negocios. A fin de acelerar las comunicaciones reales, Darío I mandó construir una red de caminos por los que pudieran viajar mensajeros montados, el más famoso de los cuales era el Camino Real, que conectaba la costa del Egeo con la ciudad de Susa, al este. Un ramal seguía hacia el noreste, desde Babilonia hasta Persia central, donde empalmaba con la Ruta de la Seda, la antigua ruta comercial entre China y Occidente, y otro llegaba hasta Persépolis, la capital del imperio, en el sureste.

Los angaros

Para asegurar la rapidez de circulación de las notificaciones e instrucciones oficiales que el rey enviaba a los gobernadores de las provincias lejanas y los informes de estos en respuesta,

▷ **Darío I**
Darío I fue el tercer gran rey del Imperio aqueménida, que vivió una época de esplendor bajo su reinado. Fortaleció el gobierno, introdujo pesos y medidas estándar e instauró el arameo como idioma oficial.

Ciro estableció un servicio de correos imperial denominado angario, a cargo de una flota de mensajeros montados, muy bien entrenados y generosamente recompensados por sus esfuerzos. Todos los días, los mensajeros, o angaros, y sus caballos esperaban en las 111 estaciones de postas instaladas a lo largo del Camino Real a intervalos de una jornada a caballo. Cada angaro transportaba el mensaje durante un día y se lo entregaba a otro angaro que lo esperaba en la siguiente estación. El relevo de mensajeros permitía que un mensaje llegara de un extremo al otro en una semana, un viaje que habría requerido 90 días a pie. A propósito de los angaros, el historiador griego Heródoto escribe: «No hay mortal en el mundo que llegue más rápido que estos mensajeros». A continuación, les dedica las halagadoras palabras que figuran en esta página y que pueden leerse

hoy en la oficina central de correos de Nueva York.

La arteria del imperio
Los mensajeros no eran los únicos que transitaban por esas nuevas carreteras; también lo hacían los mercaderes que transportaban su género para la venta, a menudo a pie durante kilómetros. Darío I ordenó construir una serie de posadas, o caravasares reales, donde los viajeros podían pernoctar y apagar su sed y la de sus animales. También era

«Ni la nieve, ni la lluvia, ni el calor, ni la [...] noche les impide completar con la mayor rapidez la ruta asignada.»

HERÓDOTO, *HISTORIA* (c. 440 A.C.)

habitual ver durante el trayecto a las tropas, que debían llegar con rapidez a las fronteras para defenderlas. Algunos soldados, sobre todo los oficiales veteranos, viajaban en carros de dos ruedas tirados por dos o cuatro caballos. Por el camino se cruzaban sacerdotes de la religión oficial, el zoroastrismo; campesinos con sus rebaños y familias que iban a reunirse con otras para las celebraciones. El Camino Real con sus ramificaciones fue la arteria vital del Imperio aqueménida.

EN CONTEXTO
El tesoro del Oxus

Si bien existen dudas sobre el momento y el lugar exactos del hallazgo, se sabe que hacia 1880 a.C. se descubrió cerca del río Oxus, en Asia central, un gran tesoro compuesto por objetos de oro y plata, y monedas del Imperio aqueménida. Se cree que debió de pertenecer a un templo y que pudo ser depositado allí como ofrenda para ganar el favor de los dioses, pero se desconoce por qué motivo fue enterrado. Este testimonio del talento y la habilidad de los artesanos persas para trabajar el oro y la plata puede admirarse hoy en el Museo Británico de Londres.

AMULETO DE ORO Y FIGURA DE PLATA DE UN REY

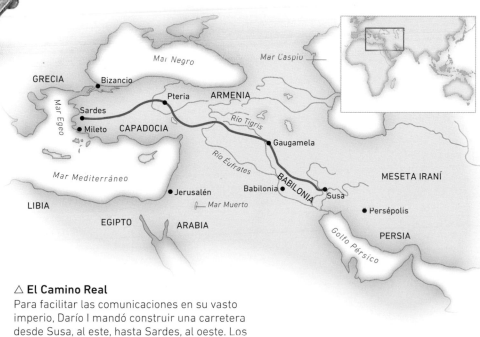

△ **El Camino Real**
Para facilitar las comunicaciones en su vasto imperio, Darío I mandó construir una carretera desde Susa, al este, hasta Sardes, al oeste. Los mensajeros recorrían sus 2699 km en siete días.

Templo de Hera
La cultura griega se extendió por todo el Mediterráneo. Este grabado del siglo XIX muestra el templo de Hera en Paestum, una importante ciudad griega de la costa suroriental italiana.

El mundo griego

A lo largo de varios siglos, Grecia creó una de las civilizaciones más avanzadas de la Antigüedad, la referencia cultural, filosófica, arquitectónica y de la exploración marítima.

Los orígenes de la extraordinaria civilización griega se remontan al siglo VIII a.C., cuando aparecen las primeras pruebas escritas. La antigua escritura micénica había caído en desuso, y los griegos adaptaron el alfabeto fenicio para crear uno propio. Allá por 680 a.C. introdujeron un sistema monetario, indicio de la emergencia de una clase mercantil. El país estaba dividido en pequeñas comunidades con gobierno propio, una estructura impuesta por la geografía, pues a menudo las montañas o el mar dificultaban el paso entre territorios vecinos. Al principio estaban gobernadas por familias aristocráticas, muchas de las cuales fueron derrocadas por tiranos populistas. Después de que uno de estos, Hipias, fuera expulsado de Atenas en 510 a.C., los atenienses establecieron la primera democracia del mundo como forma de gobierno de su ciudad.

△ El ombligo del mundo
En Delfos (Grecia central) estaba uno de los oráculos que los griegos consultaban antes de tomar decisiones importantes. Allí se custodiaba el ónfalo (ombligo), una piedra considerada el centro del mundo.

Las polis

En el siglo VI a.C. habían emergido cuatro ciudades-estado, o polis, dominantes: Atenas, Esparta, Corinto y Tebas, que rivalizaban por el poder. Atenas y Corinto eran centros marítimos y comerciales, mientras que Esparta se convirtió en un estado militarizado donde todos los hombres eran soldados, y los esclavos (ilotas) trabajaban la tierra para el estado.

Sin embargo, cuando acechaba algún peligro, las rivalidades se dejaban de lado. En los años 492, 490 y 480 a.C., los persas invadieron el territorio griego, y los griegos se vieron obligados a unirse contra el enemigo. También se mantuvieron las instituciones nacionales, la más representativa de las cuales eran los Juegos Olímpicos, celebrados en 776 a.C. por primera vez. Durante los siglos VIII y VII a.C., el rápido crecimiento demográfico y la escasez de tierras cultivables obligó a muchos griegos a establecerse en colonias de ultramar, en las costas del Mediterráneo o del mar Negro. Aunque independientes, estas colonias conservaron

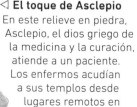

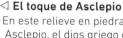

◁ El toque de Asclepio
En este relieve en piedra, Asclepio, el dios griego de la medicina y la curación, atiende a un paciente. Los enfermos acudían a sus templos desde lugares remotos en busca de sanación.

▷ Grecia antigua

Los primeros griegos vivían en la península y las islas que hoy se consideran Grecia. A partir de 750 a.C. fundaron colonias en las actuales Italia, Francia, España, Turquía y Chipre, en el norte de África y en la costa sur del mar Negro.

>> vínculos comerciales y religiosos con sus ciudades fundadoras, y la riqueza que generaron gracias al comercio y la manufactura contribuyó a reforzar la influencia griega en el Mediterráneo y los territorios colindantes.

Navegar por el mundo

Como todo pueblo con vocación marítima, los griegos fueron grandes viajeros. Cartografiaron el mundo que conocían y exploraron el desconocido hasta tan lejos como fueron capaces de llegar. Anaximandro, un filósofo y geógrafo de Mileto (hoy en Turquía), trazó el primer mapa del mundo en el siglo VI a.C. Este mapa era circular, con el mar Egeo en el centro y los tres continentes de los que se tenía noticia en la época, Europa, Asia y Libia (África), en torno a él, rodeados a su vez por un gran océano.

El principal barco griego, tanto para el transporte como para la guerra, era el trirreme, con tres filas de remos. A bordo de esta poderosa nave surcaron los griegos las aguas del Mediterráneo e incluso llegaron más allá. El historiador Heródoto (484–c. 425 a.C.) cuenta que, durante el siglo VI a.C., una nave de la isla de Samos derivó hasta el estrecho de Gibraltar y recaló en la ciudad de Tartessos, en la actual costa atlántica

△ Deportes olímpicos

En este vaso griego aparece un atleta lanzando un disco. El lanzamiento de disco era uno de los cinco deportes del pentatlón que se practicaba en los Juegos Olímpicos, celebrados en Olimpia cada cuatro años desde 776 a.C.

◁ El faro de Alejandría

Una de las siete maravillas del mundo antiguo, el faro de Alejandría fue erigido entre 280 y 247 a.C., superaba los 120 m de altura y fue durante siglos el edificio más alto del mundo.

« Los bárbaros observaron que **allí donde el sol se esconde** la **noche** es muy **breve**. »

PITEAS, CITADO POR GÉMINO DE RODAS (SIGLO I A.C.)

española. Los griegos enseguida entablaron relaciones amistosas con Argantonio, el rey tartesio, que los animó a comerciar con su pueblo. Así, los griegos conocieron las rutas comerciales para llegar a Gran Bretaña, al río Elba en Alemania, e incluso a las islas Shetland, al norte de Escocia.

Los viajes de Piteas

Uno de los viajeros más notables del mundo antiguo fue Piteas, oriundo de la colonia griega de Massalia (hoy Marsella), en el sur de Francia. Piteas fue uno de los pocos que viajaron por curiosidad científica (aunque es posible que también estuviese interesado en las posibilidades del comercio). En torno a 325 a.C. partió hacia el norte de Europa, evitando el estrecho de Gibraltar, que los cartagineses habían cerrado para su uso exclusivo. Es probable que su ruta lo llevara por el río Aude y después hacia la desembocadura del Loira o del Garona, en el golfo de Vizcaya. A partir de allí exploró la Bretaña francesa y continuó por el canal de la Mancha

hasta Gran Bretaña, donde visitó las minas de estaño de Cornualles y dejó constancia del comercio de ámbar con Escandinavia. Después navegó hacia el norte entre Irlanda y Gran Bretaña, a la que describió como una tierra de forma triangular rodeada por numerosas islas. En concreto, identificó las islas de Wight, Anglesey y Man, y los archipiélagos de las Hébridas, las Orcadas y las Shetland.

Piteas quedó maravillado por todo cuanto vio. Observó que las mareas eran mucho más altas en el norte

que en el Mediterráneo y fue el primero en sugerir que las causaba la Luna. También fue el primer griego en describir los largos periodos de oscuridad durante el invierno en el norte (rumores que habían llegado siglos antes al Mediterráneo, pero nunca habían sido confirmados), así como el acortamiento de las noches estivales hasta los días de 24 horas, o «sol de medianoche», en torno al solsticio de verano.

También dejó constancia de la existencia de un país de hielos perpetuos, así como de icebergs y otros fenómenos árticos. Describió la relación entre la estrella Polar y las estrellas de la Osa Menor, y le bastaba un sencillo gnomon, o reloj de sol, para calcular su latitud. Llamó Tule al punto más septentrional que alcanzó y que podría ser Islandia o alguna de las islas menores situadas al norte. Por desgracia, su relato del viaje no se ha conservado, pero algunos fragmentos fueron citados o parafraseados por autores posteriores, sobre todo por Estrabón en su *Geografía* (pp. 42–43).

Las siete maravillas
Los griegos viajaban por muchas razones.

▽ El rostro de Zeus
Esta moneda antigua lleva la efigie de Zeus, el dios griego del cielo y el rayo que reinaba sobre los dioses en el Olimpo. Pese a estar casado con Hera, tuvo muchos amoríos y fue el padre de Atenea, Artemisa, Helena de Troya y las musas, entre otros.

Algunos lo hacían para visitar santuarios y templos, en especial los templos de Asclepio, el dios de la medicina, a los que acudían en busca de sanación. Otros, como abogados, artesanos, escribas y actores, viajaban por trabajo, y unos pocos, movidos por la sed de aventuras o por puro placer. La meta de todo turista eran las siete maravillas del mundo, las obras humanas más espléndidas según Heródoto y el erudito Calímaco de Cirene. El número siete era importante porque representaba la abundancia y la perfección, y coincidía con la suma de los planetas por entonces conocidos (cinco) más el sol y la luna. Las siete maravillas del mundo clásico eran la pirámide de Keops (o Gran Pirámide) de Guiza, los jardines colgantes de Babilonia, la estatua de Zeus de Olimpia, el templo de Artemisa de Éfeso, el mausoleo de Halicarnaso, el coloso de Rodas y el faro de Alejandría. De esta lista, solo sigue en pie la Gran Pirámide de Guiza.

◁ Trirreme
El barco griego más importante era el trirreme, una galera larga y esbelta propulsada por tres filas de remeros. Veloz y ágil, fue la nave de guerra más usada en Grecia y desempeñó un papel crucial en las batallas contra los persas.

Los viajes de Odiseo

Durante diez años, Odiseo, el legendario rey de Ítaca, en Grecia, recorrió el Mediterráneo desesperado por regresar a casa. Sus míticas aventuras se relatan en el poema épico de Homero *Odisea*.

Los seres humanos han disfrutado desde tiempos inmemoriales con los relatos de viajes extraordinarios cuyos protagonistas deben enfrentarse a monstruos y demonios para alcanzar su destino. La *Ilíada* y la *Odisea*, ambas de Homero, son dos de estos relatos, basados en una maravillosa mezcla de realidad y ficción.

Los mitos de la antigua Grecia cuentan que allá por 1260 a.C., Zeus, el rey de los dioses, celebró un banquete en el Olimpo. Despechada por no haber sido invitada y para vengarse, Eris, la diosa de la discordia, arrojó entre las diosas una manzana de oro con la palabra *kalliste* («para la más hermosa») inscrita.

Las tres diosas más bellas, Hera, Atenea y Afrodita, reclamaron la manzana, pero Zeus se negó a elegir entre ellas y pidió a Paris, hijo del rey Príamo de Troya, que decidiese. Para ganar la manzana, Hera le ofreció tierras, Atenea intentó embaucarlo con sus habilidades y Afrodita le prometió a Helena, la mujer más bella de la Tierra. Paris escogió a Afrodita, que cumplió su promesa e hizo que Helena se enamorara de él.

Sin embargo, Helena estaba casada con el rey Menelao de Esparta, y Paris tuvo que entrar por la fuerza en su casa, raptarla y llevársela a Troya. Los griegos, furiosos, enviaron un ejército para sitiar Troya y recuperar a Helena. La guerra duró diez años y acabó cuando los griegos entraron en Troya escondidos dentro de un caballo gigante de madera. Muchos combatieron y perdieron la vida en aquella guerra, pero Odiseo (Ulises), el rey de Ítaca, sobrevivió. Homero narra las últimas semanas de este conflicto en la *Ilíada*, un poema épico sobre los valores guerreros. En la *Odisea* describe el largo y emocionante viaje de Odiseo, así como los retos personales y los peligros que tuvo que afrontar para regresar sano y salvo a su casa.

La *Odisea*

El poema comienza al final de la guerra de Troya. Odiseo y sus hombres zarpan a bordo de doce naves, pero las tormentas los hacen derivar. Así, se encuentran con

△ **Monstruo marino**
Fragmento de un vaso griego de terracota de *c.*300 a.C. con la imagen de Escila, un monstruo marino que moraba en las rocas frente a Caribdis según la *Odisea*.

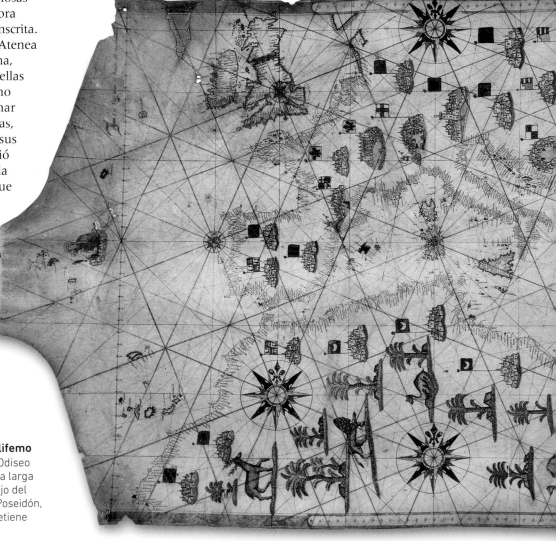

▽ **A la deriva por el Mediterráneo**
Este mapa del siglo XVI muestra el enrevesado viaje de Odiseo por las islas del Mediterráneo tras la guerra de Troya.

◁ **El cegamiento de Polifemo**
En esta crátera de cáliz, Odiseo y sus hombres clavan una larga estaca de madera en el ojo del cíclope Polifemo, hijo de Poseidón, el dios del mar, que los retiene cautivos.

◁ **El canto de las sirenas**
Este mosaico romano representa a Ulises (Odiseo) atado al mástil de su barco para no ceder a la tentación letal del canto de las sirenas.

los lotófagos, pueblo que se alimentaba de plantas de loto, y luego son apresados por el cíclope Polifemo, de quien escapan tras cegarlo clavándole una estaca de madera en su único ojo. El ingenuo Odiseo revela su identidad a los cíclopes, que se lo cuentan a su padre, Poseidón, el dios del mar. Este castiga a Odiseo a pasar diez años errando por el mar.

Pero no acaban aquí las desventuras de Odiseo. Se encuentra con los caníbales de Lestrigonia y con la hechicera Circe, que convierte a sus hombres en cerdos. Siguiendo las instrucciones de esta, Odiseo cruza el océano hasta el límite occidental del mundo, donde ve a los espíritus de sus parientes y amigos fallecidos. A continuación, Odiseo y sus hombres deben resistir el enloquecedor canto de las sirenas, unas criaturas tan bellas como peligrosas que intentan atraerlos para que encallen en las rocas. Luego escapan de Escila, el monstruo de seis cabezas, y de Caribdis, el remolino. Finalmente naufragan de nuevo y todos perecen, excepto Odiseo.

La marea lo arrastra a la isla de Ogigia, donde la ninfa Calipso se enamora de él y lo retiene siete años. Sin embargo, como está casado con Penélope, Odiseo la rechaza. Al final, Zeus ordena a la ninfa que lo libere, y Odiseo regresa a Ítaca con los feacios. Allí se encuentra con su hijo, Telémaco, y juntos liberan a la isla de los tiránicos pretendientes que competían por la mano de Penélope.

El legado de la *Odisea*
Pese a ser un relato de ficción basado en mitos transmitidos oralmente a lo largo de varias generaciones, es posible que la *Odisea* refleje parcialmente

acontecimientos reales. Por otro lado, su función va más allá de narrar un viaje: da sentido al hecho de viajar. Así pues, vivir una «odisea» es vivir una búsqueda, partir para encontrarse a uno mismo y regresar fortalecido. Es más, significa convertirse en héroe y superar las adversidades del destino. No en vano la *Odisea* se desmarca del tono bélico de la *Ilíada* para centrarse en las metas finales de la paz, la familia y el hogar.

BIOGRAFÍA
Homero

Para los antiguos griegos, Homero era un poeta ciego nacido entre 1102 y 850 a.C. en Jonia, en Anatolia (hoy en Turquía), autor de la *Ilíada* y la *Odisea*. Sin embargo, no está claro si Homero existió realmente. Algunos expertos sostienen que un solo hombre escribió la mayor parte de la *Ilíada* y posiblemente de la *Odisea*, y otros consideran que ambos poemas son fruto del trabajo de muchos colaboradores y que «Homero» no es sino la etiqueta de un colectivo. Lo que sí está generalmente aceptado es que los poemas fueron compuestos y transmitidos oralmente antes de ponerse por escrito en el siglo VIII a.C.

COPIA DEL BUSTO DE HOMERO DE ESTILO ROMANO ANTIGUO

> «**Háblame**, musa, del **varón de multiforme ingenio** que anduvo errante largo tiempo después de destruir la **sagrada ciudad** de Troya.»

HOMERO, SOBRE ODISEO EN LA *ODISEA*

Alejandro Magno

Uno de los imperios más grandes de la historia fue creado por un joven guerrero macedonio que recorrió el mundo entonces conocido en pos de fama y poder, y dejó una huella que ha llegado hasta hoy.

En la primavera de 333 a.C., Alejandro de Macedonia llegó a la ciudad de Gordion, en Turquía central. Allí estaba el nudo gordiano que ataba el yugo y la lanza de un carro ceremonial de tal manera que resultaba imposible desatarlo. Se decía que aquel que consiguiera deshacer el nudo conquistaría Asia. Alejandro blandió su espada y lo cortó de un tajo. «Tanto monta cortar como desatar», dijo. En aquel momento se convirtió en el amo de Asia.

Todo lo que rodea a Alejandro es extraordinario. Nacido en el seno de la familia real de Macedonia, al norte de Grecia, subió al trono en 336 a.C., a los 20 años de edad. Su misión era continuar el plan de su padre: atacar al poderoso Imperio persa como castigo por haber invadido Grecia en 480–479 a.C.

El conquistador del mundo

Durante los cinco años siguientes se ciñó al plan. En 334 a.C. cruzó el Helesponto, que separaba Grecia de Asia, bajo dominio persa. Con su ejército, sumamente entrenado y profesional, obtuvo tres victorias decisivas sobre los persas, cuyo imperio conquistó en 331 a.C. Entonces, el emperador persa Darío III fue asesinado por su primo Besso, que se proclamó su sucesor. La persecución de

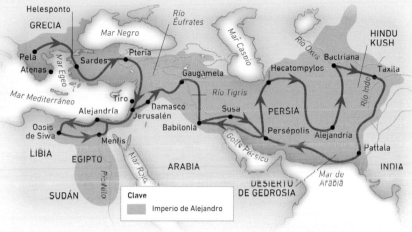

Clave
◻ Imperio de Alejandro

△ **Los viajes de Alejandro**
Desde 334 a.C. hasta su muerte en 323 a.C., Alejandro recorrió todo el Imperio persa y llegó a Asia central, India y Egipto.

Besso llevó a Alejandro hasta el Hindu Kush y Asia central, donde, en 329 a.C., mató a su enemigo en Samarcanda, hoy en Uzbekistán.

Sin embargo, Alejandro no había saciado su sed viajera. Como muchos otros griegos de la época, creía que el mundo estaba rodeado por un gran océano y pensaba que una vez hubiera alcanzado sus orillas habría conquistado todo el mundo conocido. Con este fin, en 327 a.C. volvió a atravesar el Hindu Kush e invadió India. Allí venció al gran ejército indio, pero perdió el respaldo de sus tropas. Intentó persuadirlas de que el gran océano estaba cerca, pero no las convenció.

A regañadientes, Alejandro condujo a sus hombres por el desierto de Gedrosia, al sur de Persia, hasta Babilonia, donde enfermó y murió a los 32 años de edad. Había conquistado un gran imperio y había creado uno aún mayor. Fundó ciudades con su nombre que todavía existen y difundió la cultura griega por todo el mundo conocido. No en vano se le conoce como Alejandro Magno.

◁ **Retrato de Alejandro Magno**
En este detalle del *Mosaico de Alejandro o de la batalla de Issos* (c.100 a.C.), Alejandro se enfrenta a su mayor enemigo, Darío III de Persia, en Issos, donde obtuvo una gran victoria a pesar de combatir con un ejército menos numeroso.

◁ **Alejandro y el oráculo**
En este bajorrelieve Alejandro viste como un faraón. Después de consultar al oráculo de Siwa en 331 a.C., llegó a creerse hijo del dios Amón.

FECHAS CLAVE

- **356 a.C.** Nace en Pela (Macedonia).
- **343** Estudia con Aristóteles.
- **336** Es coronado rey de Macedonia tras el asesinato de su padre, Filipo.
- **335** Derrota a los tebanos y toma el control de Grecia.
- **334** Entra en Asia para atacar al Imperio persa y vence en la batalla del Gránico.
- **333** Vuelve a vencer a los persas en Issos y conquista Palestina.
- **332** Invade Egipto y se convierte en faraón.
- **332** Funda Alejandría y consulta al oráculo de Amón; afirma ser un dios.
- **331** Conquista el Imperio persa.
- **329** Mata a Besso, el asesino de Darío III.
- **327** Invade India.
- **325** Regresa de India por los desiertos del sur de Persia.
- **323** Llega a Babilonia, donde muere.

ALEJANDRO LUCHANDO EN INDIA, EN UNA MONEDA GRIEGA

ALEJANDRO EN CHINA, UN LUGAR AL QUE NUNCA LLEGÓ (SIGLO IV A.C.)

Los viajes de Zhang Qian

Aislada del resto del mundo, China abrió por primera vez los ojos a Occidente gracias a la expedición del diplomático Zhang Qian en 138 a.C. que terminó instaurando la Ruta de la Seda.

En tiempos del emperador Wu, China desconocía prácticamente todo de los países situados más allá de sus fronteras. Wu quería descubrirlos y establecer vínculos comerciales con ellos, pero las hostiles tribus nómadas xiongnu, que rodeaban a la dinastía Han por el oeste y controlaban la actual Mongolia y el oeste de China, se lo impedían. Wu se vio obligado a aliarse con los yuezhi, un pueblo más amigable que habitaba tras el territorio xiongnu, y escogió a Zhang Qian, oficial del ejército y miembro de la corte, para llevar a cabo la misión de entablar relaciones diplomáticas con ellos.

△ **El emperador Wu**

Wu (r. 141–87 a.C.), el séptimo emperador Han de China, amplió con creces el imperio que heredó.

Hacia lo desconocido

En 138 a.C., Zhang Qian partió de la capital, Chang'an, hacia el oeste acompañado de un centenar de hombres, entre los que estaba Ganfu, un guía xiongnu prisionero de guerra. Por desgracia, cayeron pronto en manos enemigas. Los xiongnu los tuvieron retenidos diez años, durante los cuales dieron a Zhang Qian una esposa con la que tuvo un hijo. El enviado imperial logró ganarse la confianza del líder xiongnu y en 128 a.C. se fugó junto con su esposa, su hijo y Ganfu por el norte de la inhóspita cuenca del Tarim. Desde allí, los fugitivos llegaron a Dayuan, en el valle de Ferganá (hoy en Uzbekistán), donde Zhang Qian vio por primera vez los vigorosos caballos de Ferganá, y continuaron hacia el sur hasta el territorio de los yuezhi. Estos no querían enfrentarse con los xiongnu, así que Zhang Qian aprovechó para estudiar su cultura y su economía antes de seguir

△ **Zhang Qian**

En este fresco (siglo VII) de las cuevas de Mogao, en la Ruta de la Seda de China central, Zhang Qian y sus hombres se despiden de Wu para emprender su primera expedición en 138 a.C.

hacia el oeste hasta Daxia, el reino grecobactriano que había proclamado su independencia del Imperio seléucida en 250 a.C. Allí supo de la existencia de Shendu (India) al sur, y Anxia o Partia (Persia) y Mesopotamia al oeste, así como los reinos nómadas de las estepas al norte.

Recaída en manos xiongnu

En 127 a.C., Zhang Qian y su grupo decidieron volver a China, pero esta vez por el sur de la cuenca del Tarim. De nuevo, los xiongnu apresaron a los viajeros, pero estos salvaron una vez más la vida gracias al alto sentido del deber de Zhang Qian y su intrepidez frente a la muerte, cualidades muy

▷ **La Ruta de la Seda**

El épico viaje de Zhang Qian a Daxia fue el primer paso para la creación de la Ruta de la Seda, una red de caminos que conectaba China con Asia central y, más tarde, algunos puertos del mar Mediterráneo.

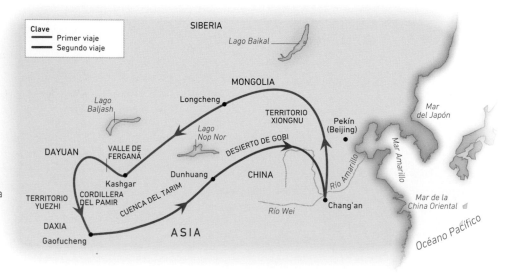

Clave
— Primer viaje
— Segundo viaje

SIBERIA
Lago Baikal
MONGOLIA
Lago Baljash
Longcheng
TERRITORIO XIONGNU
Pekín (Beijing)
Mar del Japón
Lago Nop Nor
DESIERTO DE GOBI
DAYUAN
VALLE DE FERGANÁ
Dunhuang
CHINA
Río Amarillo
Mar Amarillo
Kashgar
CUENCA DEL TARIM
TERRITORIO YUEZHI
CORDILLERA DEL PAMIR
Chang'an
Mar de la China Oriental
DAXIA
Río Wei
ASIA
Gaofucheng
Océano Pacífico

valoradas por los xiongnu. Dos años después murió el líder xiongnu, y en medio del caos y las luchas internas por la sucesión, Zhang Qian, su esposa, su hijo y Ganfu se las volvieron a ingeniar para escapar y volver a China. El emperador Wu recibió con agrado las noticias de Zhang Qian de que al oeste existían civilizaciones sofisticadas con las que China podía comerciar. Apreciaban las mercancías y la riqueza Han, y a su vez, podían proporcionarles bienes, como los caballos de Ferganá, que interesaban a China. El informe de Zhang Qian tuvo consecuencias inmediatas: en 114 a.C. ya estaban organizadas las rutas comerciales de la Ruta de la Seda entre China y Asia central.

EN CONTEXTO
Los caballos de Ferganá

Los chinos calificaron a los caballos de Ferganá de «celestiales» por su elegancia y velocidad sin par. Después de que Zhang Qian los mencionara en sus informes al regresar de su épico viaje en 125 a.C., los Han comenzaron a importar tantos caballos que Ferganá cortó el suministro. En respuesta, el emperador Hu envió un ejército en 113 a.C. para capturar algunos ejemplares, pero fue derrotado. En 103 a.C. volvió a intentarlo, en esta ocasión con 6000 hombres que consiguieron diez caballos y el compromiso de Ferganá de ceder dos caballos celestiales al año. La supremacía militar china quedaba asegurada.

CABALLO DE FERGANÁ DE BRONCE DEL SIGLO II D.C., PROCEDENTE DE GANSU (CHINA CENTRAL)

La Ruta de la Seda

El camino hacia Occidente ya estaba abierto, y China dejaba por fin de estar aislada por tribus hostiles. Aunque Zhang Qian no lograra crear lazos comerciales con los países que visitó, intentó forjar una relación mercantil con India, y en 119–115 a.C. inició el comercio con los wusun, un pueblo del lejano noroeste de China y, por ende, con la remota Persia. Así, el futuro comercial de China estaba garantizado.

△ **Caja persa**
Esta caja persa de plata hallada en la tumba del emperador Zhao Mo, que gobernó el sur de China y el norte de Vietnam desde 137 a.C. hasta su muerte, 15 años después, se considera el primer objeto importado por China.

La travesía de los Alpes

En 218 a.C., el general cartaginés Aníbal Barca partió de Hispania hacia Italia al frente de un ejército del que formaban parte elefantes de guerra con el que realizó una épica travesía de los Alpes.

La ciudad norteafricana de Cartago era una rival acérrima de la República romana. Tras heredar de su padre, Amílcar, el mando del ejército cartaginés en la península Ibérica, Aníbal planeó atacar Roma por tierra. Su ejército contaba con soldados de las tribus de la península Ibérica, infantería libia, caballería númida y 37 elefantes de una pequeña raza africana que se usaba para la guerra en el mundo antiguo. Los más de 100 000 hombres que partieron de Cartago Nova (actual Cartagena) a finales de primavera se habían reducido a 60 000 al llegar a la Galia romana a finales de verano, en parte porque Aníbal solo quería los mejores soldados para garantizarse un avance rápido y ligero.

El mayor obstáculo natural en Galia fue el Ródano, que el ejército de Aníbal, incluidos los aterrados elefantes, cruzó en balsas. A pesar de los enfrentamientos con tribus locales y con un ejército romano enviado para interceptar a los cartagineses, en noviembre estos habían llegado a las faldas de los Alpes. Su ruta exacta a través de la cordillera sigue siendo objeto de polémica. Durante el ascenso, el hostigamiento de las tribus de las montañas provocó más pérdidas de animales y hombres. Tardaron nueve días en alcanzar la cresta nevada del paso elegido para cruzar.

Desmoralizados, los soldados solo emprendieron el descenso tras muchas arengas de Aníbal. Caballos, mulas y elefantes avanzaban con dificultad por los caminos helados al borde de abruptos precipicios, y los soldados de países cálidos sufrían por aquel insólito frío glacial. Al final, las tropas llegaron a las llanuras tras una travesía cuya duración se estima en tres o cuatro semanas.

Ya en el norte de Italia, Aníbal inició los preparativos para la conquista de Roma. Durante 15 años de campaña infligió terribles derrotas a los romanos, pero no consiguió la victoria total que anhelaba. Al final fue Roma quien destruyó Cartago. Aníbal, fugitivo del poder romano, se suicidó en 183 o 182 a.C.

◁ **Aníbal y su ejército**
En esta pintura italiana del siglo XVI, Aníbal y sus tropas combaten con exóticos atavíos. Puede que Aníbal montase un elefante para supervisar el campo de batalla, pero la principal función de este animal era sembrar el terror entre las filas enemigas.

Estrabón

El autor de uno de los primeros tratados de geografía legó al mundo una valiosísima fuente de información sobre las gentes y los territorios del Imperio romano y sus vecinos.

Al igual que de muchos personajes destacados de la Antigüedad, se conocen pocos datos seguros acerca de Estrabón. Se cree que nació en Amasia, una ciudad del Ponto, en 64 o 63 a.C., en el seno de una familia acaudalada que había ocupado puestos preeminentes antes de que el reino se incorporase al Imperio romano tras la muerte de Mitrídates VI. También se sabe que en 44 a.C. se instaló en Roma, donde vivió al menos 13 años y estudió filosofía y gramática con el poeta griego Jenarco y con el gramático y notable geógrafo Tiranión de Amiso.

Exploración del mundo

Fue entonces cuando comenzó a viajar. En 29 a.C. visitó Corinto y la pequeña isla griega de Giaro. En 25 a.C. navegó por el río Nilo hasta los templos de File, en el reino nubio de Kus, y siguió hacia el sur hasta Etiopía. Asimismo, visitó Toscana, en Italia, y exploró

su tierra natal y Asia Menor. En esa época, el Imperio romano vivía tiempos de paz bajo el gobierno de Augusto (27 a.C.–14 d.C.), lo que permitió a Estrabón realizar sus múltiples viajes.

Alrededor de 20 a.C., Estrabón escribió su primer libro, *Memorias históricas*, una historia del mundo conocido desde la conquista de Grecia por los romanos en el siglo II a.C. Solo se conserva un fragmento de esta obra, pese a la fama que alcanzó en su momento (aparece citada en varias obras clásicas). No obstante, fue la precursora de su obra principal, *Geografía*, una historia geográfica del mundo que continúa imprimiéndose hoy en día. Se desconoce la fecha exacta del inicio de esta obra: algunos historiadores lo sitúan en 7 a.C., mientras que otros apuntan en torno a 17 o 18 d.C. El último

acontecimiento que menciona y que puede fecharse con exactitud es la muerte en 23 d.C. de Juba II de Mauritania. Lo que sí está claro es que Estrabón trabajó durante muchos años en esta obra y que la fue revisando a medida que avanzaba en ella.

La Tierra cambiante

En su *Geografía*, Estrabón cita a Eratóstenes, el «padre de la geografía», que calculó la circunferencia de la Tierra, y a Hiparco, el descubridor de la precesión de los equinoccios. Sin embargo, mientras que la obra de estos fue meramente científica, el objetivo de Estrabón era partir de dichas ideas e incorporarlas a una guía práctica para los viajeros, en especial para políticos y estadistas. Así pues, en su obra abundan las estimaciones, la mayoría de ellas

△ **El mundo según Estrabón**
Este mapa del siglo XIX muestra hasta qué punto Estrabón subestimó el tamaño de África y Asia.

originales. Por ejemplo, Estrabón fue el primero en describir la formación de los fósiles y los efectos de una erupción volcánica en el paisaje, y lo que es aún más importante, se planteó por qué aparecen conchas enterradas tan lejos del mar. Su conclusión fue que la causa no eran los cambios del nivel del mar, sino los del propio terreno, que se había ido elevando poco a poco por encima del mar. Por esta idea, precursora de la tectónica de placas, Estrabón merece pasar a la historia no solo como un gran viajero, sino como uno de los fundadores de la geología moderna.

◁ **Las pirámides de Guiza**
En torno a 25 a.C., Estrabón remontó el Nilo y vio las grandes pirámides de Guiza de camino a la isla de File, hoy sumergida bajo las aguas del lago Asuán, en el sur de Egipto.

« Y no solo las pequeñas, sino también las grandes islas, y **no solo las islas**, sino los continentes, pueden **alzarse juntos**. »

ESTRABÓN, *GEOGRAFÍA* (c. 7–18 D.C.)

◁ **El estudio de la Tierra**
Este grabado del siglo XVI sugiere el aspecto que pudo tener Estrabón. En el globo que sostiene aparece un mar Negro desproporcionadamente grande.

FECHAS CLAVE

■ **64 o 63 a.C.** Nace en el seno de una familia griega en Amasia, en el Ponto (hoy en Turquía), recién conquistado por los romanos.

■ **Década de 50 a.C.** En Nisa (hoy Sultanhisar) es alumno del retórico Aristodemo. Descubre la poesía de Homero.

■ **44 a.C.** Se instala en Roma, donde estudia y escribe hasta, al menos, el año 31 a.C. Entre sus maestros están los aristotélicos Jenarco y Tiranión de Amiso, que fomentó su interés por la geografía. Un tercer maestro, Atenodoro, le introduce en el estoicismo y le habla de los remotos límites del Imperio romano.

GEOGRAFÍA, EDICIÓN DE JOANNEM WOLTERS (1707)

■ **29 a.C.** Camino de Corinto visita la isla de Giaro, en el mar Egeo.

■ **27 a.C.–14 d.C.** Realiza muchos viajes durante el pacífico reinado de Augusto, primer emperador de Roma.

■ **25 a.C.** Remonta el Nilo hasta File, en el reino nubio de Kus.

■ **20 a.C.** Escribe *Memorias históricas*, obra prácticamente perdida.

■ **c. 7 a.C.** Empieza a escribir *Geografía*.

■ **23 d.C.** Fecha de la última referencia histórica en la *Geografía*: la muerte de Juba II de Mauritania.

■ **24 d.C.** Muere, probablemente en Amasia.

El Imperio romano

Los romanos construyeron obras de ingeniería muy innovadoras para la época, como calzadas, puentes y otras estructuras que permitían a los ciudadanos desplazarse con rapidez y seguridad por todo el imperio.

Los romanos eran un pueblo eminentemente práctico y dejaron un legado en materia de ingeniería y construcción que ha perdurado a lo largo de la historia. Construyeron presas para embalsar agua y acueductos para transportarla a las ciudades. También fueron grandes mineros: aprovechaban la fuerza del agua para retirar la materia indeseada del suelo y machacar los minerales duros en molinos de agua. Desarrollaron la rueda hidráulica para mover molinos de harina y las sierras con las que tallaban la piedra. Construyeron puentes para cruzar los ríos, y calzadas para conectar sus pueblos y ciudades.

Para el ocio erigieron grandes estadios con gradas como el Coliseo de Roma, con capacidad para unas 80 000 personas, que acudían a ver luchas de gladiadores y otros espectáculos públicos. Las ciudades contaban con grandes termas, o baños públicos, y arcos monumentales que conmemoraban grandes victorias. La mayoría de ellas disponía de un sistema

◁ **Miliario romano**
Al borde de todas las calzadas romanas se colocaba cada *milia passuum* (mil dobles pasos o 1476 m) una piedra cilíndrica que indicaba su posición en el camino y otros datos relevantes, como la distancia al foro de Roma.

de evacuación de aguas, y muchas casas contaban con un sistema de calefacción central subterráneo. Todas estas construcciones contribuyeron a mejorar la vida cotidiana del pueblo romano, a mantener unido el imperio y a inspirar confianza para realizar largos viajes. Con todo, el mayor logro del imperio fue su red de calzadas.

Las necesidades de Roma

La República romana y, desde 27 a.C., el Imperio, debía ser capaz de trasladar sus ejércitos con rapidez para defender las fronteras de sus múltiples enemigos. Asimismo, el gobierno necesitaba que funcionarios y órdenes llegaran rápido a sus destinos. Los comerciantes tenían que ir de ciudad en ciudad para vender su mercancía, y la población civil necesitaba viajar por motivos laborales y religiosos. Con objeto de satisfacer estos requerimientos, en 300 a.C. se emprendió la construcción de una serie de caminos pavimentados. En el momento álgido del imperio, en el siglo II d.C., la red viaria estaba completa. Veintinueve vías militares rápidas salían de Roma y conectaban las 113 provincias con 372 calzadas principales, y muchas vías menores comunicaban aldeas y puertos. Esta extensa red superaba los 400 000 km de longitud total, y 80 500 de ellos estaban pavimentados.

INTERIOR DE LA CÚPULA DEL PANTEÓN DE ROMA

TECNOLOGÍA
El hormigón

Hacia 150 a.C., los romanos descubrieron que mezclando tres partes de ceniza volcánica y otros agregados con una parte de conglomerantes, como yeso o cal, y añadiendo agua se obtenía un material de construcción ideal. La ceniza volcánica llamada puzolana impedía que las grietas se propagasen, lo que hacía al hormigón muy duradero. Los romanos lo emplearon en todas sus construcciones, combinándolo con piedra o mármol con fines ornamentales. También crearon una versión que fraguaba bajo el agua, particularmente útil para los puentes. La obra cumbre de hormigón romana es la cúpula del Panteón de Roma, que sigue siendo una de las mayores del mundo de hormigón no armado 2000 años después.

El arte de la construcción de carreteras

Una antigua ley de *c.* 450 a.C. estipulaba que una calzada debía medir ocho pies romanos de ancho en los tramos rectos y el doble en los curvos. Para construir una calzada, un ingeniero evaluaba la ruta y luego un *gromaticus* o agrimensor dibujaba el trazado con una groma (una escuadra vertical con plomos colgantes que servía para calcular los ángulos rectos). Aunque la construcción de las calzadas variaba según las condiciones locales, la vía estándar tenía una capa base de tierra apisonada, seguida de capas de piedras, escombros, argamasa y, por último, losas o adoquines. La superficie final era lisa y ligeramente arqueada en el centro para drenar el agua de lluvia a las cunetas de ambos lados. Si hoy las calzadas romanas parecen toscas e irregulares es porque la argamasa ha desaparecido.

Tal vez el aspecto más destacable es que su trazado era recto siempre que era posible. Algunas calzadas cubrían 90 km sin una sola curva, subiendo y bajando colinas sin desviarse. Una carretera recta no solo era más rápida; también más segura, »

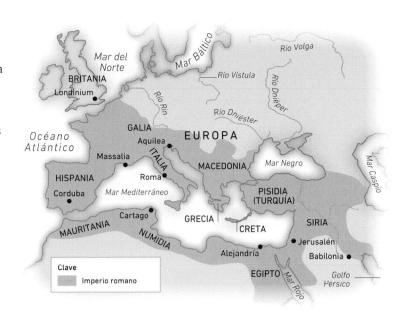

△ El alcance romano

En 116 d.C., bajo el emperador Trajano, el Imperio romano alcanzó su máxima extensión. Abarcaba desde el norte de Inglaterra hasta el golfo Pérsico, pasando por Europa y Oriente Próximo. Los territorios orientales se abandonaron pronto, pues su mantenimiento implicaba un coste demasiado elevado.

«**No existe distrito** al que pueda enviarse a un **funcionario romano**, en servicio civil o militar, **donde no se encuentren calzadas**.»

DEL *ITINERARIO DE ANTONINO*, UNA RECOPILACIÓN DE LAS CALZADAS ROMANAS (*c.* 300 D.C.)

◁ La vía Apia

Construida en 312 a.C., la vía Apia va de Roma a Brindisi (563 km). En origen, su función era facilitar el despliegue de las legiones para combatir a los samnitas en el sur de Italia.

>> pues nadie podía esconderse en un recodo, una consideración nada desdeñable para los ejércitos en itinerancia.

Mapas y posadas

A fin de orientarse en su red de calzadas, los romanos elaboraron mapas de carreteras, como la tabla de Peutinger (pp. 48–49). Los viajeros que realizaban largos periplos en misiones oficiales pernoctaban y presentaban su pasaporte en las *mansiones*, unas posadas que había cada 25 o 30 km. Los demás viajeros se hospedaban en *cauponae*, o albergues privados. En los primeros días de la red de calzadas, antes de la construcción de estos alojamientos, la ley obligaba a las casas cercanas a dar hospitalidad cuando se les requiriese. Estas casas dieron lugar a los primeros albergues. Cada 20 o 30 km había una *mutatio* (casa de postas), donde se ofrecían servicios para vehículos y animales.

El tráfico imperial

El tráfico en las calzadas romanas era constante. Los soldados marchaban por ellas de un campamento a otro, a veces a gran distancia. Un documento sobre los visitantes del muro de Adriano, en el norte de Inglaterra, entre 253 y 258 d.C., atestigua la presencia de una unidad de «moros aurelianos», soldados de los territorios ocupados por los romanos en el norte de África. Además, también usaban las calzadas los funcionarios al servicio del emperador, los magistrados cuando se desplazaban para impartir justicia, los estudiantes que iban a

◁ **Sobre ruedas**
A diferencia de otros pueblos antiguos, los romanos no usaban los carros con fines bélicos, sino en las carreras y los desfiles triunfales.

▽ **El Pont du Gard**
Posiblemente la mayor obra de la ingeniería romana que se conserva, este acueducto construido en 60 d.C. transportaba agua a lo largo de 50 km, desde un manantial de Uzès hasta la colonia romana de Nemausus (Nîmes).

estudiar a otras ciudades, los peregrinos para ir a los templos y otros lugares de culto, y los terratenientes de Roma para visitar sus propiedades rurales. Asimismo, era habitual encontrar mercaderes y comerciantes, y campesinos que llevaban su ganado y sus productos al mercado. Los mensajeros públicos, con sus gorros de cuero, corrían por relevos para llevar los mensajes del gobierno (para los envíos especiales se utilizaba un jinete a caballo). Más comunes aún eran los *tabellarii*, esto es, esclavos encargados de entregar el correo particular. Los únicos viajeros que no se veían por aquellas calzadas eran los que hoy llamaríamos turistas, ya que el concepto del viaje de placer no existía en el mundo romano.

El vehículo más popular era el *carrus*, un carro tirado por un caballo que transportaba un conductor y un pasajero, aunque también abundaban las cuadrigas o las carretas tiradas por bueyes, caballos o mulas, con un toldo para el caso de que hiciera mal tiempo.

Por el mar

La carretera no era la única vía de transporte de los romanos. Aunque en origen eran una tribu de interior y no tenían tradición marinera, durante las guerras contra Cartago (Túnez) en los siglos III y II a.C., los romanos crearon una flota marítima con fines bélicos y otra para el comercio. Sus barcos mercantes tenían el casco redondeado y generalmente plano, y eran propulsados por una única vela. Algunos también transportaban puntualmente pasajeros, aunque existía una nave que cubría la célebre ruta del Adriático, entre Brindisi, en el sur de Italia, y Grecia. Tanto los pasajeros como la tripulación dormían en cubierta y todos debían embarcar con provisiones para su propia comida, que preparaban en la cocina del barco.

« Los **mensajeros** [...] gracias a los **relevos** y a **excelentes caballos** [...] podían cubrir **en un día** una **distancia tan larga** como la que habrían **recorrido en diez** en **otras circunstancias**. »

PROCOPIO, HISTORIADOR BIZANTINO (*c.* 500 D.C.)

EN CONTEXTO
El templo de Baco

El alcance del Imperio romano es visible en la actualidad gracias a construcciones que se han conservado en lugares remotos situados en territorios ajenos. El templo de Baco de Heliópolis, o Baalbek, en Líbano, es un ejemplo. Fue construido entre los años 150 y 250 d.C. y mide 31 m de altura. Cuarenta y dos columnas corintias de fuste liso y 20 m de alto sostienen un complejo entablamento (conjunto de molduras y decoración escultórica) y el tejado. En la cámara interior, o *cella*, aparecen escenas de la vida de Baco, el dios del vino. Este edificio es uno de los mayores logros de la Antigüedad.

EL TEMPLO DE BACO DE BAALBEK, EN LÍBANO, HA SERVIDO DE INSPIRACIÓN A LOS ARQUITECTOS DURANTE CASI 2000 AÑOS

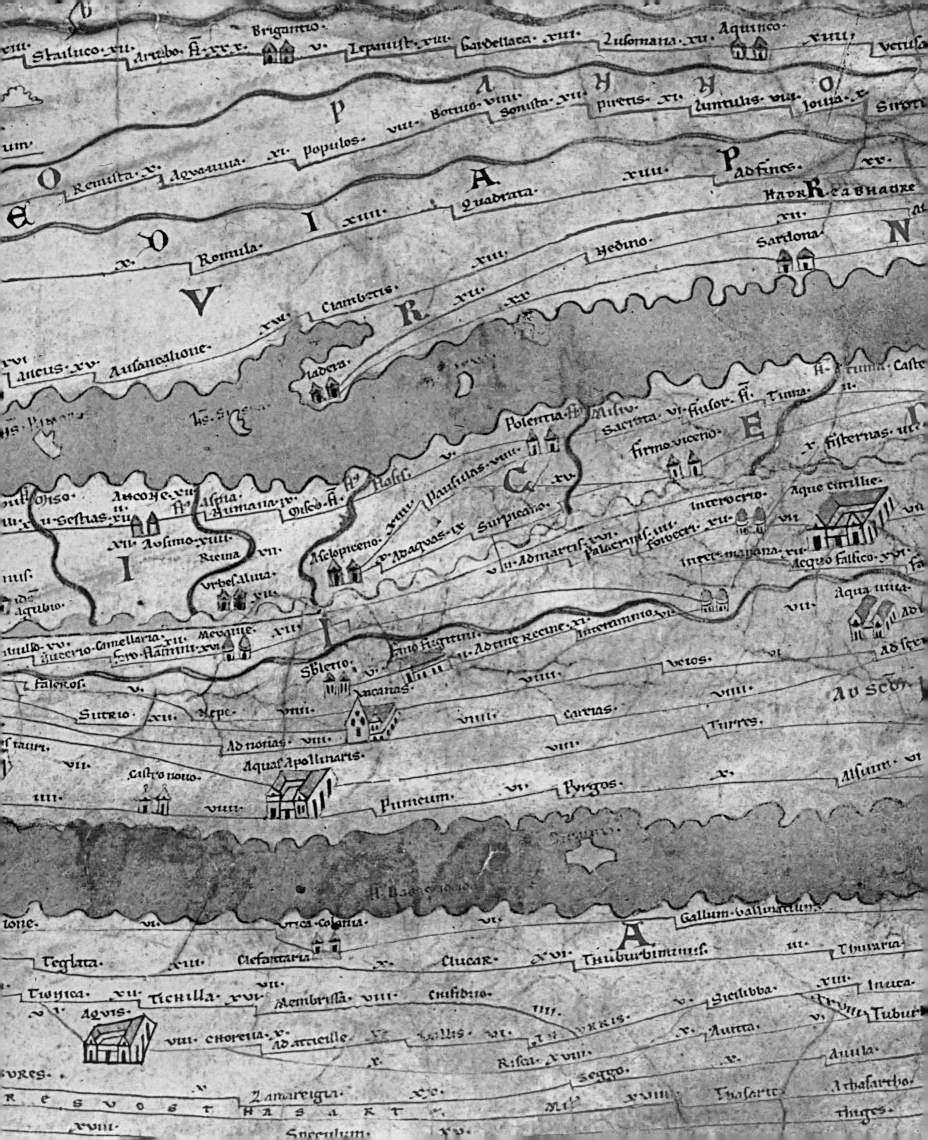

La tabla de Peutinger

La red de calzadas romanas era tan compleja que para entenderla hacía falta un mapa. El primer mapa, dibujado en el siglo I, se conoce gracias a una copia del siglo XIII.

Las calzadas eran los vasos conductores de la savia vital del mundo romano, ya que permitían a sus legiones, funcionarios, mercaderes y viajeros desplazarse rápidamente por el imperio. Solían estar pavimentadas con losas de piedra, peraltadas para drenar el agua por los lados y flanqueadas por aceras y cunetas. La rectitud del trazado estaba calculada, y a menudo cortaban por las montañas, salvando ríos y desfiladeros mediante puentes cuando era necesario. La red de calzadas tenía unos 400 000 km. Su centro era Roma, de donde partían 29 vías pretorianas hacia las provincias lejanas.

El *cursus publicus*, un servicio de correo estatal, transitaba por esta red. Creado por el emperador Augusto (r. 27 a.C.–14 d.C.), estaba pensado para el envío de mensajes, documentos oficiales e impuestos entre las provincias y Roma. Los mensajeros y demás viajeros necesitaban un mapa para orientarse en aquel entramado de carreteras. El primer mapa de este tipo fue obra de Agripa, yerno del emperador. Posteriormente, en el siglo IV o V, se creó otra versión que ha perdurado en una copia realizada por un monje de Colmar, en el este de Francia, en 1265. Este mapa debe su nombre actual de tabla de Peutinger a un comerciante y humanista de Augsburgo (Alemania) llamado Konrad Peutinger, a cuyas manos fue a parar a principios del siglo XVI.

El mapa, trazado en un pergamino de 34 cm de alto y 675 cm de largo, muestra la red de calzadas de casi todo el Imperio romano, salvo Marruecos, Hispania y las islas de Britania (partes probablemente extraviadas), y el Oriente Próximo, India y Sri Lanka. Se trata de un mapa esquemático, no geográfico, con una distorsión considerable de este a oeste. Los mares están representados por finas líneas de agua. Incluye más de 550 ciudades y otros 3500 topónimos, así como todas las calzadas y las distancias entre ellas. Con este mapa, el viajero podía conocer el nombre de la siguiente ciudad y la distancia a la que se encontraba. Para los romanos, su valor sería incalculable.

◁ **El centro del mundo**
Todos los caminos del mapa de Peutinger llevan a Roma (centro, dcha.). En este detalle, la actual Croacia se extiende por encima del Adriático, en la parte superior, y el norte de África bajo el mar Mediterráneo, en la inferior.

El *Periplo del mar Eritreo*

Para los griegos de nuestros días, el mar Eritreo es el mar Rojo; en la Antigüedad, comprendía el océano Índico y el golfo Pérsico. Un excepcional documento del siglo I cuenta su historia.

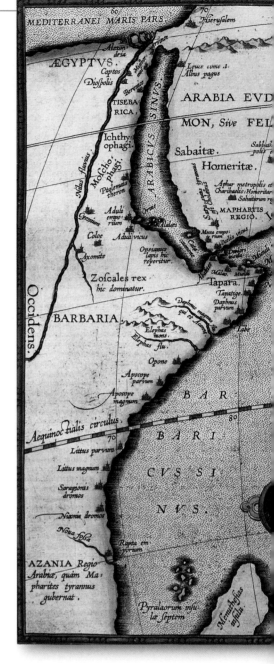

Un periplo era un documento empleado por los navegantes del mundo antiguo en el que se daba cuenta y razón de los puertos y las principales referencias que un capitán encontraría en una costa determinada, y las distancias aproximadas entre ellos.

El *Periplo del mar Eritreo* está escrito en griego y consta de 66 capítulos, muchos de los cuales son un solo párrafo. Enumera los puertos del mar Rojo, Arabia, el golfo Pérsico, África oriental e India en tiempos del Imperio romano, y describe el tipo de industrias desarrolladas en cada una de esas regiones. Los historiadores lo datan hacia la mitad del siglo I d.C., y la mayoría coincide en que su autor fue probablemente un mercader egipcio que hablaba griego. Se cree que vivió en Berenice Troglodita, ciudad portuaria de la costa egipcia del mar Rojo, pues la describe con mucho detalle. Sin duda era una persona muy viajada, pero no especialmente instruida: mezclaba palabras griegas y latinas, y no dominaba la gramática.

△ **Apolo con un quelis**
El quelis era la lira común de la Grecia antigua. Su caja convexa solía fabricarse con un caparazón de tortuga. El *Periplo del mar Eritreo* alude al floreciente comercio de caparazones de tortuga, de los que los de carey eran los más valorados.

Arabia y África

El *Periplo* recoge las relaciones amistosas entre Roma y los imperios comerciales del reino himyarí y de los sabeos de Yemen. A lo largo de la península Arábiga, describe «una línea de costa continua y una bahía de dos mil *stadia* de largo o más, cuyos pueblos están habitados por nómadas y comedores de pescado [...].

Todo el olíbano producido en el campo se trae en camellos a este lugar para almacenarlo, luego parte a Cana en balsas que flotan sobre pieles infladas, como es costumbre en este país, y en barcos». El olíbano es uno de los muchos productos mencionados en el *Periplo*. El autor presta especial atención al puerto de Opone en Somalia, en África oriental, donde se han hallado muchas piezas de cerámica romana y egipcia. Allí, según el *Periplo*, «se produce la mayor cantidad de canela, hay esclavos de primera clase, que cada vez más parten hacia Egipto, y un carey de calidad excepcional, superior al de ninguna otra parte». Menciona también Axum, en Etiopía, como centro principal del comercio de marfil. Más al sur, el *Periplo* describe el puerto de Rhapta, probablemente al sur de la actual Dar es Salaam, en Tanzania, donde «hay marfil y carey en abundancia» y se han encontrado monedas romanas.

India y los griegos

El *Periplo* describe el comercio intensivo de la otra orilla del océano Índico, en el puerto de Barygaza, la actual Bharuch,

«[...] **más allá del cabo** frente a esta bahía, se encuentra otra **ciudad mercantil a orillas del mar**, Cana, del reino de Eleazus, el **país del olíbano**.»

PERIPLO DEL MAR ERITREO

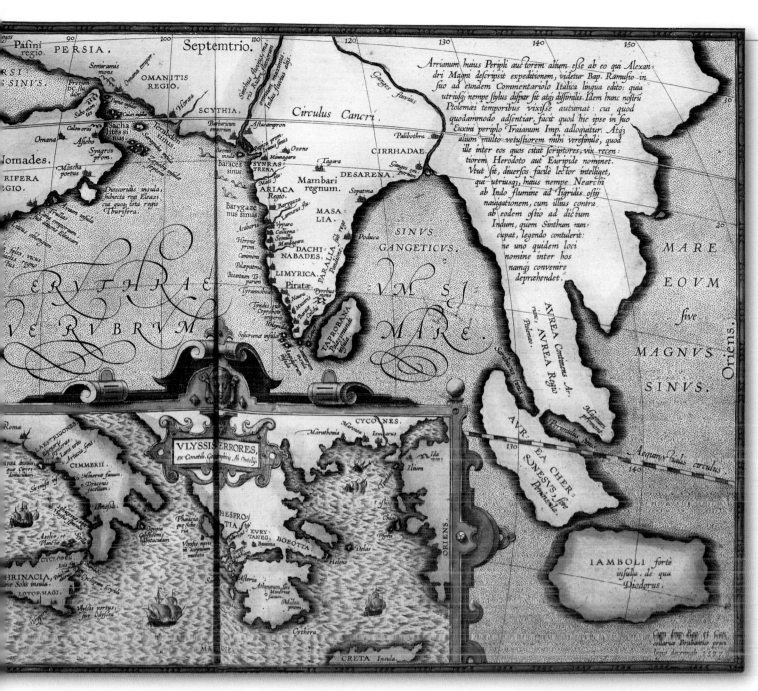

en Gujarat. «Es un país fértil, que produce trigo, arroz, aceite de sésamo y manteca clara, así como algodón y los toscos tejidos indios fabricados a partir de él.» Lo más fascinante es que «los antiguos dracmas son habituales en Barygaza, vienen de este país, llevan inscripciones en letras griegas y los lemas de aquellos que reinaron después de Alejandro», prueba de la presencia del imperio macedonio de Alejandro Magno (pp. 36–37).

También describe una serie de puertos comerciales en el sur de India y una feria anual en la frontera india con el Tíbet. Menciona asimismo el activo comercio de perlas, tejidos de seda, diamantes y zafiros que llegaban a la

costa desde el valle del Ganges. Otros tantos informes proporcionan un excepcional retrato del mundo comercial del océano Índico y sus costas. Con respecto a las áreas no cubiertas por el *Periplo*, el autor escribe que «o bien son de difícil acceso por sus inviernos y fríos extremos, o no puede aspirarse a llegar a ellas por alguna influencia divina de los dioses».

◁ **Olíbano**
Esta aromática resina usada para perfumes e incienso se comercializa desde hace más de 5000 años desde Arabia y Somalia. Las cuatro principales especies de resina proceden de árboles del género *Boswelia*.

EN CONTEXTO
Barcos mercantes romanos

Eran barcos de casco redondeado o de fondo plano, curvado en la proa y en la popa, lo que les confería cierta simetría. Primero se ensamblaban los extremos, la quilla y los tablones exteriores, y luego se insertaban las tablas internas de soporte. Las tablas que iban de extremo a extremo estaban unidas mediante ensambladuras de mortaja y espiga, y reforzadas con clavijas de cobre. La mayoría de los barcos mercantes medía entre 15 y 37 m de eslora y pesaba entre 150 y 350 toneladas. Además de la carga, muchos transportaban pasajeros. Los barcos cerealeros hacían el trayecto entre Roma y Alejandría regularmente y llevaban hasta 200 pasajeros por travesía.

BARCO MERCANTE ROMANO (c. 200 D.C.)

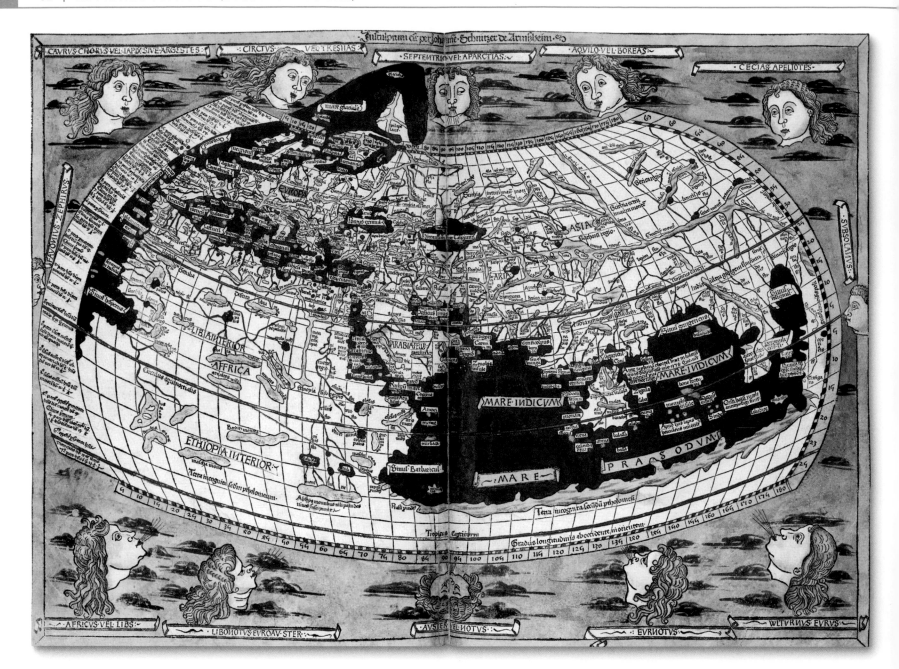

△ **El mundo de Tolomeo**

En esta copia del mapamundi de Tolomeo, China (Sinae) está en el extremo oriental, al norte de una sobredimensionada isla de Sri Lanka (Taprobane) y de la península de Malaca (Aurea Chersonesos). Las islas Canarias se encuentran en el extremo occidental.

La *Geografía* de Tolomeo

En el siglo II d.C., un geógrafo y astrónomo nacido en Egipto transformó el conocimiento del mundo y de los cielos. Su influencia perduró durante mil años y sigue siendo significativa.

Se sabe muy poco sobre Tolomeo, aparte de que nació en Alejandría (Egipto) en torno al año 100 y falleció en la misma ciudad 70 años después. Fue ciudadano romano y griego, aunque pudo haber sido un egipcio de educación helenística que escribiese en el griego de la época. Pese a su nombre, es poco probable que tuviese algún parentesco con los faraones que se llamaban igual. Se le

recuerda por las tres obras científicas que escribió: la primera, el *Almagesto*, es el único tratado antiguo sobre astronomía que se conserva; la segunda, *Tetrabiblos* (del griego «cuatro libros»), es una obra sobre astrología, y *Geografía*, la última y más importante, es una discusión sobre el estado del conocimiento geográfico en la época del Imperio romano. Como astrónomo, Tolomeo creía que la Tierra se encontraba en el centro del universo,

una perspectiva geocéntrica que perduró hasta que se aceptó el modelo heliocéntrico tras la revolución copernicana del siglo XVI. Para Tolomeo, el universo era un conjunto de esferas encajadas que rotaban alrededor del Sol. A partir de esa premisa calculó las dimensiones del universo y elaboró un catálogo de las 48 constelaciones principales. Asimismo, registró toda la información necesaria para estimar las

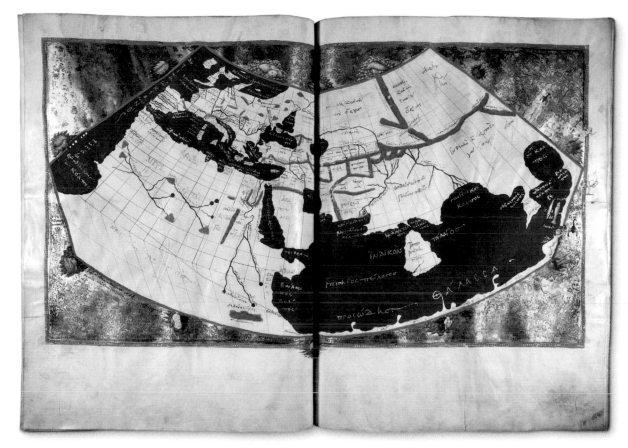

◁ **El mundo conocido**

Este mapa grabado en 1482 por Johannes Schnitzer muestra la visión tolemaica del ecúmene, el mundo conocido o habitado en la época, cuando ni América ni Australasia se habían descubierto, el océano Pacífico era desconocido y los navegantes europeos no habían llegado al extremo meridional de África.

TECNOLOGÍA
El sextante

En este grabado de principios del siglo XVI, Tolomeo, cuadrante en mano, sigue las instrucciones de Urania, la musa griega de la astronomía. No obstante, Tolomeo no conoció el sextante, que se inventó en los primeros años del siglo XVIII. Los marineros usaban el sextante para calcular la latitud del barco mediante el ángulo entre un objeto astronómico, como el Sol a mediodía, y el horizonte. Asimismo, con la distancia entre la Luna y otro objeto celeste se podía calcular la hora y, por ende, la longitud.

TOLOMEO GUIADO POR URANIA, LA MUSA DE LA ASTRONOMÍA

> « Sé que soy **mortal** [...] pero cuando sigo [...] a **los cuerpos celestes en su curso circular**, mis **pies** ya no tocan la **Tierra**.»

TOLOMEO, *ALMAGESTO* (150 D.C.)

posiciones del Sol, la Luna y los planetas, la salida y la puesta de las estrellas, y los eclipses solares y lunares.

La atención al detalle de Tolomeo puede observarse en su obra magna, *Geografía*, basada en un tratado anterior del geógrafo griego Marino de Tiro, que se perdió posteriormente. La obra de Tolomeo se estructura en tres partes repartidas en ocho libros. El libro I se ocupa de la cartografía, mientras que los libros II hasta el principio del VII son un índice geográfico que incluye la longitud y la latitud de todos los lugares del mundo conocido

◁ **Esfera geocéntrica**

En esta pintura del siglo XV realizada por Justo de Gante y Pedro Berruguete, Tolomeo sostiene una esfera armilar, una maqueta de los objetos celestes con la Tierra en el centro, como él imaginaba.

en la época. Tolomeo medía la latitud a partir del ecuador en África, pero la establecía en términos horarios: el ecuador tenía 12 horas de luz en el solsticio de verano, y el Ártico, 24. El meridiano de base, a partir del cual se mide la longitud, atravesaba las islas Afortunadas, en el Atlántico (seguramente las Canarias). El resto del libro VII proporciona detalles sobre las tres proyecciones o perspectivas necesarias para construir un mapa del mundo. El último, el libro VIII, contiene una serie de mapas regionales.

El legado de Tolomeo

Los mapas de Tolomeo fueron los más precisos de su tiempo, pese a que sus cálculos de longitud alargaban el mundo de este a oeste de manera notable. El cálculo de la latitud siguió siendo muy complicado hasta que Galileo resolvió el problema en el siglo XVII. La traducción de la *Geografía* al árabe en el siglo IX y al latín en el año 1406 contribuyó a que la influencia de Tolomeo perdurase durante mil años. Sus ideas siguieron vigentes hasta el siglo XVI.

COMERCIO Y CONQUISTA

400—1400

COMERCIO Y CONQUISTA (400–1400)
Introducción

Durante la Edad Media, todo gran viaje era una aventura en la que se podía perder la vida o la fortuna. Los mapas estaban llenos de espacios en blanco, territorios ignotos donde la imaginación situaba toda suerte de míticas maravillas. Un cristiano podría llegar a creer que, si salía de Europa, se toparía con el Paraíso Terrenal o con el reino del legendario Preste Juan. Los libros de viajes, unos de los más leídos en aquel tiempo, mezclaban inextricablemente las invenciones más fantasiosas con testimonios reales.

Pese a los limitados conocimientos geográficos, el mundo se mantenía hilvanado por las rutas comerciales entre continentes. Desde Europa occidental, el emperador Carlomagno intercambió presentes con el califa de Bagdad, y desde Roma, los papas enviaron embajadores a los gobernantes mongoles de Asia central. Fueron muchos los que se aventuraron a recorrer aquellas rutas primitivas o a surcar mares peligrosos en pos de riquezas, aventuras, conquistas o salvación.

La fe y el comercio

A lo largo de la historia, miles de personas han viajado por motivos religiosos. En el siglo VII, el budista chino Xuan Zang emprendió un viaje a India en busca de las raíces de su fe. Fundado en el mismo siglo, el Islam obligaba a sus creyentes a realizar el *hayy*, la peregrinación a La Meca, y con el tiempo, cada año partían caravanas de peregrinos desde Asia y el norte de África hacia el mar Rojo. También los cristianos desarrollaron su propia tradición de peregrinación a lugares santos, cercanos o lejanos, a los que afluían multitudes. El mayor anhelo de muchos cristianos era realizar el largo viaje a Jerusalén.

TÍPICO *DHOW* MERCANTE DEL SIGLO XIII, EN UN MANUSCRITO ÁRABE DE LA ÉPOCA

COMO HOY, LOS MUSULMANES ESTABAN OBLIGADOS A REALIZAR EL *HAYY* AL MENOS UNA VEZ EN LA VIDA

INSTRUMENTOS DE NAVEGACIÓN, EN EL *LIBRO DE LAS MARAVILLAS DEL MUNDO* DE MANDEVILLE (1357)

« El **deber** de quien **desee ver maravillas** es **desviarse** alguna vez **de su camino**. »

JUAN DE MANDEVILLE, *LIBRO DE LAS MARAVILLAS DEL MUNDO* (c.1350)

No todos los viajeros eran tan pacíficos. Nadie viajó tanto como los vikingos, cuya sed de aventuras igualaba a su hambre de territorios y botín. Las bandas de guerreros vikingos navegaron más allá de los límites del mundo conocido, hasta Islandia, Groenlandia e incluso la costa de América del Norte. Los caballeros cruzados europeos también viajaron espada en mano para arrebatar Palestina a los musulmanes en 1099. La fundación de los estados de los cruzados en el Mediterráneo oriental se convirtió en otro acicate para el viaje y el comercio, que hizo la fortuna de las ciudades italianas con vocación marítima de Venecia y Génova.

La edad dorada

En el siglo XIII, los mongoles Gengis Kan y sus sucesores impusieron cierta unidad política desde Oriente Medio hasta China utilizando las antiguas rutas del comercio de la seda. Entre tanto, las caravanas de camellos iban y venían a través del desierto del Sáhara transportando oro desde el misterioso reino de Mali. El comercio marítimo, beneficiándose de la introducción del astrolabio y la brújula, conectó los puertos del mar Rojo con el este de África, India, Indonesia y, por último, China. El veneciano Marco Polo no fue el único en viajar entre Europa y el Asia oriental bajo dominio mongol. El musulmán Ibn Battuta, apremiado por la curiosidad, recorrió el mundo desde el norte de África hasta Pekín. No obstante, a finales del siglo XIV, la era dorada del viaje euroasiático fue perdiendo brillo a medida que la guerra y la inseguridad ponían nuevas barreras a los desplazamientos. Los siguientes grandes viajes iban a ser transoceánicos

EL REY LUIS IX DE FRANCIA (DESPUÉS SANTO), MUERTO DURANTE LA OCTAVA CRUZADA, EN 1270

GENGIS KAN, CUYAS CONQUISTAS UNIFICARON UN TERRITORIO QUE IBA DE ORIENTE MEDIO A CHINA

EL VENECIANO MARCO POLO TOMÓ LA RUTA DE LA SEDA PARA LLEGAR A LA ASIA ORIENTAL MONGOLA

Viaje de Xuan Zang a India

El viaje del monje chino Xuan Zang a India fue uno de los mayores periplos terrestres de su tiempo, del que regresó con cientos de textos que contribuyeron a la difusión del budismo en su tierra natal.

E l erudito budista Xuan Zang nació en Goushi (hoy en la provincia china de Henan), hacia el año 602. Gran lector desde una edad temprana, especialmente de textos religiosos, a los

20 años ya era monje budista. Sus lecturas lo convencieron de que las escrituras budistas que había en China estaban incompletas o eran malas traducciones de los originales

indios. Así, en 629 decidió atravesar Asia hasta India para encontrar las auténticas para llevárselas a China y traducirlas, y así lo hizo, a pesar de que las fronteras chinas estuvieran

△ **Templo Mahabodhi en Bodh Gaya**
Esta acuarela del siglo XIX muestra el templo Mahabodhi que se alza en el lugar en que Buda halló las respuestas a sus preguntas sobre el sufrimiento y alcanzó la iluminación mientras meditaba bajo una higuera.

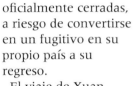

▷ **Xuan Zang**
El erudito viajero figura en el muro del templo Dacien, en la provincia china de Shanxi, construido para albergar las escrituras que trajo de India.

> **«Preferiría morir** en el intento de dar el **último paso hacia el oeste** que conseguir **volver con vida al este**. **»**

VOTO DE XUAN ZANG

oficialmente cerradas, a riesgo de convertirse en un fugitivo en su propio país a su regreso.

El viaje de Xuan Zang resultó ser una épica expedición de 17 años. Primero, debía atravesar el norte de China. Tomando la Ruta de la Seda por el desierto de Gobi, siguió las montañas de Tian Shan y penetró en peligrosos territorios, donde consiguió escapar por poco de los ladrones. Cruzó el paso de Bedel hacia Kirguistán, y allí fue recibido por el gran kan de los köktürks, una confederación de pueblos turcos nómadas que había estado en guerra con la China de la dinastía Tang, pero que por entonces mantenía relaciones pacíficas con los chinos. Xuan Zang continuó hacia el suroeste por Uzbekistán, dejó atrás su capital, Taskent, y siguió hacia el oeste hasta Samarcanda, donde halló muchos templos budistas abandonados. Luego continuó hacia el sur y, cuando llegó a Termez, encontró un monasterio en el que vivían más de mil monjes budistas.

Llegada a India

En Kunduz le aconsejaron desviarse hacia el oeste para ir a Afganistán, donde dio con otra gran comunidad budista. Allí empezó a recopilar textos y reliquias. Prajñakara, uno de los monjes, le ayudó a estudiar algunas escrituras antiguas y le acompañó hasta Bamiyán, sede de numerosos monasterios y de las famosas estatuas de Buda esculpidas en la roca.

De camino a Gandhara (Kandahar), Xuan Zang intervino en un debate religioso y descubrió a los hindúes y los jainíes. Allí, junto a la frontera del actual Pakistán, se sintió dentro del mundo indio, cerca de alcanzar su meta. Al dejar Gandhara emprendió

un largo viaje por India, conoció a gobernadores locales, se hospedó en monasterios, conversó con monjes budistas y recolectó textos. De su estancia en India cabe destacar sus visitas a los principales lugares asociados a Buda en el norte de India. En lo que actualmente es Bangladés halló unos 20 monasterios dedicados a las tradiciones budistas hinayana y mahayana. También visitó el monasterio de Nalanda, en el este de India, un reputado centro de estudio de las escrituras mahayana. Allí, Xuan Zang estudió varias disciplinas, aprendió sánscrito, y el abad, el célebre filósofo Silabhadra, se convirtió en su maestro y fuente de inspiración.

Finalmente, Xuan Zang regresó a China en el año 645: había recorrido unos 16 000 km a caballo y camello, recopilado 657 textos budistas, debatido con monjes budistas y maestros hindúes e, incluso, en una ocasión, convertido al budismo a un grupo de criminales. Xuan Zang pasó el resto de su vida

◁ **Budas de Bamiyán**
La mayor de las estatuas talladas en el siglo VI en una pared rocosa en Bamiyán, en el centro de Afganistán, medía 53 m de altura. Fue destruida por los talibanes en 2001, pero está en proceso de reconstrucción

traduciendo al chino los textos que se había llevado consigo, gracias a lo cual el budismo se difundió ampliamente por todo el país. El emperador Taizong quedó tan impresionado por la proeza de Xuan Zang que no solo le perdonó por el viaje, sino que, además, lo nombró consejero de la corte.

TRADUCCIÓN CHINA DE *LA PERFECCIÓN DE LA SABIDURÍA* POR EL CALÍGRAFO ZHAO MENGFU

EN CONTEXTO
Escrituras budistas

Las principales escrituras budistas provienen de India y recogen la palabra de Buda o de sus discípulos cercanos. Muchos de los textos que existían en China eran parciales o malas traducciones de los originales sánscritos, y Xuan Zang sintió que era su deber viajar a India, cuna de textos tan importantes como los sutras llamados *Prajñaparamita (La perfección de la sabiduría)* y traducirlos de nuevo. Cuando regresó a China, el emperador Taizong le ayudó a crear un centro de traducción en Chang'an, la capital, donde Xuan Zang empezó a traducir el material que había traído de su viaje junto con un equipo de estudiantes y expertos.

Viaje al oeste

Viaje al oeste es una novela publicada en China en el siglo XVI, comúnmente atribuida a Wu Cheng'en y cuya trama está inspirada en el viaje de Xuan Zang por Asia.

Pese a estar basada en el viaje a India del monje budista Xuan Zang, *Viaje al oeste* no es una obra realista, sino que incorpora numerosos elementos mitológicos y religiosos. De hecho, el mismo Buda está presente en el fondo del relato. Preocupado por la pecaminosa conducta de los habitantes de China, Buda designa a Xuan Zang como el candidato ideal para viajar a India y volver con las escrituras budistas necesarias para enseñar al pueblo a llevar una vida moral.

En la novela, el monje viaja con cuatro discípulos, personajes míticos convencidos o inspirados por Guanyin, deidad del budismo chino, para brindar compañía y protección a Xuan Zang, además de afrontar los peligros del viaje como una manera de expiar sus pecados. Estos personajes adoptan forma animal, pero presentan debilidades humanas. El principal de ellos es el violento y astuto Sun Wukong, el rey Mono, un ser inmortal camaleónico que promovió una rebelión en el cielo. Los otros tres son: Zhu Bajie, un cerdo codicioso; Sha Wujing, un ogro de río, tranquilo y fiable, y Yulong, el rey Dragón del mar del Oeste, en el cuerpo de un caballo blanco a lomos del cual viaja Xuan Zang.

La parte principal del libro narra el viaje por Asia. El relato consiste en una serie de aventuras y percances durante los cuales los cinco viajeros deben enfrentarse a monstruos, hechiceros y retos como las montañas llameantes. Logran salir prácticamente ilesos y llegar a India, donde les aguardan más aventuras antes de alcanzar su meta, un lugar llamado Pico de los Buitres. Allí, Buda les entrega las escrituras sagradas, tras lo cual emprenden el regreso a China.

Viaje al oeste combina la prosa y el verso en clave de comedia, novela de aventuras y texto religioso. Esta mezcla lo ha convertido en uno de los clásicos de la literatura china más populares y ha contribuido a mantener viva la memoria del gran Xuan Zang (pp. 58–59) y de su viaje real.

▷ **Peregrinación a India**
En este mural Xuan Zang cabalga a lomos de Yulong, el rey Dragón, que ha adoptado la forma de un caballo blanco. Les siguen el rey Mono, Sun Wukong, y Zhu Bajie, un monstruo mitad cerdo, mitad humano.

Navicella

En este óleo de 1628, basado en un mosaico de Giotto di Bondone de la fachada de la basílica de San Pedro, Jesús camina sobre las aguas del mar de Galilea en plena tormenta para subir al barco y reunirse con sus discípulos.

Caminos del Señor

Desde el de María y José a Belén para inscribirse en el censo, el viaje está muy presente en los Evangelios y fue crucial para la propagación inicial del cristianismo.

Los Evangelios muestran a Jesús como un predicador judío itinerante que recorrió Palestina, sobre todo a pie, acompañado de sus discípulos. Las autoridades romanas lo crucificaron en el año 33, pero sus enseñanzas se perpetuaron gracias a sus seguidores, que recorrieron enormes distancias por todo el mundo, tanto por tierra como por mar. La expansión del cristianismo incipiente se vio facilitada por la red de calzadas romanas. A medida que Roma conquistaba nuevos territorios, su sistema de calzadas vigiladas se fue ampliando y permitió a la gente viajar más lejos que nunca, así como la implantación del comercio, con la consiguiente prosperidad y estabilidad económica. El emperador Augusto (r. 27 a.C.–14 d.C.) presumía

△ Constantino I

Emperador romano entre 306 y 337, puso freno a siglos de persecución imperial y decretó la tolerancia a los cristianos, permitiéndoles viajar libremente por todo el Imperio.

de que el mundo nunca había sido tan pacífico como bajo su reinado. Al principio, el cristianismo arraigó en las ciudades más que en las zonas rurales. Sin embargo, el emperador Nerón (r. 54–68) prohibió el culto cristiano, que no fue legalizado hasta el reinado de Constantino I, casi 300 años después. Durante todo ese tiempo, los cristianos fueron perseguidos en todo el Imperio romano. Además, el cristianismo era una religión basada en las Sagradas Escrituras (como el judaísmo), y muchos autores romanos y griegos ponían en duda elementos de su credo. A pesar de estas amenazas externas y conflictos internos, el cristianismo siguió propagándose, y en 301, Armenia fue el primer país en adoptarlo como religión oficial.

Difusión del cristianismo

La peregrinación se convirtió pronto en un rasgo característico del cristianismo. Constantino mandó construir iglesias sobre las tumbas de los santos en Roma, que se convirtió en la meta de muchos viajeros piadosos. Su madre, Elena, peregrinó a Palestina hacia 325. Otra famosa viajera fue una mujer hispana llamada Egeria, que dejó testimonio de su visita a muchos lugares de Tierra Santa en una carta conocida como *Viaje de Egeria*.

Los viajes de los comerciantes romanos en el siglo I contribuyeron a la difusión del cristianismo en las islas Británicas, entre el siglo II y el V, donde se fundaron monasterios cuyos monjes eran reputados por sus enseñanzas y sus escritos.

El Imperio romano de Occidente cayó a finales del siglo V, en parte a causa de las invasiones bárbaras,

BIOGRAFÍA
San Pablo

Pablo de Tarso (*c.* 5–67) fue uno de los primeros misioneros cristianos que realizaron largos viajes por las calzadas romanas para predicar sobre Jesús. Las lenguas dominantes en la cuenca del Mediterráneo eran el griego, el latín y las semíticas. Como ciudadano de la provincia romana de Cilicia, san Pablo hablaba hebreo y el dialecto *koiné* del griego, difundido por las tropas de Alejandro Magno. También había traductores en todos los puertos, y se podían contratar sus servicios en ciudades grandes.

San Pablo dejó testimonio de sus viajes por Asia menor y Europa en sus epístolas, que forman parte de los *Hechos de los apóstoles*. Si bien la causa de su muerte es incierta, se cree que fue ejecutado en Roma por orden de Nerón.

SAN PABLO, DETALLE DE UN MOSAICO DE LA CATEDRAL DE SANTA SOFÍA DE KÍEV

◁ **Papiro Rylands (P52)**
Con el fin de difundir el cristianismo se copiaban a mano los Evangelios, las cartas de san Pablo y otros textos. El papiro P52 es un fragmento de una copia del evangelio de san Juan que data del siglo II.

si bien un emperador romano siguió gobernando el Imperio de Oriente desde Constantinopla. Aquello derivó en el deterioro del sistema de calzadas y acueductos. Muchas rutas pasaron a ser peligrosas, y puertos y mares se vieron amenazados por la piratería.

La Cristiandad europea

Durante los siglos VI y VII, los monjes británicos recorrieron Europa y fundaron monasterios y centros de saber. Asimismo, llevaron a cabo una labor de alfabetización, que había retrocedido en algunos lugares. Este exilio autoimpuesto se conoció como «martirio blanco».

En el siglo VIII, el cristianismo se había asentado en Europa. Muchos países estaban gobernados por soberanos cristianos, y algunos misioneros griegos, como Metodio y Cirilo, crearon el alfabeto cirílico para traducir la Biblia que fue la base del ruso moderno.

▽ **Santa Irene**
A mediados del siglo IV, los cristianos empezaron a construir edificios de culto públicos. Como la iglesia de Santa Irene de Estambul, tenían planta rectangular con un ábside, al igual que las basílicas romanas, utilizadas como juzgados.

«Recordemos a los **discípulos de Cristo**. **Remaron** [...] hasta la orilla y lo **dejaron todo** para **seguirle**.»

ELFRICO DE EYNSHAM, ABAD INGLÉS

Expansión del islam

En 632 emergió en Asia oriental una nueva religión. En pocos años, los ejércitos del islam asentaron un imperio que abarcaba desde las fronteras de India, al este, hasta el océano Atlántico, al oeste.

Mahoma, el fundador del islam, nació hacia el año 570 en La Meca, en el oeste de Arabia. Fue educado por su tío, pues quedó huérfano a corta edad. Por las noches solía esconderse en una cueva de la montaña para rezar y en torno a 610 comenzó a recibir las visitas del arcángel Gabriel, que le reveló los primeros versículos del Corán, el libro sagrado del islam. Las revelaciones continuaron, y entonces Mahoma empezó a predicar su mensaje y a anunciar que era un profeta y mensajero de Dios. En 622, al enterarse de que se estaba tramando un complot para asesinarlo, huyó con sus seguidores a Medina. Esta huida, o hégira, marca el inicio del calendario islámico.

En Medina, Mahoma unificó las tribus locales bajo su mando y en 630 regresó a La Meca con un ejército de 10 000 musulmanes. En el momento de su muerte, en 632, la mayor parte de la península Arábiga se había convertido al islam.

La expansión mundial

El sucesor de Mahoma, Abu Bakr (r. 632–634), completó la unificación política y religiosa de las diversas tribus árabes, pero los siguientes califas, Omar y Utmán, llevaron a cabo una trepidante expansión que transformó el mapa de la región por completo. Las tropas musulmanas tomaron Damasco en 635 y Jerusalén en 638, y en 642 vencieron al Imperio sasánida persa. Hacia el oeste, conquistaron Egipto en 640 y Túnez en 680. Llegaron a la costa atlántica de Marruecos en 683 y en 711 atacaron y conquistaron la península Ibérica. En aquel momento, los dominios del islam iban desde el litoral atlántico hasta las fronteras de India: el mayor imperio que el mundo hubiera visto jamás.

Entre 670 y 677 y entre 716 y 717, los límites de su expansión se hicieron evidentes cuando fracasaron en su intento de tomar Constantinopla, la capital del Imperio bizantino. En 732, los francos detuvieron en Poitiers su avance hacia el norte, pero la victoria islámica frente a los chinos en la batalla del Talas en 751 hizo que Asia central quedase bajo control musulmán.

△ **El Corán**
Los musulmanes creen que Alá hizo llegar el Corán a Mahoma a través del arcángel Gabriel. El sucesor de Mahoma, Abu Bakr, recopiló las revelaciones en un libro en 634. El Corán consta de 114 suras (capítulos) compuestas por diversas aleyas (versículos).

▽ **El mundo islámico**
Poco después de su nacimiento en 632, el islam se extendió por Arabia. En 634 llegó a Palestina, y en 643, a Persia. Por el oeste se propagó a través de Egipto y el norte de África hasta alcanzar la península Ibérica y el sur de Francia en 711.

Clave
Territorios islámicos

EUROPA — Océano Atlántico — FRANCIA — PIRINEOS — Mar Mediterráneo — Mar Caspio — Mar de Aral — ASIA CENTRAL — CHINA — ESPAÑA — Córdoba — TÚNEZ — Mar Negro — Río Talas — Tánger — Jerusalén — Damasco — PERSIA — Río Indo — Fez — MAGREB — El Cairo — Golfo Pérsico — INDIA — MARRUECOS — LIBIA — EGIPTO — Medina — La Meca — ARABIA SAUDÍ — Mar de Arabia — ÁFRICA — Mar Rojo

« ¡Oh, seres humanos! Os hemos **creado** a partir de un **varón** y una **hembra**, y os hemos congregado en **pueblos y tribus** para que os **conozcáis** unos a otros. »

CORÁN (SURA 49, ALEYA 13)

Gobierno islámico

En un primer momento, este vasto imperio se gobernaba desde Medina, pero en 661, Muawiya fundó el Califato omeya y trasladó la capital a Damasco. En 750, los omeyas fueron derrocados por los abasíes, y el imperio se fue fragmentando en califatos y emiratos. Los omeyas rebeldes huyeron a la península Ibérica, donde establecieron un nuevo califato en Córdoba.

◁ Moneda omeya
Abd al-Malik ibn Marwan fue el quinto califa omeya de Damasco. Durante su mandato declaró el árabe idioma oficial, instauró un servicio de correos y acuñó una moneda para el mundo musulmán.

Viajes por el mundo islámico

Unido o dividido, el mundo musulmán estaba en constante movimiento. Cuando los ejércitos conquistaban territorios nuevos, los gobernantes y legisladores debían seguir sus pasos. Los mercaderes transitaban entre ciudades y surcaban los mares, y los eruditos iban a las ciudades para estudiar en las madrasas, las escuelas religiosas. Las madrasas fundadas en Fez (Marruecos), en 859, y en El Cairo (Egipto), en 970, podrían considerarse las primeras universidades del mundo.

Los viajeros más numerosos eran los peregrinos que iban a La Meca. Uno de los pilares del islam, los cinco actos de fe en los que se basa la vida musulmana, es el *hayy*, la peregrinación a La Meca que todo musulmán debe hacer al menos una vez en la vida. Para cumplir este requisito, algunos emprendían arriesgados periplos que duraban uno o dos años (pp. 80–83).

◁ La Kaaba
La Kaaba es un santuario situado en el centro de la mezquita de La Meca, la más sagrada del islam. En esta miniatura persa, Mahoma coloca la Piedra Negra en su lugar, la esquina oriental, durante la reconstrucción de la Kaaba en torno a 630.

◁ Invasión de Hispania
En 711, los árabes y sus aliados bereberes cruzaron el estrecho de Gibraltar para llevar a cabo la conquista de la península Ibérica. Sus tropas avanzaron hasta Poitiers, en el centro de Francia, donde fueron derrotadas por los francos en 732.

EN CONTEXTO
Arquitectura islámica

La primera mezquita se construyó en torno a la Kaaba (el lugar más sagrado del islam), en La Meca, hacia 632. A partir de entonces se erigieron mezquitas en los lugares conquistados por las tropas islámicas, con salas de oración, alminares (para llamar a la oración) y, muchas, con una cúpula central. En el interior, un *mihrab*, u hornacina, indicaba la dirección de la Kaaba, y el imán se dirigía a los fieles desde un *mimbar*, o púlpito techado. Como el islam prohíbe la representación de seres vivos, las mezquitas suelen estar decoradas con motivos geométricos.

TEMPLETE OCTOGONAL DEL TESORO EN LA MEZQUITA OMEYA DE DAMASCO

Exploración árabe

Una vez establecida la paz bajo el magnífico Califato abasí, los árabes podían viajar con seguridad. Allí donde iban los mercaderes, iban aventureros y exploradores.

Después de un siglo de veloz expansión y agitación interna, el Impero árabe pasó a manos de los abasíes, los descendientes del tío menor de Mahoma, Abbas, que dio nombre a la dinastía. Su primera capital fue Kufa, hoy en el centro de Irak, pero en 762 la capitalidad pasó a la recién construida Bagdad, que se convirtió en un centro de exploración e innovación científica, filosófica y cultural durante el periodo conocido como la edad de oro del islam. En la Casa de la Sabiduría, los eruditos colaboraban para recopilar y traducir al árabe todo el saber de los antiguos griegos y romanos.

Un imperio en paz

La paz del Califato abasí favoreció al comercio y al viaje. Los avanzados conocimientos científicos de los árabes y el uso de mapas detallados y de rudimentarios *kamals*, o ballestillas, permitieron a los navegantes surcar el océano Índico y establecer estrechos vínculos comerciales con India y el litoral africano. Existen relatos de muchos de aquellos viajes. En el siglo IX, el geógrafo Ahmad al-Yaqubi partió a ver mundo y, tras visitar el norte de África, Egipto e India, dejó testimonio de sus vivencias en dos crónicas: una historia del mundo y un manual de geografía general.

Viajes al extranjero

Durante el siglo siguiente, el explorador Al-Masudi visitó Persia, Armenia y Georgia, así como Arabia, Siria y Egipto. Sus viajes lo llevaron alrededor del mar Caspio y el Mediterráneo, así como a atravesar el océano Índico hasta India y a lo largo de la costa africana. Pese a que algunas de sus ideas eran a todas luces erróneas, como la de que había un paso que comunicaba el Ártico asiático y el mar Negro, su obra principal, *Los prados de oro y las minas de gemas*, fue

◁ **El dhow**

El *dhow* era el principal velero usado en el océano Índico, el golfo Pérsico y el mar Rojo. No está claro si lo inventaron los árabes o los indios, pero resultó ser una nave muy marinera, capaz de transportar abundante carga y una tripulación de hasta 30 hombres.

una contribución crucial a la historia y la geografía del mundo conocido. En la segunda mitad del siglo X, Al-Muqaddasi se convirtió en el geógrafo árabe de referencia por su detallado compendio de los lugares y regiones islámicos que había visitado durante sus viajes.

En el siglo VIII, los comerciantes musulmanes llegaron a la península de Malaca, a China y a Corea. Un relato de mediados de siglo cuenta que un mercader de nombre Solimán comerció con los chinos. Al-Masudi menciona

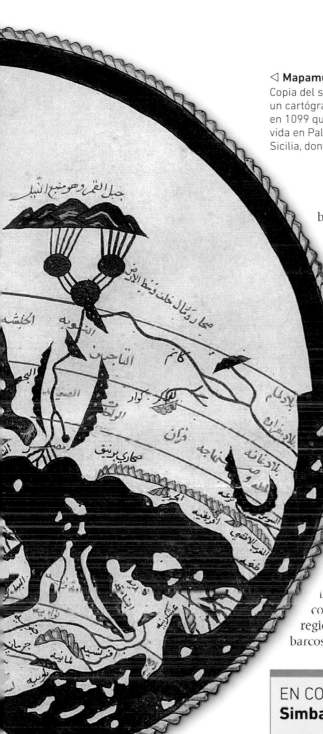

◁ **Mapamundi de Al-Idrisi**
Copia del siglo xv de un mapa de Al-Idrisi,
un cartógrafo nacido en el norte de África
en 1099 que trabajó la mayor parte de su
vida en Palermo, en la corte de Roger II de
Sicilia, donde elaboró mapas para el rey.

barca frente a la costa de
Vietnam, y su tripulación
lo acogió y lo nombró su
capitán. Abhara liberó
de inmediato la pesada
carga, gracias a lo cual
sobrevivieron al tifón
que los sacudió poco
después.

En el oeste, Ibn
Hawqal, que también
conocía Asia y África,
dejó un detallado
testimonio sobre la
península Ibérica y
Sicilia bajo dominio
musulmán. Ahmad
ibn Fadlan participó en
una misión diplomática
enviada por el califa abasí
al rey de los búlgaros del
Volga, recién convertidos
al islam, que vivían en la
orilla oriental de ese río (hoy
territorio ruso), y describió las
costumbres de los vikingos de la
región, como el enterramiento en
barcos funerarios.

△ **Astronomía**
Los árabes, grandes astrónomos, cartografiaron
el cielo y los movimientos de los planetas. En
1577, Taqi al-Din Muhammad ibn Maruf fundó
uno de los mayores observatorios astronómicos
de la época en la torre de Gálata, en Estambul,
que fue cerrado en 1580 ante la oposición del
clero ortodoxo a su uso astrológico.

encuentros de mercaderes árabes, persas
y chinos en la península de Malaca. En
953, el viajero persa Al-Ramhormuzi
escribió que los marineros musulmanes
habían llegado a Indonesia e incluso al
norte de China. Asimismo, mencionaba
a los caníbales que habitaban las islas
Andamán, al sur de Birmania.

Uno de los relatos más conocidos de
Al-Ramhormuzi trata de Abhara, un
famoso navegante árabe que viajó siete
veces a China. Una nave mercante lo
halló solo a bordo de una pequeña

EN CONTEXTO
Simbad el Marino

Simbad es un marinero legendario que vivía
en Bagdad a principios del siglo ix y cuyas
aventuras se cuentan en *Las mil y una noches*.
Su historia empieza cuando un pobre porteador
se sienta a descansar junto a la casa de un
mercader y se lamenta en voz alta de la
injusticia de un mundo en el que los ricos
viven en la opulencia mientras los pobres
deben trabajar duramente para sobrevivir. Al
oírlo, el mercader le invita a pasar, y ambos
descubren que se llaman Simbad. Entonces,
Simbad el rico, el Marino, explica al otro cómo
se enriqueció a lo largo de siete viajes. Si bien
en la narración abundan los lugares mágicos,
los monstruos terroríficos y los encuentros
con lo sobrenatural, algunos elementos están
basados en experiencias reales de viajeros
árabes.

**SIMBAD EN UN GRABADO DEL
SIGLO XIX DE** *LAS MIL Y UNA NOCHES*

El astrolabio

Este invento griego perfeccionado por los musulmanes fue clave para los primeros exploradores. Era la principal ayuda con que contaban los viajeros por tierra y por mar para calcular su latitud.

La latitud es la distancia al norte o al sur desde el ecuador. Una vez conocida la latitud, un viajero puede estimar cuánto se ha desplazado hacia el norte o hacia el sur. Este dato, combinado con una estimación aproximada de la distancia recorrida, puede ayudarle a calcular cuánto ha avanzado hacia el este o el oeste. Los primeros viajeros desconocían la latitud y se guiaban por hitos geográficos, como colinas y ríos, para seguir su rumbo. Obviamente, este sistema no servía en un territorio desconocido o en mar abierto, donde carecían de referencias naturales. Necesitaban algún tipo de instrumento mecánico que les ayudase a calcular la latitud.

▷ **Azafea andalusí**
Este magnífico astrolabio mejorado fue construido en Al-Ándalus en torno a 1015 por Azarquiel. Los discos y placas giratorios servían para calcular tanto la latitud como la hora.

BIOGRAFÍA
Hipatia de Alejandría

Hipatia (c. 350–415) fue una matemática, astrónoma y filósofa griega nacida en Egipto (entonces perteneciente al Imperio bizantino) que llegó a dirigir una escuela en Alejandría donde enseñaba astronomía y filosofía. Uno de sus alumnos, Sinesio de Cirene, obispo de Tolemaida, en Libia, le atribuyó la invención del astrolabio, pero lo más probable es que colaborara con él para mejorar un diseño ya existente. Murió asesinada por una turba de cristianos exaltados, acusada de avivar un conflicto entre el gobernador y el obispo de la ciudad.

RETRATO DE HIPATIA DE ALEJANDRÍA

◁ **Mihrab**
El *mihrab* es un nicho semicircular en la pared de una mezquita que indica la dirección de la Kaaba (la «Casa de Alá»), en La Meca. El *mihrab* de la imagen, ricamente decorado, está en la mezquita de Bara Gumbad, de finales del siglo xv, en Nueva Delhi (India).

Primeros inventores

Los primeros astrolabios combinaban un planisferio (un mapa estelar con un disco rotatorio ajustable para mostrar las estrellas visibles en un día concreto) y una dioptra, un instrumento de observación que servía para medir ángulos. Aquellos primitivos instrumentos permitían calcular el ángulo del Sol, la Luna y las estrellas, y su posición relativa al suelo en el cielo, tanto diurno como nocturno.

Con estos datos, los viajeros podrían calcular su latitud y saber en qué lugar de la Tierra se encontraban. No está claro quién inventó el astrolabio. Su invención suele atribuirse a Hipatia de Alejandría, a tenor de una carta de uno de sus alumnos, Sinesio de Cirene. No obstante, esto parece poco probable, pues el padre de Hipatia, Teón de Alejandría, escribió un tratado (por desgracia perdido) sobre

el funcionamiento del astrolabio. Por otra parte, se dice que Tolomeo ya había utilizado un astrolabio para los cálculos del *Tetrabiblos*, su libro de astrología, dos siglos antes. Asimismo, se cree que Apolonio de Perga, un astrónomo griego que vivió en el sur de la actual Turquía, inventó un protoastrolabio unos 350 años antes de Tolomeo. En cualquier caso, la invención de este instrumento siempre se ha atribuido a griegos que vivían en el Imperio romano, y fueron griegos quienes siguieron usándolo y mejorándolo durante el Imperio bizantino. Juan Filópono, filósofo bizantino de Alejandría, escribió el tratado más antiguo que existe en griego sobre el astrolabio hacia el año 530. A mediados del siglo vi, Severo Sebojt, obispo de una antigua ciudad de Mesopotamia, escribió

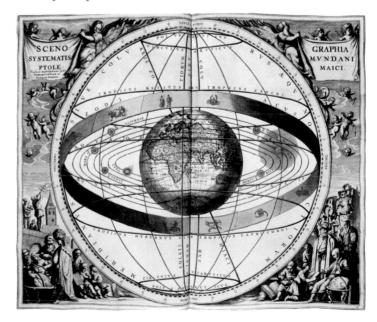

△ **Globo celeste**
Se cree que este globo celeste hecho en Valencia por Ibrahim ibn Said al-Sahli *c.* 1085 es el más antiguo del mundo.

un gran tratado sobre el astrolabio, al que describía como un instrumento de latón y de cierta complejidad.

Avances musulmanes

En la década de 640, las tropas musulmanas partieron de Arabia y conquistaron casi todo el Imperio bizantino. Así, el conocimiento del astrolabio pasó a los árabes, que lo perfeccionaron, añadiendo discos para mejorar su precisión. En su versión más avanzada, el astrolabio constaba de una placa madre (o *mater*) con una escala graduada en el borde y sobre la cual se alineaban dos discos giratorios y un anillo para calcular los ángulos de las estrellas conocidas y determinar así la latitud. Si se conocía esta, el astrolabio podía usarse a la inversa para calcular la hora.

Para los musulmanes, la utilidad del astrolabio iba más allá de la navegación: como deben orientarse a La Meca para rezar, les permitía encontrar la alquibla, esto es, la dirección de la ciudad santa del nacimiento de Mahoma. Instrumento a la vez secular y religioso, el astrolabio se hizo muy pronto indispensable para los viajeros y los fieles.

▽ **El universo tolemaico**
Este grabado de 1700 muestra la visión geocéntrica del universo de Tolomeo, con el Sol, la Luna y todos los planetas en órbita en torno a la Tierra.

> «Usa como **sirvientes** a la **geometría** y la **aritmética** [...] un **modelo** fijo de **verdad**.»

SINESIO DE CIRENE (*c.* 373–*c.* 414), EN UNA CARTA A SU AMIGO PEONIO

Viajes de los vikingos

Los viajeros más ambiciosos de la Europa medieval fueron los vikingos. Ávidos de tierras, tesoros, comercio lucrativo y aventuras, llegaron hasta Islandia, Constantinopla y América del Norte.

▽ **Escudos**

Los guerreros vikingos portaban escudos redondos hechos de tablas ensambladas. Luchaban con el escudo en una mano y un hacha, una espada o una lanza en la otra.

▽ **Viajes y rutas comerciales de los vikingos**

Los vikingos se aventuraron a través del mar del Norte hasta las islas Británicas y por el litoral atlántico de Europa, surcaron hacia el sur los ríos de Rusia y Ucrania hasta el mar Negro y cruzaron el Atlántico hasta Islandia, Groenlandia y América del Norte.

Los vikingos provenían de Suecia, Dinamarca y Noruega, que en el siglo VIII eran zonas paganas turbulentas que contrastaban con los estados cristianos relativamente ordenados como la Inglaterra anglosajona, o el Imperio carolingio en Francia y Alemania. La sociedad escandinava estaba dominada por bandas guerreras, grupos de soldados que seguían a un líder que destacaba por su fuerza, su coraje y sus éxitos en combate. Estas bandas peleaban entre ellas, fuera y dentro de sus territorios. Los constructores de barcos escandinavos diseñaron el *drakkar*, un barco de guerra largo, rápido y de poco calado, adecuado para navegar por ríos y mares. En 793, una banda vikinga cruzó el mar del Norte y saqueó el monasterio de Lindisfarne, una isla cercana a la costa noreste de Inglaterra. Los vikingos navegaron por el norte de Escocia dos años después y asaltaron los monasterios de Iona, en las Hébridas, y otros puntos de la costa de Irlanda. Además, ocuparon las islas Orcadas y Shetland, que convirtieron en bases permanentes para futuras incursiones en las islas Británicas.

A partir de 830, el campo de acción de los vikingos se amplió de manera espectacular. En sus incursiones, cada vez de mayor envergadura, alcanzaron la costa noroeste de Europa y llegaron al interior por los grandes ríos como el Rin, el Sena o el Loira. El asentamiento permanente de la isla de Noirmoutier, en la desembocadura del Loira, sirvió de base para la famosa expedición de 859 de los guerreros Björn Costilla de Hierro y Hastein. Los vikingos bordearon la costa atlántica de la península Ibérica para entrar por el estrecho de Gibraltar en el Mediterráneo, donde pasaron una temporada saqueando los estados musulmanes y cristianos de la península Ibérica, el norte de África, Italia y la costa meridional de Francia, antes de regresar por el Loira en 862, triunfantes y cargados de botín.

Expansión de horizontes

Por entonces, los vikingos empezaron a albergar ambiciones de otra índole: de las incursiones relámpago pasaron al afán de conquista y colonización. En 865, un contingente considerable invadió el este de Inglaterra y emprendió una auténtica campaña de conquista. Tras 14 años de guerra, Alfredo el Grande, rey anglosajón de Wessex, frenó el avance vikingo, pero la presencia de colonos daneses se hizo habitual en el norte y el este de Inglaterra. Los vikingos también se establecieron en Irlanda y Escocia, y alcanzaron las islas Feroe. Los súbditos de Rollón tomaron el norte de Francia. A principios del siglo X, los *drakkars* que cruzaban el mar del Norte eran, sin lugar

▷ **Viajes oceánicos**

Esta miniatura de un códice del siglo XI muestra un «barco largo» vikingo, al que los francos llamaron «dragón» por la forma de su proa.

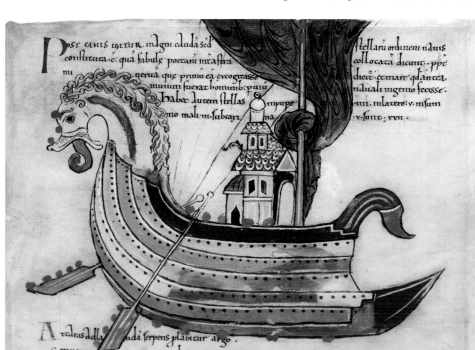

◁ **Los vikingos atacan París**

Esta litografía coloreada del siglo XIX representa el sitio de la ciudad franca de París. En 845 y en 885–886, los vikingos penetraron en Francia navegando por el río Sena, pero nunca lograron tomar París.

a dudas, menos numerosos que los *knarrs*, unos barcos más amplios y de mayor calado dedicados al transporte de ganado, provisiones y mercancías.

Los vikingos que viajaron a las islas Británicas y a Europa occidental procedían sobre todo de Dinamarca y Noruega. Fueron los suecos quienes abrieron nuevas rutas comerciales y llevaron a cabo incursiones en Europa oriental. Atravesaron el Báltico en el siglo IX e impusieron su dominio desde el lago Ladoga hasta Kíev, donde se les empezó a llamar «rus» o «varegos». Estos descendieron por los grandes ríos (Vístula, Dniéper, Dniéster y Volga) hasta el mar Negro y el Caspio. Así fue como entraron en contacto con dos civilizaciones, una cristiana y otra musulmana, mucho más ricas y avanzadas que las de la Europa occidental: el Imperio bizantino y el Califato abasí. Los comerciantes vikingos llegaron hasta Bagdad, la capital abasí, hoy en Irak. Los miles de monedas de plata árabes hallados en tesoros vikingos enterrados en Suecia atestiguan la importancia del comercio con el mundo musulmán. »

«Nunca antes cupo pensar que tales **avances marítimos** podrían alcanzarse.»

CARTA DE ALCUINO DE YORK AL REY ETELREDO (793)

TECNOLOGÍA
Barco vikingo

Los barcos largos vikingos, usados tanto en incursiones como en travesías de larga distancia, tenían un elegante casco trincado (con tablas superpuestas). Al ser ligeros y de escaso calado, podían desplazarse velozmente, remontar ríos y atracar en playas. Llevaban una vela cuadra, pero la tripulación remaba en los días de calma. Los empleados en las incursiones costeras eran particularmente largos y estrechos, mientras que los destinados a las travesías oceánicas eran algo más anchos y cortos. La mayoría de los que se conservan fueron desenterrados, ya que los guerreros vikingos de alto rango eran sepultados en barcos funerarios.

BARCO FUNERARIO DE GOKSTAD, DEL SIGLO IX (MUSEO DE BARCOS VIKINGOS DE OSLO, NORUEGA)

△ **Moneda vikinga**
A imitación de los países más civilizados que habían saqueado, los vikingos acuñaron en torno al siglo X monedas de plata cuyas imágenes dan pistas sobre el diseño de sus barcos.

En esta miniatura medieval, Canuto, rey de Dinamarca, vence al rey anglosajón Edmundo Costilla de Hierro. Canuto subió al trono de Inglaterra en 1016 y después incorporó Noruega a su imperio del mar del Norte.

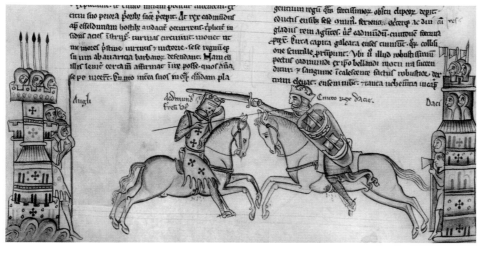

▽ **Lindholm Hoje**
En el cementerio vikingo de Lindholm Hoje (Dinamarca), las tumbas están marcadas por piedras dispuestas en forma de barco, prueba de la importancia del viaje marítimo en el mundo vikingo.

Por lo general, los vikingos no se contentaban con comerciar: el saqueo y la conquista eran una tentación permanente. En el verano de 860, unos 200 barcos liderados por los guerreros Askold y Dir descendieron por el río Dniéper hasta el mar Negro para tomar la capital bizantina, Constantinopla. Las formidables fortificaciones de la ciudad se lo impidieron, pero las tropas vikingas volvieron al ataque en repetidas ocasiones a lo largo del siglo siguiente. La relación con los bizantinos se tornó más cooperativa a partir de 988, cuando, Vladimiro I, gran príncipe de Kíev, se convirtió al cristianismo. Este, en señal de paz, envió un grupo de guerreros para que sirvieran al emperador de Constantinopla, quienes formaron la guardia varega, una unidad de élite del ejército bizantino: la ferocidad vikinga al servicio del imperio.

Con todo, las expediciones vikingas más notables fueron las que cruzaron el Atlántico. Los vikingos descubrieron la existencia de Islandia, cuando un capitán de camino a las Feroe perdió el rumbo y a su regreso habló de una «tierra de nieve». Su relato incitó al guerrero danés Garðar Svavarsson a realizar un viaje exploratorio durante el cual circunnavegó Islandia en 860.

La posibilidad de encontrar tierras vacías en el norte atrajo a los líderes guerreros noruegos, que partieron en busca de lugares remotos en los que vivir libres del yugo de la autoridad. Flóki Vilgerðarson realizó el primer intento de asentamiento, pero regresó diciendo que se trataba de una tierra inhabitable. La primera colonia estable en Islandia fue establecida por Ingólfur Arnarson hacia 874.

En América del Norte

En torno a la segunda mitad del siglo X comenzó a escasear la tierra en Islandia. En 983, Erik el Rojo, un irreductible inmigrante noruego establecido en Islandia, fue probablemente el primer europeo en ver los acantilados de hielo de Groenlandia. Cuando regresó de un viaje de exploración. Erik organizó una verdadera expedición de colonización con 25 barcos de transporte cargados de colonos y provisiones. En torno al año 1000, los aventureros vikingos dieron un paso más allá. Un tal Bjarni Herjólfsson, que había partido de Islandia hacia Groenlandia, se perdió en la niebla y terminó vislumbrando una costa desconocida. Cuando Leif Erikson, primogénito de Erik el Rojo, tuvo noticia de aquella tierra boscosa,

zarpó con 35 hombres en busca del nuevo país. Navegó hasta Terranova, el golfo de San Lorenzo y siguió hacia el sur, pero el punto exacto al que llegó continúa siendo objeto de polémica. Construyó un campamento en un lugar al que llamó Vinland, ya que sus hombres hallaron vides, y que se cree pudo estar entre las actuales Boston y Nueva York. Siguieron más viajes con el objetivo de establecer un asentamiento vikingo permanente en esas tierras; sin embargo, todos los intentos fracasaron, probablemente por la resistencia de las tribus norteamericanas. Con todo, es casi seguro que los hombres de Leif Erikson fueron los primeros europeos en «descubrir» América del Norte.

Por aquel entonces, la edad dorada de los viajes vikingos tocaba a su fin. En su Escandinavia natal prosperaron

◁ **Sagas islandesas**
Los viajes de los vikingos se narran en sagas escritas por islandeses en los siglos XIII y XIV, a partir de historias familiares transmitidas de forma oral.

reinos que sometieron a su autoridad a las bandas guerreras y pusieron fin a sus incursiones. A principios del siglo XI se había configurado un imperio en el mar del Norte bajo Canuto de Dinamarca, rey también de Inglaterra y Noruega. Fuera de Escandinavia, los guerreros y colonos vikingos se integraron en las sociedades que los acogieron. La población eslava de Europa oriental absorbió a los varegos. En el norte de Francia, los vikingos adoptaron el idioma y las costumbres francesas, y sus descendientes pasaron a conocerse como normandos. Tras la muerte de Canuto en 1035, su imperio del mar del Norte se vino abajo y con él, la era de los vikingos.

YACIMIENTO ARQUEOLÓGICO
L'Anse aux Meadows

Los restos de la aldea vikinga de L'Anse aux Meadows, en Terranova (Canadá), se identificaron en 1960. Fueron la primera prueba material que respaldaba la historia del descubrimiento de América por Leif Erikson narrada en las sagas islandesas. El poblado, emplazado en una ensenada abrigada, estaba formado por ocho construcciones de tepe sobre una estructura de madera que podrían haber albergado unas 90 personas, además de una fragua y un taller para reparar barcos. La datación por radiocarbono ha confirmado que el asentamiento se remonta a alrededor del año 1000, fecha que coincide con el relato de las sagas. Al parecer, fue abandonado 20 años después de su fundación.

VISTA AÉREA DE UNA CASA COMUNAL RECONSTRUIDA DE L'ANSE AUX MEADOWS

◁ **Estela de Tjängvide**
En la parte inferior de esta piedra tallada procedente de la isla sueca de Gotland aparece un *drakkar*, y en la superior, una escena de la mitología nórdica: unos guerreros muertos en combate entran en el Valhalla.

« Leif **izó las velas** tan pronto estuvo listo y **zarpó hacia tierras** desconocidas **sin expectativa alguna**. »
SAGA DE ERIK EL ROJO (c. 1265)

△ **Sitio de Jerusalén**
Miniatura del siglo XIII del sitio de Jerusalén por los cruzados en 1099. Los soldados cristianos defienden la iglesia del Santo Sepulcro, erigida en el lugar donde Cristo fue crucificado.

Las cruzadas

Entre los siglos XI y XIII, decenas de miles de soldados cristianos de toda Europa emprendieron un viaje de 5000 km hasta el Mediterráneo oriental para luchar por su fe contra los guerreros del islam.

« Tomad el **camino del Santo Sepulcro**, rescatad esa tierra y sometedla a vuestro poder [...] **para la remisión de vuestros pecados**. »

PAPA URBANO II, SERMÓN EN CLERMONT (FRANCIA, 27 DE NOVIEMBRE DE 1095)

BIOGRAFÍA
Ricardo Corazón de León

El rey de Inglaterra Ricardo I (1157–1199) partió a la cruzada a Tierra Santa en 1190. Tras pasar por Marsella, Sicilia y Chipre, llegó al puerto de Acre en 1191, donde apoyó a las fuerzas de los cruzados en el sitio de la ciudad. Sus hazañas en la lucha contra el sultán Saladino le valieron la admiración del mundo cristiano, pese a que no consiguió tomar Jerusalén. De regreso a Inglaterra, en 1192, naufragó en el Adriático y fue hecho prisionero por el duque de Austria, un enemigo político que exigió un elevado rescate y no lo liberó hasta 1194. Murió durante un asedio en Francia en marzo de 1199.

RICARDO CORAZÓN DE LEÓN PARTE A LA TERCERA CRUZADA EN 1187

En noviembre de 1095, durante el concilio de Clermont, en el centro de Francia, el papa Urbano II lanzó un llamamiento a una «cruzada» para liberar la ciudad santa de Jerusalén del poder de los musulmanes. El papa jamás habría imaginado las dimensiones que alcanzaría la respuesta de la cristiandad occidental. Arrastrados por una ola de ardor religioso, ricos y pobres «tomaron la cruz», símbolo de las cruzadas, y emprendieron el largo y peligroso camino a Palestina. Sin duda, algunos esperaban recompensas materiales, pero la mayoría partió impulsada por una fe sincera y por la promesa de la redención de sus pecados.

Los primeros cruzados en partir hacia Oriente en 1096 fueron un grupo de campesinos inspirados por el clérigo francés Pedro el Ermitaño. Decenas de miles de hombres siguieron el curso del Rin, atravesaron Hungría y los Balcanes, masacrando comunidades judías y arrasando los campos a su paso. Cuando llegaron a Constantinopla, la capital del Imperio bizantino,

△ Rutas de los cruzados

Los ejércitos de los cruzados de Alemania preferían la ruta por tierra hacia el este por Hungría, los Balcanes y Anatolia. Los de otros países solían navegar por el Mediterráneo, a menudo en embarcaciones proporcionadas por Venecia o Génova.

pasaron a Anatolia, donde fueron derrotados por un ejército de turcos selyúcidas. La primera cruzada oficial, liderada por nobles franceses y normandos, gozó de una preparación a todas luces mejor. Cuatro ejércitos, con 40 000 caballeros, soldados de a pie y no combatientes, se reunieron en Constantinopla (a la que llegaron por tierra o por el Adriático), en la primavera de 1097.

◁ Cruz de Lorena

Esta cruz era el símbolo heráldico del cruzado Godofredo de Bouillon, nombrado rey de Jerusalén después de la primera cruzada. Después se la asoció con los templarios.

La etapa siguiente de su viaje, cruzar Anatolia, estuvo marcada por los peligros y las penurias. Aunque los caballeros cristianos vencieron a los turcos, la marcha bajo el calor estival se saldó con la muerte de la mayoría de sus caballos, y los orgullosos guerreros se vieron obligados a montar bueyes.

El asalto a Jerusalén

Al llegar a los muros de Antioquía, la cruzada se estancó. Para cuando se hicieron con la ciudad, los caballeros casi se habían olvidado de Jerusalén entre disputas sobre el territorio conquistado. Pero los soldados rasos, motivados por una fe más llana y sincera, se amotinaron e insistieron para que la cruzada siguiera hasta su objetivo primigenio. Al final, los cruzados llegaron a la ciudad santa en junio de 1099. Con sus efectivos reducidos a 15 000 hombres, arrebatar Jerusalén a sus defensores musulmanes se presentaba como un tarea complicada. Tras construir las máquinas de guerra necesarias para el asedio (torres, arietes y catapultas), atacaron el 15 de julio y lograron tomar la ciudad, después de lo cual perpetraron una matanza de la población musulmana y judía.

»»

En Europa, la toma de Jerusalén fue aclamada como un triunfo de la fe cristiana. El ideal de la cruzada había arraigado con fuerza, y partir a luchar a Tierra Santa al menos una vez en la vida se convirtió en la aspiración de muchos reyes, nobles y caballeros, llevados del deseo de salvar su alma y expandir la Cristiandad.

Motivos e intereses

Los primeros caballeros cruzados se asentaron en las tierras arrebatadas a los musulmanes, instauraron el reino de Jerusalén y otros estados feudales, construyeron formidables castillos y fundaron dos órdenes militares –las de los templarios y los hospitalarios– consagradas a la defensa de la fe. El transporte de personas y bienes entre los estados de los cruzados estaba controlado por las ciudades marítimas

▽ **Embarque de cruzados**
En esta miniatura del siglo xv, el caballero franco Godofredo de Bouillon embarca para la cruzada. Transportar un ejército por mar era todo un reto logístico.

italianas, sobre todo Venecia y Génova, cuyos mercaderes y navegantes amasaron fortunas llevando peregrinos y ejércitos de un lado a otro del Mediterráneo.

Los historiadores distinguen nueve grandes cruzadas a lo largo de dos siglos, pero también hubo otras menores, como la del rey Sigurd de Noruega, que en

◁ **Muerte de san Luis**
El piadoso rey Luis IX de Francia murió en Túnez en agosto de 1270, durante su segunda cruzada, y su cadáver fue devuelto a Francia por mar. El papa Bonifacio VIII lo canonizó en 1297.

1107 partió con su ejército y 55 barcos, llegó a Palestina vía Portugal y Sicilia, y volvió a Escandinavia por Constantinopla. Su viaje duró cuatro años.

Podría decirse que la mayor de las nueve grandes cruzadas fue la tercera. Los musulmanes habían encontrado un líder, Saladino, capaz de encabezar una contraofensiva unificada frente a los invasores cristianos. En 1187, Saladino venció a un ejército cristiano en la batalla de Hattin y recuperó Jerusalén para el islam. Los soberanos más poderosos de Europa occidental –Ricardo I (Corazón de León) de Inglaterra, Felipe II Augusto de Francia y Federico Barbarroja, rey de

◁ **Castillo de los cruzados**
El krak de los Caballeros era una fortaleza construida y protegida por los caballeros hospitalarios en Siria. Pese a sus fuertes murallas concéntricas y numerosas torres, el castillo cayó tras el asedio del sultán Baybars en 1271.

« Y ahora, oh, valientes soldados, oh, hombres de guerra, **tenéis una causa** por la que **luchar** sin peligro para vuestras almas. »

SAN BERNARDO DE CLARAVAL, CARTA A FAVOR DE LA SEGUNDA CRUZADA (1146)

▷ **Sello imperial**
El emperador Federico II encabezó la sexta cruzada, que recuperó Jerusalén mediante negociaciones. Fue un soberano de mente abierta y respetuoso con las creencias islámicas.

Alemania y emperador del Sacro Imperio Romano Germánico—partieron entonces con sus tropas hacia Tierra Santa. Federico Barbarroja, que tomó la ruta terrestre, murió durante la travesía de Anatolia, mientras que los reyes de Francia e Inglaterra llegaron a Palestina por mar. Ricardo I resistió más tiempo, y su enfrentamiento con Saladino evitó la destrucción de los estados de los cruzados, pese a que no logró tomar Jerusalén.

La cuarta cruzada, iniciada en 1202, mostró la peor cara del espíritu de las cruzadas. Venecianos proporcionaban las naves para transportar a los caballeros y sus animales a Oriente, de modo que eran quienes realmente controlaban la expedición y la convirtieron en un ataque a Constantinopla. La ciudad fue tomada y saqueada en 1204, y muchos de sus tesoros acabaron en Venecia.

La sexta cruzada fue controvertida por una razón de otra índole. Su líder, el emperador del Sacro Imperio Federico II,

mantenía ciertas diferencias con el papado y estaba dispuesto a dialogar con los musulmanes. Usando la negociación en vez de la fuerza, Federico restauró el poder cristiano en Jerusalén, una victoria pacífica que escandalizó a los partidarios de guerras santas.

Aquella sincera fe cristiana que en su día inspiró la primera cruzada resurgió en la persona del rey francés Luis IX,

luego canonizado. En 1249, el piadoso soberano desembarcó en Egipto para atacar el corazón del poder musulmán: El Cairo. Sin embargo, su ejército fue vencido y él fue hecho prisionero y solo fue liberado a cambio de un oneroso rescate. Por entonces, los estados de los cruzados se estaban desmoronando bajo la presión militar musulmana. En 1270, Luis falleció en una última cruzada infructuosa, esta vez contra Túnez.

El último bastión de los cruzados en Palestina sucumbió a las fuerzas musulmanas en 1291, pero aquello no puso fin a la tradición de la cruzada. De hecho, durante el siglo XIII aumentó el número de cruzadas: en 1209, el papa Inocencio III lanzó una cruzada contra los cátaros de Provenza, y la orden alemana de los caballeros teutónicos, fundada en Palestina, emprendió cruzadas contra los pueblos paganos de las orillas del Báltico. En los siglos XIV y XV se convocaron cruzadas contra los turcos otomanos del sureste de Europa y contra los herejes husitas de la Bohemia checa. Para algunos historiadores, la conquista española de América supuso la perpetuación del concepto de cruzada como empresa para la difusión de la fe cristiana a golpe de espada.

△ **Saladino**
Saladino, guerrero musulmán de familia kurda, se proclamó sultán de El Cairo y de Siria, y emprendió una guerra santa contra los estados de los cruzados. Su caballerosidad le valió el respeto de los cristianos.

EN CONTEXTO
Los templarios

La orden del Temple fue fundada por los caballeros cruzados del templo de Salomón en Jerusalén en 1119, en principio para escoltar a los peregrinos. Aquellos guerreros, que hacían votos de pobreza, castidad y obediencia, se convirtieron en la élite de los ejércitos de los cruzados. Los templarios fueron grandes constructores y defensores de castillos, y destacaron por su disciplina y su valor en el combate. Gracias a las donaciones cristianas en Europa, la orden amasó una considerable fortuna. En 1307, Felipe IV de Francia, endeudado con la orden y tentado por su riqueza, hizo detener a miles de templarios con acusaciones falsas. Cientos de ellos murieron en la hoguera, y la orden fue desmantelada.

EL REY FRANCÉS FELIPE IV ANTE LA PIRA DE LOS TEMPLARIOS, ENTRE LOS QUE SE HALLA EL GRAN MAESTRE JACQUES DE MOLAY

El Preste Juan

La búsqueda del legendario rey cristiano Preste Juan fue un aliciente para la exploración europea de Asia y África.

La primera mención del Preste Juan figura en una crónica escrita por el obispo Otón de Frisinga en 1147. Conversando con un clérigo de los estados de los cruzados, Otón tuvo noticia de un rey cristiano que reinaba sobre las tierras situadas al este de Persia y que había vencido a un ejército musulmán. Hoy, los historiadores creen que la historia que cuenta Otón tiene que ver con las hazañas del Imperio Karajitay, en Asia central. En cambio, sus lectores contemporáneos nada sabían de aquella región y se aferraron a la idea de que hubiera un rey cristiano en Oriente que pudiera prestar auxilio a los cruzados en la lucha contra el islam. Después, hacia 1165, salió a la luz una misteriosa carta, supuestamente escrita por el propio Preste Juan. La misiva, que recorrió toda Europa, lo describía como el rey de las «tres Indias», vagamente imaginadas como el sur de Asia, Oriente Medio y África oriental. Su reino era un lugar maravilloso, poblado por gigantes, amazonas, pigmeos y gentes con cabeza de perro. Su palacio albergaba una fuente de la juventud y un espejo mágico con el que el rey podía ver todo cuanto sucedía en sus dominios.

En el siglo XIII, los viajeros europeos que se aventuraron en Asia informaron de que no existían pruebas de tal reino. Entre tanto, y a través del contacto con los cristianos coptos de Egipto, los europeos supieron de la existencia del reino de Etiopía, y en 1330, el obispo y escritor de viajes Jordanus Catalani identificó al Preste Juan con su rey.

Cuando los portugueses emprendieron la exploración hacia el sur de la costa de África en el siglo XV, uno de sus objetivos explícitos era dar con la Etiopía del Preste Juan. En 1487, el rey Juan II envió a Pêro da Colvilhã a una expedición de reconocimiento del océano Índico vía Egipto y Arabia. En 1493, tras arribar a la costa oriental africana, Colvilhã se convirtió en el primer europeo en pisar la corte etíope y se dirigió al emperador como Preste Juan.

«Yo, el Preste Juan, soy **Señor de Señores** y supero a todos bajo el **cielo** en **virtud**, **riqueza** y **poder**.»

SUPUESTA CARTA DEL PRESTE JUAN (c. 1165)

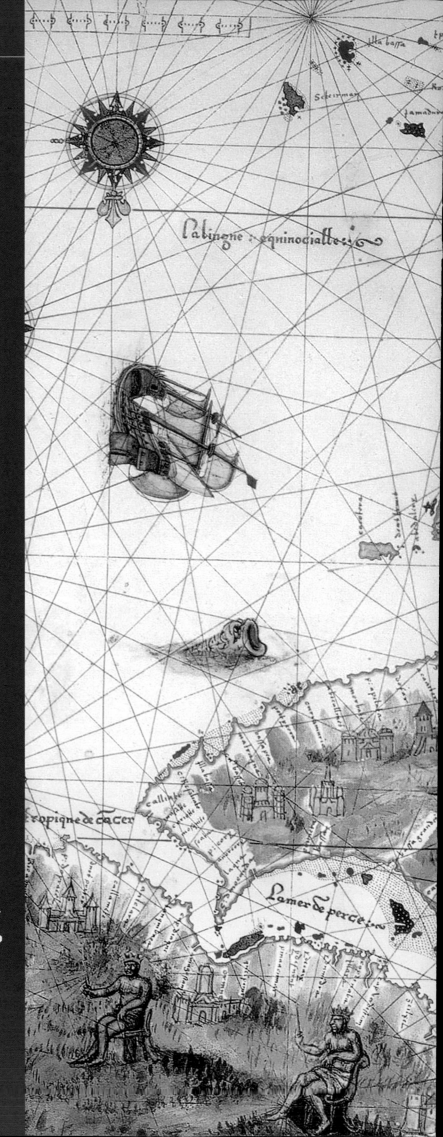

▷ **Mapa del siglo XVI**
En el *Atlas Vallard* (1547) aparece el Preste Juan entronizado en Etiopía. Este mapa, basado en informes de viajeros portugueses y orientado al sur, describe con precisión el Cuerno de África.

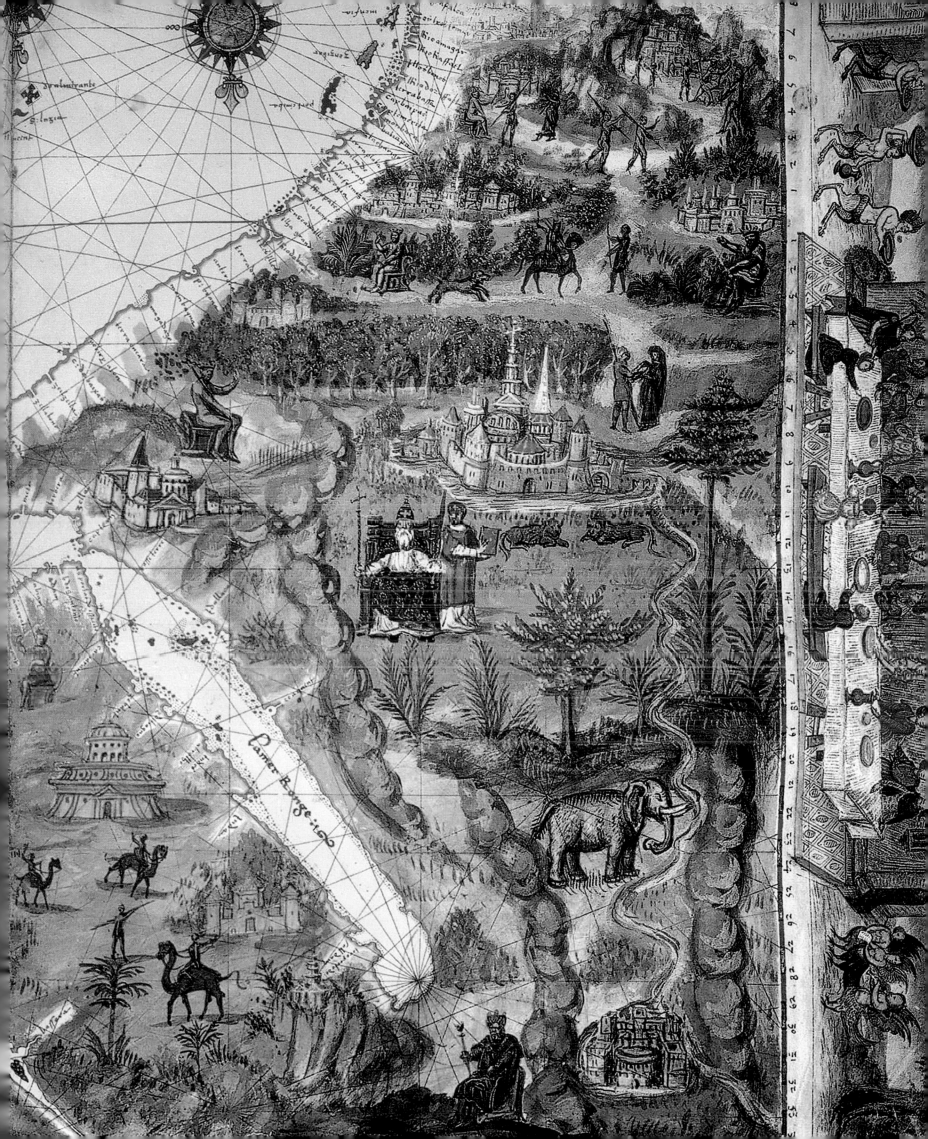

△ *Recepción de peregrinos y reparto de limosnas*
Fresco de Domenico di Bartolo pintado en 1442 en el antiguo hospital y albergue para peregrinos y necesitados de Santa Maria della Scala de Siena, donde recibían comida y cuidados médicos los romeros, o peregrinos a Roma.

Peregrinos medievales

La peregrinación era el principal motivo para viajar a larga distancia en tiempos medievales. Cada año, miles de creyentes se lanzaban a los caminos erizados de peligros que llevaban a lejanos lugares sagrados.

Si bien en todas las religiones ha existido la tradición de visitar lugares sagrados, la peregrinación fue un fenómeno particularmente significativo en la Europa cristiana medieval. La visita de los Santos Lugares de Palestina, la Tierra Santa, venerada por haber sido el escenario de la vida de Jesús, empezó a cobrar importancia en el siglo IV, después de que Elena, la madre del emperador romano Constantino, viajara a Jerusalén en busca de las reliquias de la crucifixión de Cristo y ordenase erigir la iglesia del Santo Sepulcro sobre la supuesta tumba de Jesús. Sin embargo, la peregrinación cristiana se mantuvo a una escala relativamente pequeña hasta el siglo X, a partir del cual aumentó y se diversificó.

Jerusalén nunca fue superada como meta de los peregrinos cristianos, pero

Mapa: Océano Atlántico, Nantes, Vézelay, Lyon, Burdeos, FRANCIA, Saint Jean Pied de Port, Santiago de Compostela, Golfo de Vizcaya, León, Roncesvalles, Toulouse, PIRINEOS, Marsella, PORTUGAL, ESPAÑA, Burgos, Logroño, Pamplona, Mar Mediterráneo

△ El camino de Santiago

La mayoría de los peregrinos a Santiago seguía las rutas establecidas a través de Francia desde Vézelay, París y Le Puy, y atravesaba el norte de España por el llamado camino francés.

durante la Edad Media proliferaron otros lugares de peregrinación. Además de Roma, que atesoraba las tumbas de los apóstoles Pedro y Pablo, muchos santuarios que albergaban reliquias o el cuerpo de algún santo atraían multitudes. Los peregrinos afluían a la catedral de Colonia para admirar el relicario de los Reyes Magos, que se suponía contenía los huesos de los magos de Oriente de los Evangelios, o a Compostela, en el noreste de España, el presunto lugar donde estaba enterrado el apóstol Santiago. En Inglaterra, Canterbury se convirtió en el principal destino tras el asesinato del arzobispo Tomás Becket, mártir y santo, en su catedral en 1170.

Los peregrinos provenían de todos los estratos sociales, y sus motivos eran múltiples y variados. El viaje podía ser una penitencia para expiar un pecado o un delito, e incluso un castigo legal impuesto a un malhechor. El peregrino podía ir en busca de la curación milagrosa de una enfermedad, o en cumplimiento de una promesa a un santo cuya intercesión había pedido en algún trance. Algunos peregrinos tenían profundas motivaciones religiosas; otros, como los turistas modernos, simplemente querían ver mundo. La mayoría solo

podía permitirse ir a Jerusalén (un viaje largo, costoso, arduo y peligroso) una vez en la vida, pero los cristianos más devotos peregrinaban varias veces al año a destinos más cercanos.

Hospederías y hospitales

La imagen convencional del peregrino vestido de tosco sayal, con bastón, zurrón y una concha de vieira no responde del todo a la realidad: la mayoría vestía sus prendas ordinarias y llevaba un par de calzado de repuesto. Al ser presa fácil de ladrones y animales salvajes, los peregrinos viajaban en grupo para garantizar su seguridad y prestarse apoyo mutuo. Los que se dirigían a Santiago desde toda Europa, por ejemplo, solían reunirse en la abadía de Vézelay, en el centro de Francia. Desde allí, la ruta jacobea a través de los Pirineos y el norte de España estaba jalonada de hospederías y hospitales fundados y mantenidos por particulares piadosos o por la orden benedictina, activa promotora de la peregrinación. Estos establecimientos

△ Emblema de peregrino

Las conchas de vieira de la capa y el sombrero de este peregrino son el emblema de Santiago, el apóstol cuya tumba en Compostela era el objetivo de la ruta jacobea.

EN CONTEXTO
Los *Cuentos de Canterbury*

Escritos a finales del siglo XIV por el cortesano inglés Geoffrey Chaucer, son relatos en verso supuestamente narrados por un grupo de peregrinos de camino a la tumba del santo Tomás Becket en la catedral de Canterbury. Entre ellos hay un caballeroso noble y su hijo, un molinero obsceno, un fraile y una viuda atrevida.

Además de presentar un panorama de la sociedad medieval inglesa, la obra de Chaucer muestra el abanico de motivaciones y actitudes de los peregrinos, algunos de los cuales distan mucho de ser personas devotas. Los viajeros parecen estar de excursión más que cumpliendo una penitencia.

XILOGRAFÍA DEL CABALLERO DE LOS *CUENTOS DE CANTERBURY* (EDICIÓN DE 1490)

proporcionaban una gran variedad de servicios, desde el remiendo del calzado destrozado por los pedregosos caminos hasta lechos de hospital o barberos. Otros peregrinos llegaban al norte de España por mar en naves alquiladas desde Inglaterra o Alemania para el trayecto de ida y vuelta, como los vuelos chárter de hoy en día.

Llegados a su destino, los peregrinos solían seguir un ritual concebido para expresar su devoción y satisfacer su deseo de misterio y misticismo. Al acercarse al santuario inglés de Nuestra Señora de Walsingham (Norfolk), debían recorrer descalzos ❯❯

◁ Relicario de los Reyes Magos

La catedral de Colonia (Alemania) se construyó para albergar una urna que se supone contiene los restos de los magos bíblicos y hoy día sigue atrayendo a peregrinos.

«El peregrino debería llevar dos bolsas: una **llena de paciencia** y otra con **200 ducados venecianos**.»

PIETRO CASOLA, *PEREGRINACIÓN A JERUSALÉN EN EL AÑO 1494*

▷ **Vitral**
Esta colorida vidriera de la catedral de Canterbury muestra unos peregrinos ante la tumba del arzobispo Tomás Becket, asesinado allí en 1170. Tras su muerte, una serie de curaciones milagrosas garantizó la popularidad del lugar.

△ **Guía de Roma**
Xilografía de una edición de fines del siglo XVI de *Mirabilia Urbis Romae*, una guía medieval de los monumentos de Roma adquirida por muchas generaciones de peregrinos a la ciudad papal.

≫ la última «milla santa», entonando cánticos religiosos. En el santuario eran conducidos a una capilla donde besaban una falange de san Pedro, a continuación atravesaban un pozo y finalmente llegaban a otra capilla tenuemente iluminada que custodiaba la reliquia más santa del lugar: unas gotas de leche de la Virgen María.

Aunque los peregrinos gozaban de la caridad de la Iglesia y de seglares piadosos, la peregrinación masiva se convirtió inevitablemente en una fuente de ingresos para los que ofrecían servicios a los devotos caminantes. Los peregrinos compraban guías que contenían consejos de viaje e información sobre los lugares. Una de las más famosas, *Mirabilia Urbis Romae* (Las maravillas de Roma), circuló entre los siglos XII y XVI, primero de forma manuscrita y luego impresa. Todos los peregrinos querían volver con recuerdos

de su viaje, que los vendedores ambulantes se encargaban de proporcionarles, e iban desde emblemas para lucir en sus ropas hasta réplicas de reliquias con supuestos poderes sanadores. Las catedrales o abadías que controlaban los santuarios, así como las poblaciones donde se hallaban, prosperaron gracias al gasto necesario y a los donativos voluntarios de los peregrinos.

Un trayecto azaroso

La peregrinación a Jerusalén era la más difícil, tanto por la lejanía de la Tierra Santa como por la presencia musulmana en las tierras circundantes o en la propia ciudad. La ruta por tierra hasta el Levante mediterráneo a través de los Balcanes y Anatolia estaba llena de peligros, y la creciente hostilidad de los musulmanes la hizo impracticable. Los trayectos marítimos pasaron a ser una parte clave del viaje a Palestina. A partir del siglo XIII, Venecia monopolizó de hecho el tráfico de peregrinos. No obstante, cruzar el Mediterráneo

a bordo de una galera veneciana entrañaba riesgos. Las naves iban sobrecargadas, eran insalubres, estaban infestadas de ratas, llevaban escasas provisiones y corrían el peligro de caer en manos de los corsarios musulmanes. Una vez en Tierra Santa, los fervorosos peregrinos realizaban un recorrido

▷ **El *mahmal* parte de El Cairo**
Esta litografía del siglo XIX muestra el *mahmal*, un palanquín ceremonial en el que el sultán de El Cairo realizaba su *hayy* anual a La Meca. El primero en usarlo fue el mameluco Baybars en el siglo XIII.

completo por los principales Santos Lugares, como el Santo Sepulcro, el monte de los Olivos, Belén, la piscina de Betsabé y el monte Sión. Mientras los cruzados controlaron Tierra Santa, los peregrinos gozaron de la protección de los templarios y de los cuidados de los caballeros hospitalarios; sin embargo, en los periodos de dominio musulmán estaban expuestos al acoso y a un desembolso considerable en sobornos y tasas.

La peregrinación musulmana

Los musulmanes tenían su propia tradición de peregrinación. El *hayy* a La Meca era una obligación para el creyente musulmán, pero la peregrinación a lugares santos secundarios era relativamente infrecuente. El *hayy* estaba muy organizado. Caravanas de miles de peregrinos partían cada año de determinados puntos de reunión como El Cairo, Damasco y Basora, y por el camino recibían comida, agua y alojamiento. Sin embargo, los peregrinos musulmanes no estaban exentos de los peligros y las penalidades que afligían a los cristianos. Las tribus beduinas del desierto atacaban las caravanas, y los gobernantes de la región de La Meca les exigían el pago de tributos.

La peregrinación musulmana no solo ha sobrevivido, sino que ha ido en aumento. En cambio, la peregrinación cristiana tradicional declinó de manera drástica a partir del siglo XVI. El auge del Imperio otomano prácticamente vetó el acceso a Tierra Santa a los cristianos europeos. Por otra parte, la Iglesia protestante rechazó la veneración de los santos por considerarla una superstición, e incluso las jerarquías católicas terminaron poniendo en tela de juicio la fe popular en el poder milagroso de las reliquias y los santuarios.

▷ **Plano medieval de Jerusalén**
Plano de la Ciudad Santa con una escena de batalla entre cruzados y musulmanes, en una miniatura de 1200. Las cruzadas se emprendieron, en parte, para garantizar el acceso a Jerusalén a los peregrinos cristianos.

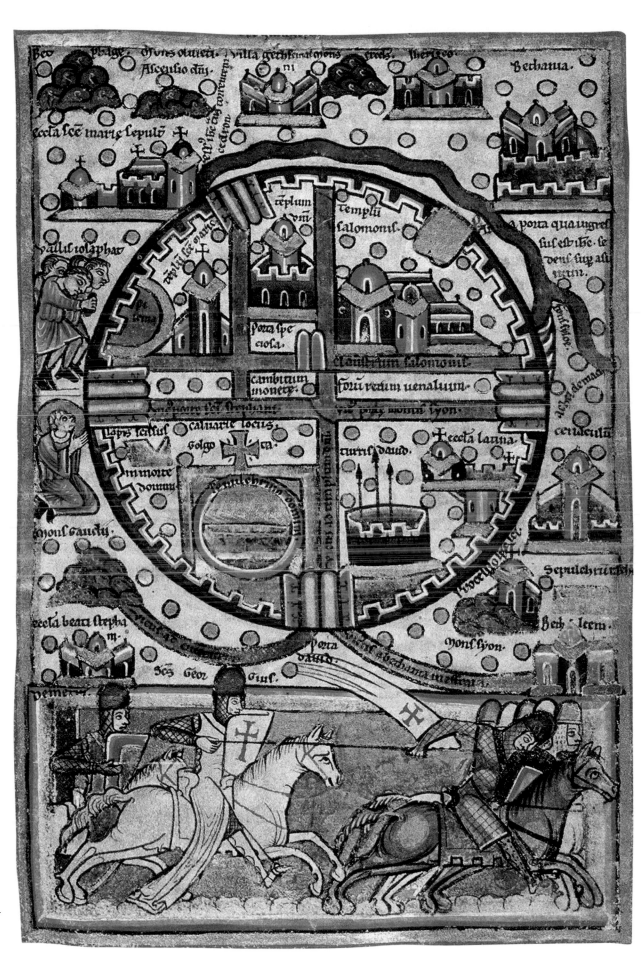

Relatos de viaje medievales

Los europeos de la Edad Media disfrutaban con los pintorescos relatos de viajes al extranjero donde lo verdadero se codeaba con la fantasía. Ignorantes del mundo exterior, devoraban libros en los que aparecían monstruos fabulosos en medio de descripciones, por lo demás, fidedignas.

El escritor de viajes medieval más influyente fue un hombre que ocultó su identidad y que tal vez nunca llegara a viajar. El relato de sus viajes, publicado a mediados del siglo XIV y difundido en España con el título de *Libro de las maravillas del mundo*, fue uno de los libros más leídos en Europa. El autor se presenta como un caballero de St. Albans (Inglaterra); sin embargo, los investigadores no han encontrado pruebas de la existencia de esa persona. La obra se ha atribuido a un médico de Lieja y a un monje de Ypres, entre otros, pero nadie conoce a ciencia cierta la identidad de Juan de Mandeville. Se

◁ **Barqueros irlandeses**
Dos irlandeses remando en un *coracle*, según una miniatura de *Topographia hibernica* de Geraldo de Gales, que describe a los irlandeses como «afectados del crecimiento desmedido y tosco de cabello y barbas».

cree que estuvo en Tierra Santa, pues describe con todo detalle Jerusalén, pero nadie cree que sus supuestos testimonios de India, Etiopía y China sean auténticos. Por ejemplo, describe a los etíopes como gentes con una sola

pierna con la que se protegen del sol y afirma haber recorrido tierras cuyos habitantes tienen cabeza de perro y donde los enanos crecen al olor de las manzanas. Con todo, el texto recoge ideas heredadas no del todo erróneas sobre las costumbres de países lejanos. Cristóbal Colón lo leyó y descubrió que cualquiera que viaje en línea recta terminará en el punto de partida, pues el mundo es una esfera.

Hacia el realismo

Los relatos de viajes más famosos no trataban necesariamente sobre países lejanos. *Topographia hibernica*, obra de Geraldo de Gales del siglo XII, era una descripción de Irlanda. El autor describe a los irlandeses como «un pueblo rudo [...] que vive como las bestias», con el pelo muy largo y burdos ropajes. Aunque gran parte de sus datos era de primera mano, no faltan pasajes imaginarios, como el encuentro entre un clérigo y un hombre lobo parlante.

Como el célebre Marco Polo (pp. 88–89), fueron muchos los europeos que dejaron testimonios relativamente fidedignos de sus viajes a Oriente. El primero fue el franciscano Giovanni da Pian del Carpine, que visitó entre 1245 y 1247 la corte del kan mongol en Karakórum como embajador papal. Tras él, otro franciscano, Willem van Ruysbroeck (o Guillermo Rubruquis),

«Yo, **Juan de Mandeville** [...] me partí de mi tierra y pasé la mar [...] y después acá he **andado muchas tierras** y pasos peligrosos.»

JUAN DE MANDEVILLE, *LIBRO DE LAS MARAVILLAS DEL MUNDO* (c. 1350)

◁ **Astrónomos medievales**
Esta versión coloreada de un dibujo atribuido a Juan de Mandeville muestra a unos astrónomos en la cima del monte Athos (Grecia) con varios instrumentos astronómicos.

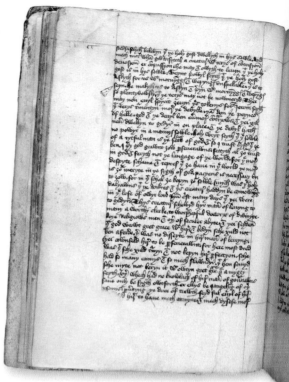

△ **Manuscrito autobiográfico**

El manuscrito de la inglesa del siglo XV Margery Kempe, en el que cuenta sus viajes a lugares santos, fue redescubierto en 1934, tras siglos de olvido. Hoy se encuentra en la British Library.

◁ **Odorico de Pordenone**

En esta miniatura que ilustra el relato de los viajes de Odorico por Asia, el franciscano se dispone a partir. Fue canonizado en 1755, cuatro siglos después de su muerte.

viajó a Mongolia entre 1253 y 1255, y escribió el relato de un viaje a Asia más equilibrado de la Edad Media, pero que, al ser escéptico sobre la existencia de monstruos y humanos extraños, no fue muy leído.

Odorico de Pordenone, también franciscano, partió hacia Asia en 1318 y volvió a Italia al cabo de doce años, tras haber visitado Persia, India, Indonesia y China. Su descripción del viaje contiene detalles de una veracidad incuestionable (como el uso de cormoranes para pescar en China) y se convirtió en una obra muy influyente: de hecho, Mandeville la plagió en gran medida. En lo relativo a India, los europeos podían consultar la obra *Mirabilia*, del obispo Jordanus Catalani, que vivió en el subcontinente indio entre 1321 y 1330. Jordanus es de fiar en cuanto a las costumbres indias, pero recurre a la fantasía al describir otras partes de Asia y África. Frente a esos relatos de viaje, con frecuencia dudosos, se alza la autobiografía de Margery Kempe. Escrita en la década de 1430, es un vívido relato de las venturas y desventuras de una mujer inglesa de King's Lynn (Norfolk) durante sus viajes, con frecuencia accidentados, a lugares santos de Palestina y Europa. Esta obra, poco conocida ya en su época, recoge las experiencias del viajero medieval con más autenticidad que los libros de maravillas, mucho más famosos.

aquesta carauana es partida del impi
de sarra panar alcataro:

iugar · ischion · los munts de sobur on nex lo gran Flaui Gibi: · camull · sobur · Fuchum · Pacuy · singuy

△ Caravana por la Ruta de la Seda

En este detalle del *Atlas catalán* (siglo XIV) aparece Marco Polo en la Ruta de la Seda cruzando la cordillera del Pamir. Los mercaderes van a caballo; las mercancías, a lomos de camello.

La Ruta de la Seda

En el siglo XIII, los kanes mongoles crearon un vasto imperio que se extendía a través de Asia. Bajo su gobierno floreció el comercio a lo largo de la Ruta de la Seda, que conectaba China con el Oriente Medio musulmán y Europa.

▷ Gengis Kan

Pese a ser uno de los conquistadores más brutales de la historia, el caudillo de las tribus nómadas de Mongolia legó un imperio tolerante que propició el comercio y la comunicación en Eurasia.

En la época de la fundación del Imperio mongol, la Ruta de la Seda tenía más de mil años de historia. La élite acaudalada de la antigua Roma ya vestía seda importada de la China de la dinastía Han a través de Asia, pero durante siglos, la ruta comercial por la que llegaba había sido interrumpida intermitentemente por las guerras, los bandidos y los saqueos de gobernantes locales codiciosos. Cuando Gengis Kan unificó las tribus mongolas de Asia central en 1206 y las envió a remotas campañas de conquista, el efecto inicial sobre el comercio fue nefasto. Ciudades famosas de la Ruta de la Seda, como Bagdad, Balj, Samarcanda y Bujará,

quedaron en ruinas tras los ataques mongoles. No obstante, los kanes de la segunda mitad del siglo XIII, cuyo imperio abarcaba desde Persia hasta China, supieron apreciar el valor de unas rutas comerciales bien mantenidas, así como la riqueza que podían reportar. La paz que impusieron y la tolerancia religiosa de la que hacían gala acarrearon un incremento galopante de los mercaderes extranjeros que transitaban por la Ruta de la Seda.

Los principales puntos de partida de los mercaderes de la Europa cristiana hacia Oriente eran Constantinopla y la costa del mar Negro, mientras que los musulmanes solían salir de El Cairo o

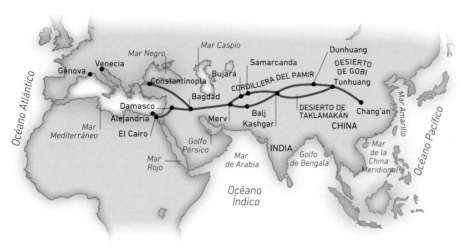

△ **Rutas del comercio de la seda**
La Ruta de la Seda no era una vía única, sino una red de rutas que convergían y divergían a través de Asia. Su longitud total se estima en unos 7000 km.

△ **Camello bactriano**
Figura de camello bactriano, originario de la estepa de Asia central, el animal de carga por excelencia de las caravanas de la Ruta de la Seda.

de Damasco. Los viajeros formaban caravanas de cientos, o incluso miles, de comerciantes, porteadores, guías y traductores, con largas reatas de animales de carga. En algunos puntos de la ruta, los caravasares (pp. 92–93) ofrecían alojamiento y manutención a personas y animales, pero aun así, el camino resultaba arduo. El trayecto del litoral del mar Negro al sur del mar Caspio, frecuentado por mercaderes europeos, estaba lleno de bandidos, y pagar a grupos de hombres a cambio de protección era un procedimiento habitual para cualquier viajero de

la Ruta de la Seda. Gran parte del territorio era árido, por lo que en los tramos particularmente yermos había que cargar con provisiones para varios días de viaje. La penosa travesía de la cordillera del Pamir y del desierto de Taklamakán era todo un desafío.

Apogeo y declive
En el siglo xiv, viajar por la Ruta de la Seda era algo suficientemente habitual como para que se escribieran guías de

viaje. El mercader italiano Francesco Pegolotti tuvo gran éxito con *La pratica della mercatura*, libro para viajeros a China donde detallaba los tiempos de viaje en diversos tramos de la ruta, una estimación de los costes, precauciones que convenía tomar y qué mercancías eran las más rentables para el comercio. La obra concluía con la descripción de Catay (China), donde había que usar dinero de papel, y de Janbalic (Pekín), «que tiene un circuito de unos doscientos kilómetros y está repleta de gente y casas».

La época dorada de la Ruta de la Seda llegó a su fin con la rebelión china contra el poder mongol, que llevó a la fundación de la dinastía Ming en 1368. Mientras el Imperio mongol declinaba, el Imperio otomano en auge y vehementemente musulmán impidió el acceso de los cristianos europeos a las rutas comerciales vía Constantinopla; no obstante, fue el desarrollo del comercio oceánico (siglo xvi) con la apertura de rutas marítimas a las islas de las Especias y al Sureste Asiático, quien asestó el golpe de gracia a la Ruta de la Seda.

UN MÉDICO ATIENDE A VÍCTIMAS DE LA PESTE EN UNA MINIATURA MEDIEVAL

«Y de Utrar a Almalik hay **45 días** en **burro de carga**. Y veréis mongoles **cada día**.»

FRANCESO PEGOLOTTI, *LA PRATICA DELLA MERCATURA* (1335)

◁ **Torre del desierto**
Dunhuang, una ciudad china fronteriza, en el límite del desierto de Taklamakán, era una importante etapa de la Ruta de la Seda. Sus torres y murallas, hoy en ruinas, daban la bienvenida a los viajeros que llegaban del oeste.

Los viajes de Marco Polo

Marco Polo fue un mercader veneciano que viajó a China en el siglo XIII y vivió en la corte del emperador Qubilay Kan. La publicación del relato de sus aventuras lo convirtió en el viajero más famoso de su tiempo.

△ **Viajero veneciano**
Miembro de una familia de mercaderes venecianos, Marco Polo no fue el único europeo en viajar a China y regresar, pero el cautivador relato de sus andanzas por tierra y mar posee un atractivo único.

Cuando nació Marco Polo, en 1254, la ciudad portuaria de Venecia tenía un papel clave en el floreciente comercio entre Europa y Oriente. Los mercaderes venecianos se enriquecieron comprando productos asiáticos de lujo, como seda y especias, en puertos comerciales del Mediterráneo oriental y el mar Negro, que después vendían en el mercado europeo. A esto se dedicaban el padre y el tío de Marco, Niccolò y Maffeo Polo. En la época del nacimiento de Marco, durante uno de sus viajes al mar Negro, los hermanos Polo se adentraron en Asia y, después de numerosas vicisitudes, llegaron a la corte del soberano mongol Qubilay Kan, para quien aquellos visitantes fueron una divertida novedad. Los nombró sus emisarios y les encomendó establecer la comunicación entre el papa y él.

Cuando Niccolò y Maffeo volvieron a Venecia en 1269, Marco era adolescente. En 1271 acompañó a su padre y a su tío en su segundo viaje a la corte de Qubilay.

▽ **Viajes a Oriente de ida y vuelta**
En su viaje de 24 000 km, los Polo recorrieron muchos territorios peligrosos, ulteriormente intransitables. No obstante, regresaron con una gran fortuna y, según se dice, con piedras preciosas cosidas en sus ropas.

Esta vez navegaron hasta el puerto de Acre, en el Levante mediterráneo bajo control cristiano, y desde allí siguieron una intrincada ruta hacia Oriente, cambiando de dirección para evitar zonas peligrosas a causa de la guerra o los ladrones. Pasando por Bagdad y el puerto persa de Ormuz, se incorporaron a la ruta principal de la Ruta de la Seda (pp. 86–87) a través de los formidables

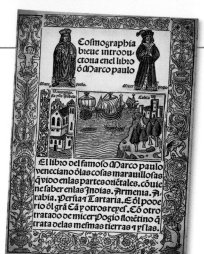

◁ *Il Milione*
Edición castellana del
libro de los viajes de Marco
Polo publicada en 1503. En
italiano, la obra se conoce
como *Il milione*, quizá por la
sospecha de que contiene
un millón de mentiras.

«No conté **la mitad de lo que vi**, pues sabía que **nadie me creería**.»

MARCO POLO EN SU LECHO DE MUERTE, SEGÚN JACOPO D'ACQUI (1330)

obstáculos de la cordillera del Pamir y el desierto de Taklamakán. Durante todo el viaje encontraron ciudades en ruinas, que aún no se habían repuesto de la conquista mongola que había devastado la región un siglo atrás.

Al servicio del emperador

El viaje de los Polo desde Venecia hasta China duró tres años y medio. En 1275 llegaron a la residencia de verano de Qubilay en Xanadú (Shangdu), al norte de Pekín, y entraron al servicio del emperador. Qubilay, el kan mongol que gobernaba sobre una descontenta población china, aceptó de buen grado contratar a unos extranjeros que no suponían riesgo alguno para su poder. Enviado por el emperador, Marco llevó a cabo numerosos viajes dentro de los dominios de Qubilay que le permitieron observar las costumbres locales.

Los Polo permanecieron al servicio de Qubilay diecisiete años, hasta que en 1292 hallaron la oportunidad de partir cuando se les encomendó la misión de escoltar a una princesa mongola china prometida a un príncipe mongol persa hasta la ciudad de su futuro marido. Viajaron por mar, siguiendo las rutas comerciales de las especias desde el

◁ **Marco Polo zarpa de Venecia**
Esta miniatura medieval muestra a Marco Polo y sus parientes partiendo de su ciudad natal rumbo a la corte de Qubilay Kan. No volverían a ver Venecia hasta casi un cuarto de siglo después.

Sureste Asiático hasta el Oriente Medio musulmán a través del océano Índico. Después de arribar a Ormuz entregaron a la princesa en Tabriz, capital mongola de Persia, y siguieron por tierra hasta el mar Negro, donde embarcaron hacia Venecia. Regresaron a casa en 1295.

Il milione

El mundo nunca habría oído hablar de las aventuras de Marco Polo de no ser por un encuentro fortuito. En 1298, Marco Polo fue hecho prisionero por los genoveses, que estaban en guerra con Venecia, y en la cárcel conoció al escritor italiano Rustichello de Pisa, al que contó las peripecias de sus viajes. Añadiendo elementos fantásticos de su cosecha, Rustichello escribió *El libro de las maravillas del mundo*, originalmente titulado *Descripción del mundo* y conocido como *Il milione* («El millón»), que se publicó hacia 1300. El libro, pese a la incredulidad que suscitaban algunos aspectos del relato (por ejemplo, que los chinos utilizaran dinero de papel), se convirtió en uno de los más leídos de su tiempo. Marco Polo murió en su lecho en Venecia, en enero de 1324.

RETRATO CHINO DEL EMPERADOR QUBILAY, QUE ACOGIÓ A MARCO POLO EN 1275

BIOGRAFÍA
Qubilay Kan

Qubilay, nieto de Gengis Kan (el fundador del Imperio mongol), sometió en 1251 el norte de China al dominio mongol. En 1260 fue nombrado gran kan, líder supremo de los mongoles, pero en la práctica se convirtió en emperador de China y gobernó desde Pekín. Fundador de la dinastía Yuan, completó la conquista del sur de China en 1279 y puso en marcha varias operaciones expansionistas, incluidos dos intentos fallidos de invasión de Japón, en 1274 y 1281. El reinado de Qubilay se caracterizó por la tolerancia religiosa, pero, pese a que adoptó las tradiciones de gobierno chinas, nunca dejó de ser un extranjero para sus súbditos chinos.

CARRO (ROMA, 200 A.C.)

DRAISIANA (ALEMANIA, 1817)

CARROMATO (EE UU, 1850)

HARLEY DAVIDSON (RU, 1916)

CHARABANC (RU, 1920)

Sobre ruedas

Desde hace 5500 años, el ser humano no ha dejado de buscar maneras más ingeniosas de utilizar las ruedas para hacer el viaje más fácil.

AUTOBÚS ESCOLAR (EE UU, 1940)

La primera vez que alguien puso de canto una rueda de alfarero para facilitar el transporte fue hacia 3200 a.C., cuando los antiguos mesopotámicos comenzaron a fabricar carros tirados por animales. Pasaron otros 1600 años hasta que aparecieron las ruedas con radios, más ligeras, en los carros egipcios. Esos radios eran de madera, un material muy alejado del acero, el aluminio o los compuestos de carbono usados en las bicicletas ultraligeras de hoy.

Ruedas y carreteras han avanzado a la par. Como las ruedas se deslizan mejor sobre superficies lisas, poco después de inventarse el carro aparecieron calzadas rudimentarias. En la época de la invención de los radios se

usaron por primera vez bandas de hierro para reforzar el canto de las ruedas de los carros. En la década de 1820 se construyeron carreteras macadamizadas, cubiertas por piedra triturada y prensada, seguidas en 1846 de los primeros neumáticos. Gracias al motor de combustión interna, las ruedas dejaron de necesitar caballos para tirar de ellas y, en el siglo xx, el transporte aceleró la marcha. El asfalto se patentó en 1901, William S. Harley y Arthur Davidson fabricaron su primera motocicleta en 1903, y Henry Ford sacó su modelo T en 1908. Desde sus primeros giros titubeantes, la rueda ha sido esencial para el transporte, y el futuro sin ella parece inconcebible.

BENZ MOTORWAGEN (ALEMANIA, 1886)

FAETÓN *SPIDER* (RU, 1890)

FORD T (EE UU, 1908)

AUTOBÚS AEC REGENT III RT (RU, 1938)

ESCÚTER CUSHMAN MODELO 1 (EE UU, 1938)

BIANCHI PARÍS-ROUBAIX (ITALIA, 1951)

VOLKSWAGEN KOMBI (ALEMANIA, 1950–1967)

ROLET BEL AIR DESCAPOTABLE (EE UU, 1957)

NISSAN LEAF (JAPÓN/EE UU, 2010)

Los caravasares

Eran posadas que ofrecían alojamiento seguro a viajeros y animales a lo largo de las rutas comerciales y de peregrinación en Oriente.

Para cualquier peregrino o mercader, la visión de un caravasar era una grata promesa de descanso y alivio de las penalidades del viaje. Los caminantes entraban por un arco de altura suficiente para permitir el paso de un camello con una carga voluminosa y accedían a un patio en torno al cual se disponían los dormitorios (austeros cubículos sin cama, mesa o silla). El viajero podía ocupar cualquiera que encontrara vacante. También había almacenes para dejar la mercancía a buen recaudo; establos para los caballos, asnos y camellos; una sala de oración y baños.

Por lo general, los caravasares estaban rodeados por altos muros defensivos contra bandidos o lobos que les daban aspecto de fortalezas. Los gobernantes locales, movidos por el mandamiento religioso de facilitar la peregrinación a La Meca y por el imperativo económico de incentivar el comercio, construían y mantenían estos establecimientos. En ellos se ofrecía gratuitamente alojamiento, comida y forraje para los animales; sin embargo, un mercader extranjero podía verse obligado a desembolsar cuantiosas sumas en impuestos locales aplicados al comercio.

En las rutas más transitadas había un caravasar cada 30 o 40 km, la distancia de una jornada de viaje de una caravana. Además de en campo abierto, existían establecimientos similares en ciudades y pueblos. Frecuentados por una variopinta multitud de viajeros, se convirtieron en bulliciosos mercados donde se intercambiaban productos con la población local e incluso con otros viajeros, y donde se podía conocer diferentes ideas y creencias. El papel de los caravasares fue esencial en la vida asiática durante mil años, hasta entrado el siglo xx. Hoy, de muchos de ellos solo quedan espectaculares ruinas, pero algunos siguen albergando mercados o han sido rehabilitados como hoteles turísticos.

◁ **Wikalat Bazar'a**
Construido en el siglo XVII por un yemení llamado Bazar'a, es uno de los 20 caravasares que quedan en El Cairo. Como la mayoría de ellos, tiene un patio central con galerías de arcos.

Ruinas remotas
Muchos caravasares eran el único refugio en territorios remotos y yermos, como este, abandonado en un valle de las montañas de Afganistán. Existían caravasares en toda Asia, desde Turquía hasta el norte de India y Kazajistán.

Caravanas de sal transaharianas

Hace setecientos años, una de las rutas comerciales más prósperas era la que atravesaba el Sáhara hacia el norte desde Tombuctú, la capital del Imperio de Mali. Por ella, las caravanas de camellos transportaban valiosos cargamentos de oro, sal, marfil y esclavos.

▷ *Atlas catalán*
En el *Atlas catalán*, realizado en 1375, aparece Mansa Musa, soberano de Mali y el «señor más noble de toda la región», sentado en su trono al sur del Sáhara.

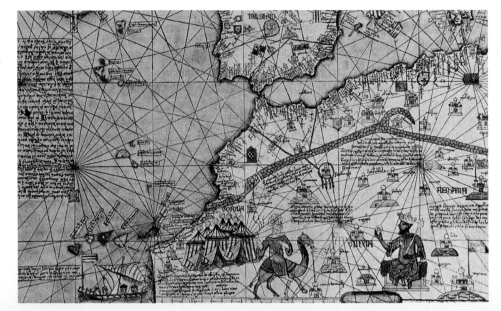

El Imperio de Mali, un estado musulmán situado al sur del Sáhara y sin salida al mar, fue un misterio hasta para sus contemporáneos. El mundo solo supo de su existencia (y de su inmensa riqueza) en 1324, cuando el emperador Mansa Musa viajó en peregrinación a La Meca. Su llegada a El Cairo, donde emergió del desierto acompañado de cientos de seguidores, causó sensación. La caravana de camellos de Mansa Musa portaba tal cantidad de oro que desestabilizó la economía egipcia, entonces la más próspera del mundo musulmán.

El comercio transahariano

Fundado en el siglo XIII, el Imperio de Mali se enriqueció gracias al control del comercio transahariano. En los mercados de Tombuctú y otras ciudades malienses se podía encontrar oro, cobre, nuez de cola, marfil y esclavos que llegaban por el río Níger desde la zona boscosa allende el Sáhara. Allí se intercambiaban por sal y caballos bereberes traídos por los tuaregs, el pueblo nómada del desierto. Después, estos transportaban los

▽ **Reata de camellos**
Capaces de sobrevivir largos periodos sin agua, los dromedarios eran animales de carga fundamentales para el comercio transahariano.

«La **seguridad** es **completa** en su país. Ningún **viajero** ni **habitante** tiene **nada que temer**.»

EL EXPLORADOR MARROQUÍ IBN BATTUTA SOBRE EL IMPERIO DE MALI (1354)

preciados bienes del sur por el desierto hasta Sijilmasa u otras ciudades marroquíes del margen septentrional del Sáhara. De allí, otros comerciantes los llevaban al Oriente Medio islámico y a Europa. De hecho, el oro de las monedas que acuñaron los estados europeos a finales de la Edad Media procedía de África.

Fieros e independientes, los bereberes tuaregs habían sobrevivido desde tiempos inmemoriales en su extremo

hábitat desértico, viviendo en sus tiendas azules y pastoreando camellos, cabras y ovejas. También explotaban los depósitos de sal del corazón del Sáhara, en Taghaza, aproximadamente a mitad de camino de la ruta de 1600 km del Imperio de Mali a Sijilmasa. Ataban los pesados bloques de sal a las jorobas de los camellos para transportarlos por el desierto y los vendían a buen precio en los mercados malienses. La sal estaba tan cotizada que a veces se la llamaba «oro blanco».

Travesía del desierto

Las caravanas comerciales de los tuaregs eran increíblemente largas. El viajero árabe Ibn Battuta, que cruzó el desierto hacia el sur desde Sijilmasa en 1352, afirmó que una caravana típica contaba con mil camellos, pero podían ser muchos más. Solían viajar de noche para evitar el calor del desierto y solo se detenían en alguno de los escasos oasis. Se tardaba unos dos meses en cruzar el desierto, un viaje arduo y peligroso, justificado por la esperanza de pingües beneficios.

Los gobernantes de Mali llenaron sus arcas con los impuestos al comercio sahariano e hicieron de su imperio un foco de sabiduría, devoción y esplendor

arquitectónico. Tombuctú, en concreto, floreció en torno a su mercado. A inicios del siglo xv, su población pudo rondar los 100 000 habitantes. Eruditos de todo el mundo islámico acudían para enseñar o estudiar a la ciudad, que albergaba una universidad y una de las mayores bibliotecas del mundo, con decenas de cientos de manuscritos.

En el transcurso del siglo xv, cuando el Imperio de Mali fue suplantado por un rival local, el Imperio songay, las rutas comerciales del Sáhara siguieron activas. Sin embargo, en los siglos posteriores, la expansión del comercio oceánico, dominado por las potencias marítimas europeas, relegó al interior del norte y el oeste de África a un segundo plano en el comercio internacional. Toda la región terminó sucumbiendo a las ambiciones imperialistas francesas en el siglo xix.

△ **Mezquita de Sankoré**
Tombuctú es famosa por sus mezquitas de adobe y arena. La mezquita de Sankoré, que forma parte de la universidad, data de la edad de oro del Imperio de Mali.

◁ **Velo tuareg**
Este tuareg lleva el tradicional *tagelmust* teñido de índigo, una combinación de turbante y velo que constituye la mejor protección frente a las tormentas de arena.

Ibn Battuta

Ningún viajero medieval llegó más lejos que Ibn Battuta. Nacido en el norte de África, recorrió desiertos, estepas y océanos, y dejó constancia del esplendor de Bagdad, Samarcanda, Pekín y Tombuctú.

bn Battuta, nacido en el seno de una familia de jueces y educado en la ley islámica, dejó su hogar a los 21 años para peregrinar a La Meca. Una vez en camino, se enamoró del mero placer de viajar y tardó 14 años en volver a Tánger.

A inicios del siglo XIV, el mundo islámico, unido por las costumbres religiosas, el comercio y la lengua del Corán, y que abarcaba desde la península Ibérica hasta Indonesia, y desde las estepas de Asia central hasta Zanzíbar, ofrecía grandes oportunidades a un viajero musulmán. Tras su peregrinación, Ibn Battuta emprendió viajes aún más largos por todo aquel mundo interconectado. Durante el primero penetró por tierra hasta Irán y Persia. Después viajó por mar bordeando la costa oriental de África, donde los comerciantes habían difundido el islam hasta la actual Tanzania. Entre esos dos viajes perfeccionó sus conocimientos de leyes en La Meca, a fin de que cualquier estado musulmán que visitara pudiera contratarlo.

Hasta los confines de la Tierra

En 1332 decidió probar suerte en la próspera corte del sultán de Delhi. En vez de alcanzar India por mar desde Arabia, optó por dar un gran rodeo por tierra pasando por la Constantinopla cristiana, por la Ruta de la Seda hasta el centro de Asia, bajo dominio mongol, y por las nevadas montañas del Hindu Kush. Muhammad ibn Tugluq, el sultán de Delhi, aceptó de buen grado los servicios de un erudito, pero a Ibn Battuta le pareció un patrón veleidoso. Al final, durante una misión en el sur de India, Ibn Battuta decidió no regresar a Delhi y siguió las rutas marítimas comerciales por Sri Lanka y el Sureste Asiático hasta la China imperial.

En el mundo conocido no quedaba prácticamente lugar por recorrer. En 1347, Ibn Battuta tomó el camino de vuelta. Su regreso coincidió con la epidemia de peste bubónica, cuyos efectos observó con horror. Sus padres también habían fallecido, así que hizo un alto en Tánger y siguió viajando, primero a Al-Ándalus y después por el Sáhara con una caravana de camellos hasta el legendario Imperio de Mali. Solo entonces consideró que había visto suficiente.

Con unos 120 000 km recorridos en 30 años, se instaló en Marruecos y comenzó a dictar el relato de sus viajes. Pese a que la veracidad de su obra *A través del Islam* haya sido cuestionada, continúa siendo una fuente de información formidable sobre el mundo perdido de la Edad Media.

Clave
- 1.ª ruta (1325–1328)
- 2.ª ruta (1330–1331)
- 3.ª ruta (1332–1346)
- 4.ª ruta (1347–1352)

EUROPA · Astrakán · Constantinopla · *Mar Negro* · ESPAÑA · Granada · Tánger · Damasco · Tabriz · ASIA CENTRAL · *Mar Caspio* · Cordillera del Hindu Kush · Kabul · Pekín · CHINA · Hangzhou · Quanzhou · *Mar Mediterráneo* · Bagdad · PERSIA · Delhi · ASIA · *Océano Pacífico* · DESIERTO DEL SÁHARA · El Cairo · *Mar Rojo* · La Meca · Adén · INDIA · Chittagong · Tombuctú · *Río Nilo* · MALI · *Río Níger* · ÁFRICA · Calicut · SRI LANKA · Mogadiscio · Mombasa · SUMATRA · Kilwa · *Océano Índico*

◁ Rutas por Oriente

Los viajes de Ibn Battuta lo llevaron a recorrer casi todo el mundo conocido para los musulmanes del siglo XIV. Tan solo la Europa cristiana, por su intolerancia religiosa, le estaba vedada.

▷ Ibn Battuta en Egipto

Ibn Battuta con un guía egipcio durante su visita de 1326 a El Cairo, por aquel entonces una de las ciudades más grandes del mundo.

◁ Santa Sofía

Ibn Battuta quedó impresionado por el esplendor de Santa Sofía cuando visitó Constantinopla, la capital del Imperio bizantino, en la que pasó un mes en 1332.

«Partí **en solitario,
sin compañero de viaje**
[...] **ni caravana** a la que
poder **incorporarme**.»

IBN BATTUTA, *A TRAVÉS DEL ISLAM* (1354)

FECHAS CLAVE

■ **1304** Nace el 25 de febrero en Tánger, en el seno de una familia de origen bereber.

■ **1325** Comienza la peregrinación a La Meca por la costa norte de África.

■ **1326** Visita El Cairo y Damasco.

■ **1327 1328** Viaja por Irak e Irán.

■ **1330–1331** Navega por el mar Rojo hasta Adén y sigue la costa africana hasta Kilwa.

■ **1332–1334** Viaja a India vía el Imperio bizantino, Asia central y Afganistán.

ANDRÓNICO III PALEÓLOGO, EL EMPERADOR BIZANTINO QUE RECIBIÓ A IBN BATTUTA

■ **1334–1342** Sirve en la corte de Delhi.

■ **1342–1346** Viaja a China por Sri Lanka y el Sureste Asiático.

■ **1352** Emprende la travesía del Sáhara hasta el Imperio de Mali y el río Níger.

■ **1354** Se instala de nuevo en Tánger y dicta el relato de sus viajes.

■ **1369** Muere en Tánger.

SUPUESTA TUMBA DE IBN BATTUTA EN TÁNGER (MARRUECOS)

Mapas medievales

Estos mapas eran compendios de mitología, tradiciones religiosas y relatos inexactos de viajeros. Aun cuando se cartografiaron con fidelidad las regiones conocidas, gran parte del mundo quedaba en la oscuridad.

△ **Mapamundi de Hereford**

El mundo representado en este mapa es en gran medida mítico. Personajes bíblicos y legendarios, además de monstruos, pueblan Asia y África.

En la época medieval, ni los mercaderes, ni los peregrinos, ni los cruzados que partían de Europa hacia Oriente consultaban mapas. La función de los mapas de la Europa cristiana no era ayudar a los viajeros a hallar su camino, sino representar a grandes rasgos el concepto del mundo según el cristianismo medieval. Esto es palpable en el mapamundi de la catedral de Hereford (Inglaterra), que data de 1300. El mundo aparece dividido en tres continentes (Europa, Asia y África) separados por el Nilo, el Don y el Mediterráneo, y rodeados por un océano circular. Los cartógrafos situaron Jerusalén, el lugar de la crucifixión y sepultura de Jesucristo, en el centro, y el Oriente (el este), en la parte superior. Sobre este esquema geográfico general figura una abigarrada serie de imágenes relacionadas con la Biblia y con antiguas leyendas: animales exóticos y míticos, el jardín del Edén, la ubicación del arca de Noé, monstruos humanos y el laberinto del minotauro. Otros mapamundis medievales destacables son el del beato de la abadía de Saint-Sever (Francia), de alrededor de 1050, y el de Ebstorf (norte de Alemania).

Los cartógrafos medievales musulmanes trazaron mapas más precisos. Contaban con dos fuentes clave de las que carecían los autores del mapamundi de Hereford: la obras de Tolomeo, el gran geógrafo de la Antigüedad, conocidas por los árabes, pero fuera del alcance de los europeos, y la información de los mercaderes y marineros musulmanes que viajaban hasta los territorios más remotos del islam. Así, Al-Idrisi, un geógrafo árabe al servicio de la cosmopolita corte de Roger II de Sicilia, realizó en el siglo XII un mapa donde representó el norte de África, Europa y Asia con un alto grado de realismo.

Tolomeo redescubierto

Desde mediados del siglo XIII comenzó a arraigar en la Europa cristiana una tradición cartográfica más práctica. Las cartas portulanas, o portulanos, concebidas para facilitar la navegación a los marineros, representaban costas, islas y escollos con un símbolo de escala (llamado tronco de leguas), que indicaba la distancia, y la rosa de los vientos para mostrar la dirección. Estos mapas estaban plagados de líneas

« El **orbe** está dividido en **tres partes**, una [...] **Asia**, otra **Europa**, y la tercera, **África**. »

SAN ISIDORO DE SEVILLA, *ETIMOLOGÍAS* (633)

▷ *Carta pisana*

Este portulano del siglo XIII es el más antiguo que se conserva. Concebido para uso de navegantes italianos, reproduce con precisión la costa mediterránea y sus puertos.

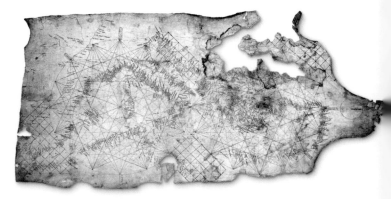

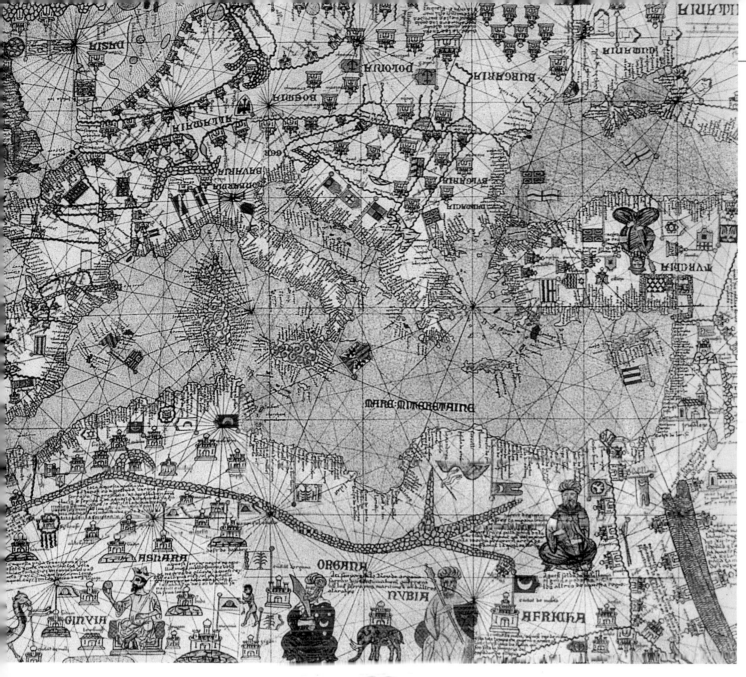

loxodrómicas, trazadas desde los
puntos cardinales para ayudar a los
timoneles a seguir un rumbo preciso.
A menudo extraordinariamente fieles
en cuanto al litoral, habida cuenta de
la tecnología de la época, comenzaron
a elaborarse en las ciudades portuarias
de Italia para después extenderse a
Cataluña y Portugal.

Los portulanos eran mapas regionales
con fines prácticos y cubrían, sobre
todo, partes del mar Negro y la costa
del mar Mediterráneo. Con el paso del
tiempo, las técnicas de los portulanos
se perfeccionaron, y ello llevó a tratar
de aplicarlas para cartografiar el mundo.
Hacia 1320, Pietro Vesconte, cartógrafo
genovés que trabajaba en Venecia y
que era famoso por sus portulanos,
combinó experiencia y tradición en un
mapamundi mucho más preciso que
los anteriores realizados en Europa.
Otro mapa que aunó la precisión de
los portulanos y la tradición de los

△ **Cartas portulanas**
En este mapa de 1559 se aprecia el enorme
progreso de la cartografía a partir del inicio
de la era de la exploración oceánica.

mapamundis fue el *Atlas catalán* (1375).
Realizado en Mallorca por el cartógrafo
judío Abraham Cresques, este mapa
incorporaba información de los viajes
de Marco Polo y los relatos de Juan de
Mandeville (elementos fantásticos
incluidos).

La clave para el desarrollo ulterior
de la cartografía europea fue el
redescubrimiento de las obras de
Tolomeo a partir de fuentes islámicas
en el siglo xv. Así, reapareció la
localización mediante coordenadas
de longitud y latitud. Aunque los
cartógrafos europeos ya sabían que
el mundo era una esfera, Tolomeo les
proporcionó una estimación precisa
de sus dimensiones. Sin embargo,
esa estimación era errónea, ya que
determinaba que la Tierra tenía tres
cuartas partes de su tamaño real.
Fue este error el que llevó a Cristóbal
Colón hacia el oeste en busca de un
paso a China.

MARINOS Y COLONOS

1400–1600

MARINOS Y COLONOS (1400–1600)

Introducción

En el periodo entre 1400 y 1600 fueron muchos los navegantes de Europa occidental que llevaron a cabo viajes de exploración durante los cuales descubrieron lugares hasta entonces desconocidos para el Viejo Continente. En consecuencia, países como España, Portugal, Francia e Inglaterra tejieron redes comerciales y fundaron asentamientos en África, América y Asia que les garantizaron una influencia duradera a escala mundial.

Pioneros marítimos

El principal aliciente para embarcarse en aquellas travesías hacia lo desconocido, con frecuencia peligrosas, fue el comercio. Los mercaderes europeos ya importaban mercancías valiosas de Extremo Oriente, como especias y seda, pero estas debían recorrer todo el camino desde Asia por tierra. Una ruta marítima sería una alternativa más fiable y posiblemente más rápida, y podría abrir las puertas a nuevos y jugosos mercados. Príncipes y soberanos como Enrique de Portugal (conocido como el Navegante), los Reyes Católicos e Isabel I de Inglaterra animaron de una manera u otra a los exploradores a buscar nuevas rutas hacia Asia.

Entre los viajeros más famosos destacan Vasco da Gama, el primer europeo en llegar a India por el cabo de Buena Esperanza, y Cristóbal Colón, el primero que cruzó el Atlántico para pisar suelo americano desde los vikingos. Aquellos pioneros y los que siguieron su estela establecieron rutas marítimas y puntos de escala en las costas de África y el Caribe, y sirvieron de ejemplo a otros aventureros como ellos.

Entre las oleadas de aventureros posteriores cabe mencionar a Fernando de Magallanes, cuya tripulación completó su proyecto de circunnavegar

EN 1492, CRISTÓBAL COLÓN FUE EL PRIMER EUROPEO EN LLEGAR A AMÉRICA DESDE LOS VIKINGOS

EN 1501, AMÉRICO VESPUCIO DESCUBRIÓ QUE AMÉRICA NO ESTABA UNIDA A ASIA

EL ERUDITO ANTONIO PIGAFETTA DIO LA VUELTA AL MUNDO CON LA EXPEDICIÓN DE MAGALLANES

«Prevaleciendo sobre todos los obstáculos y distracciones, uno puede llegar indefectiblemente a su meta o destino elegido.»

CRISTÓBAL COLÓN

el globo después de su muerte. Mientras, la derrota de los imperios inca y azteca por los conquistadores inauguró una larga época de dominio europeo en México y América del Sur. Estos aventureros no estaban tan motivados por el comercio como por la búsqueda de recursos y codiciaban el oro y la plata de América Latina. Con todo, el comercio nunca cesó, y cuando los franceses comenzaron a explorar Canadá, supieron sacar provecho tanto del negocio de las pieles como del territorio que reclamaban para su país.

Intercambio de bienes

Por lo general, estas expediciones no eran multitudinarias. Colón hizo su primer viaje con solo tres naves; Pizarro partió a la conquista de Perú con 180 hombres, y Cortés iba acompañado de 500 soldados. Pero contaban con la ventaja de una tecnología superior: los instrumentos de navegación, como el cuadrante de Davis y la brújula, les ayudaron a orientarse, y las armaduras de acero y las armas de fuego les aseguraron la victoria sobre unos nativos equipados con armas rudimentarias. En consecuencia, el impacto de aquellos viajes fue tremendo.

Los exploradores transatlánticos, en particular, crearon una red de intercambio completamente nueva: plantas, animales y tecnología cruzaron los mares, pero también lo hicieron enfermedades infecciosas. El maíz, los tomates y las patatas llegaron a Europa por primera vez, y gallinas, cerdos y caballos siguieron el camino inverso. Aquella red propició la industrialización de América, pero también la esclavitud. La era de los descubrimientos transformó profundamente tanto el Viejo Continente como los nuevos mundos

EN 1519, HERNÁN CORTÉS INICIÓ LA CONQUISTA DE MÉXICO PARA LA CORONA ESPAÑOLA

EN LA DÉCADA DE 1530, FRANCISCO PIZARRO VENCIÓ A LOS INCAS Y RECLAMÓ SUS TIERRAS PARA ESPAÑA

MAPA DE LA COSTA ESTE DE AMÉRICA DEL NORTE SEGÚN LOS DESCUBRIMIENTOS FRANCESES DE 1534–1541

Al mando de la flota
El almirante Zheng He, de origen musulmán (su padre había peregrinado a La Meca), dirigió siete expediciones navales chinas entre 1405 y 1432. Como funcionario de la corte imperial Ming, era eunuco.

Zheng He era un eunuco de la corte del emperador Yongle, Zhu Di. En la época, la recién fundada dinastía Ming deseaba consolidar el estatus internacional de China. Zhu Di ordenó construir la gran «flota del tesoro» a fin de proyectar el poderío y el prestigio chinos allende sus costas, y eligió para comandarla a su oficial de mayor confianza: Zheng He.

Dicha flota estaba compuesta por más de 1600 barcos de madera, los mayores jamás construidos. La misión de Zheng He consistía en dirigir expediciones por el Sureste Asiático y el océano Índico para invitar a los gobernantes locales a reconocer la soberanía imperial china y enviar tributos a la corte. Con la flota iban 27 000 soldados para actuar en caso de encontrar reticencias a la hora de prestar el homenaje requerido.

Entre 1405 y 1422, Zheng He realizó seis viajes, de un par de años cada uno. Partiendo del río Yangtsé en Nankín (Nanjing), en los tres primeros llegó hasta Sri Lanka y el sur de India siguiendo la costa de Vietnam y las islas de Java y Sumatra; en el cuarto llegó más allá de India, hasta el puerto persa de Ormuz, y en el quinto y el sexto navegó hasta Arabia, el mar Rojo y la costa oriental de África. De cada viaje regresó con embajadores de diversos estados del océano Índico

Clave
- Primeros tres viajes
- Cuarto viaje
- Viajes quinto y sexto

△ **Mapa**
En sus viajes, Zheng He siguió las rutas comerciales establecidas del Índico, desde Malasia hasta África oriental y abundantes tributos (incluidos animales exóticos, como jirafas y cebras, para la colección imperial).

Cuando se suspendieron los viajes en 1424, Zheng He siguió ostentando un cargo importante. En 1432 volvió a dirigir la flota del tesoro en un nuevo viaje, pero falleció al cabo de un año. Con el tiempo, la China imperial se replegó sobre sí misma, los viajes oceánicos se prohibieron y el recuerdo de Zheng He prácticamente se perdió durante cinco siglos. Sin embargo, en algunas zonas del Sureste Asiático, los chinos de ultramar siguieron venerándolo y erigieron templos en su honor.

◁ **Los poderosos barcos del tesoro**
Esta representación moderna da fe del tamaño de los juncos de la flota del tesoro al mando de Zheng He: medían casi 100 m de eslora.

FECHAS CLAVE

- **1371** Nace en Yunnan, en el seno de una familia musulmana.
- **1381** Muere su padre resistiendo a la conquista Ming de Yunnan. Él es castrado y puesto al servicio de Zhu Di, príncipe de Yan.
- **1402** Capitanea un ejército durante la toma del poder de Zhu Di; a cambio recibe un alto rango en la corte.
- **1405** Primer viaje al mando de la gran flota construida según las órdenes de Zhu Di; llega al sur de India.

JIRAFA ENVIADA A CHINA COMO TRIBUTO

- **1407–1419** Realiza cuatro viajes y alcanza Arabia y el este de África.
- **1422** Regresa de su sexto viaje. Se suspenden los viajes por orden imperial.
- **1422–1431** Es gobernador militar en la ciudad de Nankín.
- **1432** Se embarca para un último viaje al océano Índico. En 1433 muere, y su cadáver es lanzado al mar.

TEMPLO DEDICADO A ZHENG HE EN PENANG (MALASIA)

BARCO EGIPCIO (1900 A.C.)

BARCO MERCANTE ROMANO (200 D.C.)

DRAKKAR VIKINGO (NORUEGA, 800)

NAVÍO MERCANTE DE VAPOR *AGAMEMNON* (RU, 1865)

CARGUERO *WENDUR* (ESCOCIA, 1884)

Barcos

Durante milenios, los barcos han sido el principal medio de transporte de personas y mercancías a larga distancia.

Muchas civilizaciones antiguas dependían de los ríos para sobrevivir: los egipcios, del Nilo; los mesopotámicos, del Tigris y el Éufrates; y las primeras sociedades de India y Pakistán, del Indo. Además de proporcionar agua para las personas y los cultivos, los ríos constituían una vía de transporte.

Las primeras embarcaciones conocidas eran de pieles de animales y troncos vaciados. Los egipcios construían barcas con tallos de papiro, y los griegos elevaron el arte del remo a un nivel sin parangón. Posteriormente, los vikingos surcaron el océano en robustas naves de madera impulsadas por el viento y la fuerza de los remeros. En el siglo xv, los constructores

navales europeos fusionaron lo mejor de sus predecesores y crearon grandes naves de tres o cuatro palos a las que incorporaron cañones para conquistar otras naciones. A la conquista le siguió el comercio, y se empezaron a construir enormes veleros mercantes (bergantines y goletas).

La era de la vela terminó cuando la revolución industrial introdujo el motor de vapor para sustituir al velamen como propulsor de los buques transoceánicos. Hoy, ese motor ha sido prácticamente reemplazado por el diésel y la turbina de gas, aunque muchos buques de guerra siguen funcionando a vapor, generado por un reactor nuclear a bordo.

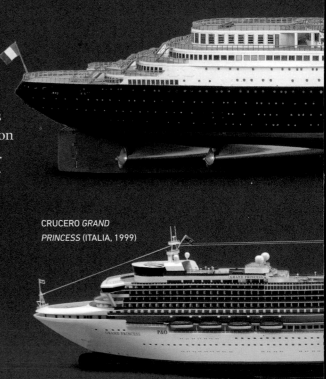

CRUCERO *GRAND PRINCESS* (ITALIA, 1999)

CARRACA *SANTA MARÍA* (ESPAÑA, 1492)

VELERO DE VAPOR *SAVANNAH* (EE UU, 1819)

JUNCO (CHINA, 1840)

VAPOR DE RUEDA DE PALETAS *ROYAL SOVEREIGN* (RU, 1893)

PAQUEBOTE *NORMANDIE* (FRANCIA, 1932)

AUTOBÚS ACUÁTICO *HIMIKO* (JAPÓN, 2010)

A India rodeando África

Interesada en hallar la fuente de unos de los productos más valiosos del comercio mundial, las especias, la corona portuguesa envió una expedición naval a India por el cabo de Buena Esperanza.

△ **Vasco da Gama**
Tras su célebre viaje de 1497–1499, Vasco da Gama partió para India por segunda vez en 1502. Fue nombrado gobernador de todos los territorios portugueses de Oriente en 1524.

La exploración portuguesa de la costa africana comenzó a inicios del siglo xv, a instancias del príncipe Enrique el Navegante. En busca de aliados contra los musulmanes del norte de África y ansioso por dar con el oro que sabía que había al sur del Sáhara, el príncipe portugués promovió expediciones que llegaron hasta Sierra Leona. A su muerte, en 1460, Portugal ya había iniciado un lucrativo comercio de esclavos y oro en África oriental.

Primeros intentos

Al cabo de dos décadas de pausa, tras el ascenso al trono portugués de Juan II en 1481 se reanudaron los viajes de exploración. Pese a que la información sobre África era escasa, los conocimientos de la época sugerían que era posible navegar rodeando el sur del continente hasta el Índico, lo cual permitiría el acceso directo a las especias asiáticas, cuyo comercio estaba monopolizado por los musulmanes y sus socios venecianos. El rey reunió a astrónomos y matemáticos para que elaboraran un manual de navegación y envió una misión secreta a Egipto para explorar las tierras cercanas al océano Índico.

Al principio, el proyecto avanzó con dificultad. En 1482 y 1484, el navegante portugués Diogo Cão llegó hasta la

◁ **Carabela portuguesa**
La nave fundamental para la exploración portuguesa de la costa africana fue la carabela. Pequeña y ágil, podía navegar en aguas poco profundas y remontar ríos.

actual Namibia sin hallar el esperado paso hacia India. En 1487, el rey envió otra expedición naval a descender por la costa africana, esta vez al mando de Bartolomeu Dias. A inicios de 1488, cuando Dias se hallaba perdido en el océano, el viento y las corrientes le arrastraron hacia el cabo de Buena Esperanza, que no llegó a ver, antes de arribar a las costas sudafricanas. Llegados a este punto, sus marineros insistieron en regresar, y Dias volvió a Lisboa con la seguridad de haber abierto la ansiada ruta a India.

El triunfo de Vasco da Gama

Un década después, bajo Manuel I, el sucesor de Juan II, los portugueses estaban por fin preparados para zarpar rumbo a India. En julio de 1497 salió de Lisboa una flota de cuatro naves al mando de Vasco da Gama. De familia noble, Da Gama no fue elegido tanto por sus dotes marineras como por su habilidad diplomática, con el objetivo de establecer vínculos comerciales con los estados del

Índico. La flota navegó hasta las islas de Cabo Verde y se dirigió al sur de África dando un rodeo por el océano abierto sin avistar tierra durante 13 semanas, toda una proeza náutica. Tras doblar el cabo de Buena Esperanza, remontó la costa oriental africana hasta Malindi. Allí, los portugueses conocieron a Ahmad ibn Mayid, un marinero gujarati que los guiaría por el Índico hasta Calicut, en el sur de India. Pese al frío recibimiento del gobernador local, los portugueses consiguieron cargar pimienta y canela

◁ **Bartolomeu Dias**
Al frente de dos carabelas y un barco de provisiones, Dias dobló el cabo de Buena Esperanza en 1488.

« Solo Dios es **maestro y piloto** y puede entregarlos mediante su **misericordia**. »

VASCO DA GAMA, RELATO DE SU VIAJE (*c.*1500)

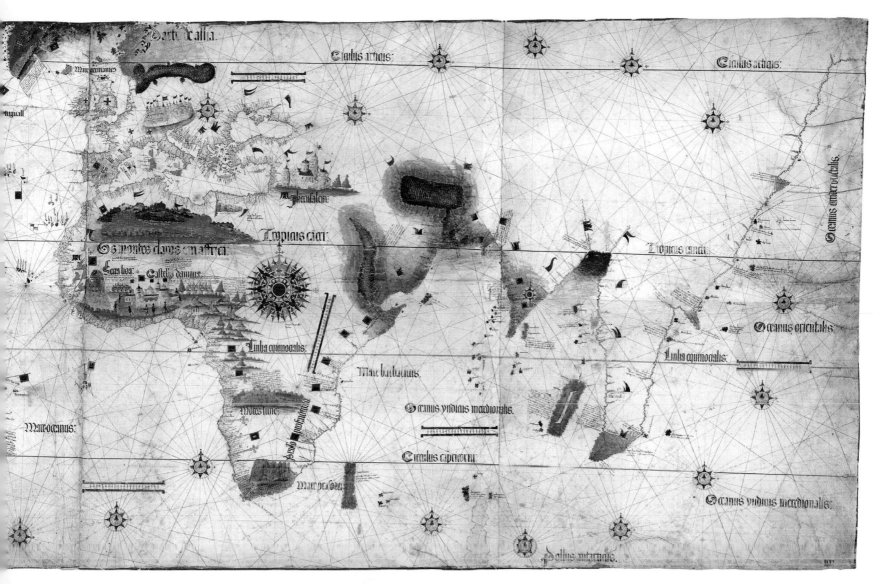

△ **Planisferio de Cantino**
Este mapa de 1502, obra de un cartógrafo desconocido, representa el mundo conocido para los portugueses tras los viajes de exploración de Vasco da Gama.

antes de emprender el esperado regreso. A la vuelta, durante la larga travesía del Índico, la expedición se vio retrasada por los vientos de proa, azotada por las tormentas y diezmada por la enfermedad. Da Gama tuvo que sofocar un motín y abandonar uno de los barcos. Cuando llegó a Lisboa, en septiembre de 1499, había perdido más de la mitad de sus hombres, pero su regreso fue celebrado como un triunfo. Las expediciones posteriores consolidaron la presencia portuguesa en India y descubrieron Brasil. En el siglo XVI, los portugueses llegaron hasta China y Japón, y su país prosperó gracias el comercio de especias y otros productos asiáticos.

◁ **Monasterio de los Jerónimos de Belém**
Este monasterio de Lisboa se construyó para conmemorar el viaje de Vasco da Gama a India. Las obras se financiaron mediante impuestos al comercio portugués con África y Asia.

Llegada a La Española
Colón llega a la isla La Española.
según un grabado del siglo XVI
de Theodore de Bry. Tres de sus
hombres erigen una enorme
cruz en la costa, indicando así
su intención de cristianizar a
la población local.

Un mundo nuevo

Entre 1492 y 1502, Cristóbal Colón realizó cuatro viajes transatlánticos con los que empezó la colonización europea de América y la forja de vínculos permanentes entre los dos continentes, el nuevo y viejo.

Cristóbal Colón nació en la República de Génova (aunque no faltan teorías contrarias), una ciudad-estado italiana con una gran tradición de comercio marítimo. Experto navegante, estaba convencido de que la mejor ruta para llegar desde Europa hasta las islas de las Especias, en el Sureste Asiático, pasaba por el Atlántico, rumbo al oeste.

Durante la década de 1480, Colón intentó encontrar financiación para una expedición transatlántica, pero fue rechazado por los gobernantes de Portugal, Venecia, Génova e Inglaterra, cuyos consejeros sabían que el navegante había infravalorado en gran medida la distancia que implicaba aquel viaje. Sin embargo, los monarcas españoles Isabel y Fernando decidieron apoyar a Colón, que logró armar tres naves: la carraca *Santa María* y dos carabelas, más pequeñas, la *Pinta* y la *Niña*. La principal razón por la que los Reyes Católicos aceptaron financiar aquel viaje era evitar que otros países se beneficiaran del fructífero comercio que Colón podría iniciar.

El primer viaje

La modesta flota de Colón zarpó de Palos de la Frontera (Huelva) el 3 de agosto de 1492. Primero puso rumbo suroeste, hacia las islas Canarias, donde hizo escala para cargar provisiones y reparar la *Pinta*. A partir de allí, Colón y sus hombres entraron en aguas desconocidas hacia poniente en la que resultó ser una travesía de cinco semanas.

En 12 de octubre, el vigía de la *Pinta* anunció que había avistado tierra: una isla de las Bahamas a la que llamaron San Salvador. Colón observó que sus habitantes solo tenían armas primitivas y que resultaría fácil vencerlos en caso

△ **Cristóbal Colón**
Este retrato fue grabado cien años después de sus famosos viajes a América.

de batalla. Sin embargo, casi todos los pueblos con los que se encontró en su primer viaje fueron amistosos. El navegante quedó prendado de los adornos de oro que lucían en las orejas e hizo algunos prisioneros con la esperanza de que le condujeran a la fuente del oro.

El ansia de tesoros incitó al capitán de la *Pinta*, Martín Alonso Pinzón, a partir en busca de una isla que, según los rumores, estaba repleta de oro. Mientras tanto, las otras dos naves continuaron explorando la costa de La Española hasta que la *Santa María* encalló el día de Navidad de 1492. Colón se vio obligado a abandonar su nave insignia y continuar con una sola nave hasta que volvió la *Pinta* el 6 de enero de 1493.

Virrey de las Indias

Tras dejar a 39 hombres para que iniciaran una colonia (el fuerte Navidad, hoy en Haití), Colón continuó bordeando la costa de La Española. Se detuvo en la bahía de Rincón, donde se encontró con los ciguayos. Colón pretendía comerciar, pero, ante la negativa

△ **Los cuatro viajes de Colón**
Colón siguió distintas rutas por el Atlántico a medida que fue conociendo más vientos dominantes. La ruta española habitual hacia el oeste descendía hasta las Canarias para aprovechar después los alisios que soplaban hacia el Caribe.

Mapa: Océano Atlántico, AMÉRICA DEL NORTE, PORTUGAL, ESPAÑA, Palos de la Frontera, Cádiz, Islas Canarias, Sanlúcar de Barrameda, San Salvador, Islas Caimán, CUBA, La Isabela, Bahía de Samaná, PUERTO RICO, Guadalupe, Dominica, JAMAICA, La Española, Martinica, Cabo Verde, ÁFRICA, TRINIDAD, Océano Pacífico, AMÉRICA DEL SUR

Clave
— Primer viaje
— Segundo viaje
— Tercer viaje
— Cuarto viaje

EN CONTEXTO
La carraca

La mayor de las naves de Colón, *Santa María*, era una carraca. Las carracas se empezaron a construir en el siglo XIV, y los marinos del Mediterráneo las usaron para sus viajes comerciales al norte del Atlántico y las expediciones por la costa hacia el sur de África. Estas naves espaciosas con varios palos, más robustas que las carabelas, poseían envergadura y solidez suficientes para sobrevivir en un mar embravecido y capacidad para muchas mercancías o provisiones para una larga travesía. Llevaban velas cuadras y latinas (triangulares). Estas últimas les permitían virar contra el viento, algo muy práctico en largos viajes con vientos cambiantes.

MAQUETA DE LA *SANTA MARÍA*

△ **Colón ante los Reyes Católicos**
Tras dos años de negociaciones, los Reyes Católicos accedieron a apoyar el viaje de Colón de 1492. Le prometieron el 10 % de todas las ganancias obtenidas en el territorio recién descubierto.

≫ de aquellos, estalló un conflicto en el que algunos españoles resultaron heridos. Colón hizo prisioneros a unos cuantos ciguayos y regresó a España. Algunos rehenes murieron durante la travesía, que fue un auténtico calvario. Un temporal le obligó a buscar refugio en las Azores, cuyo gobernador detuvo a varios hombres de Colón sospechando que eran piratas. Los soltó tras dos días, pero los temporales aún retrasaron su partida hasta el 15 de marzo.

Debido al error de cálculo de la distancia a las islas de las Especias, Colón estaba convencido de que había llegado a las Indias Orientales. Los monarcas españoles le nombraron «almirante de las mares océanas y virrey y gobernador de las tierras e islas que descubriese en ellas» y acordaron una serie de viajes posteriores.

Una nueva colonia

La segunda expedición de Colón (1493–1496) fue la más numerosa, con 17 barcos y unos 1200 hombres, entre soldados, agricultores y sacerdotes, que planeaban fundar una colonia. Colón exploró las costas de Dominica y Guadalupe, recorrió

▷ **Mapa de Colón**
En este mapa dibujado por Bartolomé Colón en Lisboa *c.* 1490, antes del primer viaje de su hermano Cristóbal, se ven las costas europeas y africanas, y el océano Atlántico oriental.

las Pequeñas y las Grandes Antillas, y atracó en Puerto Rico. También halló el fuerte Navidad en ruinas, fruto de las disputas con la población local; asimismo, muchos colonos habían sido asesinados. A raíz de ello, Colón fundó La Isabela, un nuevo asentamiento en La Española. No obstante, garantizar el funcionamiento de la colonia resultaba difícil, pues no todos los lugareños deseaban ser gobernados por Colón y muchos de los colonos estaban decepcionados por la ausencia de las riquezas prometidas.

Colón, humillado

En su tercer viaje (1498–1500), Colón zarpó con seis naves, tres de las cuales

◁ **Escudo**
El escudo de armas otorgado a Colón en 1493 lleva un león y un castillo, por León y Castilla, y un grupo de islas.

se dirigieron directamente a La Española cargadas de víveres para los colonos. Las otras tres partieron a explorar Trinidad y la costa de América del Sur, pero Colón enfermó y se vio obligado a volver a La Española, donde tuvo que enfrentarse a una rebelión de los colonos. El desencanto de estos por las penurias del Caribe, sumado al autoritario gobierno de Colón, acabó por estallar. Los colonos encadenaron a Colón y lo enviaron de vuelta a España, donde le fue retirado el cargo de gobernador.

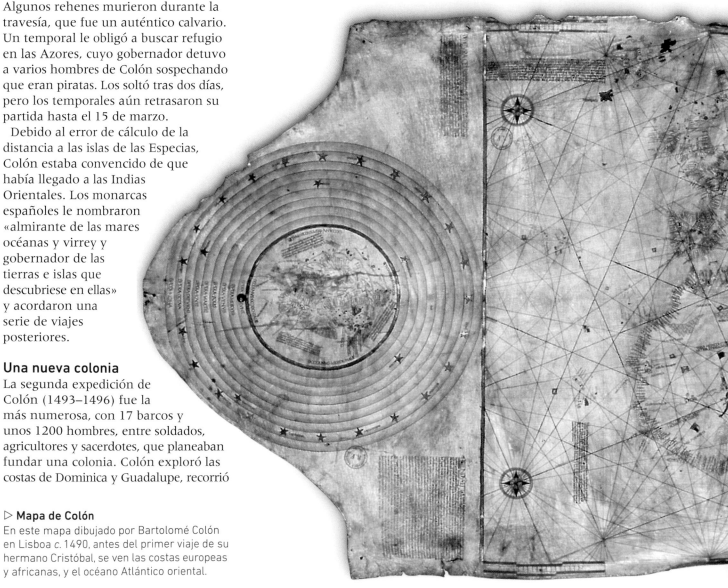

El último viaje

En 1502, tras convencer a la Corona de que le diera una última oportunidad, Colón se embarcó para su cuarto y último viaje. Su objetivo era hallar una ruta al océano Índico desde el Caribe. La llegada de sus cuatro naves a La Española coincidió con el inicio de un huracán. El gobernador le negó la entrada al puerto, de modo que tuvo que guarecerse en una bahía cercana. Haciendo caso omiso de sus advertencias, el gobernador mandó una flota de 30 barcos cargados de tesoros de vuelta a España. Todos estos barcos, salvo uno, fueron destruidos por el huracán, mientras que la flota de Colón al completo sobrevivió.

Colón continuó explorando la costa entre Honduras y Panamá, donde estableció un fuerte, pero los lugareños

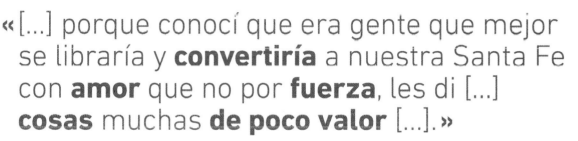

◁ **Colón se enfrenta a Francisco Poraz**
En el Caribe, Colón tropezó a menudo con la hostilidad de los colonos, que no habían logrado la fortuna prometida. En este grabado se enfrenta a una insurrección encabezada por Francisco Poraz.

« [...] porque conocí que era gente que mejor se libraría y **convertiría** a nuestra Santa Fe con **amor** que no por **fuerza**, les di [...] **cosas** muchas **de poco valor** [...].»

DIARIO DE A BORDO DE CRISTÓBAL COLÓN (11 DE OCTUBRE DE 1492)

derrotaron a sus fuerzas terrestres y hostigaron a su flota. De vuelta al Caribe pasó junto a las islas Caimán, a las que dio el nombre de Tortugas por las muchas que vio allí. En Cuba, sus naves fueron azotadas y destrozadas por más temporales, y Colón quedó varado en Jamaica. Allí, el gobernador le negó su ayuda e intentó frustrar cualquier intento de rescate, pero Colón se ganó el favor de la población local, a la que impresionó con su predicción de un eclipse lunar. Al cabo de un año llegó ayuda de La Española, y pudo volver a España.

Colón murió en 1506, desencantado. Su destitución del cargo de gobernador le había privado de la parte esperada de los beneficios de su exploración. Sin embargo, siempre creyó haber encontrado la ruta a las Indias y, además de oro, había llevado a España el tabaco, la patata y la piña, productos desconocidos en Europa, marcando así el inicio de una serie de intercambios comerciales y culturales jamás interrumpidos (pp. 128–129).

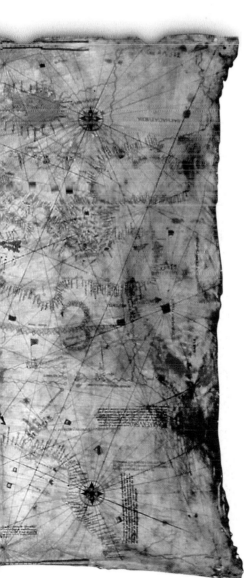

▷ **Descubrimiento de Trinidad**
Los tres picos de la isla Trinidad se distinguen claramente en este grabado del siglo XVIII que conmemora la llegada de Colón en 1498.

Después de Colón

Después de Colón, varios viajeros intentaron llegar a Asia por el Atlántico. Gracias a navegantes como Américo Vespucio, los europeos por fin se percataron de que las tierras que estaban explorando no pertenecían a Asia, sino a un «Nuevo Mundo».

Los descubrimientos de Cristóbal Colón despertaron la curiosidad de muchos por la ruta occidental a las Indias. Comerciantes, gobernantes y navegantes deseaban seguir la ruta colombina y más allá para acceder a la seda y las especias de Asia. Uno de los más destacados fue Amerigo Vespucci, un comerciante y viajero florentino cuyo trabajo le llevó a vivir a España, donde se le llamó Américo Vespucio. En 1499 se incorporó a la expedición transatlántica de Alonso de Ojeda, que había participado en el segundo viaje de Colón, y de Juan de la Cosa.

De Venezuela al Amazonas

La expedición salió de España en 1499 y, tras hacer escala en las islas Canarias, atravesó el Atlántico en tan solo 24 días. Al arribar a la costa de la actual Guyana, los expedicionarios se separaron. Vespucio continuó por la costa hacia el sur de Brasil, mientras que Ojeda y De la Cosa navegaron hacia el oeste, exploraron el golfo de Paria (donde encontraron perlas y algo de oro) y continuaron a lo largo de la costa venezolana. Al avistar la isla de Curaçao, le dieron el nombre de isla

◁ **Américo Vespucio**
Grabado de John Ogilby con el retrato de Américo Vespucio, un navegante florentino que trabajaba para la familia Médicis defendiendo sus intereses comerciales en España, donde conoció a Colón, que despertó su interés por la exploración.

de los Gigantes, ya que sus habitantes se les antojaron enormes. Una vez en tierra firme, Ojeda enojó a la población local, y estalló una violenta revuelta que se saldó con varias víctimas del bando de Ojeda.

Ojeda y De la Cosa se retiraron y volvieron a encontrarse con Vespucio, que había alcanzado la desembocadura del Amazonas y ya estaba de vuelta. Al

ver las casas costeras construidas sobre pilotes de madera en el agua, Vespucio pensó en Venecia: esta es una de las explicaciones del origen del nombre de Venezuela. La flota reunida emprendió el regreso vía La Española y llegó a España en junio de 1500 con perlas, oro, un cargamento de palo brasil y unos 200 indios condenados a una vida de esclavitud.

Rumbo al sur

La segunda expedición de Vespucio fue auspiciada por la corona de Portugal. Vespucio zarpó en mayo de 1501 y se unió al explorador portugués Pedro Álvares Cabral en Cabo Verde para cruzar el Atlántico hasta llegar a Brasil y luego descender por las costas brasileña y argentina, aunque se desconoce exactamente hasta dónde. Vespucio realizó minuciosas observaciones del cielo nocturno y recopiló una valiosa información astronómica sobre las estrellas visibles en el hemisferio austral.

XILOGRAFÍA DE 1505 BASADA EN *MUNDUS NOVUS* EN LA QUE APARECEN LOS BARCOS DE VESPUCIO Y NATIVOS SUDAMERICANOS

EN CONTEXTO
Escritos de Vespucio

Los viajes de Vespucio se dieron a conocer cuando él aún vivía en dos publicaciones cuya autoría le atribuyeron: *Mundus Novus* (Nuevo Mundo), que describe el viaje de 1501–1502, y la *Lettera di Amerigo Vespucci* (Carta de Américo Vespucio), donde relata cuatro viajes. Hoy en día se consideran falsificaciones, si bien factualmente son correctas, al menos en ciertos aspectos. En el siglo XVIII se descubrieron tres cartas originales de Vespucio en las que describe dos viajes que se corresponden con sus expediciones de 1499 y 1501, y expresa su convicción de haber descubierto un nuevo continente.

◁ **Alonso de Ojeda**
Ojeda, excelente navegante y líder militar, sacó partido de haber participado en la segunda travesía transatlántica de Colón. Sus viajes por las costas de Guyana, Trinidad y Venezuela fueron importantes para la historia de la exploración.

Asimismo, dejó unas notas concisas e instructivas sobre los pueblos indígenas que conoció antes de volver a Europa en julio de 1502.

Un nuevo continente

A partir de las descripciones de Asia de Tolomeo y Marco Polo, Vespucio concluyó que no había explorado las Indias Orientales, sino un continente hasta entonces desconocido para los europeos. Algunos contemporáneos desconfiaban de su afirmación pensando que pretendía usurpar a Colón el honor de haber descubierto las tierras del oeste del Atlántico. Sin embargo, Vespucio fue reconocido pronto como el primer europeo en haber explorado las costas de Brasil y Argentina, y ya en 1507 los mapas del mundo llamaban al nuevo continente «América», la versión latinizada y feminizada del nombre del explorador florentino.

▷ **Mapamundi de Juan de la Cosa**
El mapa del mundo realizado en 1500 por De la Cosa es el más antiguo en el que aparece el Caribe. Este fragmento contiene además información recopilada por Vasco da Gama durante su viaje a India en 1498.

▽ **Encuentros hostiles**
Ojeda y Vespucio se enfrentaron en ocasiones a los pueblos nativos. En este grabado de la época, Vespucio lucha contra los habitantes de una isla desconocida a la que llama «Ity» en una carta.

Primer mapa del Nuevo Mundo

Al representar América como un continente en su mapa, Waldseemüller mostró una imagen del mundo muy similar a la que conocemos hoy.

El geógrafo alemán Martin Waldseemüller elaboró su mapamundi en 1507. Este gran mapa, de casi 2,5 m de largo en total, divide el globo en 12 áreas, cada una de ellas representada en una plancha de madera. Waldseemüller intentó combinar la información de los exploradores recientes, como Américo Vespucio, con los conocimientos sobre los países y mares del mundo acumulados desde Tolomeo, el erudito alejandrino del siglo II (pp. 52–53).

Este mapa fue concebido para acompañar la obra *Cosmographiae Introductio (Introducción a la cosmografía)*, también publicada en 1507, cuyo autor fue probablemente Matthias Ringmann, con quien Waldseemüller trabajó en Saint Dié, en la región de los Vosgos, en el este de Francia. El propósito del libro y del mapa se explicita en la portada como «Una descripción del mundo entero [...] con la inserción de aquellas tierras desconocidas para Tolomeo, descubiertas por hombres recientes».

El mapa combina la imagen convencional de Europa, África y Asia con la representación de las islas del Caribe descubiertas por Colón y las costas de América Central y del Sur según la descripción de Vespucio. Waldseemüller también comprendió que América era otro continente, estimó su tamaño total y dedujo que tras él existía un vasto océano que lo separaba de Asia. Él fue el primero en dar nombre al nuevo continente: América (de Americus, la forma latinizada del nombre de Vespucio).

Aunque se imprimieron unas mil copias de este mapa, solo se tiene constancia de que se haya conservado una, lo cual la convierte en un documento excepcional sobre el conocimiento del globo a principios del siglo XVI. No solo es el primer mapa en el que figura el nombre del nuevo continente; también es el primero en abandonar la antigua idea de un mundo compuesto por tres partes (Europa, África y Asia) e incorporar una cuarta, formada por América y el océano al que los exploradores posteriores llamaron Pacífico.

▷ **Un nuevo mapa de Occidente**
La mayor parte del hemisferio oriental del mapa era una copia de la segunda proyección de Tolomeo, mientras que el hemisferio occidental se trazó teniendo en cuenta los nuevos descubrimientos geográficos.

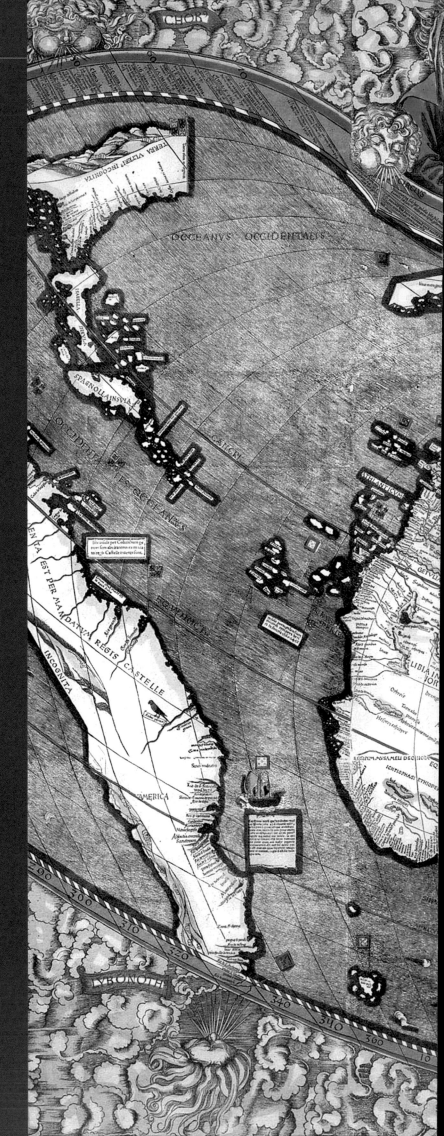

Circunnavegación del globo

El marino portugués Fernando de Magallanes emprendió la primera expedición marítima que dio la vuelta al mundo. Él no sobrevivió al viaje: solo algunos de sus hombres lograron volver y completar la circunnavegación del globo.

Los viajes transatlánticos de Cristóbal Colón, Américo Vespucio y otros exploradores demostraron que existían tierras en la orilla izquierda del Atlántico. Colón creyó que eran las islas de las Especias del Sureste Asiático, pero Vespucio comprendió que se trataba de un nuevo continente, al que los geógrafos llamaron América (pp. 116–117). Aún así, algunos navegantes seguían convencidos de que si encontraban un paso a través de América alcanzarían Asia y las riquezas de las islas de las Especias. Uno de ellos fue el marino portugués Fernando de Magallanes.

Cambio de bando

Magallanes era un navegante con mucha experiencia. Entre 1505 y 1514 pasó varios años en India combatiendo en las filas portuguesas, navegó a Malaca con la primera embajada portuguesa y luego sirvió a su país en Marruecos, antes de romper con el gobierno tras ser acusado de hacer tratos ilegales con los moros. Después intentó interesar a la corona de Portugal en un viaje hacia poniente en busca de las islas de las Especias: si la ruta era más fácil que la oriental, por África e India, reportaría mayores beneficios a Portugal en el comercio de las especias. Sin embargo, Magallanes había perdido el favor real, y Manuel I rechazó el proyecto. Porfiado en poner en marcha su viaje, Magallanes

probó suerte con la monarquía rival de Portugal, la hispánica. Los españoles estaban muy interesados en encontrar un paso occidental a las Indias, ya que el Tratado de Tordesillas (1494) concedía la ruta oriental (y por ende, en la práctica, el comercio de especias) a Portugal. Así, en 1518, Carlos I (Carlos V, emperador del Sacro Imperio) autorizó el viaje y concedió a Magallanes fondos reales y beneficios, como un monopolio de diez años sobre el comercio derivado y el cargo de gobernador de los territorios que descubriera.

Travesía del Atlántico

Magallanes zarpó con cinco naves y unos 237 hombres. Entre las figuras clave del viaje destacan el capitán español Juan Sebastián Elcano; el erudito veneciano Antonio Pigafetta, cuya crónica es una fuente de información valiosísima para los historiadores, y Juan de Cartagena, encargado de la parte comercial de la expedición. La mezcla de nacionalidades a bordo fue una fuente de problemas para Magallanes, puesto que muchos españoles se negaban a acatar las órdenes de un extranjero.

Las cinco naves partieron de España el 20 de septiembre de 1519. Acto seguido, el rey portugués Manuel I envió una flota a la zaga (Magallanes era considerado un traidor por haber organizado una expedición con el respaldo de España), que no consiguió alcanzarlas. Las naves de Magallanes descendieron hasta las Canarias, donde

◁ Fernando de Magallanes

Después de servir a su Portugal natal durante años, Magallanes perdió el favor de la corte portuguesa y decidió navegar bajo la bandera del país rival, España.

cargaron provisiones, y siguieron hasta Cabo Verde. Pese a que los temporales les retrasaron a su paso por la costa africana, consiguieron poner rumbo suroeste hacia Brasil, que avistaron el 6 de diciembre de 1519, pero como era una posesión portuguesa, continuaron hacia el sur y echaron anclas al llegar a lo que hoy es Argentina, cerca del actual Río de Janeiro.

Problemas en el Atlántico Sur

Tras seguir rumbo al sur, fondearon para pasar el invierno en un puerto natural de Patagonia al que Magallanes llamó Puerto San Julián. Allí, en torno a la Pascua de 1520, Magallanes se topó con su primer problema grave: tres de los cinco capitanes promovieron un motín. La revuelta se debió en parte a la continua tensión entre españoles y portugueses, y en parte a la reticencia a continuar navegando hacia las aguas, heladas y desconocidas, del sur de Atlántico. Magallanes la sofocó rápidamente. Algunos cabecillas

EN CONTEXTO
Fauna salvaje

Magallanes y su tripulación fueron los primeros europeos en navegar siguiendo la costa este de América del Sur hasta el Pacífico. Durante su viaje vieron animales desconocidos para los europeos. Antonio Pigafetta los describe en su crónica, la principal fuente de información sobre la expedición. Uno de ellos es un camello sin jorobas, tal vez un guanaco, aunque bien pudo ser una llama, una vicuña o una alpaca. Quizá las aves más extrañas fueran los pingüinos, a los que llamaron «ansarones» (gansos), pues había que desollarlos en lugar de desplumarlos. Posteriormente, se dio a una especie el nombre de «pingüino de Magallanes», en honor a su descubridor.

PINGÜINO DE MAGALLANES

◁ Juan Sebastián Elcano

Elcano, como Magallanes, también había perdido el favor de su soberano por entregar un navío español a los genoveses para pagar una deuda. Se embarcó en la arriesgada expedición de Magallanes con objeto de ganar el perdón de Carlos I.

«A diferencia de los mediocres, los espíritus intrépidos buscan la victoria allí donde parece imposible.»

FERNANDO DE MAGALLANES

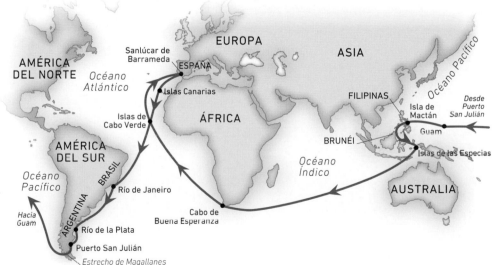

◁ La ruta de Magallanes

Tras atravesar el Atlántico y localizar el paso al Pacífico, Magallanes demostró que se podía llegar al Sureste Asiático por una ruta de poniente. Los supervivientes de la expedición regresaron a través del océano Índico.

Victoria

◁ **Batalla de Mactán**
Este grabado que ilustra un libro de 1626 de Levinus Hulsius muestra a los españoles enfrentándose a los indígenas de la isla filipina de Mactán, donde Magallanes halló la muerte.

>> fueron ejecutados, y uno de ellos abandonado junto con el capellán de la expedición. Sus secuaces obtuvieron el perdón, y la expedición continuó rumbo al sur. Finalmente, el 21 de octubre de 1520, hallaron el estrecho que los conduciría hacia Asia por el oeste. A finales de noviembre todas las naves surcaban las aguas, tranquilas en comparación, del mar que aguardaba tras el paso de 600 km. Agradecido por aquella tregua de borrascas y temporales, Magallanes lo llamó mar Pacífico.

Las Filipinas
Navegando con rumbo noroeste atravesaron el Pacífico, se detuvieron en Guam (donde les robaron un bote) y llegaron a Filipinas el 16 de marzo de 1521. Magallanes pudo comunicarse con la población local gracias a un sirviente malasio. Al principio las relaciones fueron pacíficas, se intercambiaron regalos, y el jefe Humabón de Cebú se convirtió al cristianismo. Sin embargo, el jefe Lapu-Lapu se negó a convertirse, y Humabón convenció a Magallanes para que lo atacara. La batalla tuvo

lugar el 27 de abril de 1521, cuando 49 europeos llegaron a la isla de Mactán y se enfrentaron a un enemigo mucho más numeroso. Los isleños reconocieron a Magallanes como el jefe europeo y lo alancearon hasta la muerte. Los europeos restantes huyeron en sus botes.

La vuelta a casa
Para entonces, el número de miembros de la expedición había menguado de manera considerable. Los supervivientes del viaje y de la batalla de Mactán solo eran suficientes para tripular dos

naves, por lo que quemaron una y zarparon a bordo de la *Trinidad* y la *Victoria*. Navegaron hasta llegar a Brunéi, donde pudieron admirar la espléndida corte del sultán y otras maravillas, como elefantes domados. El 6 de noviembre alcanzaron por fin las islas de las Especias y lograron comerciar con uno de los sultanes que aún no había llegado a un acuerdo con los portugueses.

De regreso a España, cargados con valiosas especias, sufrieron otro contratiempo: la *Trinidad* hacía agua.

△ **Antonio Pigafetta**
El erudito veneciano tomó notas sobre plantas, animales, pueblos, lenguas y rasgos geográficos durante el viaje. Su *Relación del primer viaje alrededor del mundo* resultó muy valiosa para los navegantes posteriores.

«**Llovieron** sobre él [...] **las lanzas** [...] hasta que [...] nuestro **reconforto** y nuestro **guía** [...] cayó muerto.»

ANTONIO PIGAFETTA, SOBRE LA MUERTE DE MAGALLANES (1525)

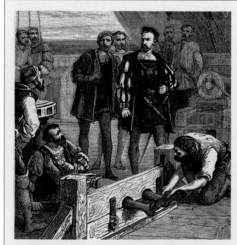

CARTAGENA EN EL CEPO COMO CASTIGO POR EL MOTÍN CONTRA MAGALLANES

BIOGRAFÍA
Juan de Cartagena

Juan de Cartagena participó en la expedición de Magallanes como veedor. Su tarea consistía en supervisar cualquier operación comercial para luego dar cuenta directamente al rey Carlos I. A pesar de que era más un contable que un marino, Magallanes le nombró capitán de la nave *San Antonio*. Sin embargo, las diferencias entre ambos no tardaron en llegar: Cartagena criticó a Magallanes por la distribución de los víveres cuando el retraso obligó a racionar las provisiones, tras lo que fue destituido. Resentido, Cartagena organizó el motín de abril de 1520. Como castigo fue abandonado en una isla de Patagonia junto al sacerdote Pedro Sánchez de la Reina.

Parecía necesitar una reparación larga, de manera que algunos hombres se quedaron en la nave (que acabó en manos portuguesas). Al mando del capitán Elcano, la *Victoria* regresó a Europa por el océano Índico y el cabo de Buena Esperanza. Su reducida tripulación logró culminar el viaje el 6 de septiembre de 1522, habiendo completado la circunnavegación del globo. Elcano no solo había conseguido un cargamento de especias, sino también información sobre el océano Pacífico, la prueba de que era posible alcanzar las islas de las Especias por una ruta de poniente, así como un conocimiento más preciso del tamaño de la Tierra. Sin embargo, el coste del viaje fue inmenso: del contingente original de unos 237 hombres, alrededor de 219 murieron por el camino.

◁ **El estrecho de Magallanes**
Magallanes llamó estrecho de Todos los Santos al paso marítimo del Atlántico al Pacífico. Siete años después se le cambió el nombre en honor al navegante.

▽ **Muerte de Magallanes**
Este grabado del siglo XIX ilustra el asesinato de Magallanes en Mactán a manos de los nativos. Los guerreros lo reconocieron como el líder europeo y lo atacaron con lanzas antes de rematarlo con alfanjes.

Encuentro con Moctezuma
Cortés saluda al emperador azteca en Tenochtitlán el 8 de noviembre de 1519. Los aztecas le ofrecen presentes, tomándolo por un dios, mientras un sirviente evita que los pies de Moctezuma toquen el suelo.

Cortés y la conquista del Imperio azteca

El explorador y soldado Hernán Cortés lideró la conquista española del Imperio azteca, que marcó un punto de inflexión en la historia de México y de las regiones colindantes.

△ **Hernán Cortés**
De familia noble, Cortés fue un conquistador español que derrocó al Imperio azteca en la década de 1520 y contribuyó a impulsar la colonización española de América.

Después de los viajes de Colón y los primeros asentamientos en el continente americano y el Caribe (pp. 118–121), la corona española autorizó a varios soldados-exploradores, conocidos como «conquistadores», a partir para explorar el Nuevo Mundo. Uno de ellos fue Diego Velázquez, gobernador de Cuba después de su conquista, con potestad para controlar exploraciones ulteriores del continente americano. Otro fue Hernán Cortés,

que viajó al Caribe en 1504 y participó en la conquista de Cuba. En 1518, Velázquez concedió permiso a Cortés para que encabezara una expedición a México, pero cambió de idea al dudar de sus verdaderos motivos para explorar aquellas tierras reputadas por su riqueza. No obstante, Cortés zarpó para México, desencadenando así una cascada de acontecimientos que transformaron el territorio mexicano para siempre.

Aliado y renegado

Tras desembarcar en la península de Yucatán, Cortés venció a los indígenas, entre los que estaba una mujer llamada Malintzin o Malinche que hablaba las lenguas maya y náhuatl y que se

◁ **Ruta de los conquistadores de México**
Este mapa contemporáneo muestra la ruta que Cortés y sus hombres siguieron durante la conquista de México, desde el desembarco en la península de Yucatán, al este, hasta la llegada a Tenochtitlán.

EN CONTEXTO
El Imperio azteca

El Imperio azteca era una alianza de tres ciudades estado (Tenochtitlán, Texcoco y Tlacopán) que dominó el valle de México y alrededores desde 1428 hasta la conquista española en 1521. La extensa Tenochtitlán era el miembro más antiguo de la alianza y la capital del imperio. Los aztecas ampliaron su territorio mediante la conquista, y en tiempos de su último *tlatoani* (gobernante), Moctezuma, dominaban casi todo el centro de México y parte de Honduras, El Salvador y Guatemala. En las grandes ciudades erigieron templos piramidales dedicados a sus dioses, el principal de los cuales era Huitzilopochtli, el Sol. Sus productos agrícolas incluían tomates y cacao, entonces desconocidos en Europa.

MÁSCARA CON EL ROSTRO DEL DIOS AZTECA DEL MAÍZ

convirtió en su intérprete, conocida como doña Marina. Después, Cortés se alió con los totonacas de la región de la costa oriental, que le brindaron apoyo y ayuda para construir la nueva ciudad de Veracruz. Sin embargo, algunos españoles aún eran leales a Velázquez y promovieron una conspiración para apoderarse de uno de los barcos y volver a Cuba. Cortés zanjó la rebelión con prontitud, ahorcó a los conspiradores y hundió las naves, de modo que los españoles se encontraron varados en tierra firme, sin otra opción que seguirle.

Tras aliarse con los tlaxcaltecas, Cortés marchó hacia Cholula, en el altiplano mexicano, donde no halló resistencia. Pese a ello, ordenó matar a la población e incendiar la ciudad, tal vez con el fin de intimidar a los aztecas cuya conquista planeaba, o bien como respuesta a una traición local. El número de muertos fue elevadísimo, aunque la cifra exacta sigue siendo desconocida.

Tenochtitlán

En noviembre de 1519, Cortés estaba a punto de entrar en Tenochtitlán, la capital de los aztecas, el pueblo más poderoso de México. La marcha por un terreno tortuoso hasta la que era probablemente la mayor ciudad de la época (rondaba los 300 000 habitantes) fue muy dura. Se dice que existía una profecía azteca sobre un dios de tez pálida que llegaría del este, así que los españoles fueron bien acogidos y recibieron valiosas ofrendas. Sin embargo, la tensión fue en aumento, y Cortés tomó al gobernante azteca Moctezuma como rehén. Entonces llegaron noticias de que Velázquez

había enviado un contingente para apresar a Cortés, que abandonó la capital para enfrentarse a él. Durante su ausencia, los aztecas se rebelaron, y cuando Cortés regresó, Moctezuma fue asesinado y los españoles expulsados de la ciudad. Estos regresaron en 1521, sitiaron Tenochtitlán durante tres meses y, finalmente, destruyeron la ciudad.

Una vez vencidos los poderosos aztecas y mientras se construía una nueva ciudad española en el emplazamiento de Tenochtitlán, los conquistadores se hicieron con el control de México. En 1523, Cortés fue nombrado gobernador y capitán general de Nueva España, el territorio español del Nuevo Mundo

situado al norte del istmo de Panamá. Sin embargo, recelando de la creciente influencia del conquistador, la Corona fue retirándole atribuciones para limitar su poder. México y gran parte de América Central siguieron en manos españolas y aportando ingentes riquezas a la Corona, mientras que los pueblos indígenas se vieron privados del gobierno de sus propias tierras y fueron diezmados por devastadoras enfermedades europeas.

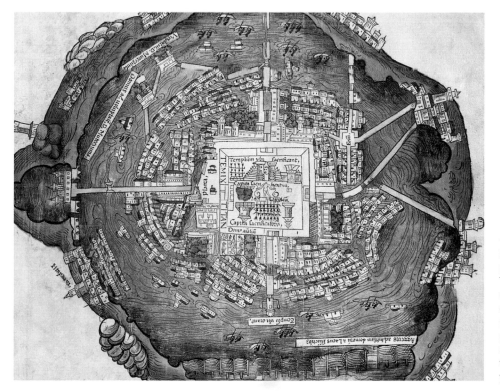

◁ **Ciudad insular**
Este espectacular plano del siglo XVI de Tenochtitlán muestra el distrito ceremonial central con dos torres, rodeado de casas y palacios a los que se accede por distintas vías: canales, calzadas y pasarelas.

Pizarro y la conquista de Perú

La conquista española de Perú fue el fruto de penosos viajes por territorios impracticables con un respaldo limitado, seguidos de una de las victorias más sorprendentes que se recuerdan y que cambió el curso de la historia de América del Sur.

Francisco Pizarro fue un aventurero español que llegó al Nuevo Mundo en 1502 con Nicolás de Ovando y, como miembro de la expedición de Vasco Núñez de Balboa de 1513 que atravesó el istmo de Panamá, fue uno de los primeros europeos en ver el océano Pacífico. A mediados de la década de 1520, estimulado por la conquista española de México y los rumores de la riqueza de Perú, organizó dos expediciones a esta región de América del Sur.

△ **Francisco Pizarro**
Retrato de 1835 del explorador español, obra de Amable-Paul Coutan. Pizarro, de familia muy humilde, residió de joven en la colonia de La Española, donde adquirió el gusto por el viaje y la aventura.

Los primeros viajes a Perú

La primera expedición de Pizarro fue un fracaso, ya que la falta de preparación y el mal tiempo impidieron avanzar a los españoles. La segunda, en 1526–1528, resultó más provechosa, pese a no tener un buen comienzo debido al mal tiempo, la falta de víveres y el terreno cenagoso del litoral de Colombia. Un destacamento partió a buscar ayuda, pero se encontró con indígenas hostiles. Cuando Pizarro pidió más refuerzos a Panamá, el gobernador Pedrarias Dávila se negó y le conminó a regresar. Pizarro no cedió e instó a sus compañeros a que se quedaran: solamente 13 accedieron.

Aquel pequeño grupo y otro que había partido con el pretexto de avisar a Pizarro continuaron el descenso por la costa hasta la región de Tumbes, en el noroeste de Perú. Allí hallaron indios acogedores, vieron llamas por primera vez y descubrieron prometedoras pruebas de riquezas, en concreto, de oro y plata. Aquello persuadió a Pizarro de que los meses de penurias habían merecido la pena y le incitó a planear una tercera expedición para conquistar el territorio inca de Perú y acceder a los tesoros que encerraba.

La conquista

En 1531, Pizarro regresó a Perú con nuevos derechos de conquista otorgados por la corona española. Cuando llegó a Tumbes encontró los asentamientos que había visitado durante su viaje anterior en ruinas, destruidos por los indios punás, por lo que los aliados con los que contaba ya no estaban. Pizarro se adentró en el interior peruano y allí fundó un asentamiento al que llamó San Miguel de Piura. En noviembre de 1532 concertó una audiencia con el inca Atahualpa en Cajamarca.

Durante la entrevista, Atahualpa se negó a pagar el tributo a España exigido por Pizarro. Sin duda se sentía seguro, pues contaba con 6000 hombres (y decenas de miles más repartidos por

◁ **Placa de oro inca**
Los orfebres incas crearon notables adornos de oro, un metal blando, fácil de trabajar. En esta pieza, las líneas curvas y en zigzag incisas evocan las plumas del pájaro.

Perú), frente a los 200 de Pizarro. Sin embargo, los españoles atacaron y derrotaron al ejército inca gracias a la superioridad de sus armas y a la división de la oposición. Después apresaron a Atahualpa, que pese a pagar el tributo requerido (una estancia repleta de oro y plata), no se libró de la ejecución. Pizarro condujo a su ejército a Cuzco, la principal ciudad del Imperio inca, donde entró en 1533. Una vez consumada la conquista, estableció allí una capital provisional antes de fundar Lima en 1535.

▷ **Viaje de conquista**
Entre 1531 y 1532, Pizarro navegó por el Pacífico hasta la costa de Ecuador y continuó por tierra hasta Tumbes, desde donde emprendió una larga ruta interior a través de un territorio principalmente montañoso.

Océano Atlántico
Mar Caribe
Panamá
Océano Pacífico
COLOMBIA
ECUADOR
AMÉRICA DEL SUR
Tumbes
San Miguel de Piura
Cajamarca
PERÚ
Lima
Cuzco

▷ **Fortaleza de Sacsahuamán**
Esta construcción de piedra a las afueras de Cuzco es el tipo de arquitectura que Pizarro encontró en Perú. Los incas construían con gigantescas piedras talladas para que encajaran sin argamasa.

◁ **Pizarro ante el soberano inca**
El peruano Felipe Huamán Poma de Ayala escribió una historia de Perú en dos partes (1600–1615) ilustrada por él mismo, a la que pertenece este grabado del primer encuentro entre Pizarro y Atahualpa.

América del Sur española

Pizarro navegó y recorrió a pie largas distancias, bregó con las penosas condiciones locales y venció al enorme ejército inca con uno mucho menor. Sin duda, jugaron a su favor la división interna de los pueblos de Perú y que estos sucumbieran a las enfermedades introducidas por los europeos, contra las que no estaban inmunizados. Su conquista sentó las bases del dominio español en gran parte de América del Sur y su influencia en la historia de la región hasta nuestros días.

EN CONTEXTO
Armas y armaduras

Una de las razones por las que los españoles vencieron a los pueblos de América del Sur con ejércitos relativamente pequeños fue la superioridad armamentística. Los conquistadores llevaban cascos de acero y armaduras que los protegían de flechas y puntas de lanza, así como pesadas lanzas de hierro capaces de derribar a un jinete y espadas tenaces y afiladas (fabricadas en Toledo, las de mejor calidad de Europa en aquella época). También disponían de armas de fuego que, si bien eran lentas de cargar e imprecisas, resultaban muy efectivas para asustar y despistar al enemigo.

FRANCISCO PIZARRO ARMADO PARA EL COMBATE

« Por este lado se va a **Panamá**, a ser **pobres**, por este otro al **Perú**, a ser **ricos**; escoja el que fuere **buen castellano** lo que más bien le estuviere. »

FRANCISCO PIZARRO (1526)

Descubrimiento del Amazonas

Francisco de Orellana formaba parte de una expedición enviada en busca de especias al este de Quito, en Ecuador. Quiso el azar que se desviara de su ruta y se convirtiera en el primer europeo en viajar por el Amazonas.

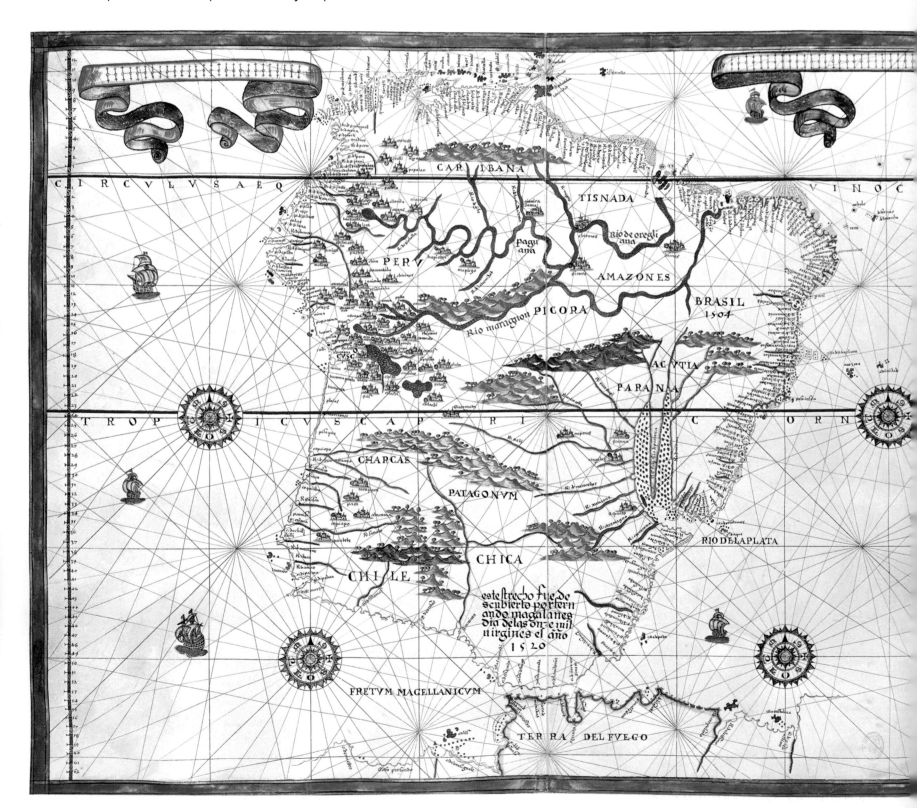

La expedición española a Ecuador de 1541 fue organizada por Gonzalo Pizarro, hermano menor de Francisco, el conquistador de Perú (pp. 124–125). Francisco de Orellana se incorporó a ella como capitán cuando ya había salido de Quito. Su principal objetivo era encontrar especias como la canela, pero algunos iban en busca de oro y de la tierra mítica de El Dorado.

La expedición no pudo tener un comienzo más desastroso. Mientras se abrían camino a través de selvas desconocidas empezaron a escasear las provisiones, y tras avanzar 400 km ya habían consumido casi todos los víveres y perdido a cientos de hombres por el hambre, las enfermedades y las deserciones. Una vez sacrificados los cerdos que llevaron consigo, empezaron a comerse sus perros. Al llegar al río Coca construyeron un bergantín en el que partieron Orellana y 60 hombres en busca de alimentos siguiendo el curso del río.

Río abajo

Al principio estos no corrieron mejor suerte que hasta entonces y pronto empezaron a comerse las suelas de los zapatos y raíces selváticas, algunas de las cuales resultaron venenosas. Entretanto, la corriente se tornó tan rápida que no lograron remontarla y perdieron toda esperanza de reunirse con Pizarro y sus compañeros. Por suerte, cuando se encontraron con unos indígenas belicosos, Orellana, que tenía facilidad para los idiomas, consiguió hablar con ellos e intercambiar bienes europeos por comida. Continuaron su ruta hasta llegar al río Negro, junto a la actual Manaus, donde vieron cabezas humanas ensartadas en estacas, una advertencia inequívoca de que debían mantenerse a distancia de la población local.

Por fin, el río que seguían desembocó en otro mucho mayor al que dieron el nombre de Orellana. Sobrevivieron asaltando rediles de tortugas que criaban los indígenas y se enfrentaron a una tribu de guerreras de piel pálida desnudas de cintura para arriba, a las que llamaron «amazonas», como las guerreras de la mitología griega (los geógrafos terminaron llamando así a todo el río), si bien pudieron ser hombres ataviados con faldas. Aunque hubo algunas bajas, la mayoría de los expedicionarios sobrevivió al combate. El río resultó ser inmenso y fluía entre islas donde pudieron detenerse para reparar las embarcaciones, y entonces se levantó el viento, señal inequívoca de que el océano se encontraba cerca. Al alcanzar el Atlántico, Orellana y sus compañeros navegaron rumbo al norte, hacia Guyana. Los barcos se separaron, pero al fin se reunieron en la isla de Cubagua, frente a Venezuela. Desde allí, Orellana decidió regresar a España con la esperanza de dirigir otra expedición y convertirse con el tiempo en gobernador de la región amazónica.

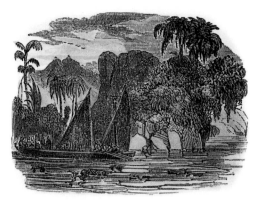

◁ **Barco de Orellana en el Amazonas**

Xilografía americana del siglo XIX en la que se representa la nave de Orellana, a remo y a vela, siguiendo el curso del Amazonas. Las riberas rocosas y cubiertas de árboles dificultaban el desembarco.

△ **Francisco de Orellana**

Retrato según un grabado del siglo XVI que muestra a Orellana tras haber perdido un ojo en Perú con Pizarro.

La secuela

En efecto, Orellana encabezó otra expedición en 1545, esta vez fracasada, ya que casi todos los participantes perdieron la vida, incluido él mismo. A pesar de todo, el explorador pasó a la historia por haber dado a conocer a los europeos el río más largo del mundo. El dominico Gaspar de Carvajal, que le acompañó en su aventura amazónica, escribió una crónica de los acontecimientos en la que describe los pueblos nativos que encontraron, abundando en detalles acerca de sus sorprendentes costumbres, rituales y métodos bélicos, un auténtico tesoro sobre el estado de la Amazonia en el momento del primer contacto con los europeos.

◁ **La América del Sur del siglo XVI**

Joan Martines, cosmógrafo de Felipe II, se sirvió de la información aportada por la expedición amazónica de Orellana para trazar este mapa de América del Sur para su atlas de 1587.

EN CONTEXTO
El Dorado

La leyenda de El Dorado surgió entre los europeos en el siglo XVI. Se refería a un rey de América del Sur que se cubría de polvo de oro durante un ritual celebrado en un lago sagrado. Finalmente, el nombre de El Dorado pasó a denominar el país en que vivía ese personaje y que muchos viajeros de la época, desde los conquistadores hasta los exploradores, ambicionaban encontrar con la esperanza de regresar a casa cargados de tesoros. Uno de los posibles lugares que dieron origen al mito es Guatavita, en los Andes colombianos, donde se han hallado numerosos objetos de oro en un lago.

MÁSCARA FUNERARIA PERUANA DE ORO (SIGLOS IX–XI)

El intercambio colombino

La llegada de los europeos a América conllevó un traspaso de animales, plantas, productos y enfermedades entre ambas orillas del Atlántico que se conoce como intercambio colombino.

El intercambio colombino cambió la vida a uno y otro lado del Atlántico. El traslado de plantas y animales introdujo nuevos cultivos en Europa y transformó la agricultura del Nuevo Mundo. Entre las herramientas que llevaban consigo los europeos estaba el arado, que permitió a los campesinos trabajar la tierra a mayor escala. Las armas de fuego, desconocidas antes de la llegada de Colón en 1492, no solo transformaron la guerra, sino también la caza, ya que permitieron a los nativos abatir animales más grandes con facilidad.

El propio Colón llevó caballos, cerdos, vacas, ovejas y cabras que también cambiaron la vida de mucha gente (el caballo, en concreto, fue el primer animal de carga para los indios norteamericanos). También se introdujo la escritura, vinculada al empeño de los europeos en difundir el cristianismo, que requería la lectura de la Biblia. De este modo, el inglés, el español y el portugués han llegado a ser idiomas mayoritarios en el mundo. Por desgracia, también se importó la esclavitud (y a gran escala), especialmente en el Caribe y en algunas zonas del sur de América del Norte, donde prosperaron las plantaciones de caña de azúcar. Al regresar a su tierra, los europeos llevaron consigo una gran variedad de frutas y hortalizas americanas, como alubias, tomates, aguacates, piñas, maíz y patatas.

Con los colonizadores viajaron a América enfermedades infecciosas como la viruela, la varicela, el sarampión y la gripe, todas ellas de fácil contagio y contra las cuales la población local carecía de defensas. El resultado fue la muerte de muchísimos nativos. También hubo enfermedades que hicieron el trayecto inverso, como la sífilis (especialmente prevalente en la época del intercambio colombino) y la polio.

▷ **Roger Williams arriba al Nuevo Mundo**
En este grabado basado en un lienzo de Alonzo Chappel, un grupo de nativos norteamericanos ofrece la pipa de la paz al teólogo británico Roger Williams, futuro fundador de Rhode Island, que llega a la costa en un bote.

«Casi todos **los nativos murieron de viruela**, como si el **Señor** hubiese querido confirmar **nuestro derecho** a lo que **poseemos**.»

JOHN WINTHROP, PRIMER GOBERNADOR DE MASSACHUSETTS

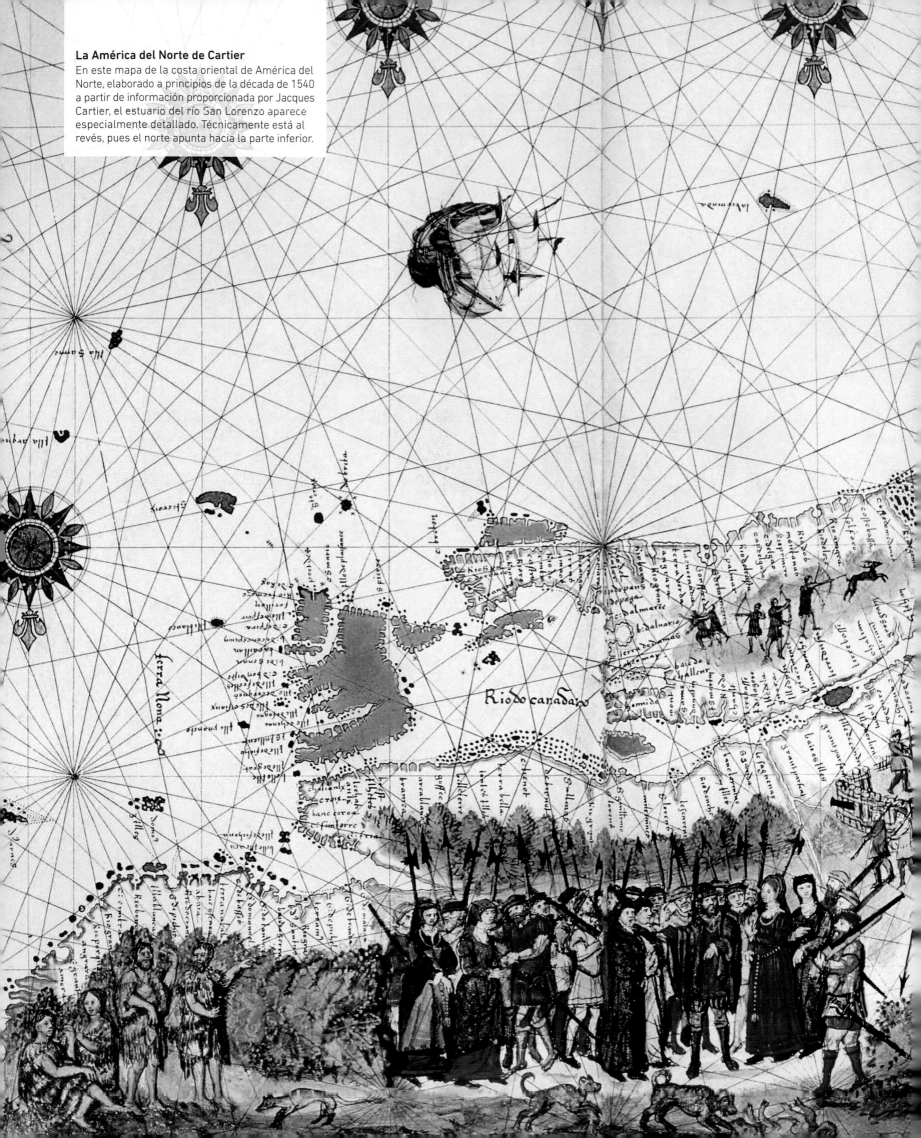

La América del Norte de Cartier
En este mapa de la costa oriental de América del Norte, elaborado a principios de la década de 1540 a partir de información proporcionada por Jacques Cartier, el estuario del río San Lorenzo aparece especialmente detallado. Técnicamente está al revés, pues el norte apunta hacia la parte inferior.

La Nueva Francia

La presencia francesa en América del Norte comenzó en las décadas de 1520 y 1530 con las expediciones costeras y fluviales de Giovanni da Verrazzano y Jacques Cartier, auspiciadas por Francisco I.

Después de los navegantes vikingos del siglo X, Giovanni da Verrazzano fue el primer europeo en explorar la costa este de América del Norte. Nacido cerca de Florencia, se instaló en Dieppe (Francia), donde se convirtió en marino y realizó varios viajes por el Atlántico y el Mediterráneo. En el siglo XVI, al enterarse de la circunnavegación del globo de Magallanes-Elcano y consciente del interés de españoles y portugueses por el fructífero comercio de las especias asiáticas, Francisco I de Francia no quiso que su país se quedase atrás y encomendó a Verrazzano la exploración del Atlántico Norte en busca de una ruta hacia el Pacífico.

La costa este

Tras arribar al cabo Fear (Carolina del Norte), en marzo de 1524, Verrazzano navegó por varias ensenadas, entre ellas la de Pamlico, que en un principio confundió con una entrada al océano Pacífico. Izó velas hacia el norte, y si bien parece que pasó de largo tanto la bahía de Chesapeake como el estuario del Delaware, bordeó Long Island y penetró en la bahía de Narragansett, donde se detuvo en el emplazamiento de la actual Newport, en Rhode Island. Allí conoció a los wampanoag y comerció con ellos, la misma tribu algonquina con la que se encontraron los Padres Peregrinos casi un siglo después.

Tras pasar algún tiempo en aquella zona, Verrazzano volvió a poner rumbo al norte y llegó a Terranova, desde donde regresó a Francia en julio de 1524. Dejó un informe completo de su viaje y emprendió otras dos expediciones: una a Brasil y otra al Caribe, donde perdió la vida (devorado por caníbales en Guadalupe, según ciertos relatos). La información que recopiló sobre América del Norte animó a otros exploradores franceses, como Jacques Cartier.

El golfo de San Lorenzo

Jacques Cartier nació en 1491 en Saint-Malo (Francia), en el seno de una familia de navegantes. Participó en varias expediciones pesqueras a Terranova antes de que, en 1534, el rey le encargara cruzar el océano Atlántico en busca de un paso a Asia por el norte. Con sus dos barcos, Cartier exploró la costa de Terranova y el golfo de San Lorenzo, dio nombre a numerosas islas y comerció con la población local. En una de las islas de los Pájaros (Îles aux Oiseaux), sus hombres abatieron unas mil aves, incluidas alcas gigantes, para alimentarse. En la bahía de Gaspé, Cartier plantó una cruz para reclamar la región para Francia y en septiembre de 1534 regresó a su país, acompañado por dos nativos norteamericanos, cuyo jefe les permitió marchar a condición de que los franceses los llevaran de vuelta junto con productos europeos para comerciar.

La promesa de Saguenay

Francisco I volvió a enviar a Cartier al golfo de San Lorenzo al año siguiente. En esta ocasión, su misión era la de encontrar minerales preciosos y el esquivo paso hacia Asia.

△ **Giovanni da Verrazzano**
Experto navegante, el italiano Verrazzano investigó todo cuanto pudo sobre América y sus gentes durante sus viajes al servicio de la corte francesa.

▽ **Jacques Cartier**
Cartier llevó a cabo tres viajes a América del Norte y abrió una ruta fluvial por el San Lorenzo hacia el interior del continente para los comerciantes europeos.

》 Lo acompañaron los nativos de la primera expedición, quienes (tal vez con intención de engañarle) le hablaron de un reino legendario, Saguenay, reputado por su riqueza. Al llegar al río San Lorenzo, Cartier exploró el golfo buscando en vano el mítico reino, antes de remontar el río y hacer un alto en Stadacona, la capital iroquesa, cerca del emplazamiento de la actual ciudad de Quebec. Desde allí los franceses siguieron río arriba, avanzando lentamente. Frenados por las rocas, el hielo y los rápidos, tardaron dos semanas en alcanzar Hochelaga (la actual Montreal), a tan solo 250 km. Rendidos ante tales condiciones, decidieron retirarse a Stadacona, donde construyeron un fuerte y se prepararon para pasar el invierno. Desde noviembre de 1535 hasta abril de 1536, los barcos permanecieron atrapados en el río por una capa de hielo de 2 m de espesor, y durante ese tiempo muchos hombres enfermaron de escorbuto. Algunos lograron curarse gracias a los remedios locales, pero 25 franceses y muchos nativos perdieron la vida. Llegado el momento de volver a Francia, ya en primavera, Cartier solo contaba con 85 hombres, insuficientes para tripular sus tres naves, así que hundió una de estas antes de levar anclas. De nuevo llevó consigo a algunos miembros de la tribu local, incluido su jefe, Donnacona.

Los iroqueses del San Lorenzo

Casi todos los nativos que encontraron los primeros exploradores canadienses pertenecían al grupo de tribus iroquesas, que vivían a orillas del río San Lorenzo y del lago Ontario. Los iroqueses del San Lorenzo eran distintos de las otras tribus iroquesas del noreste de América del Norte. Su tierra era fértil y el río les daba abundante pescado, por lo que se habían sedentarizado. Cartier describió sus aldeas, rodeadas por empalizadas defensivas, y las grandes casas comunitarias de los habitantes de Hochelaga.

CASA COMUNITARIA IROQUESA CUBIERTA DE CORTEZA, SEGÚN LA DESCRIPCIÓN DE CARTIER

El primer asentamiento

Los rumores acerca de Saguenay y las riquezas potenciales de Canadá avivaron la imaginación de Francisco I, que no tardó en organizar una tercera expedición, esta vez con la idea de fundar un asentamiento permanente. Aunque Cartier formaba parte del equipo, el rey decidió designar como nuevo capitán a un cortesano amigo suyo llamado Jean-François de La Rocque de Roberval. Sin embargo, cuando llegó la fecha estipulada para la partida, Roberval no estaba preparado y Cartier zarpó sin él con cinco naves, dejando a Roberval con tres para que fuera tras él.

Cartier llegó el 23 de agosto de 1541 y comenzó a construir inmediatamente un asentamiento llamado Charlesbourg Royal (en honor al hijo mayor del rey) a unos pocos kilómetros río arriba de Stadacona. Después volvió a remontar el río en busca de Saguenay, pero como en la primera expedición, los violentos rápidos le obligaron a retirarse.

A su regreso a Charlesbourg Royal, Cartier se encontró con fuertes disturbios entre los colonos y los hurones, la tribu local. Si bien se desconoce el origen del conflicto, varios franceses fueron asesinados, y Cartier decidió que aquel asentamiento no era viable. Así, en el verano de 1542 lo abandonó y navegó hacia Terranova, donde vio que Roberval y sus tres naves habían llegado por fin. Roberval le ordenó que regresara a la colonia, pero él, consciente de que allí la situación era desesperada, zarpó hacia su Saint-Malo natal, adonde

llegó en octubre de 1542. Mientras tanto, los colonos que permanecieron en Charlesbourg Royal soportaron el invierno, pero muchos perecieron a consecuencia del frío, las enfermedades y los ataques de los iroqueses, y en la primavera de 1543 los supervivientes abandonaron la colonia.

El oro de los tontos

Cartier regresó a Francia con un cargamento de lo que él creía oro y diamantes y que había recogido en la zona del San Lorenzo. Sin embargo, al final el oro resultó ser pirita, y los diamantes, cuarzo.

En cuanto a riquezas, el viaje de Cartier resultó bastante desastroso (el mítico Saguenay jamás se llegó a descubrir), y el asentamiento que fundó no prosperó. Aun así, Cartier pasó a la historia como el explorador pionero que logró implantar la presencia francesa en Canadá e inspiró posteriores expediciones, asentamientos e intercambios.

◁ **Cartier y Donnacona**
Cartier conoció indios micmac, beothuk e iroqueses en diversos momentos de sus viajes a América del Norte. El encuentro con Donnacona tuvo lugar en Hochelaga, donde hoy se alza Montreal.

▽ **Cartier en el San Lorenzo**
Los descubrimientos de Cartier cimentaron la presencia francesa en Canadá. Incluso 300 años después, los pintores franceses como Jean Antoine Théodore de Gudin celebraban el viaje de Cartier por el San Lorenzo.

EN CONTEXTO
Exploración y comercio

Los primeros exploradores franceses intercambiaron sus bienes por comida para sobrevivir. Con ello abrieron el camino a viajeros posteriores (a menudo embarcados como pescadores), llegados a Canadá para comerciar: zarpaban de Francia con objetos de metal y tejidos, y regresaban con pieles. Muchos forjaron duraderas alianzas con los indios que después ayudaron a los colonos a establecerse. El comercio prosperó a finales del siglo XVI, cuando los sombreros de castor se pusieron de moda y aumentó la demanda de pieles de ese animal. A principios del siglo XVII, los comerciantes se instalaron en Canadá con carácter definitivo.

INDIOS CON PIELES DE CASTOR PARA COMERCIAR CON LOS BLANCOS

Samuel de Champlain

Este navegante francés desempeñó un papel fundamental en la exploración y la colonización francesa de Canadá. Además de elaborar mapas detallados de la región, escribió una crónica de sus descubrimientos y encuentros con los pueblos nativos.

Samuel de Champlain nació en Francia en el seno de una familia de marineros. De joven fue geógrafo en la corte del rey Enrique IV y visitó numerosos puertos, donde conoció a muchos marineros que le contaron sus travesías del Atlántico.

Antes de cumplir los treinta años, Champlain empezó a viajar a América del Norte con su tío y después con François Gravé du Pont, un navegante y comerciante de pieles. Inspirado por el relato de los viajes de Cartier, Champlain anhelaba llegar más allá. Exploró y cartografió el río San Lorenzo y estableció relaciones amistosas con nativos norteamericanos, y a su vuelta a Francia publicó una detallada relación de su viaje en la que describía a los innu o montañeses, un grupo de tribus algonquinas.

Al cabo de un año, Champlain volvió a Canadá con la expedición de Pierre Dugua de Mons, que planeaba fundar una colonia. Como cartógrafo, se le encargó estudiar el terreno en busca de su posible emplazamiento. Exploró la bahía de Fundy y el río San Juan, y continuó bordeando el litoral hacia el sur hasta el cabo Cod (fue el primero en describir con detalle ese tramo de costa). En 1608, Mons decidió que el San Lorenzo era el lugar más propicio y envió a Champlain río arriba para levantar un fuerte en Quebec. Este fue el primer asentamiento permanente en el lugar donde se erige la ciudad de Quebec y pronto se convirtió en un importante núcleo comercial.

Desde Quebec, Champlain creó una amplia red comercial y se alió con varios pueblos nativos, en concreto con las tribus del

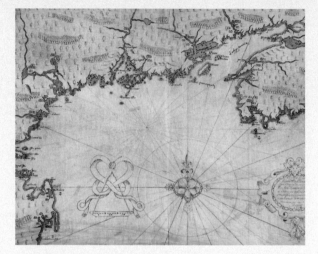

◁ **Mapa de Nueva Inglaterra de Champlain**
Este mapa de 1607, extraordinariamente detallado para la época, representa la costa de Nueva Inglaterra, entre el cabo Cod (abajo, izda.) y Nueva Escocia.

río Ottawa, los montañeses y los wendat (o hurones) de los Grandes Lagos. Champlain consagró este periodo de su vida a la exploración de nuevos territorios, en particular los ribereños de los hurones y las orillas del lago Champlain.

El padre de Nueva Francia
Champlain ambicionaba para Quebec algo más que desarrollar un núcleo comercial: deseaba explotar el potencial agrícola e industrial de aquella región. Fue uno de los cien inversores de la Compagnie des Cent-Associés (la Compañía de los Cien Asociados), fundada por el cardenal Richelieu como primer ministro francés para comerciar en la zona que entonces se conocía como Nueva Francia.

Sin embargo, hacia finales de la década de 1620, los colonos ingleses también codiciaban Canadá. En 1629, Quebec sufrió el ataque de una fuerza armada encabezada por unos mercaderes escoceses, los hermanos Kirke, que obligaron a Champlain a entregar la colonia. Entre 1629 y 1632, Quebec estuvo ocupada por fuerzas británicas, pero los franceses reclamaron el control del territorio, y en 1633 Champlain regresó con el respaldo del cardenal Richelieu, que le nombró lugarteniente general de la Nueva Francia.

Champlain se entregó a su tarea de gobernar y hacer prosperar la colonia, pero sufrió un ictus y murió en 1635. En la actualidad se le recuerda como el «padre de la Nueva Francia», excelente navegante (en 25 travesías del Atlántico no perdió un solo barco) y explorador pionero de la costa de América del Norte y de los Grandes Lagos.

◁ **Combate contra los iroqueses**
La alianza de Champlain con los hurones le trajo conflictos con sus enemigos, los iroqueses. El explorador se enfrentó a ellos en varias batallas, como esta a orillas del lago que lleva su nombre.

«Se trata del **arte** que me **infundió** el **amor al mar** de **muy joven** y me **incitó** a **desafiar** sus **aguas traicioneras**.»

SAMUEL DE CHAMPLAIN, SOBRE EL ARTE DE LA NAVEGACIÓN

◁ **Gobernador de Nueva Francia**
Retrato de Champlain hacia el final de su vida, cuando sus días de explorador habían tocado a su fin y era lugarteniente general de Nueva Francia.

FECHAS CLAVE

■ **1574** Nace en el seno de una familia de marineros en la provincia de Aunis, en el suroeste de Francia.

■ **1603** Primer viaje transatlántico.

■ **1604** Se incorpora a la expedición de Pierre Dugua de Mons y estudia la costa de Nueva Inglaterra.

■ **1608** Funda la ciudad de Quebec en el lugar donde Jacques Cartier había construido un fuerte.

LES VOYAGES DE LA NOUVELLE FRANCE (1632), DE CHAMPLAIN

■ **1609** Lidera una expedición por el río Richelieu; descubre el lago Champlain.

■ **1615–1616** Pasa un invierno explorando la zona del lago Hurón y es el primer europeo en conocer de primera mano los Grandes Lagos.

■ **1632** De acuerdo con el Tratado de Saint Germain-en-Laye, los ingleses devuelven la ciudad de Quebec a los franceses. Champlain regresa como lugarteniente general.

CHAMPLAIN ESTIMANDO SU LATITUD CON UN ASTROLABIO

Primeros misioneros

Cuando se abrieron las rutas comerciales entre América y Europa, los misioneros cristianos, sobre todo religiosos católicos, acompañaron a las expediciones a fin de propagar el Evangelio en América y luego en algunas regiones de Asia.

△ **Jesuitas en India**
Un jesuita, con su característica sotana negra, predica a los brahmanes hindúes en esta litografía de Théophile Fragonard que ilustra la *Historia dramática y pintoresca de los jesuitas*, obra del siglo XIX.

Los primeros misioneros católicos fueron sobre todo frailes dominicos y franciscanos que fundaron «misiones», o comunidades, allí donde los comerciantes europeos se habían asentado en el Caribe y América del Norte. El papa español Alejandro VI dio instrucciones a los monjes en 1493 para que convirtieran a los pueblos de aquellas regiones, y un año más tarde dividió el Nuevo Mundo entre España y Portugal. Por el Tratado de Tordesillas, firmado el 7 de junio de 1494, España recibió todas las tierras al oeste de un meridiano que dividía en dos América del Sur, y Portugal las que quedaban al este. De ahí que en Brasil se hable portugués, mientras que el resto de América Latina habla español.

Católicos y protestantes

Al norte, las principales misiones se establecieron en la costa de California: así nacieron San Francisco, Los Ángeles y Santa Cruz. A lo largo del siglo XVI llegaron otras órdenes católicas a América del Sur. Aquellos misioneros enseñaban español, portugués, historia sagrada y oraciones a la población local y, a cambio, aprendían su idioma.

◁ **Iglesia misionera en Samoa**
Los primeros misioneros construían iglesias allí donde podían. Por lo general estaban inspiradas en edificios europeos e incorporaban ciertos elementos de la arquitectura local.

A mediados de siglo se habían traducido fragmentos de la Biblia a 28 lenguas de América Latina. También comenzaron a llegar misioneros protestantes, en particular, los hugonotes franceses, que se instalaron en Brasil hacia 1550.

Aunque los misioneros se adaptaron a las costumbres locales, la mayoría mantuvo su parcialidad europea. Pocos, por ejemplo, combatieron la esclavitud, si bien hubo notables excepciones, como el dominico Bartolomé de Las Casas. La invasión de los conquistadores trastocó civilizaciones que llevaban siglos libres de perturbaciones extranjeras y sembró un hondo resentimiento entre la población indígena (pp. 122–125). En 1562, el arzobispo de Yucatán Diego de Landa, nacido en España, destruyó los códices mayas y, con ellos, siglos de pensamiento y tradición de su civilización. Por tales razones, los misioneros no siempre eran bien recibidos. De hecho, en 1583, cinco misioneros jesuitas fueron ejecutados en Goa, una colonia portuguesa en la costa oeste de India, y varios fueron asesinados por los mohawks en América del Norte en 1649.

Un legado duradero

Aquellos primeros misioneros hicieron mucho más que difundir el Evangelio: fueron unos de los primeros europeos en hibridar las culturas de Europa, Asia y América. Hacia 1600 se creó el primer diccionario chino-portugués. En 1603, los jesuitas publicaron el primer diccionario japonés-portugués, pero en 1638 el sogunado prohibió el cristianismo en Japón, donde la conversión se castigaba con la pena de muerte. Todas las misiones fueron restringidas hasta el siglo XIX, cuando la emancipación de los esclavos pasó a ser el centro de las actividades misioneras.

BIOGRAFÍA
San Francisco Javier

En 1529, el noble español Francisco Javier conoció en la Universidad de París a Ignacio de Loyola. Diez años después, junto con varios amigos más, fundaron la Compañía de Jesús, aprobada por el papa Paulo III en 1540. En 1542, a instancias de Juan III de Portugal, Francisco Javier partió como misionero a India, donde pasó tres años predicando en tamil por la costa de Goa. A pesar de la dificultad del idioma, estaba convencido de la necesidad de adaptarse a las costumbres locales. Después de viajar por Ceilán, las Molucas y la península de Malaca, pasó varios años en Japón. Murió a los 46 años, cuando se disponía a entrar en China.

RETRATO DE SAN FRANCISCO JAVIER (SIGLO XVIII)

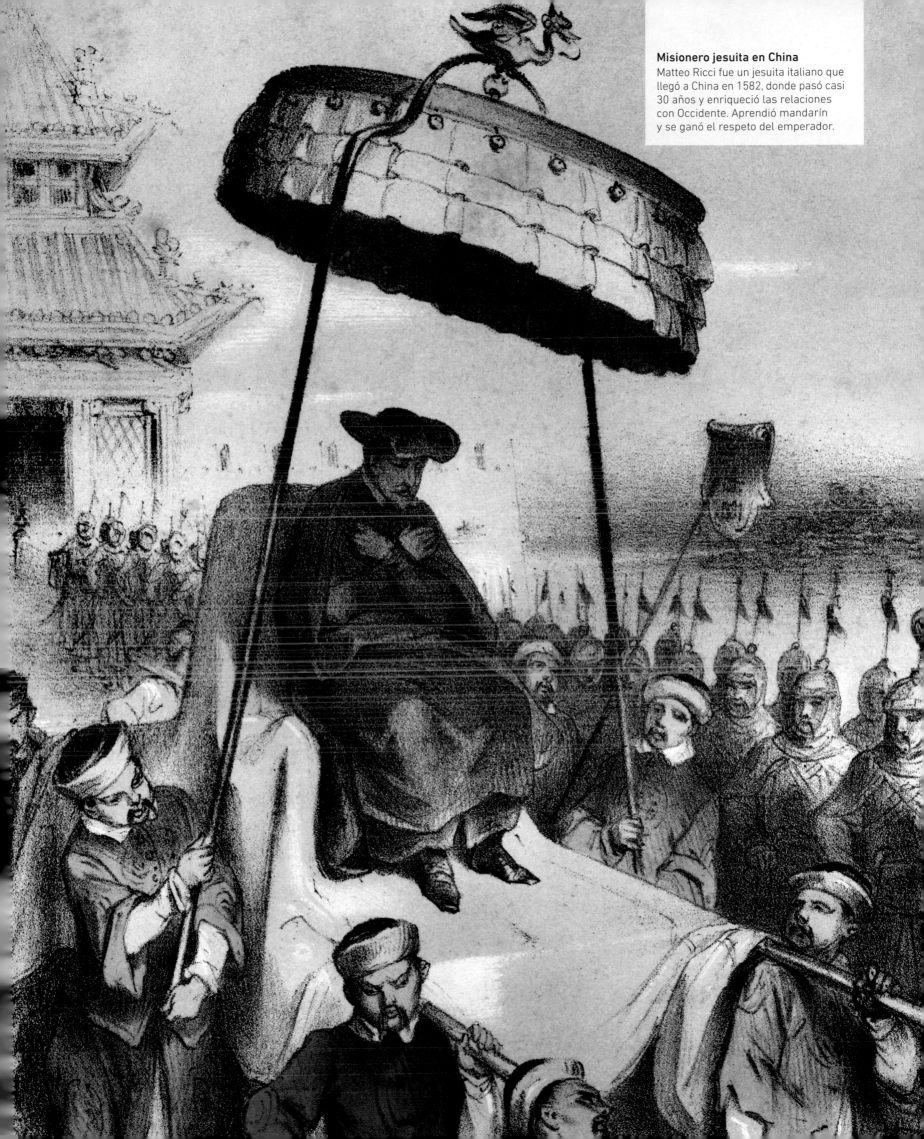

Misionero jesuita en China
Matteo Ricci fue un jesuita italiano que llegó a China en 1582, donde pasó casi 30 años y enriqueció las relaciones con Occidente. Aprendió mandarín y se ganó el respeto del emperador.

El paso del Noroeste

En el siglo XVI, varios exploradores intentaron dar con un paso desde Europa al mercado de las especias asiáticas por el norte. Si bien esta ruta prometía ser más rápida que el largo viaje rodeando África por el sur, estaba sembrada de peligros.

Uno de los primeros europeos en surcar el océano Atlántico en busca del paso del Noroeste fue el navegante inglés Martin Frobisher (c. 1535–1594). Frobisher atravesó el océano en 1576 y perdió dos de sus tres naves durante un fuerte temporal antes de alcanzar la costa del Labrador. Exploró las aguas de la isla de Baffin y fue el primer europeo en visitar el gran brazo de mar que hoy se llama bahía de Frobisher. Sin embargo, durante un enfrentamiento con los inuits, cinco de sus hombres fueron apresados. Frobisher no logró rescatarlos y volvió a Inglaterra con un solo prisionero inuit. También llevaba consigo una muestra de roca negra que tomó por carbón.

Frobisher lideró dos expediciones más, en 1577 y 1578, ambas con varios barcos y numerosos hombres, algunos de ellos mineros, con la orden de estudiar las menas y minerales potencialmente valiosos que Frobisher pensaba poder encontrar en la isla de Baffin. Después de poner a los mineros a trabajar, Frobisher continuó explorando las aguas de Groenlandia y la isla de Baffin, ampliando así el conocimiento europeo de la zona que podría conducir al descubrimiento del paso del Noroeste. Regresó a Inglaterra cargado con una gran cantidad de rocas, algunas de las cuales tomó por oro y resultaron ser piritas sin valor alguno. Tras esta enorme decepción, Frobisher siguió al servicio de la Marina Real, pero acabó embarcándose como corsario con el capitán inglés Francis Drake.

▽ **Mapa de rutas**
Martin Frobisher y Henry Hudson exploraron los límites orientales del archipiélago ártico. Este mapa muestra las rutas de ambos exploradores.

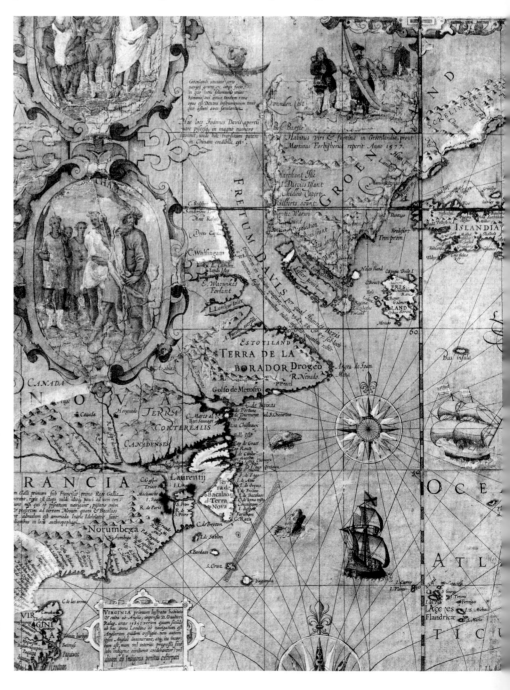

▷ **Mapamundi según la proyección de Mercator**
Detalle de un mapa de 1608 del cartógrafo holandés Jodocus Hondius. Tan solo es visible la costa sureste de Groenlandia, aunque aparece algún detalle en torno a Nueva Escocia y la bahía de Baffin.

Henry Hudson

Entre los exploradores del Ártico más osados destaca el inglés Henry Hudson (c. 1565–1611). En 1609 fue contratado por la Compañía Neerlandesa de las Indias Orientales para buscar un paso por el noreste, por el norte de Rusia. Hudson encontró la ruta bloqueada por el hielo y dio media vuelta, pero en vez de regresar a casa, cruzó el Atlántico e intentó encontrar un paso al Pacífico por el noroeste, a través de América del Norte. Una vez en Nueva Escocia siguió hacia el sur, encontró el río que lleva su nombre y lo remontó hasta alcanzar el emplazamiento de la actual ciudad

▷ **Escaramuza con los inuits**
A veces, las relaciones entre los exploradores europeos y los nativos eran difíciles, como se ve en esta acuarela de John White, que acompañó a Frobisher en sus viajes, aunque ciertos exploradores, como Hudson, lograron hacer tratos comerciales con ellos.

de Albany. Durante su viaje comerció con los pueblos locales, compró pieles y estableció la presencia neerlandesa en aquella parte de América del Norte.

El último viaje de Hudson

Un año después, Hudson emprendió otro viaje transatlántico, esta vez financiado por la Compañía Británica de las Indias Orientales y la Compañía de Virginia. Atravesó el océano y llegó al extremo norte del Labrador. Desde allí, continuó hacia el noroeste por el estrecho hoy llamado de Hudson y llegó a la bahía que también lleva su nombre. Tardó unos meses en explorar las aguas y la costa de aquella enorme bahía, así como las de su prolongación por el sureste, la bahía James. Cuando hubo cartografiado la costa oriental de la bahía de Hudson llegó el invierno, y su barco quedó atrapado en el hielo en la bahía James. Pasó allí el invierno, pero al llegar la primavera perdió la vida a causa de un motín.

A pesar de no haber conseguido dar con el paso del Noroeste, Frobisher y Hudson contribuyeron en gran medida al conocimiento europeo de los mares al norte de Canadá. Hudson, además, inició un provechoso comercio de pieles con

los pueblos nativos de América del Norte. Hoy, el recuerdo de estos dos exploradores pervive en los nombres de varios lugares, desde la bahía de Frobisher hasta el río Hudson.

BIOGRAFÍA
Henry Hudson

El explorador inglés Henry Hudson realizó varios viajes en busca de pasos a Asia por el norte. Hizo dos intentos por el noreste, navegando por el norte de Rusia, y dos por el noroeste, durante los cuales surcó las aguas de Canadá. Su último viaje para dar con el paso del Noroeste terminó trágicamente. Atrapados por una gruesa capa de hielo, Hudson y sus hombres pasaron el invierno de 1610-1611 en la bahía de Hudson. En primavera, cuando el hielo se fundió, Hudson planeó continuar explorando la bahía para hallar el paso, pero muchos miembros de su tripulación deseaban volver a casa. Cuando Hudson se negó a ello, se amotinaron y lo abandonaron a su suerte en un bote junto con su hijo adolescente John y algunos compañeros leales.

HUDSON Y SU HIJO ABANDONADOS EN UN BOTE

LA ERA DE LOS IMPERIOS

1600—1800

LA ERA DE LOS IMPERIOS (1600–1800)

Introducción

A medida que se iba explorando el mundo, el siguiente reto era obtener beneficios de él. A mediados del siglo XVII, la pericia de los navegantes ingleses y neerlandeses desbarataron la supremacía marítima de España y Portugal. Mediante sus respectivas compañías de las Indias Orientales (que llegaron a ser enormes corporaciones comerciales), Países Bajos y Gran Bretaña establecieron factorías y colonias por todo el mundo, desde las Indias Orientales hasta América del Norte, y se repartieron el globo sin imaginar las consecuencias. Así, los neerlandeses se quedaron con partes del Sureste Asiático y cedieron a los ingleses el control de un incipiente asentamiento en una isla llamada Manhattan. Comenzaba así una era de comercio marítimo mundial que introdujo el té, el café, el tabaco, las especias y el azúcar en Europa, así como unos 12 millones de esclavos africanos en América.

Cambios de gustos y modas

Con la llegada de nuevos productos aparecieron nuevos lugares de reunión, como los cafés o los salones intelectuales. La gente deseaba saber cómo eran las remotas tierras de donde venían aquellas mercancías, y se puso de moda entre los pudientes coleccionar objetos de lugares lejanos que atesoraban en los llamados cuartos de maravillas o gabinetes de curiosidades. Estas pequeñas colecciones privadas eran símbolos de estatus social e identidad, pero también una prueba de la creciente curiosidad por el orden natural del mundo, así como por el lugar del ser humano en él.

La ciencia era cada vez más el motor de la exploración. El zar Pedro el Grande envió al navegante y cartógrafo Vitus Bering a cartografiar el litoral siberiano y averiguar

OFICIALES BRITÁNICOS DE LA COMPAÑÍA DE LAS INDIAS ORIENTALES EN INDIA

EN LOS CAFÉS SE PODÍA CONVERSAR Y DISCUTIR SOBRE ASUNTOS COTIDIANOS

JAMES COOK ABRIÓ RUTAS MARÍTIMAS POR TODO EL MUNDO, DESDE LA ANTÁRTIDA HASTA POLINESIA

«Haz una vez **algo que otros dicen que no puedes** y **nunca** más **prestarás atención** a sus **limitaciones**.»

CAPITÁN JAMES COOK

si existía un paso terrestre hasta Alaska, y la emperatriz rusa Ana le encomendó la misma misión en el marco de la Gran Expedición al Norte, la mayor empresa científica de la época, en la que participaron 3000 personas y que marcó el comienzo de la expansión rusa hacia el este.

Viajar para aprender

De menor envergadura, pero de mayor alcance, fueron las expediciones realizadas por el capitán James Cook. En el transcurso de tres grandes viajes, recorrió el océano Pacífico, circunnavegó la Antártida y cartografió zonas de Australia y Nueva Zelanda hasta entonces desconocidas. Sin embargo, quienes hicieron memorables esos viajes fueron los científicos que llevaba a bordo, como Joseph Banks, que recogieron, catalogaron

y llevaron a Gran Bretaña miles de especies para investigaciones posteriores. Fruto de los viajes de Cook fue también una fascinante colección de dibujos y pinturas de lugares, flora y fauna, una inmensa contribución a las ciencias naturales.

Por lo general, no hacía falta viajar tan lejos como el capitán Cook para cultivarse: bastaba con ir a Roma. La capital italiana era el destino de las multitudes que emprendían el viaje conocido como *Grand Tour*. En el siglo XVII se pensaba que la mejor manera de culminar la formación de un joven caballero era partir con un acompañante a visitar las principales capitales europeas, con la esperanza de que se ilustrara por el camino. La guerra en Europa frenó esta tendencia a finales del siglo XVIII. No obstante, el concepto del viaje en busca de la realización personal ya había arraigado.

VITUS BERING EXPLORÓ DOS VECES EL PACÍFICO NORTE PARA RUSIA Y AVISTÓ LA COSTA DE ALASKA

PARA MUCHOS, EL *GRAND TOUR* TERMINABA EN NÁPOLES, CON LA VISTA DEL VESUBIO

EL PRIMER VUELO EN GLOBO, REALIZADO EN PARÍS EN 1783, AUGURÓ UN NUEVO MEDIO DE TRANSPORTE

Comercio de especias

A lo largo de la historia, la humanidad ha viajado por muchas razones, pero la exploración de los mares del Sureste Asiático tenía ante todo un objetivo: hallar el origen de las especias, el tesoro de la época.

Cuando la única nave superviviente de la expedición de Magallanes llegó por fin a puerto después de completar la primera circunnavegación del globo, entre los exiguos tesoros que llevaba en su bodega había 381 bolsas de clavo que habían sido adquiridas en Extremo Oriente. Además de sufragar las cuatro naves perdidas por el camino, la suma avanzada a los 237 marineros que embarcaron, la recompensa de los 18 supervivientes y otros gastos, la venta de las bolsas de clavo aún permitió a la expedición de tres años obtener un pequeño beneficio.

Las especias eran mercancías muy valiosas. No solo aromatizaban la mesa, sino que se creía que la canela, el clavo, la macis, el jengibre y la pimienta podían combatir enfermedades, proteger de la pestilencia, alejar a los demonios y servir de afrodisíacos. Pocos sabían a ciencia cierta de dónde provenían las especias; tan solo se sabía que llegaban a Europa por una complicada ruta que suponía el paso por las manos de una cadena

▷ **Escudos de la compañía**
A la izquierda y flanqueado por Neptuno y una sirena, el blasón de la Compañía Neerlandesa de las Indias Orientales. A la derecha, el de Batavia, entre los leones de los Países Bajos.

«Después del año **1500** no se podía conseguir **pimienta** en **Calicut** sin derramar **sangre**.»

VOLTAIRE, SOBRE LA CONQUISTA PORTUGUESA DE INDIA (1756)

▷ **Factoría comercial en Hugli (Bengala)**
Esta pintura de 1665 representa uno de los múltiples puertos comerciales neerlandeses en Asia. En el Ganges se ven dos barcos listos para zarpar con las mercancías de vuelta a los Países Bajos.

de intermediarios en Asia y Oriente Medio que encarecían el precio.

El dominio portugués

Hacia finales del siglo XV, Portugal ya ostentaba el dominio marítimo en la costa oeste de África. El paso siguiente era viajar al este en busca del origen de las especias. Vasco da Gama logró llegar a Calicut, en el sureste de India, en 1498, y halló complacido un floreciente mercado donde los chinos entregaban especias a los mercaderes árabes e italianos que las transportaban por tierra hasta el Mediterráneo. Un año después de su regreso a Lisboa, una flota al mando de Pedro Álvares Cabral partió con el objetivo preciso de arrebatarles el comercio de las especias.

En esencia, Cabral convirtió el Índico en un «lago portugués». El ritmo de expansión se aceleró con expediciones sucesivas que se adentraban cada vez más en los mares de Asia. En 1505, los portugueses llegaron a Ceilán (Sri Lanka). Seis años después, sus galeones atravesaron el golfo de Bengala y se hicieron con el control de Malaca, el puerto más próspero de Extremo Oriente en la época. Después de establecer allí su base, lograron por fin localizar el corazón de las fabulosas islas de las Especias, un pequeño archipiélago conocido como islas Molucas, en la actual Indonesia.

Aunque los portugueses se apresuraron a explotar la riqueza de las islas, su imperio se encontraba ya en declive. Cuando,

a finales de siglo, las naves inglesas y neerlandesas irrumpieron en las aguas asiáticas, el dominio portugués llegó a su fin. Los primeros barcos neerlandeses recalaron en las Molucas en 1599 y regresaron a Ámsterdam cargados de clavo. Dos años después, en 1601, hicieron su aparición navíos auspiciados

◁ **Porcelana china**
Además de especias, en Asia los europeos compraban té, telas (sobre todo seda) y porcelanas.

por la recién creada Compañía Británica de las Indias Orientales.

Rivalidades en las Indias Orientales

En 1602, los neerlandeses formaron su propia compañía de las Indias Orientales, la Vereenigde Oost-Indische Compagnie (VOC). En Asia, la VOC estableció una base fortificada en Batavia (hoy Yakarta, la capital de Indonesia), con cientos de puertos subsidiarios por toda la región.

Gracias a la superioridad de la marina mercante y militar de los neerlandeses, la VOC consiguió excluir a su rival del comercio de las especias y disfrutar de los beneficios del monopolio. Pero hacia mediados del siglo XVII, el fiel de la balanza comenzó a inclinarse a favor de Inglaterra, que invirtió en su marina militar con el fin de respaldar sus crecientes ambiciones imperiales. El resultado fue una serie de guerras anglo-neerlandesas. La segunda acabó con el Tratado de Breda (1667), por el cual los ingleses renunciaron a sus pretensiones sobre las islas de las Especias. A cambio de esto, los neerlandeses les cedieron la soberanía de un territorio, llamado Nuevos Países Bajos al que rebautizaron como Nueva York.

La VOC llegó a ser la mayor compañía comercial del mundo. En su momento álgido, poseía más de la mitad de la flota mercante del mundo. Finalmente, en 1799 se declaró en bancarrota.

◁ **Oficiales británicos en India**
Desbancados por los neerlandeses en el Sureste Asiático, los británicos se contentaron con el monopolio comercial en India y los nuevos territorios de América del Norte.

Gabinetes de curiosidades

Repletos de objetos de tierras lejanas,
fueron los antecesores del museo moderno.

Antes de los museos había gabinetes de curiosidades o cuartos de maravillas *(Wunderkammern)*. Estas colecciones particulares surgidas en el siglo XVI contenían toda clase de objetos extraños traídos de lugares desconocidos y, a menudo, asociados al descubrimiento de «nuevos mundos». Los objetos podían organizarse en tres categorías temáticas principales: naturales (fósiles, conchas, animales exóticos disecados), artificiales (como artesanía de los pueblos nativos de otras tierras) y científicos (instrumentos científicos o mecánicos). Algunos gabinetes eran monotemáticos, como el del anatomista holandés Frederik Ruysch (1638–1731), que exhibía partes del cuerpo y órganos conservados junto a aves, mariposas y plantas exóticas.

Estas colecciones se exponían en gabinetes y vitrinas con varios compartimentos. Al mostrar todos los objetos juntos, se creía que los visitantes establecerían conexiones entre ellos y comprenderían cómo funcionaba el mundo y qué lugar ocupaba la humanidad en él. Con el tiempo, los pequeños gabinetes fueron absorbidos por los grandes y después adquiridos por la aristocracia e incluso la realeza, hasta formar colecciones que ocupaban una estancia entera. El zar Pedro el Grande, por ejemplo, compró la colección de Frederick Ruysch que hoy forma parte del Museo Kunstkamera de San Petersburgo. El gabinete del boticario londinense James Petiver (*c.* 1665–1718) fue la base del Museo Británico. El del naturalista John Tradescant el Viejo (*c.* 1570–1638), conocido como «el arca», terminó en el Museo Ashmolean de Oxford.

> **«Una colección de** [...] **curiosidades indias y estrafalarias**, y cosas de la naturaleza.»
>
> JOHN EVELYN, DIARISTA INGLÉS, EN MILÁN (1646)

▷ *Gabinete de curiosidades* de Andrea Domenico Remps
El óleo de 1690 del veneciano Remps muestra la variedad de objetos que podían verse en un gabinete de curiosidades, desde piezas arqueológicas, artilugios científicos y especímenes animales hasta objetos religiosos.

Nueva Holanda

Cuando las grandes compañías comerciales europeas se asentaron en Oriente comenzaron a investigar la *Terra australis incognita*, la tierra desconocida del sur.

△ **Abel Tasman**
Este experto marino mercante al servicio de la Compañía Neerlandesa de las Indias Orientales fue el encargado de explorar los tramos no cartografiados del hemisferio sur.

En 1606, el capitán Willem Janszoon de la Compañía Neerlandesa de las Indias Orientales partió de Bantam, en Java, para explorar el litoral de Nueva Guinea en busca de nuevas oportunidades económicas. Puso rumbo al sur, pasó por alto el estrecho de Torres y continuó bordeando lo que tomó por una prolongación de Nueva Guinea. En realidad era la costa oeste de la península del Cabo York, en el actual estado de Queensland. Desembarcó, pero tras la hostil acogida del pueblo nativo, que se saldó con la vida de varios de sus hombres, dio media vuelta y regresó hacia Java. Él y su tripulación, sin saberlo, fueron los primeros europeos que pisaron la tierra que luego se llamó Australia.

Muchas más tripulaciones de diversos países europeos avistaron, y a veces pisaron, aquella tierra ignota durante los 160 años siguientes. La mayoría de ellos pertenecía a navíos mercantes de la Compañía Neerlandesa de las Indias Orientales, y aquel nuevo territorio apareció por primera vez en uno de los mapas de la compañía en 1622, con el

◁ **Maza maorí**
Los maoríes que Tasman encontró usaban armas de piedra y madera, como esta maza decorada con una elaborada talla que semeja una cabeza de ave.

nombre erróneo de «Nueva Guinea». Jan Carstensz, un destacado visitante, fue enviado por dicha compañía para profundizar en el sur a partir de los informes de los viajes de Janszoon de 1606. Al mar superficial que Carstensz surcó en 1623 lo nombró golfo de Carpentaria, en honor del gobernador general de las Indias Orientales Neerlandesas Pieter de Carpentier. Cuatro años después, otro compatriota suyo navegó hacia el sur y trazó el mapa de la costa meridional de Australia, desde la actual Albany, en el extremo suroeste, hasta Ceduna.

Abel Tasman

Casi 20 años después, en agosto de 1642, la Compañía Neerlandesa de las Indias Orientales encomendó al capitán Abel Tasman la exploración de la región conocida como «gran tierra del sur». Desde Batavia (hoy Yakarta), Tasman zarpó hacia el oeste aprovechando los vientos dominantes y después puso

rumbo al sureste, pero en vez de avistar Australia, recaló en una masa de tierra a la que llamó Tierra de Van Diemen, otro gobernador general de las Indias Orientales Neerlandesas. No fue hasta un siglo después cuando los exploradores afirmaron que se trataba de una isla a la que cambiaron el nombre por el de Tasmania en honor del navegante.

Tasman continuó viaje hacia el este y fue el primer europeo en llegar a Nueva Zelanda. La expedición echó el ancla frente al extremo norte de la isla del Sur, pero tras el ataque de las tribus maoríes, volvió a Batavia pasando por varios archipiélagos del Pacífico (Fiyi, Tonga y Salomón) y por Nueva Guinea.

▷ **Los viajes de Abel Tasman**
Tasman realizó dos viajes de exploración. Durante el primero halló la Tierra de Van Diemen y Nueva Zelanda, y durante el segundo cartografió la costa noroeste de Australia.

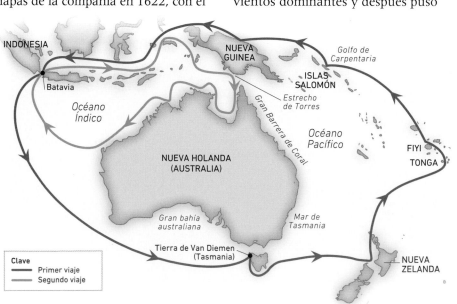

INDONESIA
Batavia
Océano Índico
NUEVA HOLANDA (AUSTRALIA)
Gran bahía australiana
NUEVA GUINEA
Golfo de Carpentaria
ISLAS SALOMÓN
Estrecho de Torres
Gran Barrera de Coral
Océano Pacífico
FIYI
TONGA
Mar de Tasmania
Tierra de Van Diemen (Tasmania)
NUEVA ZELANDA

Clave
— Primer viaje
— Segundo viaje

A. *Zijn onze Schepen*

B. *Zijn de pracúwen die om ons boort quamen*

C. *is des Zeehaens pracútien dat na ons boort quam Schepper en Van Jnwon des des landts vermeestert en daer naer doort Schieten Wedrom Platen heeft doen wij Zagen dat Zij de Pracúw Velaten hadden is onze Schipp met onze Shaloup Wedrom gehaelt*

D. *is de Vrthooningh van haer pracúwen en het fatzon Vant Volck*

E. *Zijn onze Scheppen die onder Zeijle gaen*

F. *is onze Shaloup die de Pracúwen Wedrom haelde*

◁ **Bahía de los Asesinos**
Este dibujo del artista de la expedición de Abel Tasman muestra una escaramuza entre neerlandeses y guerreros maoríes en la que se llamó bahía de los Asesinos (hoy bahía Dorada).

Nueva Holanda

En 1644, Tasman realizó un segundo viaje, esta vez bordeando la costa sur de Nueva Guinea, con rumbo al este primero y al sur después. De nuevo, no dio con el estrecho de Torres, que habría proporcionado el acceso directo a América del Sur por el este que los neerlandeses anhelaban, y volvió hacia el oeste por la costa norte de la «gran tierra del sur». Trazó el mapa del litoral del continente, realizó observaciones sobre su geografía y habitantes, y lo llamó Nueva Holanda.

Sin embargo, desde el punto de vista de la compañía, las exploraciones de Tasman eran decepcionantes. No había encontrado una nueva ruta marítima, y Nueva Holanda no parecía ofrecer oportunidades comerciales de ningún tipo. Los neerlandeses perdieron su interés por Australia, y el de Tasman fue el último viaje al continente hasta los de William Dampier y James Cook, 55 y 126 años después respectivamente (pp. 172–175).

▷ **Globo de Coronelli**
Los globos terráqueos del veneciano Vincenzo Coronelli muestran el mundo de finales del siglo XVII. Nueva Holanda ya figura en ellos, aunque sin detalles de la costa este, inexplorada hasta la llegada de James Cook en 1770.

△ **Aquí hay monstruos**
John White dibujó este mapa (con sus barcos y monstruos marinos) de la costa norteamericana desde la bahía de Chesapeake hasta los cayos de Florida durante una expedición a Virginia con Walter Raleigh en 1585.

Colonias norteamericanas

Una vez España y Portugal hubieron reclamado la mayor parte de América Central y del Sur, las potencias del norte de Europa se disputaron la más fría y menos prometedora costa de América del Norte.

A finales del siglo XVI, América del Norte podía darse por «descubierta». Tras Cristóbal Colón (pp. 110–113), el español Ponce de León desembarcó en la actual Florida en 1513, mientras que el portugués Estêvão Gómez navegó a lo largo de la costa de Maine, y se cree que pudo haber penetrado en el actual puerto de Nueva York en 1525. Otro español, Hernando de Soto, fue el primer europeo en cruzar el río Misisipi, junto al que murió en 1542. Con todo, las penalidades y las exiguas recompensas que hasta ese momento había acarreado la colonización de este Nuevo Mundo habían resultado desalentadoras. En 1600, la única colonia permanente en América del Norte era la de San Agustín, en Florida, fundada por los españoles en 1565.

Colonización de América del Norte

En 1585, los ingleses intentaron establecerse en la isla de Roanoke, frente a Carolina del Norte, pero la colonia se esfumó sin dejar rastro, un misterio aún no resuelto. Sin dejarse amilanar, unos mercaderes fundaron en 1606 la Compañía de Virginia de Londres y financiaron una expedición con la esperanza de obtener sustanciosos beneficios en forma de oro, plata y piedras preciosas. La compañía envió tres barcos con 104 colonos que llegaron a la costa este de EE UU en mayo de 1607 y que fundaron un asentamiento al que llamaron Jamestown en honor del rey inglés Jacobo (James) I. La colonia pasó grandes dificultades para salir adelante. No había oro, y no consiguieron cultivar plantas potencialmente lucrativas. De los 500 hombres que vivían allí en octubre de 1609, solo quedaban 60 al llegar la primavera. Durante varios años, el asentamiento sobrevivió gracias a las provisiones enviadas desde Inglaterra, pero su suerte cambió en 1612, cuando consiguió cultivar y exportar tabaco. En 1619 fue considerado permanente y suficientemente apto para la vida

◁ **Jamestown**
Esta reconstrucción de Jamestown muestra el primer asentamiento permanente inglés en América del Norte hacia 1615.

familiar como para que se le enviara un barco cargado de «respetables doncellas».

Los Padres Peregrinos

El beneficio comercial no era la única motivación de los colonos. Si EE UU puede alardear de ser la tierra de la libertad es porque fue un lugar de refugio desde sus orígenes, cuando llegaron los que huían de la persecución religiosa en Europa. Ya en el año 1564, unos 300 hugonotes escaparon de una muerte segura en Francia y crearon un asentamiento llamado Fuerte Carolina cerca de la actual Jacksonville, en Florida. Un año después fueron brutalmente asesinados por los españoles de San Agustín, decididos a cortar de raíz toda ambición territorial francesa.

Los puritanos ingleses tuvieron más éxito. Disconformes con la Iglesia anglicana por su pasado católico, decidieron partir hacia una nueva tierra donde pudieran practicar una forma de culto más «pura». Su barco, el *Mayflower*, llegó a la costa del cabo Cod, en el actual estado de Massachusetts, en noviembre de 1620. Tras descartar otros posibles emplazamientos, los viajeros, después conocidos como los Padres Peregrinos, desembarcaron en Plymouth en el mes de diciembre. Pese a sufrir penalidades como los colonos de Jamestown (en febrero de 1621 la mitad había muerto), en su primer verano lograron producir una cosecha, que complementaron con abundante pescado.

En los años posteriores y a medida que empeoraba su situación en Inglaterra, muchos más puritanos cruzaron el océano Atlántico. En 1630 había en Massachusetts unos »

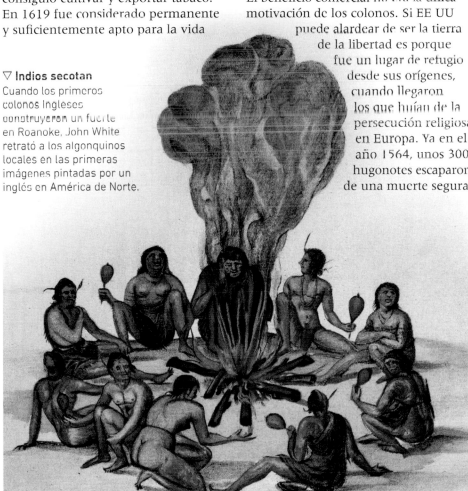

▽ **Indios secotan**
Cuando los primeros colonos ingleses construyeron un fuerte en Roanoke, John White retrató a los algonquinos locales en las primeras imágenes pintadas por un inglés en América de Norte.

▷ **Iglesia de Jamestown**
Una torre de ladrillo en ruinas es todo lo que queda de la iglesia de Jamestown erigida en 1639 en sustitución de construcciones anteriores. Es uno de los edificios más antiguos de EE UU.

▷ **Vista de Nueva Ámsterdam** (1664)
Esta pintura de Johannes Vingboons muestra a Nueva Ámsterdam el año en que pasó de los neerlandeses a los ingleses, que la llamaron Nueva York.

» 10 000 puritanos dispuestos a formar nuevas colonias, una cifra que se disparó aquel año tras la llegada de 11 barcos con otras mil personas y el correspondiente ganado. Este grupo fundó un asentamiento que se convirtió en el próspero puerto de Boston.

Los Nuevos Países Bajos

Mientras tanto continuaron llegando europeos para establecerse en América del Norte: los franceses, en el actual Canadá; suecos y finlandeses a lo largo de la costa atlántica central; los españoles en Florida y el remoto suroeste (hoy Nuevo México), y los neerlandeses en la costa este, en una zona a la que llamaron Nuevos Países Bajos. Henry Hudson, un explorador inglés al servicio de la Compañía Neerlandesa de las Indias Orientales, recorrió en 1609 la costa norteamericana con la misión de hallar

▽ **El desembarco de los Padres Peregrinos**
En este grabado del siglo xix de John C. McRae, los Padres Peregrinos llegan a la costa de América del Norte el 21 de noviembre de 1620. Al fondo se distingue su barco, el *Mayflower*.

un paso por el noroeste a las Indias, remontó el río que hoy lleva su nombre hasta la actual Albany y reclamó el territorio para su compañía. No halló el paso que buscaba, pero aquel territorio resultó ser una gran fuente de pieles de animales, una valiosa mercancía con la que comerciar.

Poco después del viaje de Hudson, los neerlandeses comenzaron a colonizar América del Norte. Unos mercaderes formaron en 1614 la Compañía de los Nuevos Países Bajos y un año después establecieron una factoría en el fuerte Orange, cerca de Albany, para comerciar con los nativos intercambiando tejidos, alcohol, armas de fuego y baratijas por pieles de animales. Seis años después, la recién creada Compañía Neerlandesa de las Indias Occidentales planificó un asentamiento holandés permanente, y en 1624 zarpó el *Nieu Nederlandt* (Nuevos Países Bajos) con la primera oleada de colonos.

Nueva York

Una vez en América, los neerlandeses se repartieron por asentamientos dentro del territorio que la compañía reclamaba como propio. Algunos de esos enclaves fueron imposibles de mantener; otros, muy peligrosos, debido a las tribus indias. Así pues, a principios del verano de 1626, los neerlandeses compraron a los nativos la isla de Manhattan por unos 60 florines

◁ **Sombrero de peregrino**
Para los colonos, la piel de castor era una fuente de ingresos. Con su pelo se hacía fieltro para sombreros como este, supuestamente de la puritana Constance Hopkins.

en mercancías. Allí emprendieron la construcción del fuerte de Nueva Ámsterdam, germen de una provincia que en 1655 ya acogía entre 2000 y 3500 habitantes. Una de las particularidades de la colonia neerlandesa con respecto a las inglesas situadas más al norte era la diversidad demográfica. Prácticamente la mitad

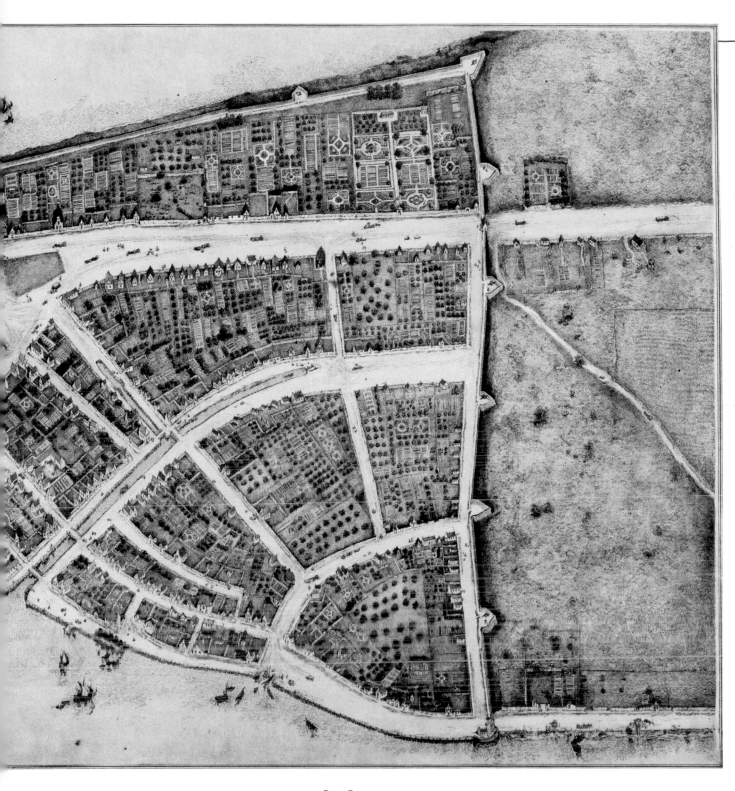

◁ **Nueva Ámsterdam**
Reproducción de 1916 de un mapa de 1660, conocido como plano de Castello, del asentamiento de Nueva Ámsterdam en el extremo sur de Manhattan. Desde 1664, la ciudad se llamó Nueva York.

de la población no era neerlandesa, sino una mezcla de alemanes, suecos, finlandeses, franceses, escoceses, ingleses, irlandeses e italianos. Todas aquellas nacionalidades vivían bajo gobierno neerlandés.

A medida que los Nuevos Países Bajos prosperaban, los ingleses comenzaron a codiciarlos. Allá por 1498, Giovanni Caboto, empleado de la corona británica de origen genovés, había explorado la costa desde Terranova hasta Delaware. Puesto que aquel viaje había precedido en más de un siglo al de Hudson, los ingleses consideraban que gozaban de prioridad para reclamar el territorio.

> **« En [...] Manhattan bien puede haber cuatrocientos o quinientos hombres de diversas sectas y naciones. »**
>
> EL JESUITA ISAAC JOGUES, QUE VISITÓ NUEVA ÁMSTERDAM EN 1643–1644

En 1664 partió una flota al mando del hermano del rey de Inglaterra, el duque de York, con el fin de tomar la colonia, y tanto Nueva Ámsterdam como los Nuevos Países Bajos se llamaron Nueva York. Aunque los territorios controlados por España y Francia eran más extensos y los asentamientos ingleses estaban confinados en una estrecha franja de la costa atlántica, a medida que llegaban más inmigrantes por el este, la lengua y las leyes inglesas pasaron a dominar la vida de América del Norte.

Evliya Çelebi

El explorador otomano Evliya Çelebi, apenas conocido fuera de su Turquía natal, dejó una de las mejores obras de literatura de viajes jamás escritas, fruto de casi toda una vida dedicada a ver mundo.

Nacido en Estambul en 1611, Evliya Çelebi (*çelebi* significa «caballero» en turco) fue un cortesano que pasó la mayor parte de su vida viajando en la época del apogeo del Imperio otomano (la Sublime Puerta). Desde su primera expedición, en 1640, hasta su muerte hacia 1682 visitó 18 monarquías, desde Rusia hasta Sudán; presenció 22 batallas y oyó hablar en 147 lenguas. Todo esto figura descrito minuciosamente en su *Seyahatname* (Libro de viajes), una extensa obra autobiográfica en diez volúmenes.

Sueño de infancia

Según cuenta, todo comenzó cuando, a los 20 años de edad, soñó que el profeta Mahoma bendecía su intención de recorrer el mundo. No obstante, el primer volumen de su relato comienza con una descripción de Estambul

◁ **Mapa de El Cairo de Piri Reis**
Los mapas del almirante otomano Piri Reis, como este de El Cairo de inicios del siglo XVI, eran moneda corriente entre los viajeros del siglo XVII, como Evliya.

y sus alrededores. En el segundo volumen recorre Anatolia, el Cáucaso, Azerbaiyán y Creta.

Aunque gracias a la fortuna y los contactos de su familia (su padre había sido orfebre imperial) podía permitirse viajar, se ganaba su pasaje, a menudo acompañando a delegaciones diplomáticas o a algún funcionario menor. En 1665, por ejemplo, viajó a Viena con la delegación enviada para firmar un tratado de paz con los Habsburgo. Pese a ser un ferviente musulmán (podía recitar el Corán de memoria y lo hacía todos los viernes), expresó una profunda admiración por la catedral de San Esteban de Viena, cuyo coro «inunda los ojos de lágrimas», según sus propias palabras. No obstante, hizo afirmaciones más insidiosas a propósito de otras culturas, como: «Los húngaros son infieles más honorables y limpios. No se lavan la cara cada mañana con su orina, como los austríacos».

Evliya se cruzó en su camino con budistas, hechiceros, encantadores de serpientes y funambulistas, pero a veces pecó de querer embellecer su obra con historias fantásticas, como la de una bruja búlgara que se convirtió a sí misma en gallina y a sus hijos en polluelos. Aun así, su libro es un testimonio muy valioso de la vida en el Imperio otomano durante el siglo XVII.

◁ **El escritor trabajando**
Esta miniatura moderna muestra a Evliya en su escritorio.

▷ **Viaje por mar**
Este velero otomano de tres palos es el típico que Evliya habría utilizado en sus viajes.

FECHAS CLAVE

- **1611** Nace en Estambul en el seno de una familia acomodada de Kutahya.
- **1631** Sueña que el profeta Mahoma le visita y le ordena viajar.
- **1640** Primeros viajes a Anatolia, el Cáucaso, Azerbaiyán y Creta.
- **1648** Visita Siria, Palestina, Armenia y los Balcanes.
- **1655** Viaja por Irak e Irán.
- **1663** De visita en Rotterdam, afirma haber conocido indios norteamericanos.
- **1671** Emprende el *hayy* a La Meca.
- **1672** Visita Egipto y Sudán, y se instala en El Cairo.
- **1682** Muere en El Cairo o en Estambul.
- **1742** Se descubre el manuscrito del *Seyahatname* en una biblioteca de El Cairo y es llevado a Estambul, donde adquiere fama.

VIAJEROS PERNOCTANDO EN UN TÍPICO CARAVASAR DEL SIGLO XVII

El café

Pocos productos ilustran tan bien la expansión de las interconexiones mundiales en el siglo xvii como el café.

Son muchas las leyendas sobre el descubrimiento del café, pero todas convienen en que sucedió en Etiopía, o posiblemente en Yemen. Asimismo, todas ensalzan el efecto vigorizante de aquel brebaje oscuro y amargo obtenido hirviendo unas bayas tostadas. Desde sus orígenes en los puertos del Cuerno de África, algunos documentos atestiguan su presencia en La Meca ya en 1511. A finales del siglo xvi era la bebida predilecta en buena parte de Oriente Medio y Turquía, sin duda difundida por los cientos de peregrinos del mundo musulmán que visitaban la ciudad santa cada año.

El café se bebía en el hogar, pero también y de manera más significativa, en unos nuevos establecimientos públicos donde, además de tomar café y conversar, se podía disfrutar de músicos itinerantes, cuentacuentos profesionales y algunos juegos, como el ajedrez. Los cafés eran fuente de rumores y noticias, lugares a los que acudía la gente que deseaba estar al corriente de la actualidad. No es de extrañar que las autoridades los consideraran lugares propicios para la sedición y prohibieran con frecuencia beber café. Esto fue lo que hizo el sultán Murat IV después de acceder al trono otomano en 1623. Todo aquel que fuese sorprendido preparando o bebiendo café recibía una paliza, y si reincidía, era arrojado al Bósforo metido en un saco.

El café no tardó en llegar a Europa. El recelo que despertó al principio por su halo islámico se superó pronto, en concreto cuando el mismísimo papa Clemente VIII dio su aprobación a tan delicioso brebaje. A partir de 1650, los cafés proliferaron por toda Europa y, al igual que en el mundo árabe y otomano, se convirtieron en foros de animadas discusiones y de lectura de boletines y panfletos. Su papel en el enriquecimiento del debate intelectual fue tal que en Inglaterra comenzaron a ser apodados «universidades de penique», por el precio de una taza de café. Se estima que en 1675 había en Inglaterra más de 3000 cafés, muchos de los cuales llevaban nombres alusivos a los orígenes arábigos de la bebida, como Turk's Head, The Saracen's Head o The Sultan.

▷ **Café de Constantinopla**
Esta acuarela de 1854 de Amedeo Preziosi presenta una galería de personajes entre los que hay dos griegos con gorro rojo, un derviche con su sombrero cónico, un persa con túnica púrpura y un africano sirviendo las pipas. En la esquina, dos grandes cafeteras reposan sobre un hornillo.

Barcos negreros por el Atlántico

La instauración de la esclavitud en América acarreó uno de los mayores desplazamientos de personas de la historia. Más de 12 millones de africanos fueron sacados a la fuerza de su tierra natal y enviados a la otra orilla del Atlántico encadenados.

E l primer objeto que saludaron mis ojos al llegar a la costa fue el mar y un barco de esclavos anclado a la espera de su cargamento. Al verlo me invadió el asombro, que no tardó en dar paso al pavor cuando me llevaron a bordo.» Estas son palabras de Olaudah Equiano, capturado en Nigeria con 11 años y transportado a Barbados en un barco negrero. Cuando se publicó su relato, en 1789, se convirtió en uno de los libros más influyentes escritos por un esclavo africano liberto y contribuyó a la causa abolicionista.

Mano de obra colonial

En la época del libro de Equiano, Europa llevaba 250 años comerciando con esclavos africanos. La práctica se remontaba a 1526, cuando Portugal realizó el primer viaje transatlántico de África a América. Los demás europeos pronto se sumaron al negocio, sobre todo los ingleses, los franceses, los españoles y los neerlandeses. Si bien no inventaron la esclavitud, que los propios africanos practicaban desde siglos atrás, la explotaron con una eficiencia inaudita. Además, mientras que un esclavo que permanecía en África podía abrigar la esperanza de volver a casa algún día, los que cruzaban el Atlántico carecían de tal consuelo.

Los europeos obtenían la mayoría de sus esclavos de traficantes locales que viajaban al interior de África para hacer cautivos, a los que obligaban a caminar hasta la costa. Los barcos europeos llegaban a

△ **Subasta de esclavos**
Versión coloreada de una ilustración publicada en *The Illustrated London News* en 1861 que representa una subasta de esclavos en Richmond (Virginia).

África repletos de mercancías que intercambiaban por esclavos, y de allí salían hacia la otra orilla del océano con su mercancía humana hacinada bajo la cubierta (los hombres iban atados con grilletes). En los primeros tiempos, uno de cada cinco esclavos moría durante la travesía de dos meses. Después se contrataron médicos para reducir la pérdida de vidas y beneficios.

El comercio de esclavos fue estimulado por los colonos europeos que explotaban territorios en el Nuevo Mundo y necesitaban mano de obra. Los primeros africanos esclavizados fueron entregados en las colonias portuguesas y españolas de América del Sur, y luego

en el Caribe y América del Norte. En 1619 llegaron los primeros esclavos africanos a la colonia de Jamestown.

El comercio triangular

El siglo XVII asistió a un incremento meteórico de la esclavitud. Durante ese siglo se transportaron cinco veces

▽ **Grilletes**
Nada más emblemático de la trata de esclavos que los grilletes y las esposas que los retenían y que siguieron usándose en las plantaciones de EE UU hasta entrada la década de 1860.

▷ **Barco negrero** *Brookes*
Esta maqueta muestra el interior del barco británico *Brookes* y las atroces condiciones en que viajaban los 609 hombres, mujeres y niños que llevaba a bordo. Se hicieron muchas reproducciones para despertar las conciencias contra la trata.

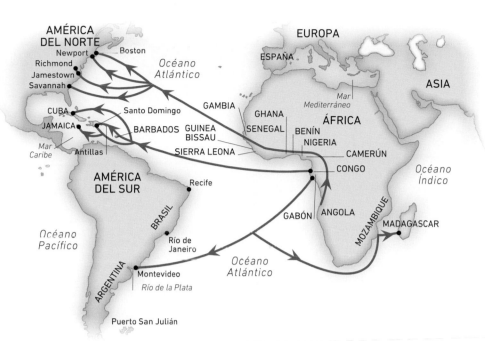

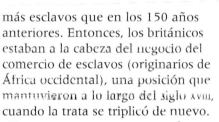

◁ **Travesía mortal**

EL comercio transatlántico de esclavos supuso la mayor deportación de la historia y posiblemente la más costosa en vidas humanas. De los casi 12 millones de esclavos que partieron de África, tan solo unos 11 millones llegaron a América.

▽ **La vida en la plantación**

El trabajo de los esclavos sustentó las plantaciones de caña de azúcar del Caribe y las de tabaco y algodón de América del Norte. En 1860, el 60 % de los cuatro millones de esclavos de EE UU trabajaba en la industria del algodón.

más esclavos que en los 150 años anteriores. Entonces, los británicos estaban a la cabeza del negocio del comercio de esclavos (originarios de África occidental), una posición que mantuvieron a lo largo del siglo XVIII, cuando la trata se triplicó de nuevo.

Tras entregar su cargamento humano en América, los capitanes podían volver a llenar sus bodegas con productos del Nuevo Mundo, que llevaban a Europa. Así pues, los negreros generalmente realizaban tres trayectos y obtenían beneficios de todos ellos: mercancías de Europa a África, esclavos de África a América y mercancías de América a Europa. Este circuito se conoce como «comercio triangular». Equiano fue uno de los pocos esclavos que lograron ganar su libertad. Cuando murió, en 1797, el movimiento abolicionista había cobrado fuerza, pero hasta que la práctica se prohibió definitivamente fueron esclavizados otros tres millones y medio de africanos.

« A todas **horas** esperaba **compartir** el **destino** de mis **compañeros**, algunos de los cuales subían a cubierta casi **a diario al borde de la muerte**. »

OLAUDAH EQUIANO, ESCLAVO LIBERTO

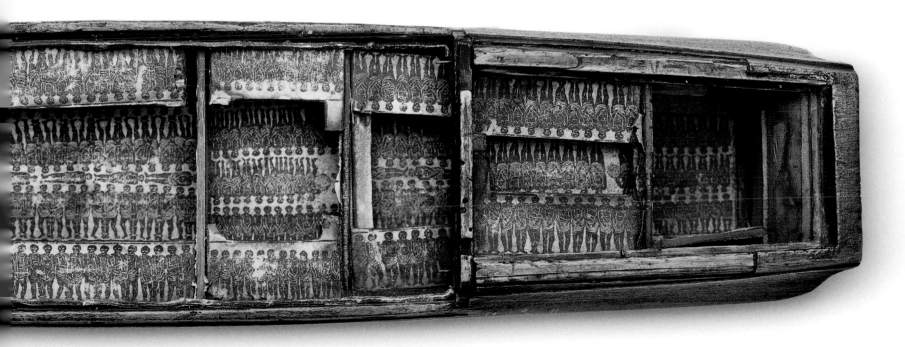

Batalla naval
Este cuadro del flamenco Lorenzo Castro representa un enfrentamiento entre navíos neerlandeses y corsarios berberiscos. Data de finales del siglo XVII, la época de oro de la piratería.

La vida del pirata

Comúnmente asociados al saqueo y al pillaje, varios famosos piratas también llevaron a cabo extraordinarias proezas en su deambular por los mares en busca de botín.

Que una persona no saliera jamás de su país natal y fuese ignorante del estado del resto de la Tierra se me antojaba una opción únicamente apropiada para una mujer.» Dejando el sexismo aparte, lo interesante de las ambiciones de trotamundos del francés Raveneau de Lussan es de qué modo las satisfizo: se hizo pirata.

Robo legalizado

La segunda mitad del siglo XVII bien podría considerarse la edad de oro de la piratería, y más teniendo en cuenta que ese oro que permitió amasar fortunas a los piratas era bien real. Para un noble educado como Lussan, la vida del pirata prometía viajes, aventuras y, por supuesto, riqueza. No implicaba necesariamente delincuencia, pues los piratas (también conocidos como corsarios, bucaneros o filibusteros) actuaban a menudo con respaldo gubernamental (patente de corso) para atacar y saquear los barcos y puertos de los países enemigos.

Francis Drake, el segundo navegante en completar la circunnavegación del mundo, asaltó las posesiones españolas de la costa oeste de América a finales del siglo XVI, y sus esfuerzos le valieron ser nombrado *sir* por la reina Isabel I de Inglaterra. Henry Morgan, saqueador de la ciudad de Panamá y cuya vida inspiró las aventuras del capitán Blood, fue nombrado gobernador de Jamaica.

Nacido en 1663, Lussan partió con 16 años hacia la isla caribeña de La Española, bajo dominio francés, y allí se unió a la tripulación del pirata neerlandés Laurens de Graaf. A los veintipocos años ya contaba con su propia tripulación. Tras unos años saqueando ciudades y abordando barcos españoles en el Pacífico, él

y sus compañeros bucaneros decidieron que habían reunido suficiente fortuna como para volver a casa y emprendieron el viaje de vuelta a través de Guatemala. Durante los 59 días que duró la aventura, 84 de los 480 hombres murieron a causa de enfermedades o se perdieron en la selva. Finalmente alcanzaron el Caribe y navegaron hasta La Española, donde el gobernador les dispensó una calurosa bienvenida y describió sus hazañas como «el mejor de los viajes de nuestra era».

La costa de Berbería

Después del Caribe, la otra gran región de piratería era la costa de Berbería, en el norte de África, desde donde los piratas musulmanes sembraban el terror por el Mediterráneo, el litoral oeste de África y el Atlántico Norte. Su objetivo principal era capturar cristianos para el comercio de esclavos otomano. Uno de los corsarios berberiscos más temidos era en realidad un neerlandés de nombre Jan Janszoon van Haarlem, que se hacía llamar Murat

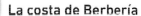

△ **Doblón de oro**
Moneda de oro acuñada en 1714, una de las miles robadas por los piratas a las colonias españolas.

Rais (conocido como Morato Arráez en España), que tomó la isla de Lundy, al oeste de Inglaterra, y la retuvo durante cinco años. También saqueó Islandia y en 1631 desembarcó en la ciudad de Baltimore, en el oeste de Irlanda, donde secuestró a 108 personas, de las cuales tan solo dos regresaron a su tierra. Por sus servicios le otorgaron el título de gobernador de la República de Salé, un enclave corsario en el actual Marruecos.

△ **Saqueo de los españoles**
Para los ingleses, Francis Drake era un héroe, y para los españoles, un simple pirata. En 1585 asaltó varios puertos españoles en el Caribe, entre ellos Santiago de Cuba, que aparece sitiado en este mapa.

LAS PIRATAS ANNE BONNY Y MARY READ VESTIDAS DE HOMBRE Y LISTAS PARA LUCHAR

EN CONTEXTO
Mujeres piratas

Pese a que las mujeres tenían vedado el acceso a los barcos piratas, la irlandesa Anne Bonny contravino la norma al vestirse con ropas masculinas y hacerse pasar por hombre para vivir como un pirata en el navío de Calico Jack, de quien también era amante. La inglesa Mary Read se incorporó a las tropas británicas disfrazada de hombre con el nombre de Mark Read. De camino a las Indias Occidentales (las Antillas), su barco fue abordado por piratas, y Mary se pasó a sus filas. En 1720 navegaba con Anne Bonny y Calico Jack en el *Revenge* cuando el cazador de piratas Jonathan Barnet apresó su navío. Cuentan que las últimas palabras de Bonny a Jack fueron: «Si hubieses luchado como un hombre no te colgarían como a un perro».

Viajes por el Imperio mogol

A medida que India se hizo más accesible a los europeos en los siglos XVI y XVII, una serie de viajeros dejó testimonio de la gloria, la sofisticación y el esplendor arquitectónico del Imperio mogol.

Antes de los viajes de Marco Polo en el siglo XIII (pp. 88–89), todo lo que los europeos tenían de India se reducía prácticamente a mitos y leyendas. La situación empezó a cambiar en los dos siglos siguientes, cuando cada vez más viajeros se dirigían a India para admirar la tierra que el veneciano había descrito como «la provincia más rica y espléndida del mundo».

Primeras impresiones

Uno de los primeros europeos en dejar un testimonio escrito detallado de India fue Niccolò de' Conti, un mercader italiano que en 1419 siguió los pasos de Marco Polo, incluida la estancia en India. Medio siglo después, el comerciante ruso Afanasi Nikitin viajó por Azerbaiyán y Persia hasta India, donde permaneció tres años, y plasmó sus impresiones en *Viaje más allá de los tres mares*, una valiosa fuente de información sobre la población y las costumbres indias de la época.

Los viajes de De' Conti inspiraron el mapa realizado en 1450 por Fra Mauro, que sugería una ruta marítima desde Europa hasta India bordeando África. Cuando los portugueses demostraron la existencia de dicha ruta, el intercambio cultural y comercial entre Europa e India se incrementó. La conquista y la explotación estaban a la orden del día en Europa, y los portugueses no tardaron en reclamar la propiedad de grandes franjas de territorio en el sur de India. A lo largo del siglo siguiente, la rivalidad comercial entre las potencias marítimas incitó a ingleses, neerlandeses y franceses a establecerse en India. Sin embargo, no todos buscaban lucrarse en el subcontinente indio.

El italiano Cesare Federici viajó a India en 1563 para «ver las partes orientales del mundo». Pasó en Asia 18 años y en 1587 publicó en Venecia la crónica de su periplo. El mercader de gemas francés Jean-Baptiste Tavernier (1605–1689) visitó Persia e India movido por

△ **Combate de elefantes en Lucknow**
Este grabado de *Viaje al gran Mogol, Indostán y Cachemira* de François Bernier muestra un combate de elefantes en India. Los elefantes se usaban para la caza, la guerra y el deporte.

una mezcla de intereses comerciales y espíritu viajero, y relató sus andanzas en la obra *Les six voyages de Jean-Baptiste Tavernier* (1675). No obstante, tal vez el viajero más interesante fue François Bernier (1625–1688), que llegó a India durante el reinado del emperador mogol Sha Yahan, el constructor del Taj Mahal.

Médico de la corte

François Bernier, hijo de un granjero, estudió filosofía en París y se doctoró en medicina en Montpellier en tres

▽ **Diario de un comerciante de gemas**
Jean-Baptiste Tavernier fue un comerciante de gemas francés, célebre por sus seis viajes a Oriente. El relato de sus experiencias iba acompañado de dibujos de los diamantes que halló en India.

«No ha de pasar **inadvertido** que el **oro** y la **plata** venidos de muy **lejos** acaban [...] en **Indostán**.»

FRANÇOIS BERNIER, SOBRE LA RIQUEZA DE INDIA

EN CONTEXTO
Indios en Europa

Con la llegada de los barcos europeos a Asia se abrió una nueva vía comercial entre India y Europa. Desde alrededor de 1600, muchos indios partieron hacia occidente, pero no escribieron sobre ello hasta mucho después. Los tres primeros en dejar testimonio escrito lo hicieron en árabe o en persa, pero el cuarto, Sake Dean Mahomed, utilizó el inglés. Mahomed nació en el noreste de India y fue cirujano al servicio de la Compañía Británica de las Indias Orientales. En 1782 viajó a Inglaterra, donde se dice que abrió el primer restaurante indio e introdujo el champú. En 1794 publicó *The Travels of Dean Mahomed*, el primer libro de viajes indio en inglés.

SAKE DEAN MAHOMED

meses. Entró al servicio de la corte mogol en calidad de médico, y, después de la muerte de Sha Yahan, su sucesor, Aurangzeb, decidió mantenerlo en su cargo. Bernier analizó con perspicacia y sentido crítico las intrigas de la corte y la amarga rivalidad entre los hijos de Sha Yahan por ascender al trono de su padre, así como las diversas culturas y religiones de India. Como empleado de la corte, Bernier recorrió el norte de India, Punyab y Cachemira, donde fue el primer europeo, y durante mucho tiempo el único, en aventurarse. Su relato *Viaje al gran Mogol, Indostán y Cachemira* se publicó entre 1670 y 1671.

▷ **El joven Aurangzeb**
En esta pintura de 1635 aparecen los tres hijos menores de Sha Yahan. Aurangzeb (en el centro) fue el último gran emperador de la dinastía mogol y reinó durante 49 años, de 1658 a 1707.

«He comprobado **viajando en diligencia** que suele ser un alivio cambiar de posición y **quedar magullado en otra parte del cuerpo**.»

WASHINGTON IRVING, ESCRITOR ESTADOUNIDENSE

La diligencia

En el siglo XVI, las diligencias empezaron a conectar poblaciones y libraron a los viajeros de las incomodidades de desplazarse a pie o a caballo.

Los primeros en emprender viajes por tierra no tenían más remedio que recurrir a los caballos o caminar. Los carruajes y las carrozas estaban reservados a la realeza (por lo general a las mujeres), que podía permitirse enviar sirvientes en avanzadilla para identificar las rutas más idóneas y, cuando era necesario, despejar o reparar los caminos llenos de surcos que se tenían por carreteras. Se sabe que Isabel I de Inglaterra gastó una fortuna en carruajes durante su reinado (1558–1603), y tal vez por eso estos se pusieron tan de moda entre los nobles, a pesar de que el hombre que prefiriera un coche a un caballo era considerado afeminado.

A mediados del siglo XVII, las diligencias (coches de caballos así llamados por las cualidades de rapidez y puntualidad del servicio) empezaron a conectar diversas ciudades europeas. Sin embargo, los viajes eran muy lentos. En la Inglaterra de 1657, los 292 km de Londres a Chester requerían seis días. Además, los vehículos eran muy incómodos. Carecían de suspensión, en su interior se hacinaban hasta ocho pasajeros, los viajeros de segunda clase se sentaban en un gran remolque enganchado al carruaje, y los de tercera corrían el riesgo de salir disparados del techo.

En el siglo XVIII, el Imperio británico decretó la creación de un cuerpo especial que cobrase peajes a los usuarios a fin de mejorar las condiciones de las carreteras. Surgió así una red de alojamientos donde las diligencias podían pernoctar. Aquellos progresos se vieron potenciados por la introducción del correo postal, pues empezaron a circular diligencias de viajeros y postales. Asimismo, los carruajes ganaron en comodidad. La berlina, de diseño alemán, tenía una suspensión de muelles metálicos y una caja cerrada con portezuelas laterales y espacio para cuatro pasajeros. Más adelante, las capotas ciegas dieron paso a ventanillas de vidrio para proteger del viento y la lluvia. En EE UU, el carruaje Concord iba suspendido sobre unas correas de cuero que hacían de amortiguadores, por lo que Mark Twain lo describió como «una cuna sobre ruedas». La diligencia fue el medio de transporte habitual para viajar a largas distancias hasta la llegada del ferrocarril en la década de 1830.

◁ *La diligencia preparándose para partir*
En su día, la diligencia era el método más cómodo para viajar a larga distancia. En este cuadro de Charles Cooper Henderson, unos pasajeros se disponen a partir de una posada a principios del siglo XIX.

El Oriente helado

A finales del siglo XVI, ante la imposibilidad de expandirse hacia el oeste, Rusia volvió la mirada hacia el este. Unos intrépidos exploradores partieron a colonizar la inmensidad helada de Siberia.

Durante el reinado de Iván el Terrible (1547–1584), primer zar de Rusia, las ambiciones imperiales rusas se vieron frustradas por Polonia y Suecia al oeste, y por los tártaros de Crimea al sur. En busca de nuevos lugares que conquistar, Rusia volvió la mirada hacia el este, hacia los Urales y el gran territorio que se extendía tras ellos, Siberia. Mientras que en América del Norte la colonización de costa a costa requirió unos 250 años, los exploradores rusos solo tardaron 65 años en abarcar desde los Urales hasta el Pacífico.

La penetración en Siberia estuvo encabezada por los cosacos rusos, cazadores de armiños, zorros y martas cibelinas. Al igual que en América, los exploradores solían seguir el curso de los ríos: de hecho, uno de los primeros asentamientos rusos, Tobolsk (fundado en 1585), se erigió en el punto donde el río Tobol desagua en el Irtish. Asimismo, los colonizadores fueron topándose con muchos pueblos indígenas a medida que avanzaban. Algunos les prestaron ayuda e incluso compartieron con ellos sus conocimientos geográficos, y otros fueron más hostiles; sin embargo, los rusos, independientemente de la actitud que mostraran, se consideraban en su derecho colonial de reclamar todo aquel territorio como propio y de civilizar a aquellos «salvajes». Las matanzas, las enfermedades y el alcoholismo diezmaron las poblaciones locales.

Alcanzar el océano Pacífico

En 1627, los rusos, encabezados por el explorador cosaco Piotr Bckétov, llegaron a la región de Buriatia, en el centro de Siberia. Cinco años después fundaron Yakutsk

Lago Baikal
En 1643, un ruso, el cosaco Kurbat Ivanov, contempló por primera vez el lago Baikal. Este lago se hiela entre enero y mayo, y la temperatura de las tierras aledañas puede descender hasta -19 °C.

▷ **La ruta de Siberia**
La ruta de Siberia
(*Sibirski trakt*) se
construyó para
conectar la Rusia
europea con China.
Como solía helarse
en invierno, se
empleaban trineos
tirados por perros,
como en la imagen.

como campamento base, remoto y
solitario, a más de 4880 km al este de
Moscú. Allí se hallaban a solo 800 km
de la costa oriental de Siberia, pero no
fue hasta agosto de 1639 cuando el
explorador Iván Moskvitin y su equipo
se convirtieron en los primeros rusos en
llegar al océano Pacífico. Sus informes
sirvieron para elaborar el primer mapa
del Extremo Oriente ruso, trazado en
1642 por Kurbat Ivanov.

Ivanov era explorador y aspiraba a
llenar muchos de los espacios vacíos de
sus mapas. Al año siguiente emprendió
una expedición al frente de 74 hombres
y remontó el río Lena en busca de una
gran extensión de agua cuya existencia

se rumoreaba. Se trataba del lago Baikal,
el más profundo y con mayor volumen
de agua dulce del mundo. Ivanov fue
el primer europeo en cartografiarlo y
describirlo.

En poco tiempo, Rusia incorporó un
territorio de unos 13 millones de km²
(una doceava parte de la superficie
terrestre del globo), que abarcaba desde
el Ártico hasta Asia central y desde los
Urales hasta el mar de Japón. Pero aún
quedaba mucho por descubrir

Tras los montes Stanovói

Hasta entonces apenas se habían hallado
tierras aptas para la agricultura, así que
en 1643, el administrador de Yakutsk

Vasili Poiarkov fue enviado al sur para
explorar el área fronteriza con China.
Poiarkov partió con 133 hombres y
siguió el curso de varios ríos que lo
llevaron a los montes Stanovói. Tras
la cordillera descubrió el mayor río
de Siberia meridional, el Amur, y una
fértil llanura propicia para el cultivo.
Sin embargo, después de atravesar las
montañas, Poiarkov y sus hombres
fueron obligados a retroceder por los
chinos, y la región no se anexionó a
Rusia hasta 1859.

A mediados del siglo XVII, las
conquistas rusas en el Oriente helado
dibujaron unas fronteras muy similares
a las de la Rusia de hoy. Faltaba por
cartografiar el litoral del Ártico y la
península nororiental de Kamchatka,
para lo que habría que esperar un siglo
hasta la Gran Expedición al Norte.

EN CONTEXTO
Lugar de exilio

Siberia se convirtió en un lugar de destierro
prácticamente desde el momento de su
colonización. El destierro era la manera de
librar a la Rusia europea de los indeseables
y, al mismo tiempo, poblar los territorios
orientales. «Del mismo modo que retiramos
los agentes nocivos de nuestro cuerpo para
que este no muera, en la comunidad y los
ciudadanos también debe arrancarse lo
nocivo», dijo el obispo de Tobolsk en 1708.

Los exiliados debían caminar hasta Siberia.
Su viaje podía durar casi dos años, durante
los cuales arrastraban los pies encadenados
por la *Sibirski trakt*. En Tobolsk, a 1770 km
de Moscú, les quitaban los grilletes, pero en
este lugar perdido en los territorios vírgenes
no había adonde correr. El cumplimiento de
su condena solo empezaba una vez llegaban
al lugar designado para su exilio.

**PRISIONEROS ENCADENADOS EN SAJALÍN
(RUSIA) EN LA DÉCADA DE 1890**

La Gran Expedición al Norte

Durante la colonización de Siberia, los zares comisionaron dos expediciones para explorar los límites orientales de su creciente imperio. La segunda pasó a la historia como la Gran Expedición al Norte.

△ **Vitus Bering**
Pese a ser danés, Bering exploró al servicio del zar el estrecho que lleva su nombre y abrió el camino para la incursión rusa en el continente norteamericano.

Pedro I el Grande fue el zar que hizo de Rusia uno de los grandes imperios europeos. Durante su reinado (1682–1725), las adquisiciones territoriales rusas fueron modestas, a expensas principalmente de otomanos y suecos, pero podría decirse que su mayor logro militar fue la creación de una marina rusa moderna. Para ser eficaz, esta necesitaba mapas detallados del litoral del país, pero en esa época las cartas náuticas aún tenían muchos espacios en blanco. El elegido para remediar esta situación fue Vitus Bering, un cartógrafo y navegante danés que llevaba 20 años en la marina rusa, en la que se enroló en 1704. En 1725, bajo las órdenes de Pedro I el Grande, Bering se dirigió hacia el Pacífico Norte para averiguar si Siberia y Alaska estaban conectadas por tierra.

Los dos primeros años se emplearon en transportar hombres y materiales desde la nueva capital, San Petersburgo, hasta Siberia. Hasta julio de 1727 Bering no alcanzó el rudimentario asentamiento de Ojotsk, en el océano Pacífico. Allí los expedicionarios construyeron dos pequeños barcos con los materiales transportados para dicho fin: cuerdas, velas y hasta piezas de hierro, incluida el ancla (de todo, menos madera). Estos barcos les llevaron hasta la remota península de Kamchatka, en el noreste ruso, donde construyeron otro barco, el *San Gabriel*, con el que se aventuraron en mar abierto. Bering se ceñía tanto a la costa rusa que ni siquiera reparó en Alaska, a tan solo 110 km. Con todo,

▷ **Naufragio**
El barco de Bering naufragó en una de las islas del Comandante, a 175 km de la costa de Kamchatka. Bering y 30 miembros de su tripulación perdieron la vida, y la isla fue nombrada en honor al danés.

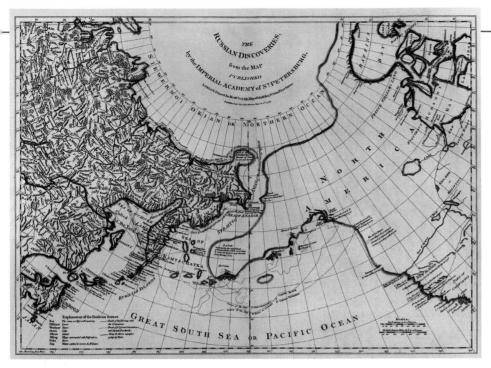

◁ **Descubrimientos rusos**
Este mapa inglés basado en el publicado en 1754 por la Academia de Ciencias de San Petersburgo muestra las rutas marítimas que siguieron Bering y Chirikov durante la expedición.

△ **Vaca marina de Steller**
La caza llevó a la extinción de este gran mamífero 27 años después de su descubrimiento.

descubrió que no existía un puente de tierra entre Rusia y Alaska.

En el verano de 1730, Bering regresó a San Petersburgo, donde los oficiales de la marina le recriminaron no haber avistado la costa americana. Tres años después, la zarina Ana le encargó emprender un segundo viaje.

Una aventura trágica

Esta expedición, tal vez la empresa científica más multitudinaria hasta la fecha, movilizó a unos 3000 hombres. Se organizó en tres grupos: uno para cartografiar la costa norte de Siberia, otro para llevar a cabo una exploración científica de Siberia, y otro (el de Bering) para trazar la costa norteamericana y establecer los intereses de Rusia en el Pacífico.

Tras diez años de preparación, los exploradores del Pacífico partieron de Kamchatka en junio de 1741 a bordo de dos barcos que construyeron en Ojotsk, el *San Pedro*, al mando de Bering, y el *San Pablo*, al mando de su lugarteniente, Alexéi Chirikov. Unos días más tarde, ambos barcos se perdieron de vista mutuamente entre la niebla, pero el 16 de julio, Bering avistó tierra. Dos días después, una pequeña partida, de la que formaba parte el naturalista alemán Georg Wilhelm Steller, desembarcó en la isla Kayak. Ellos fueron los primeros europeos en pisar suelo de Alaska.

Al seguir separado del *San Pablo* y empezar a escasear los víveres, Bering decidió poner rumbo al oeste y regresar. Aunque las tormentas azotaron al *San Pedro* y el escorbuto hizo presa en su tripulación, el barco avistó tierra el día 4 de noviembre. Por desgracia, lo que esperaban que fuera Kamchatka resultó ser una isla desierta. La tripulación pasó allí el invierno en cabañas cavadas en el permafrost y cubiertas con palos, pero 31 hombres perdieron la vida, entre ellos Bering. Cuando el tiempo mejoró, los 46 supervivientes construyeron una barca con el pecio y consiguieron volver a Kamchatka. Asimismo, el *San Pablo* regresó habiendo descubierto nuevas islas por el camino, pero también perdió a la mitad de su tripulación. A pesar de todo, la Gran Expedición al Norte logró cartografiar buena parte de la costa ártica y descubrió Alaska, las islas Aleutianas y las islas del Comandante. Sus informes y sus mapas prepararon el camino para la expansión del Imperio ruso por el territorio de Alaska, que EE UU compró en 1867.

▽ **Kamchatka**
Este dibujo del naturalista alemán Georg Wilhelm Steller representa la remota península volcánica de Kamchatka situada en el noreste ruso y punto de partida de las dos expediciones de Bering.

«**Solo** hemos venido a **América** para llevar **agua** a **Asia**. »

GEORG WILHELM STELLER, AL CONOCER LA INTENCIÓN DE RECALAR EN LA ISLA KAYAK SOLO EL TIEMPO SUFICIENTE PARA CARGAR AGUA FRESCA

Calcular la longitud

En razón de las dificultades para calcular la longitud, muchos viajes de exploración debían tanto a la suerte como a la destreza. Gracias a un humilde carpintero, los marineros pudieron conocer su posición exacta.

△ **John Harrison**
El carpintero y relojero autodidacta inglés John Harrison fue el inventor del cronómetro marino, un instrumento para calcular la longitud en el mar gracias al cual los navegantes pudieron determinar su posición.

▽ **El desastre de las islas Sorlingas**
Tras la pérdida de cuatro naves y 1300 hombres en 1707 por un error de navegación, el gobierno británico prometió recompensar a quien resolviese el problema de la longitud.

Cuando se piensa en los grandes viajes de exploración llevados a cabo en los siglos XV, XVI y XVII por personas de la talla de Cristóbal Colón, Vasco de Gama o Fernando de Magallanes, parece increíble que una vez los marineros perdían de vista la tierra se hallaran literalmente perdidos en «un mar de dudas». Pese a contar con cartas náuticas y brújulas, la incapacidad para determinar la longitud con cierta fiabilidad dejaba incluso a los capitanes más expertos a merced de la suerte o la divina providencia.

Navegación por estima

Para calcular la posición en el mar es preciso conocer la latitud y la longitud. La latitud indica la posición norte-sur, y la longitud, la posición este-oeste. Cualquier marinero podía calcular la primera a partir de la altura sobre el horizonte del Sol o de las estrellas de referencia conocidas. En su histórico viaje de 1492, Cristóbal Colón siguió una simple línea recta de latitud.

En cambio, para calcular la distancia hacia el este o el oeste desde el puerto de partida, los navegantes confiaban en un método llamado estima, consistente en lanzar un tronco por la borda y observar lo rápido que se alejaba del barco; esta estimación de la velocidad de la nave, combinada con la dirección (obtenida a partir de las estrellas o de una brújula) y el tiempo que pasaba en un rumbo concreto, además de las corrientes o los vientos oceánicos, les permitía obtener un cálculo aproximado de su longitud (de cuánto se habían alejado hacia el este o el oeste). Se trataba de un método muy impreciso y, a menudo, nefasto. Así, el 22 de octubre de 1707, cuatro navíos de la marina británica calcularon mal su posición, encallaron en las islas Sorlingas, al suroeste de Inglaterra, y más de 1300 hombres murieron.

La solución

El problema de la longitud preocupó durante siglos a las mentes más preclaras. En teoría, la mejor solución para los marineros era comparar la hora a bordo del barco con la del puerto de donde habían zarpado, ya que una diferencia de una hora en el amanecer equivale a 15 grados de longitud, o sea, unos 1666 km. El reloj de a bordo se podía ajustar a la hora local a mediodía, cuando el Sol estaba justo en el cénit. El problema era mantener el registro de la hora del puerto de partida. A principios del siglo XVIII, cuando tantos barcos se aventuraban a explorar territorios e inmensas riquezas surcaban los mares,

◁ **Cronómetro marino H1**
Primer cronómetro marino realizado por John Harrison entre 1730 y 1735, el primer paso hacia la solución del problema del cálculo de la longitud.

no existían relojes capaces de soportar ni los cambios de temperatura ni el zarandeo de las naves. Como es lógico, los gobiernos de las potencias marítimas buscaban una solución, y tras el desastre de las Sorlingas, el Parlamento británico ofreció la mayor recompensa. La Ley de la Longitud de 1714 prometía una suma de unas 20 000 libras (unos 3,4 millones de dólares actuales) a quien hallase un medio «práctico y útil» para determinar la longitud. La solución al problema llegó de una fuente inesperada: un relojero

autodidacta de Yorkshire llamado John Harrison. Antes de cumplir 20 años y pese a carecer de formación en relojería, Harrison construyó su primer reloj de péndulo, prácticamente solo de madera. A continuación diseñó y creó relojes sin rozamientos y con materiales poco propensos a oxidarse que no precisaban lubricante y mantenían un equilibrio perfecto entre sus componentes móviles con independencia del movimiento exterior. Combinando diversos metales consiguió que cuando una pieza se dilataba o se contraía por los cambios de temperatura, otras lo compensasen con el efecto contrario.

Convencidos de que la solución al problema residía en algún instrumento astronómico, los científicos encargados de otorgar el premio de la longitud desconfiaron de los relojes de Harrison. De hecho, hubieron de pasar 40 años hasta que Harrison, con el respaldo del rey Jorge III, pudo finalmente reclamar su recompensa. No obstante, la prueba de su éxito es que a partir de entonces sus relojes se convirtieron en la norma a bordo y acabaron fabricándose en masa hasta derivar en el actual reloj de pulsera. A su regreso a la Tierra, el astronauta Neil Armstrong alzó su copa durante una cena en el número 10 de Downing Street, la residencia del Primer Ministro británico, en honor a John Harrison, «aquel que nos embarcó en nuestro viaje».

△ **Reloj de longitud de John Harrison**
Harrison comprendió que la respuesta al problema de la longitud no residía en grandes relojes, sino en instrumentos de medición más pequeños. Terminó su premiado reloj en 1759.

▽ **Meridiano de Greenwich**
Para determinar la longitud de un barco es necesario un punto cero, un meridiano de referencia. En 1851 se acordó que fuera el meridiano que pasa por Greenwich, donde también se encontraba la sede de la Escuela Naval británica (en la imagen).

«**Gracias a la Providencia de Dios Todopoderoso** y a una **gran fortuna** no suceden más **desventuras** [...] en navegación de las que ya ocurren.»

SAMUEL PEPYS, DIARISTA INGLÉS, SOBRE SU VIAJE A TÁNGER DE 1683

Los viajes del capitán Cook

Durante tres largos viajes, el capitán James Cook exploró más superficie de la Tierra que nadie a lo largo de la historia. Sus hallazgos y sus métodos sirvieron de inspiración a generaciones posteriores de exploradores.

△ **Héroe nacional**
Pese a sus modestos inicios como aprendiz de tendero, James Cook llegó a ser uno de los exploradores más importantes del mundo. Era un gran navegante y demostró ser un líder modélico, particularmente en la adversidad.

Después de que William Dampier, pirata inglés reconvertido en naturalista, fuese enviado por el Almirantazgo británico a investigar Nueva Holanda (hoy Australia) en 1699, un informe posterior concluyó que allí había poco que valiera la pena explotar. Solo cuando la rivalidad comercial derivó en una guerra entre Inglaterra y Francia, se reavivó la competición por rellenar los espacios vacíos en los mapas.

James Cook se hizo a la mar por primera vez con 18 años. Después de trabajar para la marina mercante transportando carbón por la costa este de Inglaterra, en 1755 ingresó en la Marina Real y participó en la guerra de los Siete Años, que enfrentó a Gran Bretaña y Francia por las colonias de América del Norte. Al llegar la paz, se le encomendó el mando de un barco encargado de cartografiar el litoral de Terranova.

△ **Navegante experto**
En su tercer viaje al Pacífico, Cook usó este sextante para hallar la altura del Sol sobre el horizonte y calcular la latitud. También llevaba un reloj para estimar la longitud.

El primer viaje

Sus dotes de navegante despertaron el interés de la Royal Society de Londres, que en 1768 le pidió que liderase una expedición a Tahití para observar el tránsito del planeta Venus por el Sol.

Este acontecimiento astronómico no se repetiría hasta cien años después, por lo que su medición era clave para el avance de la navegación. Cook fue nombrado capitán de otra nave, la *Endeavour*, de cuya tripulación formaban parte el astrónomo Charles Green y una comitiva de científicos y artistas entre los que se encontraba el botánico Joseph Banks (pp. 176–177). Desde Tahití, Cook acometió una misión más ambiciosa y de carácter secreto para el Almirantazgo británico, que le pidió que viajara hacia el sur, donde «existe una razón para imaginar que pueda encontrarse un continente o una gran extensión de tierra». En aquella época,

la creencia en la existencia de un gran continente en el hemisferio sur para compensar a los del norte estaba muy extendida, y el Almirantazgo quería que Cook lo reclamara para Gran Bretaña. Si no conseguía encontrarlo, Cook debía navegar hacia Nueva Zelanda y reivindicarla para su país.

El *Endeavour* navegó hacia el sur lo suficiente como para convencer a su capitán de que no existía tierra

◁ **Los viajes de James Cook**
En sus tres viajes marítimos, Cook recorrió grandes distancias por zonas del globo que apenas figuraban en los mapas. Cartografió las costas de Australia y Nueva Zelanda, exploró Hawái y fue el primero en cruzar el círculo polar antártico.

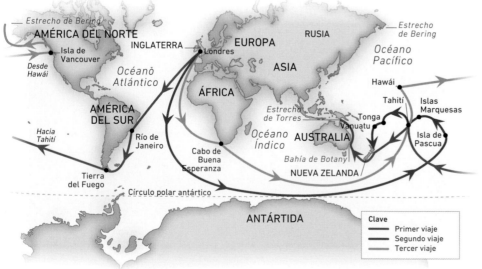

Estrecho de Bering
AMÉRICA DEL NORTE
INGLATERRA — Londres
Isla de Vancouver
Desde Hawái
Océano Atlántico
EUROPA
RUSIA
Estrecho de Bering
Océano Pacífico
ASIA
ÁFRICA
Hawái
Tahití
Islas Marquesas
AMÉRICA DEL SUR
Hacia Tahití
Río de Janeiro
Estrecho de Torres
Tonga
Vanuatu
Cabo de Buena Esperanza
Océano Índico
AUSTRALIA
Isla de Pascua
Tierra del Fuego
Bahía de Botany
NUEVA ZELANDA
Círculo polar antártico
ANTÁRTIDA

Clave
— Primer viaje
— Segundo viaje
— Tercer viaje

△ **Culturas indígenas**
Las expediciones de Cook reunieron información y artefactos de madera de los polinesios y otros pueblos del Pacífico, como este cuenco con forma de foca, posiblemente de Alaska.

habitable. Entonces, conforme le había sido requerido, se dirigió al oeste y trazó las costas de Nueva Zelanda, confirmando así la teoría de Tasman de que el país se componía de dos islas, no conectadas a ninguna masa terrestre mayor.

Desde allí, Cook navegó hacia las costas orientales de Nueva Holanda (Australia). El 19 de abril de 1770 desembarcó un pequeño destacamento. Banks quedó tan fascinado por las plantas que vieron, que Cook nombró aquella parte de la costa bahía de Botany. Tras recorrer toda la costa este, sorteando los peligros de la Gran Barrera de Coral, Cook reclamó el territorio para la corona británica. Luego atravesó el estrecho de Torres, zanjando así el debate sobre si Nueva Holanda y Nueva Guinea estaban unidas, y finalmente regresó a casa.

El segundo viaje de Cook

Con todo, el Almirantazgo seguía convencido de la posible existencia de un gran continente austral, así que en 1772 Cook zarpó de nuevo, esta vez a bordo del *Resolution* y acompañado de su nave hermana *Adventure*. Su misión era navegar más al sur de lo que nadie hubiera llegado hasta la fecha.

Durante sus tres años de viaje, Cook atravesó el círculo polar antártico y alcanzó la plataforma de hielo polar. Si bien no logró abrirse paso entre la banquisa, se acercó más al polo Sur que sus predecesores. Circunnavegó aquella tierra helada para demostrar que no había otro continente y luego retrocedió hacia el norte, volvió a explorar Tahití y Nueva Zelanda, y visitó por primera vez la isla de Pascua, y las islas Marquesas, »

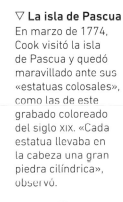

▽ **La isla de Pascua**
En marzo de 1774, Cook visitó la isla de Pascua y quedó maravillado ante sus «estatuas colosales», como las de este grabado coloreado del siglo XIX. «Cada estatua llevaba en la cabeza una gran piedra cilíndrica», observó.

>> Tonga y Nuevas Hébridas. La mayoría de ellas ya habían sido descubiertas, pero Cook fue el primero en cartografiarlas con cierta precisión. Gracias al cronómetro de Harrison (p. 170), estableció las coordenadas longitudinales y preparó el terreno para los mapas modernos del Pacífico Sur.

El nefasto viaje final

Cook regresó convertido en héroe, y la Marina Real le concedió la jubilación. Sin embargo, no podía estar lejos del océano. Pese a rondar los 50, se dirigió hacia el Pacífico Norte y a otro ansiado objetivo de la exploración marítima: el paso navegable entre el océano Pacífico y el Atlántico por el norte de América.

En julio de 1776, de nuevo al mando del *Resolution*, Cook emprendió la ruta hacia Tahití. Desde allí puso rumbo al norte hacia el desconocido archipiélago hawaiano, al que llamó islas Sandwich en honor a su patrocinador, el conde de

△ **Fauna exótica**
Durante el segundo viaje de Cook, los artistas de a bordo dibujaron algunos de los animales que encontraron en el Pacífico, como esta manta.

◁ **El tercer viaje**
Las que James Cook bautizó como islas Sandwich (hoy Hawái) dispensaron una cálida acogida a los marineros, como se ve en este grabado. En cambio, una segunda visita tuvo un desenlace trágico.

Sandwich. Cook y los miembros de su tripulación fueron los primeros europeos en atracar allí y recibieron una cálida bienvenida de la población local. Después continuó hacia el norte y pasó el verano cartografiando la costa de América del Norte, desde la isla de Vancouver hasta el estrecho

de Bering, donde buscó en vano un paso navegable.

En 1779, Cook dio media vuelta para volver a Hawái, pero en esta ocasión le aguardaba un destino trágico. El 14 de febrero, mientras investigaba el supuesto robo de una embarcación por un isleño, una tribu local hostil lo apuñaló hasta

▽ **El *Resolution* y el *Discovery* en Hawái**
Esta pintura de la década de 1780 de John Cleveley el Joven representa la llegada de Cook a Hawái en 1779. A la derecha, los navíos *Resolution* y *Discovery* anclados en la bahía de Kealakekua.

la muerte. La expedición continuó bajo el mando de Charles Clerke, pero tampoco dio con el paso del Noroeste y regresó a Inglaterra al año siguiente.

Un legado perdurable

Las expediciones de Cook tuvieron un papel fundamental en el desarrollo de las ciencias naturales, la oceanografía, la etnología, la antropología y otras disciplinas científicas. Asimismo, Cook dejó un legado imperecedero en cuanto al comportamiento que cabía esperar de los marinos, tanto a bordo (sus hombres recibían un trato y una alimentación inusualmente buenos para la época, y pocos murieron de escorbuto), como en puerto. Llegó a encarnar el espíritu de la exploración pacífica y científica.

LA PÉROUSE RETRATADO EN 1785, POCO ANTES DE SU ÚLTIMO VIAJE

BIOGRAFÍA
La Pérouse

En 1785, Jean-François Galaup, conocido como conde de La Pérouse, lideró una importante expedición francesa para ampliar el trabajo de James Cook. Acompañado de científicos y topógrafos, navegó por el Atlántico con las fragatas *Astrolabe* y *Boussole*, bordeó América del Sur y llegó a la isla de Pascua. La expedición prosiguió hasta las islas Hawái y el Pacífico Norte, donde cartografió la costa canadiense, pero tampoco logró dar con el paso del Noroeste. Después de visitar Kamchatka, de donde se enviaron informes al oeste, La Pérouse regresó al sur para investigar las actividades británicas en Australia y llegó a la bahía de Botany en enero de 1788, justo cuando la Primera Flota desembarcaba su primera remesa de convictos (pp. 186–187). El 10 de marzo, La Pérouse zarpó hacia Nueva Caledonia y nunca más se le volvió a ver. Cuarenta años después se descubrió que sus barcos habían naufragado en las islas de Santa Cruz.

« La **ambición** no solo me lleva **más lejos** de lo que **cualquier hombre haya llegado antes**, sino tan lejos como creo que es **posible** llegar para **el hombre**. »

DIARIO DEL CAPITÁN JAMES COOK (MARZO DE 1774)

△ **La odisea del capitán Cook**
En esta litografía de 2005 de la serie *The Odyssey of Captain Cook*, la neozelandesa Marian Maguire imagina un encuentro entre los antiguos griegos y los maoríes propiciado por la llegada del *Endeavour*.

Los nuevos naturalistas

Actualmente, el viaje de exploración con fines exclusivamente científicos está a la orden del día, pero en el siglo XVIII, hasta el viaje del *Endeavour* resultaba inconcebible.

▽ **Caja de mariposas**
Tras la expedición del *Endeavour*, el botín de Joseph Banks constaba de más de 4000 insectos, incluida esta vitrina de mariposas, hoy en el Museo de Historia Natural de Londres.

Con algunas notables excepciones, como la Gran Expedición al Norte del zar Pedro I el Grande en 1733–1743, el propósito de la mayoría de los viajes de descubrimiento era engrosar las arcas de los países promotores más que ampliar los conocimientos científicos. Por eso, la aventura del *Endeavour* fue excepcional (pp. 172–175). Desde el principio, la ciencia estuvo en el meollo de la expedición del capitán James Cook. El principal objetivo de su visita a Tahití era observar el tránsito de Venus, y el secundario, estudiar la flora y la fauna de la isla y coleccionar muestras. Con este fin, Cook llevó consigo a un joven de Lincolnshire (Inglaterra) llamado Joseph Banks.

Banks era un naturalista apasionado. Había estudiado la flora de su condado natal y luego se había embarcado como naturalista en un viaje a Labrador y Terranova. Además era rico, pues había heredado grandes extensiones de tierra y una gran fortuna. Pese a tener solo 25 años, Banks aportó unas 10 000 libras de su bolsillo para equipar el *Endeavour*, más de tres veces el coste del barco. «Disponen de una exquisita biblioteca de Historia Natural, de todo tipo de material para cazar y preservar insectos, de toda clase de redes y anzuelos para pescar en los corales; poseen incluso un artilugio parecido a un telescopio que, debajo del agua, permite ver el fondo a gran profundidad, allá donde está más claro», escribió John Ellis, unos de los científicos a bordo del *Endeavour*.

Una de las fuentes de inspiración de Banks fue Carlos Linneo, un sueco que durante sus viajes a Laponia inició el estudio científico de los pueblos autóctonos y de su uso de las plantas con fines medicinales y religiosos, una disciplina que hoy día se conoce como etnobotánica. A pesar de que Linneo no fue un gran viajero, sus ideas sobre la botánica llegaron lejos. Entre sus corresponsales estaba el joven Joseph Banks, y otro miembro del equipo del *Endeavour*, Daniel Solander, había sido su discípulo. Erasmus Darwin, abuelo de Charles Darwin, tradujo gran parte de la obra de Linneo del latín al inglés.

Catalogar el mundo
En Tahití, mientras los astrónomos del *Endeavour* instalaban su observatorio, Banks y sus ayudantes comenzaron a recolectar todo cuanto pudieron, desde aves y plantas hasta prendas de vestir y armas locales, y siguieron recopilando material al llegar a Nueva Zelanda y a Australia. Cuando el *Endeavour* atracó en Dover en julio de 1771, llevaba más de mil especímenes zoológicos a bordo,

«**Nadie** se hizo a la mar mejor equipado para el propósito de la **Historia Natural**, ni con más **elegancia**.»

JOHN ELLIS, NATURALISTA Y VIAJERO A BORDO DEL *ENDEAVOUR*

incluidos unos animales con una bolsa ventral nunca vistos en Europa. También había 30 000 especímenes botánicos, prensados y secados, de los cuales 1400 eran nuevos para la ciencia. Ninguna expedición había regresado antes con una colección de tal volumen e importancia.

Banks no acompañó a Cook en sus viajes posteriores, pero en calidad de presidente de la Royal Society de Londres, continuó financiando expediciones. Una de ellas tenía por objetivo estudiar si el fruto del árbol del pan podía servir como fuente de

▷ **Nuevas especies**
Dibujo de un canguro inspirado en un boceto de Sydney Parkinson, artista de la expedición.

nutrientes, lo que requería el traslado de una gran cantidad de ejemplares desde Tahití, su lugar de origen, hasta las islas británicas del Caribe. El barco encargado de esta tarea fue el *Bounty*, al mando de William Bligh, pero la misión fracasó a causa del célebre motín encabezado por Fletcher Christian.

Posteriormente, otras generaciones de intrépidos naturalistas continuaron el trabajo comenzado durante el viaje del *Endeavour*, especialmente Alexander

von Humboldt (pp. 192–193), que viajó durante su juventud a Inglaterra para conocer a Joseph Banks. Asimismo, Banks fue el patrón de William Jackson Hooker, que exploró, recolectó y catalogó en Islandia, Francia, Italia y Suiza antes de dirigir el Jardín Botánico de Kew, cerca de Londres. Su hijo Joseph Dalton Hooker fue uno de los grandes botánicos del siglo XIX y un gran amigo de Charles Darwin. No sería exagerado afirmar que la tarea iniciada por Joseph Banks sentó las bases de la revolucionaria teoría de la evolución de Darwin.

△ *Banksia serrata*
Descubierta en la costa este de Australia, esta es una de las muchas plantas, por no mencionar las islas, nombradas en honor del célebre naturalista Joseph Banks.

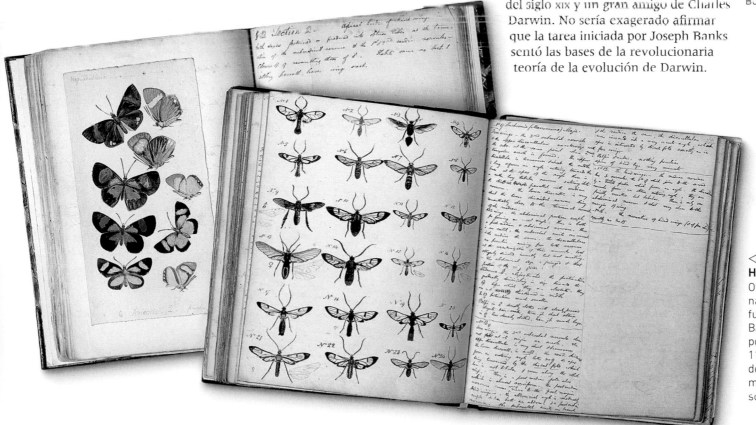

◁ **Cuadernos de Henry Walter Bates**
Otro eminente naturalista inglés fue Henry Walter Bates. Se le recuerda por su expedición de 11 años al Amazonas, de la que regresó con más de 14 000 especies, sobre todo de insectos.

Caimán de anteojos y falsa serpiente coral
Merian dominó magistralmente la acuarela
y el grabado en cobre (las normas gremiales
impedían a las mujeres pintar al óleo). Este
exquisito estudio de *c.*1705–1710 está pintado
con acuarela y aguada sobre papel vitela.

Una artista en la selva tropical

A medida que los exploradores emprendían viajes de descubrimiento creció el compromiso de los artistas con el mundo natural.

Durante los siglos XVII y XVIII, el constante flujo de plantas y animales maravillosos de allende el mar proporcionó a los artistas nuevos temas para sus obras, y algunos sintieron la necesidad de contemplar aquellas maravillas en su hábitat natural. Pese a las convenciones de la época, uno de los primeros artistas aventureros y viajeros fue una mujer divorciada de mediana edad.

Maria Sibylla Merian nació en 1647 en Alemania, hija de un grabador y dibujante suizo y su segunda esposa. Ya de niña era una apasionada de los insectos y la pintura, y retrataba con delicadeza frutas, flores y los insectos que recogía y criaba. Se casó con 18 años y tuvo dos hijas, cuyo cuidado compaginó con su trabajo como artista y profesora, hasta que dejó a su marido para irse a vivir a una comuna luterana en Dinamarca. Luego se trasladó a Ámsterdam y, después, con 52 años de edad, vendió sus posesiones, redactó su testamento y partió con su hija menor hacia la colonia neerlandesa de Surinam, en América del Sur.

Allí continuó su camino. No sin dificultades, se adentró en la selva para recoger plantas e insectos: «Se podía encontrar una gran variedad de cosas en la selva si se conseguía pasar, pero la densidad y la frondosidad de cardos y espinos era tal que hube de enviar a mis esclavos, hacha en mano, para abrirme paso». Al cabo de un tiempo, la malaria o fiebre amarilla la obligó a regresar a Ámsterdam, donde reunió dinero para publicar sus láminas en obras como *Metamorphosis insectorum Surinamensium* (Metamorfosis de los insectos de Surinam), publicada en 1705. Sus dibujos, casi siempre a tamaño real, son de una increíble belleza, tan colorida y extraordinaria como la vida de la mujer que los creó.

« El **calor** en este **país** es **aplastante**. Por poco **me cuesta** la **vida**. Todo el mundo está **sorprendido** de que siga con **vida**. »

MARIA SYBILLA MERIAN, SOBRE SU ESTANCIA EN SURINAM

El Grand Tour

Desde el siglo XVII, los jóvenes ingleses acomodados se lanzaron a recorrer Europa para descubrir las raíces de la civilización occidental, que, según el consenso general, se encontraban en Roma.

Un hombre que no haya estado en Italia será siempre consciente de cierta inferioridad», dijo el literato Samuel Johnson, una afirmación en cierta manera modesta, pues él mismo nunca llegó a visitar ese país. Johnson expresaba una creencia muy extendida en aquella época, a saber, que viajar a Italia era clave para la educación de un hombre. Italia en general, y Roma en particular, era un destino codiciado por artistas, intelectuales y diplomáticos del resto de Europa desde el siglo XVII. Una buena educación pasaba de forma inexorable por el estudio de los clásicos, con un conocimiento sólido del griego y el latín. Tanto la Roma antigua como la renacentista se consideraban la cuna de la civilización occidental, por lo que visitar la ciudad era una manera de culminar los estudios.

Peregrinación cultural

En 1670 se publicó el libro *The Voyage of Italy, or A Compleat Journey Through Italy*, cuyo autor, el inglés Richard Lassels, bautizó aquella especie de peregrinación cultural como *Grand Tour* («gran viaje»). Casi todos los viajeros eran hombres y, al menos al principio, británicos. En la época, Gran Bretaña era la nación más rica del mundo y contaba con una clase alta considerable, que disponía de dinero y tiempo libre para viajar. Los jóvenes aristócratas, acompañados por un tutor o guardián llamado *Bear Leader*, podían pasar desde algunos meses hasta varios años viajando por Europa. El objetivo del viaje era lograr que ampliaran sus horizontes intelectuales y aprendieran

ROMA MODERNA, DE GIOVANNI PAOLO PANINI (*c.* 1691–1765)

EN CONTEXTO
Solo con invitación

En los siglos XVII y XVIII no existían los museos públicos, así que además de visitar iglesias, palacios y demás lugares de interés artístico, los viajeros acudían también a las mansiones de nobles reputados por sus colecciones de arte. Generalmente el acceso requería unas credenciales, aunque a menudo bastaba una carta de recomendación. En Francia era posible visitar incluso el palacio de Versalles, la residencia de la familia real. La apariencia de noble era una condición fundamental, lo cual suponía vestir de manera impecable y portar espada (aunque quien no la tuviera podía alquilar una en el palacio).

▽ La invención del *Grand Tour*

Richard Lassels se ganó la vida como guía de los viajeros por Europa. Fue él quien acuñó la denominación de *Grand Tour* en su guía de Italia publicada en 1670.

sobre arte, arquitectura, historia y política como preparación para la carrera en la vida pública que iniciarían a su regreso. Sin embargo, la lejanía del hogar hacía que las convenciones sociales se relajasen, y especialmente hacia finales del siglo XVIII, los viajeros acababan entregándose al sexo, el juego y la bebida, echando por la borda todo intento de educación. Al igual que en las peregrinaciones tradicionales, la ruta y las etapas del viaje estaban bastante establecidas. Tras cruzar el Canal de la Mancha, la primera parada era París, desde donde podían dirigirse a Provenza antes de cruzar los Alpes en dirección a Italia, donde visitaban las grandes ciudades de Roma, Florencia, Nápoles y, más adelante, Venecia (en este orden de importancia), antes de emprender el regreso, generalmente vía Suiza, Alemania y los Países Bajos.

Aspectos prácticos

A mediados del siglo XVIII, la época dorada del *Grand Tour*, el viaje estaba sorprendentemente bien organizado. Existía un servicio marítimo regular para atravesar el canal, y los viajeros podían, por ejemplo, reservar su

▽ Un gran *souvenir*

Los retratos estaban de moda entre los viajeros del *Grand Tour*. Este cuadro es obra del pintor francés afincado en Italia Louis Gauffier, que vivía de la venta de sus cuadros a visitantes británicos.

«Recorrió **Europa entera cogido de la mano**, entregándose a todos los **vicios** del **mundo cristiano**.»

ALEXANDER POPE, POETA Y ESCÉPTICO DEL *GRAND TOUR* (1688–1744)

» transporte por gran parte del continente desde Londres o París. Incluso existían guías, como *The Grand Tour*, una obra de Thomas Nugent en cuatro volúmenes publicada en 1749 que contenía descripciones de las principales ciudades europeas así como consejos de índole moral.

Una vez en el continente, había varias alternativas para viajar. Los más ricos podían comprar o alquilar un carruaje particular con sus caballos. No obstante, era más habitual contratar un carruaje de postas, lo que implicaba pagar por los caballos y el cochero en determinados puntos de las rutas principales. Esto ofrecía las ventajas del carruaje privado sin el gasto de la manutención de los

▷ **Recuerdo modesto**
No todos los turistas podían permitirse encargar un retrato o comprar antigüedades. Algunos optaban por recuerdos más modestos, como este abanico con el paisaje de cabritilla pintada.

caballos. También existían servicios de diligencias públicos, más baratos y lentos.

El itinerario

París seguía siendo una ciudad medieval, más pequeña y densamente poblada que Londres. El viajero del *Grand Tour* Horace Walpole, hijo de Robert Walpole, el primer ministro británico que recorrió Europa continental a principios de la

década de 1740, describió la capital francesa como «la ciudad más fea y espantosa del universo». Con todo, los turistas permanecían allí varias semanas visitando iglesias, palacios y residencias de aristócratas coleccionistas de arte. Pocos se detenían en otros lugares de Francia. Casi todos iban de París a los Alpes, donde los carruajes se desmontaban y se cargaban a lomos de animales para cruzar el paso del Mont Cenis hacia Italia. Los viajeros atravesaban el macizo en sillas de manos transportadas por porteadores.

Una vez al otro lado, Turín era la primera parada, pese a que muchos la consideraban una ciudad demasiado

«Nadie que **no haya estado** aquí puede alcanzar a **comprender** qué es la **educación en Roma**.»

JOHANN WOLFGANG VON GOETHE (1816)

▽ **La ciudad eterna**
El inglés Charles Thompson hablaba por muchos «granturistas» cuando, en 1744, confesó su impaciencia por ver «un país tan famoso en la historia»: Italia. En esta vista, Bernardo Bellotto representó los tesoros de Roma.

provinciana como para dedicarle mucho tiempo. En cambio, Florencia, cuna del Renacimiento, era uno de los destinos más populares, merecedor de varias semanas de estancia. Ya a mediados del siglo XVIII se había formado allí una comunidad inglesa considerable, de manera que los visitantes podían relacionarse con sus compatriotas.

La visita de Roma

Por lo general, un breve alto en Siena era todo lo que separaba a los turistas de su objetivo final: Roma. Una conocida guía recomendaba un mínimo de seis semanas para visitar todas las ruinas de la ciudad y algunos puntos históricos más recientes, mientras que el escritor William Beckford, que visitó Roma en 1782, opinaba que incluso cinco años resultaban insuficientes. Como ayuda, el viajero podía solicitar los servicios de una pequeña tropa de guías turísticos (italianos o extranjeros afincados en la ciudad). En términos generales, Roma estaba a la altura de las expectativas. En palabras del escritor alemán Goethe: «Aquí, hasta la persona más ordinaria se convierte en alguien, pues su mente se enriquece inconmensurablemente aunque su carácter permanezca intacto».

◁ **El final del viaje**
Esta pintura de finales del siglo XVII muestra el puerto de Nápoles, el destino más meridional para la mayoría de los viajeros, que visitaban los restos cubiertos de lava de Pompeya y Herculano en sus alrededores y disfrutaban de la dulzura del clima.

Ávidos de adquirir recuerdos, muchos turistas encargaban su retrato, a menudo en un estudio con algún monumento de telón de fondo. Algunos compraban obras de arte o antigüedades, tal vez esculturas o fragmentos de edificios antiguos. Muchas colecciones de arte privadas de Gran Bretaña comenzaron con piezas adquiridas durante el *Grand Tour* y, con el paso del tiempo, llegaron a convertirse en museos nacionales.

Cambio de sensibilidad

Lo más al sur que llegaban los turistas era Nápoles. Además de visitar las excavaciones arqueológicas de Herculano y Pompeya (iniciadas en 1738 y 1755, respectivamente), la mayoría de los viajeros se dedicaba al ocio y disfrutaba del clima y de los coloridos pueblos costeros. Muchos también gozaban de la hospitalidad de William Hamilton, el embajador británico entre 1764 y 1800, y su bella esposa Emma, que después fue amante del almirante Horatio Nelson.

La tradición del *Grand Tour* se vio violentamente interrumpida por la Revolución Francesa y las guerras napoleónicas. Europa pasó a ser demasiado peligrosa. Para cuando la paz reinó de nuevo, en 1815, el *Grand Tour* pertenecía al pasado. Todo cuanto quedó de él fue el concepto del viaje para ilustrarse y por placer que, con los avances tecnológicos del siglo XIX, dio pie a la expansión del «turismo».

EN CONTEXTO
Ecos del *Grand Tour*

Además de las adquisiciones tangibles llevadas a cabo durante el *Grand Tour*, deben contarse las intangibles: nuevas maneras de entender la historia, la civilización, la estética y, en especial, la arquitectura. La estancia en Italia, en concreto, engendró el gusto por las formas arquitectónicas clásicas y en especial por la obra del arquitecto veneciano del siglo XVI Andrea Palladio. En su *Viaje a Italia*, Goethe describe el inacabado convento de Santa Maria della Carità de Palladio en Venecia como la obra arquitectónica más perfecta. En Inglaterra, los aristócratas aplicaron lo aprendido en Italia a sus propias casas de campo y jardines en el marco de un movimiento conocido como palladianismo que desembocó en el neoclasicismo. La influencia de Palladio llegó incluso hasta EE UU: Thomas Jefferson fue un gran admirador suyo, y en el edificio del Capitolio se aprecia la huella de su obra.

EDIFICIO DEL CAPITOLIO DE EE UU (WASHINGTON D. C.), DE ESTILO NEOCLÁSICO

El primer vuelo

En 1783, el hombre cumplió al fin su sueño de volar gracias a la invención de los globos de aire caliente e hidrógeno, que, en palabras de Victor Hugo, liberaron a la gente de «la tiranía de la gravedad».

▷ **Juego aerostático**
A finales del siglo XVIII, el globo aerostático estaba a la última, como puede verse en este juego francés de c.1784. Entre las ilustraciones de diferentes globos están los modelos de los hermanos Montgolfier y Robert.

◁ **Nacimiento del viaje en globo**
El globo diseñado por los hermanos Robert se eleva desde las Tullerías. Estaba lleno de hidrógeno y llevaba una válvula en la corona para liberar el gas durante el descenso.

E l año 1783 fue crucial para ovejas, patos y gallos. En septiembre, un espécimen de cada uno de estos animales subió a una cesta enganchada a un globo de aire caliente que sobrevoló el palacio de Versalles. La aventura duró ocho minutos, después de los cuales el globo aterrizó a pocos kilómetros de allí. Aquellas tres criaturas, sin duda desconcertadas, fueron los primeros pasajeros de un viaje aéreo. Los animales no parecían haber sufrido ningún daño, de manera que dos meses después, el 21 de noviembre de 1783, dos franceses, el joven médico parisino Jean-François Pilâtre de Rozier y un militar, el marqués de Arlandes, emprendieron el primer viaje del mundo en un globo de aire caliente sin amarres, que recorrió unos 9 km desde las afueras de París.

Un trayecto impredecible

Estos dos globos eran obra de los hermanos Montgolfier, pioneros mundiales en el ámbito de la aviación. Los hermanos, Joseph-Michel y Jacques-Étienne, provenían de una familia de fabricantes de papel, así que no fue un azar que sus primeros globos estuvieran hechos de capas de papel cubiertas de arpillera. Los Montgolfier describieron su creación como «meter una nube en una bolsa de papel». Los globos que transportaron a animales y humanos eran proyectos de mayor envergadura, de tafetán maravillosamente decorado con diseños del fabricante de papel de pared Jean-Baptiste Réveillon.

Tan solo diez días después del vuelo tripulado de los Montgolfier, el 1 de diciembre de 1783, los Robert, otra pareja de hermanos franceses, lanzaron el primer globo de hidrógeno tripulado. Unos 400 000 espectadores presenciaron su ascenso desde los jardines parisinos de las Tullerías. Entre ellos se encontraba Benjamin Franklin, gran inventor y representante diplomático de EE UU.

Un año después, los Robert intentaron poner remedio a una de las deficiencias del globo –el hecho de que solo pudiera ir donde el viento lo llevase–, y crearon uno de forma elíptica, que esperaban dirigir mediante remos y paraguas. El experimento no fue precisamente un

▽ **Primer vuelo tripulado**
En esta pintura, Jean-François Pilâtre de Rozier y el marqués de Arlandes se convierten en las primeras personas en volar. Su globo había sido diseñado por los hermanos Montgolfier.

éxito. No obstante, otros obtuvieron mejores resultados. Por ejemplo, en 1785, cuando el viento soplaba en la dirección adecuada, un equipo franco-estadounidense cruzó en globo el Canal de la Mancha. Por desgracia, Pilâtre de Rozier había perecido cuando intentó la misma proeza unos meses antes, por lo que se convirtió en una de las primeras víctimas de un accidente aéreo.

Papel especializado

Su carácter impredecible auguraba escaso futuro al globo como medio de transporte público, pero su valor quedó

«En un **globo**, **solo** se puede **decidir** cuándo **empezar** y [...] parar. El resto queda **en manos de la naturaleza**.»

WILLIAM PÈNE DU BOIS, *LOS 21 GLOBOS*

▽ **Tragedia polar**
En 1897, el explorador sueco S. A. Andrée intentó llegar al polo Norte en un globo de hidrógeno. El globo descendió, tal como muestra la imagen, y sus pasajeros perecieron poco después.

patente en otros ámbitos. Durante la guerra de Secesión, el ejército de la Unión desplegó un cuerpo de globos para espiar las posiciones enemigas, y entre 1870 y 1871, durante el sitio de París por las tropas prusianas, más de 60 globos lograron escapar de la ciudad.

Los usuarios de globos aerostáticos fueron pioneros de la ciencia de la meteorología, registraron datos a bordo y descubrieron de manera empírica los límites de la resistencia humana, como los efectos de la congelación, algo pertinente cuando se usaron globos en un trágico intento de alcanzar el polo Norte en 1897. El escritor Victor Hugo incluso creía en el poder político del globo, que no solo había liberado al hombre de los efectos de la gravedad, sino que podía desempeñar un papel en «la liberación de la humanidad».

A pesar de que en última instancia demostrase tener un uso limitado, el globo aerostático permitió ver el mundo desde el aire por primera vez, la curvatura de la Tierra, la variedad del paisaje que desfilaba a sus pies y la amplitud del impacto humano en él. Se creía que revelaría los secretos del cielo, pero nos descubrió los de la tierra.

Rumbo a la bahía de Botany

En 1787, el gobierno británico llevó a cabo un novedoso experimento: envió una flota al otro lado del mundo para convertir un continente inexplorado en colonia penal. Aquel proyecto sentó los cimientos de un nuevo país.

El 13 de diciembre de 1786, Francis Fowkes compareció ante el juez en Old Bailey, el tribunal penal central de Londres, acusado de robar un abrigo y un par de botas de hombre en una taberna de Covent Garden. Fue declarado culpable y condenado a una severa pena: ser «transportado para siete años».

▽ **Arthur Phillip**
Como almirante de la Marina Real británica fundó la colonia penal que dio lugar a Sídney. Luego fue nombrado gobernador de Nueva Gales del Sur.

Exilio en ultramar

Ser «transportado» significaba ser enviado al destierro. En la segunda mitad del siglo XVIII, la delincuencia se disparó en Gran Bretaña debido a la falta de un cuerpo de policía profesional. Con el destierro se pretendía purgar el país de delincuentes de poca monta, a quienes se enviaba a cumplir condena en alguna remota colonia penal (los autores de delitos mayores eran ejecutados). Hasta

▽ **Asentamiento penitenciario de Port Macquarie**
Fundada en 1822, esta colonia insular aislada situada en la actual Tasmania acogía a los peores convictos y a los tránsfugas de los otros asentamientos del continente.

entonces, los británicos habían usado América del Norte para tal fin, pero la guerra de la Independencia de EE UU (1775–1783) eliminó tal posibilidad.

La costa oriental de Nueva Holanda, que había sido cartografiada hacía poco por la expedición de Cook (pp. 172–175), parecía la más apropiada de las alternativas posibles. Once barcos al mando del almirante Arthur Phillip partieron hacia allí. El 13 de mayo de

△ **Habitantes nativos**
Los aborígenes locales mostraron a los oficiales británicos cómo encontrar agua a su llegada. A partir de entonces, las relaciones entre ambas partes oscilaron entre la cooperación y el conflicto armado.

1787, la llamada «Primera Flota» zarpó de Portsmouth y navegó, vía Río de Janeiro y Ciudad del Cabo, 25 588 km hasta la bahía de Botany, donde atracó

« Del **camino recto** nos **desviamos**, y por el **océano salado** nos **enviaron**, a pasar un tiempo en la **bahía de Botany**. »

FRAGMENTO DE LA CANCIÓN AUSTRALIANA *PINK 'UN* (1886)

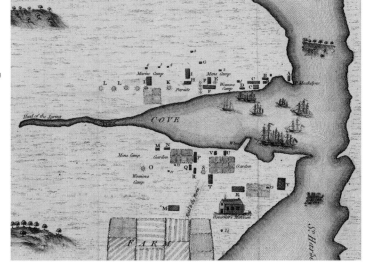

△ **Port Jackson**
Este mapa de 1788 dibujado por Francis Fowkes, uno de los primeros colonos convictos, muestra el embrión de Sídney. Los restos de la mansión del gobernador (el gran edificio rojo) aún pueden visitarse.

el 20 de enero de 1788. Muy pronto se vio que esta zona no era apropiada para establecerse, de modo que, tras un leve reconocimiento del terreno, la flota se dirigió a Port Jackson, una bahía más prometedora situada un poco más al norte, previamente cartografiada por Cook. Allí se instaló la primera colonia europea permanente en suelo australiano.

Colonos convictos

Entre los 732 colonos convictos acompañados por 247 oficiales y sus familias, estaba el desafortunado Francis Fowkes. Dotado de un notable talento artístico, Fowkes trazó un mapa a mano alzada de la nueva colonia que ilustra los inicios del nuevo estado y de su futura capital, Sídney.

Aunque durante los primeros días murieron muchos colonos a causa de los problemas para cultivar alimentos, las nuevas remesas compensaron la pérdida de población. En 1790 y 1791 llegaron dos flotas de convictos más, y en 1793 desembarcaron los primeros colonos libres.

Los últimos convictos

A mediados de la primera década del siglo XIX, los convictos cumplían condena en varias colonias recién fundadas de Australia, incluidas las de Port Macquaire y la bahía Moreton, más al norte en la costa oriental; la Tierra de Van Diemen (hoy isla de Tasmania); Australia occidental y la pequeña isla de Norfolk, en el Pacífico Sur. Casi todos los convictos eran ingleses, galeses e irlandeses, pero otros venían de colonias británicas como India, Canadá o Hong Kong. Entre 1788 y 1852, una de cada siete personas transportadas era mujer.

Con buena conducta, los convictos podían obtener un «billete de salida», que significaba la libertad para afincarse en Australia o volver a Gran Bretaña si así lo deseaban.

En la época del último envío de delincuentes, en 1868, habían sido transportados unos 164 000 hombres y mujeres. La población total de las colonias, ya totalmente autosuficientes, rondaba el millón de habitantes. Los convictos habían cumplido su función.

△ **Esposas de Port Arthur**
Cuando cesaron las deportaciones penales en el año 1868, ya habían llegado unos 164 000 convictos a Australia.

EN CONTEXTO
Ingleses por diez libras

Tras la Segunda Guerra Mundial, Australia necesitaba mano de obra para la floreciente industria del país. El gobierno subsidiaba el viaje desde Gran Bretaña, cobrando a los emigrantes tan solo diez libras por el pasaje y prometiéndoles empleo. Eran muchas las personas que deseaban aprovechar la oportunidad de escapar de la austeridad de la posguerra, y en consecuencia, este sistema atrajo a más de un millón de emigrantes de Gran Bretaña a Australia entre 1945 y 1972. El modelo se extendió a emigrantes de otros países, como Italia y Grecia.

CARTEL DEL GOBIERNO AUSTRALIANO PARA PROMOVER LA INMIGRACIÓN (1957)

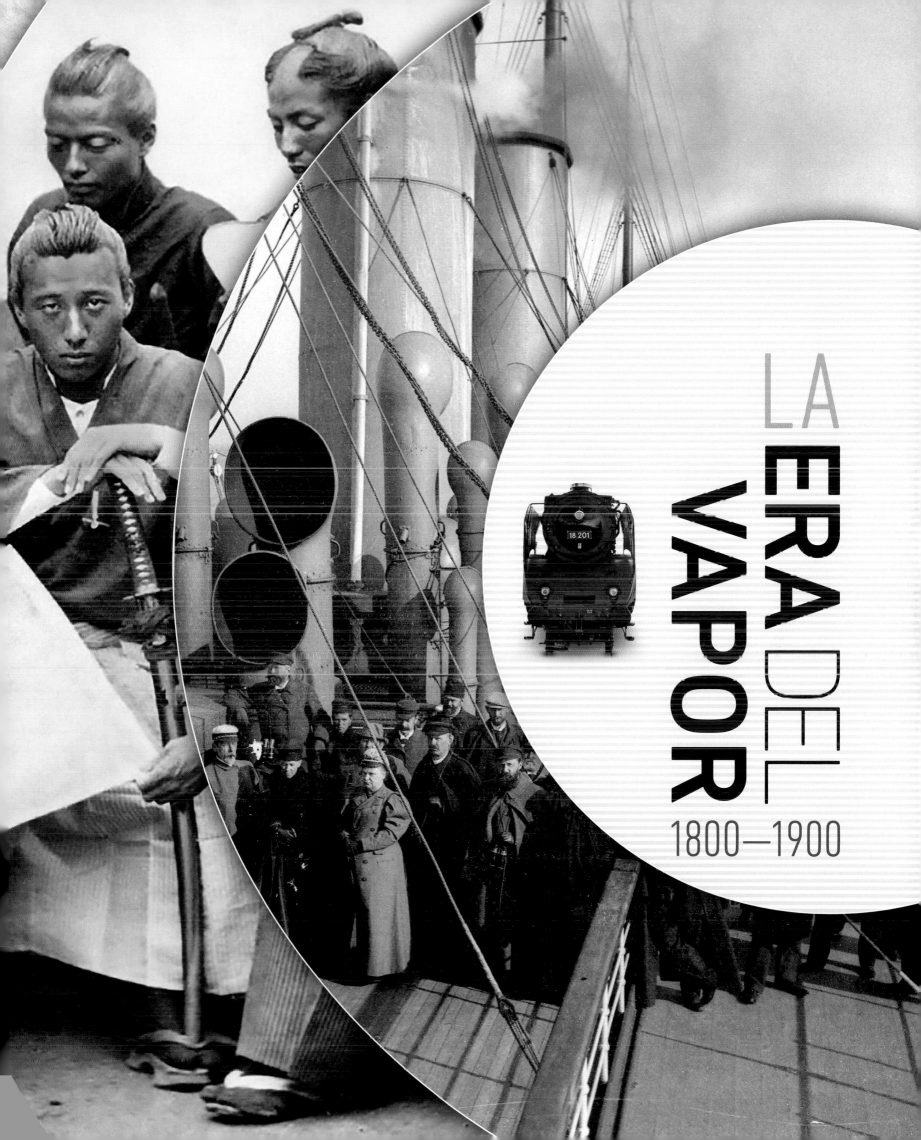

LA ERA DEL VAPOR

1800—1900

LA ERA DEL VAPOR (1800–1900)
Introducción

El siglo XIX fue una época de maravillas. Los logros de la humanidad parecían ilimitados. Torres de metal alcanzaban las nubes, fábricas inmensas vibraban plenas de energía y la electricidad iluminaba las ciudades, pero de todos los inventos de la época industrial, el dominio de la energía del vapor fue el que causó un impacto más profundo. El vapor movía las máquinas de las fábricas que creaban la riqueza que permitió a las potencias coloniales europeas ampliar su alcance en África, Asia y Australia. En estas tierras remotas se recolectaban y extraían materias primas que, enviadas a alimentar la industria, aumentaban la riqueza de las naciones. Reino Unido, Francia y otros muchos países enviaron exploradores para abrir nuevas rutas a través de desiertos y selvas, y remontar poderosos ríos, como el Mekong, el Níger y el Nilo, en busca de nuevos tesoros.

Por esta época, EE UU había salido victorioso de una guerra de independencia en la que se había sacudido el yugo británico y emprendía la exploración, consolidación y explotación de sus territorios, en constante expansión y abundantes en tesoros. Así, el hallazgo en 1849 de una ingente cantidad de oro en California impulsó a miles de norteamericanos a emigrar a la costa oeste.

Caminos de hierro

Los trenes y barcos de vapor revolucionaron la economía europea. En América, su efecto fue aún mayor. Los vapores fluviales abrieron franjas del territorio del Medio Oeste estadounidense a la colonización, mientras que la conclusión de la primera vía férrea transcontinental en 1869 unió literalmente la nueva nación. Aún más relevante fue la velocidad del transporte a vapor. Un viaje del

LA EXPEDICIÓN DE NAPOLEÓN A EGIPTO EN 1798 IMPULSÓ A MUCHOS A EXPLORAR EL NILO

EL PRIMER VAPOR FLUVIAL COMERCIAL, EL *CLERMONT*, SURCÓ EL HUDSON EN 1807

EL PRIMER TREN DE VAPOR COMERCIAL, ENTRE LIVERPOOL Y MANCHESTER, SE INAUGURÓ EN 1830

«Los prejuicios **engendrados por la ignorancia** quedan **desbaratados por el rugido del tren**, y el silbato de la locomotora despierta a miles de un **letargo de siglos**.»

THOMAS COOK (1846)

Atlántico al Pacífico, que antes requería meses, se podía hacer en días. En Europa, esto abrió nuevas posibilidades de viajar a una clase creciente con dinero y tiempo libre suficientes para permitirse ese lujo. Antes eran pocos los que podían dedicar los meses necesarios para recorrer el continente, pero gracias a las vías férreas que conectaban casi todos los países europeos, bastaban unas semanas. Además, después de que las tropas napoleónicas ocuparan y documentaran de manera exhaustiva Egipto, muchos embarcaban en vapores en Italia y seguían los pasos de Napoleón a lo largo del Nilo.

La inspiración de estos viajes procedía de poetas y novelistas que cantaban el romanticismo de los climas meridionales, las ruinas antiguas y los paisajes indómitos. Además, muchos de aquellos turistas iniciales partían diario en mano y volvían con sus propios relatos, que enriquecieron la literatura de viajes del siglo XIX. Entre ellos destacan Isabella Bird y Charles Dickens en Europa, y Mark Twain y Washington Irving en EE UU.

El negocio de los viajes

A mediados de siglo, el deseo de viajar era tal que varios empresarios sagaces detectaron el potencial de un lucrativo negocio. Se construyeron nuevos hoteles de lujo y estaciones de tren en las grandes ciudades, y en 1841, Thomas Cook creó una empresa de viajes con su nombre, al principio con la idea de ofrecer a la gente visitas turísticas de un día que ampliaran sus horizontes. Poco después, Murray y Baedeker se convertían en acaudalados pioneros del negocio de las guías de viaje. A finales de siglo había pocos lugares en el mundo a los que Thomas Cook & Son no llevara turistas, o sobre los que Karl Baedeker no hubiera publicado una guía.

EL POETA ROMÁNTICO PERCY BYSSHE SHELLEY INSPIRÓ A MUCHOS LA IDEA DE HACER UN *TOUR* **POR EUROPA**

EL HALLAZGO DE ORO EN SAN FRANCISCO ATRAJO A MILES DE INMIGRANTES A CALIFORNIA

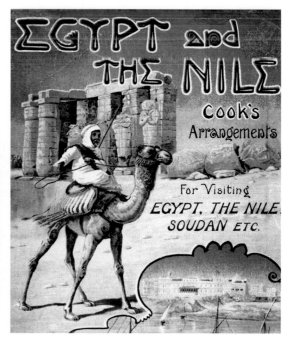

LOS EMPRESARIOS THOMAS COOK & SON LLEVARON LAS VACACIONES A LAS MASAS

NATURALISTA (1769–1859)

Alexander von Humboldt

Charles Darwin le llamó el «mayor viajero científico que ha existido», y hay más plantas, animales, minerales y lugares nombrados en su honor que en el de ningún otro; pero puede que la contribución más significativa de Humboldt fuera su profecía del cambio climático.

La existencia de una azucena de Humboldt, un cráter Humboldt en la Luna y un calamar de Humboldt que surca la fría corriente de Humboldt frente a las costas de Perú prueba la diversidad de intereses de este genio polímata nacido en Berlín en 1769. Segundo hijo de una familia aristocrática prusiana, con nueve años perdió a su padre y, criado por una madre fría y distante, halló consuelo en coleccionar plantas, insectos y rocas.

Enviado a la universidad a estudiar finanzas, allí conoció a Georg Forster, un naturalista que había acompañado al capitán Cook en su segundo viaje (pp. 172–175). Mientras ambos viajaban por Europa, Humboldt conoció a sir Joseph Banks, otro científico compatriota de Cook, con quien trabó una estrecha amistad.

Tras la universidad trabajó como inspector del Ministerio de Minas, lo que le permitió entregarse a su afición por la geología; pero tuvo que esperar a la muerte de su madre, en 1796, y a la recepción de una importante herencia, para poder dedicarse por completo a sus más amplios intereses científicos.

Expedición latinoamericana

En 1799 partió hacia América del Sur junto con el botánico Aimé Bonpland. Tras desembarcar en la actual Venezuela, remontaron ríos en canoa, atravesaron bosques y escalaron algunos de los picos más altos de los Andes. En su biografía de 2015, *La invención de la naturaleza: el nuevo mundo*

⊲ **El Chimborazo**
El dibujo de Humboldt de este volcán ecuatoriano en 1807 mostró por primera vez la vinculación de las distintas zonas de vegetación a la altitud y la temperatura.

de Alexander von Humboldt, Andrea Wulf retrata al naturalista como alocadamente intrépido, escalando descalzo, realizando experimentos con anguilas eléctricas con las manos desnudas o nadando en aguas llenas de cocodrilos.

En el curso de sus aventuras, Humboldt mantuvo detallados diarios y midió todo lo que pudo, de la pluviosidad y la composición del suelo al grado de azul del cielo. Identificó 2000 nuevas especies vegetales y cruzó el ecuador magnético. Estando en el monte Chimborazo (actual Ecuador), se le ocurrió que la Tierra es un único gran organismo vivo en el que todo está conectado y se planteó que, al perturbar dicho orden natural, el hombre podía desencadenar una catástrofe: un mensaje tan adelantado a su tiempo que incluso hoy día muchos encuentran difícil aceptarlo.

Al regresar a Europa, escribió un relato en

30 volúmenes sobre sus hallazgos, obra que inspiró a Darwin la idea de la exploración científica. Cuando este emprendió su propio viaje de descubrimiento en 1831 a bordo del *Beagle*, llevaba consigo siete volúmenes de la obra de Humboldt.

La travesía de Rusia

La mayoría de los científicos se habría conformado con dedicar su vida al estudio de los frutos de un viaje tan extenso (Humboldt volvió con 60 000 especímenes), pero el prusiano no era de los que se quedan quietos. En 1829, con 59 años, llevó a cabo una expedición de seis meses a los montes Urales y Siberia. Cuando murió, a los 90 años, su funeral congregó a decenas de miles de personas, y la prensa de EE UU lamentó el fin de la «era de Humboldt».

⊲ **Pingüino de Humboldt**
Esta ave sudamericana recibe el nombre de la gélida corriente en la que nada, llamada de Humboldt.

FECHAS CLAVE

- **1769** Nace en Berlín el 14 de septiembre.
- **1799** Embarca en España hacia la actual Venezuela con el botánico Aimé Bonpland.
- **1800** Embarca con Bonpland hacia Cuba, donde realiza estudios científicos durante tres meses.
- **1804** Viaja a EE UU y es recibido por el presidente Jefferson.
- **1814** Comienza la publicación de *Viaje a las regiones equinocciales del Nuevo Mundo*.
- **1829** Recorre casi 16 000 km por Rusia en seis meses.
- **1845** Se publica el primer volumen de *Cosmos o Ensayo de una descripción física del mundo*, obra por entregas en la que se basaba en sus observaciones para plantear que la Tierra es un organismo vivo. La hipótesis Gaia de James Lovelock, formulada en la década de 1960, muestra similitudes notables.

DIBUJO DE HUMBOLDT DE MELASTOMATÁCEAS

HUMBOLDT EN SU ESTUDIO, PINTADO POR EDUARD HILDEBRANDT EN 1845

Redescubrir Egipto

En 1798, la fallida invasión de Egipto al mando de Napoleón Bonaparte inflamó la pasión de europeos y americanos por las maravillas de una antigua civilización olvidada.

△ **Fuente egipcia**
La campaña egipcia de Napoleón movió a muchos artistas a explorar estilos del arte egipcio antiguo. Esta estatua neoegipcia, situada en el n.º 52 de la rue de Sèvres de París, fue realizada por Pierre-Nicolas Beauvallet en 1806.

▽ **Un mundo antiguo**
El pórtico del templo de Isis en File en un grabado de *Description de l'Égypte*, recopilación de observaciones de eruditos durante la campaña de Napoleón en Egipto.

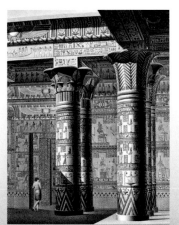

La Primera República francesa llevaba en guerra con Reino Unido y otras monarquías europeas desde 1792. El territorio de Egipto no tardó en convertirse en un peón en aquel juego entre imperios. Napoleón y sus consejeros pensaban que, ocupando esta lejana provincia del debilitado Imperio otomano, podrían cortar a los británicos el paso a sus posesiones coloniales en India.

La ocupación francesa

El día 1 de julio de 1798, unos 40 000 soldados del Ejército de Oriente francés desembarcaron en Alejandría, en la costa mediterránea de Egipto. La ocupación no tuvo éxito. A las victorias iniciales en tierra sobre las tropas de Egipto, incluida la toma de El Cairo, siguió el hundimiento de la flota francesa en sus amarraderos por los británicos. Aislado en Egipto, el ejército francés combatió una rebelión local apoyada e instigada por los británicos y los turcos otomanos. Napoleón huyó en secreto a Francia en octubre de 1799, y sus tropas, abandonadas y posteriormente derrotadas, fueron repatriadas por los británicos dos años después.

Con el tiempo, aquel episodio que bien podría calificarse de deshonroso fue más que redimido por el esfuerzo de los más de 160 eruditos, científicos, ingenieros, botánicos, cartógrafos y artistas que habían viajado a Egipto con Napoleón. Su misión tenía un doble objetivo: llevar a Egipto las ideas europeas de la Ilustración, como la libertad y el progreso, y estudiar un país que hasta entonces había tenido un contacto mínimo con Occidente. Debían estudiar y documentar todo lo que vieran, tanto antiguo como moderno, y recopilar especímenes y objetos. La minuciosa documentación y categorización de todo un país y sus gentes fue la mayor empresa científica de su clase, pero quizá también la expresión más extrema del afán colonial de catalogar posesiones adquiridas.

Description de l'Égypte

Los resultados se publicaron entre 1809 y 1829 en los 23 enormes tomos de la enciclopédica *Description de l'Égypte*. Al mismo tiempo, uno de los objetos hallados por los franceses en Egipto, una estela con inscripciones en dos

▷ La piedra de Rosetta

Descubierta en 1799, es un fragmento de una estela en la que se inscribió un decreto en 196 a.C. por orden del rey Tolomeo V. El decreto estaba escrito en dos lenguas y tres sistemas de escritura, cuya comparación dio a los eruditos modernos la clave para entender los jeroglíficos egipcios.

lenguas y tres grafías, proporcionó a un joven erudito francés, Jean-François Champollion, la clave para descifrar la antigua escritura egipcia jeroglífica. Ambos trabajos sentaron las bases de la ciencia de la egiptología y despertaron en Europa y América la pasión por todo lo egipcio y lo oriental.

Durante el resto del siglo XIX, la región conocida como Oriente Próximo se incorporó al itinerario del *Grand Tour*. Los viajeros ya podían seguir adelante desde Italia y cruzar el Mediterráneo hacia Constantinopla (actual Estambul); Jaffa, en Palestina, y Alejandría, en Egipto. La

fascinación generada por dicho viaje fue magistralmente captada por el poeta británico Percy Bysshe Shelley en el soneto *Ozymandias*, que comienza con el famoso verso: «Conocí a un viajero de una tierra antigua». No tardaron en producirse nuevos descubrimientos, como el del gran templo de Ramsés II (el Ozymandias de Shelley) en Abu Simbel, o de Petra, la ciudad nabatea tallada en la roca, en la vecina Jordania.

La arquitectura y la decoración de inspiración egipcia se pusieron de moda en toda Europa y EE UU, donde dos nuevas ciudades recibieron nombres de capitales egipcias de la Edad Media y la Antigüedad: Cairo (Illinois), fundada en 1817, y Memphis (Tennessee), en 1819. Tal fascinación resultó duradera y llegó al clímax en 1922, cuando se descubrió la tumba de Tutankamón.

▷ Napoleon ante la estinge

La campaña francesa de Egipto fue un intento de Napoleón, representado en esta pintura de Jean-Leon Gerome (c.1858), de interceptar el acceso británico a India.

EN CONTEXTO
Los museos nacionales

El estudio de artefactos antiguos dio un gran salto adelante en el siglo XVIII con la creación de grandes museos nacionales, en especial el Museo Británico de Londres (1759) y el del Louvre en París (1793). Egipto fue saqueado sin piedad para abastecer estas instituciones. Muchas antigüedades coleccionadas por los franceses fueron apresadas por la Marina británica y acabaron en el Museo Británico, como, por ejemplo, la piedra de Rosetta. Los buscadores de tesoros siguieron llevándose cualquier cosa que pudieran transportar y obteniendo grandes beneficios de su venta a instituciones de Europa y, luego, de EE UU.

BUSTO DE RAMSÉS II ARRASTRADO HACIA EL NILO, CAMINO DE GRAN BRETAÑA, EN 1815

«Desde lo **alto** de estas **pirámides**, **cuarenta siglos** os **contemplan**.»

NAPOLEÓN A SUS TROPAS ANTES DE LA BATALLA DE LAS PIRÁMIDES (21 DE JULIO DE 1798)

Pintar Oriente

A lo largo del siglo XIX, las tierras de Oriente proporcionaron una profusión de temas exóticos a los artistas del mundo occidental.

Oriente –que comprendía Turquía, el actual Oriente Próximo y el norte de África– ya había seducido a los artistas occidentales mucho antes de que Napoleón desembarcara en Egipto (pp. 194 195), pero la campaña francesa acrecentó la fascinación por lo oriental. Entre los pintores inspirados por Oriente se cuentan el escocés David Roberts y el inglés John Frederick Lewis, que plasmaron la arqueología y la arquitectura de la región en las décadas de 1830 y 1840, respectivamente. Otros, como el artista romántico francés Eugène Delacroix, que viajó a España y al norte de África en 1832 (poco después de la conquista de Argelia por los franceses), quedaron fascinados por las gentes y su indumentaria. Para Delacroix, lo árabe evocaba una época anterior y más pura: «Griegos y romanos están ahí, a mi puerta, en esos árabes que se envuelven con un manto blanco y recuerdan a Catón o a Bruto».

Otros artistas fueron más allá en sus fantasías. La asociación entre la Biblia y Oriente fue importante para artistas como William Holman Hunt y David Wilkie, que viajaron en busca de escenarios auténticos para sus pinturas bíblicas. Jean-Léon Gérôme, que hizo muchos viajes al Mediterráneo oriental en la segunda mitad del siglo XIX, pintó grandes telas teatrales, cargadas de sensualidad y violencia. No obstante, estas pinturas fueron realizadas normalmente a su vuelta, en su taller parisino y con ayuda de modelos y decorados para conseguir un realismo que sugería una fidelidad ficticia. Algo que seguramente nunca vio fue una casa de baños para mujeres, un tema que pintó en más de una ocasión, completándolo con concubinas desnudas. No fue el único en dar rienda suelta a su fantasía: por ejemplo, en 1862, el muy respetado pintor académico francés Jean-Auguste-Dominique Ingres plasmó su ideal erótico en *El baño turco*, sin haber visitado jamás Oriente.

El gusto por el orientalismo –como comenzó a ser conocido este estilo pictórico, sobre todo en su variante más ostentosa– pervivió en el siglo XX, cuando artistas como Paul Klee, Henri Matisse y Auguste Renoir retomaron sus temas. En la década de 1970, el género fue objeto del ataque del crítico cultural Edward Said, que afirmó que tales pinturas eran un medio de ejercer la autoridad occidental sobre la cultura árabe. Paradójicamente, algunos de los mayores coleccionistas actuales de obra orientalista proceden del mundo árabe.

◁ **El almuerzo en El Cairo**
John Frederick Lewis vivió en El Cairo entre 1841 y 1851. A su regreso a Reino Unido siguió pintando escenas de la ciudad, como esta apacible composición de 1875.

El Oeste americano

En 1804, Meriwether Lewis y William Clark fueron enviados a buscar una ruta a través del centro de EE UU hasta el Pacífico y abrieron la senda por la que la nueva nación se extendió de océano a océano.

▷ **Indios cabezas planas**
Estos bocetos del diario de William Clark muestran la costumbre de algunas tribus nativas de deformar su cabeza presionando el cráneo durante la infancia.

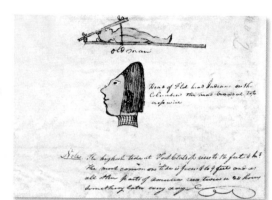

▷ **Indios cabezas planas**
Estos bocetos del diario de William Clark muestran la costumbre de algunas tribus nativas de deformar su cabeza presionando el cráneo durante la infancia.

para explorar el nuevo territorio, así como las tierras no reclamadas más allá de las «grandes montañas rocosas» del oeste. Su esperanza era hallar una ruta fluvial que conectara el Misisipi con el Pacífico tras las montañas e hiciera posible abrir las tierras a la colonización.

La expedición de Lewis y Clark

Jefferson confió el mando de la expedición a su secretario, Meriwether Lewis, que poseía conocimientos y habilidades para desenvolverse en el mundo de la frontera y que eligió como ayudante a William Clark, otro «hombre de la frontera». Lewis y Clark reunieron un equipo de 33 hombres y, en mayo de 1804, el denominado «cuerpo de descubrimiento» inició su marcha remontando el río Misuri en una flotilla de tres embarcaciones. Los expedicionarios viajaron todo el verano hasta que, con las primeras nieves, desembarcaron para levantar el fuerte Mandan, donde pasaron el

▷ **Diario de la expedición**
El diario de Clark muestra el detalle con que este documentó la expedición. Gracias a sus observaciones y a las de Lewis, su aventura se convirtió en un relato fundacional de los jóvenes Estados Unidos de América.

invierno. Eran tierras potencialmente hostiles, donde ningún no nativo norteamericano se había aventurado nunca, así que contrataron como guía e intérprete al trampero francocanadiense Toussaint Charbonneau y a su esposa shoshone, Sacajawea.

En la primavera de 1805, con el deshielo del Misuri, reemprendieron la marcha. La última semana de mayo avistaron por primera vez las Rocosas, la gran cadena montañosa que debían cruzar. El 13 de junio alcanzaron la que Lewis describió como «la vista más grandiosa que he contemplado jamás»: las grandes cataratas del Misuri, que tardaron un mes en superar. Al pie de las Rocosas se encontraron con la tribu shoshone, con la que hicieron trueque para conseguir caballos para atravesar las montañas. Fue un camino arduo, durante el cual tuvieron que comerse tres de los animales. Al final llegaron a la ribera del río Clearwater: a su espalda quedaban las Rocosas, y enfrente, el Pacífico.

A principios del siglo XIX, América del Norte estaba dividida en tres partes: el tercio oriental era el territorio de los incipientes EE UU, el central pertenecía a Francia, y el occidental, a España, excepto una región sin reclamar del noroeste que bordeaba el Pacífico y Canadá. En 1803, el presidente Thomas Jefferson negoció con el emperador francés Napoleón la compra de lo que era conocido como Territorio de Luisiana, doblando así de hecho el tamaño de EE UU. Jefferson encargó de inmediato una expedición

> « **¡Océano** a la vista! ¡Oh, qué **alegría**!... Este gran **océano Pacífico** que tanto **hemos ansiado** ver. »

WILLIAM CLARK AL DIVISAR EL OCÉANO PACÍFICO (7 DE NOVIEMBRE DE 1805)

▷ **Odisea norteamericana**
Lewis y Clark recorrieron 12 000 km en barco, a pie y a caballo. Durante parte del viaje de regreso se separaron para explorar otros territorios.

Hasta el Pacífico y vuelta

El 7 de noviembre de 1805, Clark anotó en su diario: «¡Océano a la vista! ¡Oh, qué alegría!». En realidad estaban en el estuario del Columbia, aún a 32 km de la costa, pero a mediados del mes de noviembre habían llegado al Pacífico. Allí construyeron el fuerte Clatsop, al que dieron el nombre de una tribu local

△ **Trucha arcoíris**
Este dibujo realizado por Clark de una trucha arcoíris demuestra la minuciosidad con que la expedición catalogó sus hallazgos. La imagen está rodeada por una transcripción del diario de Lewis.

y donde pasaron el invierno. En la tercera semana de marzo, la expedición estaba lista para desandar el camino y regresar cruzando el continente.

Al amanecer del 23 de septiembre de 1806, Lewis y Clark llegaban a San Luis, a los dos años, cuatro meses y diez días de su partida. Se temía que hubieran muerto, y fueron recibidos por más de mil personas. Llevaban consigo minuciosos registros de sus contactos con los indígenas, mapas trazados por Clark e información

sobre más de 300 especies nuevas de flora y fauna. En las décadas siguientes, miles de estadounidenses iban a cruzar los sectores central y occidental del país, transformar el paisaje, desplazar la fauna salvaje y encerrar a las tribus nativas en reservas.

▽ **Rumbo al oeste**
El cuerpo expedicionario acampa junto al río Columbia. Charbonneau y Sacajawea (con su hijo Jean-Baptiste a la espalda) aparecen de pie tras Lewis y Clark, que observan el terreno.

EN CONTEXTO
La Ruta de Lewis y Clark

Hoy día, una serie de autopistas señalizadas, en gran parte paralelas a los ríos Misuri y Columbia, configura una Ruta de Lewis y Clark oficial. Más acorde con el espíritu aventurero original, el Sendero Histórico Nacional Lewis y Clark, perteneciente al Sistema Nacional de Senderos de EE UU, se extiende unos 6000 km, desde Wood River (Illinois) hasta la desembocadura del río Columbia en Oregón. Administrado por el Servicio de Parques Nacionales, puede recorrerse a pie, en canoa y a caballo. El tramo mejor preservado de la ruta es el de los acantilados blancos del Misuri, en el centro-norte de Montana, un área protegida solo accesible en canoa. En su diario, Lewis dejó constancia del «encanto visionario» de esas formaciones de arenisca.

EL FUERTE MANDAN, REFUGIO INVERNAL DE LA EXPEDICIÓN EN 1804–1805

¡Vaya al Oeste, joven!

En pos de Lewis y Clark, cada vez más estadounidenses empezaron a migrar al Oeste siguiendo una senda ardua y a menudo mortal que ha pasado a la historia como la Ruta de Oregón.

△ Ruta de emigración

La Ruta de Oregón se extiende a lo largo de 3490 km, desde la ciudad de Independence (Misuri) hasta el valle del Willamette (Oregón), en el Oeste.

Puede que la frase que encabeza esta página y que suele atribuirse al periodista Horace Greeley no fuera pronunciada hasta mediados del siglo XIX; sin embargo, entre 1810 y 1820, tramperos y comerciantes ya habían establecido una ruta desde los asentamientos del Medio Oeste hasta los valles de Oregón. John Jacob Astor, el futuro primer multimillonario de EE UU y propietario de hileras enteras de inmuebles en Nueva York, instaló en 1811 un puesto de comercio de pieles en la costa oeste al que llamó Astoria. Su agente, Robert Stuart, localizó el paso Sur, que proporcionó una ruta más practicable a través de las Rocosas.

Primeros emigrantes

Para la década de 1830, a los cazadores de pieles y buhoneros se habían unido misioneros que a su regreso daban testimonio del potencial agrícola del noroeste. En esa época, EE UU aún no ostentaba la soberanía sobre el territorio de Oregón, y los colonos hallaban dificultades para volver al este, golpeados con dureza por la depresión económica

◁ Zapatos de niño

Guilford y Catherine Barnard hicieron la Ruta de Oregón en 1852. Estos zapatos hechos a mano eran de su hijo de dos años, Landy, que murió en el camino y fue enterrado en Kansas.

y enfermedades como la malaria. En 1839, un grupo partió de Peoria (Illinois) para reclamar la región de Oregón en nombre del gobierno, y un año después, dos familias se convirtieron en los primeros pioneros que viajaban al Oeste en carromato. En 1841 y 1842 partieron más caravanas de carretas para recorrer la que los pioneros ya

llamaban Ruta de Oregón. En mayo de 1843, en la que en la actualidad se conoce como «Gran Migración», salió de Independence (Illinois) una caravana de miles de emigrantes con su ganado, cuyo viaje acabó en agosto en el valle del Willamette, en Oregón. Cientos de miles más siguieron el mismo camino, especialmente después de que se descubriera oro en California en 1848.

La Ruta de Oregón

La primera parte de la ruta de 3490 km atraviesa la ondulante región de las Grandes Llanuras. Aunque había pocos obstáculos, bastaba un par de días de lluvia intensa para convertir el terreno en un cenagal y hacer infranqueables los ríos. En verano las fuentes se secaban, mientras que en invierno la nieve podía cerrar los pasos de montaña. Hubo

«¡Sigue viajando! Aunque solo sean unas millas al día. **No te detengas**.»

MARCUS WHITMAN, MISIONERO Y MÉDICO ESTADOUNIDENSE

◁ **El final del viaje**
Para muchos, la visión del monte Hood, en el noroeste de Oregón, significaba que su viaje estaba a punto de acabar. Esta vista desde el atajo de Barlow fue pintada por W. H. Jackson en 1865.

Puede que se festejara de algún modo la travesía del paso Sur, el punto de cruce natural de las Rocosas y desde el cual el terreno descendía hasta el Pacífico, pero aún faltaban cientos de kilómetros desde allí hasta el destino final de los colonos.

Aunque el tráfico disminuyó a partir de 1869, cuando se terminó el ferrocarril transcontinental (pp. 236–237), entre 300 000 y 500 000 personas realizaron ese viaje de cuatro a seis meses. No es de extrañar que, incluso hoy, las roderas de las carretas sean aún visibles en el suelo del Medio Oeste.

quienes sufrieron de inanición porque no llevaban reservas de alimentos suficientes y resultaba imposible vivir de la tierra. El peligro más temible era el cólera, que se llevó muchas vidas. En total, se cree que murieron al menos 20 000 personas a lo largo de la Ruta de Oregón. Según el historiador Hiram Chittenden, la ruta estaba jalonada de propiedades abandonadas, esqueletos de caballos y de ganado vacuno, tumbas recientes y testeros que narraban una historia patética.

En las montañas, la ruta se volvía cada vez más difícil, con abruptas pendientes sobre terreno rocoso. Además, los pioneros corrían el riesgo de lesionarse al volcar o desengancharse las carretas.

▽ **Un alto en el camino**
Viajeros acampados junto a sus carretas en algún lugar de la Ruta de Oregón (c. 1890).

EN CONTEXTO
Firmas sobre piedra

De los muchos hitos naturales que servían de orientación a quienes viajaban por la Ruta de Oregón, como Courthouse Rock, Chimney Rock y Scotts Bluff, uno destaca en particular. Los emigrantes que seguían el río Sweetwater (Wyoming) a menudo acampaban junto a un gran afloramiento de granito con forma de ballena llamado Independence Rock porque el calendario de muchas caravanas hacía que llegaran a este lugar en torno al 4 de julio, día de la independencia de EE UU. Muchos de los que pasaban grabaron en la roca su nombre o sus iniciales, aún visibles y legibles hoy.

INDEPENDENCE ROCK (WYOMING), JUNTO AL RÍO SWEETWATER, EN LA RUTA DE OREGÓN

A todo vapor

La mayor revolución de la historia de los viajes de la humanidad desde la invención de la rueda llegó con el aprovechamiento de la energía del vapor, que permitió viajar más lejos, más rápido y a más personas que nunca en el pasado.

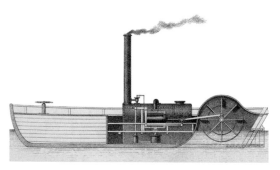

△ *Charlotte Dundas*
Esta litografía de C. F. Cheffins muestra la maquinaria del *Charlotte Dundas*, obra del pionero del vapor William Symington.

La tarde del 17 de agosto de 1807, un barco de extraño aspecto, largo y de escaso calado, soltó amarras en el río Este, frente a Greenwich Village, en Nueva York. Mientras lo hacía, arrojaba nubes de humo desde una chimenea situada en el centro, y dos grandes ruedas de paletas montadas a los lados empezaron a girar y batir las aguas. A bordo iban Robert Fulton, un antiguo pintor de retratos que había diseñado el barco; su patrón, Robert Livingstone, y un grupo de amigos.

El extraño barco remontó el río Hudson a una velocidad aproximada de 8 km/h y al día siguiente llegó a Albany, a 240 km al norte. Allí embarcó a dos pasajeros de pago y a continuación emprendió el regreso a Nueva York.

◁ **Viaje histórico**

El *Clermont* de Robert Fulton durante su viaje inaugural desde Nueva York hasta Albany (240 km). Construido con el respaldo de Robert Livingstone, fue el primer barco de vapor en prestar un servicio comercial.

el reciente invento del motor de vapor. Estando en Francia diseñó el primer submarino funcional, el *Nautilus*, y en Reino Unido fue pionero del diseño de minas navales para la Marina Real. Volvió a EE UU con un motor de vapor inglés que adaptó para el *Clermont*, y tras un primer ensayo satisfactorio, su barco cubrió el trayecto Nueva York-Albany cada cuatro días, transportando en ocasiones hasta cien pasajeros.

Inicios del barco de vapor

Pese a su relevancia histórica, ese barco, llamado *Clermont*, no era el primero impulsado por vapor. John Fitch, un amigo estadounidense de Fulton, ya había surcado el río Delaware en un vapor en 1787, y en 1803, el ingeniero escocés William Symington había construido el *Charlotte Dundas*, con el que navegó por el canal Forth y Clyde remolcando dos gabarras. Fulton probó que la navegación a vapor era una alternativa viable y superior desde los puntos de vista comercial y técnico a la navegación a vela.

A los 21 años de edad, Fulton había viajado a Londres y París, entonces centros del mundo científico, para aprender más sobre canales y sobre

Vapores fluviales del Misisipi

Con Livingstone y Nicholas Roosevelt, Fulton diseñó un nuevo barco de vapor, al que llamaron *New Orleans* y en el que navegaron en 1811–1812 por los ríos Ohio y Misisipi partiendo de Pittsburg (Pensilvania) hasta Nueva Orleans, junto al golfo de México. El impacto de este viaje fue enorme. El vapor permitió viajar por el río, tanto corriente arriba como corriente abajo, a los colonos que afluyeron a las Grandes Llanuras tras la firma de la compra de Luisiana (1803). Así, el *New Orleans* fue el primero de los cientos de vapores que abrieron al comercio los valles del Misisipi y del Ohio e hicieron el continente americano aún más accesible a la exploración, la colonización y la explotación.

El vapor tuvo un impacto aún mayor en la historia de EE UU en mayo de 1819, cuando el *Savannah*, un velero con motor auxiliar, cruzó el Atlántico. Aunque solo utilizó el vapor 80 de las 633 horas que tardó en llegar a Liverpool, su hazaña dio el impulso definitivo a la navegación a vapor. Al año siguiente, un vapor cruzó por primera vez el océano Atlántico en sentido contrario, desde Liverpool hasta América del Sur, y en 1825, el *Enterprise* completó la travesía de Inglaterra a Calcuta (India). La era del vapor proseguía imparable su singladura por los ríos y por mar.

BIOGRAFÍA
Mark Twain

Nacido en 1835, Samuel Langhorne Clemens, conocido como Mark Twain –uno de los escritores más apreciados de EE UU–, dejó su hogar en Hannibal (Misuri) a los 17 años. Tras viajar varios años por el país trabajando como oficial de imprenta, en 1857 compró un pasaje de Cincinnati a Nueva Orleans con la intención de embarcarse hacia el Amazonas y buscar fortuna dedicándose al comercio de cacao. Cambió de planes al conocer al piloto Horace Bixby. Antes de llegar a Nueva Orleans, su sueño infantil de ser piloto de un vapor había renacido, y convenció a Bixby para que lo llevara como aprendiz. Este empleo le proporcionó su seudónimo: «*mark twain*» era el grito del piloto cuando el calado de un río llegaba a dos brazas, la profundidad segura para un barco de vapor.

MARK TWAIN EN 1890

Los románticos

El movimiento romántico suele asociarse a la pintura, la poesía y la filosofía, pero esencialmente fue una manera distinta de ver el mundo e impulsó a la gente a viajar en busca de nuevas experiencias.

△ *Paisaje*, por William Gilpin
De modo excepcional para su época, la obra de Gilpin era puramente estética y estaba enfocada hacia la belleza de su tema, la naturaleza, más que a la expresión de un principio moral. Él fue quien calificó este estilo de «pintoresco».

Aunque hoy parezca extraño, para la mayoría de los viajeros del siglo XVIII, sobre todo para los que hacían el *Grand Tour* (pp. 180–183), los Alpes eran un incordio. En aquellos tiempos se valoraban la simetría, el orden y la capacidad de la humanidad para domesticar la naturaleza e instaurar la civilización. Las montañas del este de Francia no eran más que una inmensa barrera rocosa que se interponía en su camino a Italia. Sin embargo, hacia finales de siglo, cada vez eran más los que buscaban belleza e inspiración espiritual en tales lugares.

En busca de lo pintoresco

Este cambio de actitud fue inducido por un grupo de intelectuales, y en especial por el filósofo y escritor suizo Jean-Jacques Rousseau, cuya novela *La nueva Eloísa* (1761) alababa el paisaje suizo y contribuyó a encender la pasión decimonónica por los paisajes alpinos.

▽ **Byron en Italia**
Byron contribuyó sobremanera a popularizar Europa como destino de viaje, y en especial Italia, donde vivió siete años.

▷ **A solas con la naturaleza**
El caminante frente a un mar de niebla (c. 1818) de Caspar David Friedrich condensa las ideas románticas sobre la soledad del individuo frente a la fuerza sublime de la naturaleza.

En Reino Unido, las obras del pastor protestante William Gilpin influyeron también en el creciente aprecio hacia la naturaleza indómita. Su libro *Observations on the River Wye* (1782) atrajo a hordas de turistas al sur de Gales, y sus obras posteriores sobre el Distrito de los Lagos y Escocia hicieron lo propio en estas regiones. Gilpin popularizó el término «pintoresco», que definió literalmente como aquello cuya belleza «quedaría bien en una pintura».

Lo sublime

El libro *Guide to the Lakes* (1778), de Thomas West, sobre dónde hallar las mejores vistas en la pintoresca región de los Lagos del noroeste de Inglaterra, fue un gran éxito de ventas que se benefició de la creciente popularidad de «lo sublime», aquello que suscita una sensación de sobrecogimiento y maravilla como la que se experimenta en ocasiones ante paisajes vastos y majestuosos. Esta tendencia formaba parte de un movimiento, más tarde conocido como romanticismo, que renunciaba al racionalismo y al orden característicos de la Ilustración para exaltar la emoción pura, situando la imaginación por encima de la razón.

Una parte esencial del concepto de lo sublime era la idealización de los paisajes primitivos y agrestes, como montañas, mares bravíos y páramos salvajes. De ello da fe el poeta William Wordsworth, que pasó su niñez en el Distrito de los Lagos y volvió allí al final de su vida. Su poesía vinculaba la belleza de la naturaleza con lo divino, dotando a los paisajes de poder y misterio.

Los viajes de Byron y Shelley

Uno de los motivos de que los escritores y pintores británicos se interesaran tanto por los paisajes de su tierra natal era que dos décadas de guerra con Francia les habían impedido cruzar el Canal de la Mancha. Cuando la paz volvió a Europa en 1815, el romanticismo influyó en la percepción del continente por los viajeros. Entre los que aprovecharon el tiempo de paz para viajar figuran los poetas Byron y Shelley, dos de los románticos más destacados. Byron escribió uno de los libros de viajes más

« El hombre **nace libre**, pero en todas partes se halla **encadenado**. »

JEAN-JACQUES ROUSSEAU, *EL CONTRATO SOCIAL* (1762)

revolucionarios de inicios del siglo XIX y al que, inusualmente, dio forma de poema: *Las peregrinaciones de Childe Harold* (1818), el relato de un viaje de autodescubrimiento basado en su largo itinerario por Portugal, España, Grecia y Albania. Esta obra convirtió a Byron en uno de los poetas más célebres de Europa, y los viajeros comenzaron a utilizarla como una guía, cuyos pasajes dramáticos acentuaban el romanticismo de las tierras por las que pasaban.

El esplendor de Italia

Byron y Shelley hicieron de Italia su hogar. Se deleitaban con sus ruinas, bellezas naturales y clima, y ensalzaban todo ello en sus obras. Pese a que sus excentricidades les granjearon cierta mala fama (es famosa la descripción de Byron como «malo, loco y peligroso de conocer»), fue en último término su firme creencia en la preeminencia de la naturaleza lo que prevaleció.

△ **Childe Harold, el peregrino**
Este frontispicio del Canto I de *Las peregrinaciones de Childe Harold* pertenece a la edición realizada por Lord Byron en 1825–1826. El autor del grabado que lo ilustra es J. H. Jones.

◁ **Shelley en Italia**
Percy Bysshe Shelley escribió muchos de sus mejores poemas, incluido *Prometeo liberado*, en Italia, donde se trasladó de una ciudad a otra. Al final, sus cenizas reposaron en Roma.

Los viajes del *Beagle*

En 1831 zarpó de Plymouth (RU) un pequeño barco llevando a bordo a un joven naturalista, en parte para hacer compañía al capitán, pero cuyas observaciones durante el viaje iban a transformar el concepto del origen de la humanidad.

▷ **Charles Darwin**
En esta acuarela de George Richmond, de 1840, Darwin tenía solo 31 años. Su viaje a bordo del *Beagle* lo convirtió en un naturalista eminente.

▽ **El *Beagle* en el canal Murray**
El *Beagle* fondeado entre las islas Hoste y Navarino de la Tierra de Fuego chilena con una canoa yagán en primer plano, según una acuarela realizada en 1836 por el pintor de a bordo, Conrad Martens. El *Beagle* exploró los canales fueguinos entre 1832 y 1834.

Botado en mayo del año 1820, el *Beagle* era un bergantín de tamaño modesto, uno de los más de cien barcos de su tipo. Diseñado originalmente para la batalla con diez cañones, nunca fue llamado al combate, y remodelado como bricbarca, en 1826 partió a explorar las costas de América del Sur. Durante el trayecto, el capitán cayó en una depresión, posiblemente a causa del aislamiento durante tan largo viaje, y se suicidó. Su sucesor, Robert FitzRoy, asumió el mando para volver a Reino Unido. Una vez allí, se le pidió que emprendiera un segundo viaje que continuara la tarea del primero. FitzRoy decidió llevar a bordo a un científico que le ayudara en sus investigaciones y, tal vez sobre todo, para tener alguna compañía durante tan prolongado periplo.

Una propuesta sorpresa
Charles Darwin (1809–1882) era un estudiante apasionado por la historia natural que había terminado sus exámenes finales y aspiraba a volver a Cambridge para estudiar teología. La carta de uno de sus profesores invitándolo a incorporarse al *Beagle* lo cambió todo. Carente de experiencia y credenciales científicas, Darwin fue propuesto por su entusiasmo y su mente inquisitiva, pero su presencia a bordo hizo del *Beagle* uno de los barcos más famosos de la historia. La expedición zarpó de Inglaterra el 27 de diciembre de 1831 y en febrero alcanzó las costas

«El **viaje del *Beagle*** ha sido, con mucho, el acontecimiento **más importante** de mi vida y **determinó toda mi carrera**.»

CHARLES DARWIN, *AUTOBIOGRAFÍA* (1887)

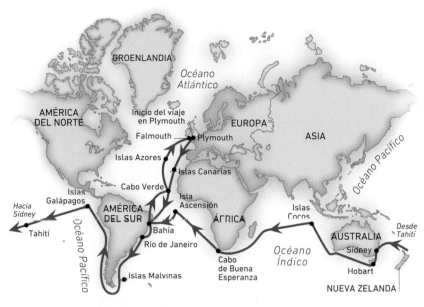

▷ **Especies nuevas**
Darwin conservó especímenes de numerosas especies nuevas para la ciencia, como este pez loro del Pacífico.

sudamericanas. Darwin pudo pasar un tiempo considerable en tierra, recogiendo especímenes y haciendo anotaciones en libretas. Aficionado a la caza, al principio disfrutaba disparando a las aves y otros animales que encontraba, pero pronto llegó a la conclusión de que «el placer de observar y razonar era muy superior al de la habilidad y el deporte».

Indicios de evolución

En septiembre de 1835, el *Beagle* arribaba a las islas Galápagos, donde Darwin quedó intrigado al observar que los caparazones de las tortugas gigantes diferían de un lugar a otro y que sus diferencias permitían a los lugareños saber de qué isla procedía cada tortuga. Darwin recogió ejemplares de pinzones y observó que también estas aves eran ligeramente distintas en cada isla.

Después, la expedición zarpó y se comió las tortugas de las Galápagos. En noviembre de 1835 arribó a Tahití, y a finales de diciembre, a Nueva Zelanda. En enero de 1836 alcanzó Australia, donde exploró los arrecifes de coral, y a finales de mayo de 1836 dobló el cabo de Buena Esperanza, en el extremo sur de África. Sin embargo, en lugar de poner rumbo a Europa, el capitán FitzRoy quiso hacer más inspecciones hidrográficas, lo cual suponía cruzar de nuevo el océano Atlántico hasta Bahía, en Brasil, por lo que el *Beagle* no llegó al puerto de Falmouth (Cornualles) hasta el 2 de octubre de 1836.

«En la medida en que me es posible juzgarme a mí mismo, trabajé hasta el límite durante el viaje por el mero placer de investigar y por mi intenso deseo de añadir unos pocos datos más a la gran masa de datos de las ciencias naturales», anotó Darwin. En los años siguientes escribió extensamente sobre sus viajes, al principio en el tercer volumen de *Narrative of the Surveying Voyages of HM Ships Adventure and Beagle*, de FitzRoy. El éxito de este tercer volumen hizo que se reeditara muchas veces, primero con el título de *Diario del viaje de un naturalista alrededor del mundo* (1839) y luego como *El viaje del Beagle* (1905). Las observaciones registradas en este libro llevaron a Darwin a formular su teoría de la evolución, descrita en su obra cumbre *El origen de las especies*, publicada en 1859.

△ **Exploración del mundo natural**
Este mapa muestra la ruta llevada a cabo por la expedición del *Beagle* alrededor del mundo. El viaje duró casi cinco años.

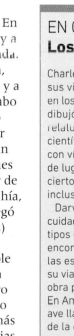

EN CONTEXTO
Los cuadernos de Darwin

Charles Darwin llevó un detallado registro de sus viajes en el *Beagle*. Llenó 15 cuadernos en los que escribió unas 116 000 palabras y dibujó unos 300 bocetos. Sin embargo, el relato de sus viajes está lejos de la aridez científica. Su estilo es ameno y cautivador, con vívidas descripciones de lugares y gentes, y en ciertos momentos resulta incluso divertido.

Darwin también anotó cuidadosamente los diversos tipos de flora y fauna que encontraba. Los registros de las especies halladas durante su viaje fueron cruciales para su obra posterior sobre la evolución. En América del Sur vio y dibujó un ave llamada «ñandú» (género *Rhea*), de la que observó que tenía un gran parecido general con otras especies de avestruces. Tales observaciones le llevaron a concluir que «una especie se transforma en otra».

DIBUJO DE UN ÑANDÚ DE DARWIN

Relatos de viajeros

En el siglo XIX, los relatos de los viajes de los exploradores adoptaron un nuevo enfoque. Además de documentar sus hallazgos científicos o geográficos, muchos anotaban observaciones personales.

Aunque no hubiera escrito su revolucionaria obra *El origen de las especies*, es probable que Darwin aún fuera recordado como un notable escritor de viajes. Tras su periplo en el *Beagle*, colaboró en los informes científicos oficiales, y además escribió su propio relato informal, lleno de perspicaces bocetos de los lugares visitados y de observaciones sobre las personas que había conocido. Se trata de un relato típico de la literatura de viajes de la época, basada en gran parte en los diarios de los científicos, en los que a veces surgía un testimonio más personal y emocionante.

Uno de esos relatos es *Narrative of a Journey to the Shores of the Polar Sea* (1823), donde John Franklin detalla su misión de 1819–1822 para cartografiar la costa norte de Canadá y durante la cual perdieron la vida más de la mitad de sus 20 miembros. Su relato casi se recrea en las penalidades: «Disfrutamos de una gran hoguera por primera vez desde que dejamos la costa. Ya no quedaba *tripe de roche* [un liquen comestible], y para cenar bebimos té y nos comimos algunos de nuestros zapatos».

El relato de Francis Parkman sobre la ruta migratoria a través de las Rocosas, *El camino de Oregón* (1849), aporta un testimonio igualmente impresionante: «Hace un mes habría pensado que es bastante sobrecogedor tener un conocido que sale a cabalgar por la mañana y pierde la cabellera antes de anochecer, pero aquí eso parece lo más natural del mundo».

El explorador Henry Morton Stanley los superó a todos con los vívidos relatos de *Viaje al África tenebrosa en busca de Emin Bajá* (1890), llenos de violentos enfrentamientos con tribus nativas, flagelaciones hasta la muerte de porteadores desobedientes, lisiados abandonados sobre la marcha y desertores colgados de los árboles.

El señuelo de Oriente

Mientras Stanley proseguía en su empeño de subyugar un continente, surgió una nueva raza de escritor viajero más cerebral cuya respuesta al visitar tierras y culturas extrañas fue cuestionarse la civilización, las creencias y la identidad cultural. Muchos clásicos de la literatura de viajes victoriana fueron obra de esos escritores. El gran interés que despertaban en la época Egipto y el mundo islámico se plasmó en muchos libros, entre los que destaca *Eothen* (1844), la elegante crónica de Alexander Kinglake de un viaje de Belgrado a El Cairo. El *Viaje a Oriente* (1851) de Gérard de Nerval mostraba una visión más fantasiosa, embriagado por el humo del hachís, no en vano su autor era un excéntrico que paseaba un bogavante como si fuera un perro por París.

En contraste con el sensual Nerval, la británica Isabella Bird viajó y escribió movida por sus creencias cristianas evangelizadoras. Cabalgó sola por Persia, Japón, Corea y muchos otros países, tomando sus propias fotografías, y aunque desdeñosa hacia los «falsos credos» que encontraba, demostró una empatía rara en su época con las gentes que iba conociendo.

El novelista viajero

A mediados del siglo XIX, la literatura de viajes se había hecho tan popular que muchos autores de renombre

▷ **Contabilidad**
Durante el viaje del *Beagle*, Darwin anotó sus observaciones en cuadernos como este. Copió sus notas cada noche hasta formar un diario de 750 páginas que fue la base de su obra publicada.

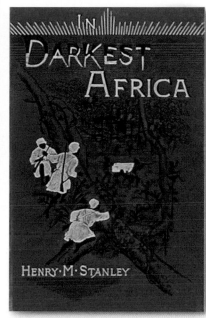

◁ **Aventurero imperial**
En su día, las hazañas de Henry Morton Stanley en África cautivaron al público. Más tarde el autor pasó a ser considerado un imperialista desalmado que se abrió paso en África a tiros y machetazos.

◁ **Tierras crueles**
En este grabado de *Narrative of a Journey to the Shores of the Polar Sea*, de John Franklin, los amenazantes paisajes por los que viajó el autor cobran vida.

decidieron escribir sus propios relatos de viajes. En 1844, Charles Dickens partió hacia el sur de Europa para una placentera gira que relató en *Estampas de Italia* (1846). Henry James se hizo turista para *A Little Tour in France* (1884), y Robert Louis Stevenson, el autor de *La isla del tesoro*, se convirtió en pionero de la literatura de la naturaleza con su irónico relato de una gira iniciada para recuperarse de una pena de amor en *Viajes con una burra por los montes de Cévennes* (1879).

Tal vez el libro más divertido sea *Guía para viajeros inocentes* (1869), donde Mark Twain narra con humor las semanas pasadas a bordo del crucero *Quaker City* para visitar lugares de interés de Europa y Tierra Santa en compañía de un grupo de turistas estadounidenses y donde afirma: «El amable lector jamás de los jamases podrá imaginar lo idiota que se puede volver si viaja al extranjero». Observaciones intemporales como esta explican que este siga siendo uno de los libros de viajes de más éxito de todos los tiempos.

> **«Un punto de vista** abierto **no** se **consigue** vegetando en el **mismo rincón** de la **tierra.»**

MARK TWAIN, *GUÍA PARA VIAJEROS INOCENTES*

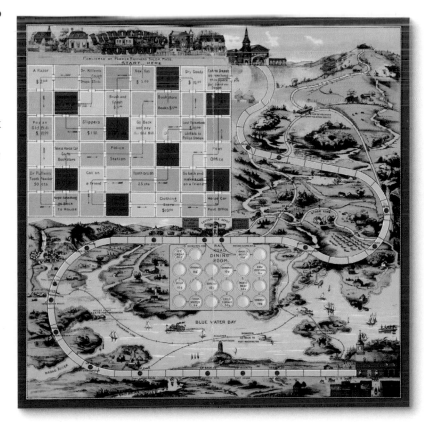

△ **Mark Twain**
Tal vez para sorpresa del autor, su relato de un viaje por Europa y Tierra Santa fue su obra más vendida e incluso más popular que las aventuras de Tom Sawyer y Huckleberry Finn.

▷ **El juego del viajero inocente**
Este juego fue creado por Parker Bros. en 1888 a raíz del éxito de *Guía para viajeros inocentes* de Twain. El tablero ilustra las actividades que podían abordar los turistas en Europa.

Fotografiar el mundo

Poco después de la invención de la fotografía, las cámaras empezaron a venderse al público, y hubo quien partió de viaje con el único objetivo de usar esas nuevas máquinas increíbles.

Los dos grandes pioneros de la fotografía, el francés Louis Daguerre y el británico Henry Fox Talbot, obtuvieron sus primeras fotografías a finales de la década de 1830 mediante un proceso que estuvo disponible comercialmente en 1839. Al año siguiente, India albergó su primera exposición fotográfica, y en 1841, el capitán Lucas de Sídney hizo la primera foto de Australia. Tal fue la velocidad con que se aceptó la fotografía.

Paisajes orientales

Uno de los primeros fotógrafos de viajes más célebres es hoy más conocido como novelista: Gustave Flaubert. El futuro autor de *Madame Bovary* partió de viaje en 1849 con su acaudalado amigo parisino Maxime du Camp y fotografió los monumentos antiguos de Oriente Próximo. Recorrieron Egipto y Palestina, y publicaron *Viaje a Oriente* (1852), el primer libro de viajes ilustrado con fotografías.

Egipto también proporcionó un rico abanico temático al fotógrafo Francis Frith, y a Francis Bedford, fotógrafo oficial del príncipe de Gales durante su viaje real por Oriente Próximo en 1862.

Captar lo desconocido

A mediados del siglo XIX, el equipo fotográfico estándar se componía de una cámara grande y pesada, un trípode, placas de vidrio, portaplacas, un cuarto oscuro portátil similar a una tienda de campaña, productos químicos y cubetas de revelado. Era, como poco, engorroso. Sin embargo, los avances tecnológicos pronto permitieron que los estudios, sobre todo en Europa, revelaran imágenes en cantidad para los

△ **Antiguo Egipto**
El templo de Abu Simbel fue uno de los cientos de lugares fotografiados por Maxime Du Camp y Gustave Flaubert durante sus dos años de viaje por Oriente.

▷ **Vislumbre de Japón**
Los samuráis, retratados por Felice Beato en la década de 1860, eran los guerreros de élite de Japón. Beato tuvo un acceso privilegiado a la sociedad japonesa, poco conocida por los occidentales de la época.

◁ **Cámara de placas mamut**
Inicialmente, las impresiones debían ser del mismo tamaño que los negativos. En 1861, Carleton E. Watkins encargó esta enorme cámara para hacer justicia a los paisajes del Oeste norteamericano.

fotógrafos, que así pudieron dejar atrás su cuarto oscuro.

En 1857 y por encargo del gobierno francés, Claude-Joseph Désiré Charnay viajó a México, donde pasó cuatro años y fue el primero en fotografiar las ruinas mayas. Otro francés, Émile Gsell, trabajó en Indochina y tomó las primeras fotos del templo de Angkor Vat, en la actual Camboya. El fotógrafo italobritánico Felice Beato fue uno de los primeros en trabajar en China. Las imágenes que tomó de la segunda guerra del Opio y de Japón en su segundo periodo Edo aislacionista no solo tuvieron un gran interés científico en su época, sino que actualmente constituyen una visión inapreciable de un tiempo pasado.

El Oeste norteamericano

En EE UU, la invención de la fotografía dio a muchos ciudadanos la posibilidad de ver por primera vez qué había en el resto de su propio país. Tras varios intentos fallidos de usar una cámara en sus primeras expediciones, el explorador John Charles Frémont llevó consigo en su quinto itinerario por el continente, en 1853, a Solomon Nunes Carvalho, que fue posiblemente el primero que fotografió el Oeste norteamericano y sus pueblos nativos. Pronto le siguieron otros, entre ellos William Bell, John K. Hillers, Carleton E. Watkins y Timothy H. O'Sullivan. Todos ellos regresaron con placas que, una vez reveladas, mostraron fotografías cuya belleza dio pie al establecimiento de los primeros parques nacionales de EE UU.

△ **La Catedral**
Esta foto de 1865 de una joya natural del valle de Yosemite fue tomada por Carleton E. Watkins cuando trabajaba para el Servicio Geológico de California

« No hay **sustituto eficaz** de un **viaje real**, pero mi **ambición es servir** a aquellos cuyas **circunstancias les prohíben** ese **lujo**. »

FRANCIS FRITH, FOTÓGRAFO BRITÁNICO

EN CONTEXTO
En el camino

Al principio, la fotografía de viajes era un trabajo de grupo. Francis Frith, por ejemplo, viajaba con un gran séquito de guías y ayudantes, y atravesó Egipto en una caravana de carros y carromatos. Fue uno de los primeros en experimentar con negativos de vidrio, introducidos en 1851, pero debía procesarlos sobre el terreno, ya fuera en una tienda oscura y mal ventilada o en una tumba antigua, pese al riesgo que suponía manipular materiales explosivos como éter líquido y nitrato de celulosa. El fotógrafo de guerra Roger Fenton usó una técnica similar, pero revelaba sus fotos en un cuarto oscuro especial tirado por caballos. También usaba sustancias volátiles, incluso en los campos de batalla de la guerra de Crimea.

MARCUS SPERLING, AYUDANTE DE ROGER FENTON, CON SU CUARTO OSCURO MÓVIL

El corazón de África

A principios del siglo XIX, el conocimiento europeo de la geografía africana apenas iba más allá de la costa. Este déficit se fue corrigiendo poco a poco gracias a una serie de intrépidos exploradores.

Ya en el siglo XV los portugueses habían cartografiado la costa de África a medida que extendían sus rutas marítimas hacia Oriente. También fueron los que iniciaron el comercio transatlántico de esclavos africanos, al que pronto se unieron otras potencias europeas. Con la llegada de la Ilustración y sus principios de libertad, democracia y razón, junto con la fe en la investigación científica, la corriente de opinión se volvió contra la esclavitud y a favor de la exploración. El vasto continente africano, dos veces mayor que Europa, se convirtió en un

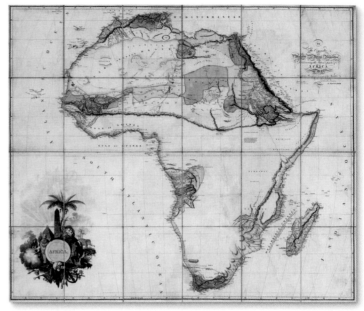

▷ **Territorio inexplorado**
Este mapa de Aaron Arrowsmith (1802) muestra hasta qué punto el centro de África era desconocido para los europeos.

foco de atención para los europeos, entre los que se despertó un gran interés por descubrir las fuentes de dos de sus grandes arterias comerciales: los ríos Níger y Nilo.

En busca del Níger

En 1788 se fundó en Londres la Asociación Africana con el fin de localizar el origen del Níger. El joven escocés Mungo Park, que había estudiado medicina y contaba con el patrocinio del influyente botánico Joseph Banks (pp. 176–177), fue enviado a África occidental en mayo de 1795. Tras desembarcar en Pisania (Gambia), Park se dirigió al interior con un guía local, un porteador, un caballo y dos mulas. Encarcelado durante cuatro meses por un soberano musulmán, logró escapar con un caballo y una brújula.

Finalmente localizó el Níger, siendo el primer europeo en contemplar el tramo medio del río. Luego regresó a la cosa gambiana y a Inglaterra, donde publicó sus diarios bajo el título de *Viajes a las regiones interiores de África*, con un éxito inmenso. En 1805 aceptó

una segunda misión al Níger, esta vez al mando de más de 40 hombres. Por desgracia, emprendieron la expedición en lo peor de la estación seca, y solo Park y otros cuatro lograron llegar al

▷ **Mungo Park**
La pasión de este joven cirujano escocés por la naturaleza le impulsó a viajar a África en busca del río Níger.

◁ **Hacia el interior**
En diciembre de 1795, Park salió de Gambia para buscar el Níger, que localizó en julio del año siguiente. El viaje de regreso le llevó otros once meses.

Níger: los demás sucumbieron a las enfermedades. Los cinco supervivientes se lanzaron al río en canoa, pero fueron atacados por nativos hostiles, y Park se ahogó mientras intentaba ponerse a salvo a nado.

En 1818, el oficial de la Marina británica George Francis Lyon fue enviado para cartografiar el curso del Níger y localizar la fabulosa ciudad de Tombuctú, conocida solo por relatos antiguos. Erradamente, su expedición partió de Trípoli, en la actual Libia, al norte, lo cual significaba que primero tenía que cruzar el Sáhara. La misión fracasó.

El éxito final

El Níger no pudo ser cartografiado hasta 1830. Richard Lander era un aventurero nato: se dice que cuando tenía nueve años caminó 373 km de Truro (Cornualles) a Londres. En 1825 era auxiliar del capitán Hugh Clapperton, un explorador escocés enviado en misión comercial a Sokoto, en la actual Nigeria. Una vez más, las enfermedades diezmaron el grupo, y Lander tuvo que andar durante siete meses solo hasta alcanzar la costa y embarcar de vuelta a casa. Lejos de desanimarse, en 1830 regresó a África acompañado de su hermano John, con quien logró por fin llegar al delta del Níger y trazar el curso del río.

◁ **Ante Tombuctú**
René Caillié fue el primero en llegar a Tombuctú en 1828, seguido por el alemán Heinrich Barth en 1853. Esta ilustración de Johann Martin Bernatz se basa en un boceto de Barth.

▽ **Segunda expedición de Mungo Park**
En una segunda expedición al Níger para evaluar sus posibilidades de cara al asentamiento europeo, pereció todo el grupo, incluido el propio Mungo Park.

» El premio por ser el primer europeo en llegar a Tombuctú –10 000 francos ofrecidos por la Sociedad de Geografía de París– había sido reclamado dos años antes por el francés René Caillié. En 1826, el escocés Alexander Gordon Laing había encontrado y visitado la ciudad, pero murió a manos de tribus locales durante el viaje de regreso. Mungo Park pudo haber llegado también; sin embargo, falleció antes de poder contárselo a nadie. Caillié viajó solo, disfrazado de musulmán, y consiguió regresar para reclamar tanto la gloria como el premio en metálico.

Las fuentes del Nilo

En África oriental, hallar el origen del Nilo fue un reto irresistible para muchos exploradores, tarea que encargó la Real Sociedad Geográfica de Londres a Richard Burton y John Hanning Speke. Burton, audaz aventurero y lingüista brillante, había llevado a cabo el *hayy* (peregrinación a La Meca) disfrazado de árabe y luego tradujo al inglés el *Kama Sutra* y *Las mil y una noches*. Aunque más convencional, Speke también era un explorador experimentado que ya había viajado con Burton en una expedición africana anterior.

« [...] si **alguna vez vuelvo**, solo me **fiaré** de los **nativos**, pues el **clima** africano es **demasiado duro** para los **extranjeros**. »

JOHN HANNING SPEKE, SOBRE EL CLIMA DE ÁFRICA

△ **Cuaderno de dibujo de Speke**
John Hanning Speke llenó cuadernos con incontables bocetos de la flora y la fauna que encontró, creando así un notable registro de sus viajes.

▷ **El capitán John Hanning Speke**
Este retrato muestra a John H. Speke ante el lago Victoria, que él consideraba la fuente del Nilo. Su teoría fue confirmada en 1875 por Henry Morton Stanley.

La pareja partió desde la costa para cruzar la actual Tanzania en junio de 1857, siguiendo un mapa proporcionado por un misionero que acababa de volver de allí. La marcha fue ardua, y los dos contrajeron infecciones tropicales en el camino: Speke perdió la audición de un oído, Burton quedó incapacitado para andar, y ambos se quedaron ciegos temporalmente. Aun así, en junio de 1858 lograron llegar al lago Tanganica. Retrocedieron hasta la ciudad de Tabora para recuperarse y reaprovisionarse, pero Burton estaba aún demasiado enfermo para viajar, por lo que Speke partió hacia el norte con un grupo para investigar las noticias sobre otro gran lago. Al descubrir las aguas del que los lugareños llamaban Nyanza, lo renombró lago Victoria en honor a su reina. Speke sostenía que este era el origen del Nilo, pero Burton discrepaba, y ambos se enemistaron

públicamente. De vuelta a Gran Bretaña, Speke murió en 1864 a causa de un accidente de caza la víspera de un debate programado para enfrentar a ambos hombres y sus teorías.

David Livingstone

Tal vez el explorador más famoso de todos haya sido David Livingstone, el primer europeo en cruzar el continente de oeste a este. Llegó al extremo sur de África en 1841 como misionero cristiano, pero se cree que solo logró convertir a una persona; por el contrario, quedó fascinado por la exploración del interior de África. Con una joven familia a la

WHITE RHINOCEROS.

AFRICAN RHINOCEROS.

△ **Livingstone en el lago Ngami**
David Livingstone fue el explorador victoriano más famoso de Gran Bretaña aun cuando finalmente fracasara en su búsqueda de las fuentes del Nilo.

BIOGRAFÍA
Mary Kingsley

Cautivada por los relatos de su padre sobre sus viajes de ultramar como médico, etnógrafo y explorador, Mary Kingsley partió en busca de aventuras en 1892, a los 30 años de edad. Su ambición era descubrir nuevas especies animales. Se dirigió a Angola y luego se internó en el Congo por el río Gabón. Volvió a Gran Bretaña en 1893 con una colección de peces tropicales para el Museo Británico.

En su segunda incursión en África pasó algún tiempo con una tribu conocida por practicar el canibalismo y cayó en un foso de caza, pero se salvó gracias a sus voluminosas enaguas. Su libro *Cautiva de África* (1897) fue un superventas victoriano. Murió de fiebre tifoidea en Sudáfrica, en 1900.

FOTO DE MARY KINGSLEY EN SU LIBRO
VIAJES POR EL ÁFRICA OCCIDENTAL (1899)

zaga, su primer viaje le llevó al norte, al lago Ngami, en la actual Botsuana. Siempre hacia el norte, alcanzó el río Zambeze, que siguió hacia el oeste hasta llegar a Luanda, actual capital de Angola. De regreso al Zambeze, se dirigió al este para averiguar si el río era navegable para el comercio y descubrió su mayor obstáculo natural: las cataratas Victoria. Fue la primera vez que las contemplaba un europeo.

A partir de 1866 se obsesionó con hallar las fuentes del Nilo, un empeño al que consagró sus últimos siete años de vida. Perdió el contacto con el mundo exterior durante tanto tiempo que un periódico estadounidense envió al

◁ **Gorra de David Livingstone**
Como cónsul británico, Livingstone llevaba esta gorra de paño azul con una banda dorada el día que se encontró con Stanley.

corresponsal Henry Morton Stanley en su busca, con quien protagonizó su famoso encuentro en la selva.

Livingstone pasó enfermo sus cuatro últimos años de vida. Cuando murió de malaria, en 1873, dos de sus ayudantes africanos transportaron su cuerpo hasta la costa a lo largo de 1600 km para que pudiera volver a Reino Unido para ser enterrado. Lo enviaron con una nota, que decía: «Pueden quedarse su cuerpo, pero su corazón pertenece a África». El corazón había sido extraído y enterrado donde murió.

La era del ferrocarril

Hasta el siglo XIX, casi todas las personas vivían toda su vida en la región donde habían nacido, y nadie había viajado a mayor velocidad que la de un caballo al galope. La llegada del tren lo cambió todo.

△ **Primeros viajes ferroviarios**
Esta xilografía de la década de 1830 muestra un vagón de pasajeros tirado por caballos en la vía del ferrocarril de Baltimore y Ohio.

Los motores de vapor anteriores al siglo XIX eran objetos voluminosos utilizados solo en la industria y, más tarde, en los barcos (pp. 202–203). No obstante, en los primeros años de ese siglo empezaron a ser lo bastante pequeños para poder montarlos sobre ruedas. Los experimentos para poner motores de vapor sobre raíles culminaron en la primera vía férrea por la que circuló un vehículo impulsado solamente por la energía del vapor: la línea Liverpool-Manchester, inaugurada en 1830. La línea había sido planificada por el ingeniero George Stephenson, y la locomotora era la *Rocket*, diseñada por su hijo Robert. Este llegó a construir una línea mucho más larga que conectó Londres y Birmingham, y ayudó a la construcción de ferrocarriles en Bélgica, España y Egipto. Cuando la primera línea ferroviaria del mundo celebró su 150 aniversario en 1980, el entonces presidente de British Rail, Peter Parker, declaró: «El mundo es

Primeros trenes de EE UU

EE UU no tardó en adoptar el ferrocarril.
Su territorio era inmenso, y los viajes,
lentos. Los barcos de vapor eran el mejor
medio para viajar, pero solo permitían
acceder a ciertas partes del país. Más
allá, la única alternativa continuaban
siendo caballos y carretas. El coronel
John Stevens, el pionero del ferrocarril
estadounidense, fue un empresario de
barcos de vapor.

En EE UU y Reino Unido, los primeros
vagones de tren eran arrastrados por las
vías por caballos. En 1830 se celebró una
legendaria carrera entre la locomotora
de vapor *Tom Thumb* y un caballo para
convencer a los escépticos de que el
vapor era la energía del futuro. A finales
de ese mismo año empezaban a circular
trenes por los tramos terminados de los
ferrocarriles de Baltimore y Ohio, y de
Charleston y Hamburg. Una década más
tarde, 4425 km de vías cruzaban EE UU.
El estímulo había sido el transporte de

«Una campana anuncia la salida y la
locomotora empieza a gruñir y las **ruedas
giran** [...] **cada vez más rápido**, y entonces
el tren vuela. Qué **divertido** es ahora viajar.»

EL EDITOR KARL BAEDEKER, SOBRE SU PRIMER VIAJE EN TREN (1838)

mercancías, pero cada vez más pasajeros
se beneficiaban de esta innovación.
Todas las poblaciones deseaban estar
conectadas al ferrocarril, porque se
consideraba vital para su prosperidad.

A través de Europa

Europa no se quedó atrás. Para 1832,
Francia tenía una línea ferroviaria de
pasajeros entre Saint-Étienne y Lyon
concebida en un inicio para el transporte
de carbón. En 1834 comenzó en Bélgica
la construcción de una línea, y un año
después se inauguró el primer ferrocarril
alemán. La línea alemana tenía solo

6,5 km de longitud, pero a diferencia
de las anteriores, fue construida para el
transporte de viajeros. Este fue también
el caso de la línea inaugural holandesa,
destinada a conectar Ámsterdam y
Haarlem, y abierta en 1839.

La creciente red ferroviaria a través
de Europa y EE UU no solo simplificó
los viajes, sino que también redujo su
coste. A mayor velocidad y mejores rutas,
menos tiempo y dinero se empleaban
en viajar. Los primeros empresarios del
ferrocarril, que habían supuesto que
los trenes se usarían para transportar
mercancías, quedaron sorprendidos al
comprobar que el tráfico de pasajeros
representaba más de la mitad de sus
beneficios. El grueso de este tráfico
procedía de las clases media y baja, el
tipo de gente que antes no había tenido
oportunidad de viajar. El tren trajo
consigo toda una revolución.

◁ **Modificación del paisaje**
Este viaducto de ladrillo con revestimiento de
piedra se construyó bajo la dirección de George
Stephenson para el ferrocarril de Liverpool y
Manchester. Sus arcos de 15 m de ancho se
alzan sobre bloques de arenisca local.

▽ **La *Adler***
La primera
locomotora de vapor
que funcionó con éxito
en Alemania, la *Adler*
(«águila» en alemán),
fue construida por
los pioneros George
y Robert Stephenson
en 1835.

Trenes

La simple idea de utilizar el vapor para hacer girar ruedas sobre raíles inauguró una nueva era del transporte.

ROCKET (RU, 1829)

El gran invento de la revolución industrial fue el motor de vapor, cuya aplicación más relevante fue la creación del ferrocarril. La *Rocket* (1829) de Robert Stephenson no fue la primera locomotora de vapor, pero su diseño, con tobera de escape, era el más avanzado de su época. Cuando ganó el concurso de Rainhill, convocado por la primera línea ferroviaria del mundo (la de Liverpool y Manchester), se convirtió en el modelo para el diseño de locomotoras. Alcanzaba los 56 km/h, algo asombroso para la época.

Los trenes, cada vez más grandes y potentes, fueron arrastrados por máquinas de vapor durante más de 130 años. El diseño básico sufrió muchas modificaciones: así, en EE UU se dotó a las locomotoras de grandes chimeneas que evitaban el escape de chispas al aire, así como de un «apartavacas», un rastrillo delantero para despejar de obstáculos las vías. La cima de la máquina de vapor pudo ser la estilizada *Mallard*, que alcanzó los 203 km/h en 1938, un récord que mantuvo durante décadas.

Aunque la electricidad ya se usaba para alimentar trenes pequeños desde la década de 1880, no empezó a sustituir al vapor hasta la de 1950. Desde entonces, los trenes se han vuelto más aerodinámicos –un ejemplo fue el tren bala japonés, con elementos del diseño aeronáutico– y se les ha incorporado mecanismos basculantes para mejorar el rendimiento. El resultado de estas y otras innovaciones han sido trenes rápidos, de funcionamiento económico y capaces de transportar un gran número de pasajeros.

LOCOMOTORA DIÉSEL
PIONEER ZEPHYR
(EE UU, 1934)

LOCOMOTORA DE VAPOR
MALLARD (RU, 1938)

LOCOMOTORA DIÉSEL
CLASE CC 65000 DE LA SNCF
(FRANCIA, 1957)

TREN ELÉCTRICO
DE ALTA VELOCIDAD
(BALA) [JAPÓN, 1964]

LOCOMOTORA DE
VAPOR (EE UU, 1880)

LOCOMOTORA ELÉCTRICA N.E.R. (RU, 1905)

LOCOMOTORA DE VAPOR
KING EDWARD II (RU, 1927)

LOCOMOTORA DIÉSEL-ELÉCTRICA EMD GP9 (EE UU, 1949)

TREN ELÉCTRICO DE ALTA
VELOCIDAD THALYS PBKA
(FRANCIA, 1996)

TREN ELÉCTRICO SUSPENDIDO
DE WUPPERTAL (ALEMANIA, 2015)

La fiebre del oro

El descubrimiento de oro en 1848 atrajo a California a cientos de miles de inmigrantes, tanto de otras partes de EE UU como de países tan lejanos como China.

◁ **Futuro dorado**
«Me hizo latir con fuerza el corazón, porque estaba seguro de que era oro», dijo el carpintero californiano James Marshall al descubrir oro en 1848. El valor del metal extraído durante la fiebre subsiguiente se estima en 2000 millones de dólares.

▽ **Buscador de oro**
Peter Moiss busca oro junto a sus burros y sus magras provisiones en la Burro Mine, en el Valle de la Muerte (California).

La mañana del 24 de enero de 1848, un carpintero que comprobaba el caudal de agua en el aserradero de Sutter, a orillas del río de los Americanos, en Coloma (California), vio algo que brillaba en el fondo del río. Se inclinó para sacarlo y se encontró con una pequeña pepita de oro en la mano. La noticia no tardó en propagarse.

Cuando un periódico del antiguo pueblo mexicano de Yerba Buena, reclamado por los estadounidenses el año anterior y renombrado San Francisco, publicó varios artículos sobre hallazgos de oro locales, los buscadores empezaron a congregarse en la zona. No hacían falta herramientas costosas: todo lo que necesitaban los primeros buscadores de oro (llamados gambusinos en México) era algún tipo de criba para eliminar la suciedad y dejar a la vista el preciado metal.

Un avispado comerciante llamado Samuel Brannan compró todos los pertrechos de minero que pudo encontrar para venderlos en su tienda del fuerte de Sutter y luego se fue con un frasco lleno de limaduras de oro a San Francisco, donde corrió por las calles sacudiendo el frasco y gritando: «¡Oro, oro! ¡Oro en el río de los Americanos!». Llegó a hacer más dinero que cualquiera de los buscadores y se convirtió en el primer millonario de California.

La Ruta de California

A mediados de 1848, la llegada de la noticia a la costa este atrajo a buscadores, primero de Oregón y luego de todo el Medio Oeste, que viajaban en carromatos por la que comenzó a conocerse como Ruta de California, una ramificación de la Ruta de Oregón (pp. 200–201). Muchos más llegaron en barco, descendiendo por la costa este desde Nueva York y Boston

▷ **Establecimientos comerciales**
Esta litografía de 1926 muestra el próspero San Francisco en 1849. Entre los edificios comerciales asoman dos barcos fondeados, cargados de suministros para los *forty-niners*.

para después rodear el extremo de América del Sur. En 1849 llegaron unos 80 000 buscadores de oro, que fueron apodados *forty-niners* («los del cuarenta y nueve»).

El señuelo del oro

Durante la década de 1850 afluyeron en masa mineros de todo el mundo, desde América del Sur, Europa y, sobre todo, China, que se internaron en tierras de nadie y establecieron comunidades mineras donde las condiciones eran precarias y reinaba la anarquía. Cavar y cribar del amanecer al anochecer era un trabajo extenuante, y esto, unido a la mala alimentación y a la dureza del clima, propiciaba las enfermedades. No obstante, las historias sobre otros que amasaban una fortuna espoleaban a los buscadores. El año álgido de los hallazgos fue 1852. Si bien cada uno de los años siguientes se encontraba menos oro, cada vez llegaba más gente para reclamar su parte del tesoro menguante.

▽ **Tierra de oportunidades**
El hallazgo de oro en California convirtió una zona apenas conocida de EE UU en una tierra de oportunidades casi mítica. Para 1870, la población de San Francisco había pasado de 850 a casi 150 000 habitantes.

« Muchos, **demasiados**, de los que llegan se topan con el **fracaso**, y **miles** de ellos **dejarán aquí sus huesos**. »

SHELDON SHUFELT, MINERO, EN UNA CARTA A SU FAMILIA (MARZO DE 1850)

Del oro a las naranjas

Miles de buscadores de oro volvieron a casa con las manos vacías y miles más perecieron, pero muchos otros se quedaron y se dedicaron a la agricultura. La población de San Francisco se disparó de 850 habitantes en 1848 a más de 21 000 en 1850. California experimentó un aumento de población tan rápido que pronto alcanzó la cifra de 60 000 habitantes, necesaria para la petición de la condición de estado. En 1850 se convirtió en el 31.º estado del país.

Generalmente se considera que la fiebre del oro tocó a su fin en 1858, momento en que la población de California ya había cambiado drásticamente para siempre, convirtiéndolo en uno de los estados con mayor diversidad étnica. Allí encontraron los pioneros un clima cálido de tipo mediterráneo y un suelo fértil. Finalmente, el oro que hizo rica a California no fue un metal, sino el esplendor de sus granjas y, en particular, la dorada piel de sus naranjas.

▷ **Aventurero chino**
La fiebre del oro desató una ola de inmigración hacia la costa oeste, en especial desde China. Los mineros chinos ocultaban a menudo su oro fundiéndolo y convirtiéndolo en artículos domésticos.

EMPRESARIO DE VIAJES (1808–1892)

Thomas Cook

Un prohibicionista antialcohólico que empezó a organizar excursiones en tren para alejar a la gente de la bebida se convirtió en el inesperado padre del turismo de masas internacional.

Nacido el 22 de noviembre de 1808 en Derbyshire, en las Midlands inglesas, Thomas Cook tenía solo cuatro años cuando falleció su padre y diez cuando dejó la escuela para ayudar a su madre trabajando primero como mozo de jardinero, luego como aprendiz de tallista en madera y después de impresor para la Asociación Baptista. Fue mientras trabajaba allí cuando sintió la vocación misionera, que lo llevó a viajar de ciudad en ciudad para distribuir folletos religiosos y ayudar a establecer escuelas dominicales. Se casó en 1833, y, un año después, el nacimiento de su hijo le obligó a llevar una vida más estable.

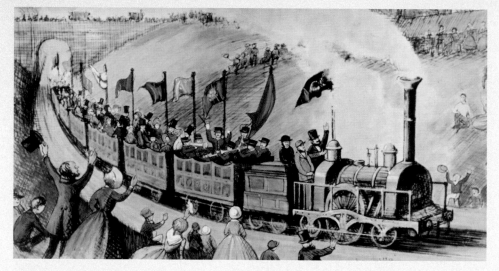

◁ **Ver mundo**
La primera excursión de Cook fue un viaje en tren de 18 km de Leicester a Loughborough y vuelta, en 1841. Su propósito principal era alejar a la gente de la bebida sacándola de su entorno y ampliar sus horizontes llevándola a reuniones antialcohólicas.

Por ello redirigió sus energías a aliviar el que en aquella época se consideraba uno de los mayores males sociales: la embriaguez. En 1841 se adhirió a un movimiento nacional dedicado a disuadir a la clase trabajadora de su devastadora afición a la cerveza y el licor.

A los 33 años de edad, Cook halló una manera de conciliar su entrega a la obra de Dios con la firmeza de su fe en el progreso y la industria, potencialmente conflictivas. El lunes 5 de julio de 1841 organizó una excusión para 570 trabajadores en el nuevo ferrocarril desde Leicester hasta Loughborough, a 18 km de distancia, donde debían asistir a una reunión contra el alcohol y les amenizaría una banda de

◁ **Nuevos horizontes**
Para 1870, los viajes organizados de Thomas Cook abarcaban gran parte de Europa occidental y atraían a clientes de todas las clases sociales.

música. Una vez demostrado que la reforma social podía ser compatible con el beneficio económico, Cook planeó más excursiones. El verano de 1845 dirigió su primer viaje profesional, a Liverpool, y al año siguiente, otro a Escocia.

En 1851 hizo un buen negocio llevando turistas a Londres para visitar la Gran Exposición (pp. 230–231). En 1855 llevó a cabo sus primeras incursiones al otro lado del Canal de la Mancha, y en 1861, la primera excursión propiamente dicha a París. En junio de 1863 llevó su primer grupo a Suiza. Los viajes siguientes incluyeron Italia, en julio de 1864, y EE UU en la primavera de 1866.

La carabina de viaje

Para 1868, Cook aseguraba haber organizado viajes para unos dos millones de personas. Con la promesa de grandes cifras de ventas conseguía descuentos que trasladaba a sus clientes,

que obtenían la ventaja de cubrir con un único pago el viaje y los costes de tránsito, además de bonos para estancias de hotel y comidas. Cook llegó a dirigir viajes a Egipto y Tierra Santa, India, Japón, e incluso alrededor del mundo. Estableció oficinas en la capital de varios países, entre ellos Nueva Zelanda, y llegó a publicar su propio periódico, *The Excursionist*, para informar a los clientes de su programa.

Además de hacer accesibles los viajes a clases sociales que de otra manera nunca se los habrían podido costear, o siquiera plantear (por aquel entonces, viajar por placer estaba reservado a los ricos ociosos), Cook hizo que dejaran de ser un pasatiempo solo para hombres. Sus excursiones y giras atraían sobre todo a las mujeres, que con él podían viajar seguras, ya fuera solas o acompañadas. Con este fin, Cook se publicitaba astutamente a sí mismo como «carabina de viaje».

«Ahora es **el momento de las clases trabajadoras** [...] **ha llegado el momento** para **millones**.»

THOMAS COOK, EN UNA CONFERENCIA SOBRE VIAJES PARA TODOS

FECHAS CLAVE

- **1808** Nace el 22 de noviembre en Melbourne (Derbyshire, RU).

- **1841** Organiza su primera excursión: un viaje en tren desde Leicester para asistir a una reunión sobre la sobriedad en Loughborough.

- **1845** Primer viaje comercial: una excursión en tren a Liverpool desde Leicester, Nottingham y Derby.

- **1851** Promueve viajes desde las Midlands a la Gran Exposición de Londres.

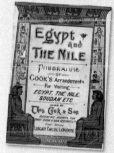

ITINERARIO DE COOK PARA VISITAR EGIPTO

- **1855** Lanza la primera gira al continente, que incluye Bélgica, Alemania y la Exposición Universal de París.

- **1863** Lleva su primer grupo de 62 personas a Suiza, vía París.

- **1868** Introduce un sistema de bonos para obtener precios fijos con descuento en hoteles seleccionados.

- **1872** Dirige la primera gira alrededor del mundo (47 000 km en 222 días).

- **1892** Muere a los 83 años.

BILLETE DE UN VIAJE ORGANIZADO POR THOMAS COOK A LA MECA (1866)

Balnearios

Desde los antiguos griegos hasta los inválidos del siglo XIX, la gente siempre ha viajado a fuentes termales y balnearios en busca de aguas medicinales.

Al denostar a la época medieval afirmando que fue un milenio sin un baño, el historiador decimonónico francés Jules Michelet no tenía razón del todo. Si bien la moral cristiana acabó con la tradición romana del baño comunitario, las fuentes termales atrajeron a peregrinos en busca de la salud del cuerpo durante toda la Edad Media. Existían fuentes termales bien conocidas en Bath (Inglaterra), Aix-les-Bains (Francia) y Spa (en la actual Bélgica), cuyas aguas, según un relato del siglo XVII, podían «reducir las flemas, eliminar obstrucciones del hígado, el bazo y el canal alimentario, disipar toda inflamación y confortar y fortalecer el estómago».

La popularidad de estas instituciones creció mucho en la época del *Grand Tour* (pp. 180–183), cuando se establecieron paradas para tomar las aguas como parte esencial del itinerario. Esto propició el auge de los magníficos balnearios de Europa central: lugares como Baden-Baden, Bad Ems, Bad Gastein, Karlsbad o Marienbad, donde los médicos prescribían regímenes de bebida de aguas minerales, baños en piscinas termales y ejercicio.

Los balnearios se convirtieron en una suerte de clubes exclusivos. Con el tiempo, ofrecieron no solo alojamiento de lujo; también jardines, teatros, salas de baile, casinos e hipódromos, así como programas de conciertos, óperas, bailes de gala y fiestas. En sus años de esplendor, prácticamente durante todo el siglo XIX, los más suntuosos eran arquetipos de glamur y competían por atraer a miembros de la realeza, jefes de Estado y personajes de relevancia política y cultural. Durante veinte años, el escritor alemán Goethe pasó alrededor de cuatro meses al año en un balneario, y fue durante una de sus estancias en Karlsbad cuando tuvo su famoso encuentro con Beethoven. Baden-Baden, que se promocionaba como «centro de veraneo de Europa» y donde escribió Brahms su *Segunda sinfonía (Lichtenthal)*, fue el preferido de los novelistas rusos Fiódor Dostoievski e Iván Turguéniev. La estancia en un balneario se consideraba beneficiosa no solo para la salud física y mental, sino también para el estatus social.

◁ **Fuente del balneario de Karlsbad**
Nombrado en honor de Carlos IV, emperador del Sacro Imperio, que lo visitó en la década de 1350, Karlsbad fue el balneario más frecuentado de la actual República Checa. En la imagen, varios empleados posan para un fotógrafo en 1910.

Guía en mano

Los viajeros del *Grand Tour* disponían de tiempo y dinero ilimitados y viajaban con sirvientes que lo hacían todo por ellos. Los turistas «modernos» del siglo XIX eran menos pudientes y debían viajar de una manera más eficiente. Para ayudarlos surgió un nuevo tipo de guía.

▷ **Las guías Murray**
El editor londinense John Murray lanzó en 1836 su primera guía, que estableció el modelo para las guías actuales.

▽ *La luna de miel*
Grabado del siglo XIX de Roberto Forell que muestra una pareja con una guía Baedeker. Los libros de este tipo no solo aconsejaban qué ver, sino también cómo comportarse en el extranjero.

La protagonista de la novela de E. M. Forster *Una habitación con vistas*, Lucy Honeychurch, se ve en dificultades cuando tiene que aventurarse por las calles de Florencia sin su guía Baedeker. Este nombre está hoy olvidado, pero durante casi un siglo, «viaje» y «Baedeker» fueron dos palabras inseparables, hasta tal punto que para muchos era impensable visitar cualquier lugar sin la famosa guía.

Las guías, como la literatura de viajes en general, han existido en algún formato desde la antigua Grecia. Florecieron en la época del *Grand Tour* (pp. 180–183), cuando muchos viajeros escribieron libros sobre los lugares que valía la pena visitar para los que vinieran detrás. Sin embargo, hacia mediados del siglo XIX, cuando el turismo se convirtió en un negocio importante, impulsado por las mejoras del transporte y por el ascenso de una clase media acomodada, los editores vieron la necesidad de un nuevo libro de viajes.

Manuales para viajeros

John Murray, conocido por ser el editor de Lord Byron, entre otros, publicó en 1820 *Travels on the Continent*, de Mariana Starke, una británica criada en India y que entonces vivía en Italia. A diferencia de los libros de viajeros anteriores, que tenían aspiraciones literarias, el de Starke era ante todo práctico. Comprendía consejos sobre qué llevar y cómo lidiar con la burocracia, e información sobre el precio de las cosas. Starke introdujo también un sistema de valoración mediante signos de exclamación para destacar las visitas imprescindibles. Su libro fue muy popular entre los viajeros británicos y alcanzó las ocho ediciones, cada una actualizada por la autora (en una de ellas destaca la introducción del

▷ Mapas Baedeker

Los mapas de las guías Baedeker se hicieron famosos por su detalle y fiabilidad. Según el escritor de viajes británico Eric Newby, parecían «hechos por espías para espías».

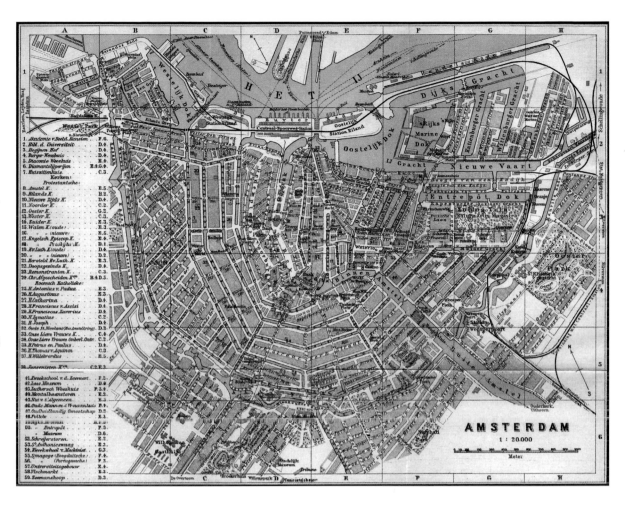

alumbrado público en Italia, el cual, según ella, había puesto fin a «la terrible práctica del asesinato»). Posiblemente, la obra de Starke estableció el modelo para las guías como las conocemos hoy.

Murray aprovechó el éxito de este libro para publicar el *Handbook for Travellers on the Continent* (1836), escrito por él y que cubría Holanda, Bélgica y el norte de Alemania. Este fue rápidamente seguido por guías del sur de Alemania (1837), Suiza (1838) y Francia (1843). El formato se estandarizó: los libros eran más pequeños, para poder llevarlos en la mano; se imprimían en papel fino con el fin de reducir costes y peso, y se actualizaban periódicamente. Cuando en 1893 se publicó el *Handbook to New Zealand*, una revista comentó: «El sr. Murray se ha anexionado lo que le quedaba por conquistar en el mundo del turismo». Sin embargo, por esas fechas las guías de Murray ya iban a la zaga de las publicadas por Baedeker en cuanto a popularidad.

Las guías Baedeker

Las primeras guías publicadas por la editorial alemana Baedeker en 1839 seguían el modelo de las Murray y no tardaron en editarse en francés e inglés, además de alemán, siempre con sus características cubiertas de tela roja. Con el tiempo, su popularidad fue en aumento por la calidad y concisión de su información, sus mapas y el sistema de estrellas que indicaba los lugares más relevantes. Su éxito fue tal que se dijo que el káiser Guillermo II de Alemania se detenía cada mediodía ante una ventana concreta de su palacio porque «Baedeker dice que veo el cambio de guardia desde esa ventana, y la gente espera que lo haga». Una faceta más oscura de su fama fue que, en 1942, durante la Segunda Guerra Mundial, varias ciudades

«Las guías de Murray cubren hoy **casi todo el continente**. Desde Napoleón, ningún hombre ha tenido **un imperio tan extenso**.»

GEORGE STILLMAN HILLARD, EN *SIX MONTHS IN ITALY* (1853)

◁ Karl Baedeker

Descendiente de una estirpe de editores e impresores, Baedeker vio el potencial de las guías de Murray y no tardó en superarlas en ventas.

históricas británicas fueron arrasadas por las llamadas «incursiones Baedeker» después de que un portavoz de la aviación alemana anunciara que bombardearía los edificios británicos señalados con tres estrellas en las guías Baedeker. Al año siguiente, los bombarderos aliados destruían la sede de la editorial y sus archivos en Leipzig.

◁ Publicidad

Con el auge del turismo, las guías empezaron a mostrar anuncios de lugares concretos, como hoteles y tiendas. Este grabado es un anuncio de un hotel de Bruselas.

CAJA DE CORÁN DE MADERA Y NÁCAR QUE
PERTENECIÓ AL SULTÁN SELIM II (SIGLO XVI)

FRAGMENTO DE LA ROCA DE PLYMOUTH
CON INSCRIPCIÓN PINTADA (EE UU, 1830)

ABANICO CONMEMORATIVO DE LA EXPOSICIÓN
UNIVERSAL DE FILADELFIA (1876)

BROCHE (EUROPA,
1890–1935)

NETSUKE (ADORNO
DE KIMONO) JAPONÉS

VALENTINE DE MARINERO OCTOGONAL
DOBLE (MEDIADOS DEL SIGLO XIX)

CAJA DE RAPÉ DE ORO ESMALTADO CON
FORMA DE MARIPOSA, CON CARILLÓN Y RELOJ

MATRIOSKA RUSA, PRODUCIDA EN SERIE TRAS GANAR UN
PREMIO EN LA EXPOSICIÓN UNIVERSAL DE PARÍS (1900)

MARCAPÁGINAS PUBLICITARIO
(RU, c.1950)

BABUCHAS BORDADAS
(MARRUECOS)

BANDEJA DE CONCHAS LACADAS Y PINTADAS CON
FOTO DE UN PUERTO MALTÉS (MALTA, c.1965–1975)

GAFAS DE SOL DE PLÁSTICO
PROMOCIONALES DE NUEVA YORK

CUCHARILLA DE PLATA DE LA EXPOSICIÓN UNIVERSAL DE CHICAGO CON LA EFIGIE DE BERTHA PALMER, EMPRESARIA Y CELEBRIDAD ESTADOUNIDENSE (1893)

FRASCO CON ARENAS COLOREADAS DE LA BAHÍA DE ALUM, EN LA ISLA DE WIGHT (RU, SIGLO XIX)

JARRITA DE PORCELANA CON EL HOTEL KINEO HOUSE JUNTO AL LAGO MOOSEHEAD (MAINE, EE UU, *c.*1890)

COLECCIONES DE POSTALES DE FLORENCIA, CAPRI Y MILÁN (*c.*1926)

CABALLOS DALECARLIANOS SUECOS, JUGUETES TRADICIONALES DE MADERA PRODUCIDOS EN SERIE TRAS LA EXPOSICIÓN UNIVERSAL DE PARÍS DE 1937

Souvenirs

Un *souvenir* recuerda a su propietario un lugar o un acontecimiento y a menudo posee un alto valor sentimental.

Los primeros *souvenirs* («recuerdos», en francés) eran reliquias de lugares santos o históricos, como la roca de Plymouth, donde se dice que los peregrinos del Mayflower tocaron por primera vez suelo americano. Para preservar esos lugares (lo que quedaba de dicha roca tuvo que ser cercado hacia 1880), se empezaron a vender baratijas como recuerdo.

En el siglo XVIII, los europeos acaudalados enviaban a casa esculturas antiguas, objetos hallados en excavaciones y vistas de Venecia pintadas por Canaletto, antecesoras de las postales. No tardó en surgir un mercado de artículos fabricados para los viajeros: porcelanas o abanicos con el Vesubio en erupción, réplicas en bronce del Coliseo e incluso retratos por Pompeo Batoni, que se especializó en pintar a aristócratas británicos

en escenarios clásicos. Desde la Gran Exposición de Londres de 1851, a finales del siglo XIX las exposiciones universales atrajeron a miles de visitantes, muchos de los cuales volvían a casa con una cuchara de plata, una jarrita de porcelana o alguna otra baratija. Los *souvenirs* también podían ser regalos sentimentales, como los *valentines*, mosaicos de conchas con un corazón y un mensaje tierno («Piensa en mí» o «Vuelve a casa»), que llevaban los marineros.

Prendas de amor, porcelanas con paisajes o cucharas conmemorativas aún tienen demanda, pero los actuales *souvenirs* fabricados en serie están muy lejos de las cajas del Corán o de rapé artesanales de antaño. Matrioskas, bolas de nieve, gafas promocionales, zapatillas y marcapáginas son recuerdos de vacaciones baratos.

BOLA DE NIEVE (INVENTADA EN EL SIGLO XIX) CON MINIATURA DE NUEVA YORK

Productos de todo el mundo

Las muestras de la industria, la tecnología y las artes que se han celebrado con el nombre de gran exposición, exposición universal o feria mundial han fascinado a sus visitantes con todo lo que el mundo tiene por ofrecer.

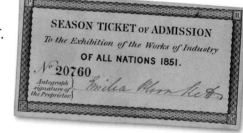

La primera exposición universal fue la celebrada en Londres en 1851 con el nombre de Gran Exposición de las Obras de la Industria de Todas las Naciones. Esta espectacular muestra instalada en el Palacio de Cristal, un edificio de vidrio y hierro diseñado por Joseph Paxton, exaltaba los logros de la revolución industrial, así como los éxitos del Imperio británico, y abrió el camino a numerosas exposiciones similares que aspiraban a dar lustre a la ciudad anfitriona y convertirse en plataformas para dar a conocer productos de todo el mundo.

El mundo en una ciudad

En la Gran Exposición de 1851 se exhibieron artículos exóticos de Europa, Próximo y Lejano Oriente, las colonias británicas y EE UU, que presentó, entre otras cosas, revólveres Colt, dentaduras postizas y una gran reproducción de las cataratas del Niágara. No hay datos de cuántos visitantes cruzaron el Atlántico para contemplar esta exposición, pero el público británico acudió en masa a la capital para visitarla. La ocasión supuso un gran impulso para la nueva empresa de Thomas Cook & Son (pp. 222–223), que organizó el viaje y el alojamiento para 165 000 visitantes de las Midlands.

Cook cosechó un éxito similar al lanzar sus primeras visitas al continente para la Exposición Universal de París de 1855. Una segunda exposición en París, en 1867, fue la primera que introdujo la idea de los pabellones nacionales, además de restaurantes donde podían degustarse platos de distintas cocinas servidos por personal ataviado con trajes tradicionales. Una de las atracciones más populares fue una maqueta a gran escala del Canal de Suez, con barcos incluidos.

Los italianos presentaron una maqueta de la entrada al túnel del Mont Cenis, que se abrió al año siguiente y que formaba parte del primer ferrocarril de montaña del mundo.

Sin reparar en gastos

Para esa época se había perfilado un modelo de exposición universal instalada en un gran parque a modo de una pequeña ciudad con edificios que presumían de todo tipo imaginable de innovaciones, artículos y actividades. Todos los países eran invitados a participar, sin reparar en gastos, y al cabo de seis meses se demolía todo, dejando, si acaso, el símbolo histórico.

△ **Un billete para todo**
Ya desde 1851, las exposiciones universales atrajeron aludes de visitantes, a una escala solo igualada por los Juegos Olímpicos.

La exposición de París de 1878 presentó una *rue des Nations* («calle de las Naciones»), una larga avenida bordeada por fachadas de edificios que ejemplificaban la arquitectura de numerosos países. En la de 1889, esta fórmula se desarrolló en forma de gran sector colonial, con aldeas indígenas, réplicas parciales de los templos de Angkor y toda una calle de El Cairo.

La idea tuvo tanto éxito que hasta la gran Exposición Mundial Colombina de Chicago (1893), que conmemoraba el 400 aniversario del descubrimiento de América por Cristóbal Colón, contaba con una «calle egipcia», donde Thomas Cook expuso maquetas de sus nuevos

△ **Bailarinas javanesas**
Las exposiciones siempre presentaban atracciones étnicas que iban desde la comida hasta trajes y bailes, como muestra esta ilustración correspondiente a la exposición de París de 1889.

▷ **La *rue des Nations***
En París, los países participantes en 1900 fueron invitados a construir sus pabellones nacionales a orillas del Sena.

vapores del Nilo. También en esta exposición, la esposa siria del dueño de un restaurante local escandalizó a los visitantes al presentar la danza del vientre.

La edad de oro de las exposiciones universales se sitúa entre los años 1875 y 1915, un periodo durante el cual se celebraron más de 50 en ciudades de toda Europa y EE UU, además de Sídney y Melbourne. Millones

> « Un lugar donde los **Jóvenes** pueden ver cuán **rico en ideas es el mundo**, cuánto queda aún por hacer y **en qué punto debemos empezar**. »

HENRY FORD, FABRICANTE DE AUTOMÓVILES ESTADOUNIDENSE

de personas acudieron para contemplar los deslumbrantes pabellones y artículos. Las exposiciones universales lograron algunas de las mayores concentraciones de público jamás vistas y algo tal vez más importante: fueron uno de los mejores ejemplos de intercambio cultural e intelectual de la historia contemporánea.

▷ **El mundo desde arriba**
La exposición celebrada en Chicago en 1893 presentó una atracción llamada rueda Ferris, una noria original para la época, de 80 m de altura. Al fondo se ven la cúpula y el alminar de la mezquita de la calle de El Cairo.

A través de Australia

Robert Burke y William Wills se propusieron ser los primeros en cruzar Australia de sur a norte, desde Melbourne hasta el golfo de Carpentaria: una empresa épica con final trágico.

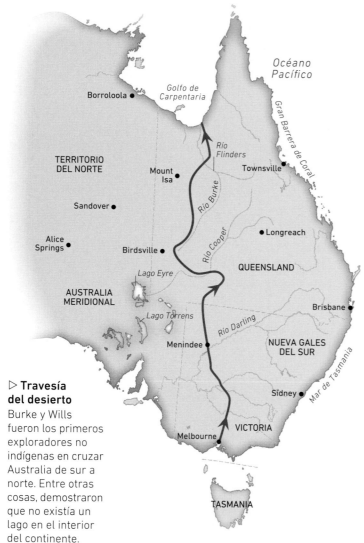

▷ **Travesía del desierto**
Burke y Wills fueron los primeros exploradores no indígenas en cruzar Australia de sur a norte. Entre otras cosas, demostraron que no existía un lago en el interior del continente.

El 3 de noviembre de 1861, el periódico *The Argus* de Melbourne publicó la siguiente noticia: «Sandhurst, 2 de nov. El sr. Brahe, del Contingente Explorador, ha llegado esta tarde desde el río Cooper. Los restos mortales de Burke y Wills, muertos el mismo día de inanición (supuestamente hacia el 28 de junio) cerca del río Cooper, han sido hallados. Gray, otro miembro de la partida, también falleció. King es el único superviviente. Habían cruzado el continente hasta el golfo de Carpentaria».

Una cuestión de orgullo

La idea de enfrentarse a unos 3220 km de terreno extenuante y condiciones extremas surgió del espíritu competitivo. El estado de Victoria, que acababa de separarse de Nueva Gales del Sur, ansiaba probarse ganando la carrera para cruzar el continente. Además de la posibilidad de descubrir nuevas tierras aptas para la agricultura y la ganadería, existía el reto de confirmar si Australia tenía un mar interior.

Un comité oficial de exploración pidió solicitudes para la expedición y reunió una partida de 18 hombres, encabezada por el irlandés Robert O'Hara Burke,

◁ **Monumento a Burke y Wills**
Un *cairn* (túmulo) erigido en 1890 en el Royal Park (Melbourne) marca el punto de partida de la expedición el 20 de agosto de 1860.

exoficial del ejército y policía. El 20 de agosto de 1860, aclamada por la multitud, partió una caravana compuesta por 23 caballos, 26 camellos (la mayoría de ellos importados de Afganistán para la ocasión) y seis carretas cargadas de provisiones y equipo. Durante los siguientes nueve meses, la expedición viajó hacia el norte en etapas de Melbourne a Menindee, al río Cooper y al golfo de Carpentaria. No estuvo libre de incidentes. Para cuando la partida alcanzó Menindee, junto al río Darling, el 12 de octubre, dos oficiales habían abandonado y 13 hombres habían sido despedidos y sustituidos por ocho nuevos contratados. Un viaje que la diligencia regular de correos hacía en una semana les había llevado casi dos meses.

Irritado por la lentitud y temeroso de ser superado en la carrera hacia el norte, en el río Cooper Burke decidió continuar con solo tres acompañantes: su segundo, William John Wills, John King y Charlie Gray. Se llevaron seis camellos, un caballo y provisiones para tres meses, y dejaron acampado al resto del grupo, al mando de William Brahe.

El árbol excavado

El pequeño grupo alcanzó la costa norte, aunque los pantanos le impidieron llegar al mar. No obstante, volver atrás fue más duro. Tuvieron que matar y comerse a sus animales, y Gray murió de agotamiento. Los tres restantes

▷ **Río Cooper**
El 11 de noviembre de 1860, la expedición llegó al río Cooper, límite del territorio desconocido. Burke, Wills y otros dos miembros de la expedición partieron hacia el interior.

◁ Tallado en madera
Tras alcanzar la costa norte, Burke y Wills solo lograron regresar hasta el río Cooper, donde murieron de inanición. Allí se talló en 1898 la imagen de Burke en un tronco.

árbol marcado con la palabra *DIG* («excava») algunas provisiones que pudieron recuperar. En vez de seguir a Brahe hacia Menindee, se dirigieron a los puestos avanzados establecidos en Australia Meridional, mucho más cercanos, y se extraviaron en el *bush* (sabana australiana). Burke y Wills murieron víctimas de la inanición, el agotamiento y la deshidratación. King sobrevivió y fue hallado por un grupo de rescate viviendo con aborígenes.

regresaron al campamento, pero por desgracia, tras 18 semanas llegaron tan solo medio día después de que Brahe los diera por muertos y partiera con rumbo sur. Brahe había enterrado cerca de un

BIOGRAFÍA
Robyn Davidson

A fines del siglo xx, el interior de Australia seguía siendo temible, por lo que en 1977 parecía imprudente que Robyn Davidson, a sus 27 años, partiera de Alice Springs hacia la costa oeste tan solo con un perro y cuatro camellos. Su viaje de 2735 km duró nueve meses. «¿Por qué lo crucé en camello?», se preguntaba en su libro *Las huellas del desierto* (1995), llevado al cine. «No tengo respuesta. Por otra parte, ¿por qué no? Australia es un país inmenso, y la mayoría de los que vivimos aquí solo vemos una pequeña parte. Más allá de las carreteras, en la región conocida como *outback*, el camello es un medio de transporte ideal. En coche se ve poco, y los caballos no sobrevivirían a la dura travesía del desierto».

DAVIDSON EN 2014, EN EL ESTRENO DE LA PELÍCULA *EL VIAJE DE TU VIDA*

◁ *Regreso de Burke y Wills al río Cooper*
Pintura de Nicholas Chevalier que representa la travesía del desierto por Burke y Wills. Este viaje es uno de los grandes hitos de la historia australiana y objeto de innumerables libros e imágenes.

Cartografiar el Mekong

Desde la meseta del Tíbet hasta Vietnam, el río Mekong recorre más de 4350 km, pero se sabía muy poco de él hasta que una ambiciosa expedición francesa siguió su curso en 1866.

A mediados del siglo XIX, mientras los británicos estaban absortos en las hazañas de sus aventureros imperiales en África (pp. 212–215), los franceses estaban a punto de emprender una incursión igualmente ambiciosa en el corazón del Sureste Asiático.

En 1859, las fuerzas navales francesas tomaron Saigón, una ciudad vietnamita situada en el delta del Mekong, un río que Francia esperaba poder usar como ruta comercial al interior de China a través de Siam (actual Tailandia). Los franceses necesitaban comprobar primero si el río era navegable, por lo que reunieron una comisión para la exploración del Mekong integrada por siete hombres, entre los que estaban el topógrafo Francis Garnier, el pintor Louis Delaporte y el fotógrafo Émile Gsell, liderada por Ernest Doudart de Lagrée. La comisión salió de Saigón el 5 de junio de 1866 en dos pequeños vapores repletos de armas, artículos para comerciar y grandes cantidades de vino y coñac. Se detuvieron durante un mes en Camboya para estudiar el antiguo templo jemer de Angkor Vat, y el 7 de julio reembarcaron en Nom Pen. Sin embargo, 36 horas después, cerca del puerto fluvial de Kratie, las aguas se volvieron demasiado peligrosas para los vapores, y el equipo tuvo que

▽ **Templo real**
Esta pintura de Louis Delaporte del templo real de Luang Prabang (Laos), del siglo XVI, apareció en el relato de la expedición de Doudart de Lagrée.

« Cada **curva del Mekong** añadida a mi mapa parecía un **descubrimiento geográfico** importante [...] Yo estaba **loco por el Mekong**. »

FRANCIS GARNIER, TOPÓGRAFO DE LA MISIÓN

ser transferido a ocho canoas. Aunque techadas con bambú para protegerlas de las fuertes lluvias monzónicas, las canoas distaban mucho de ser cómodas. Uno de los hombres escribió: «El techo era demasiado bajo para sentarme erguido; tenía que permanecer medio tumbado, y la lluvia que se acumulaba en el fondo usurpaba mi espacio».

En Preatapang hallaron rápidos que solo lograron atravesar amenazando a punta de pistola a los barqueros nativos. Sin embargo, las amenazas no sirvieron de nada en las cataratas de Khone, donde unas atronadoras cascadas verticales les cortaron el paso y les obligaron a dejar el río.

Hacia el interior de China

En este punto, los expedicionarios podrían haber regresado a Saigón para informar de sus hallazgos, pero siguieron adelante con nuevas canoas que se procuraron al otro lado de las cataratas. Al llegar a Bassac, en Laos, se enteraron de que en el noreste de Camboya había estallado una rebelión contra Francia, lo cual les impedía volver sobre sus pasos: la única ruta de regreso estaba por delante.

El 18 de junio de 1867 llegaron a Tangh-ho y se enfrentaron a lo que se decía eran unos 100 km de rápidos. Por ello decidieron abandonar el río definitivamente, pasaron el equipo a doce bueyes y siguieron a pie, en condiciones cada vez más peligrosas. Sin río que seguir y sin mapa, tenían

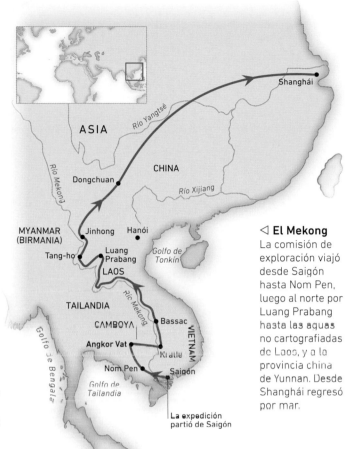

◁ **Arte jemer**
En Camboya, la expedición descubrió muchos templos hinduistas, algunos datados en el periodo jemer (siglos IX–XV).

que fiarse de la brújula y guiarse por las estrellas para mantener su rumbo, y lo lograron, porque el 1 de octubre llegaron por fin a Jinhong, a las puertas de China. Desde allí, la marcha fue más sencilla, pero en Dongchuan (Yunnan), Doudart de Lagrée sucumbió a la enfermedad y murió. Garnier tomó el mando y llevó al grupo hasta el río Yangtsé, por el cual navegaron hasta Shanghái y finalmente regresaron a Saigón. En total, la expedición recorrió unos 11 000 km, una distancia mayor que la longitud de África, y arrostró

toda suerte de peligros. Si bien no consiguió las ventajas políticas que esperaba Francia, sus mediciones y observaciones llenaron miles de páginas y ayudaron a completar los espacios en blanco en los mapas occidentales de esta parte del mundo.

◁ **El Mekong**
La comisión de exploración viajó desde Saigón hasta Nom Pen, luego al norte por Luang Prabang hasta las aguas no cartografiadas de Laos, y a la provincia china de Yunnan. Desde Shanghái regresó por mar.

◁ **Grupo expedicionario**
Este grabado a partir de una fotografía de Émile Gsell muestra a Doudart de Lagrée (con pantalón blanco) con cinco miembros más de la expedición, entre ellos Delaporte y Garnier (a la derecha).

«No recuerdo lo que dijo ninguno de los oradores, pero sí que había una **gran abundancia de champán**.»

ALEXANDER TOPONCE, PIONERO, SOBRE LA CEREMONIA DEL CLAVO DE ORO (1869)

El clavo de oro
Los trabajadores de las compañías Central Pacific y Union Pacific celebran la finalización de la primera línea ferroviaria que cruzaba EE UU. Las dos vías se encontraron en la cumbre de Promontory (Utah), donde el enlace fue fijado con un último clavo de oro.

De costa a costa

La primera línea férrea transcontinental de América fue clave no solo para el transporte, sino para la construcción de la nación estadounidense.

EE UU supo ver pronto los beneficios del ferrocarril. Aun así, en 1860, treinta años después de que se tendieran las primeras vías, solo se podía ir de una costa a otra en carro o por mar, rodeando América del Sur. Para subsanar esta situación, el presidente Abraham Lincoln firmó en 1862 la ley del Ferrocarril del Pacífico, que garantizaba subvenciones y derechos sobre las tierras a las empresas ferroviarias con el fin de construir una línea continua transcontinental entre la orilla oriental del río Misuri en Council Bluffs (Iowa) y el río Sacramento en California.

En el oeste, cuatro inversores se unieron para apoyar a la empresa ferroviaria Central Pacific del ingeniero Theodore Judah, que obtuvo el contrato para construir la vía desde California. Aunque el avance era muy lento, para 1867 se había superado lo más duro del reto técnico con la finalización del tramo que atravesaba las montañas de la Sierra Nevada en el paso Donner, a 2160 m sobre el nivel del mar. En el este, las obras iban con retraso a causa de la guerra de Secesión, pero una vez concluida esta en 1865, la empresa Union Pacific, que poseía el contrato de ese extremo de la línea, aceleró gracias a la incorporación de antiguos soldados y de esclavos liberados a su ejército de trabajadores.

Para tender las vías, primero se enviaba una avanzadilla a inspeccionar la ruta, luego los niveladores allanaban el terreno retirando rocas y levantando terraplenes y puentes, y por último se colocaban traviesas y raíles. Los contratos del gobierno estipulaban el pago por milla de vía acabada, por lo que ambas empresas competían por tender el máximo posible. Al final se acordó que la unión de las vías tendría lugar en la cima Promontory (Utah). Cuando los representantes de las dos empresas se turnaron para clavar un clavo de oro en el enlace final el 10 de mayo de 1869, unieron todo un país. Un viaje que hasta entonces se hacía en seis meses ya era posible en unos días.

▷ **El gran acontecimiento**
Cartel anunciador de la apertura de la línea ferroviaria que conectaba los océanos Pacífico y Atlántico. El ferrocarril transcontinental abrió el Oeste a colonos de todo tipo y a gente que viajaba por placer.

El gran hotel

Hacia mediados del siglo XIX, los hoteles pasaron de ser simples lugares para el descanso del viajero a grandes, y a menudo lujosos, destinos por sí mismos.

△ **Gran llegada**
La gente llegaba a los grandes hoteles con gran estilo. En esta foto de 1931, los mozos del Bayerischer Hof de Múnich cargan las maletas y las bolsas de viaje de recién llegados.

El 5 de mayo de 1862, la emperatriz Eugenia de Francia fue invitada a la inauguración del Grand Hôtel de París. Erigido en un vasto terreno triangular cercano al lugar donde pronto iba a alzarse el espectacular teatro de la ópera Garnier, era posiblemente el mayor hotel del mundo del momento, con 800 habitaciones y 65 salones, un magnífico vestíbulo con techo de cristal, una bodega con un millón de botellas de vino, decoración a cargo de artistas famosos y una enorme sala de baile. Para la emperatriz era «como estar en casa».

Hasta mediados del siglo XIX, eran raros los hoteles tal como se entienden hoy. Los viajeros se alojaban en casas de huéspedes o de alquiler en las ciudades, y en posadas de postas durante el camino. No obstante, a medida que aumentaba el número de viajeros y las estancias eran más cortas, el alquiler de casas resultaba poco práctico: lo que la gente necesitaba eran hoteles modernos.

▷ **Grand Hôtel de París**
Este lujoso hotel alojó a la realeza y a muchos famosos, entre los que figuraban la actriz Sarah Bernhardt, el compositor Jacques Offenbach y el cantante de ópera Enrico Caruso.

Dos de los primeros grandes hoteles de importancia se construyeron en ciudades estadounidenses en rápida expansión. Al Tremont House de Boston, construido en 1829, le siguió el primer hotel de lujo de Nueva York, el Astor House (1836). Ambos ofrecían lujos inimaginables, como agua corriente, calefacción, iluminación a gas, jabón gratis y comedores con extensos menús.

Camas para todos
Algunos de los primeros grandes hoteles de Europa se construyeron junto a estaciones de tren. El primer hotel de estación se erigió en Euston (Londres) en 1839, seguido por otros aún mayores en Paddington (1854), Victoria (1861) y Charing Cross (1864).

◁ **Botones suizo**
Muchos de los primeros hoteles de lujo se abrieron en Suiza, donde los deportes de invierno los mantenían llenos todo el año. El personal vestía de manera impecable, en consonancia con la categoría de los hoteles.

También se construyeron hoteles específicamente para alojar a las multitudes esperadas para las exposiciones universales (pp. 230–231): el Grand Hôtel du Louvre, para la exposición

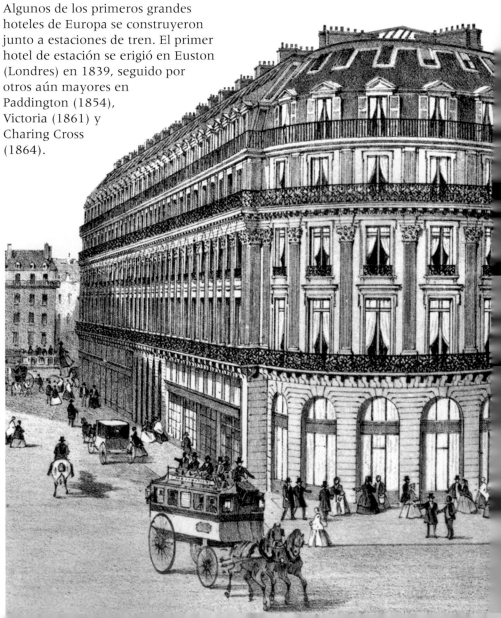

y más grandiosos. Los estadounidenses marcaban la pauta: los viajeros europeos solían destacar su tamaño y comodidad. Los hoteles europeos, por su parte, intentaban atraer clientes mejorando los servicios, en especial, el número de cuartos de baño. Cuando el Savoy de Londres estaba en construcción, en la década de 1880, su financiador, Rupert D'Oyly Carte, pidió un baño por cada dos habitaciones, lo que hizo que el contratista preguntara si D'Oyly Carte esperaba alojar anfibios.

Una de las maniobras más inteligentes de D'Oyly Carte fue contratar a César Ritz, de origen suizo, como gerente de su nuevo hotel. A finales de la década de 1890, Ritz dejó el Savoy para lanzar su propio hotel homónimo, sito en la elegante plaza Vêndome. Tras su fachada del siglo XVIII, presumía de un baño privado por habitación, que se convirtió en el estándar del lujo para todo gran hotel posterior.

de París de 1855, el Langham (Londres, 1862) y el Continental (París, 1878). El final del siglo XIX vivió una edad de oro de los hoteles, inaugurada por el esplendor del Grand Hôtel de París. Incorporando nuevos inventos como el ascensor –presentado públicamente en la exposición de Nueva York de 1854– y la electricidad, los hoteles se hicieron aún mayores

BIOGRAFÍA
César Ritz

Nacido en 1850 en el alto valle del Ródano, en Suiza, Ritz llegó a París en busca de empleo durante la exposición de 1867. Trabajó en varios restaurantes antes de volver a Suiza e incorporarse al Hotel Rigi-Klum, cerca de Lucerna. En 1877 pasó al Grand Hôtel National de Lucerna que, aun siendo el más lujoso de Suiza, pasaba por dificultades económicas, y en una sola temporada dio la vuelta a la situación. Se asoció con el chef Auguste Escoffier para hacer del comedor del hotel un centro social, no solo para los clientes, sino para toda la alta sociedad del momento.

CÉSAR RITZ EN 1900, DOS AÑOS DESPUÉS DE ABRIR EL HOTEL RITZ EN PARÍS

◁ **Alta cocina**
El menú de Año Nuevo de 1908 del Savoy de Londres demuestra que los grandes hoteles no eran solo lugares donde alojarse, sino locales donde la alta sociedad podía comer, bailar y dejarse ver.

«Cuando sueño con la otra vida en el cielo, la acción siempre tiene lugar en el Ritz de París.»

ERNEST HEMINGWAY, EN UNA CARTA A A. E. HOTCHNER

GRAND HÔTEL DE LYON (FRANCIA)

KYOTO HOTEL (JAPÓN)

HOTEL LUNA (ITALIA)

VILLARS PALACE (SUIZA)

HOTEL DE LA MAMOUNIA (MARRUECOS)

VICTORIA HOTEL (SUIZA)

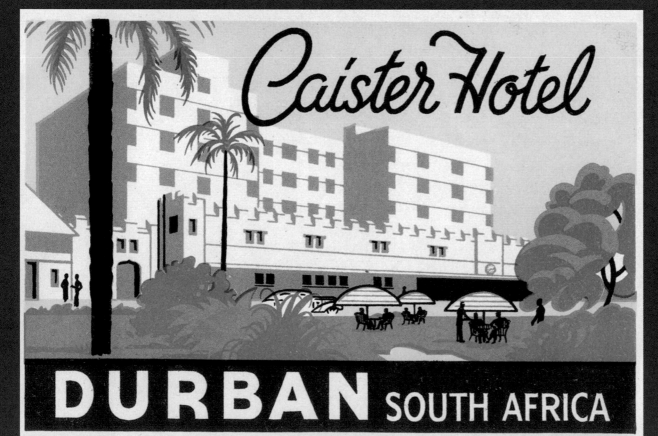

CAISTER HOTEL (SUDÁFRICA)

HOTEL TIMES SQUARE (EE UU)

SEA VIEW HOTEL (SINGAPUR)

SERVICIO AÉREO DE HOLDEN (NUEVA GUINEA)

STATION HOTEL (MALASIA)

NAIRN TRANSPORT COMPANY (ORIENTE MEDIO)

GRAND HOTEL RICHER (FRANCIA)

NAVIERA COSULICH (ITALIA)

HOTEL REGIS (MÉXICO)

Etiquetas de equipaje

Bonitas y útiles a la vez, estas etiquetas indicaban a dónde iba el equipaje de un viajero y dónde había estado.

HOTEL RUHL (FRANCIA)

Al principio, estas etiquetas eran expedidas por las empresas navieras para facilitar el trabajo en los muelles indicando qué piezas del equipaje iban al camarote y cuáles a la bodega. Más tarde fueron adoptadas por la hostelería. Los mozos de estación o de puerto las pegaban en el equipaje de los viajeros para asegurarse de que todo se entregara en el hotel correcto. En años posteriores, los hoteles se las entregaban a los clientes como recuerdo de su estancia y como una forma temprana, barata y eficaz de publicidad.

Los artistas que las diseñaban buscaban sintetizar el exotismo y el romanticismo locales, por lo que solían representar lugares famosos sobre atardeceres oscuros o límpidos

cielos azules. Algunas eran pequeñas obras maestras que recordaban a los carteles de la edad de oro de los viajes; de hecho, eran los mismos quienes creaban diseños para etiquetas y carteles.

Una maleta con muchas etiquetas pegadas proclamaba el cosmopolitismo, la riqueza y el estatus de su propietario. «Viajando en un compartimento con mi sombrerera al lado, disfruté del callado interés que despertaban mis etiquetas en mis compañeros de viaje», escribió el ensayista Max Beerbohm en 1909.

Con la llegada de la aviación, que obligó a viajar con mucho menos equipaje, la tradición de las etiquetas llegó a su fin.

HOTELES ESSENERHOF Y SCHLICKER (ALEMANIA)

Medir India

En India, los británicos llevaron a cabo la expedición cartográfica más dura jamás emprendida. Tardaron casi 70 años en completarla, y costó más vidas que algunas guerras. Sin embargo, hoy todo ello está casi olvidado.

A finales del siglo XVIII, la Compañía Británica de las Indias Orientales controlaba grandes franjas de India, pero el conocimiento del país era limitado. Aún no se habían establecido fronteras, distritos e infraestructura, y esto planteaba dificultades sin buenos mapas. Así, poco tiempo después de una victoria sobre el sultán Tipu, gobernante del reino de Mysore en el sur de India, se inició una gran exploración topográfica del país.

El Gran Proyecto

El conocido como Gran Proyecto de Topografía Trigonométrica de India comenzó en Madrás, en la costa oriental, el 10 de abril de 1802, bajo el mando del topógrafo William Lambton. Implicaba tomar la medida más precisa posible del terreno entre dos puntos fijos y luego apuntar a un tercer punto fijo desde cada extremo de esta línea. Así, la distancia al tercer punto podía ser calculada mediante trigonometría. Esta nueva línea servía de referencia para otra observación, y así sucesivamente hasta haber medido un área concreta. Todos los cálculos se cotejaban con la posición de las estrellas con ayuda de un enorme teodolito (una especie de telescopio) hecho a medida, que pesaba media tonelada. Mediante este riguroso y arduo proceso, triángulo a triángulo, la expedición se fue abriendo paso en dirección oeste desde Madrás a través del recién incorporado territorio de Mysore y de Bangalore, en India central, hasta Mangalore, junto al mar de Arabia.

Problemas logísticos

La primera parte del proyecto duró cuatro años y estableció que la anchura de India a esa latitud era de 580 km, 64 menos de lo que se había pensado previamente. La expedición continuó hacia el sur, desde Bangalore hasta el extremo meridional de India, y luego hacia el norte, siguiendo la columna vertebral del país hasta

◁ **Teodolito de Lambton**
Con más de 508 kg de peso, esta gran pieza del equipo topográfico fue llevada a India por William Lambton en 1802. Su solidez ayudó a los topógrafos a realizar lecturas precisas.

«Hace algunos años que sabemos que **esta montaña** es **más alta** que cualquier otra **medida** hasta ahora **en India** y probablemente sea **la más alta del mundo**.»

ANDREW SCOTT WAUGH, TOPÓGRAFO GENERAL DE INDIA, SUCESOR DE GEORGE EVEREST (1850)

△ **Topógrafos en acción**
Esta litografía del siglo XIX muestra un grupo indio –provisto de poste, trípode y cordel– integrante del Gran Proyecto de Topografía Trigonométrica.

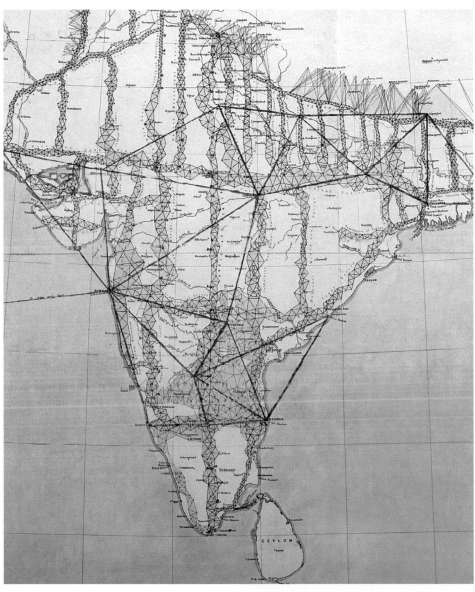

◁ **El mapa de India**
Este gráfico del Gran Proyecto Trigonométrico muestra la red de mediciones de William Lambton a través de toda India. Cada gran triángulo contiene muchos triángulos más pequeños.

más allá de Delhi, en un enorme arco que se correspondía en general con el meridiano 78. Sin embargo, el proyecto se vio acosado por toda suerte de problemas. El más desafiante era cómo lograr líneas de visión en las selvas y en entornos brumosos por el polvo y por el humo de miles de fogatas de estiércol de vaca. Una solución consistió en usar bengalas por la noche y mirarlas desde torres de observación construidas especialmente. Más difíciles de resolver fueron los brotes de malaria y otras enfermedades que se llevaron cientos de vidas, por no mencionar los ataques de los tigres, que sembraban el terror por todas partes.

El monte Everest

Tras la muerte de Lambton se hizo cargo del proyecto George Everest, que fue topógrafo general de India entre 1830 y 1843. Ambicioso y de mal carácter, no gozaba del aprecio de su equipo. Aun así, cuando el proyecto llegó al Himalaya en 1856 y el matemático indio Radhanath Sikdar calculó la altura del pico más alto del mundo, este recibió el nombre del extopógrafo general. El propio Everest se opuso (creía que debía dársele un nombre local), pero sus protestas fueron

desoídas. También es verdad que le irritaba aún más que se pronunciara mal su nombre (es «EVE-rest» –insistía–, no «EVER-est»). El nombre tibetano de la montaña es *Chomolungma* («Diosa madre del mundo»).

▷ **La cima del mundo**
En 1856, la altura del Everest (conocido como Pico XV) se fijó en 8840 m. Hoy, la altura oficial de la montaña más alta de la Tierra es de 8848 m.

Los primeros alpinistas

Una vez explorada y cartografiada gran parte del mundo conocido, el siguiente reto era la conquista de regiones inhóspitas a las que nadie había llegado antes: las cimas de las montañas.

▽ **La cima de Europa**
El fotógrafo francés Auguste-Rosalie Bisson fue el primero en tomar fotografías desde la cima del Mont Blanc, durante el verano de 1861. Se requirieron 25 porteadores para transportar todo su equipo.

Pocos días antes de la Navidad de 1857, un grupo de unos veinte hombres se reunió en un hotel de Covent Garden (Londres) para fundar el Alpine Club. Bajo la presidencia de Edward Kennedy –un «caballero con rentas propias» que había participado dos años antes en la primera escalada al Mont Blanc du Tacul, en los Alpes franceses–, los miembros del club alpino británico iban a contribuir decisivamente al desarrollo del nuevo deporte del montañismo.

El alpinismo en sentido actual nació probablemente en 1760, cuando Horace-Bénédict de Saussure, un joven geólogo ginebrino, ofreció una recompensa a la primera persona que ascendiera al Mont Blanc, el pico más alto de Europa, de 4808 m. El premio tardó 25 años en ser reclamado, pero finalmente se lo llevó Michel-Gabriel Paccard, un médico de Chamonix, en 1786. Un año después, el mismo Saussure hizo cumbre.

Durante los 60 años siguientes se coronaron otros picos, pero el inicio de la edad de oro del alpinismo, durante

la que se conquistaron por primera vez las cimas alpinas más difíciles, suele datarse en la subida al Wetterhorn en 1854 por Alfred Willis (el juez del Tribunal Supremo que encarceló a Oscar Wilde por actos «de grave indecencia» y uno de los asistentes a la reunión fundacional del Alpine Club). Este no fue el primer ascenso de la montaña, pero el relato de Willis de la expedición contribuyó a popularizar la escalada.

Temporada cumbre

En los primeros años de la edad de oro, alpinistas británicos acompañados

◁ **Edward Whymper**
Este pintor, montañista y explorador británico fue el primero en ascender el Cervino. También escaló en América del Sur y en las Rocosas canadienses.

por guías italianos, suizos o franceses escalaron uno tras otro los picos más altos de Suiza. Para algunos, el ascenso estaba ligado a la investigación; así, el físico John Tyndall, miembro del primer grupo que alcanzó la cumbre del Weisshorn en 1861, tuvo oportunidad de estudiar los glaciares y su movimiento. El logro culminante fue el primer ascenso del Cervino (Matterhorn) en julio del año 1865 por una cordada liderada por Edward Whymper, artista británico de 25 años. Desgraciadamente, la tragedia se abatió sobre el grupo durante el descenso sobre nieve y rocas cubiertas de hielo, donde uno de sus miembros resbaló y arrastró a otros tres en su caída por un precipicio de 1220 m.

Para 1870 ya se habían escalado las principales cumbres de los Alpes, y los escaladores empezaron a buscar retos en otros lugares. Al principio fueron los Pirineos y el Cáucaso, pero para finales de siglo, los montañistas habían vuelto su mirada hacia los Andes, en América del Sur; las Montañas Rocosas, en América del Norte y los picos africanos. El Aconcagua, el pico más alto de los Andes, fue escalado en 1897, y el Grand Teton de las Rocosas, al año siguiente. En África, el Kilimanjaro fue coronado en 1889 por Ludwig Purtscheller y Hans Meyer, y el monte Kenia lo fue en 1899 por Halford Mackinder. En 1913, el estadounidense Hudson Stuck ascendió en Alaska el monte McKinley, el pico más alto de América del Norte. Sin embargo, el bastión final, el Everest del Himalaya, aún se resistía. Edward

△ **Pintura del Mont Blanc**
El anglocanadiense John Auldjo escaló el Mont Blanc en 1827. Su relato del ascenso, que incluía varias acuarelas, fue un éxito de ventas inmediato.

Whymper viajó a Ecuador, donde hizo los ascensos iniciales de algunas cimas y escaló el Chimborazo, el volcán que en su día había visitado Alexander von Humboldt (pp. 192–193). Whymper acumuló datos para un estudio sobre el mal de altura y recogió anfibios y reptiles que entregó al Museo Británico. Posteriormente escaló en las Rocosas canadienses, donde el monte Whymper fue nombrado en su honor.

△ **Escalada de las Rocosas**
El general John Charles Fremont, pionero de la exploración de EE UU, plantó esta «bandera Fremont» en la cima de las Montañas Rocosas en agosto de 1842.

«Estuvimos **una hora** entera en la cima. Una **hora llena de gloria.**»

EDWARD WHYMPER, MONTAÑERO, SOBRE EL ASCENSO AL CERVINO (1865)

Primeros parques nacionales

Cuando se hizo evidente el alto precio de la domesticación del territorio de EE UU por los colonos –la destrucción de la tierra y el exterminio de la vida salvaje–, algunas personas decidieron rescatar ciertos parajes antes de que fuera demasiado tarde.

En 1851, en pleno apogeo de la fiebre del oro californiana (pp. 220–221), una patrulla de la milicia del estado entró en un valle de la Sierra Nevada occidental persiguiendo a unos indios. Un miembro de la patrulla, el médico Lafayette Bunnell, extasiado ante la belleza del lugar, escribió: «Al verlo, una sensación de peculiar exaltación pareció llenar todo mi ser, y mis ojos se llenaron de lágrimas de emoción». Sugirió que dieran nombre al valle, y creyendo que ese era el nombre de la tribu que habitaba allí, lo llamaron «Yosemite». En realidad, esta era la palabra que usaban otras tribus locales para referirse a la que vivía en el valle, a la que temían, y significaba «son asesinos».

Cuatro años después, el buscador de oro fracasado James Mason Hutchings condujo al valle a un grupo de visitantes con la idea de establecer allí un hotel.

Con ayuda de dibujos del ilustrador Thomas Ayers, hizo correr la voz sobre la belleza de Yosemite y promovió el turismo en la zona. Uno de los visitantes fue el diseñador del Central Park de Nueva York, Frederick Law Olmsted, que describió Yosemite como «la mayor gloria de la naturaleza […] la unión de la sublimidad más profunda con la más profunda belleza». Olmsted fue también una de las personas que expresaron su temor por lo que podría suceder si no se mantenía a raya a negociantes como Hutchings. De hecho, ya en esta etapa de la historia de EE UU, la joya natural más famosa del país, las cataratas del Niágara, había empezado a degradarse como consecuencia de edificaciones privadas descontroladas y cierres de accesos excepto para quienes estaban dispuestos a pagar.

Por ello, en mayo de 1864 se propuso un proyecto de ley –el primero de su tipo en el mundo– por el que se reservaban 155 km² de terreno en torno al valle de Yosemite para «uso, disfrute y recreo público». La ley fue aprobada por el presidente Abraham Lincoln en junio.

Seis años después, un grupo codirigido por Nathaniel P. Langford, un antiguo

△ **El primer parque nacional**
Declarado parque nacional en 1892, Yellowstone no solo fue el primero de su categoría de EE UU, sino del mundo. Este cartel publicitario data de 1910.

BIOGRAFÍA
John Muir

Después de que un accidente laboral casi le costara un ojo, el estadounidense de origen escocés John Muir decidió seguir sus sueños de explorador. Caminó de Kansas a Florida, y finalmente llegó a San Francisco, desde donde partió hacia el valle de Yosemite. Allí pasó varios años viviendo con lo mínimo y estudiando la flora y la geología locales. Para su sustento económico escribió artículos, en uno de los cuales afirmaba que las espectaculares formaciones de Yosemite eran de origen glaciar, una teoría generalmente aceptada hoy día. Sus escritos contribuyeron a inclinar la opinión pública a favor de las reservas forestales nacionales e inspiraron los programas de conservación de la naturaleza iniciados por el presidente Roosevelt, que le acompañó en 1903 a una acampada en Yosemite.

JOHN MUIR CON EL PRESIDENTE THEODORE ROOSEVELT EN YOSEMITE

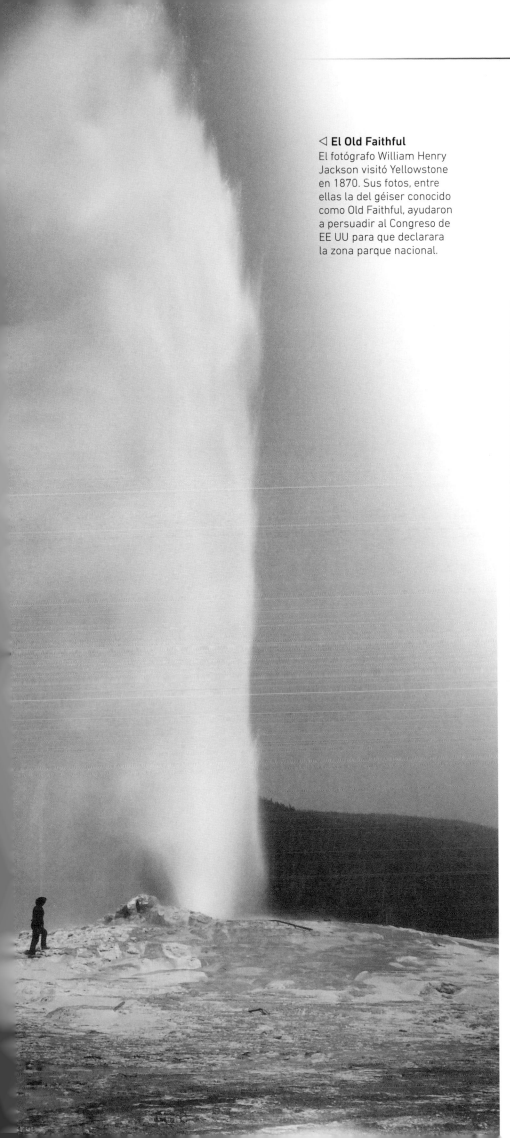

◁ **El Old Faithful**
El fotógrafo William Henry Jackson visitó Yellowstone en 1870. Sus fotos, entre ellas la del géiser conocido como Old Faithful, ayudaron a persuadir al Congreso de EE UU para que declarara la zona parque nacional.

empresario, vigilante y recaudador de impuestos, partió para investigar qué había de cierto en los rumores sobre un lugar del noroeste de Wyoming, el nacimiento del río Yellowstone, donde el agua y el vapor brotaban del suelo. Tras abrirse paso a través de densos bosques y nieve, el grupo llegó a un gran claro donde fueron testigos de la erupción de un enorme géiser que les hizo gritar de alegría.

Al año siguiente visitaba la zona un grupo de científicos cuyo informe fue remitido al Congreso, y el 1 de marzo de 1872, el presidente Ulysses S. Grant firmaba la ley de creación del Parque Nacional Yellowstone. A diferencia de Yosemite, administrado por el estado de California, este sería un parque nacional: el primero de la historia.

A raíz de las campañas del naturalista John Muir, temeroso de la incapacidad del estado de California de preservar Yosemite, esta zona de gran belleza natural también fue elevada en 1890 a la categoría de parque nacional.

△ **Yosemite**
Glacier Point, fotografiado aquí en 1877, fue una de las agrestes maravillas que impresionaron a Frederick Law Olmsted durante su visita a Yosemite.

▷ **Vuelta al mundo con Cook**
Ya en 1873, Thomas Cook acompañaba personalmente a grupos de turistas alrededor del mundo. Este cartel data de 1890.

La vuelta al mundo

A finales del siglo XIX, gracias a las mejoras del transporte y la apertura del Canal de Suez, los turistas intrépidos pudieron dar la vuelta al mundo.

△ **Ida Pfeiffer**
La escritora austríaca Ida Pfeiffer parecía una mujer casada convencional del siglo XIX, pero en realidad fue una audaz viajera.

I da Pfeiffer fue una mujer excepcional. Nacida en Viena en 1797, en una época en que el destino de la mujer eran «*Kinder, Küche, Kirche*» («hijos, cocina, iglesia»), recorrió el mundo sola, y no una, sino dos veces. Es más, se pagó los viajes con la escritura.

Sus primeros años fueron bastante convencionales. Aunque creció junto con varios hermanos y era tratada por su padre como un chico más (incluso vestía ropas de chico), se casó a los 22 años y tuvo dos hijos. No decidió viajar hasta los 45 años, después de separarse de su marido y de que sus hijos crecieran y dejaran el hogar.

Primero fue a Tierra Santa y Egipto, aparentemente en peregrinación, pues sabía que esto le evitaría la desaprobación de familia y amigos. Terminada su incursión en Oriente Próximo, hizo un viaje a Islandia y luego, en 1846, una gira alrededor del mundo que la llevó a América del Sur, China, India, Irak, Irán, Rusia, Turquía y Grecia. Viajaba prácticamente sin equipaje: una bolsa de cuero para el agua, un cazo para cocinar y algo de sal, arroz y pan. Regresó a casa en

▷ **Mimada por los medios**
Su juventud, su condición de mujer y su encanto lanzaron a la fama a Nellie Bly, cuya imagen aparece en la tapa de un juego de mesa de 1890.

1848, quedándose solo lo justo para escribir un relato de sus viajes que fue un éxito de ventas. Luego se embarcó de nuevo, dirigiéndose a Sudáfrica y después a Asia.

Ida no fue única solo por ser una mujer viajera por sus propios medios. A mediados del siglo XIX, pocas personas que viajaran por placer se aventuraban más allá de Europa, Oriente Medio y la

región oriental de América. Fuera de esos lugares apenas existían transportes programados o alojamientos turísticos, y viajar más lejos exigía fortaleza y la capacidad para enfrentarse a lo inesperado, lo incómodo, e incluso lo claramente peligroso. Ida se alojó con las gentes del lugar, durmió al raso en cubiertas de barcos atestados, comió con caníbales y hasta fue encarcelada

«Es fácil **hacer planes en este mundo**, hasta un gato puede hacerlos, y [...] en **esos océanos remotos**, es evidente que los planes de un gato y los de un hombre **vienen a valer lo mismo**.»

MARK TWAIN

◁ **Turista en Shanghái (1900)**
Para los viajeros curtidos que ya habían estado en Europa, Oriente Próximo y América, las ciudades de Extremo Oriente aportaban nuevas experiencias. El editor londinense John Murray publicó su primera «guía» de Japón en 1884.

Durante las décadas siguientes, la ruta establecida por Cook fue el itinerario estándar para los viajeros alrededor del mundo. Aunque seguía siendo caro, gracias a unos medios de transporte cada vez mejores y mejor conectados, el viaje de larga distancia se hizo más accesible. A finales del siglo xix, las giras por Japón e India tenían cada vez más aceptación. El temor de Japón a la influencia extranjera en su cultura hacía que se siguiera restringiendo el acceso a los turistas, pero aun así, era posible visitar Yokohama, Tokio, Kobe, Osaka, Kioto y Nagasaki. En la década de 1890, los itinerarios de Cook incluyeron Australia, Nueva Zelanda y Sudáfrica.

Viaje récord

En enero de 1873 se publicó en Francia con gran éxito *La vuelta al mundo en 80 días*, una novela fantástica sobre un viaje imposible escrita por Jules Verne. En 1889, solo 16 años después, Elizabeth Cochran, una periodista estadounidense de 22 años que firmaba con el seudónimo de Nellie Bly, decidió seguir los pasos de Phileas Fogg, el protagonista de la novela de Verne. Se marcó el objetivo de recorrer el mundo en solo 75 días, y lo hizo en barco, tren, burro y cualquier otro medio posible. Volvió a casa a los 72 días, estableciendo así un récord mundial para la época. Los viajes parecían haber encogido el mundo.

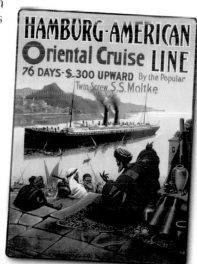

△ **Cruceros a Oriente**
A principios del siglo xx, la vuelta al mundo ya no suponía dificultades, y varias navieras ofrecían cómodas travesías a destinos remotos.

anterior ya había llevado a la creación de servicios similares a través del Pacífico.

No es de extrañar que el empresario Thomas Cook, que había aprovechado el nuevo ferrocarril de vapor para lanzar sus visitas guiadas (pp. 222–223), se apresurara a explotar las posibilidades del viaje alrededor del mundo. Para 1872, su empresa ya había acompañado a grupos por toda Europa y a América, Egipto y Tierra Santa. En la primavera de ese mismo año, Cook anunció una ambiciosa gira alrededor del mundo dirigida por él mismo. Su ruta cruzaba el Atlántico y EE UU en dirección a Japón, China, Singapur, Ceilán, India y Egipto. Luego los viajeros tomaban un vapor por el Mediterráneo y cruzaban Europa en tren para volver a Londres. La gira cubrió unos 47 000 km y tuvo una duración de 222 días, y su éxito fue tal que se convirtió en un acontecimiento anual.

en Madagascar, donde la acusaron de conspirar contra la reina.

Viajar por el mundo

Para finales de la década de 1860, la situación empezaba a cambiar. Desde 1869, el Canal de Suez permitió el tránsito de vapores directos entre Europa y Asia, y la apertura de Japón al comercio extranjero en la década

Cartografiar los océanos

La oceanografía moderna empezó con el viaje del *Challenger* (1872–1876), la primera expedición organizada específicamente para recopilar datos sobre los océanos y la vida marina, e investigar la geología del fondo oceánico.

A mediados del siglo XIX, océanos y mares aún se consideraban vastos espacios vacíos que había que cruzar para ir de un lado a otro. Incluso el naturalista Charles Darwin los describió como «una soledad angustiante, un desierto de agua». Se sabía muy poco de las profundidades del océano, pero esto empezó a cambiar en 1858, cuando se tendió el primer cable telegráfico transatlántico en el lecho marino entre Irlanda occidental y Terranova. Los ingenieros planearon tender más cables en los océanos del mundo, lo cual activó el interés por lo que se hallaba bajo las olas.

△ **Granadero**
Este granadero conservado en un tarro de muestras fue hallado por el equipo del *Challenger* en aguas del sur de Australia en 1874.

Rumbo a lo desconocido

A instancias del historiador natural y zoólogo marino escocés Charles Wyville Thomson, la Royal Society de Londres, en colaboración con la Marina Real, concibió en 1870 una expedición que puso a Gran Bretaña a la vanguardia de la exploración oceánica. El proyecto consistió en dotar a la fragata *Challenger*, un navío de madera de tres mástiles, con motores de vapor auxiliares. Todos sus cañones, excepto dos, fueron retirados para instalar dos laboratorios equipados con lo último en instrumental científico, parte del cual había sido inventado o modificado

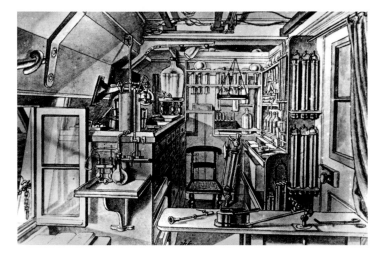

▷ **Laboratorio de a bordo**
El *Challenger* fue equipado con dos completos laboratorios, uno de química (en la imagen) y otro de biología.

para adecuarlo a los requerimientos de la expedición. El oficial al mando era el capitán George Nares, y aparte de la tripulación, compuesta por unos 240 hombres, embarcaron seis científicos, entre ellos el propio Wyville Thomson, los naturalistas John Murray y

▷ **Oceanógrafos pioneros**
Fotografía del equipo científico del *Challenger*, dirigido por Wyville Thomson (tercero por la izda.). John Murray (en el suelo) fue el autor principal de su informe.

▷ **El *Challenger* en la Antártida**
Durante su viaje de tres años y medio, el *Challenger* visitó todos los continentes. Este grabado de la época representa al barco en 1874 en la Antártida.

Henry Moseley, y el pintor oficial, John James Wild.

En diciembre de 1872, el *Challenger* zarpó de Sheerness (Escocia) para un viaje de tres años y medio. En ese tiempo navegó unas 68 890 millas náuticas (127 600 km) a través del Atlántico Norte y Sur, el Pacífico y el Ártico, realizando paradas de sondeo a intervalos regulares (362 en total) para medir la profundidad exacta del agua y tomar la temperatura a distintas profundidades. Los científicos usaban dispositivos especiales para peinar el fondo y recoger muestras de rocas, sedimentos y organismos bentónicos, además de redes de arrastre para capturar otros animales marinos. También recogieron muestras de agua a distintas profundidades y registraron las condiciones atmosféricas y otros datos meteorológicos.

Una nueva ciencia

Los hallazgos del viaje se recopilaron en un informe de 50 volúmenes y 29 500 páginas que supuso 19 años de trabajo, publicado entre 1877 y 1895. La expedición demostró definitivamente que existía vida en el fondo oceánico y descubrió 4700 especies de animales y plantas. También investigó la asombrosa topografía del lecho oceánico y registró por primera vez una de sus zonas más profundas, la fosa de las Marianas, en el Pacífico occidental, con más de 6 km de profundidad. Además de realizar numerosas aportaciones a distintas ramas científicas –la hidrografía, la geología y la meteorología, así como la botánica y la zoología–, la expedición marcó el nacimiento de la oceanografía, término creado para describir el trabajo de los científicos del *Challenger*. La NASA, en justo homenaje, bautizó tanto al módulo lunar Apolo 17 de 1972 como a su segundo transbordador espacial con el nombre del humilde barco británico que llevó a su tripulación tan lejos hacia lo desconocido.

> **«El mayor avance en el conocimiento de nuestro planeta desde los célebres descubrimientos de los siglos XV y XVI.»**
>
> EL NATURALISTA JOHN MURRAY SOBRE LOS HALLAZGOS DE LA EXPEDICIÓN DEL *CHALLENGER*

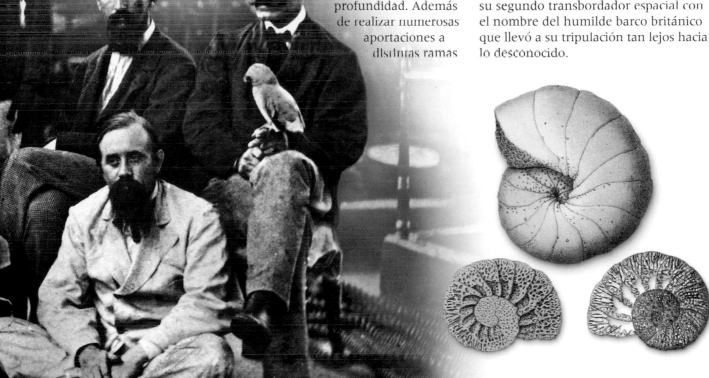

◁ **Nuevas formas de vida**

El equipo a bordo del *Challenger* descubrió más de 4700 especies nuevas de animales marinos. Muchas de ellas fueron pintadas de manera minuciosa para ilustrar el informe de la expedición

Viajes fantásticos

A medida que la tecnología aumentaba las posibilidades de viajar, los novelistas corrían el riesgo de ser superados por la realidad.

En 1869 podía leerse en un periódico de Sacramento (California): «Ahora que el ferrocarril del Pacífico está terminado, pocos de nuestros lectores son conscientes de que se puede hacer un viaje alrededor del mundo en ochenta días». ¿Inspiró esta frase al escritor francés Jules Verne, que tres años después publicó *La vuelta al mundo en 80 días*? Tal vez, aunque Verne no escribía normalmente sobre lo posible: prefería lo fantástico. En novelas como *Viaje al centro de la Tierra* (1864), *De la Tierra a la Luna* (1865), *Una ciudad flotante* (1870) o *Veinte mil leguas de viaje submarino* (1870) daba rienda suelta a una imaginación desbordante y exaltaba el dominio decimonónico de la ciencia y la tecnología, a la vez que anticipaba posibilidades futuras. Hoy este género se conoce como «ciencia ficción». Es de suponer que los lectores de Verne considerarían *La vuelta al mundo en 80 días* una más de sus entretenidas fabulaciones, y no como algo que pudiera hacerse realmente, pero el récord fue batido solo 17 años después por una joven llamada Nellie Bly (pp. 248–249).

El viaje fantástico requería nuevos vehículos, capaces de alcanzar lugares aún más fantásticos. En los últimos años del siglo XIX, el autor británico H. G. Wells aceptó el desafío en *La máquina del tiempo* (1895), que abrió el turismo a las vistas ilimitadas del futuro. Wells también envió hombres a la Luna en *Los primeros hombres en la Luna* (1901), empleando un aparato que invertía la gravedad. Dos décadas antes, en *Across the Zodiac* (1880), el escritor británico Percy Greg había llevado a Marte una nave espacial impulsada por una fuerza llamada *apergy*. Wells también pensó en estos viajes a la inversa: en *La guerra de los mundos* (1898), los marcianos visitan la Tierra, y les gusta tanto que deciden quedársela. Por fortuna, algunos de estos tempranos relatos de ciencia ficción estaban más lejos de la realidad que otros.

> **«¿Cuánto más lejos podemos ir? ¿Cuáles son las últimas fronteras en esta búsqueda de viajes?»**
>
> JULES VERNE

Paisajes imaginarios
En esta litografía de 1882, el artista francés Albert Robida imaginó cómo se viajaría en el año 2000: unos parisinos de clase alta vestidos con sus mejores galas a la moda de la época salen de una ópera en un paisaje urbano lleno de vehículos futuristas voladores, desde taxis y limusinas hasta autobuses y coches de policía.

LA EDAD DEL VIAJE DE ORO

1880—1939

LA EDAD DE ORO DEL VIAJE (1880–1939)

Introducción

A finales del siglo XIX, las únicas partes del mundo por explorar eran las extremadamente remotas e inhóspitas, como las extensiones heladas de los casquetes polares y el corazón del desierto de Arabia. Aun así, hubo quien se adentró en ellas para hacer viajes como la carrera hacia el polo Sur, una de las aventuras más emocionantes de la historia de la exploración. En 1912, el británico Robert F. Scott alcanzó el polo solo para descubrir que el noruego Roald Amundsen se le había adelantado, y murió durante el viaje de regreso, a tan solo 18 km de una reserva de suministros. Catorce años después, Amundsen alcanzó también el polo Norte, aunque a bordo de un dirigible (el *Norge*), convirtiéndose en la primera persona en llegar a los dos polos.

Incluso en territorios más conocidos, viajar continuaba siendo una aventura considerable. El ferrocarril conectaba grandes pueblos y ciudades, pero la mayoría de los viajes aún se hacía a pie o, en el mejor de los casos, en coches de caballos. Los grandes viajeros visitaban países tan lejanos como Japón o Nueva Zelanda, pero ir al otro lado del mundo con frecuencia suponía dificultades y disposición a dormir al raso de vez en cuando. Más allá de Europa, muchas guías aún aconsejaban llevar una pistola como protección.

Bicicletas, coches y aviones

Pese a su sencillez, la bicicleta revolucionó la vida de la gente al facilitar las salidas al campo a los habitantes de las ciudades y los desplazamientos de un pueblo a otro a los de las zonas rurales. El automóvil trajo aún mayor libertad, en especial cuando Henry Ford empezó a producir en serie el asequible Ford T, pero la mayor liberación llegó cuando dos fabricantes de bicicletas de

LA BICICLETA DIO A LA GENTE LIBERTAD PARA VIAJAR POR SUS PROPIOS MEDIOS

A LOS DIEZ AÑOS DE SU INVENCIÓN, EL AEROPLANO HABÍA REVOLUCIONADO LOS VIAJES

EL MODELO T DE FORD PERMITIÓ A MUCHA GENTE COMPRAR UN COCHE POR PRIMERA VEZ

«Aún seguimos **soñando** en una **conquista futura** imposible.»

CHARLES LINDBERGH

Ohio, Orville y Wilbur Wright, construyeron y pilotaron el primer aeroplano auténtico. Su histórico vuelo inaugural tuvo lugar en 1903, y al cabo de veinte años, las compañías aéreas lanzaban sus primeros vuelos de pasajeros.

Los primeros aviadores eran aclamados como héroes a medida que batían un récord tras otro. Uno de ellos, Alan Cobham, voló de Londres a Australia, ida y vuelta, en 1926. En 1930, Amy Johnson voló de Reino Unido a Australia. En 1927, Charles Lindbergh fue el primero en cruzar en solitario el Atlántico, seguido en 1930 por Amelia Earhart. Estos jóvenes aviadores, tanto hombres como mujeres, dieron a la aviación un glamur que hechizó a los pasajeros aéreos. Para quienes podían permitírselo, el avión ofrecía un mundo seductor de bebidas servidas a 1200 m de altura, partidas de bridge y noches en confortables literas.

Desigualdad

Esta fue la época de los viajes de lujo, ya fuera atravesando Europa en los vagones del Orient Express o en los salones de baile y de té de los buques de Cunard, White Star u otras compañías transatlánticas. Sin embargo, eran pocos los que viajaban con tanto confort. Por cada pasajero de un camarote bajo la cubierta de un transatlántico con rumbo a EE UU, seis o más viajaban en la bodega, en las condiciones más precarias. Muchos de estos, empujados por la pobreza, habían dejado su tierra con la esperanza de una vida mejor en América.

Tan radicales desigualdades a la hora de viajar persistieron tras la Primera Guerra Mundial, que demostró ser un mero paréntesis en el orden tradicional. La situación cambió tras la Segunda Guerra Mundial, que puso en marcha cambios en la sociedad, el transporte y la manera de viajar.

EL EQUIPO DEL *TERRA NOVA* DE ROBERT F. SCOTT FUE UNO DE LOS PRIMEROS EN EXPLORAR LA ANTÁRTIDA

EN 1926, ROALD AMUNDSEN SOBREVOLÓ EL POLO NORTE EN EL DIRIGIBLE *NORGE*

MILES DE EUROPEOS VIAJARON A AMÉRICA EN BUSCA DE UNA VIDA MEJOR

Asia central

Incluso a finales del siglo XIX aún había espacios en blanco en los mapas de la masa continental euroasiática que retaban a los exploradores a intentar llenarlos.

△ **Ármin Vámbéry**
El húngaro Vámbéry (1832–1913) fue el primer europeo en emprender el largo y penoso viaje al interior de Asia.

La periferia de una zona –los puntos más lejanos a norte, sur, este y oeste– suele ser lo último que se explora. Normalmente, un territorio identificado como «central» sería cartografiado primero, pero no fue así en Asia central que, durante mucho tiempo, fue un espacio vacío en medio del mapa. En la época de los mongoles, esta mal llamada tierra de nadie había proporcionado una ruta comercial, pero con el declive del Imperio mongol a partir de 1259, y en especial cuando los europeos hallaron una ruta marítima a Extremo Oriente, Asia central quedó despoblada y fragmentada en pequeñas ciudades-estado islámicas con las estepas, los desiertos y las montañas surcados por tribus nómadas.

En torno al siglo XVII, tanto Rusia como China empezaron a expandirse por Asia central (o Turkestán, como también

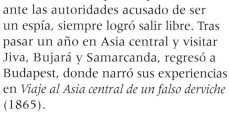

△ **Vasija trípode de la Edad del Bronce**
Data de hace 3500 años y fue hallada en Irán central por Aurel Stein, que la donó al Museo Británico.

era conocida). En el siglo XIX, ambos países habían establecido cierto control, pero la mayor parte de la región seguía siendo un territorio fronterizo salvaje.

En tierras desconocidas

Esta era la situación cuando, en marzo de 1863, el húngaro Ármin Vámbéry se abrió paso por tierra desde Teherán hasta el corazón de Asia central, que pocos occidentales habían pisado desde el siglo XVII. Había pasado años en Constantinopla aprendiendo unos veinte dialectos turcos y estudiando el Corán. Temiendo ser apresado o incluso ejecutado si era reconocido como europeo, se disfrazó de peregrino musulmán. Aunque en varias ocasiones levantó sospechas y fue llevado ante las autoridades acusado de ser un espía, siempre logró salir libre. Tras pasar un año en Asia central y visitar Jiva, Bujará y Samarcanda, regresó a Budapest, donde narró sus experiencias en *Viaje al Asia central de un falso derviche* (1865).

Sven Hedin

Cuando Vámbéry publicó su obra, la vida de otro explorador de Asia central apenas estaba empezando. El sueco Sven Hedin fue testigo en su niñez del regreso triunfal de Adolf Erik Nordenskjöld tras su travesía del paso del Noroeste, y esto le incitó a hacerse explorador. Siendo estudiante visitó Rusia, el Cáucaso e

◁ **Jinetes tibetanos**
Sven Hedin viajó con una cámara y tomó algunas de las primeras fotos del Tíbet y sus gentes, entre ellas esta, coloreada a mano, de miembros de una tribu a caballo.

△ **El dzong de Shigatse**
En 1907, Hedin traspasó a escondidas las puertas de la segunda ciudad del Tíbet, cuyos habitantes se indignaron al verlo. Más tarde pintó esta imagen, basada en bocetos previos de la ciudad.

Irán antes de emprender la primera de tres grandes expediciones a Asia central en 1893. De 1894 a 1908 exploró y cartografió partes del Turkestán chino (oficialmente Xinjiang) y del Tíbet, en gran parte desconocidas para los europeos. Estuvo a punto de morir en el desierto de Taklamakán por haber calculado mal las provisiones de agua de su grupo, pero llegó a descubrir la ciudad perdida de Taklamakán, donde recogió cientos de artefactos.

Los escritos de Hedin acerca de sus exploraciones sirvieron de acicate a otro húngaro, Marc Aurel Stein (1862–1943), que inició en 1900 la primera de sus expediciones al Turkestán chino y logró

SIBERIA

MONGOLIA · *Lago Baikal*

KAZAJISTÁN

Ulán Bator

DESIERTO DE TAKLAMAKÁN

Mar Caspio · UZBEKISTÁN · Taskent · CHINA

TURKMENISTÁN · Kasgar · *Lago Lop Nor* · Pekín (Beijing)

DESIERTO DE LOP NOR

Mar Amarillo

IRÁN

ASIA

Mar de la China Meridional

Mar de Arabia · INDIA

Clave
— Primer viaje
— Segundo viaje

△ **La ruta de Hedin**
En su primera visita a Asia central, el sueco Hedin se dirigió desde China a través de Mongolia hasta el Turkmenistán ruso y finalmente el desierto de Taklamakán. En la segunda bordeó el margen septentrional del desierto para llegar al lago Lop Nor.

« Me conformaba solo con **seguir caminos** donde **ningún europeo había puesto el pie jamás**.»

SVEN HEDIN

llegar a lugares que aquel no había alcanzado.

Redescubrimientos
Sin embargo, durante los 30 años que Hedin pasó explorando, sus logros más relevantes fueron en realidad redescubrimientos. Además de revelar evidencias de una civilización budista perdida y tramos largamente olvidados de la Gran Muralla china, estableció cómo se conectaban los trayectos de la antigua Ruta de la Seda (pp. 86–87). Los viajes de Hedin

sentaron un modelo para gran parte de la exploración del siglo siguiente, enfocada hacia lugares donde ya había ido alguien antes. Fruto de estos viajes fueron descubrimientos arqueológicos como los de Machu Picchu (1911) y la tumba de Tutankamón (1922).

▷ **Disfrazado de peregrino**
Como antes ya hizo Vámbéry, Hedin se disfrazó de peregrino para viajar con libertad. En un intento de llegar a Lhasa, donde Vámbéry se había hecho pasar por derviche musulmán, él se vistió como un budista.

Groenlandia sobre esquís

En 1888, Fridtjof Nansen fue el primer hombre en cruzar Groenlandia sobre esquís. Su travesía preparó el camino tanto para la exploración polar como para la difusión de los deportes de invierno.

Según Roland Huntford, autor de *Two Planks and a Passion: The Dramatic History of Skiing,* hay que agradecer a los noruegos los elementos básicos de los deportes de invierno. Fueron ellos, un pueblo de esquiadores natos, quienes inventaron el esquí moderno al desarrollar el equipo y las técnicas actuales. Las primeras carreras de esquí conocidas tuvieron lugar en Tromsø, en el norte de Noruega, en 1843, y los noruegos también fueron los primeros en organizar maratones y travesías con esquís. Huntford afirma que el esquí fue introducido primero en Europa central por jóvenes noruegos que estudiaban en Alemania, y es bien sabido que los inmigrantes noruegos fueron los primeros en utilizar esquís en América del Norte, posiblemente ya en la década de 1830.

Ponerse los esquís

Sin embargo, el gran momento de la historia del esquí noruego se sitúa en 1888. Cinco años antes, Adolf Erik Nordenskjöld, sueco de origen finlandés,

◁ **Primeros esquís**
Los esquís se usaban en Escandinavia desde la Edad Media. A finales del siglo XIX fueron perfeccionados por los noruegos, que introdujeron muchas mejoras para crear el esquí moderno.

había fracasado en su intento de cruzar Groenlandia a pie. Con él iban dos lapones con esquís que consiguieron atravesar el terreno nevado con mucha más facilidad, lo cual señalaba que su método para desplazarse era mejor. Fridtjof Nansen, experimentado esquiador noruego, aceptó el desafío. Ya había atravesado dos veces las montañas desde Bergen hasta Cristianía (Oslo), recorriendo más de 500 km. La distancia a través de Groenlandia era similar; no obstante, el único asentamiento estaba en la costa oeste, y era probable que el terreno y la temperatura fueran bastante peores que en Noruega. Un crítico comentó en la prensa: «Las probabilidades de que pierda inútilmente su propia vida

y tal vez la de otros son de diez contra una». Aun así, el 10 de agosto de 1888, Nansen y su grupo, seis personas en total, arribaron a la costa oriental de Groenlandia e iniciaron una penosa marcha ascendente de 150 km hasta la cima del glaciar continental. Solo allí pudieron ponerse al fin los esquís, e incluso entonces el avance resultaría duro, pues tenían que arrastrar trineos. En las bajadas aparejaban estos con velas hechas con sus tiendas, y así solo tenían que dirigirlos.

▽ **Listos para la aventura**
Fridtjof Nansen posa con los miembros de su expedición de Groenlandia: otros tres noruegos y dos lapones finlandeses, Samuel Balto y Ole Nielsen Ravna.

EN CONTEXTO
Primera estación de esquí

Aislado en lo alto de un valle suizo, el pueblo de Davos experimentó un gran auge en la década de 1860 al correrse la voz de las cualidades benéficas de su clima para los enfermos de tuberculosis. Al poco, los visitantes superaban a los vecinos, y Davos se convirtió en el primer balneario invernal alpino. Los primeros clientes fueron alemanes, seguidos a finales de la década de 1870 por los británicos, que no tardaron en colonizar el lugar. Los enfermos fueron sustituidos por turistas adinerados, atraídos por las noticias sobre novedosos deportes como el descenso en trineo, el trineo de caballos o el esquí. Cuando el periodista Arthur Conan Doyle lo visitó en 1893, Davos estaba a punto de convertirse en la primera estación de deportes de invierno de Europa.

CARTEL DE VIAJES A DAVOS (1918)

En *La primera travesía de Groenlandia*, Nansen describe la ropa de su expedición, que comprendía guantes de piel de perro con el pelo por fuera.

El valor del esquí

El 21 de septiembre de 1888 dejaron de esquiar al alcanzar los fiordos de la costa occidental. En octubre habían llegado a su destino, Godthaab (hoy Nuuk), el asentamiento danés que hacía las veces de capital de Groenlandia. Habiendo perdido el último barco de salida, tuvieron que pasar allí el invierno y no regresaron a Noruega hasta la primavera siguiente. «Sin esquís, esta expedición habría sido totalmente imposible. Jamás habríamos regresado con vida», escribió Nansen. Con esto quería decir que la velocidad y la economía de esfuerzo que conferían los esquís los habían salvado de agotar los suministros. A partir de entonces, los esquís fueron clave para la exploración polar. La noticia de la hazaña de Nansen se extendió por todo el mundo, y él se convirtió en el padre del esquí, un deporte que se popularizó desde los Alpes hasta las Montañas Rocosas.

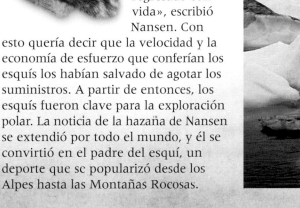

◁ **Tierra hostil**
Nansen demostró que los esquís podían ser la diferencia entre la vida y la muerte en el Ártico.

▽ **Conquista del hielo**
Nansen fotografió a sus compañeros durante el ascenso del glaciar continental de Groenlandia arrastrando los trineos, en agosto de 1888. No pudieron utilizar los esquís hasta alcanzar la cima.

«Por primera vez, el explorador polar le había revelado un **nuevo medio de transporte** [los esquís], que **facilitaría** fantásticamente **su tarea**.»

ADOLF ERIK NORDENSKJÖLD, EXPLORADOR ÁRTICO

La bicimanía

Gracias a la invención de la bicicleta, la inmensa mayoría de la gente que no poseía un vehículo tirado por caballos pudo disponer por vez primera de un medio de locomoción personal sobre ruedas propio.

△ **Biciclo de rueda alta**
Desarrollado a partir de 1869, este tipo de biciclo se llamó ordinario para distinguirlo de los modelos seguros que llegaron después.

Según afirmó el historiador Eric Hobsbawm, la bicicleta fue uno de los mayores inventos de la historia, al proporcionar movilidad real a personas de todas las clases sociales, y no solo a los ricos. También pensaba que fue uno de los pocos inventos sin efectos secundarios negativos y cuyo uso no sería perjudicial.

Aunque la bicicleta existía bajo una u otra forma desde principios del siglo XIX, tuvo que evolucionar a través de una serie de mejoras técnicas antes de popularizarse. La década de 1870 fue la etapa del biciclo de rueda alta, llamado ordinario o *penny-farthing*, con una rueda delantera enorme y una trasera diminuta, pero era un vehículo pesado, incómodo y peligroso. A mediados de la década de 1880, este engorroso artefacto fue sustituido de manera gradual por el velocípedo que se llamó «biciclo seguro», con la mayoría de las características de la bicicleta moderna: dos ruedas del mismo tamaño montadas en un cuadro romboidal, la trasera impulsada por una cadena, y con cámaras hinchables (inventadas por el escocés John Dunlop en 1886).

Popularidad en alza

Estas mejoras hicieron el ciclismo menos peligroso y más agradable. A medida que salían al mercado modelos más baratos se desató la bicimanía. Se estima que en la década de 1890 circulaban alrededor

▽ **Clubes ciclistas**
El *boom* del ciclismo llevó a la formación de cientos de clubes. En EE UU, el primero fue el Boston Bicycle Club, en 1878. Esta fotografía muestra a los miembros del Brighton Bicycle Club de Cincinnati alineados al comienzo de una carrera anual.

> **«Cada vez que veo a un adulto en bicicleta recupero la esperanza en el futuro de la raza humana.»**

H. G. WELLS, ESCRITOR BRITÁNICO

▷ **La nueva mujer**
Los aspectos prácticos del ciclismo inspiraron nuevas modas femeninas. Las engorrosas capas de enaguas y los vestidos largos fueron sustituidos por bombachos holgados y sombreros de protección.

de millón y medio de personas en bicicleta por las carreteras de Reino Unido, aún no monopolizadas por el automóvil. En EE UU se vendieron más de dos millones de bicicletas solo en 1897.

El ciclismo no solo hizo furor en Reino Unido y EE UU. Una edición de *The Egyptian Gazette* de enero de 1894 informaba sobre una excursión matinal de unos treinta ciclistas desde el centro de El Cairo hasta las pirámides. Según el corresponsal, «Entre ellos iba una dama montada a horcajadas y ataviada con bombachos femeninos. Montaba muy bien».

Cambio social
El impacto de la bici en la sociedad fue notable. En el medio rural aumentaron mucho las distancias a las que la gente podía viajar y los lugares que podía visitar. Creció el número de personas que podían encontrarse, incluidas posibles futuras parejas. Según el biólogo Steve Jones, la bicicleta tuvo un papel relevante

▷ **Biciclo seguro Rover**
El biciclo seguro surgió en la década de 1880 como alternativa al poco manejable biciclo de rueda alta. El Rover fue uno de los diseños que tuvo mayor éxito comercial.

SPRINGFIELD BICYCLE CLUB.

BICYCLE CAMP-EXHIBITION & TOURNAMENT.
SPRINGFIELD, MASS. U.S.A. SEPT. 18.19.20. 1883.

contra los trastornos genéticos porque casó a personas de pueblos distintos, lo que derivó en una mezcla genética mayor y más saludable. Los comentaristas contemporáneos vincularon la bicicleta también al cambio de las modas, a una menor asistencia a la iglesia e incluso al declive de la práctica del piano, pero tal vez donde mayor incidencia tuvo fue en el estilo de vida de las mujeres. Si bien en un primer momento a muchos les parecía indecoroso que una mujer se sentara a horcajadas sobre una máquina, ello no impidió a las jóvenes lanzarse a la carretera por miles.

Ropa para pedalear
Además de movilidad personal, la bicicleta propició una mayor libertad de movimientos. La indumentaria femenina de la época –con faldas largas y pesadas sobre enaguas rígidas– era inadecuada para el pedaleo, que exigía prendas más cómodas, como los bombachos que mencionaba el periódico egipcio, unos pantalones anchos atados a la altura de la rodilla, llamados a veces falda pantalón. De hecho, el movimiento feminista de fines de siglo y la bicimanía se vincularon tan estrechamente que en 1896 la activista

Susan B. Anthony decía a Nellie Bly (p. 249) del periódico *New York World* que el ciclismo «había hecho más por la emancipación de la mujer que ninguna otra cosa en el mundo».

BIOGRAFÍA
Annie Londonderry

En 1885, el británico Thomas Stevens dio la vuelta al mundo pedaleando por primera vez, con un biciclo de rueda alta. Dos caballeros bostonianos apostaron a que una mujer no podría hacerlo. Annie Cohen Kopchovsky, madre de tres hijos, acababa de aprender a montar en bicicleta cuando salió de Boston, el 27 de junio de 1894. Para financiarse llevó un cartel publicitario de la marca de agua mineral Londonderry e incluso se cambió el nombre para promocionarla. El 23 de marzo de 1895 regresó a EE UU a través de San Francisco y pedaleó por el oeste antes de llegar a Chicago en septiembre para recoger su premio de 10 000 dólares.

ANNIE «LONDONDERRY» COHEN, LA CICLISTA DE LA VUELTA AL MUNDO

△ **Campo abierto**
Parte del atractivo de la bicicleta era que ponía el campo al alcance de los habitantes de la ciudad, como ilustra este cartel anunciador de un «campamento ciclista» a orillas del río Connecticut.

THE ROVER SAFETY BICYCLE (PATENTED)

Safer than any Tricycle, faster and easier than any Bicycle ever made. Fitted with handles to turn for convenience in storing or shipping. Far and away the best hill-climber in the market.

MANUFACTURED BY
STARLEY & SUTTON,
METEOR WORKS, WEST ORCHARD, COVENTRY, ENGLAND.

Price Lists of "Meteor," "Rover," "Despatch," and "Sociable" Bicycles and Tricycles, and the "Coventry Chair," Illustrated, free on application.

Escapadas al aire libre

A medida que los humos industriales envolvían las ciudades en nubes de contaminación surgió un movimiento que animaba a las clases trabajadoras a salir al campo. Así nació la afición al cámping.

U na de las obras más populares de la literatura de viajes publicada hacia finales del siglo XIX fue *Tres hombres en una barca* (1889), de Jerome

K. Jerome. En la Inglaterra de las postrimerías de la época victoriana se puso de moda el paseo en barca, sobre todo por el Támesis, y el libro de Jerome pretendía ser una guía del río, pero acabó siendo una novela cómica. Su éxito se explica por muchas razones: sin duda era muy divertida, pero sobre todo porque hablaba de actividades

◁ **Pionero del cámping**
Thomas Hiram Holding, autor de la guía *The Camper's Handbook* (1908), se considera el fundador de la acampada recreativa moderna.

△ **Tecnología liberadora**
De las muchas innovaciones que facilitaron la acampada, ninguna fue más importante que el hornillo portátil Primus, inventado en Suecia en 1892.

cada vez más familiares para los lectores, como el paseo en barca, las vacaciones en el campo y la acampada.
En el caso de Reino Unido, el rápido crecimiento de las ciudades y las demasiado a menudo duras condiciones laborales llevaron a mucha gente a buscar la sencillez de la vida campestre. Siempre

▷ **Club campista**
El campismo ya era popular en Reino Unido en el siglo XIX, como refleja esta foto de la década de 1890. En 1901 se creó la Association of Cycle Campers, presidida poco después por Robert Scott, el futuro explorador de la Antártida.

era posible salir en tren, pero la recién inventada bicicleta puso el campo al alcance del trabajador medio.

La fiebre campista

Lo que luego se llamó cicloturismo fue popularizado por Thomas Hiram Holding, nacido en 1844 en Inglaterra de padres mormones. Cuando su familia emigró a Salt Lake City (Utah) en 1853, vivió sus primeras experiencias de acampada en su larga travesía de EE UU. Después de que dos de sus hijos murieran por el camino, los Holding volvieron a Reino Unido. Allí, Thomas se hizo sastre, pero en su tiempo libre viajaba y acampaba. Así, montó en canoa para acampar en las Highlands escocesas y luego en bicicleta para hacerlo en Irlanda. En 1901 creó la Association of Cycle Campers, conocida luego como Camping and Caravanning Club, y cimentó su posición como padre del campismo con *The Camper's Handbook* (1908). La fiebre campista se propagó entre distintas clases y profesiones, sin distinción de sexos. La obra contenía

◁ **El Thames Rowing Club**
El campismo británico surgió en parte de los paseos en barca, en especial por el Támesis. Los remeros llevaban tiendas para pasar la noche a orillas del río, como muestra este grabado del año 1878.

un artículo de una tal sra. F. Horsfield, titulado «Ladies and Cycle Camping», que aconsejaba cómo hacer paquetes ligeros y de fácil transporte para fines de semana al aire libre, y sus campistas a menudo confeccionaban sus propias tiendas y equipo. Esto no quiere decir que el equipo fuera siempre modesto. Al describir «un campamento familiar ideal», Holding comentó que estaba compuesto por «la tienda comedor, la de dormir, la de los sirvientes, la de cocinar cuando hace mal tiempo y la de cubrir la barca».

La naturaleza americana

En el siglo XIX, los colonos de EE UU estaban demasiado ocupados trabajando la tierra como para sentarse a disfrutar de su sutil belleza. No obstante, el ensayo de Ralph Waldo Emerson *Naturaleza* (1836) tuvo una gran influencia en la forma de percibir los espacios abiertos, al igual que los escritos de su amigo

Henry David Thoreau, aun cuando este, antes de publicar *Walden o La vida en los bosques* (1854), destruyera accidentalmente 300 acres de bosque con una fogata mal controlada.

En 1869 se publicó una guía de acampada en las Adirondack muy adelantada a su tiempo. Quienes se aventuraban en las montañas en una época tan temprana no encontraban infraestructura alguna, sino miríadas de moscas negras y mosquitos, y animales peligrosos. En 1903 se produjo un giro decisivo cuando el presidente Roosevelt pasó dos semanas de acampada en el Parque Nacional Yellowstone. En su estela, miles de campistas irrumpieron en los parques nacionales, y su número creció a lo largo del siglo. El primer club campista, autodenominado Tin Can Tourists («turistas de lata»), se creó en 1910, y para 1912 el Servicio Forestal de EE UU había registrado 231 000 campistas en los parques del país.

«**Plantemos** nuestras tiendas **alejadas** para **acercar** nuestros **corazones**.»

PROVERBIO BEDUINO

▷ **Actividad de clase media**
Paseos en barca, ciclismo y acampada eran pasatiempos reservados a quienes disponían de dinero y tiempo libre. Los fabricantes les surtían de productos especializados, como esta cesta de pícnic eduardiana.

Vías lejanas

El último cuarto del siglo XIX fue un periodo de audaz construcción ferroviaria durante el que se crearon líneas y servicios sumamente ambiciosos a través de Asia, África, Europa y EE UU.

El transiberiano
Las deplorables conexiones entre la Rusia europea y los lejanos dominios del zar en Extremo Oriente impulsaron a construir un ferrocarril a través de Siberia, el proyecto ferroviario más ambicioso jamás afrontado.

De poco le servía al zar en San Petersburgo reclamar sus derechos sobre todas las tierras desde el mar Báltico hasta el océano Pacífico frente a la dudosa capacidad de Rusia para gobernar y proteger sus territorios orientales. Las distancias y las condiciones climáticas hacían casi imposibles las comunicaciones. Los ríos que servían de vías de transporte estaban helados la mitad del año, y casi todos los de Siberia discurrían de norte a sur, no de este a oeste. Por carretera, ir de Moscú a Irkutsk por la rudimentaria ruta de Siberia (*Sibirski trakt*) podía llevar hasta nueve meses, y esto eran solo dos tercios del camino hasta Vladivostok, el principal puerto ruso del Pacífico. EE UU había unido sus dos costas por ferrocarril en 1869 (pp. 236–237), y era evidente que Rusia debía hacer lo mismo.

El ferrocarril transiberiano

En la década de 1850 se había hablado de tender una vía férrea a través de Siberia, pero el coste y la magnitud del proyecto eran prohibitivos. No obstante, en la década de 1880, el temor al influjo de EE UU en la región del Pacífico ruso impulsó al gobierno zarista a llevarlo a la práctica. Aun así, y debido a la asfixiante burocracia, pasaron cinco años antes de que alguien hincara una pala en el suelo.

Las dificultades que afrontaron los constructores del proyecto eran enormes. A la longitud de la ruta se unían las temperaturas bajo cero durante gran parte del año y la escasez de mano de obra local. Además, había que salvar dos cordilleras y el inmenso lago Baikal, en el centro de Siberia. Rodear el lago por el norte suponía un desvío excesivo, pero el terreno rocoso impedía hacerlo por el sur. Inicialmente, los dos tramos (desde este y oeste) se detenían en el lago, y un transbordador trasladaba los trenes de orilla a orilla. Luego se abrieron una serie de plataformas y túneles a través de la ruta sur para tender la vía.

Hasta 1916 no se completó la línea, que formó una ruta continua de 9250 km

△ **Trabajo duro**
Obreros tendiendo la vía del tramo central del transiberiano en la región de Krasnoiarsk. Entre ellos había rusos, iraníes, turcos e incluso italianos.

a través de siete zonas horarias entre Moscú y Vladivostok. Al principio, el viaje podía durar hasta cuatro semanas debido a problemas en las vías, pero nadie dudaba de su valor. Era un símbolo nacional, un lazo de hierro que sujetaba el territorio bajo soberanía rusa.

Un sueño africano

En África, las pretensiones imperialistas de imponer su autoridad sobre el mapa y acceder a los recursos del continente incentivaron un plan más ambicioso aun. Cecil Rhodes, primer ministro de la Colonia del Cabo (en la actual Sudáfrica), soñaba con unir toda África con un ferrocarril que atravesara solo colonias británicas. Sus terminales estarían en Ciudad del Cabo, al sur, y en El Cairo (Egipto), desde donde ya

había una línea a la ciudad portuaria de Alejandría, en el Mediterráneo.

Inicialmente, la vía avanzaba al asombroso ritmo de 1,6 km al día en dirección norte. En 1904, el ferrocarril alcanzó el río Zambeze, donde cruzó las cataratas Victoria sobre un puente colgante de 200 m construido en el norte de Inglaterra, desmontado, transportado en barco y reconstruido *in situ*. En 1891, sin embargo, Alemania había asegurado para su imperio grandes tramos de África oriental y bloqueaba el paso al ferrocarril. Obligados **≫**

▷ **Transbordador del Baikal**
Hasta la finalización de los 180 km del tramo ferroviario circumbaikal, pasajeros (y trenes) tenían que cruzar el lago en un ferry rompehielos.

△ **Puente africano**
Este puente sobre el río Zambeze junto a las cataratas Victoria concebido por Cecil Rhodes formaba parte de su proyecto ferroviario de Ciudad del Cabo a El Cairo. Ordenó a los ingenieros construirlo allí «donde los trenes, al pasar, fueran rociados por las cataratas».

a replantearse el recorrido, los constructores giraron al oeste, hacia el Congo Belga (donde los británicos tenían permiso para construir), pero allí el proyecto zozobró a causa de las dificultades para salvar el terreno montañoso. Por entonces, Rhodes ya había muerto y la influencia británica en África declinaba, de manera que la idea del ferrocarril transafricano quedó abandonada. No obstante, cien años después aún no se puede considerar muerta del todo y ha sido tratada recientemente por varios líderes africanos.

El Orient Express

En Rusia y África, los grandes proyectos ferroviarios fueron espoleados por la política y el comercio, mientras que en Europa el más significativo tuvo que ver con las prestaciones al viajero. A finales del siglo XIX, todos los países europeos estaban cruzados por su propia red ferroviaria nacional. Lo que buscaba el ingeniero belga Georges Nagelmackers era vincularlos con un único servicio «sin fronteras». En 1872 lanzó un servicio entre Ostende, en la costa del mar del Norte de su Bélgica natal, y Brindisi, en el sur de Italia, con gran éxito. Luego empezó a trabajar en una nueva línea para conectar París con Constantinopla (Estambul), una ruta de 2989 km que cruzaría Europa: Alemania, Austria, Hungría, Serbia, Rumanía y Bulgaria. Ello suponía tratar con compañías ferroviarias de seis países, negociar qué locomotoras y líneas se usarían y asegurarse de

▷ **Cecil Rhodes**
Este británico que soñó con un ferrocarril a lo largo de la costa oeste de África murió sin ver finalizado el proyecto, que nunca llegó a completarse.

que todas las vías tuvieran un ancho estándar.

El servicio inaugural del Orient Express partió de la Gare de l'Est de París el 4 de octubre de 1883, con llegada prevista a Constantinopla al cabo de tres días y medio. Se trataba de una ruta única; sin embargo, lo que realmente cautivó al público fue la opulencia del tren. Los coches cama estaban revestidos con teca decorada con marquetería, y tenían asientos convertibles en camas con sábanas de seda. Había biblioteca, sala de fumadores y duchas con agua caliente en el vagón de cola. En el viaje inaugural, el último tramo se hizo en barco debido a que la línea no estaba finalizada. Seis años después, el tren cubría el recorrido completo.

El Orient Express ganó popularidad porque era más rápido y mucho más cómodo que el barco. No tardaron en añadirse rutas alternativas, entre ellas una vía Milán y Venecia. En Constantinopla, los viajeros podían conectar con transportes a destinos más orientales, tales como Damasco, Bagdad y Teherán. Y si el mosaico de países que el tren atravesaba era inestable, un secuestro, un asalto ocasional de ladrones o una parada de un día por culpa de la nieve solo les parecían un plus añadido al romanticismo del viaje.

La costa de Florida

Aunque EE UU había conectado por tren los océanos Atlántico y Pacífico en 1869, a finales de siglo aún quedaban por cubrir vastas franjas del país. El petrolero Henry Flagler vio posibilidades en Florida y quiso explotarlas con una línea férrea autofinanciada desde Nueva York que extendió hasta la bahía Vizcaína (Biscayne Bay), un bello enclave protegido del Atlántico por una isla barrera y donde desaguaba el río Miami. Allí fundó un asentamiento al que dio el nombre de este río. Luego prolongó la vía más al sur para crear una de las líneas férreas más asombrosas sobre 27 km de puentes hasta alcanzar la distante isla de Cayo Hueso (Key West). Por desgracia, el ferrocarril

« Cualquier cosa puede suceder en el Orient Express, y normalmente sucede. »

MORLEY SAFER, PERIODISTA CANADIENSE-ESTADOUNIDENSE

entró en bancarrota en 1932, pero los puentes de Flagler aún sustentan el tramo más meridional de la autopista 1, que continúa siendo una de las más espectaculares del mundo.

◁ **Lujo sobre raíles**

El Orient Express era el tren más glamuroso del mundo. Operaba en varias rutas, y en todas ofrecía instalaciones suntuosamente decoradas. Esta xilografía de 1885 muestra pasajeros en el vagón restaurante.

▽ **Tren legendario**

El Orient Express fue inmortalizado por muchos escritores, en particular por Agatha Christie. También fue el tema de una ópera de Oscar Sachs y Henri Neuzillet representada en París en 1896, como muestra este anuncio.

EN CONTEXTO
Literatura ferroviaria

Los trenes han protagonizado algunos grandes libros de viajes. *El gran bazar del ferrocarril* (1975) es la crónica de un viaje de Paul Theroux por Europa y Asia, mientras que en *El viejo expreso de la Patagonia* (1979) le vemos cruzar EE UU y América del Sur. Eric Newby viajó en trenes rusos durante semanas para escribir *The Big Red Train Ride* (1978). Jenny Diski pasó meses explorando EE UU en los trenes de Amtrak para escribir *Extraña en un tren* (2002). Y Andrew Eames viajaba por las mismas vías que Agatha Christie para documentar *The 8:55 to Baghdad* (2004).

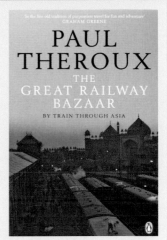

EDICIÓN EN INGLÉS DE *EL GRAN BAZAR DEL FERROCARRIL*

△ Lady Liberty
La estatua de la Libertad
(*La libertad iluminando
al mundo*), inaugurada el
28 de octubre de 1886,
recibe a los viajeros
llegados del extranjero
a la entrada al puerto
de Nueva York.

El sueño americano

Durante más de 200 años, EE UU ha acogido inmigrantes de todo el mundo. Algunos huían de la persecución y otros iban en busca de riqueza, pero todos aspiraban a una vida mejor, fuera cual fuera su clase social.

El escritor estadounidense Herman Melville partió de Liverpool en un barco que transportaba 500 emigrantes con destino a Nueva York en 1849. El viaje que describió fue horroroso. El mal tiempo hizo enfermar a muchos. Los que iban en camarote al menos podían sufrir en privado, pero los más pobres –la mayoría– no tenían ni ese consuelo. En la bodega, o «tercera clase», iban «estibados como balas de algodón y hacinados como esclavos en un barco negrero». Encerrados a oscuras, no tenían donde vomitar excepto sus catres. «No llevábamos ni una semana en el mar y asomarse a la escotilla ya era como meter la cabeza en un pozo negro recién abierto», contaba Melville.

Los barcos como este no se habían diseñado para transportar pasajeros. Eran cargueros que llevaban algodón, tabaco y madera a Inglaterra desde las colonias y que sus propietarios llenaban de emigrantes como carga para el viaje de regreso. Ese viaje de semanas, sobre todo con mal tiempo, hacía inevitables las enfermedades, agravadas por la falta de higiene y la escasez de comida. En consecuencia, muchos morían durante la travesía. Aun así, entre 1846 y 1855 se disparó la emigración a América del Norte. Se cree que, en esos años, más de 2 300 000 personas cruzaron el océano hacia EE UU y Canadá, frente a 1 600 000 durante los 70 años anteriores. El señuelo era que cualquiera podía ir: tan solo se necesitaba un billete en tercera clase.

Tierra de oportunidades

La alusión de Melville a los barcos negreros era un recordatorio de que, hasta 1808, año en que el Congreso de EE UU abolió la esclavitud, los más numerosos de quienes dejaban su tierra para vivir en otro lugar habían sido los africanos obligados a cruzar el Atlántico encadenados. Para entonces, la mayoría ya eran irlandeses o alemanes, junto con un menor número de ingleses, escoceses e italianos. Los principales puntos de llegada eran Nueva York y los puertos de la costa este. También San Francisco tuvo una gran afluencia de extranjeros, sobre todo de chinos, cuando la fiebre del oro se extendió por el mundo en 1850.

Los irlandeses llegaban huyendo del hambre de la patata. Entre 1845 y 1852, una plaga del cultivo básico del país segó la vida de casi un millón de personas. Otras tantas

emigraron, arriesgándose al duro viaje atlántico y a la incertidumbre de lo que les esperaba. Para ellas, EE UU y Canadá eran mucho más acogedores que Reino Unido: América del Norte necesitaba granjeros, transportistas, carpinteros, albañiles y obreros no cualificados para ayudar a construir sus países. Allí los pobres eran realmente bienvenidos siempre que estuvieran dispuestos a trabajar.

Los alemanes huían de las dificultades económicas y de la ➡

△ Pobres del mundo
A inicios del siglo XIX, el mayor número de inmigrantes procedía de Irlanda y Alemania. También abundaban los inmigrantes de Italia, como esta familia, que huía de la miseria en su país.

◁ **Tarjeta de inspección**
En los vapores, los inmigrantes eran sometidos a una inspección diaria por el médico de a bordo, que la registraba sellando la tarjeta sanitaria del pasajero.

◁ **Multitud a bordo**
Inmigrantes rumbo a EE UU apiñados en la cubierta del *Patricia* en diciembre del año 1906. El barco llevaba 408 pasajeros de segunda clase y 2143 de tercera.

« Los únicos **alicientes** que ofrecemos a los **extranjeros** [...] son **buenas leyes**, un **gobierno libre** y una **cálida bienvenida**. »

BENJAMIN FRANKLIN, UNO DE LOS PADRES FUNDADORES DE EE UU

▷ **Ciudad de inmigrantes**
De 1870 a 1915, la población de Nueva York se triplicó. En 1900, fecha de esta foto de Mulberry Street en Little Italy, los inmigrantes foráneos y sus hijos suponían el 76 % de la población de la ciudad.

muchos alemanes tenían suficiente dinero para viajar hasta el Medio Oeste en busca de tierras y trabajo. Después de Nueva York, algunos de los mayores asentamientos de alemanes fueron Cincinnati, San Luis y Milwaukee.

Modelar el Nuevo Mundo

No todos los emigrantes hicieron sus sueños realidad, pero sí los suficientes como para mantener la afluencia de trabajadores. Uno de ellos fue Paddy O'Dougherty, cuya historia relató el *New York Illustrated News* en 1853. Según el artículo, O'Dougherty entró en EE UU como un indigente y fue contratado por el ferrocarril. Tras nueve meses de duro trabajo, y gastando lo mínimo, reunió el dinero necesario para llevar allí a su mujer e hijos y comprar una casa familiar. El diario concluía: «Hoy se pueden ver pocos en Water Street de aspecto más distinguido que el mismo Paddy O'Dougherty». Era una buena publicidad de la vida en su nuevo hogar.

Cuando los vapores sustituyeron a los veleros, el viaje transatlántico se volvió más rápido y barato. Las gentes llenas de esperanza afluían de todo el mundo, incluidos del Mediterráneo, Europa oriental y Oriente Próximo. Solo en la década de 1880, el 9 % de la población de Noruega emigró a América del Norte. Los chinos no fueron tan afortunados, ya que la ley de Exclusión de 1882, vigente hasta 1943, les prohibía la entrada en EE UU.

De 1880 a 1930 entraron en EE UU más de 27 millones de personas. De ellas,

△ **Llegada a la isla de Ellis**
Desde 1892, la isla de Ellis acogió la oficina federal de inmigración de Nueva York, fin para el que sirvió durante más de 60 años. Durante ese tiempo pasaron por allí millones de recién llegados.

»» inestabilidad política causada por disturbios, rebeliones y finalmente la revolución de 1848. A diferencia de los irlandeses, que se asentaron en ciudades de la costa este como Nueva York, Boston, Filadelfia y Pittsburgh,

Remember Your First Thrill of
AMERICAN LIBERTY

YOUR DUTY-*Buy*
United States Government *Bonds*
2ⁿᵈ Liberty Loan of 1917

◁ **Libertad americana**
Este cartel de la Primera Guerra Mundial recuerda a los inmigrantes que EE UU les ha dado la libertad y que es su deber adquirir bonos para ayudar a preservarla.

alrededor de 12 millones pasaron por la oficina federal de inmigración de la isla de Ellis, abierta en 1892 en el puerto de Nueva York. Entre ellas se cuentan judíos que huían de los pogromos de Rusia, mexicanos desplazados por la revolución y armenios que huían del genocidio. Sin embargo, tras el estallido de la Primera Guerra Mundial, la actitud estadounidense hacia la inmigración empezó a cambiar. El nacionalismo iba en ascenso, y se establecieron cupos para ralentizar el flujo de llegadas. Las cifras se redujeron aún más durante la

« **Nueva York**, de hecho, recuerda un **caldero mágico**. Quienes son **arrojados** en él, **renacen**. »

CHARLES WHIBLEY, EN *AMERICAN SKETCHES* (1908)

Gran Depresión de la década de 1930, y de nuevo durante la Segunda Guerra Mundial. Sin embargo, al final de esta, EE UU renovó su compromiso con los «cansados, pobres y masas hacinadas», según el poema inscrito en la estatua de la Libertad. La ley de Desplazados de 1948 aceptó la entrada de más de 400 000 nuevos inmigrantes.

En 1965, el presidente Lyndon B. Johnson abolió el sistema de cupos, y la inmigración asiática se cuadruplicó en solo cinco años. En fechas más recientes la inmigración ha seguido aumentando, en especial desde Asia, México y el Caribe. Hoy, una de cada ocho personas de EE UU es inmigrante. Si se tiene en cuenta que los ciudadanos de ascendencia indígena son menos del 2 %, casi todos los estadounidenses proceden de algún otro lugar.

BIOGRAFÍA
Annie Moore

Annie Moore fue la primera inmigrante registrada en la isla de Ellis. Era una chica de 17 años del condado de Cork (Irlanda) que viajaba con sus dos hermanos menores. Desembarcó el 1 de enero de 1892, y un oficial le regaló una moneda de oro de diez dólares. Luego se reunió con sus padres, que habían emigrado antes, y se estableció en el Lower East Side neoyorquino. Se casó con un dependiente de panadería y tuvo once hijos, de los que sobrevivieron cinco. Llevó una vida de inmigrante pobre y murió por paro cardiaco en 1924, a los 47 años, pero sus descendientes se multiplicaron y prosperaron, se casaron con otros inmigrantes y adquirieron apellidos irlandeses, judíos, italianos y escandinavos. En este aspecto, Annie es un paradigma de la inmigración a EE UU: llegó con poco más que sus sueños y se quedó para ayudar a construir una nación enriquecida por la diversidad.

ESTATUA DE BRONCE DE ANNIE MOORE Y SUS HERMANOS EN COBH (CONDADO DE CORK, IRLANDA)

Esplendor en el mar

El final del siglo XIX marcó el inicio de una edad de oro de los viajes marítimos. Los barcos, cada vez más grandes y aún más lujosos, llevaban a más gente y a mayores distancias que nunca alrededor del mundo.

△ **Nuevos buques**
En las postrimerías del siglo XIX, las navieras europeas rivalizaban por producir buques a cual más imponente, como el *Lusitania* (en la imagen), botado en 1906.

Originalmente se conocía como «buque de línea» al barco que hacía una ruta, o línea, regular. Este nombre era usado en la marina mercante para designar los buques correo o cargueros, pero que también transportaban pasajeros, sobre todo con destino a América cuando los muelles se llenaron de inmigrantes rumbo a una nueva vida.

No había lujos en estos primeros buques transatlánticos. La mayoría de los pasajeros viajaba en el entrepuente (compartimentos de carga bajo la cubierta llenos de literas de tres camas, sin comodidades ni intimidad). Cuando el *City of Glasgow* fue relanzado tras una restauración en 1852, sus propietarios anunciaban con orgullo que disponía del lujo de un baño: solo uno, llenado con agua de mar bombeada.

Para 1871, la naviera White Star garantizaba un camarote por adulto, así como un espacio de 0,3 m³ para el equipaje. El pasaje también comprendía tres comidas al día. Probablemente estas

△ **La Cunard**
La Cunard, cuyos servicios de buques correo anuncia este cartel de 1875, fue una de las primeras empresas en ofrecer travesías atlánticas regulares, a partir de 1840.

condiciones de alojamiento eran más lujosas que las que muchos pasajeros tenían en casa. El *Oceanic*, de la misma empresa, estableció estándares incluso más elevados al situar sus camarotes de primera clase en el centro del barco y añadirles el lujo de grandes portillas, electricidad y agua corriente.

Competencia creciente

Para cubrir la demanda de la creciente inmigración a América y Australia se construyeron buques aún más grandes. En la década de 1880 se completó la transición al vapor, así que las naves ya no precisaban velas auxiliares. El nombre de los barcos más famosos de la White Star acababa en «ic» (*Britannic*, *Germanic*, *Majestic*). Tenían capacidad para unos mil pasajeros en tercera clase y 160 en primera, y varios ganaron la codiciada Banda Azul, concedida al barco que cruzara el Atlántico más rápido. El récord de la época estaba en seis días.

La principal competidora de White Star era Cunard, que botó sus propios ganadores de la Banda Azul. Todos sus barcos llevaban nombres acabados en «ia», que en las décadas de 1880 y 1890 incluían el *Umbria*, el *Etruria*, el *Campania* y el *Lucania*. Otras empresas fueron las alemanas Hamburg-Amerika Linie y Norddeutscher Lloyd, que en 1897 fletó el *Kaiser Wilhelm der Große*, primero de una serie de «supertransatlánticos» más

◁ **Palacios de alta mar**
Para atraer y conservar a los clientes más ricos y famosos, las navieras equipaban sus buques con interiores opulentos. Esta es la escalinata central del *Titanic*.

 «¿Cuándo llega esta ciudad a Nueva York?»

BEATRICE LILLIE, ACTRIZ, A BORDO DEL *QUEEN MARY*

△ **Cucharilla de plata oficial**
Muchos pasajeros eran fieles a navieras y barcos específicos, y forjaban vínculos con el personal. La identidad de empresa se reforzaba con artículos como esta cucharilla de la White Star.

grandes y veloces. Hamburg-Amerika respondió en 1900 con el *Deutschland*, que logró la Banda Azul al completar en cinco días, 15 horas y 45 minutos la travesía desde el faro de Eddystone, frente a la costa sur de Inglaterra, hasta Sandy Hook, en Nueva York.

Hoteles flotantes de cinco estrellas

Los nuevos transatlánticos encarnaban el *summum* del viaje de placer. Diseñados a imagen y semejanza de los grandes hoteles de cinco estrellas, competían en belleza, confort y servicio. En 1913, un periodista británico a bordo del *Imperator*, de la Hamburg-Amerika, comentó: «Hay un jardín de invierno, un restaurante Ritz, una piscina romana, un salón de baile, un gimnasio… El lujo se está llevando casi demasiado lejos». Estas críticas no se podían hacer extensivas al entrepuente. Los pasajeros de primera daban prestigio a las navieras, pero el dinero de verdad seguía procediendo de los inmigrantes que abarrotaban las cubiertas inferiores. La separación de clases era estricta, y algunos buques llevaban letreros en los que se pedía a los pasajeros de la cubierta superior que no arrojaran comida a los de las inferiores.

La tragedia impuso una pausa en la competición entre navieras –el *Titanic* de la White Star se hundió durante su viaje inaugural, y el *Britannic*, así como el *Lusitania* de la Cunard, durante la Primera Guerra Mundial–, pero ello solo espoleó ambiciones aún mayores. En la década de 1930 se botaron los barcos más extraordinarios jamás construidos, como el *Queen Mary* y el *Normandie*, pero para entonces el viaje aéreo ya había despegado y los días de esplendor en el mar estaban contados.

▷ **La White Star**
Fundada en 1845, la principal rival de la Cunard en los comienzos se hizo famosa por sus transatlánticos de clase Olimpic, como anuncia este cartel de 1911.

WHITE STAR LINE.

"OLYMPIC." 45,000 TONS. AND "TITANIC." 45,000 TONS.

THE LARGEST STEAMERS IN THE WORLD.

To NEW YORK, From SOUTHAMPTON—CHERBOURG—QUEENSTOWN. From LIVERPOOL—QUEENSTOWN.

To BOSTON, From LIVERPOOL—QUEENSTOWN.

For Freight and Passage apply to
THOS. COOK & SON, 31, Fargate, SHEFFIELD; 16, Clumber Street and 97, Derby Road, NOTTINGHAM; and Gallowtree Gate, LEICESTER.

El esquivo polo Norte

La exploración ártica se remonta a la Edad Media, cuando se hicieron los primeros intentos de hallar el paso del Noroeste, pero las expediciones para alcanzar el esquivo polo Norte no se pusieron en marcha hasta el siglo XIX.

El polo Norte está a 700 km de la tierra más cercana. Se encuentra en el océano Ártico, en una región cubierta de manera casi permanente por la banquisa. Los primeros intentos de alcanzar el polo fueron realizados por expediciones navales en busca del mítico paso del Noroeste que conectaría el Atlántico y el Pacífico. En 1827, tras fracasar en su intento de encontrar la ruta, William Edward Parry puso la mira en el polo. Llegó a los 82° 45′ N, récord que mantuvo durante casi cinco décadas, hasta que fue batido por la expedición ártica británica de Albert Markham que alcanzó los 83° 20′ N en 1876.

El noruego Fridtjof Nansen, que ya había cruzado Groenlandia con esquís (pp. 260–261), sostenía la teoría de que el hielo polar era arrastrado de este a oeste por las corrientes oceánicas y que, si se congelaba en el punto adecuado, un barco podría cruzar flotando el polo. Con esta idea en mente partió en un barco construido especialmente al que llamó *Fram* («Adelante»).

Tras zarpar de Cristianía (Oslo) en junio de 1893, Nansen encontró su ruta bloqueada por el hielo cerca del cabo Cheliuskin, el punto más septentrional de Rusia, y tuvo que dejar el barco varado en el hielo a un latitud de 78–79°. Después de 18 meses a la deriva, observó que el barco había perdido el polo, así que lo abandonó y partió con esquís junto con su compañero Hjalmar Johansen. Ambos alcanzaron una nueva cota de latitud norte de 86° 14′ antes de regresar, derrotados por las condiciones meteorológicas. Pasaron otros 14 meses, ocho de ellos invernando en un agujero en el hielo, alimentándose de morsa y foca, hasta tener la fortuna de

ser encontrados por una expedición británica.

En 1897, el explorador sueco Salomon August Andrée trató de alcanzar el polo en un globo de hidrógeno, pero perdió la vida en el intento junto con sus

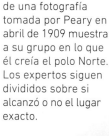

▽ **En discusión**
Esta pintura a partir de una fotografía tomada por Peary en abril de 1909 muestra a su grupo en lo que él creía el polo Norte. Los expertos siguen divididos sobre si alcanzó o no el lugar exacto.

«Demolí los **puentes tras de mí** para no tener otra **opción** que seguir **adelante**.»

FRIDTJOF NANSEN, EXPLORADOR DEL ÁRTICO

compañeros (p. 185). Dos años más tarde, una expedición liderada por el príncipe italiano Luigi Amedeo zarpó de Cristianía, se pasó a los esquís sobre la banquisa y llegó hasta los 86° 34' N, unos 40 km más allá que Nansen.

Reivindicaciones en disputa

El 7 de septiembre de 1909, *The New York Times* mostraba este titular: «Peary descubre el polo Norte». Lo que hacía la noticia más sorprendente era que, una semana antes, *The New York Herald* había anunciado: «El polo Norte es descubierto por el dr. Frederick A. Cook».

La expedición de Cook había partido en julio de 1907 y afirmaba haber llegado

◁ **Competidor polar**
El estadounidense Frederick Cook (dcha.) había sido el médico de la expedición ártica de Peary en 1891-1892. Su afirmación de haber alcanzado el polo Norte en abril de 1908 fue acogida con escepticismo.

al polo el 21 de abril de 1908. Mientras Cook estaba de regreso, y antes de que nadie supiera de su proeza, el explorador estadounidense Robert Peary partió con su propia expedición y a su regreso declaró que había llegado al polo el 6 de abril de 1909. Al final, ninguno de ellos fue capaz de demostrar que había llegado al polo. A pesar

◁ **Robert Peary**
Comandante de la Marina de EE UU, Peary realizó varias expediciones a Groenlandia y al Ártico canadiense antes de lanzarse al asalto del polo Norte. Para entonces ya había perdido ocho dedos de los pies por congelamiento.

de ello, durante años se dio más crédito a Peary, aunque su afirmación ha sido controvertida hasta la actualidad.

La primera reivindicación de haber alcanzado el polo Norte científicamente probada se produjo en mayo de 1926. La hazaña fue realizada por el noruego Roald Amundsen (pp. 280-281), el estadounidense Lincoln Ellsworth, que financió el viaje, y el ingeniero y aviador italiano Umberto Nobile. Amundsen, Ellsworth y Nobile cruzaron el Atlántico de Noruega a Alaska en el dirigible *Norge*, pilotado por Nobile, y al pasar sobre el Polo dejaron caer las banderas de sus respectivos países. Amundsen, a quien no le sorprendió ver que la bandera italiana era la más grande, afirmó que Nobile había convertido el *Norge* en un «carromato de circo en el cielo».

△ **Rivalidad**
El suplemento semanal de un diario francés de 1909 retrata a Cook y Peary peleando en el polo Norte. El encuentro es tan fantasioso como la idea de que hay pingüinos en el Ártico.

Gruta de hielo
Herbert Ponting, miembro de la expedición Terra Nova, captó algunas de las mejores imágenes de la Antártida, como esta de los científicos T. G. Taylor y C. S. Wright tomada desde el interior de una gruta de hielo.

La carrera al polo Sur

Mientras expediciones científicas de numerosos países investigaban una de las últimas regiones inexploradas de la Tierra, dos testarudos emprendieron una agotadora y gélida carrera por la gloria.

La Antártida fue la última gran masa continental explorada y cartografiada. Tras la primera expedición, lanzada en 1897 por la Real Sociedad Geográfica Belga, diez países enviaron a la región unas 17 grandes expediciones en tan solo 20 años. Este periodo se conoce como edad heroica de la exploración antártica.

El premio final, por supuesto, era alcanzar el polo Sur. En 1910 partieron dos expediciones con este objetivo: una desde Noruega, liderada por Roald Amundsen (pp. 280–281), y otra desde Reino Unido, liderada por Robert Falcon Scott, un exoficial de la Marina Real que había dejado el servicio para dirigir la Expedición Nacional Antártica de 1901–1904 de la Royal Geographical Society a bordo del buque investigador *Discovery*. Esta expedición penetró más al sur de lo que nadie se había aventurado antes. A su regreso, Scott planeó de inmediato una segunda expedición, esta vez al polo Sur.

Ganadores y perdedores

En junio de 1910, el *Terra Nova*, un ballenero reconvertido para Scott, dejaba Cardiff (Gales) con 65 tripulantes, entre ellos seis veteranos del *Discovery*. Para el transporte sobre el hielo llevaban ponis, que Scott prefería a los perros, y algunos trineos motorizados, apenas probados. El grupo pasó el primer invierno en el punto navegable más meridional posible, donde el mar de Ross se encuentra con la plataforma del mismo nombre. Resistió las duras condiciones meteorológicas en un refugio en el cabo Evans (nombrado en honor de uno de sus miembros) y estableció reservas de suministros en la ruta al polo.

El 24 de octubre de 1911, al principio del verano antártico, todo estaba listo. Pronto resultó evidente que los trineos y los ponis no podían soportar las duras condiciones, de modo que la expedición continuó sin ellos. El 21 de diciembre alcanzó la gran extensión de la meseta

◁ **Scott en el cabo Evans**
Los expedicionarios del *Terra Nova* vivieron tres años en una gran cabaña prefabricada en el cabo Evans. En la imagen, Scott escribe su diario sentado en su habitación y pipa en mano.

antártica, donde Scott eligió a cuatro hombres para que le acompañaran en el tramo final: Henry Bowers, Edgar Evans, Lawrence Oates y Edward Wilson.

Ralentizados por el mal tiempo y por la insistencia de Scott en que los hombres tiraran de sus trineos, alcanzaron el polo Sur el 17 de enero de 1912. No obstante, al hacerlo vieron que Amundsen se les había adelantado. Perdidos sus sueños de gloria, el grupo debía enfrentarse a un viaje de 1300 km de vuelta al cabo Evans.

Últimas palabras

El 17 de febrero, tras un mes de viaje de regreso, moría Evans tras una caída. El 17 de marzo, Oates, consciente de que sus pies congelados y gangrenados eran un lastre para el resto, pronunció

las palabras más nobles de la historia de la exploración polar: «Voy a salir y puede que tarde un rato». Luego salió torpemente de la tienda hacia una ventisca y nunca más se le volvió a ver.

El 21 de marzo, con raciones para solo dos días más, Scott, Wilson y Bowers, desfallecidos de hambre y destrozados por el escorbuto, plantaron la tienda bajo una tormenta. Habían caminado 1190 km desde el polo. Aún estaban a 225 km del cabo Evans, pero el depósito One Ton, donde habían dejado comida y combustible, estaba a solo 18 km.

«Estamos débiles...»

Ocho meses después, un grupo de rescate salido del cabo Evans encontró la tienda con tres cadáveres congelados en sus sacos de piel de reno. El diario de Scott estaba junto a su cuerpo: «Estamos débiles… pero no me arrepiento de haber emprendido este viaje, que ha demostrado que los ingleses son capaces de soportar penurias […] y enfrentarse a la muerte con una fortaleza mayor que nunca». También había un puñado de cartas, entre ellas una para su esposa, que empezaba así: «Querida viuda».

◁ **Los segundos**
Maltrechos y congelados, Wilson, Scott, Evans, Oates y Bowers posan en el polo Sur en enero de 1912 ante la tienda que había dejado Roald Amundsen.

Roald Amundsen

El explorador noruego Roald Amundsen fue el primer hombre en alcanzar el polo Sur, el primero en visitar ambos polos y el primero en navegar por el paso del Noroeste entre el Atlántico y el Pacífico.

Hijo de armadores, Roald Amundsen soñaba de niño con ser explorador polar, con la imaginación enardecida por las hazañas de su compatriota Fridtjof Nansen. Su madre no quería que se hiciera a la mar y lo animaba a hacerse médico. Obediente, estudió medicina, pero a los 21 años, tras la muerte de su progenitora, dejó la universidad y se incorporó a una expedición naval al Ártico.

En 1897 se embarcó como primer oficial en una expedición a la Antártida a bordo del *Belgica*. A su regreso en 1899, puso su mira en el paso del Noroeste. Desde el siglo XVI, los navegantes habían buscado una ruta ártica entre el Atlántico y el Pacífico (pp. 138–139). Algunos de los que lo habían intentado y habían fracasado en su empeño eran Henry Hudson, James Cook y John Franklin, cuya desaparición en los mares helados del lejano norte fascinaba a Amundsen.

▽ En el polo Sur

Amundsen posa ante la bandera noruega plantada por él en el polo Sur el 14 de diciembre de 1911. Le acompañan algunos de los huskies que dieron ventaja a su expedición sobre su rival, Robert F. Scott.

El paso del Noroeste

En junio de 1903, Amundsen y los seis miembros de su tripulación zarparon de Cristianía (Oslo) a bordo del pequeño pesquero *Gjøa*. Tras cruzar el Atlántico establecieron una base en la isla del Rey Guillermo, al norte de la costa canadiense, donde pasaron dos inviernos realizando estudios científicos y conviviendo con los inuits. Allí aprendieron estrategias de supervivencia en el Ártico, como la construcción de refugios de nieve, la conducción de trineos con perros y la confección de ropa con pieles de animales.

El *Gjøa* levó anclas en agosto de 1905. Amundsen puso rumbo oeste a través de canales no cartografiados hasta que el barco encalló en el hielo, lo cual obligó al grupo a pasar el invierno a corta distancia de Alaska. Por fin, en 1906 alcanzaron Nome, en Alaska, convirtiéndose en los primeros en navegar por el paso del Noroeste. Sin embargo, aquel viaje les había llevado más de tres años, y parte de la ruta apenas tenía profundidad suficiente para el *Gjøa*, pequeño pesquero de Amundsen. El paso no era viable comercialmente.

El polo Sur

Después de su regreso a Noruega, Amundsen empezó a prepararse para un asalto al polo Norte en el viejo buque polar de Fridtjof Nansen, el *Fram*. Entonces recibió noticias de que Frederick Cook y

◁ Reloj de bolsillo

Este reloj de la estadounidense Elgin National Watch Company utilizado por Admundsen se conserva en el Museo del Ártico y el Antártico de San Petersburgo.

Robert Peary se le habían adelantado y desvió su objetivo hacia el polo Sur. Robert Scott ya había anunciado su expedición, de modo que Amundsen le telegrafió el siguiente mensaje de cortesía: «Me permito informarle de que el *Fram* se dirige a la Antártida».

El *Fram* llegó a la Antártida el 11 de enero de 1911, y el equipo, compuesto por cinco hombres con cuatro trineos con 13 perros cada uno, se instaló para invernar hasta octubre, cuando Amundsen juzgó que el tiempo era bueno para partir. Las habilidades aprendidas de los inuits demostraron ser inapreciables, y Amundsen alcanzó rápidamente el polo, el 14 de diciembre de 1911, más de un mes antes que su competidor británico.

▷ Llamado para la aventura

Fotografía de 1923 de Roald Amundsen con parka de pieles. A diferencia de otros que intentaron expediciones a los polos, Amundsen y su equipo noruego estaban habituados a un clima gélido y eran más hábiles esquiando.

« Con **planificación** suficiente puedes casi **eliminar** la aventura de una **expedición**. »

ROALD AMUNDSEN, EXPLORADOR POLAR

FECHAS CLAVE

- **1872** Nace en el seno de una familia de armadores en Borge, al sur de Noruega.

- **1897** Se incorpora a la tripulación del *Belgica*, al mando de Adrien de Gerlache, en la primera expedición que invernó en la Antártida.

- **1903–1906** Es el primero en navegar entre el Atlántico y el Pacífico a través del Ártico.

- **1910–1912** Parte en el *Fram* hacia la Antártida, donde vence a Robert F. Scott en la carrera al polo Sur.

UN JOVEN AMUNDSEN POSA PARA UNA FOTO DE ESTUDIO

- **1926** Sobrevuela el polo Norte en el dirigible *Norge*, pilotado por el italiano Umberto Nobile. Esto les convierte en los primeros exploradores verificados en alcanzar dicho polo, y a Amundsen en el primero en visitar los dos polos.

- **1928** El 28 de junio desaparece junto con cinco tripulantes durante un vuelo de rescate para encontrar a Nobile. Su cuerpo nunca fue hallado.

EL DIRIGIBLE *NORGE*, CON EL QUE AMUNDSEN SOBREVOLÓ EL POLO NORTE

El Ford T

El automóvil modelo T de Henry Ford cambió para siempre la manera de vivir, trabajar y viajar en EE UU y en el resto del mundo.

Cuando Henry Ford entró en el negocio del automóvil a finales del siglo XIX, lo hizo en compañía de numerosos inventores y empresarios que experimentaban con tecnologías diversas. Algunos de sus inventos tenían éxito, como el automóvil de gasolina desarrollado por Karl Benz en 1886. El coche de Benz podría incluso considerarse el primer vehículo «fabricado en serie», pues se produjeron varias copias idénticas. No obstante, nadie igualó la producción de Ford.

Ford fundó su empresa en 1903 en Detroit (Michigan). A lo largo de los cinco años siguientes produjo los modelos A, B, C, F, K, N, R y S, de la mayoría de los cuales solo se vendieron unos centenares o unos miles de unidades al año. Esto cambió en 1908, cuando presentó el modelo T, del que se iban a vender considerablemente más. El primer vehículo salió de la fábrica el 27 de septiembre de 1908, y el 26 de mayo de 1927, Ford veía salir de la cadena de montaje el modelo T 15 millones.

El vehículo de Ford fue el primer automóvil fabricado en una cadena de montaje móvil con piezas intercambiables, por lo que resultaba más barato de producir que otros coches anteriores y se podía vender a un precio mucho menor que sus competidores. Esto, sumado a su fácil mantenimiento y su disponibilidad, hizo que el Ford T pusiera el automovilismo al alcance de personas que antes no se lo habían podido permitir. En 1915, el modelo T constituía el 40 % de todos los coches vendidos en EE UU.

El Ford T se fabricó en varias versiones, entre ellas un biplaza, un familiar de cinco asientos y una limusina de siete. Originalmente se podía elegir entre varios colores, pero desde 1913 hasta 1925 se fabricó en un solo color: negro. Aunque al final fuera desbancado por coches más grandes y potentes, para entonces ya había hecho realidad el sueño de Henry Ford de «democratizar el automóvil».

«Construiré un coche para la gran multitud.»

HENRY FORD, *MY LIFE AND WORK* (1922)

◁ **Listos para la entrega**
Esta foto tomada en una factoría Ford en 1925 muestra filas de coches del modelo T alineados y preparados para su entrega. Este automóvil se montaba en Detroit (Michigan, EE UU) y en Manchester (RU).

El descubrimiento de Machu Picchu

Inspirado por los relatos de la exploración de América del Sur de Alexander von Humboldt, Hiram Bingham realizó uno de los hallazgos arqueológicos más sensacionales del siglo XX.

△ **Un hombre y una mula**
El académico de Yale y explorador Hiram Bingham fotografiado con su mula poco después de su primer viaje a Machu Picchu, en 1911, guiado por un agricultor local.

Cómo encontrar una antigua ciudad perdida? El organizador de la Expedición Peruana de Yale en 1911, Hiram Bingham, simplemente preguntó a todo aquel con quien se tropezó en Perú si conocía algunas ruinas. Mientras investigaba el valle del Urabamba, cerca de Cuzco, dio con un agricultor que decía conocer uno de esos sitios. Nadie del grupo de Bingham mostró interés en unirse a él, así que partió junto con su intérprete y el agricultor, que servía de guía. Tras un par de horas bajo una persistente llovizna, abriéndose paso a través de la densa vegetación tropical y debiendo trepar a gatas en ocasiones a causa de lo escarpado del terreno, Bingham y su guía se encontraron en medio de un enorme laberinto de muros. Según escribió: «Sorpresa tras sorpresa hasta comprender que estábamos en medio de las ruinas más maravillosas que nadie había encontrado en Perú».

Una obsesión creciente

Hijo de misioneros estadounidenses, Bingham había nacido en Hawái en 1875. Estudió en Yale y Harvard, donde se interesó por la historia de América del Sur. Luego fue contratado como profesor en Yale; sin embargo, Bingham estaba

«Es posible que **ni siquiera los conquistadores** vieran nunca este **maravilloso lugar**.»

HIRAM BINGHAM

más interesado en la exploración que en la docencia. En 1906 siguió las huellas de Simón Bolívar a través de Venezuela y Colombia, y en 1909 recorrió en mula la ruta comercial histórica de Buenos Aires a Lima. Cuando vio las ruinas de la ciudad imperial de Cuzco, en Perú, decidió descubrir más sobre el legado incaico.

▽ **Retiro de montaña**
Hiram Bingham creía haber descubierto Vilcabamba, la ciudad perdida de los incas. Actualmente se cree que Machu Picchu fue la residencia de montaña del emperador Pachacútec, abandonada en algún momento tras su muerte en 1472.

En 1911, el objeto de su búsqueda era la «ciudad perdida» de Vilcabamba, el último refugio de los incas, desde donde resistieron frente a los conquistadores españoles en la década de 1530.

Sin embargo, lo que Bingham encontró aquel lluvioso 24 de julio de 1911 fue Machu Picchu («Montaña Vieja» en lengua quechua), ciudadela construida por el emperador inca en algún momento del siglo xv. Se topó con algunos campesinos que vivían en un refugio entre las ruinas y cultivaban algunas de las antiguas terrazas, y uno de ellos le enseñó la zona. Bingham quedó cautivado por los tramos de terrazas de piedra magníficamente

△ **Excavación del yacimiento**
En su segunda visita a Machu Picchu, en 1912, Bingham inició una exhaustiva excavación del lugar, que estaba «cubierto de árboles y musgo crecidos durante siglos».

construidas y las estructuras «de la más fina mampostería inca», así como por el entorno de la ciudadela, rodeada por majestuosas montañas.

Documentar el descubrimiento
Posteriormente, otros viajeros alegaron haber estado en Machu Picchu antes que Bingham. Él mismo admitió que «parecía casi increíble que esta ciudad, a solo cinco días de viaje desde Cuzco, hubiera permanecido tanto tiempo sin descubrir», pero si otros se le habían adelantado, no dejaron constancia de sus viajes. Cuando regresó al lugar en años sucesivos, Bingham tomó muchas fotografías, realizó planos detallados y se llevó miles de objetos a EE UU para su estudio. Sus descubrimientos fueron meticulosamente documentados y le valieron grandes elogios. Según *The New York Times*, el suyo fue «el mayor descubrimiento arqueológico del siglo».

Bingham siempre estuvo convencido de que Machu Picchu era Vilcabamba y expuso su teoría en su libro de 1948 *La ciudad perdida de los incas*. Sin embargo, en 1964, el explorador estadounidense Gene Savoy identificó las auténticas ruinas de Vilcabamba en el yacimiento de Espíritu Pampa, un lugar cercano que Bingham también había visitado, pero que consideró de importancia menor.

▽ **Colgante inca**
Bingham extrajo de Machu Picchu más de 45 000 objetos, como este colgante de oro. Posteriormente, la universidad de Yale admitió devolverlos a Perú.

Alzar el vuelo

En 1908, Wilbur Wright despegó de la pista de un hipódromo al sur de Le Mans (Francia), tras anunciar: «Caballeros, voy a volar». Su máquina voladora iba a revolucionar los viajes.

La mayoría de los historiadores de la aviación señala el 17 de diciembre de 1903 como el día en que los viajes cambiaron para siempre. Ese día, Wilbur y Orville Wright, dos fabricantes de bicicletas estadounidenses, realizaron el primer vuelo controlado y sostenido de una nave más pesada que el aire en un lugar cercano a Kitty Hawk, en Carolina del Norte (EE UU).

Después de esta proeza, los hermanos Wright continuaron trabajando en sus diseños durante un par de años. Luego, el 5 de octubre de 1905, Wilbur pilotó el *Flyer III* durante 39 minutos, cubriendo una distancia de unos 39 km. Temiendo que sus competidores les robaran sus ideas, los Wright llevaban a cabo sus experimentos en relativo secreto, así que había pocos testigos. Naturalmente, esto generaba escepticismo. Tal como señalaba un editorial de *The New York Herald* en febrero de 1906: «Es fácil decir: "Hemos volado"».

▷ **AT&T**
La compañía Aircraft Transport and Travel lanzó en 1919 el primer servicio aéreo regular internacional, entre Londres y París. Usaba un aeroplano de Havilland DH.16 (en la fotografía), con capacidad para cuatro pasajeros.

En respuesta a sus críticos, los Wright realizaron más vuelos en mayo de 1908, esta vez ante la prensa estadounidense. Hasta entonces, todos sus vuelos habían sido en solitario, pero en esta ocasión habían modificado la aeronave para transportar a un pasajero: otro logro histórico. Ese mismo año repitieron la hazaña en Francia, donde Wilbur pilotó la aeronave haciendo ochos sobre miles de espectadores. Pero los Wright no eran los únicos que experimentaban con

« **Algún día** las personas **cruzarán los océanos** en **aviones** como hoy lo hacen en **barcos de vapor**. »

THOMAS BENOIST, PIONERO DE LA AERONÁUTICA ESTADOUNIDENSE

▷ **Rápido progreso**
Menos de 20 años después del primer vuelo de los hermanos Wright había aeronaves capaces de transportar a más de 150 pasajeros. Estas personas cruzan el lago Lemán a bordo de un gigantesco hidroavión DO-X de 12 motores.

sección de pasajeros con dormitorio, salón y cuarto de baño. El 12 de febrero de 1914 despegó para un vuelo de demostración, con 16 personas a bordo, y en junio voló de San Petersburgo a Kíev en 14 horas y 38 minutos y volvió en menos tiempo aún. No obstante, el aeroplano no llegó a utilizarse para el transporte comercial de pasajeros a causa del inicio de la Primera Guerra Mundial.

La primera línea aérea programada había empezado a operar justo un mes antes. La St. Petersburg to Tampa Airboat Line inició sus vuelos a través de la bahía de Tampa (Florida) en enero de 1914. El servicio solo duró unos meses, pero en ese tiempo sus dos hidroaviones habían llevado de un lado a otro de la bahía a más de 1200 pasajeros.

Mayoría de edad
La innovación tecnológica se aceleró durante la guerra, y para 1918 ya eran muchas las aeronaves mejoradas que podían ser adaptadas para el servicio civil. El 25 de agosto de 1919, la compañía Aircraft Transport and Travel (AT&T) lanzaba el primer servicio regular internacional del mundo: un vuelo diario entre el aeródromo de Hounslow Heat de Londres y el de Le Bourget en París.

AT&T solo voló hasta diciembre antes de quebrar, pero al cabo de un año no menos de seis empresas ofrecían un vuelo Londres-París. El 17 de mayo de 1920 realizaba su vuelo inaugural una nueva línea entre Londres y Ámsterdam: la de la compañía neerlandesa KLM (Koninklijke Luchtvaart Maatschappij).

Estas líneas aéreas transformaron los viajes tan radicalmente como lo hiciera el motor de vapor cien años antes. Viajes que antes llevaban semanas o meses, se hacían en horas. La idea de pasar meses en el mar para ir de un lugar a otro se volvió impensable, y no solo para los ricos, sino para los hombres de negocios y muchas otras personas. En la década de 1950, volar ya se había convertido en la mejor forma de viajar a larga distancia.

△ **Primer vuelo**
Wilbur Wright (en la foto durante un vuelo de prueba en un planeador, en octubre de 1902) y su hermano realizaron los primeros vuelos controlados y sostenidos en las colinas Kill Devil, cerca de Kitty Hawk (Carolina del Norte) en 1903.

máquinas voladoras: solo iban por delante en la competición. Aquel día, uno de los presentes entre el público era el inventor Louis Blériot, que, un año después, fue el primero en sobrevolar el Canal de la Mancha, y lo hizo en una aeronave diseñada por él mismo.

Primeras líneas aéreas
Unos seis años después de la primera demostración internacional de los Wright, hacía su debut la primera aeronave capaz de llevar a varios pasajeros. Diseñado por el ruso Ígor Sikorski, el cuatrimotor *Ilyá Múromets* fue el primer avión con luz eléctrica y calefacción, por no mencionar una

◁ **KLM**
KLM, la aerolínea neerlandesa cuyo vuelo inaugural data de 1920, ha estado en servicio más tiempo que ninguna otra. En este cartel de 1929 se lee: «El holandés errante, una leyenda hecha realidad».

Aventureros del cielo

La historia inicial de la aviación puede resumirse en una lista de aventureros con gorro de cuero y gafas de aviador que se jugaron el pellejo –demasiado a menudo con fatales resultados– para ampliar los límites del viaje aéreo.

En la actualidad, volar es solo la manera más rápida de ir de un lado a otro, pero no siempre fue así. A inicios del siglo xx, alzar el vuelo era una experiencia única, y los aviadores eran los héroes del momento. El periodo de entreguerras fue la época más emocionante, cuando los ingenieros renovaban el diseño de los aviones casi cada semana y los pilotos batían récords de distancia y velocidad. Aunque por cada éxito se contaran muchos fracasos, y a menudo muertes, para los pioneros volar era una vocación que justificaba los riesgos. Para explicar su decisión de convertirse en piloto de correo aéreo, Antoine de Saint-Exupéry (desaparecido en 1944 en el Mediterráneo) no halló mejor comparación que la de ingresar en un monasterio y escribió sobre sus experiencias en obras como *Tierra de hombres* y *Piloto de guerra*. La muerte en el aire podía llegar de la manera más inesperada.

Alan Cobham fue un pionero de la aviación de larga distancia que, en marzo de 1926, realizó un vuelo de ida y vuelta entre Londres y Ciudad del Cabo. Tres meses después despegó de Londres, en esta ocasión rumbo a Australia. Al sobrevolar Irak, una tormenta de arena le obligó a volar bajo, y su avión fue tiroteado por miembros de una tribu. Su copiloto fue alcanzado y, aunque Cobham aterrizó en Basora y lo llevó a un hospital, murió esa noche.

Héroe de la larga distancia
Esta fotografía muestra a Alan Cobham aterrizando sobre el río Támesis, en Londres, el 1 de octubre de 1926, tras realizar un vuelo de ida y vuelta de 42974 km entre Inglaterra y Australia.

> « A veces, **volar parece demasiado divino** para [...] el hombre. »

CHARLES LINDBERGH, AVIADOR

△ **El** *Spirit of St. Louis*
El avión con el que Lindbergh cruzó el Atlántico era un monoplano monomotor y monoplaza construido por Ryan Airlines de San Diego. Se halla en el Museo Nacional del Aire y el Espacio del Instituto Smithsoniano (Washington D.C.).

Cruzar el Atlántico

En los anales de la historia de la aviación, casi todos los vuelos quedan ensombrecidos por el de Charles Lindbergh el 20–21 de mayo de 1927. Con 25 años de edad, Lindbergh saltó a la fama mundial al volar en solitario y sin escalas desde Long Island (Nueva York) hasta París, habiendo recorrido 5800 km en 33,5 horas. Pero él no fue el primero en cruzar el Atlántico. En mayo de 1919, Albert Read, de la Marina de EE UU, voló de Terranova a Portugal con escala en las Azores. Dos semanas después, el capitán John Alcock y el teniente Arthur Brown volaron sin escalas de Terranova a Irlanda. De hecho, en 1927 ya habían cruzado el Atlántico más de cien hombres. El mérito de Lindbergh fue hacerlo en solitario y entre dos ciudades tan importantes como Nueva York y París.

Al año siguiente, el australiano Charles Kingsford Smith y los tres miembros de su tripulación fueron los primeros en cruzar el Pacífico, desde Oakland hasta Brisbane. Sin embargo, quien copó los grandes titulares de ese año fue Amelia Earhart, la primera mujer que cruzaba el Atlántico por aire, si bien lo hizo como pasajera. En una entrevista poco después de aterrizar dijo: «Tal vez algún día lo intente sola». Ese día fue el 20 de mayo de 1932, cuando se cumplía el quinto aniversario del vuelo de Lindbergh. A sus 34 años, Earhart despegó desde Terranova y, faltando cuatro minutos para las 15 horas de vuelo, aterrizó en un campo de Irlanda del Norte, convirtiéndose en la primera mujer en cruzar el Atlántico en solitario.

La vuelta al mundo

Tal vez el mayor logro de la aviación sea el menos conocido. Wiley Post, natural de Oklahoma, trabajó en los campos petrolíferos, pasó un año en prisión por atraco y perdió un ojo en un accidente antes de convertirse en piloto personal de un magnate del petróleo. El 23 de junio de 1931, volando con el avión del magnate (un Lockheed Vega llamado *Winnie Mae*), Post y su navegante, Harold Gatty, despegaron de Nueva York con rumbo oeste y regresaron el 1 de julio, tras haber dado la vuelta al

mundo en 8 días, 15 horas y 51 minutos. Esto pulverizaba el récord anterior de 21 días, establecido por un zepelín. En julio de 1933, Post pilotó de nuevo el *Winnie Mae* alrededor del mundo, esta vez en solitario, convirtiéndose en el primero en hacerlo, y en solo 7 días y 19 horas. Dos años después, su carrera llegaba a su fin al fallar el motor de su hidroplano y hundirse en un lago de Alaska.

△ **Amelia Earhart**
En 1932, Amelia Earhart fue la primera mujer en cruzar el Atlántico volando en solitario. Desde entonces ha sido un ídolo para los aviadores.

▷ **La bienvenida del héroe**
Portada del *Daily Mirror* británico que muestra la llegada de Charles Lindbergh y su *Spirit of St. Louis* al aeropuerto de Croydon de Londres tras su histórico vuelo a través del Atlántico.

Viajes por Arabia

A lo largo de los siglos, varios viajeros solitarios occidentales heterodoxos se han sentido atraídos por Arabia. Solían viajar disfrazados de árabe y adoptaban las costumbres locales.

▽ **Donde fueres...**
Bertram Thomas, retratado en 1930 con guerreros de la tribu shahra en Omán, se ganó la confianza de los lugareños adoptando sus costumbres.

Como foco del islam a partir del siglo VII, Arabia era bien conocida por los viajeros musulmanes que acudían en peregrinación. Sin embargo, para los no musulmanes, La Meca y Medina formaban parte de una lista de ciudades prohibidas que –como Lhasa y Tombuctú– alimentaron la imaginación occidental durante siglos. Aunque esas ciudades estaban prohibidas para los infieles, los intrusos no eran insólitos.

A principios del siglo XX, unos 25 occidentales habían visitado La Meca y escrito sobre ella.

El primero de estos viajeros conocido fue el italiano Ludovico de Varthema, que partió en 1503 de Damasco, donde había pasado dos años estudiando árabe, con una caravana de peregrinos a La Meca.
Fue el primer occidental

△ **Expediciones de Bertram Thomas**
En 1930, Thomas salió de Salalah, en Zufar, con el jeque Saleh bin Kalut. Ambos llegaron a Doha –el extremo opuesto del Rub al-Jali– 60 días después. Allí embarcaron en un dhow y finalizaron su viaje en Baréin.

en describir los ritos del *hayy*.

Otro viajero por Arabia fue el suizo Johann Ludwig Burckhardt, que descubrió la antigua ciudad tallada en piedra de Petra, en la actual Jordania. En 1814 pasó dos meses en La Meca, trazó el plano de la ciudad y recopiló información sobre la poco conocida península Arábiga.

El relato mejor documentado se debe al aventurero británico Richard Burton. Pese a que la Royal Geographical Society le negó una subvención para explorar Arabia basándose en que era demasiado peligroso, él decidió ir de todas formas.

◁ **Disfrazado**
Como otros occidentales que pretendían visitar La Meca, Richard Burton estudió el islam, aprendió árabe y se vistió como un peregrino musulmán (en la imagen).

Su relato, en tres volúmenes, se publicó en 1855. Inicialmente, Burton pretendía partir de La Meca para cruzar el desierto de Arabia, pero no fue así. Esa expedición fue llevada a cabo por el explorador académico Charles Montagu Doughty. En 1876, tras escuchar por casualidad una conversación en un café árabe, Doughty supo de la existencia de una ciudad antigua en Arabia Saudí y decidió encontrarla. Como todos los europeos en Arabia, se vistió a la usanza local para ocultar su nacionalidad y se unió a una caravana de peregrinos. Pese a ser descubierto y rechazado, Doughty descubrió las fachadas labradas en piedra de Mada'in Saleh, una ciudad hermana menor de Petra, y dio un amplio rodeo por el desierto hasta Yidda. En total, viajó durante dos años y registró los detalles en los dos volúmenes de su obra *Arabia Deserta* (1888).

Cruzar el Cuarto Vacío

En las primeras décadas del siglo xx, con el declive irreversible del Imperio otomano, los británicos pusieron sus ojos en Arabia como parte de su esfera de influencia imperial. Bertram Thomas, un funcionario británico empleado como asesor económico por el sultán de Mascate, empezó a planificar su travesía del Rub al-Jali, el Cuarto Vacío, una región de 650 000 km² de arenas prácticamente deshabitadas.

△ **Ciudad perdida en el desierto**
El explorador Charles Doughty consiguió visitar las ruinas talladas en la roca de Mada'in Saleh, la segunda ciudad más importante del antiguo reino nabateo.

El 10 de diciembre de 1930 partió de Salalah, en Zufar, y 60 días después llegó a Doha, en Catar. Fue el primer europeo que atravesó esta inhóspita región suroriental de Arabia.

La hazaña de Thomas no complació a todos. Harry St. John Philby, consejero británico del rey de Arabia Saudí, estaba planeando su propia travesía del Rub al-Jali cuando se enteró de que había sido vencido. Aun así, siguió adelante. En el transcurso de su viaje de 2700 km por el desierto, descubrió los cráteres de Wabar, formados por impactos de meteoritos.

Aunque no fue el primero en cruzar el Cuarto Vacío, los logros de Philby fueron reconocidos por una generación de exploradores posterior, en especial por Wilfred Thesiger (pp. 316–317), que proclamó: «Siempre me sentiré orgulloso de haber seguido las huellas de Philby».

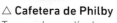

△ **Cafetera de Philby**
Tras un largo día de viaje, la aparición de la cafetera significaba descanso. Philby alabó la virtud del café «para animar el corazón del hombre».

> «[...] lo que tal vez fuese harto **peligroso** para otros viajeros, **para mí** era totalmente **seguro**.»
>
> RICHARD FRANCIS BURTON (1855)

En busca de sol

Con la llegada de vapores y trenes, los británicos victorianos acaudalados ya no tenían que pasar los tristes meses del largo invierno en casa, pues podían partir hacia el soleado Mediterráneo.

La idea de que cualquiera pueda darse un chapuzón en la playa es reciente. Durante gran parte de la historia, el mar se vio como un medio violento e impredecible, algo que temer y conquistar. Esto cambió gracias a los románticos (pp. 204–205), que creían que pasar un tiempo en comunión con la naturaleza era beneficioso para el espíritu. Los médicos empezaron también a sugerir que el aire libre, el ejercicio y el clima cálido eran buenos para la salud. Las casetas de playa rodantes (también llamadas máquinas de baño) hicieron su aparición en las playas británicas, y los veraneantes se mojaban con precaución los pies en el agua. Tras la revolución industrial, el ascenso de la clase media, junto con la mejora de los salarios y la difusión del tren, se combinó con ese entusiasmo por el mar y propició los primeros centros de veraneo costeros. Brighton, que gozaba del favor real, fue una de las ciudades de más rápido crecimiento de Reino Unido a principios del siglo XIX. Cuando en la década de 1840 se construyó el ferrocarril que conectaba las ciudades industriales del norte de Inglaterra con Blackpool, esta se convirtió en el primer centro de veraneo para clase trabajadora del

mundo. Sin embargo, mientras las ciudades costeras británicas empezaban a florecer, había quien disfrutaba del sol mucho más lejos.

La Costa Azul

En 1834, una epidemia de cólera en Marsella obligó a lord Brougham a quedarse en un pueblo de pescadores llamado Cannes. Enamorado de su cielo luminoso, su clima suave y su mar rutilante, compró un terreno y se construyó una villa: había nacido la Costa Azul, también conocida como Riviera francesa. De hecho, era una

◁ **La Costa Azul**
Este fotocromo (c. 1890) muestra Menton (Francia). En el paseo marítimo se exhibía el vestuario más refinado.

◁ **Exhibirse en bañador**
Para disfrutar por completo de la playa, muchos turistas del siglo XIX llevaban traje de baño, aunque el recato imponía que este dejara ver poco más que la ropa de calle.

prolongación mediterránea de Brighton y se convirtió en el primer gran centro de veraneo del mundo, si bien muy exclusivo. Localidades como Antibes, Cannes, Saint Raphaël, Juan-les-Pins, Niza y Mónaco prosperaron, y para la década de 1920, ese tramo de costa era la zona de veraneo más glamurosa del mundo. Era la favorita de millonarios, miembros de la realeza y estrellas de cine, pero también de artistas e intelectuales, desde Renoir, Matisse o Picasso hasta Chaplin, Chanel y Francis Scott Fitzgerald. Este último, que alquiló con su esposa Zelda una casa junto al mar en Juan-les-Pins, dijo que la Costa Azul era el lugar donde querría «vivir y morir» y la eligió como el hedonista escenario de su última novela, *Suave es la noche* (1934).

A partir de 1922, la región quedó conectada por Le Train Bleu, una línea ferroviaria solo de primera clase que iba de Calais a Menton, en el sur de Francia, vía París. Con su elegante locomotora azul con una franja dorada, empezó a ser conocido como «el tren de los millonarios». Sus pasajeros pusieron de moda la piel bronceada y la ropa de baño, y popularizaron deportes al aire libre como la natación, el tenis y el golf.

Más allá de Francia

La Costa Azul era sin duda el de perfil más elevado, pero no el único refugio playero. A mediados del siglo XIX, Rímini ya era uno de los varios centros turísticos costeros de Italia. También surgieron centros de veraneo similares a lo largo de las costas septentrionales de Francia y Bélgica, en las bálticas del norte de Alemania y, poco después, en las de

España. En EE UU, el empresario Carl G. Fisher, que había comprado y drenado manglares en Florida, encargó una valla publicitaria para la Times Square de Nueva York en la que se leía en pleno invierno: «En Miami es junio».

La seducción de la Costa Azul se esfumó tras la Segunda Guerra Mundial, cuando los ricos empezaron a buscar otros lugares para su libertad bajo el sol, pero la idea de las vacaciones en el extranjero se hizo popular, y el auge de los viajes aéreos baratos en la segunda mitad del siglo XX hizo posible que millones de personas hicieran sus maletas cada año para escapar rumbo a climas más soleados.

△ **Casetas rodantes**
Las primeras bañistas se cambiaban en casetas móviles para preservar su pudor. Como muestra esta postal del año 1908, las casetas eran empujadas hasta el mar para que las mujeres entraran en el agua con cierta privacidad.

◁ **Migrar al sur**
Aunque el norte de Europa cuenta con numerosas playas, carece de sol. Anuncios como este de 1930 animaban a los turistas ricos a dirigirse al sur para veranear en lugares como la Riviera francesa.

Más allá de las guías

Aunque gran parte del mundo quedó sumido en el caos por la Gran Depresión que siguió a la Primera Guerra Mundial, las décadas de 1930–1940 trajeron una nueva edad de oro de los libros de viajes.

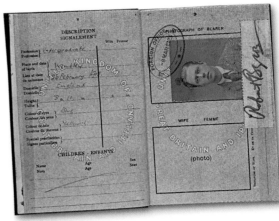

△ **Pasaporte de Robert Byron**
Inscrito como «estudiante» de cabello «pajizo», el escritor de viajes Robert Byron (1905–1941) asistía al Merton College de Oxford cuando se expidió este pasaporte en 1923.

△ *Aventura brasileña*
Pese a su veredicto de que «no se logró nada importante», la lectura del libro de Fleming resulta tan apasionante hoy como en 1933.

El primer *boom* de la literatura de viajes se produjo cuando vapores y ferrocarriles abrieron el mundo. El público sintió un deseo imperioso de leer libros sobre los rincones remotos del planeta, aun cuando no fuera a visitarlos. En el periodo de entreguerras sucedió algo similar, en esta ocasión con la aviación como catalizador. Sin embargo, el nuevo tipo de libros de viajes era distinto de los anteriores.

Una nueva raza de escritores

El viajero arquetípico del siglo xix había escrito relatos heroicos sobre sus propias proezas de resistencia y valor. Aunque Robert Byron compartía muchos de los atributos del viajero del xix –como una buena educación, riqueza y libertad para entregarse a sus pasiones de una manera fuera del alcance del hombre común–, su estilo era diferente. En vez de glorificarse a sí mismo o a sus viajes, describió con calidez y humor las gentes que encontraba. Reconocía que, tras siglos de dominio sobre tierras extranjeras, Europa debía ser capaz de aprender un par de cosas sobre los otros, y su visión de las culturas ajenas era positiva. *Viaje a Oxiana* (1937), el relato de su viaje por Persia (Irán) y Afganistán en busca de los orígenes de la arquitectura islámica, se suele considerar el primer gran ejemplo de la literatura de viajes moderna.

Otro prestigioso escritor de viajes de esta época, Peter Fleming, empezó su carrera literaria al incorporarse a una expedición a América del Sur en busca del explorador perdido Percy Fawcett, que inspiró su primer libro, *Aventura brasileña* (1933). El viaje fue una farsa, y Fleming se recrea en describir la falta de heroísmo y la incompetencia tanto de la expedición como de él mismo. «Ser explorador exige menos valor que ser contable», confiesa. Más tarde escribió sobre Asia central, China y Rusia.

La arqueóloga aficionada Freya Stark mostró una actitud displicente similar hacia la aventura al describir su viaje

▽ **Freya Stark**
El espíritu aventurero de Freya Stark, célebre por vestir de Dior en zonas remotas de Asia y de árabe en Londres, y sus viajes a lugares exóticos trascendieron su sexo y su época.

> «No existen tierras extranjeras, el **único extranjero** es el **viajero**.»
>
> ROBERT LOUIS STEVENSON, ESCRITOR ESCOCÉS

por Persia dando esquinazo a bandidos y policía por igual en *El valle de los asesinos* (1934), al que siguieron dos docenas más de obras que animaron a muchas mujeres a aventurarse en ambientes exóticos: «Despertar completamente sola en una ciudad extraña es una de las sensaciones más placenteras del mundo», aseguraba en *Baghdad Sketches* (1932).

Aunque los hombres aún superaban a las mujeres en lo que respecta a la literatura de viajes, *Cordero negro, halcón gris: un viaje al interior de Yugoslavia* (1941), el complejo retrato de Rebecca West de Yugoslavia y Europa al borde de la guerra, fue otro de los libros más reseñables de la época.

La mayoría de los escritores de viajes del momento buscaba aventurarse donde las guías Baedeker no lo habían hecho, pero otros combinaron la literatura con el reportaje para presentar lugares conocidos desde un nuevo ángulo. El maestro y ensayista Eric Blair escribió sobre París desde la perspectiva privilegiada de un cocinero en *Sin blanca en París y Londres* (1933), que publicó con el seudónimo de George Orwell. El piloto y escritor francés Antoine de Saint-Exupéry describió vívidamente la visión del Sáhara y los Andes desde su avión mientras volaba repartiendo el correo en su clásico *Tierra de hombres* (1939).

¿Fin de un era?

Pocos escritores pudieron resistir a la facilidad con que se podía viajar. H. W. Tilman escribió sarcásticamente en el prefacio de su obra *China to Chitral* (1951): «Relativamente pocos viajeros han visitado el Turquestán chino, lo cual está bastante bien, porque casi ninguno de esos pocos afortunados se ha abstenido de escribir un libro». Sin embargo, Evelyn Waugh sugería en 1946 que la literatura de viajes había pasado a la historia y tituló su nueva recopilación de relatos de viajes *When the Going Was Good* (Cuando las cosas iban bien): el placer de viajar se había acabado para él.

◁ **Antoine de Saint-Exupéry**
Autor del clásico *El principito* (1943) y aviador audaz, Saint-Exupéry (izda.) intentó batir el récord de velocidad durante un vuelo de París a Saigón en 1935. Por desgracia, su aeroplano se estrelló.

Roy Chapman Andrews nació en la pequeña población de Beloit (Wisconsin), en 1884. Como escribió en su autobiografía: «Nací para ser explorador. Nunca hubo ninguna decisión que tomar. No podría haber sido otra cosa y ser feliz».

Tras graduarse en 1906, se fue a Nueva York en busca de otra cosa que siempre había deseado: un empleo en el Museo Americano de Historia Natural. Cuando le dijeron que no había puestos vacantes, se ofreció voluntario para fregar el suelo. Contratado como limpiador en el departamento de taxidermia y más adelante como ayudante de taxidermista, no tardó en avanzar hacia el tipo de trabajo de campo aventurero al que aspiraba. El museo le encargó medir y estudiar distintas especies de ballenas, y

recoger sus esqueletos. Esto le exigía viajar por el Pacífico, incluyendo Alaska, China, Japón y Corea. Entre 1909 y 1910 navegó por el sur y el sureste de Asia en el *Albatross*, observando mamíferos marinos y coleccionando serpientes y lagartos. En 1913 se dirigió al Ártico, donde filmó focas.

Al parecer, el arrojo para capear situaciones difíciles le acompañó siempre: «En [mis primeros] quince años [de trabajo de campo] puedo recordar hasta diez ocasiones en las que escapé por los pelos de la muerte. Dos de morir ahogado por tifones; una cuando una ballena herida embistió nuestro barco; otra cuando mi esposa y yo estuvimos a punto de ser devorados por perros salvajes; otra cuando fuimos

amenazados por monjes lamaístas fanáticos; en otras dos estuve a punto de perecer al caer por acantilados; en una casi me atrapa una enorme pitón, y en un par más pudieron matarme unos bandidos».

En el desierto de Gobi

En 1922, emprendió la primera de las expediciones que le dieron fama al desierto de Gobi, en Mongolia, donde Henry Fairfield Osborn, el director del museo, esperaba hallar pruebas que apoyaran su teoría de que los humanos surgieron en Asia central, no en África. Esas pruebas no se encontraron, pero en el primer viaje, el equipo descubrió varios esqueletos fósiles completos de pequeños dinosaurios, además de partes de otros más grandes. En 1923, una segunda expedición realizó descubrimientos aún más

apasionantes, como el cráneo de un pequeño mamífero que había convivido con los dinosaurios (apenas se habían hallado cráneos de mamíferos de ese periodo), pero aún más excepcional fue el nido de huevos de dinosaurio fosilizados, el primero reconocido científicamente. Hasta entonces nadie sabía con seguridad cómo se reproducían los dinosaurios. Lo impresionante fue que se encontraron 25 huevos juntos. Andrews llegó a aparecer en la portada de la revista *Time*.

La emoción de los relatos de Andrews era equiparable a sus descubrimientos. Contaba cómo, en una noche gélida del desierto, multitud de víboras venenosas se deslizaron en el campamento estadounidense en busca de calor. En unas horas, los hombres mataron 47 serpientes.

En 1930, la situación política en Mongolia y China obligó al museo a suspender las expediciones. Esto significó el final de una etapa en la carrera de Andrews, pero otra estaba a punto de empezar. En 1934 fue nombrado director del Museo Americano de Historia Natural, cargo que mantuvo hasta 1942.

◁ **Estudiando fósiles**
Andrews y su equipo examinan fósiles de mamíferos en Mongolia, en 1928. Su expedición partió para buscar restos del «eslabón perdido» en Asia. No los halló, pero Andrews descubrió un tesoro de fósiles de mamíferos.

« **Siempre** ha habido una aventura a la **vuelta de la esquina**, y el mundo sigue **lleno de esquinas**. »

ROY CHAPMAN ANDREWS

◁ **Una carrera brillante**
Hombre decidido y emprendedor, Andrews pasó de fregar los suelos del Museo Americano de Historia Natural a ser su director. A lo largo de su carrera dirigió muchas expediciones fructíferas sobre las que escribió libros de gran éxito.

FECHAS CLAVE

1884 Nace en Beloit (Wisconsin), hijo de un mayorista de productos farmacéuticos.

1906 Empieza a trabajar como ayudante de taxidermista en el Museo Americano de Historia Natural de Nueva York.

1908 Parte hacia Alaska en su primera expedición. En este viaje, y hasta 1914, se especializa en el estudio de ballenas y otros mamíferos marinos.

ANDREWS CON SU TÍPICO ATUENDO EN COREA

1916 Como jefe de exploración asiática del museo, lidera tres viajes: al Tíbet, sureste de China y Birmania (1916–1917); a Mongolia Exterior (1919) y a Asia central (1921–1925).

1935 Es nombrado director del Museo Americano de Historia Natural. Dimite en 1942 para dedicarse a escribir.

1943 Publica su autobiografía, *Under a Lucky Star*, seguida de *An Explorer Comes Home* (1947) y *Beyond Adventure* (1954).

ESQUELETO DE BALLENA EN EL MUSEO AMERICANO DE HISTORIA NATURAL

En zepelín

En las primeras décadas del siglo xx, el futuro de la aeronáutica parecía estar en el glamuroso y lujoso dirigible.

En la década de 1930, la gente estaba tan convencida de que el futuro de los viajes aéreos estaba en los dirigibles que la aguja del Empire State, el edificio más alto del mundo cuando se terminó en 1931, fue diseñada como mástil de amarre para dirigibles de pasajeros.

En el siglo xix, inventores de todo el mundo habían probado todo tipo de dirigibles llenos de gas y propulsados por motores, pero el de más éxito se elevó en julio de 1900. Su diseñador fue el conde alemán Ferdinand von Zeppelin, cuyo apellido se convirtió pronto en sinónimo de cualquier dirigible gigante. Concebido para transportar pasajeros en una cabina inferior sellada, este dirigible inició sus vuelos comerciales en 1910 y a mediados de 1914 había realizado más de 1500 y transportado a más de 10 000 viajeros con pasaje. En ese momento, esto situaba al dirigible muy por delante del aeroplano para cualquier tipo de industria aeronáutica viable.

El *Graf Zeppelin* realizó en 1929 su vuelo más famoso, un viaje alrededor del mundo que cubrió 33 234 km en cuatro etapas: de Lakehurst, en Nueva Jersey (EE UU), a Friedrichshafen (Alemania); de Friedrichshafen a Tokio; de Tokio a Los Ángeles; y de aquí a Lakehurst. El tramo más largo era el de Friedrichshafen a Tokio, de 11 247 km, atravesando la vasta región desértica de Siberia. Sin embargo, un vuelo planificado sobre Moscú tuvo que ser cancelado a causa de los vientos adversos, lo que generó una queja oficial del gobierno de Stalin, que se sintió menospreciado por el cambio de planes. En Tokio, unas 250 000 personas aclamaron al dirigible a su llegada, y el emperador Hirohito recibió personalmente al capitán y su tripulación. El viaje completo, paradas incluidas, duró 21 días, 5 horas y 31 minutos. Fue el primer vuelo de pasajeros alrededor del mundo y recibió cobertura de la prensa mundial, en parte por haber sido parcialmente patrocinado por el editor de prensa William Randolph Hearst y llevar periodistas de varios países a bordo. La catástrofe del dirigible *Hindenburg*, que se incendió y se estrelló el 6 de mayo de 1937, causando 36 muertos, tuvo un eco aún mayor. De hecho, puso fin a la idea de los dirigibles de pasajeros.

◁ **El *Hindenburg* sobre Nueva York**
El LZ-129 *Hindenburg*, construido por la empresa Zeppelin, vuela sobre el Lower Manhattan y Battery Park. Era el dirigible más largo y grande jamás construido y entró en servicio en marzo de 1936. Solo 14 meses después fue destruido por el fuego.

Alas imperiales

Cuando Imperial Airways voló desde Reino Unido hasta Australia, realizó el viaje de línea comercial más largo del mundo, que supuso dos semanas y decenas de escalas en ruta.

△ **Imperial Airways**
Este mapa muestra la ruta inicial de Imperial Airways. El servicio comenzó en 1935, entre Londres (RU) y Brisbane (Australia).

▷ **Viaje de clase alta**
Los carteles hacían parecer atractivo el viaje aéreo de larga distancia, pero este no estaba al alcance de cualquiera. En 1934, la tarifa de Imperial Airways de Londres a Singapur era de 180 libras (unos 12 500 euros actuales).

La compañía aérea británica de larga distancia Imperial Airways solo operó de 1924 a 1939, pero en esos 15 años dejó huella en la historia de la aviación. Fue la aerolínea del Imperio británico y conectó Reino Unido con sus remotas colonias de Sudáfrica, India, Hong Kong y Australia.

Los primeros vuelos de Imperial, en 1924, fueron de Londres a París, pero a fines de 1929, los servicios programados se extendían ya hasta Delhi. A partir de 1935 fue posible comprar un billete de Londres a Brisbane.

De Londres a Alejandría

El viaje empezaba en la estación Victoria, en el centro de Londres, donde Imperial tenía su central de facturación. Desde allí, los pasajeros eran trasladados al sur en autobús, hasta Croydon, el principal aeropuerto de Londres antes del de Heathrow. El primer tramo de los

▷ **Hidroaviones Short Empire**
En 1937, Imperial Airways recibió su primer hidroavión Short Empire (un hidroplano que usaba el fuselaje como un casco de barco para amerizar). Este podía llevar 24 pasajeros.

20 920 km de viaje era el servicio Silver Wing a París, que salía a diario a las 12:30 y se hacía en un biplano Handley Page 42 que solo admitía 18 pasajeros, elegantemente equipado con suelos alfombrados y butacas forradas de *chintz*. Los pasajeros eran atendidos por auxiliares de vuelo que les señalaban los lugares de interés durante la ruta.

París era la primera de 35 escalas; sin embargo, a la siguiente, Brindisi, solo se podía llegar en tren porque Mussolini había prohibido sobrevolar el país a los aviones extranjeros. En Brindisi, los pasajeros subían a un hidroplano, el segundo de los cinco tipos de aeronave utilizados a lo largo de la ruta. Este los llevaba, vía Atenas, a través del mar

Mediterráneo hasta Alejandría, donde el trayecto se dividía: el servicio africano volaba hacia el sur, y el oriental, hacia India.

Servicios oriental y africano

Desde febrero de 1931, Imperial lanzó un servicio semanal entre Londres y Mwanza, en el lago Victoria. Un año más tarde, este se prolongó hasta Ciudad del Cabo. Al salir de Alejandría (Egipto), el avión volaba vía El Cairo, Jartum, Nairobi, Lusaka y Johannesburgo, cumpliendo así por aire el sueño de Cecil Rhodes que, 40 años antes, había querido construir un ferrocarril Ciudad del Cabo-El Cairo (pp. 267–268). Los pasajeros de las dos rutas viajaban de

Alejandría a El Cairo en tren, pero los del servicio oriental seguían a través del desierto hasta Bagdad. A la mañana siguiente, el avión viraba al sureste hasta la ciudad portuaria de Basora y desde allí seguía la costa al sur hacia Kuwait, Baréin, Sharjah y Karachi. Se volaba solo de día, de modo que los pasajeros se alojaban en un hotel cada noche. Los pilotos mantenían siempre la costa a la vista por si surgían emergencias.

Australia

Más allá de Karachi no había costa que seguir, pues la ruta cortaba por el norte de India, a través de Jodpur, Delhi, Allahabad y Calcuta, hasta Daca, en el actual Bangladés. Ya en el Sureste Asiático, el servicio continuaba por aire, bordeando las costas de Birmania, Tailandia y Malasia antes de aterrizar en Singapur. Los tramos finales se hacían en aviones de Qantas Empire Airlines, una empresa conjunta de Imperial y la aerolínea australiana inaugurada en 1920 con el nombre de Queensland and Northern Territory Aerial Service (Qantas). Cuando se completó el primer vuelo desde Darwin (Australia) hasta

Singapur para conectar con el servicio Imperial, Hudson Fysh, cofundador de Qantas, escribió: «En el día de hoy ha sido destruido el viejo entorno aislado y limitado de nuestro pueblo».

El fin de una era

En 1939, la introducción de los nuevos hidroaviones Short Empire redujo más el tiempo de vuelo entre Reino Unido y Australia, con tres servicios semanales que solo suponían diez días de vuelo, incluidas nueve escalas nocturnas. Sin embargo, esto fue efímero. Ese mismo año, Imperial Airways se fusionaba con British Airways para formar la BOAC (British Overseas Airways Corporation), y el estallido de la guerra puso fin a sus servicios civiles de larga distancia. Nunca había habido nada como el servicio Imperial Eastbound y nunca volvería a haberlo.

▷ **Servicio de plata**

En algunas rutas de Imperial se utilizaban hidroaviones dotados de espaciosas cabinas, comedores y salas de estar. En la foto, un auxiliar de vuelo del *Canopus* sirve un desayuno durante el trayecto de Alejandría a Atenas.

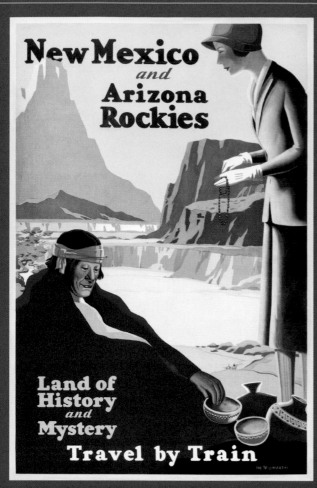

CARTEL DE VIAJE EN TREN, NUEVO MÉXICO (*c.* 1920)

CARTEL OTOÑO EN NIKKO, JAPÓN
(*c.* 1930)

CARTEL PROMOCIONAL DE INDIA CON
IMAGEN DEL TAJ MAHAL (*c.* 1930)

CARTEL FRANCÉS CON UN COCHE EN
UNA CARRETERA GRIEGA (*c.* 1930)

CARTEL DE ESQUÍ *ART DÉCO*, DE ROGER BRODERS (1929)

CARTEL DEL EXPRESS DU NORD, DE A. M. CASSANDRE (1927)

PARIS·LYON·MEDITERRANÉE

CALVI BEACH·CORSICA

CARTEL DE UN CENTRO TURÍSTICO EN CÓRCEGA,
DE WILLIAM SPENCER (c. 1932)

EXPRESS AFRIQUE DU SUD
"DUILIO" et "GIULIO CESARE"
ITALIAN LINE·GÊNES

CARTEL DE UNA LÍNEA MARÍTIMA
ITALIANA A SUDÁFRICA, DE GIOVANNI
PATRONE (1935)

HOLLAND·AMERICA
LINE

CARTEL DE UNA LÍNEA MARÍTIMA,
DE WILLEM TEN BROEK (1936)

B·O·A·C

IT'S A SMALL WORLD BY SPEEDBIRD

CARTEL DE LA COMPAÑÍA AÉREA BRITÁNICA BOAC, DE TOM ECKERSLEY (1947)

Carteles de viajes

El glamur del transporte de pasajeros fue un tema
ideal para coloridos carteles publicitarios.

A finales del siglo XIX, la cromolitografía
transformó las artes gráficas coincidiendo
con la creciente popularidad del viaje de
placer. Ya se podían producir en serie
grandes y llamativos carteles, con vivos
colores y textos e imágenes hábilmente
combinados para incitar a los transeúntes
a partir en barco, tren, coche o avión.

Los carteles proponían viajes y vacaciones
exóticas para todos los gustos y temporadas.
En las estaciones ferroviarias de América
del Norte, las vallas publicitarias animaban
a explorar en tren las vastas regiones del
continente. Las imágenes de elegantes
estaciones de esquí contribuyeron a
popularizar los deportes de invierno.

Para quienes preferían el sol se anunciaban
los hoteles de las playas mediterráneas y
la seducción exótica de India y África, o
el encanto más fresco del otoño en Japón.
Turoperadores de tren y avión, agentes de
viajes y organizadores de circuitos usaron
esos coloridos carteles como modernas
herramientas de *marketing*.

Los artistas vieron pronto el potencial del
arte publicitario. A. M. Cassandre marcó
la pauta en el París de la década de 1920
con sus carteles *Art Déco*, donde las formas
estilizadas de trenes y transatlánticos
entrevistos en la distancia cautivaban al
público. Su estilo influyó en los carteles de las
décadas de 1940 y 1950 en Europa y EE UU.

Skyline
COFFEE SHOP

CARTEL DEL FERROCARRIL CANADIAN PACIFIC (1956)

La Larga Marcha

En 1934, el Ejército Rojo chino realizó una épica caminata de un año para escapar de las garras de sus enemigos que se convirtió en un mito fundacional de la China moderna.

A mediados de la década de 1930, China estaba gobernada por Chiang Kai-shek, líder del Kuomintang o Partido Nacionalista, pero este se enfrentaba a la amenaza del Ejército Rojo, las fuerzas armadas del Partido Comunista, que había organizado una rebelión desde su base en la ciudad de Ruijin, en la provincia suroriental de Jiangxi.

En septiembre de 1933, las tropas del Kuomintang sitiaron a las comunistas en Ruijin. Al cabo de once meses, los comunistas sabían que no podrían resistir mucho más el cerco, de modo que planearon un ataque de diversión: el líder militar Fang Zhimin cargó por sorpresa contra las líneas enemigas con un grupo reducido, permitiendo así escapar al grueso del Ejército Rojo. Unos 86 000 comunistas cruzaron la barrera del río Yudu sobre pontones improvisados hechos con puertas y cabezales de cama.

A lo largo del año siguiente, el Ejército Rojo marchó hacia el oeste y el norte, acosado sin cesar por las fuerzas del Kuomintang. Numerosas batallas acabaron en derrota para el Ejército Rojo, como la del río Xiang, en la que perdió 45 000 hombres, más del 50 % de su fuerza de combate. Sin embargo, las derrotas eran jalonadas por ocasionales victorias que elevaban la moral. En mayo de 1935, por ejemplo, el Ejército Rojo consiguió tomar un puente del siglo XVIII sobre el río Dadu en la remota localidad de Luding, algo que solo fue posible gracias a la terrible marcha de 121 km realizada en 24 horas por un destacamento por caminos de montaña. Por otra parte, los comunistas, vestidos con ropas ligeras y calzados con sandalias de esparto, sufrieron lo indecible para cruzar las montañas nevadas de Sichuan.

Mao Zedong, nombrado presidente del partido, declaró concluida la Larga Marcha cuando esta alcanzó la provincia de Shaanxi. Según él, su ejército había cubierto unos 12 500 km. Apenas quedaban unos miles de los 86 000 comunistas que salieron de Jiangxi, pero solo el hecho de haber sobrevivido a este arduo viaje les aseguró cierta victoria. Además, al saber de su heroísmo, miles de jóvenes chinos se alistaron en el Ejército Rojo. En 1949, Mao accedía al poder y proclamaba la República Popular de China.

▷ **A través de las montañas de Sichuan**
Se estima que el Ejército Rojo recorrió algo más de 6400 km en los doce meses de la Larga Marcha. Uno de sus mayores obstáculos fueron las montañas de Sichuan, que se cobraron un terrible peaje en vidas humanas.

WINDRUSH

LA CONQUISTA DEL CIELO

1939—ACTUALIDAD

Introducción

El principio del siglo xx supuso una edad de oro del viaje para los ricos y ociosos, que pudieron disfrutar de los primeros vuelos comerciales, de cruceros en transatlánticos de lujo y de viajes en tren a través de continentes. Pero la Segunda Guerra Mundial lo cambió todo. Para cuando estalló la guerra, miles de judíos y otras minorías étnicas habían huido ya de la persecución en Europa central, y millones de refugiados se desplazaban por el mundo en busca de un hogar.

Al terminar la guerra, algunos aventureros irreductibles empezaron a acometer de nuevo la exploración de rincones remotos del globo. Jacques Cousteau bajó a las profundidades del océano, Wilfred Thesiger exploró las regiones inhóspitas del desierto de Arabia, y Edmund Hillary y Tenzing Norgay fueron dos de los muchos que arriesgaron su vida para conquistar la cima del mundo.

A medida que la recuperación económica de posguerra cobraba intensidad, viajar empezó a convertirse en una opción no solo para los más privilegiados. El *boom* posbélico de la fabricación de coches hizo posible que muchos occidentales poseyeran un automóvil que les liberaba de la dependencia del transporte público y les daba libertad para conducir hasta donde quisieran. Esto adquirió una expresión única en EE UU, donde el simple tamaño del continente condujo a una pasión por el viaje por carretera, como evocaba Bobby Troup en su canción de 1946 *Route 66*.

La era del reactor

En 1952 surcó los cielos el Comet, el primer avión comercial a reacción, que provocó una revolución en la aviación. El motor de reacción posibilitó la construcción de aeronaves más

ESCRITORES DE VIAJES COMO WILFRED THESIGER
DESCRIBIERON LA VIDA EN LUGARES EXÓTICOS

LOS COCHES BARATOS, COMO ESTOS CHEVROLET,
DIERON A MUCHOS LA LIBERTAD DE LA CARRETERA

EN 1953, EDMUND HILLARY Y TENZING NORGAY
ALCANZARON LA CUMBRE DEL EVEREST

> «Creo que los **humanos llegarán a Marte**, y
> me gustaría que sucediera **durante mi vida**.»
>
> BUZZ ALDRIN, ASTRONAUTA ESTADOUNIDENSE

grandes, rápidas y ligeras, que podían volar a mayor altura e hicieron el vuelo más económico.

Aún llevó un tiempo trasladar a los pasajeros la relación coste-beneficio, pero la competencia entre aerolíneas, el consiguiente recorte de las tarifas y la aparición de compañías aéreas económicas tales como Laker Airways y Southwest Airlines, redujeron por fin el precio de los billetes de avión. Vuelos y viajes organizados al extranjero fueron por primera vez asequibles para las masas.

Dejar la Tierra

La carrera espacial, iniciada con el lanzamiento del satélite Sputnik en 1957, fue una competición entre dos superpotencias: EE UU y la URSS. Acabó en 1969, cuando Neil Armstrong y Buzz Aldrin pisaron por primera vez la Luna. Según la frase de Armstrong, fue «un gran salto para la humanidad».

Desde entonces, la exploración espacial se ha convertido en una colaboración entre agencias espaciales internacionales. En 1994, Rusia y EE UU colaboraban en el programa Shuttle-Mir, que llevó a la construcción de la Estación Espacial Internacional (EEI). Terminada en 2012, la EEI ha sido atendida por tripulaciones de diez países y ha recibido visitantes de dieciocho. Desde 1977, el programa Voyager, calificado a menudo como la mayor hazaña de la exploración humana, ha lanzado dos sondas más allá de los planetas gigantes y de los límites del Sistema Solar, desde donde siguen enviando valiosos datos.

Hoy podría parecer que ya no queda nada por explorar, pero aún hay aventureros por doquier, descubriendo nuevos lugares o nuevos datos sobre aquellos que creíamos conocer. Quién sabe adónde irán a continuación o qué descubrirán.

LOS VUELOS BARATOS HAN PUESTO LAS VACACIONES EN EL EXTRANJERO AL ALCANCE DE MUCHA GENTE

BUZZ ALDRIN (EN LA FOTO) Y NEIL ARMSTRONG CAMINARON SOBRE LA LUNA EL 20 DE JULIO DE 1969

LA ESTACIÓN ESPACIAL INTERNACIONAL SE COMPLETÓ EN 2012 TRAS 136 VUELOS ESPACIALES

Grandes desplazamientos

A lo largo de la historia, guerras y conquistas han provocado desplazamientos masivos de personas, pero los conflictos bélicos del siglo XX desencadenaron migraciones forzosas a una escala sin precedentes.

Acababa de arrancar el siglo XX cuando la Primera Guerra Mundial desarraigó a millones de civiles europeos. La revolución y la guerra civil provocaron en Rusia el éxodo, entre 1917 y los primeros años de la década de 1920, de más de un millón de personas opuestas al régimen bolchevique, y desde 1915 hasta 1923, el Imperio otomano erradicó a 1,5 millones de armenios de su territorio. No obstante, en lo que al desplazamiento forzoso de personas se refiere, esto no era más que el principio.

El auge del nacionalismo

Cuando se redibujó el mapa político de Europa en 1919 tras la caída de los imperios austrohúngaro y ruso, muchos países se vieron de pronto albergando grandes poblaciones de minorías étnicas que antes habían vivido en un país vecino. Esto produjo tensiones sectarias y propició un auge del nacionalismo que en última instancia preparó el escenario de la Segunda Guerra Mundial, cuando Hitler empezó a reclamar territorios habitados por la etnia germana. Cuando el Partido Nacionalsocialista Obrero

▽ Arrancados del hogar

Esta fotografía de junio de 1945 muestra a personas apiñadas en un tren que sale de Berlín. En mayo de ese año habían huido de la ciudad 1,7 millones de personas (el 40 % de la población total) como consecuencia de los 363 ataques aéreos aliados.

◁ **Campo de refugiados**
De 1946 a 1947 se instalaron en Europa más de 700 campos de refugiados, donde se ofrecía refugio, comida y tratamiento médico a personas sin hogar que luego eran repatriadas o enviadas a vivir a otros lugares.

EN CONTEXTO
La partición de India

En agosto de 1947 se disolvió el Raj británico, que había gobernado India durante más de cien años, y el país obtenía la independencia. El territorio quedó dividido en dos estados de acuerdo con criterios religiosos: hinduistas y sijs vivirían en India, y los musulmanes en Pakistán. Esto desencadenó una de las mayores migraciones de la historia, que afectó a más de 15 millones de personas. La violencia generalizada al desplazarse los musulmanes de India a Pakistán, y los hinduistas y sijs en dirección contraria fue horrorosa: se estima que 1-2 millones de personas fueron asesinadas, y se produjeron crisis de refugiados en ambos países.

GANDHI VISITA A REFUGIADOS MUSULMANES EN EL PURANA QILA (DELHI) EN 1947

Alemán de Hitler llegó al poder en 1933, puso en su punto de mira y persiguió a la población judía, por lo que cientos de miles de judíos huyeron de Europa central en busca de seguridad. Muchos se dirigieron a EE UU, y unos 250 000 llegaron a Palestina entre 1929 y 1939. También fueron rescatados de Alemania y las zonas anexionadas unos 10 000 judíos menores de 17 años, llevados a Reino Unido en la operación *Kindertransport* (transporte de niños).

El legado bélico
Cuando estalló la Segunda Guerra Mundial en 1939, judíos de todo el norte de Europa huyeron de la amenaza de la ocupación nazi. Tras la invasión de Polonia en 1939, los alemanes se dispusieron a «limpiar» ciertas partes del país de su población autóctona. Deportaron a 2,5 millones de polacos, reasentaron a 1,3 millones de alemanes y mataron a unos 5,4 millones de judíos polacos. De manera similar, la Unión Soviética deportó a Siberia a decenas de miles de estonios, letones y lituanos cuando se anexionó los países bálticos en 1941.

No obstante, fue el final de la Segunda Guerra Mundial, en 1945, el que acarreó la mayor migración masiva de la historia europea. El número de civiles desplazados durante la guerra se estima en unos 11–20 millones, incluidos prisioneros

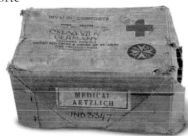

△ **Paquetes de comida**
Los paquetes de Cruz Roja eran la salvación para los prisioneros de guerra. Desde Reino Unido se enviaron más de 20 millones con material médico y comida.

de guerra, trabajadores llevados a Alemania por los nazis como mano de obra, supervivientes de campos de concentración y aquellos que simplemente huían de la destrucción. Todos tenían que ser devueltos a su país o reasentados en algún otro lugar.

Devueltos a casa
Mientras tanto, los aliados instigaban su propia limpieza étnica. En la Conferencia de Potsdam (julio de 1945), los líderes británico, estadounidense y soviético acordaron que los alemanes que vivían aún en Checoslovaquia, Polonia y Hungría debían ser devueltos a Alemania. Como consecuencia, más de 11 millones de personas fueron expulsadas y obligadas a trasladarse a Alemania durante los cinco años siguientes.

Derechos de los refugiados
La respuesta internacional adquirió forma legal en 1948 con la Declaración Universal de los Derechos Humanos que, en caso de persecución, garantizaba el «derecho a buscar asilo y a disfrutar de él en cualquier país».

Tres años después, la Convención de Ginebra sobre el Estatuto de los Refugiados acordó derechos específicos para estos. Entre otras cosas, prohibió expresamente la devolución forzosa de refugiados a países de los que hubieran huido. Este principio fue invocado en la época por muchos ciudadanos de

estados de Europa oriental integrados en la Unión Soviética. Por otra parte, aunque la creación del estado de Israel en 1948 proporcionó un lugar seguro a los judíos acosados de Europa central y oriental, unos 700 000 palestinos se convirtieron en refugiados durante la guerra que condujo a la creación de dicho estado.

▽ **Ruinas bélicas**
En 1946 las ciudades alemanas bombardeadas estaban llenas de escombros. Prisioneros, exnazis y voluntarias locales ayudaban a limpiarlas, estas últimas a cambio de cupones extra de comida.

Llegada a Reino Unido
En esta fotografía tomada para el *Daily Herald*, una multitud saluda mientras se aproxima al muelle. El barco había zarpado de Kingston (Jamaica) con 490 hombres y dos mujeres a bordo.

El *Windrush*

La llegada del *Empire Windrush* a Londres desde Jamaica en 1948 marcó el inicio de un *boom* inmigratorio que transformó la sociedad británica.

La mañana del 22 de junio de 1948, el antiguo carguero de transporte de tropas *Empire Windrush* arribó al puerto de Tilbury, en Essex, cerca de Londres, procedente de Kingston (Jamaica). A bordo viajaban 492 inmigrantes que llegaban por invitación del gobierno británico. Tras la Segunda Guerra Mundial, el gobierno comprendió que reconstruir la economía británica precisaría un gran flujo de mano de obra inmigrante, de manera que aprobó la Ley de Nacionalidad Británica de 1948 para permitir la entrada al país a los ciudadanos de la Commonwealth (colonias británicas). Los que llegaban en el *Empire Windrush* fueron los primeros de la oleada de inmigrantes que dotaron de personal vital a instituciones como el Servicio Nacional de Salud: 236 de ellos fueron alojados en refugios antiaéreos subterráneos en Clapham Common; otros, muchos de los cuales habían servido en el ejército durante la guerra, tenían alojamientos organizados de antemano.

Sin embargo, no todo el mundo estaba convencido de que importar jamaicanos fuera la solución para los problemas del país. El primer ministro Clement Attlee se vio obligado a asegurar a un grupo de miembros del Parlamento que «sería un gran error tomarse la emigración de este grupo de jamaicanos a Gran Bretaña demasiado en serio». Pensaba que la inmigración sería limitada porque no muchos caribeños podrían pagar las 28,10 libras (unos 305 euros actuales) del pasaje a Inglaterra. En realidad, durante los 14 años siguientes llegaron unos 98 000 caribeños.

Además de caribeños, después de la Segunda Guerra Mundial emigraron a Gran Bretaña numerosos trabajadores de otros países de la Commonwealth junto con sus familias, sobre todo de India y Pakistán. En la década de 1950 llegaron cientos de miles de personas, no solo para realizar trabajos temporales, sino para establecerse para siempre. Desde entonces, la inmigración ha continuado y contribuido a una diversidad multicultural que habría sido impensable en 1945.

«**Londres** es el **lugar para mí**.
Londres, esta **hermosa ciudad**.»

LORD KITCHENER, FAMOSO CANTANTE DE CALIPSO DE TRINIDAD,
UNO DE LOS PASAJEROS DEL *EMPIRE WINDRUSH* (1948)

La expedición de la *Kon-Tiki*

Con el fin de demostrar sus teorías sobre la migración, el antropólogo noruego Thor Heyerdahl llegó al extremo de navegar en una rudimentaria balsa desde América del Sur hasta Polinesia.

Como estudiante interesado en las civilizaciones del Pacífico Sur, en 1937 Thor Heyerdahl viajó de Fatu Hiva, en las islas Marquesas, a la Polinesia Francesa. Durante su estancia de año y medio se convenció de que las islas habían sido pobladas inicialmente por sudamericanos, y no, como se creía, por pueblos de Asia procedentes del oeste. Pensaba que no era casual la semejanza de las estatuas de piedra del mítico líder polinesio Tiki con los monolitos dejados por las civilizaciones preincaicas y llegó a la conclusión de que los pobladores originarios de Polinesia habían cruzado el Pacífico en balsas 900 años antes de que Colón cruzara el Atlántico.

Heyerdahl presentó su teoría a un grupo de importantes académicos estadounidenses, que se mostraron escépticos. Uno de ellos llegó a desafiar a Heyerdahl a intentar llegar de Perú a las islas del Pacífico en una balsa, y eso fue precisamente lo que hizo Heyerdahl. Construyó una balsa únicamente con materiales y técnicas de los pueblos precolombinos, es decir, prescindiendo de clavos o alambres. Siguiendo dibujos

△ **Thor Heyerdahl**
En esta fotografía de 1947, el antropólogo sube al mástil de la *Kon-Tiki*. La imagen del dios solar inca que aparece en la vela fue pintada por su compañero Erik Hesselberg.

realizados por los conquistadores españoles, empleó troncos de un árbol llamado balsa para la base y de mangle para el mástil, y bambú entretejido para una caseta que techó con grandes hojas de banano. La balsa recibió el nombre de *Kon-Tiki*, el dios del Sol inca.

Salida de pesca

El 28 de abril de 1947, Heyerdahl y los cinco miembros de su tripulación, más un loro, zarparon de El Callao (Perú). En el grupo, compuesto por cinco noruegos y un sueco, no había ningún marinero, y Heyerdahl ni siquiera sabía nadar. Aparte de

◁ **La única vida perdida**
La expedición estaba compuesta por Heyerdahl, otros cinco tripulantes y un loro verde llamado Lorita que hablaba español y que, por desgracia, fue arrastrado por una ola a mitad del viaje.

algunos elementos modernos tales como radios, relojes, repelente contra tiburones y un sextante, no llevaban nada impropio de los antiguos

▷ **Balsa de troncos**
La tripulación de Heyerdahl pasó unas 15 semanas a bordo de los 3,7 m² de la *Kon-Tiki*, construida con nueve troncos de balsa cubiertos con bambú. Una caseta, también de bambú, proporcionaba cierto refugio.

△ **El viaje de la *Kon-Tiki***
Desde El Callao (Perú), la *Kon-Tiki* cruzó el Pacífico hacia el oeste. Durante su viaje de 101 días cubrió unos 6980 km hasta alcanzar la Polinesia Francesa.

En la Polinesia Francesa

Tras 101 días en el mar, la *Kon-Tiki* chocó con un arrecife de coral y encalló en un islote deshabitado del atolón de Raroia: había alcanzado la Polinesia tras recorrer una distancia de unos 6980 km. Al cabo de unos días, la tripulación fue rescatada por los habitantes de una isla vecina antes de ser recogida por una goleta francesa rumbo a Tahiti.

Heyerdahl había logrado demostrar que los pueblos sudamericanos podrían haber viajado a las islas del Pacífico Sur en balsas de troncos. Aunque los análisis de ADN posteriores han revelado que los pobladores de Polinesia son de ascendencia asiática, la expedición le dio una fama inmensa e incluso puso de moda los bares, moteles y cócteles Tiki, e inspiró un éxito musical de 1961 del grupo británico The Shadows.

navegantes. Heyerdahl contaba con los alisios y con la corriente de Humboldt –una corriente de agua fría del Pacífico suroriental– para impulsar la balsa en la dirección adecuada.

Sus críticos pensaban que la balsa se rompería al cabo de una o dos semanas, pero esta demostró ser muy marinera. Las sogas torcidas a mano que unían los troncos se engrosaban con el agua y se incrustaban en la madera blanda, reforzando así la balsa, en lugar de debilitarla. Como escribió Heyerdahl en su diario, era «una fantástica balsa marítima».

Según su relato, cuando el mar estaba agitado, los hombres se veían a veces

△ **Cebo de tiburones**
Los tiburones abundaban en la ruta de la *Kon-Tiki* por el Pacífico. Los expedicionarios incluso capturaron algunos, como este que Heyerdahl sujeta por la cola en esta fotografía.

con agua hasta la cintura y debían atarse para evitar ser arrastrados. Para complementar sus raciones de coco, batata y fruta, pescaban una gran cantidad de peces, en especial peces voladores, atunes y bonitos. Asimismo, para divertirse colgaban peces sobre la borda para que los omnipresentes tiburones intentaran devorarlos.

« **¿Fronteras?** Nunca he visto una. Pero **he oído que existen en la mente de algunas personas.** »

THOR HEYERDAHL

Wilfred Thesiger

Posiblemente el último de los grandes exploradores fue
el británico Thesiger, que rechazó el mundo moderno en
favor de las tribus africanas y los desiertos de Arabia.

Wilfred Thesiger nació en Adís Abeba, en el Imperio de Abisinia (actual Etiopía), donde su padre era representante oficial británico. Fue enviado a Inglaterra a estudiar, pero allí no era feliz. Durante sus primeras vacaciones de verano universitarias trabajó en un buque para pagarse el pasaje a Estambul y pasó el siguiente verano en un arrastrero frente a las costas de Islandia.

Sudán, Siria y el SAS

Tan pronto como pudo, regresó a África. Allí, a la edad de 23 años, decidió explorar una región remota de Abisinia. Dos años más tarde encontró trabajo como ayudante de un administrador de distrito en Sudán, donde uno de sus cometidos era matar leones que atacaban a los rebaños. Sirvió en el ejército en Darfur, donde aprendió a viajar en camello, y fue en Sudán donde tuvo su primer contacto real con el desierto: «Estaba eufórico por la sensación de espacio, el silencio y la ardiente pureza de la arena. Me

sentía en armonía con el pasado, viajando a través del desierto como habían viajado los hombres durante incontables generaciones».

En la Segunda Guerra Mundial luchó con el ejército británico contra las tropas italianas en Abisinia, en el Servicio Aéreo Especial (SAS) en el norte de África y contra la Francia de Vichy en Siria.

Las arenas de Arabia

Tras la guerra empezó a trabajar para las Naciones Unidas en Arabia. En 1946, aparentemente en busca de los lugares de cría de las langostas, realizó un periplo de 2414 km por el Rub al-Jali, o Cuarto Vacío, una célebre región inhóspita del desierto. No fue el primero en cruzarlo, pero sí fue el primero en explorarlo a fondo y el primer extranjero que estuvo en el oasis de Liwa y las arenas movedizas de Umm al-Samim. Dos años después se adentró aún más en el desierto en una segunda expedición, durante la cual fue detenido por las autoridades

saudíes y se vio involucrado en rivalidades intertribales. Estos viajes fueron las últimas y posiblemente las mayores expediciones de viaje por Arabia. Luego Thesiger afirmó que para él había sido humillante no haber estado siempre a la altura de la resistencia y la generosidad de sus compañeros de viaje beduinos.

En 1950 se estableció entre los árabes de las marismas, o madán, en el sur de Irak, donde vivió ocho años. Todos los veranos partía para recorrer las montañas del Hindu Kush, el Karakórum o Marruecos. En 1959 y 1960 hizo dos viajes en camello al lago Turkana, en el norte de Kenia, país en el que vivió y que recorrió durante gran parte de los 35 años siguientes.

Cuando la salud comenzó a fallarle, a mediados de la década

de 1990, regresó de mala gana a Reino Unido, ya para siempre. No obstante, el corazón de Thesiger permaneció con las tribus en cuya compañía había pasado la vida. Le molestaba la tecnología moderna y veía los coches y aviones como «abominaciones». En *The Life of My Choice* (1987), su autobiografía, Thesiger expresó su creencia de que la civilización occidental había arrebatado al mundo su rica diversidad.

▽ **Viajes por el desierto**
Thesiger realizó varios viajes por la región suroriental de la península Arábiga.

IRÁN

Golfo Pérsico

Ormuz

ARABIA SAUDÍ — CATAR — Abu Dabi

EAU

Golfo de Omán

Mar Rojo

● Medina

Oasis de Liwa

Riad ●

Umm al-Samim — OMÁN

● La Meca

RUB AL-JALI (CUARTO VACÍO)

Mar de Arabia

Clave
— Viaje al sur
— 1.ª travesía del Rub al-Jali
— 2.ª travesía del Rub al-Jali
— Viaje oriental

Salalah

YEMEN

Manwakh

◁ **Travesía del Cuarto Vacío**
Un invento moderno que Thesiger aprobaba era la fotografía. En esta aparece cruzando las arenas de Awarik, en el Rub al-Jali.

▷ **El último de su especie**
En esta fotografía tomada en Abu Dabi en marzo de 1948, durante su segundo viaje por el Rub al-Jali, el explorador británico Thesiger viste prendas típicas árabes, incluidos *zaub* (túnica) y turbante.

«En el desierto había encontrado **cuanto deseaba**; sabía que **nunca lo hallaría de nuevo**.»

WILFRED THESIGER, *ARENAS DE ARABIA* (1959)

FECHAS CLAVE

- **1910** Nace en Adís Abeba (Etiopía), hijo del diplomático británico Wilfred Gilbert Thesiger.

- **1945–1946** Primero de sus legendarios viajes, a través del Rub al-Jali de Arabia en camello, en compañía de cuatro beduinos.

- **1950** Viaja a las marismas del sur de Irak, donde vive de forma intermitente durante siete años.

- **1959** Publica *Arenas de Arabia*, un libro sobre sus viajes que le hace famoso como escritor y fotógrafo.

EDICIÓN INGLESA DE *ARENAS DE ARABIA* (1959), DE THESIGER

- **1964** Publica su segunda gran obra, *Los árabes de las marismas*, otro retrato de un mundo al borde de la desaparición.

- **2003** Muere en Reino Unido. Su colección de 38 000 fotografías de viaje es donada al Museo Pitt Rivers de Oxford.

THESIGER CON EL CORONEL GIGANTES EN EL DESIERTO DE LIBIA (1942)

La era del reactor

Si el tiempo es dinero, el avión a reacción hizo el mundo mucho más rico. Redujo los tiempos de vuelo y recortó los costes para una nueva generación de viajeros aéreos.

El 2 de mayo de 1952 despegaba en Londres el primer avión a reacción comercial, un de Havilland Comet que volaba para BOAC (British Overseas Airways Corporation) con destino Johannesburgo, en Sudáfrica. Era un cuatrimotor con una velocidad de crucero de 720 km/h y con capacidad para 36 pasajeros. Absolutamente innovador, volaba a más velocidad y altura que los aviones de hélice y ofrecía un viaje más silencioso y suave a los pasajeros. En palabras de Juan Trippe, fundador de Pan American Airways, el avión a reacción, o de propulsión a chorro, era el avance más importante de la aviación desde el vuelo transatlántico de Lindbergh.

No obstante, tras 18 meses de servicio, algunos defectos de diseño llevaron a la fatiga de los metales, lo que provocó tres accidentes catastróficos. Aunque los fallos fueron debidamente corregidos, la reputación del Comet quedó dañada.

El avión que inició realmente la era del reactor apareció seis años después.

▽ **El futuro es hoy**
La dinámica terminal alada de la TWA, obra de Eero Saarinen, inaugurada en 1962 en el aeropuerto Idlewild de Nueva York, era un símbolo de los avances en diseño y tecnología propiciados por el vuelo a reacción.

▷ **Señuelo gráfico**
Las compañías aéreas adoptaron grafismos y técnicas de creación de marca contemporáneos. Este cartel de la década de 1960 sugiere que el sol radiante y la moderna arquitectura de Miami están a un corto vuelo de distancia.

Así como el modelo T de Ford había popularizado el coche, el Boeing 707 llevó el viaje en avión a las masas. Era casi vez y media más rápido que el Comet y transportaba cinco veces más pasajeros. Esto lo hacía comercialmente más viable que cualquier avión anterior. En octubre de 1958, Pan Am fletó su primer vuelo comercial con un 707, de Nueva York a París. Trippe proclamó que un viaje a Europa era un derecho de todos los estadounidenses.

« De un **solo golpe**, hemos **encogido la Tierra**.»

JUAN TRIPPE, FUNDADOR DE PAN AM, SOBRE LA IRRUPCIÓN DEL REACTOR

El Boeing 707
Con su bruñido fuselaje y sus alas en punta de flecha, el 707 sedujo a un público que ya estaba enamorado del viaje en avión. Ese año, Frank Sinatra había lanzado su álbum *Come Fly with Me*, en cuya carátula señalaba un avión de la TWA. El presidente Eisenhower ya había encargado tres Boeing 707, los primeros Air Force One verdaderos.

La popularidad del 707, y de la nueva generación de aviones que engendró, desató novedades en casi todos los aspectos de la aviación. El optimismo innovador de la era del reactor tuvo su mejor expresión en 1962 en la terminal de la TWA de Eero Saarinen, convertida

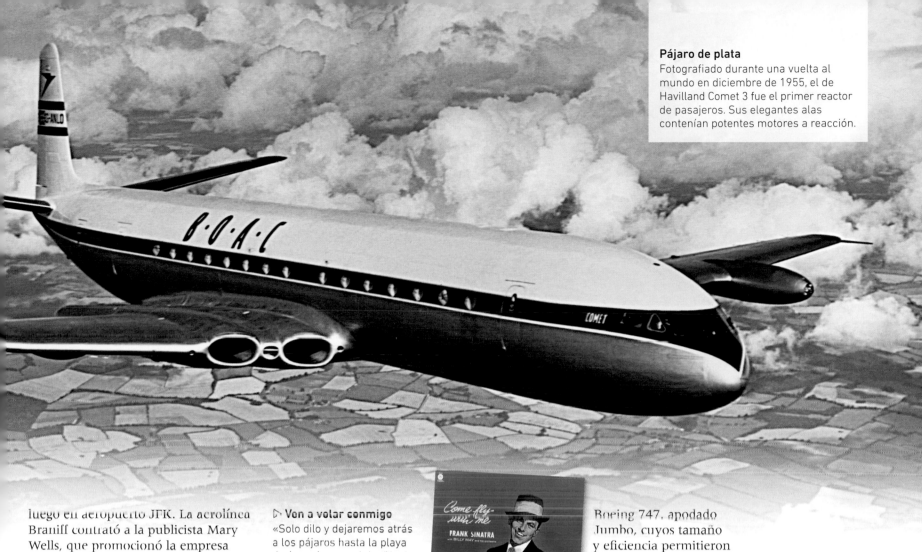

luego en aeropuerto JFK. La aerolínea Braniff contrató a la publicista Mary Wells, que promocionó la empresa como «El fin de los aviones aburridos» e introdujo uniformes futuristas para las azafatas, diseñados por Emilio Pucci. Aunque se servían platos calientes desde la década de 1930, las comidas de avión como las conocemos hoy –servidas sobre una bandeja abatible– comenzaron a generalizarse en la de 1960.

En 1968, la novela *Aeropuerto*, de Arthur Hailey, encabezó durante

▷ Ven a volar conmigo
«Solo dilo y dejaremos atrás a los pájaros hasta la playa de Acapulco», cantaba Sinatra en *Come Fly with Me* (1958). Era una invitación para que millones emprendieran el vuelo.

30 semanas la lista de *best sellers* de *The New York Times*.

Mayoría de edad de las aerolíneas

Volar era una aventura que cada vez podían compartir más personas. Las primeras tarifas de clase «turista» (luego llamada «económica») se introdujeron en la década de 1950, y para 1959, ya cruzaba el Atlántico más gente en avión que en barco. Las compañías aéreas también se apresuraron a explotar las ventajas del vuelo a reacción para los negocios. En 1965, el número anual de pasajeros aéreos alcanzó los cien millones, el doble que en 1958. El siguiente punto de inflexión fue el lanzamiento del Boeing 737 en 1968, que no tardó en ser el avión de línea más numeroso. Le siguió en 1970 el

◁ Azafatas de TWA
Las azafatas se convirtieron en chicas de calendario por el glamur de volar. Eran elegidas por su belleza y elegancia, y ataviadas con uniformes a la moda.

Boeing 747, apodado Jumbo, cuyos tamaño y eficiencia permitieron bajar aún más las tarifas. A finales de siglo había unos 1250 Jumbos en el aire en todo momento, lo que significaba que cada cinco segundos aterrizaba o despegaba un 747 en alguna parte del mundo. Para entonces, la expresión «avión de propulsión a chorro» había caído en desuso. La tecnología del motor a reacción había sustituido a los aviones de motor de hélice de antaño hasta tal punto que los nuevos aparatos ya eran conocidos como «reactores».

▽ Comida rápida
Las comidas preenvasadas en bandeja se introdujeron como norma en la década de 1960, un ejemplo más de las muchas innovaciones de la era del reactor.

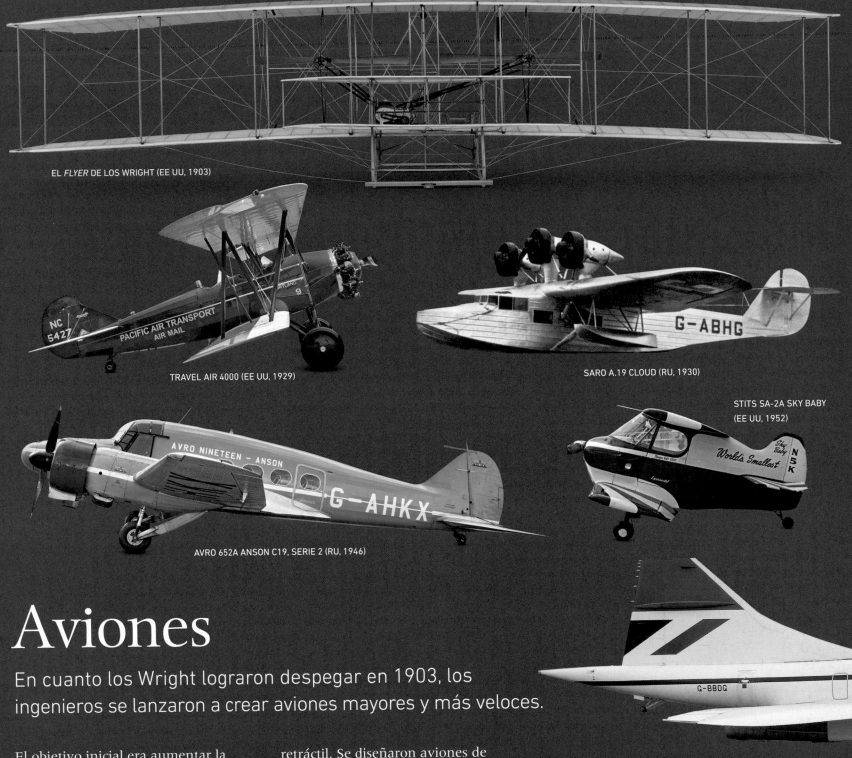

EL *FLYER* DE LOS WRIGHT (EE UU, 1903)

TRAVEL AIR 4000 (EE UU, 1929)

SARO A.19 CLOUD (RU, 1930)

STITS SA-2A SKY BABY (EE UU, 1952)

AVRO 652A ANSON C19, SERIE 2 (RU, 1946)

Aviones

En cuanto los Wright lograron despegar en 1903, los ingenieros se lanzaron a crear aviones mayores y más veloces.

El objetivo inicial era aumentar la potencia. A mayor impulso, mayor elevación, lo que hacía posible construir aeronaves más grandes y capaces de transportar cargas más pesadas. A veces, la carga más pesada era el combustible, para poder batir récords de distancia, como cuando Charles Lindbergh cruzó el Atlántico en el *Spirit of St. Louis*. Uno de los grandes aviones de pasajeros fue el Boeing 247, con características luego comunes, como el fuselaje metálico, las alas en voladizo o el tren de aterrizaje

retráctil. Se diseñaron aviones de todas las formas y tamaños, desde el más pequeño del mundo, el Sky Baby, hasta el hidroavión gigante de Howard Hughes, el H-4 Hercules de 1947.

En la década de 1950, el motor a reacción hizo realmente viable por primera vez el transporte aéreo de pasajeros. En la actualidad, aviones aún mayores, como el Airbus A380, llevan a un número creciente de viajeros con mayor eficiencia de consumo de combustible.

BLÉRIOT XI
(FRANCIA, 1909)

RYAN NYP *SPIRIT OF ST. LOUIS* (EE UU, 1927)

BOEING 247 (EE UU, 1933)

DE HAVILLAND DH878 HORNET MOTH (RU, 1934)

MORAVAN NÁRODNÍ PODNIK ZLÍN
Z 226T (CHECOSLOVAQUIA, 1956)

BOEING 727-200 (EE UU, 1967)

British airways

CONCORDE (RU/FRANCIA, 1969)

AIRBUS A380 (EUROPA, 2007)

PC-AERO ELEKTRA ONE
(ALEMANIA, 2011)

El techo del mundo

En mayo de 1953, Edmund Hillary y Tenzing Norgay fueron los primeros en pisar la cumbre del Everest. Su proeza solo fue posible gracias a aquellos que lo habían intentado antes y habían fracasado.

En 1856, el Gran Proyecto de Topografía Trigonométrica de India estableció que una oscura montaña del Himalaya llamada Pico XV era la más alta del mundo (pp. 242–243). Llamada Everest poco tiempo después, los intentos de escalarla no empezaron hasta pasados 65 años, cuando el reino prohibido del Tíbet abrió sus fronteras a los extranjeros.

En 1921, una expedición británica exploró una aproximación por el norte a la montaña. Al año siguiente, regresó para intentar hacer cumbre y alcanzó una altura récord de 8326 m. En 1924 se hizo la siguiente expedición: tras un intento inicial abortado, dos escaladores británicos, George Mallory y Andrew Irvine, lanzaron un nuevo asalto a la cumbre. Fueron vistos por última vez mientras desaparecían entre las nubes que rodean perpetuamente la montaña, y nadie sabe si alcanzaron la cima. El cadáver de Mallory fue hallado 75 años después, en 1999; el de Irvine aún no se ha localizado.

Tales son los peligros del Everest. A 8848 m, su cima es hostil para la vida.

▽ **Ascenso del Everest**
En esta fotografía de 1953, un sherpa guía con cuerdas a otro que cruza un puente de troncos sobre una grieta en el Cwm Occidental. Ambos llevan botas con crampones (placas de metal con clavos).

A esa altura, el aire contiene un tercio del oxígeno que contiene al nivel del mar, con lo que aumentan las posibilidades de sufrir un edema cerebral fatal, que se produce cuando el cerebro, privado de oxígeno, se hincha. En esas condiciones, las funciones orgánicas no esenciales se desconectan, por lo que la digestión o el sueño son imposibles. La temperatura en la cima es de -36 °C, lo que conduce a la congelación y la hipotermia. Existe además la amenaza constante de aludes, grietas y tormentas. Con todo, Mallory explicó así sus razones para subir: «Lo que obtenemos de esta aventura es puro gozo, y gozar es, al fin y al cabo, el sentido de la vida. No vivimos para comer o ganar dinero; comemos y ganamos dinero para poder vivir».

La ruta sur

Hubo siete intentos de coronar el Everest antes de que la Segunda Guerra Mundial frenara las expediciones. Todos fueron realizados por británicos, que usaban de forma deliberada su posición de poder en India y Tíbet para negar a otros países la posibilidad de escalar la montaña. El acceso al Everest se cerró en 1950, cuando China invadió Tíbet, pero por entonces Nepal estaba abierto, tras un siglo cerrado a los extranjeros. En 1950 se envió una expedición exploratoria desde el sur, siguiendo la ruta que hoy se ha convertido en la normal. En 1952, una expedición suiza que seguía esta ruta alcanzó un nuevo récord de altura de 8595 m. Al año siguiente viajaba a Nepal la novena expedición británica. La primera pareja de escaladores no hizo cumbre, pero

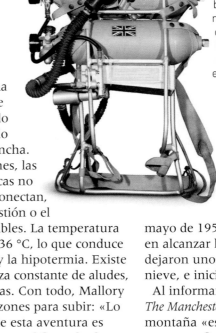

◁ **El oxígeno de Hillary**
La expedición de 1953 llevaba bombonas de oxígeno para poder respirar en el aire rarificado. Se consideraba biológicamente imposible sobrevivir de otro modo en la cumbre, aunque esto ha sido refutado.

dejó reservas de oxígeno para una segunda pareja, el apicultor neozelandés Edmund Hillary y el sherpa nepalí Tenzing Norgay. A las 11.30 (hora local) del 29 de mayo de 1953, ellos fueron los primeros en alcanzar la cumbre. Tomaron fotos, dejaron unos dulces y una cruz en la nieve, e iniciaron el descenso.

Al informar de la hazaña, el diario *The Manchester Guardian* concluía que la montaña «es por su propia naturaleza un punto final [...] Es poco probable que nadie intente escalar el Everest de nuevo». Por supuesto, lejos de marcar un final, el ascenso abrió un nuevo capítulo en la historia del montañismo en el que numerosos escaladores iban a intentar conquistar la montaña cada año.

«Nadie escala por **razones científicas**.
En realidad, **escalas** por **placer**.»

EDMUND HILLARY

▽ **En la cresta suroriental**
Esta imagen muestra a Edmund Hillary
(izda.) y Tenzing Norgay preparando el
campamento final durante su ascenso
al Everest. Un día después fueron los
primeros en coronar la cima.

EN CONTEXTO
Subir al Everest hoy

Desde que Hillary y Tenzing conquistaron
el Everest, la cima ha sido coronada más
de 7600 veces por unos 4460 escaladores.
La cifra se ha disparado recientemente, en
parte debido a que las cuerdas y escalas
fijas han facilitado el ascenso. En solo un
día de 2016 (el 19 de mayo) escalaron la
montaña 209 montañeros, más que en
33 años a partir del primer ascenso.

En 1990 solo tuvieron éxito el 18 % de los
intentos, pero en 2012 la cifra fue del 56 %.
Sin embargo, el ascenso no es nada seguro:
desde 1921 han perdido la vida en el Everest
282 personas, y solo en 2015 perecieron 18,
tras un fuerte seísmo. Tampoco es barato.
Según el British Mountaineering Council, el
gasto mínimo necesario para un ascenso
es de 29 600 euros, pero hay quien ha
llegado a pagar hasta 55 000.

CUERDAS Y ESCALAS FIJAS HACEN
MÁS FÁCIL EL ASCENSO AL EVEREST

Carretera adelante

La fabricación masiva de coches tras la Segunda Guerra Mundial permitió a muchas familias lanzarse a la carretera en vacaciones. En EE UU, el viaje por carretera se convirtió en sinónimo de libertad.

Chevy puts the purr in performance!

El gran viaje por carretera americano nació en 1903, cuando el exmédico Horatio Nelson Jackson, el mecánico Sewall Crocker y un perro llamado Bud partieron para atravesar EE UU en un turismo Winton rojo. En aquella época había menos de 240 km de carreteras pavimentadas en el país. Un caballero apostó con Jackson 50 dólares a que tardaría al menos 90 días en conducir de San Francisco a Nueva York. De hecho, tardó 63 días, 12 horas y 30 minutos en recorrer los 7242 km de trayecto: ganó la apuesta, pero sumando el coste del coche, el viaje le salió por 8000 dólares.

Dieciséis años después, un convoy militar dirigido por el mayor Dwight D. Eisenhower viajó de Washington D.C. a San Francisco, a una velocidad media de solo 8 km/h. Una vez elegido presidente, la mejora de las carreteras se convirtió en una prioridad para Eisenhower, y su respuesta fue la Ley de Ayuda Federal a las Autopistas de 1956 y la construcción del Sistema de Autopistas Interestatales.

Uno de cada seis estadounidenses trabajaba directa o indirectamente en el sector del automóvil en la década de 1950. EE UU era el mayor fabricante de coches del mundo y también el mayor comprador. A principios de esa década había 25 millones de coches registrados; para 1958 ya eran 67 millones. No en vano los coches de esa época fueron unos de los más potentes y elegantes jamás fabricados, como el Chevy del 57, uno de los coches americanos más emblemáticos, pero fueron sobre todo las nuevas autopistas de varios carriles las que incitaron a los estadounidenses a lanzarse a la carretera. Cualquiera que tuviera un coche podía ir a casi cualquier parte, con solo un carnet de conducir como pasaporte.

Conductores y *drive-ins*

El automovilismo por placer no era exclusivamente estadounidense. Los fabricantes de neumáticos franceses André y Edouard Michelin llevaban publicando una guía para conductores desde 1900, y la AA (Asociación del Automóvil) británica tenía un millón de miembros en 1950. Mientras EE UU desarrollaba su sistema de autopistas, una red de *motorways*, *Autobahnen*, *autoroutes* o *autostrade* surcaba Europa.

△ **Más automovilistas**
Durante la Segunda Guerra Mundial se restringió la fabricación. El *boom* consumista posterior disparó la demanda de coches.

▷ **Pausa rápida**
La cultura del coche dio origen a los restaurantes *drive-in*, como este de California, diseñado para atraer la mirada de conductores apresurados.

▽ **El rollo original**
La travesía de un país por carretera es esencialmente estadounidense. Ningún libro lo plasma mejor que *En el camino*, que Jack Kerouac mecanografió en un largo rollo de papel.

Fronteras y controles de pasaporte europeos, sin embargo, imponían restricciones a la libertad de conducir.

En EE UU surgieron negocios destinados a atender específicamente a los automovilistas, como los moteles de carretera, los restaurantes *drive-in* y los autocines. En la década de 1950, con un considerable respaldo de la industria del automóvil, se abrió el primer Holiday Inn (para 1959 ya había un centenar) y las primeras franquicias de una hamburguesería de carretera llamada McDonald's.

AUTOSTRADA

La carretera en el arte

Como metáfora de la libertad, el gran viaje por carretera americano fue, y sigue siendo, fuente de inspiración para escritores y cineastas. Un año después de la ley de Eisenhower se publicaba *En el camino* (1957), de Jack Kerouac, una desinhibida celebración de la juventud en un viaje para descubrir EE UU. Por esas mismas fechas, el novelista John Steinbeck llegaba a una conclusión: «He descubierto que no conozco mi propio país». Con 58 años, se echó a la carretera con su caniche Charley. Fruto de su viaje fue *Viajes con Charley en busca de Estados Unidos* (1962).

El medio cultural más estadounidense, el cine, ha glorificado repetidamente la carretera, desde la odisea de *Easy Rider* (1969), entre el viaje de LSD y el viaje por carretera, pasando por la fábula feminista *Thelma y Louise* (1991), hasta la gira de cata de vinos entre colegas de *Entre copas* (2004).

▷ **Easy Rider**
Esta película de culto de 1969 reinventó el viaje por carretera. Si bien sustituyó el coche por la moto, siguió exaltando el eterno afán americano de viajar hacia el oeste.

OYSTERS ON HALF SHELL

SEA FOOD COCKTAILS

«La travesía del país es el **ejemplo supremo** del viaje como **destino**.»

PAUL THEROUX, ESCRITOR DE VIAJES

La Ruta 66

La Ruta 66, entre Chicago y Los Ángeles, es la carretera de EE UU por antonomasia. Con más de 3900 km, es justamente considerada la madre de todos los viajes por carretera.

E n 1946, Bobby Troup se dispuso a cruzar el país, desde Pensilvania hasta California, para probar suerte como compositor en Hollywood. El viaje empezó en la carretera US 40. Troup pensó en escribir una canción sobre ella, pero la inspiración no le llegó hasta alcanzar la US 66 que, como observó su esposa, rimaba con «Get your kicks» («Disfruta»). La canción, *(Get your kicks on) Route 66*, interpretada por Nat King Cole, fue un éxito ese mismo año y a partir de entonces ha sido grabada por artistas como los Rolling Stones, Bruce Springsteen o Depeche Mode.

Sin embargo, aunque entonces pasara a ser venerada por la cultura popular, la Ruta 66 ya era famosa antes de que Troup se pusiera al volante con destino al oeste.

▽ **Ruta de libertad**
Ninguna carretera simboliza el espíritu estadounidense y excita la imaginación popular como la famosa Ruta 66. Casi un siglo después de su construcción, aún ejerce su atracción sobre autóctonos y foráneos por igual.

▽ **Ruta histórica**
Cuando se abrió en 1926, el objeto de la Ruta 66 era enlazar cientos de comunidades rurales de Illinois, Misuri y Kansas con Chicago. Durante la Depresión se convirtió para muchos en la vía hacia una vida mejor en el oeste.

La carretera de los sueños

La Ruta 66 no fue la primera carretera transcontinental; esa fue la Lincoln, inaugurada en 1913, que iba de Nueva York a San Francisco. Establecida 13 años después, la US 66 seguía una ruta distinta, empezando en Chicago para virar luego al suroeste e introducirse en el corazón del Medio Oeste, atravesando ocho estados y tres zonas horarias hasta llegar a Los Ángeles. El trayecto fue diseñado de forma deliberada para proporcionar a muchas poblaciones pequeñas su primer acceso a una vía principal.

«La 66 es la **carretera madre**, la **ruta de la huida**.»

JOHN STEINBECK, *LAS UVAS DE LA IRA*

Uno de sus promotores fue Cyrus Avery, un empresario de Oklahoma que decidió que debía atravesar su estado natal y ofrecerle los beneficios económicos de la conectividad.

Paradójicamente, la carretera que debía llevar la riqueza al centro del país acabó siendo famosa como vía de escape. Se terminó justo a tiempo para que las familias que se vieron obligadas a dejar sus hogares y granjas en el Medio Oeste durante la Gran Depresión y la crisis de las tormentas de polvo de la década de 1930, pudieran hacerlo. La 66 era la ruta de la esperanza hacia una vida mejor en el oeste. Casi desde el principio fue una «carretera de los sueños».

En la década de 1950, la Ruta 66 llegó a la cima de su popularidad, cuando el *boom* de la venta de coches hizo que un número ingente de turistas saliera a la carretera para averiguar cómo era el resto del país. Así, algo más tarde de lo planeado, acabó llevando la prosperidad a los negocios que jalonaban su recorrido.

La carretera madre

Del mismo modo, la ley que propició el viaje de larga distancia por carretera en EE UU –la Ley de Ayuda Federal a las Autopistas de 1956 de Eisenhower– fue la culpable de la degradación de la Ruta 66. El nuevo sistema interestatal de cuatro carriles la pasó por alto. Las poblaciones acusaron la disminución del tráfico, y los negocios fueron cerrando a medida que ciertos tramos eran abandonados. En 1985, la Ruta 66 era retirada de la red estatal y dejaba de existir oficialmente.

Sin embargo, su papel durante la Depresión le había dado un estatus simbólico. En fechas recientes, organizaciones sin ánimo de lucro y el Servicio de Parques Nacionales de EE UU han recabado apoyos y aportado fondos para conservar lo que queda de la 66, en ocasiones llamada «la carretera madre». Algunos de sus tramos se promocionan como patrimonio cultural. Una vez más, gentes de todo el país y del resto del mundo ruedan por esta carretera histórica para sentirse partícipes de un pedazo de la vida y la idiosincrasia estadounidenses.

△ **La Ruta 66, hoy**
En torno a la 66 ha surgido toda una industria de la nostalgia. A lo largo de su recorrido, el viajero se puede alojar en moteles al viejo estilo, como este de Tucumari (Nuevo México).

Vuelos baratos

El motor a reacción hizo el vuelo de pasajeros rápido y práctico, pero volar no fue asequible para mucha gente hasta que las compañías aéreas recortaron drásticamente el precio de sus billetes.

En 1977, Freddie Laker, antiguo chico de los recados para los constructores de hidroaviones Short Brothers de Rochester, marcó un hito en la historia de las compañías aéreas al lanzar Skytrain, un vuelo diario barato entre EE UU y Reino Unido.

Los vuelos internacionales eran, hasta ese momento, un privilegio de los ricos. Tras la Segunda Guerra Mundial se creía que la competencia entre aerolíneas podía comprometer la seguridad de los pasajeros, así que la aviación comercial fue regulada por la IATA (Asociación Internacional de Transporte Aéreo). Esto dejó a las compañías estatales libres para ejercer un monopolio, ofreciendo servicios idénticos a precios elevados.

Hubo excepciones: la islandesa Loftleiðir declinó unirse a la IATA y en la década de 1960 ofrecía tarifas de bajo precio entre EE UU y Europa vía Reikiavik, con lo que se ganó el apodo de «aerolínea *hippie*». También existían los vuelos chárter, pero en general solo operaban con paquetes de vacaciones a España y otros lugares turísticos.

Skytrain y Southwest Airlines

Freddie Laker propuso un sistema en el que los pasajeros que deseaban vuelos baratos podían hacer cola para comprar un billete en el aeropuerto, como en una estación de tren. Tras seis años de negociación con los gobiernos de EE UU y Reino Unido, el primer avión Skytrain despegó de Nueva York en septiembre de 1977. El servicio prescindía de extras (como las comidas), pero sus tarifas eran un tercio de las de sus rivales.

Lanzada en 1971, la aerolínea tejana Southwest Airlines fue otra pionera de las tarifas baratas: promocionaba sus vuelos económicos con carteles

△ **Acaparar titulares**
Para destacar sobre la competencia, Southwest vistió a sus azafatas con *shorts* naranja y botas blancas, y servía bebidas llamadas «pociones de amor». Su eslogan era: «Piernas largas y noches cortas».

△ **Aerolíneas cacahuete**
Southwest fue la primera de una nueva generación de aerolíneas que redujeron tarifas respecto a las rivales establecidas suprimiendo «extras». Servía tentempiés en vez de comidas completas, lo que le valió el apodo de «aerolíneas cacahuete».

sensacionalistas en los que aparecían azafatas de piernas esculturales con *shorts* y botas blancas. Su éxito convenció a la Civil Aeronautics Board para relajar la regulación de las tarifas aéreas, y en 1978 se introdujeron precios más competitivos. Las tarifas cayeron un tercio, y en la década de 1980 el tráfico aéreo aumentó en más del doble, a la vez que nacían compañías de bajo coste en EE UU. Paradójicamente, tras haber sido la pionera de las tarifas baratas, Skytrain cerró cuando British Airways y Pan Am recortaron sus precios transatlánticos.

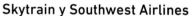

▽ **Freddie Laker**
El vuelo Skytrain Londres-Nueva York de Laker en 1977 fue la primera operación *low-cost* de su tipo. En respuesta, otras compañías aéreas rebajaron sus tarifas.

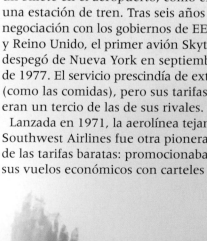

Ryanair e easyJet

El éxito de las compañías económicas estadounidenses llamó la atención de los aspirantes a dirigir aerolíncas al otro lado del Atlántico. En 1990, una pequeña empresa irlandesa deficitaria llamada Ryanair se reinventó como aerolínea *low-cost* ofreciendo vuelos económicos a aeropuertos secundarios europeos. Pocos años después arrancaba en una atestada oficina en el aeropuerto de Lutton (RU) una empresa similar: conocida como easyJet, anunciaba vuelos a Edimburgo y Glasgow, en Escocia, «tan baratos como unos pantalones vaqueros». Estas dos aerolíneas, y sus muchas imitadoras, revolucionaron el viaje aéreo en Europa.

Al desnudar su producto al máximo –con una cabina única donde todos los asientos son iguales, cobrando las comidas y desprendiéndose de la franquicia de equipaje–, las compañías *low-cost* ofrecían vuelos que cualquiera

△ **Revolución global**
«Ahora cualquiera puede volar» es el eslogan de Air Asia, una de las muchas aerolíneas baratas cuyos aviones se alinean en esta foto tomada en un aeropuerto en Kuala Lumpur (Malasia).

se podía permitir. En 25 años, estas aerolíneas dejaron de ser un accesorio de la industria de viajes para convertirse en una parte clave de la vida contemporánea en Europa, EE UU y el resto del mundo.

Vuelos para todos

Tarifas bajas y vuelos frecuentes y a destinos donde nadie volaba antes han hecho posible que la gente se traslade habitualmente entre su país y el

lugar de sus empresas en distintas partes del mundo, y que disfrute de minivacaciones improvisadas. Hoy ya se habla de «nanovacaciones», estancias de una sola noche en otra ciudad, un fenómeno surgido de la revolución de las aerolíneas. Más vuelos y a precios aún más baratos han dado una libertad de movimientos sin precedentes a las personas en todas partes.

△ **Modelo de bajo coste**
Inspirándose en el éxito de Southwest Airlines, la compañía irlandesa Ryanair bajó sus tarifas recortando todos los costes posibles. Ofrecía más vuelos cada día, volaba a aeropuertos más pequeños y con tasas de aterrizaje más baratas, y operaba con un solo modelo de avión, el Boeing 737.

« Lo que el ferrocarril ha hecho **por las naciones**, la aviación **lo hará por el mundo**. »

CLAUDE GRAHAME-WHITE, PIONERO DE LA AVIACIÓN (1914)

En el fondo del mar

La humanidad ha explorado la superficie de la Tierra durante siglos, pero investigar los océanos no fue posible hasta que lo permitieron los avances tecnológicos del siglo xx.

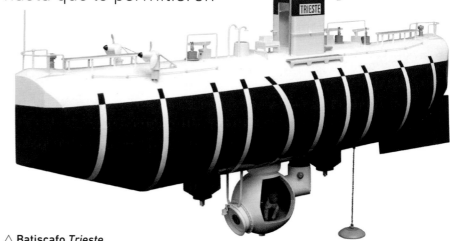

Rara vez alguien ha dominado un campo de estudio de forma tan completa como Jacques-Yves Cousteau. No solo fue un pionero de la exploración marina, sino que también inventó la tecnología que permitió a los buzos nadar bajo el agua.

El pulmón acuático

Los experimentos sobre respiración subacuática se remontan al siglo xvii, cuando el físico inglés Edmond Halley (famoso por el cometa que lleva su nombre) patentó el diseño de una campana de inmersión. En la década de 1930, el naturalista y explorador submarino estadounidense William Beebe usó la recién inventada batisfera para explorar los océanos hasta una profundidad de 804 m, un récord en la época. Por entonces Jacques Cousteau acababa de entrar en la veintena. Ingresó en la Academia Naval francesa para hacerse piloto, pero un accidente de coche truncó sus planes, y empezó a investigar el mundo submarino del

△ **Nueva tecnología**
Jacques Cousteau (dcha.) y Terry Young se preparan para bucear con Aqua-Lungs atados a la espalda. Poco tiempo después, estos aparatos se llamaron sistema SCUBA.

△ **Batiscafo *Trieste***
El 23 de enero de 1960, Jacques Piccard y Don Walsh descendieron al fondo de la fosa de las Marianas en el batiscafo *Trieste*. Durante el descenso se agrietó una escotilla, pero, aun así, pasaron 20 minutos en el lecho marino.

Mediterráneo desde las playas próximas a la base naval de Toulon, en Francia.

En esa época, los trajes de buceo eran pesados y engorrosos, y el buzo recibía aire a través de un tubo conectado a un barco, lo cual limitaba mucho sus movimientos. Cousteau, con ayuda de sus colegas, desarrolló una alternativa:

la escafandra autónoma, con una bombona de aire comprimido sujeta a la espalda y un regulador para controlar el flujo de aire. Este dispositivo, al que llamó Aqua-Lung («pulmón acuático» en inglés), tuvo un éxito tal que la Marina estadounidense lo compró y lo renombró SCUBA (de Self-Contained Underwater Breathing Apparatus, esto es, «aparato autónomo de respiración submarina»).

En la década de 1950, Cousteau adaptó el primero de varios barcos, todos ellos llamados *Calypso*, que usó como estación de investigación oceanográfica, una base desde la que bucear. Pocos años después inventó un «platillo submarino» para dos personas y en 1962 construyó una cápsula submarina, la Conshelf. Él mismo documentó estos inventos en libros y series de televisión que le hicieron famoso en todo el mundo.

El origen de la vida

Otra figura clave de la oceanografía fue Jacques Piccard, un ingeniero suizo que desarrolló vehículos submarinos para estudiar las corrientes oceánicas. En 1960, a bordo del batiscafo *Trieste* y junto a un compañero, fue el primero en alcanzar el punto más profundo

◁ **Fumarola hidrotermal**
Las fumarolas hidrotermales son fisuras de la corteza terrestre de las que surge agua debido a la actividad volcánica. Son tan ricas en formas de vida que muchos creen que fueron cruciales para el origen de la vida en la Tierra.

de la Tierra: el fondo de la fosa de las Marianas, en el Pacífico, a 10 994 m bajo el nivel del mar. En 1969, Piccard reunió un grupo que empleó 30 días en navegar 1444 millas náuticas (2674 km) en el mesoscafo *Ben Franklin PX-15*. El grupo investigó la ruta de la corriente del Golfo, pero también estudió sus propias reacciones durante un encierro tan prolongado, algo en lo que la NASA estaba interesada.

En 1977, los oceanógrafos hicieron un hallazgo que desmontaba la creencia de que el sol tuvo un papel clave en el origen de la vida. Cuando el sumergible ALVIN descendió a 2100 m en el lecho del Pacífico oriental, reveló estructuras parecidas a chimeneas que canalizaban agua supercalentada y minerales desde el manto. Allí, en completa oscuridad, prosperaban grandes comunidades de seres que usaban el calor como fuente de energía y los minerales como alimento. Hoy muchos piensan que la vida en la Tierra empezó en condiciones similares.

EN CONTEXTO
Arqueología submarina

Robert Ballard descubrió el *Titanic*. En 1985, con un pequeño sumergible no tripulado llamado Argo, descubrió restos en el fondo del océano Atlántico y los siguió hasta dar con el famoso pecio. Desde entonces se han descubierto ciudades enteras en el fondo del mar. En 2000, por ejemplo, Franck Goddio encontró Tonis-Heracleion buceando frente a las costas de Egipto (y Canopo en 1997). Construida en el siglo VIII a.C. en el delta del Nilo, Tonis-Heracleion fue el principal puerto comercial durante el periodo tardío del antiguo Egipto y quedó sumergida debido a un cataclismo geológico hace unos 1200 años.

UN BUZO EXAMINA UNA ESTATUA EN LA CIUDAD SUMERGIDA DE HERACLEION

« El mar, **una vez te lanza su hechizo**, te retiene en su **red** [...] **para siempre**. »

JACQUES COUSTEAU, EXPLORADOR MARINO

▽ **Jacques Cousteau**
Con ayuda de sus numerosos inventos, Jacques Cousteau se convirtió en pionero de la exploración y la conservación submarinas. Sus aventuras fueron divulgadas por la serie televisiva *El mundo submarino de Jacques Cousteau* (1960–1975).

Volar hasta la Luna

En 1903, el ser humano despegó por primera vez para volar durante 12 segundos. Menos de 70 años después, el vuelo aéreo se había convertido en viaje espacial, y los astronautas pisaban la Luna.

△ **Prueba de lanzamiento**
Un cohete diseñado por Robert H. Goddard es izado a su plataforma de lanzamiento en Roswell (Nuevo México), en 1935.

Leonardo da Vinci bocetó una máquina voladora en el siglo xv, pero los sueños del genio italiano tardaron más de cuatro siglos en hacerse realidad. No obstante, desde los primeros vuelos experimentales con cohetes de combustible líquido hasta alcanzar la Luna solo pasaron 33 años.

La carrera espacial
El científico estadounidense Robert H. Goddard, con apoyo del Instituto Smithsoniano, marcó el inicio de la era espacial al lanzar con éxito un cohete el 16 de marzo de 1926. Llegó a lanzar 33 cohetes, pero en 1941 Alemania tomó la delantera en la investigación.

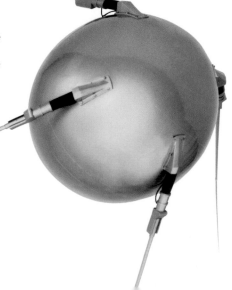

▷ **Sputnik I**
Lanzado por la URSS el 4 de octubre de 1957, el Sputnik 1 fue el primer satélite artificial. Sus cuatro antenas de radio transmitían su posición.

▷ **Un paso más**
Este cartel soviético celebra el logro histórico de Yuri Gagarin de ser el primer ser humano en viajar al espacio. En él se lee «Día de la Cosmonáutica de la URSS» y la fecha del vuelo en el penacho de escape.

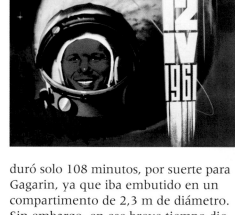

Hitler quería convertir el cohete en arma, y el resultado fue el V-2, el primer misil balístico dirigido de largo alcance. En el momento de su lanzamiento, el 20 de junio de 1944, el V-2 también fue el primer objeto construido por el hombre en abandonar la atmósfera terrestre.

Durante la Guerra Fría, el V-2 se convirtió en el modelo del diseño de cohetes tanto estadounidenses como soviéticos, que, a su vez, fueron la base de sus programas de exploración espacial. Ambas potencias compitieron por ser la primera en el espacio, y EE UU empleó a científicos alemanes cautivos, como Wernher von Braun.

En órbita
El primer objetivo era lanzar un satélite artificial. Los soviéticos lo lograron primero: el 4 de octubre de 1957 recibieron el «bip… bip… bip…» característico de los radiotransmisores que indicaba que el Sputnik 1 estaba en órbita. Dos años después también fueron los primeros en llevar a la Luna una nave no tripulada, la Luna 2. Ese año, la Luna 3 fotografiaba la cara oculta de la Luna.

El 12 de abril de 1961, los soviéticos ponían por fin un ser humano en órbita, en una nave llamada *Vostok 1*. El cosmonauta era Yuri Gagarin, un expiloto de combate, que despegó al grito de *¡Poyejali!* («¡Vámonos!»). Este trascendental primer viaje espacial

△ **La perra espacial**
Antes de enviar a un ser humano al espacio, los soviéticos enviaron a Laika, una perra callejera de Moscú que orbitó en torno a la Tierra en el Sputnik 2, pero no tardó en morir por sobrecalentamiento.

duró solo 108 minutos, por suerte para Gagarin, ya que iba embutido en un compartimento de 2,3 m de diámetro. Sin embargo, en ese breve tiempo dio una vuelta alrededor de la Tierra.

Casi un año después, el día 20 de febrero de 1962, John Glenn fue el primer estadounidense en orbitar en torno a la Tierra. Los dos países redoblaron entonces sus esfuerzos por ser el primero en poner un hombre en la Luna, pero, en 1967, tanto el programa Apolo (EE UU) como el Soyuz (URSS) sufrieron desastres fatales. EE UU perdió a la tripulación del *Apolo 1* al incendiarse la cabina de mando en un ensayo en tierra, y los soviéticos a un cosmonauta de la *Soyuz 1* al estrellarse su cápsula por un fallo del paracaídas.

El hombre en la Luna
Los soviéticos tardaron 18 meses en recuperarse del desastre. EE UU aceleró, y el 16 de julio de 1969, la tripulación del *Apolo 11* –el comandante de la misión, Neil Armstrong, y los pilotos

Edwin «Buzz» Aldrin y Michael Collins– entraba en la cápsula situada sobre un colosal cohete Saturno V que despegaba a las 9.32 h del Centro Espacial Kennedy, en Florida, para iniciar su épico vuelo espacial.

Cuatro días después, el 20 de julio, Collins permanecía en el módulo de mando mientras Armstrong y Aldrin embarcaban en el módulo lunar *Eagle* («Águila») y descendían sobre la Luna. «Houston, aquí base Tranquilidad, el Águila ha alunizado», dijo Armstrong.

Poco después daba su primer paso indeciso sobre la superficie de la Luna y pronunciaba la inolvidable frase: «Este es un pequeño paso para un hombre, pero un gran salto para la humanidad».

Armstrong y Aldrin exploraron los alrededores, manteniéndose a poca distancia del *Eagle*. Recogieron muestras de suelo y rocas, y dejaron una bandera estadounidense y una medalla soviética en honor a Yuri Gagarin. Después de 21 horas en la Luna, volvieron al módulo e iniciaron el largo camino a casa.

◁ **Hacia Plutón**
El 19 de enero de 2006, la nave New Horizons de la NASA despegaba de la Estación de la Fuerza Aérea de Cabo Cañaveral, en Florida. Tras un viaje de 7500 millones de km, llegó a Plutón el 14 de julio de 2015.

El último hombre en la Luna
El *Apolo 11* fue seguido por otros seis vuelos tripulados a la Luna, hasta el *Apolo 17*, que alunizó en 1972. Eugene Cernan (en la imagen) fue el último hombre en pisar la superficie lunar.

La ruta *hippie*

En la década de 1960, muchos jóvenes idealistas partieron en autostop o en autobús desde ciudades europeas para viajar a través de Asia central hasta India y más allá, en busca de paz, amor e iluminación.

El espíritu del *Grand Tour* (pp. 180–183) resurgió brevemente durante dos décadas en la segunda mitad del siglo xx. Pero, si en el pasado los jóvenes aristócratas adinerados viajaban por Europa para completar su educación, los jóvenes que recorrían en la década de 1960 la que se llamó «ruta *hippie*» iban en busca de iluminación espiritual.

La inspiración de los trotamundos procedía de personajes estadounidenses como el escritor Jack Kerouac y sus compañeros de aventuras de la escena «alternativa». Kerouac había recorrido EE UU en busca de realización y plasmó su experiencia en la novela *En el camino* (1957), un éxito de ventas. La ruta *hippie* era el equivalente europeo del viaje por carretera americano. Su destino era India, cuna de la antigua filosofía oriental. «Nuestro Oriente no era solo un país y un concepto geográfico, sino la patria y la juventud del alma», escribió Hermann Hesse en su *Viaje a Oriente* (1932).

De camino

El camino a India, partiendo de grandes ciudades europeas, seguía la antigua Ruta de la Seda a través de Estambul y pasando por Irán, Afganistán y Pakistán (pp. 86–87). Llegados a India, muchos continuaban el camino más allá, a través del Sureste Asiático hasta Bangkok, e incluso Australia.

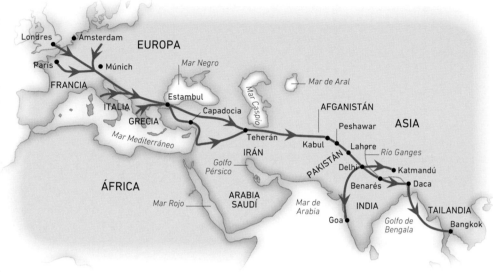

▽ **Trayecto de la ruta *hippie***
El objetivo de la ruta *hippie* no era solo el destino, sino el viaje en sí. A diferencia del viaje en barco o avión, la ruta por tierra ponía en contacto a los viajeros con muchas culturas locales y les dejaba tiempo para explorar.

Uno de los elementos clave del viaje era gastar lo mínimo, básicamente para alargar el tiempo fuera de casa. Había autobuses privados económicos. Según Rory Maclean, autor de *Magic Bus: On the Hippie Trail from Istanbul to India* (2006), el primer autobús turístico europeo que hizo la ruta llevó 16 pasajeros de París a Bombay en la primavera de 1956. Un año después, el irlandés Paddy Garrow-Fisher estableció el primer servicio regular entre Europa y el subcontinente indio. Durante casi una década, la Indiaman Tours de Garrow-Fisher realizó la ruta de autobús más larga del mundo, entre King's Cross (Londres) y Calcuta, y muchas empresas similares siguieron sus pasos. Los viajeros también hacían autostop o conducían su propio vehículo, normalmente una furgoneta, un minibús o una caravana, que les servía también de alojamiento.

A lo largo de la ruta surgió una red de apoyo. Determinados cafés, restaurantes y hoteles se convirtieron en centros de reunión donde se congregaban viajeros con cintas en la cabeza al estilo apache, camisas con estampado de cachemira o abrigos afganos de cordero. También eran una especie de foros preinternet, con tablones de anuncios repletos de información sobre viajes, ofertas de transporte o contactos del tipo de: «Tierno pervertido, 21 años, busca nena con guitarra lista para partir al místico Oriente». En Estambul, el Pudding Shop se convirtió en el lugar de encuentro; en Kabul fue Sigi's, en Chicken Street; en Teherán, el hotel Amir Kabir, y en Katmandú, toda una carretera, apodada «Freak Street» por los miles de *hippies* que transitaban por ella.

Fin del trayecto

Después de Estambul, la primera gran parada era Capadocia, en Turquía central, una región desconocida para los europeos occidentales hasta la década de 1950, con chimeneas talladas en la roca por la erosión y cuevas que servían de alojamientos alternativos a

▽ **Mural Kombi**
Varias empresas fletaron autobuses para hacer la ruta *hippie* de Europa a India. Muchos viajeros iban en su propio vehículo, el más popular de los cuales fue la furgoneta VW Kombi.

△ **Mochileo**
El fenómeno del «mochileo» (viajar con todo lo necesario en una mochila) empezó en la ruta *hippie* a India.

« Todo lo que tienes que hacer es tomar **la decisión de ponerte en marcha**. »

TONY WHEELER, FUNDADOR DE *LONELY PLANET*

los viajeros, que las ocupaban durante días o incluso meses. Irán era visto como un estado policial represor, por lo que pocos se detenían allí. Seguían hasta Afganistán, que se convirtió en una especie de paraíso *hippie* gracias a la hospitalidad autóctona. Pakistán era otro país «de paso» que se podía cruzar en 48 horas, y luego estaba India, con

todos los *ashrams* que un peregrino podía necesitar. La ciudad sagrada de Benarés, a orillas del Ganges; Goa en el oeste, y Katmandú en Nepal eran los destinos más habituales.

La ruta llegó a su fin en el año 1979. Después de la revolución islámica, las fronteras de Irán se cerraron a los turistas y la invasión soviética tuvo

el mismo efecto en el vecino Afganistán. Para entonces ya se había difundido el «mochileo», como se llamó a este estilo de viaje independiente barato. Algunos de los que recorrieron la ruta *hippie* tomaron notas sobre los mejores sitios para visitar, las cosas que ver y cómo desplazarse, y las publicaron con gran éxito, reinventando de esta manera la guía de viajes. Entre ellos estaban Tony y Maureen Wheeler, fundadores de las guías *Lonely Planet*. Puede que los viajeros idealistas de la ruta *hippie* no cambiaran el mundo, pero crearon una boyante industria editorial del libro de viajes moderno.

▽ **Hacia Oriente**
El pelo largo era una de las características de la estética de los jóvenes del movimiento *hippie*, o *hippy*, de las décadas de 1960 y 1970 que dieron nombre a la ruta.

«Siempre he pensado en el Concorde como en un **objeto mágico**, un símbolo, un **milagro**.»

ANDREE PUTMAN, DISEÑADORA FRANCESA

El Concorde

Una vez el hombre hubo pisado la Luna, todo parecía posible, incluso el vuelo comercial de pasajeros al doble de la velocidad del sonido.

El Concorde fue presentado en 1976 tras décadas de desarrollo por Francia y Reino Unido. Aunque los ingenieros de EE UU y la URSS habían previsto aviones comerciales supersónicos propios, el Boeing 2707 estadounidense nunca despegó de la mesa de diseño, y el Tupolev TU-144 soviético fue descartado por problemas de seguridad y funcionamiento. El Concorde fue el único avión comercial más rápido que el sonido. Un máchmetro en la cabina de pasajeros informaba a estos cuando alcanzaban mach 1, y luego mach 2. En ese momento estarían volando al doble de la velocidad del sonido, es decir, a unos 2180 km/h, frente a los 780 km/h de un Boeing 737 comercial. Era lo más cerca que estarían muchos del vuelo espacial.

No había nada parecido al Concorde, con sus alas triangulares en flecha y su morro puntiagudo abatible para proporcionar mejor visibilidad a los pilotos en despegues y aterrizajes. El interior no era demasiado lujoso. Se decía que sus creadores se habían limitado a construir un estrecho tubo de metal que volaba a toda velocidad y luego le atornillaron asientos de mala gana. No obstante, era un avión exclusivo. Solo estuvieron operativas 14 unidades, siete de Air France y otras tantas de British Airways. Los billetes eran caros, pero algunos empresarios internacionales estaban dispuestos a derrochar en la tarifa a cambio de ahorrar tiempo, pues el Concorde cruzaba el Atlántico en tres horas, frente a las siete de un Boeing 747. Con dos vuelos diarios de Londres a Nueva York, era posible volar, cerrar un trato y volver a casa a tiempo para la cena.

Durante casi todo el tiempo que estuvo operativo, el Concorde tuvo un récord ejemplar de seguridad, hasta que el 25 de julio de 2000 un aparato de Air France estalló en llamas y se estrelló poco después de despegar. Murieron 113 personas. El perjuicio que esto causó a la reputación del Concorde, sumado a la disminución de pasajeros a raíz de los atentados del 11 de septiembre en EE UU y al aumento de los costes de mantenimiento, llevó a la retirada definitiva de los aviones supersónicos en el verano de 2003.

Para muchos, el final del Concorde supuso un paso atrás en la tecnología. Según el locutor británico David Frost, usuario habitual del Concorde: «Puedes estar en Londres a las 10 y en Nueva York a las 10. Jamás he encontrado otro modo de estar en dos sitios a la vez». Tal vez nunca tengamos esa posibilidad de nuevo.

◁ **Azafatas del Concorde**
Unas azafatas de compañías aéreas de todo el mundo posan ante un modelo a escala del Concorde. En realidad, solo Francia y Reino Unido tuvieron aviones supersónicos civiles en servicio.

Nuevos horizontes

En 1946, Evelyn Waugh predijo la muerte de los libros de viajes. En su opinión, ya se había escrito todo sobre todas partes. Sin embargo, la literatura de viajes no solo sigue viva, sino que parece gozar de una salud de hierro.

A inicios de la década de 1970, un joven novelista estadounidense sugirió a su editor escribir un libro sobre un viaje en tren. El editor aceptó, y Paul Theroux partió de la estación Victoria de Londres para acabar su viaje en la estación central de Tokio. *El gran bazar del ferrocarril* se publicó en 1975 y vendió más de millón y medio de ejemplares en veinte idiomas. Threroux completó su gira ferroviaria con otras por América del Sur (*El viejo expreso de la Patagonia*, 1979) y China (*En el Gallo de Hierro*, 1988), además de numerosas excursiones en barco, autobús y coche.

Pronto se añadieron nuevos nombres al de Theroux en los estantes de libros de viajes, como los de Bruce Chatwin (que debutó con *En la Patagonia* en 1977), Colin Thubron (cuyo primer éxito fue *Entre rusos*, 1983) y Jonathan Raban (*Arabia Through the Looking Glass*, 1979), seguidos por muchos otros. Todos ellos alcanzaron tanto el éxito comercial como el aplauso de la crítica. El género de la literatura de viajes, que había disfrutado de un primer apogeo a fines del siglo XIX y un segundo en la década de 1930, renacía una vez más.

El aumento de la popularidad de la escritura sobre lugares extraños coincidió de nuevo con una revolución de los medios para llegar hasta ellos: esta vez, los vuelos internacionales estaban empezando a generalizarse. Los nuevos escritores de viajes se dirigían al nuevo mercado con libros de ritmo más rápido, más modernos y más inventivos que los anteriores.

△ *Un paseo por el bosque*
Nick Nolte (en la imagen en su papel del excursionista Stephen Katz) protagonizó junto con Robert Redford y Emma Thompson en 2015 la película basada en las memorias del mismo título escritas por Bill Bryson en 1998.

△ *En la Patagonia*
El inolvidable relato de Bruce Chatwin sobre su viaje por el «confín del mundo» se convirtió en un clásico de inmediato.

El simpático gruñón Theroux llenó sus libros de encuentros espinosos y de una franqueza nada diplomática. Los relatos de viaje del encantador Chatwin, antiguo subastador de arte, se leen como literatura de ficción ligeramente irreal: *En la Patagonia*, por ejemplo, gira en torno a la búsqueda de un fragmento de piel de brontosaurio.

Rompiendo fronteras

Otros autores orientaron la literatura de viajes en distintas direcciones, no solo geográficas. En 1988, el naturalista Redmond O'Hanlon introdujo el humor negro en el Amazonas en *Entre el Orinoco*

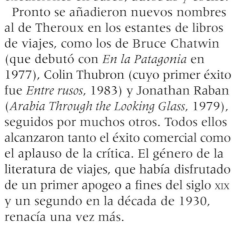

y el Amazonas (*De nuevo en apuros*), al narrar jocosamente episodios en que compartió alucinógenos con los indígenas y los efectos de parásitos invasores. Bill Bryson, un periodista estadounidense expatriado en Reino Unido, volvió a casa para burlarse de su país («Soy de Des Moines. Alguien tenía que serlo») en *¡Menuda América!* (1989). Luego se convirtió en autor de *best sellers* aplicando el mismo enfoque a Reino Unido, Europa y Australia.

Escritores como el estadounidense Tim Cahill (*Jaguars Ripped My Flesh*, 1987; *A Wolverine is Eating My Leg*, 1989) devolvieron el sentido de la aventura a la literatura de viajes, a menudo de manera extrema, al relatar historias espeluznantes como la recolección de serpientes de mar venenosas en Filipinas o la cena sobre cacas cocidas de tortuga en el *outback* australiano. Para escribir el título *Vacaciones en la guerra* (1988), P. J. O'Rourke viajó a los «puntos negros» del mundo, desde el Líbano desgarrado por la guerra hasta Heritage USA, un enorme parque temático cristiano

◁ **Notas para *El gran bazar del ferrocarril***
Además de estas notas, la Colección Paul Theroux de la Biblioteca Huntington de California contiene correspondencia de V. S. Naipaul y de muchos otros autores.

> **«Mientras haya escritores, habrá libros de viajes que merezcan ser leídos.»**
>
> SAMANTH SUBRAMANIAN, AUTOR DE *THIS DIVIDED ISLAND: STORIES FROM THE SRI LANKAN WAR*

dirigido por un famoso telepredicador y su mujer.

Nuevas perspectivas

Durante mucho tiempo, el trinitense V. S. Naipaul, autor de los libros de viajes a India *Una zona de oscuridad* (1962), *India: Una civilización herida* (1977) e *India: Tras un millón de motines* (1990), fue una voz solitaria no occidental en la literatura de viajes. En 1983, el indio Vikram Seth publicó *Desde el Lago del Cielo: Viajes por Sinkiang, Tíbet y Nepal*, y otro indio, Amitav Ghosh, escribió un retrato del tiempo que pasó en una aldea egipcia,

publicado en 1992, llamado *En una tierra milenaria*. Más recientemente, el indo-estadounidense Suketu Mehta volvió a la ciudad de su niñez para escribir *Ciudad total: Bombay perdida y encontrada* (2004).

Estos títulos sugieren las posibilidades de una nueva y rica literatura de viajes. En los últimos 150 años nos hemos habituado a leer libros de aventureros occidentales que viajaban a rincones remotos del globo y luego lo contaban. A partir de ahora será fascinante leer los relatos de los millones de inmigrantes que viajan en sentido contrario y se dirigen a Europa y América cada año.

◁ **V. S. Naipaul**
El premio Nobel V. S. Naipaul (dcha.) y el editor de la revista *Rolling Stone*, Hunter S. Thompson, informaron sobre la invasión de Granada por EE UU en 1983.

▽ **Locomotora de vapor en India**
En esta escena que pudo ser familiar para V. S. Naipaul, unos ferroviarios llevan una locomotora de vapor hacia la estación de clasificación cerca del Taj Mahal en Agra (India) en 1983.

Exploradores de hoy

Parecería que en el siglo XXI ya no queda nada por explorar, pero los aventureros irreductibles siguen hallando nuevos lugares que descubrir y continúan aprendiendo cosas nuevas sobre la Tierra.

El ser humano ha estado en los polos, ha coronado los picos más altos y contemplado la Tierra desde el espacio, pero quedan cuevas y montañas sin explorar, y sobre todo, los océanos aún no se han cartografiado por completo. Según el explorador estadounidense de las profundidades submarinas Robert Ballard, los humanos solo han visto «la décima parte del uno por ciento» de lo que hay bajo el mar.

En las profundidades de la Tierra

En 2012, el director de cine James Cameron, famoso por *Titanic*, dio un giro científico a su fascinación por los restos de naufragios en el fondo marino al ser la tercera persona en descender a la sima Challenger, el punto más profundo conocido de la Tierra, en la fosa de las Marianas, en el Pacífico. Esto formaba parte de una inspección de los puntos más remotos del planeta para encontrar nuevas especies animales (usando una «pistola de succión» para capturar pequeños organismos) y tomar imágenes de rocas entre las dos placas tectónicas que permitieran entender mejor el origen de los tsunamis.

Tal vez el ejemplo más extremo de exploración subterránea sea el de la cueva Krúbera-Voronia, una sima a orillas del mar Negro de unos 2197 m bajo el nivel del mar, lo que hace de ella la cueva más profunda conocida de la Tierra. El ucraniano Gennadi Samojin la exploró en 2007: se sumergió en su

▷ **Récord de profundidad**
El 26 de marzo de 2012, el director de cine James Cameron descendió a la sima Challenger, a 10 898 m bajo el nivel del mar, a bordo del sumergible monoplaza *Deepsea Challenger*. Peinó el lecho marino, filmó y recogió muestras de sedimento.

« Es **innegable** que existe un **impulso interno** [de hacerlo]. »

RANULPH FIENNES, SOBRE LA TRAVESÍA DE LA ANTÁRTIDA EN INVIERNO

◁ **Viejas técnicas**
Hoy, los exploradores disponen de equipos avanzados y prendas ligeras y transpirables, pero el reto físico sigue siendo duro. Las grietas de los glaciares aún se salvan con escalas de aspecto precario.

apropiadamente llamado «sumidero terminal» y, batiendo un récord en profundidad, comprobó que era unos 46 m más profunda de lo que se creía. Tres años después se descubrieron nuevas especies, una de las cuales –el diminuto *Plutomurus ortobalaganensis*, sin ojos y adaptado a la vida en total oscuridad– era el animal terrestre hallado a mayor profundidad.

◁ **El eterno aventurero**
El aventurero británico Ranulph Fiennes ha establecido varios récords de exploración. Fue el primero en visitar ambos polos solo con medios de superficie (1979–1982) y también en atravesar la Antártida a pie.

En 2012, Samojin volvió a Krúbera y descendió 52 m más, batiendo el récord anterior. A los futuros exploradores les queda mucho por encontrar bajo la tierra. Como dijo Ballard: «Probablemente, la próxima generación explorará más de la Tierra que todas las generaciones anteriores juntas».

Hollando viejos caminos

No todos los viajes actuales tienen por objeto explorar las profundidades: hoy muchos dan un toque «siglo XXI» a lugares visitados en el pasado. Así, el británico Tim Severin ha seguido los pasos de personajes históricos como Gengis Kan y Marco Polo en un intento por comprender el pasado. También se han establecido nuevas marcas: el estadounidense Matt Rutherford fue el primero en navegar en solitario por el paso del Noroeste, cruzado en 1906 por el noruego Roald Amundsen. En 2006, el neozelandés Mark Inglis fue el primer doble amputado en escalar el Everest. En 2015, el británico John Beeden hizo la primera travesía del Pacífico en solitario y sin escalas, de San Francisco (EE UU) a Cairns (Australia). Las causas benéficas también espolean a los exploradores. Ranulph Fiennes está a medio camino de su Reto del Alcance Global, que aspira a recabar fondos para la organización Marie Curie de ayuda a personas con enfermedades terminales. Su objetivo es ser el primero en cruzar los casquetes polares y escalar las cimas más altas de cada continente. El turco-estadounidense Erden Eruç inició una aventura similar en 2003 con su Proyecto Seis Cumbres, un intento de escalar los picos más altos de cada continente (menos la Antártida) solo por medios humanos. En busca de esta meta, Eruç llevó a cabo en 2012 la primera circunnavegación del planeta contando solo con la fuerza humana.

Los avances tecnológicos han arrojado luz sobre lugares inaccesibles o difíciles de ver. Los satélites artificiales han revelado restos de civilizaciones antiguas bajo los desiertos de Arabia, y los drones han permitido a los ecólogos estudiar el dosel de las selvas tropicales. Al final, por supuesto, nos espera el espacio.

▽ **Revivir
el pasado**
Tim Severin ha recreado viajes legendarios o históricos, como los de Simbad el Marino a bordo de una réplica artesanal de un barco medieval egipcio en los años 1980–1981.

Nuevas fronteras

Décadas después de que el último hombre pisara la Luna, los planes para colonizar Marte y volar más rápido prueban que el deseo de viajar al espacio no se ha apagado.

△ **Viaje a Marte**
Este cartel publicado por la NASA en 2016 imagina un futuro en el que Marte ha sido colonizado y contempla los hitos de su exploración como «lugares históricos».

Aunque la NASA fue la primera agencia espacial que logró poner astronautas en la Luna en 1969, en 1972 dio por finalizadas sus misiones tripuladas allí. En 2006 anunció planes para instalar una base permanente en la Luna que fueron descartados cuatro años después.

Hoy, la NASA concentra sus recursos sobre todo en la EEI (Estación Espacial Internacional), que ha contado con tripulaciones rotatorias de diez países desde noviembre de 2000. Otro foco de atención es Marte. La NASA investiga si podría ser habitable. A pesar de que las misiones como el programa Mars Rover –el vehículo robotizado *Curiosity* lleva explorando Marte desde agosto de 2012– están aportando datos relevantes sobre la geografía y las condiciones de la atmósfera de Marte, la NASA podría no ser la primera en poner a una persona sobre el planeta rojo.

Colonización de Marte

La empresa neerlandesa Mars One anunció en mayo de 2012 un plan para establecer un asentamiento humano en Marte en 2023 (fecha luego pospuesta hasta 2027). El proyecto internacional de financiación privada Mars One aspira a enviar a Marte cada dos años una

△ **Estación Espacial Internacional (EEI)**
La EEI orbita alrededor de la Tierra a 330-435 km de altura. Es el mayor objeto artificial actualmente en órbita.

nueva tripulación de cuatro personas que vivirían en cápsulas inflables. El inconveniente es que no hay medios para un cohete de retorno. Sin embargo, esto no ha disuadido a las 200 000 personas que han solicitado unirse a la tripulación en el primer lanzamiento.

También se ha incorporado a la carrera a Marte la empresa estadounidense Space X, fundada en 2002 por Elon Musk. El programa Space X supondría

> «Adonde **vamos**, **no** necesitamos **carreteras**.»
>
> DR. EMMETT BROWN, EN *REGRESO AL FUTURO* (1985)

naves espaciales capaces de transportar más de cien pasajeros. A diferencia de las de Mars One, estas naves sí podrían despegar de Marte y volver a la Tierra. Sin embargo, Musk espera que todo el que viaje al lejano planeta se quede allí, ya que desea establecer una colonia. Según ha declarado: «Creo que existe un fuerte argumento humanitario a favor de la vida multiplanetaria, con el fin de salvaguardar la existencia de la humanidad en el caso de que ocurriera algo catastrófico».

Viajar más rápido en la Tierra

Musk también ha presentado la idea del Hyperloop, un sistema de transporte que podría acelerar radicalmente el viaje terrestre, consistente en tubos de vacío por los que serían propulsados vehículos similares a cápsulas a la velocidad de un avión a reacción. Musk sostiene que el Hyperloop podría transportar pasajeros de San Francisco a Los Ángeles (560 km) en solo 35 minutos, a una velocidad media de 970 km/h.

El avión suborbital

En el futuro, la nueva tecnología también podría reducir drásticamente el tiempo del vuelo de larga distancia. Varias empresas de todo el mundo están investigando en prototipos de avión suborbital. En parte cohete y en parte avión, este sería lanzado a la cima de la atmósfera, a unos 100 km sobre la Tierra. Sin embargo, en lugar de entrar en órbita, planearía hasta su destino. Un vehículo de este tipo podría llevar pasajeros de Europa a Australia en 90 minutos, o de Europa a California en una hora.

Dicho viaje sería extremadamente caro. No obstante, no hay que olvidar que en torno al año 1939 un vuelo transatlántico costaba el equivalente a 75 000 euros actuales. Por aquel entonces, nadie podía imaginar que los precios se desplomarían de tal forma que dejarían obsoleto el viaje transatlántico por mar y que más de ocho millones de personas cruzarían los cielos cada día.

EN CONTEXTO
El espacio exterior

En 1977, cuando se lanzaron las sondas Voyager 1 y 2, Jimmy Carter acababa de ser nombrado presidente de EE UU y se proyectaba en los cines la primera película de *La guerra de las galaxias*. Cuatro décadas después, dichas sondas siguen explorando el espacio. Han sobrepasado los planetas gigantes, Júpiter y Saturno, y la Voyager 2 ha llegado a Urano y Neptuno. Aún siguen informando sobre las regiones exteriores del Sistema Solar y se espera que continúen haciéndolo hasta 2025. A menudo llamado la mayor hazaña de la exploración humana, el programa Voyager es un gran ejemplo de hasta dónde puede viajar la tecnología.

TRAYECTORIA DE LA SONDA VOYAGER 2

▽ **Mars One**

El proyecto Mars One imagina a los colonos de Marte viviendo en una serie de módulos de tránsito enlazados, con grandes cápsulas inflables a modo de zonas de habitación. La tecnología aún debe ser probada.

BIOGRAFÍAS

A

▽ BENEDICT ALLEN

BRITÁNICO (n. en 1960)

El viajero, aventurero y escritor Benedict Allen nació en Cheshire (RU). Mientras estudiaba Ciencias Ambientales, las expediciones científicas a Costa Rica, Islandia y Brunéi despertaron su interés por la exploración. En 1983 llevó a cabo su primera gran expedición, una azarosa travesía de 965 km a pie y en piragua por la selva amazónica. Que se sepa, es la única persona que ha cruzado en solitario la cuenca del Amazonas por su parte más ancha. Desde entonces ha sido pionero en la exploración del desierto del Namib y en la travesía del desierto de Gobi a lo ancho con camellos en lugar de camiones.

Allen es famoso por integrarse totalmente en la cultura de los pueblos indígenas con los que se encuentra. Otras aventuras lo han llevado a Papúa Nueva Guinea, Borneo, Sumatra, Australia, África y el Ártico ruso. Ha realizado películas de sus viajes para televisión, en alguna ocasión ayudado por un equipo de grabación, pero casi siempre filmadas por él mismo.

PRINCIPALES LOGROS

1983 Primera expedición por la Amazonia a pie y en piragua.
1993 Es el primero en atravesar la parte más ancha de la cuenca amazónica en solitario, un viaje de 5790 km sin ayuda de brújula ni mapa.
1995 Recorre 1610 km por el desierto del Namib.
1996 Es el primero en atravesar el desierto de Gobi en camello.

▷ ROALD AMUNDSEN

NORUEGO (1872–1928)

Uno de los grandes exploradores del siglo XX, Amundsen fue la primera persona en alcanzar los dos polos. Nacido en el seno de una familia noruega de armadores, estudió

EL EXPLORADOR NORUEGO ROALD AMUNDSEN EN LA ANTÁRTIDA (c. 1911)

medicina por deseo de sus padres, pero en 1894, tras la muerte de su madre, abandonó la universidad y se embarcó para el Ártico con una expedición de caza de focas. Entre 1897 y 1899 sirvió como primer oficial a bordo del *Delgica*, que pasó el invierno en la Antártida. Entre 1903 y 1906, navegó por el Ártico a bordo del *Gjoa*. En 1906 Amundsen y los otros seis tripulantes fueron los primeros en surcar el paso del Noroeste.

En 1910, tras un cambio de destino de última hora, se dirigió a la Antártida para intentar llegar al polo Sur antes que su rival británico, Robert Falcon Scott. El 19 de octubre de 1911 fondeó en la bahía de las Ballenas y partió con cuatro compañeros en trineos de perros. Alcanzaron el polo Sur el 14 de diciembre, un mes antes que Scott. A partir de 1918, Amundsen dirigió varias expediciones al Ártico, entre ellas la primera travesía aérea del polo Norte, a bordo del dirigible *Norge*, en 1926. Murió en 1928 al perderse en la niebla sobrevolando el mar de Barents en busca del dirigible de un amigo. Los restos de su hidroavión nunca se encontraron.

PRINCIPALES LOGROS

1897 Se embarca en la primera expedición que inverna en la Antártida.
1905 Lidera una expedición para cruzar el paso del Noroeste.

1910 Dirige la primera expedición que alcanza el polo Sur en 1911, derrotando así al explorador británico Robert Scott.
1926 Realiza la primera travesía aérea del polo Norte, en el dirigible *Norge*.

▽ SALOMON AUGUST ANDRÉE

SUECO (1854–1897)

El ingeniero, físico y explorador polar S. A. Andrée nació en Gränna (Suecia). Graduado en ingeniería mecánica por el Real Instituto de Tecnología de Suecia en 1874, publicó artículos sobre electricidad atmosférica, conducción del calor y tecnología en revistas científicas y participó en una expedición a Spitsbergen, donde registró la electricidad atmosférica.

Apasionado por los globos aerostáticos, propuso emprender un viaje en globo de hidrógeno desde Svalbard hasta Canadá o Rusia cruzando el polo Norte. Tras un intento fallido en el verano de 1896, el 11 de julio de 1897 despegó de la isla de Danc junto con dos tripulantes a bordo del *Fagle*. Tras dos días de vuelo, llegaron a Kvitøya, una isla del Ártico. Sus tripulantes nunca regresaron, pero tomaron cientos de fotografías y realizaron observaciones que aparecieron junto a sus cadáveres, hallados por una expedición noruega en 1930.

PRINCIPALES LOGROS

1897 Intenta sobrevolar el polo Norte en un globo de hidrógeno.

SALOMON AUGUST ANDRÉE Y SU EQUIPO EN UN GLOBO AEROSTÁTICO (1987)

BENEDICT ALLEN EN LAS DUNAS DE LANGEBAAN (SUDÁFRICA)

ROY CHAPMAN ANDREWS EN EL DESIERTO DE GOBI (MONGOLIA), EN 1928

△ ROY CHAPMAN ANDREWS

ESTADOUNIDENSE (1884–1960)

Roy Chapman Andrews, explorador, aventurero y naturalista, es célebre por haber dirigido una serie de expediciones a China, Mongolia y el desierto de Gobi a principios del siglo XX. Nacido en Wisconsin, la afición a la taxidermia, disciplina que aprendió de forma autodidacta, le permitió financiarse los estudios universitarios. Empezó a trabajar en el Museo Americano de Historia Natural como conserje y terminó siendo su director. En 1909 y 1913 viajó a las Indias Orientales y al Ártico, respectivamente, para recolectar especímenes.

Entre 1916 y 1917, su esposa y él dirigieron varias expediciones a China y en 1920 comenzaron a organizar expediciones a Mongolia, con la famosa flota de automóviles Dodge desde Pekín hacia el oeste. Entre 1922 y 1925 lideró algunas expediciones más a Asia. En una de aquellas, el 13 de julio de 1923, se hallaron los primeros huevos de dinosaurio conocidos, así como un esqueleto del Cretácico. En 1930 realizó un último viaje a Asia.

PRINCIPALES LOGROS

1920 Dirige la primera de cuatro expediciones a Asia central, desde China hacia el desierto de Gobi.
1923 Participa en la primera expedición que descubre huevos de dinosaurio.
1926 Publica *On the Trail of Ancient Man*, donde afirma que la cuna del ser humano aparecerá en Asia.
1934 Es nombrado director del Museo Americano de Historia Natural.

▷ NEIL ARMSTRONG

ESTADOUNIDENSE (1930–2012)

Neil Armstrong, el astronauta que dio el primer paso sobre la Luna, nació en Ohio y obtuvo su licencia de piloto privado a los 16 años, antes incluso de saber conducir. Estudió ingeniería aeronáutica y luego, en 1949, ingresó en la marina de EE UU como aviador. En 1951 realizó sus primeras acciones en la guerra de Corea y trabajó como piloto de pruebas para el Comité Asesor Nacional para la Aeronáutica, antes de incorporarse al equipo de astronautas de la NASA en 1962.

Solo realizó dos viajes al espacio: el primero a bordo de la nave *Gemini 8*, en 1966, que debió ser abortado por un problema técnico, y el segundo como comandante de la *Apolo 11*, en julio de 1969, la primera misión tripulada a la Luna. En 1971 renunció a su puesto en la NASA y aceptó un empleo docente en la Universidad de Cincinnati, que abandonó en 1979. En 1985 participó en una expedición al polo Norte, alegando que solo lo había visto desde la Luna.

PRINCIPALES LOGROS

1966 Es el primer astronauta civil en volar al espacio a bordo de la *Gemini 8*.
1969 Es el primer ser humano de la historia en caminar sobre la Luna.
1972 Es nombrado profesor de ingeniería aeroespacial de la Universidad de Cincinnati.

B

▷ IBN BATTUTA

MARROQUÍ (1304–1368)

Ibn Battuta fue una de las personas más viajadas de la historia. Nació en Tánger (Marruecos), en el seno de una familia bereber musulmana, y estudió derecho islámico. Desde joven mostró interés por realizar el *hayy*, la peregrinación a La Meca, y contemplar la Kaaba en la Masyid al-Haram,

EL ASTRONAUTA NEIL ARMSTRONG, COMANDANTE DE LA *APOLO 11*, EN UN SIMULADOR DEL CENTRO ESPACIAL KENNEDY (1969)

IBN BATTUTA EN UN GRABADO DE LÉON BENETT DE *DESCUBRIMIENTO DE LA TIERRA*, DE JULES VERNE (SIGLO XIX)

o Gran Mezquita. Emprendió aquel peligroso viaje en 1325, con 21 años de edad, y no regresó a Marruecos hasta 1349. A lo largo de su vida viajó hacia el este hasta China; hacia el sur, hasta el África subsahariana y hasta Djenné, en el África occidental; realizó el *hayy* no menos de siete veces y trabajó como juez islámico en muchos de los lugares que visitó. También sufrió muchas desventuras en el mar. Cuando volvió a casa en 1354, el sultán benimerín le ordenó dictar el relato de sus viajes al poeta de la corte granadina Ibn Yusayy, que lo recogió en el libro *Rihla (Viajes)*, publicado como *Viajes a través del Islam*.

PRINCIPALES LOGROS

1325 Inicia en Tánger (Marruecos) un viaje de 29 años durante el cual visita casi todo el mundo islámico.

▷ GERTRUDE BELL

BRITÁNICA (1869–1926)

Gertrude Bell, viajera intrépida, arqueóloga y montañera, fue un raro ejemplo de mujer que prosperó en un mundo de hombres. Tras licenciarse en historia en Oxford, visitó Teherán con su tío, el embajador británico en Irán. En 1899, durante su primer viaje a Oriente, visitó Palestina y Siria. Más adelante, en 1905, viajó a Jerusalén, Siria y Asia Menor. En 1909 navegó por el Éufrates hasta Bagdad, en

Irak, y remontó el río Tigris hasta Turquía. Sus viajes ulteriores, en 1911 y 1913–1914, la llevaron a Ujaidir, en Irak, para cartografiar las ruinas, y a Arabia Saudí. Durante los muchos años que trabajó entre las tribus de Oriente Medio llegó a conocer a los líderes tribales y a ganarse su respeto. Esto la convirtió en la candidata ideal para asesorar sobre la futura administración de los territorios británicos en la región. Dominaba al menos seis idiomas: árabe, persa, francés, alemán, italiano y turco.

PRINCIPALES LOGROS

1913 Recibe el Gill Memorial Award por su labor geográfica y arqueológica en Oriente Medio.
1914 Es la segunda mujer europea en visitar el oasis de Hail, aunque ello le vale el arresto domiciliario.
1915 Se incorpora a la Oficina Árabe de El Cairo, donde trabaja con T. E. Lawrence para ayudar a las fuerzas británicas en Arabia.
1921 Asiste a la Conferencia de El Cairo, donde ella y Lawrence convencen a Winston Churchill para que permita

que Faisal, antiguo rey de Siria, gobierne el nuevo territorio de Irak.
1926 En junio abre sus puertas el Museo Arqueológico de Bagdad, con muchos de los objetos recopilados por Bell.

▷ BENJAMÍN DE TUDELA

NAVARRO (1130–1173)

Este viajero medieval judío oriundo de Tudela, en el Reino de Navarra, recorrió Europa, África, Oriente Próximo y Medio, y Persia con el fin de encontrar caminos seguros para los judíos desde la península Ibérica hasta Tierra Santa. En total visitó más de 300 ciudades y recopiló información sobre muchas zonas más. Su *Libro de viajes* es un relato de su periplo en el que documenta todos los lugares donde los viajeros judíos podían hallar hospitalidad.

Benjamín describe prósperas comunidades judías hasta Gazni, en el actual Afganistán, y aporta toda suerte de detalles sobre la

BENJAMÍN DE TUDELA

vida urbana y las costumbres de las personas que encuentra, tanto judías como no judías. En contraste con los relatos de Marco Polo, publicados un siglo después, siempre cita sus fuentes, lo cual convierte su obra en un documento de geografía y etnografía medieval de gran valor. Sus noticias acerca de las ruinas cercanas a Mosul, en Irak, son una de las primeras descripciones del yacimiento de Nínive.

PRINCIPALES LOGROS

1165 Emprende su primera peregrinación a Tierra Santa. Regresa a Castilla al cabo de ocho años, en 1173.

LA VIAJERA BRITÁNICA GERTRUDE BELL EN UN PÍCNIC CON EL REY FAISAL DE IRAK (SEGUNDO POR LA DERECHA) EN 1922

EL NAVEGANTE DANÉS VITUS BERING CON SU SEGUNDO, ALEXÉI ÍLICH CHIRIKOV, EN
PETROPAVLOVSK (RUSIA). PINTURA AL ÓLEO DE ÍGOR PAVLOVICH PSHENICHNI (1938)

△ VITUS BERING

DANÉS (1681–1741)

Vitus Bering, navegante y explorador
del Pacífico noroccidental, nació en
Horsens (Dinamarca). En 1728, Pedro
el Grande de Rusia le encomendó
descubrir si América y Rusia estaban
conectadas por un puente terrestre.
Bering concluyó que no lo estaban,
aunque navegó tan pegado a la costa
rusa que no llegó a ver América, a
solo 110 km. En 1733, la zarina Ana
lo contrató de nuevo para que
explorara la costa norteamericana.
En 1740, tras años de preparación, el
numeroso equipo de la Gran Expedición
al Norte partió a bordo de dos grandes
barcos construidos para tal fin: el *San
Pablo*, comandado por Bering, y el
San Pedro. Ambos llegaron a América
el 18 de julio de 1841, pero durante el
viaje de vuelta se separaron, y el *San
Pablo* hubo de pasar el invierno en la
que hoy se llama isla de Bering, donde
pereció la mayoría de la tripulación,
incluido Bering. Aunque solo volvieran
46 hombres, sus informes y mapas
marcaron el rumbo de la expansión
rusa hacia el este.

PRINCIPALES LOGROS

1728 Zarpa de la península de
Kamchatka su primera expedición.
1740 Zarpa la Gran Expedición al
Norte hacia América.

▽ HIRAM BINGHAM

ESTADOUNIDENSE (1875–1956)

Hiram Bingham, hijo de misioneros,
culminó sus estudios en Harvard en
1905 con un doctorado en historia
de América Latina. En 1906 siguió
la ruta de Simón Bolívar, el héroe
de la lucha por la independencia
de América del Sur, por Colombia
y Venezuela. Animado por esta
experiencia, en 1909 viajó a lomos
de mula desde Buenos Aires, en
Argentina, hasta Cuzco, la antigua
capital del Imperio inca, en Perú.
Cuando regresó a Perú en 1911,
un campesino llamado Melchor
Arteaga le informó de que las
ruinas de la ciudad inca de Machu
Picchu («Montaña Vieja» en quechua)
se hallaban a pocos kilómetros de
allí. Arteaga, Bingham, un traductor
y su guía de once años cruzaron
un precario puente sobre el río
Urubamba y entraron en la ciudad
ancestral. Bingham volvió en otras
dos ocasiones, primero para despejar
la maleza y después para trazar
los mapas de los caminos por los
que los incas llegaban a la ciudad.
En 1912, Bingham descubrió otro
importante yacimiento arqueológico
en Llactapata.

PRINCIPALES LOGROS

1911 Es el primer extranjero en
contemplar las ruinas de Machu Picchu.
1915 Último viaje a Machu Picchu para
cartografiar la zona.

HIRAM BINGHAM EN MULA DURANTE LA EXPEDICIÓN A MACHU PICCHU (1911)

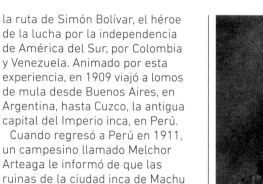

FOTOGRAFÍA DE LA INCANSABLE VIAJERA
Y ESCRITORA ISABELLA BIRD

△ ISABELLA BIRD

BRITÁNICA (1831–1904)

La exploradora, escritora, fotógrafa
y naturalista Isabella Bird fue una
de las viajeras más destacadas del
siglo XIX. Hija de un párroco, nació
en Yorkshire (RU) y, a pesar de los
problemas de salud que le aquejaron
durante la mayor parte de su vida,
no dejó de viajar, incluso entrada en
años. Su afán viajero la llevó desde
América, Hawái, India, Kurdistán, el
golfo Pérsico e Irán, hasta el Tíbet,
Malasia, Corea, Japón y China. Escaló
montañas y visitó palacios y tugurios.
Trabó amistad con las personas que
conoció, pero también sufrió ataques
y persecuciones. Era una amazona
consumada y recorrió miles de
kilómetros a caballo.
Sus libros de viajes le dieron
fama tanto en su país natal como
en el extranjero, y fue la primera
mujer elegida miembro de la Royal
Geographical Society. Murió poco
después de volver de Marruecos,
mientras planeaba un viaje a China.

PRINCIPALES LOGROS

1854 Se embarca hacia EE UU para
visitar a unos primos.
1872 Viaja a Australia, Hawái y EE UU.
1886 Comienza a estudiar medicina
y decide viajar como misionera.
1889 Visita India, el Tíbet, Persia,
Kurdistán y Turquía.
1890 Se une a un grupo de soldados
para visitar Bagdad.
1897 Realiza su última gran expedición.

DANIEL BOONE

ESTADOUNIDENSE (1734–1820)

El pionero, cazador y trampero Daniel Boone, uno de los hombres de la frontera más famosos, era hijo del cuáquero inglés Squire Boone, que se instaló con su familia en Pensilvania en 1713 y se trasladó a Carolina del Norte en 1750. Creció en la frontera y recibió escasa educación formal. De joven completaba sus ingresos con la caza y la venta de pieles. Tras servir como carretero durante la guerra franco-india (1754–1763), oyó hablar de las tierras fértiles y el abundante ganado de Kentucky, y en 1767 partió hacia allí junto con su hermano.

En 1775, pese a la resistencia de las tribus indias, Boone abrió la ruta conocida como *Wilderness Road* que seguían los colonos para llegar a Kentucky desde el este. Allí fundó Boonesborough, uno de los primeros asentamientos al este de los Apalaches. Durante la guerra de la Independencia de EE UU (1775–1783) sirvió como oficial de la milicia. Luego se hizo comerciante, pero se arruinó y en 1799 se trasladó con su familia al este de Misuri, donde pasó las dos últimas décadas de su vida.

PRINCIPALES LOGROS

1775 Abre la *Wilderness Road* para la Compañía de Transilvania.
1787 Inicia el primero de tres mandatos en la Asamblea General de Virginia.

ROBERT O'HARA BURKE Y WILLIAM JOHN WILLS

BURKE: IRLANDÉS (1821–1861)
WILLS: BRITÁNICO (1834–1861)

En 1860, Robert O'Hara Burke, un inspector de policía y emigrante de Galway (Irlanda), y el topógrafo británico William John Wills dirigieron una expedición de 19 hombres desde Melbourne, en el sur de Australia, hasta el golfo de Carpentaria, al norte. El grupo partió el 20 de agosto de 1860 con 26 camellos, 23 caballos y seis carros. La expedición, pésimamente preparada, fue un desastre desde el principio. Tras un avance inicial muy lento, los hombres se dividieron en dos grupos. En noviembre, el de Burke y Wills alcanzó la mitad del trayecto (el río Cooper, límite del territorio explorado por los europeos). El día 16 de diciembre, al cabo de un mes esperando refuerzos, decidieron continuar, pero solo un miembro del grupo sobrevivió, gracias a los cuidados de los aborígenes. Aunque finalmente la expedición resultara un éxito, los cuerpos de Burke y Wills no fueron hallados hasta noviembre de 1861. Es probable que murieran de inanición, deshidratación y agotamiento el mes de junio anterior.

PRINCIPALES LOGROS

1852 Wills emigra a Australia y llega en 1853.
1853 Burke emigra a Australia para trabajar para el cuerpo de policía de Victoria.
1860 Burke y Wills dirigen la primera expedición para atravesar Australia de sur a norte.

▽ RICHARD BURTON

BRITÁNICO (1821–1890)

Richard Burton, célebre por sus viajes a Asia, África y América, fue geógrafo, traductor, escritor, cartógrafo, soldado, diplomático y espía. Hablaba unos 29 idiomas y se hizo famoso por disfrazarse de árabe y peregrinar a La Meca.

En 1856, la Royal Geographical Society le eligió para dirigir la Expedición al África oriental con el fin de descubrir si los Grandes Lagos del centro de África (Victoria, Alberto y Tanganica) eran las fuentes del Nilo. Burton escogió al oficial del ejército británico John Hanning Speke como compañero.

Cuando llegaron al lago Tanganica, Burton apenas podía andar, y Speke estaba casi ciego. Este siguió solo y descubrió el lago Victoria, al que identificó con la fuente del Nilo.

Burton discrepaba, y la cuestión los enfrentó hasta 1864, cuando Speke murió por un accidente de caza. Luego se demostró que Speke tenía razón.

Burton continuó sus exploraciones en América del Sur y más adelante fue nombrado cónsul británico en Damasco. Murió en Trieste (Italia) y fue enterrado en Mortlake (Londres). Su panteón reproduce la tienda que usó en algunos de sus viajes.

PRINCIPALES LOGROS

1853 Emprende el *hayy*.
1854 Dirige una expedición de la Royal Geographical Society por la península Arábiga.
1856 Dirige la Expedición al África oriental para explorar los Grandes Lagos africanos con Speke.
1883 Publica la primera traducción inglesa del *Kama Sutra*.
1885 Publica la traducción inglesa de *Las mil y una noches*.

EL ORIENTALISTA Y EXPLORADOR DEL SIGLO XIX RICHARD BURTON

RETRATO DE LORD BYRON POR UN PINTOR DESCONOCIDO (1830)

◁ **LORD BYRON**

BRITÁNICO (1788–1824)

El poeta romántico Lord Byron, cuyo nombre era George Noel Gordon, era hijo del oficial del ejército John «Mad Jack» Byron, que cambió su apellido por el de Gordon para heredar las fincas de su esposa. Después de ser abandonado por su padre, George vivió sumido en la pobreza en Aberdeen, hasta que en 1794 heredó el título de barón Byron de Rochdale. Durante sus estudios en el Trinity College de Cambridge comenzó a publicar poesía y obtuvo un escaño en la Cámara de los Lores. Pero la aventura corría por sus venas y en 1809 emprendió el primero de muchos viajes por Europa.

Al llegar a Atenas comenzó a trabajar en *Las peregrinaciones de Childe Harold*, un poético libro de viajes que le dio fama en toda Europa. Después recorrió Grecia y Turquía, y cruzó a nado el Helesponto, emulando al Leandro del mito griego, que realizó la travesía por amor.

Tras numerosos romances y una boda, Byron partió definitivamente de Inglaterra en 1816. Frecuentó a los Shelley en Suiza, vivió en Italia y se implicó en política revolucionaria. Falleció en el año 1824 durante su última aventura: la lucha por la independencia de Grecia.

PRINCIPALES LOGROS

1811 Primer canto de *Las peregrinaciones de Childe Harold*.

1819 Comienza a publicar *Don Juan*.

1823 Se une a los insurgentes griegos por la independencia.

C

PEDRO ÁLVARES CABRAL

PORTUGUÉS (1467–1520)

El rey Manuel I de Portugal eligió a Pedro Álvares Cabral para suceder al explorador Vasco da Gama, el primer europeo en llegar a India por mar. La misión de Cabral era difundir el cristianismo y establecer relaciones comerciales con India, por la fuerza si fuera necesario. Su flota zarpó de Lisboa el 9 de marzo de 1500 con el objetivo de seguir la ruta de su predecesor, pero viró demasiado al oeste y el 23 de abril avistó la costa brasileña, a la que Cabral llamó Isla de Vera Cruz. Luego puso rumbo al sureste hacia el cabo de Buena Esperanza, pero un temporal causó la pérdida de varios barcos. Los supervivientes descubrieron Madagascar, a la que llamaron São Lourenço, y el 13 de septiembre atracaron en Calicut, en la costa suroriental de India. Cabral entregó presentes al gobernador local y, a cambio, exigió privilegios comerciales respecto a los mercaderes árabes. Los barcos restantes emprendieron el trayecto de vuelta, pero solo cuatro llegaron a Lisboa en julio de 1501.

PRINCIPALES LOGROS

1500 Es el primer europeo en pisar Brasil. Desembarca a los primeros misioneros en India y establece pactos con las ciudades de Cochín y Cannanore.

KIT CARSON

ESTADOUNIDENSE (1809–1868)

El famoso hombre de la frontera Christopher «Kit» Huston Carson nació en Kentucky. A los 16 años dejó su hogar para irse con una caravana de tramperos. En la década de 1830 vivió con los arapajós y los cheyenes, y aprendió español y varios idiomas tribales.

En la década de 1840 fue contratado como guía por el explorador John C. Frémont, que cartografiaba la ruta de Oregón, y después le acompañó en otras dos expediciones al Oeste. Participó en la guerra entre EE UU y México, y llevó a cabo un célebre viaje hasta Washington D. C. para comunicar la victoria al gobierno.

Trabajó como agente de asuntos indios, pero se incorporó al ejército de la Unión al estallar la guerra de Secesión. Su fama se extendió por EE UU gracias a la prensa y a las novelas del Oeste «de diez centavos» como *An Adventure of Kit Carson: A Tale of the Sacramento*, publicada en 1847. Nombrado general de brigada en 1865, tras la guerra se instaló en Colorado y después se convirtió en comandante del fuerte Garland.

EVLIYA ÇELEBI SEGÚN UN ARTISTA DESCONOCIDO

PRINCIPALES LOGROS

1842 Primera expedición al Oeste con Frémont para cartografiar la ruta de Oregón.
1861 Es nombrado coronel del ejército de la Unión, ascendido a general de brigada en 1865.

▷ JACQUES CARTIER

FRANCÉS (1491–1557)

Nacido en Saint-Malo (Francia), Cartier fue un capitán con unas dotes privilegiadas para navegar cerca de costas peligrosas, cartografiar nuevos territorios y sobrevivir a ataques de pueblos nativos, sin perder un solo barco ni enfrentarse a ninguna revuelta de su tripulación.

En 1533 escribió al almirante de Francia Philippe de Chabot para informarle de su ambición de explorar la costa norteamericana en busca de nuevos tesoros para Francia y de una ruta comercial hacia Oriente. Un año después cruzaba el Atlántico en tan solo 20 días. En 1543 se convirtió en el primer europeo en cartografiar el golfo de San Lorenzo, donde los Grandes Lagos se unen con el océano Atlántico. Jamás dio con la ruta comercial hacia Oriente, pero la «Nueva Francia» resultó ser de gran valor estratégico para los franceses.

Llamó a esta región Canadá por la palabra iroquesa *kanata* (pueblo), que confundió con el nombre del país.

PRINCIPALES LOGROS

1534 Explora el golfo de San Lorenzo, la costa e islas cercanas.
1535 Explora el río San Lorenzo en busca de una ruta comercial hacia Oriente.
1541 Intenta colonizar las inmediaciones del río San Lorenzo.

◁ EVLIYA ÇELEBI

OTOMANO (1611–1682)

El explorador Evliya Çelebi recorrió el Imperio otomano durante más de 40 años. Nació en Constantinopla, hoy Estambul, en el seno de una familia vinculada a la corte. Pese al trabajo como erudito y artista que le brindó su educación cortesana, rechazó todo cargo que le impidiera viajar. Sus primeros escritos trataban de Constantinopla, pero a partir de 1640 redactó crónicas de sus viajes por Europa, Oriente Próximo y Medio, y Asia. Documentó sus andanzas en el *Seyahatname (Libro de viajes)*. Sus anotaciones siguen siendo una valiosa guía de la cultura y la vida en el Imperio otomano del siglo XVII.

PRINCIPALES LOGROS

1640 Viaja a Anatolia, el Cáucaso, Azerbaiyán y Creta.
1648 Visita Siria, Palestina, Armenia y los Balcanes.
1655 Visita Irak e Irán.

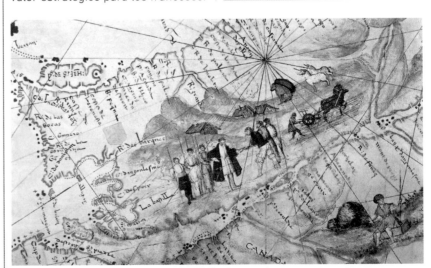

EL EXPLORADOR FRANCÉS JACQUES CARTIER EN CANADÁ, EN UN DETALLE DE UN MAPA DE PIERRE DESCELIERS

SAMUEL DE CHAMPLAIN

FRANCÉS (1580–1635)

Samuel de Champlain, soldado, navegante y geógrafo, nació en el oeste de Francia en una familia de navegantes. Tras un periodo en el ejército de Enrique IV, siguió los pasos de su padre y aprendió el oficio a bordo del barco de su tío, fletado para llevar tropas españolas al Caribe en 1598.

Champlain siguió viajando por su cuenta a América del Norte y exploró y trazó los mapas de los ríos y los lagos en torno al río San Lorenzo, incluido el lago que hoy lleva su nombre. En busca de una ruta fluvial al Ártico, forjó alianzas con una tribu local, aprendió cuanto pudo sobre aquel nuevo territorio y luchó contra los iroqueses, enemigos acérrimos de sus nuevos aliados.

Entre 1604 y 1606 navegó hacia el actual estado de Massachusetts, y en torno a 1609 fundó el primer asentamiento permanente francés de Nueva Francia en el emplazamiento de la ciudad de Quebec.

PRINCIPALES LOGROS

1603 Primera expedición a Nueva Francia en busca de tierras para fundar una colonia.
1604 Navega hacia el sur por la costa de Massachusetts.
1608 Funda el asentamiento que dará origen a la ciudad de Quebec.
1615 Explora las orillas de los lagos Hurón y Ontario.

CRISTÓBAL COLÓN ANTE ISABEL LA CATÓLICA EN UNA ILUSTRACIÓN DE VÁCLAV BROŽÍK (1884)

▽ BRUCE CHATWIN

BRITÁNICO (1940–1989)

El escritor de viajes, periodista y novelista Bruce Chatwin nació en Sheffield (RU). A los 18 años empezó a trabajar en la casa de subastas Sotheby's, en Londres, donde adquirió un gran conocimiento del arte y las antigüedades, y de la que llegó a ser director. También empezó a viajar, tanto por su trabajo como por el placer de la aventura.

En 1965 viajó a Sudán, donde la vida de las tribus nómadas despertó su curiosidad. En 1966 comenzó a estudiar arqueología en la Universidad de Edimburgo, pero abandonó al cabo de dos años para dedicarse a escribir. Recorrió el mundo entrevistando a personalidades políticas y en 1974 partió hacia Patagonia, donde pasó seis meses viajando y recopilando historias sobre sus habitantes. En 1983 retomó el tema del nomadismo y decidió centrarse en los aborígenes australianos, cuyo modo de vida describió en *Los trazos de la canción*.

PRINCIPALES LOGROS

1966 Es ascendido a director junior de Sotheby's, en Londres.
1977 Publica su primer libro: *En la Patagonia*.
1987 Publica *Los trazos de la canción*, sobre los aborígenes australianos.
1988 Publica *Utz*, finalista del premio Man Booker.

△ CRISTÓBAL COLÓN

GENOVÉS (c. 1451–1506)

Aunque el navegante Cristóbal Colón fue el explorador más famoso de la historia, se sabe muy poco sobre su juventud. En 1485 estaba en Lisboa, donde su hermano Bartolomé trabajaba como cartógrafo. Ambos proyectaban navegar hacia el oeste, en lugar de hacia el este, para buscar una ruta marítima hacia Asia. Con este fin y tras obtener el apoyo de los Reyes Católicos, Colón zarpó de Palos de la Frontera (Huelva) en agosto de 1492, con tres naves.

Los navegantes pusieron rumbo al oeste y el 11 de octubre avistaron tierra, pero se trataba de una isla de las Bahamas y no de China. El día de Navidad ya habían explorado las islas. Llamaron a una de ellas La Española (actual Santo Domingo) y construyeron allí el fuerte Navidad.

Colón regresó a España el 15 de marzo de 1493 cargado de oro y algodón del Nuevo Mundo, y al poco zarpó una segunda expedición con 17 barcos y 1000 nuevos colonos.

BRUCE CHATWIN EN PARÍS (FRANCIA), EN MAYO DE 1984

En 1498 realizó un tercer viaje y se convirtió en el primer europeo en pisar América del Sur. En 1502, durante su cuarto viaje, llegó a Panamá, pero los indígenas le obligaron a retroceder. Colón fue rescatado frente a la costa de Jamaica y regresó a España en 1504. Había acumulado fortuna; no obstante, su salud flaqueaba y su reputación se hallaba menoscabada. Murió en Valladolid en 1506.

PRINCIPALES LOGROS

1492 Es el primer europeo en arribar a América. Funda el fuerte Navidad, la primera colonia europea en América.
1498 Es el primer europeo en pisar suelo de América del Sur.
1502 Dirige la primera exploración europea de América Central.

▽ JAMES COOK

BRITÁNICO (1728–1779)

El navegante, cartógrafo y explorador James Cook nació en Yorkshire (RU). Comenzó a navegar con la flota mercante, pero en 1755 se alistó como voluntario en la marina militar. En 1768, la Royal Society lo escogió para dirigir una expedición a Tahití, en el Pacífico Sur. El 25 de agosto de 1768 zarpó a bordo del *Endeavour* y el 13 de abril de 1769 atracó en Tahití. De allí siguió hacia el sur, a instancias del Almirantazgo británico, que deseaba corroborar la existencia de un continente ignoto. En octubre de 1769 llegó a Nueva Zelanda, estudió el territorio de las islas Norte y Sur, y siguió hacia el oeste. El 19 de abril de 1770 desembarcó en Australia y exploró la topografía del litoral oriental antes de regresar a Gran Bretaña.

En junio de 1772, Cook partió para explorar aún más al sur. Atravesó el círculo polar antártico en enero de 1773 y descubrió la isla de Georgia del Sur, en el Atlántico Sur. En 1776 viajó al Ártico. Mientras buscaban el paso del Noroeste, los miembros de su tripulación fueron los primeros europeos en pisar las islas Hawái. Cook regresó a Hawái en 1779, pero murió a manos de la población local.

PRINCIPALES LOGROS

1769 Registra el tránsito de Venus por el Sol desde la isla de Tahití y confirma

que Nueva Zelanda se compone de dos islas. Establece el primer contacto entre las culturas polinesia y europea.
1770 Llega a Australia y reclama el territorio, al que llama Nueva Gales del Sur, para la corona británica.
1778 Descubre las islas Hawái, a las que llama islas Sándwich.

▷ HERNÁN CORTÉS

ESPAÑOL (1485–1547)

Nacido en Medellín (Badajoz) en el seno de una familia noble, Cortés decidió continuar su vida en el Nuevo Mundo. En 1504 zarpó hacia la isla caribeña de La Española, donde pronto se convirtió en un próspero hacendado. Su ambición le impulsó a embarcarse en una expedición para conquistar la isla de Cuba, tras lo cual pasó a ser uno de los hombres más poderosos de la colonia.

Hacia finales de 1518, Cortés dirigió una expedición a México relativamente modesta (compuesta por 500 hombres), que arribó a Tabasco en marzo de 1519 y tuvo que hacer frente al ataque de los indígenas. Impresionado por la tenacidad de sus contrincantes, Cortés optó por la vía diplomática. Fraguó alianzas con las tribus enemigas de los aztecas y logró derribar su imperio, de 15 millones de habitantes. Bautizó a Tenochtitlán, la capital azteca, como Ciudad de México y reclamó su territorio para España, abriendo así las puertas a una oleada de europeos ávidos de las riquezas del Nuevo Mundo. Cortés alcanzó la fama, pero no el poder ni la fortuna que creía merecer. Murió en España, arruinado y con otro viaje al Nuevo Mundo en mente.

PRINCIPALES LOGROS

1504 Llega a La Española.
1511 Se embarca con Diego Velázquez de Cuéllar en la expedición para la conquista de Cuba.
1518 Velázquez le nombra jefe de una expedición que parte a la costa mexicana.

RETRATO DE HERNÁN CORTÉS DE FINALES DEL SIGLO XVI

1519 Entra en la ciudad de Tenochtitlán.
1521 Derriba al Imperio azteca, de 15 millones de habitantes, con solo 500 hombres.
1535 Explora la costa pacífica de México hasta Baja California.

THE LANDING OF CAPTAIN COOK AT BOTANY BAY 1770

AUSTRALIA

DESEMBARCO DEL CAPITÁN JAMES COOK EN LA BAHÍA DE BOTANY, EN UN CARTEL TURÍSTICO AUSTRALIANO

▽ JACQUES-YVES COUSTEAU

FRANCÉS (1910–1997)

Aunque se definía como técnico oceanográfico, Jacques Cousteau fue también cineasta, inventor, explorador submarino, conservacionista, escritor y fotógrafo. Nació en Francia, pero su familia se trasladó a Nueva York en 1920. Aprendió a bucear durante los campamentos de verano en el lago Harvey (Vermont). En 1930 volvió a Francia, donde ingresó en la Escuela Naval. Un accidente de coche le impidió continuar su carrera en la aviación naval, pero le encaminó a desarrollar su pasión por el mar.

En 1934 realizó sus primeros experimentos submarinos en el Mediterráneo cerca de su base naval, y en 1943 inventó con dos colegas el Aqua-Lung (pulmón acuático), que permitió a los buceadores llevar a cabo inmersiones más prolongadas. Continuó desarrollando tanques sumergibles y submarinos para dos personas y fue un pionero de la fotografía subacuática, con cámaras capaces de funcionar a 7 km de profundidad. Sus experimentos no solo mejoraron la tecnología del buceo; aportaron información fundamental para los programas de entrenamiento de la NASA.

PRINCIPALES LOGROS

1943 Es premiado por *Par dix-huit mètres de fond*, la primera película francesa submarina realizada sin equipos de respiración.
1954 Recibe la Palma de Oro del Festival de Cannes por *El mundo del silencio*.
1957 Es nombrado director del Museo Oceanográfico de Mónaco.
1962 Construye el primer Conshelf (Continental Shelf Station), un refugio submarino en el que los submarinistas podían vivir una semana.
1973 Funda la Sociedad Cousteau para la Protección de la Vida Oceánica.
1985 Recibe la Medalla Presidencial de la Libertad del presidente Ronald Reagan.

▷ CHARLES DARWIN

BRITÁNICO (1809–1882)

El geólogo, naturalista y biólogo Charles Darwin nació en Shropshire (RU) y demostró gran interés por la historia natural desde una edad muy temprana. Empezó a estudiar medicina y después teología, pero durante ese tiempo recogió muestras geológicas y llevó a cabo trabajo de campo.

En diciembre de 1831 se embarcó en el *Beagle* como acompañante y geólogo voluntario de la expedición. El barco cruzó el océano Atlántico, recorrió la costa de América del Sur y completó su circunnavegación vía

FOTOGRAFÍA DEL NATURALISTA BRITÁNICO CHARLES DARWIN (1878)

Tahití, la isla Mauricio y el cabo de Buena Esperanza para regresar a Gran Bretaña en octubre de 1836.

Darwin dedicó la mayor parte del tiempo que pasó en tierra a investigar la geología, tomando notas sobre historia natural y recolectando especímenes. En total, llenó más de 15 cuadernos y realizó más de 300 bocetos. Durante 20 años trabajó sobre su colección y sus notas para formular su teoría de la selección natural. En 1858 publicó un avance de su gran obra sobre la evolución, *El origen de las especies*, que vio la luz un año después.

PRINCIPALES LOGROS

1839 Publica los apuntes de la expedición en *El viaje del Beagle*.
1859 Publica *El origen de las especies*, donde enuncia su teoría según la cual las especies no son fijas, sino que evolucionan bajo la presión selectiva del entorno.

▷ ROBYN DAVIDSON

AUSTRALIANA (n. en 1950)

La escritora de viajes Robyn Davidson es conocida sobre todo por su libro *Las huellas del desierto*, en el que describe su viaje de 2735 km a través de los desiertos de Australia. Nacida en una estación ganadera en Queensland (Australia), estudió

EL OCEANÓGRAFO FRANCÉS JACQUES-YVES COUSTEAU (*c.* 1969)

geología. Con la idea de emprender una travesía por el desierto, en 1975 se instaló en Alice Springs, en el Territorio del Norte, para trabajar con camellos y aprender lo necesario para sobrevivir en climas extremos.

En 1977 partió hacia la costa oeste australiana con un perro y nueve camellos. Durante su viaje, que duró nueve meses, se encontró con aborígenes que la acompañaron o le mostraron manantiales de agua. Siguió estudiando y viajando con pueblos nómadas, observando los diversos estilos de vida nómada en países como Australia, India y Tíbet, y ha escrito libros y artículos sobre sus experiencias.

PRINCIPALES LOGROS

1980 Publica *Las huellas del desierto*.
2013 *Las huellas del desierto* se adapta al cine como *El viaje de tu vida*.

IPPOLITO DESIDERI

ITALIANO (1684–1733)

Nacido en el seno de una familia acomodada de Toscana, el jesuita Ippolito Desideri fue enviado en 1712 a India para reabrir una misión tibetana, bajo la jurisdicción de la provincia jesuita de Goa. Llegó a Goa un año después, y desde allí atravesó India hasta llegar a Ladakh en junio de 1715. En marzo de 1716 llegó a la misión jesuita de Lhasa, donde se quedó al mando. Desideri comenzó a difundir el cristianismo y a estudiar

LA ESCRITORA Y EXPLORADORA ROBYN DAVIDSON FOTOGRAFIADA EN 2000

la cultura tibetana. Considerado el primer europeo en haber comprendido la lengua y la cultura del Tíbet, entre 1718 y 1721 compuso cinco obras literarias en tibetano.

En 1727 le ordenaron volver a Europa. Llevó consigo sus notas sobre el Tíbet, pero se le prohibió continuar trabajando en ellas. Los manuscritos (el primer documento detallado de un europeo sobre la geografía, el gobierno, la agricultura y las costumbres del Tíbet y la filosofía del budismo tibetano) se perdieron en los archivos jesuitas y no vieron la luz hasta el siglo XIX.

PRINCIPALES LOGROS

1715 Es el único misionero en el Tíbet.
1725 Acude a la misión jesuita francesa de Malabar para aprender tamil.
1955–1957 Publicación de *Notizie storiche del Tíbet e Memorie de' Viaggi e Missione ivi Fatta' (La Relazione)*.

▷ BARTOLOMEU DIAS

PORTUGUÉS (c. 1450–1500)

Pese a su origen noble y cercano a la corte portuguesa, se sabe poco de los primeros años de Dias. En 1486, Juan II de Portugal le encomendó investigar una ruta comercial hacia India. Dias partió en agosto de 1487.

La flotilla alcanzó el extremo meridional de África a inicios de enero de 1488, pero el tiempo empeoró, y Dias ordenó a los barcos alejarse de la costa. Con esa maniobra descubrió que el modo seguro de doblar el cabo de Buena Esperanza consistía en navegar alejado de las corrientes. El 3 de febrero alcanzó la actual Mossel.

Dias quería continuar hacia India, pero su tripulación le pidió regresar. Fue durante el viaje de vuelta cuando descubrió el cabo de Buena Esperanza. No volvió a liderar ninguna expedición, pero en 1497 acompañó a Vasco da Gama en parte de su viaje a India. Navegó bajo el mando del explorador Pedro Álvares Cabral y desembarcó en Brasil en 1500. Murió durante el trayecto de vuelta, cuando su barco se hundió a causa de un temporal.

PRINCIPALES LOGROS

1488 Rodea el extremo sur de África y descubre el cabo de Buena Esperanza.

ESTATUA DE BARTOLOMEU DIAS, OBRA DE COERT STEYNBERG (1934)

LA PIONERA DE LA AVIACIÓN AMELIA EARHART POSA ANTE SU BIPLANO *FRIENDSHIP* EN JUNIO DE 1928

E

◁ AMELIA EARHART

ESTADOUNIDENSE (1897–1937)

La pionera de la aviación Amelia Earhart, de Kansas, fue la primera mujer en sobrevolar el Atlántico y el Pacífico. Voló por primera vez con el piloto Frank Hawks el 28 de diciembre de 1920 y seis meses después ya había comprado su propio avión. En octubre de 1922 había alcanzado el récord entre las aviadoras al ascender a 4270 m de altitud.

En junio de 1928 emprendió su primer vuelo transatlántico como pasajera del piloto Wilmer Stultz. Resuelta a marcar su propio récord, volvió a cruzar el Atlántico en mayo de 1932. Fue la segunda persona, y la primera mujer, en realizar este viaje en solitario, y se ganó el apodo de Lady Lindy, por Charles Lindbergh, el primero en sobrevolar el Atlántico.

Su siguiente objetivo era completar un vuelo alrededor del mundo. El 1 de junio de 1937 despegó de Miami hacia el este. Su tripulante y ella aterrizaron en Lae (Nueva Guinea) el 29 de junio y reemprendieron el viaje el 2 de julio, pero nunca más se les volvió a ver.

PRINCIPALES LOGROS

1922 Es la primera mujer en volar a una altitud de 4270 m.
1923 Es la 16.ª mujer en conseguir una licencia de piloto de la Féderation Aeronautique Internationale.
1928 Es la primera mujer en cruzar el océano Atlántico en avión.
1932 Es la segunda persona, y la primera mujer, en atravesar el Atlántico volando en solitario.
1935 Es la primera mujer en cruzar el Pacífico en avión.

OLAUDAH EQUIANO

AFRICANO (*c.* 1745–1797)

A los 11 años de edad, Olaudah Equiano fue raptado en África occidental y llevado a Barbados como esclavo. A bordo del barco que lo llevó a América se le dio el nombre de Michael, pero después, su primer amo le llamó Jacob. En 1754 fue enviado a Virginia y vendido a Michael Pascal, un teniente de la Marina Real. Pascal llevó a Equiano, rebautizado como Gustavus Vassa, a Inglaterra y finalmente se lo vendió al capitán James Doran, que volvió a embarcarlo de vuelta al Caribe.

El último amo de Equiano fue Robert King, un cuáquero norteamericano que le permitió comerciar por su cuenta y, al final, comprar su libertad. En 1767, Equiano volvió a Inglaterra y trabajó otros 20 años como marino, mercader y explorador en el Caribe, el Ártico y América Central y del Sur. En la década de 1780 se implicó en el movimiento contra la trata de esclavos en Inglaterra y escribió un libro sobre su cautiverio.

PRINCIPALES LOGROS

1766 Compra su libertad.
1789 Publica *The Interesting Narrative of the Life of Olaudah Equiano*. **Este libro ayudó a aprobar la ley británica de abolición de la trata de esclavos en 1807.**

▽ LEIF ERIKSON

ISLANDÉS (c. 970–c. 1020)

Se dice que Leif Erikson, el segundo de los tres hijos de Erik el Rojo y fundador del primer asentamiento noruego en Groenlandia, fue el primer

ESTATUA DE LEIF ERIKSON, POR ALEXANDER S. CALDER, EN REIKIAVIK (ISLANDIA)

europeo en llegar a América del Norte, siglos antes que Cristóbal Colón. Es probable que fuera originario de Islandia y se cree que visitó Noruega entre los años 999 y 1000, donde Olaf I lo convirtió al cristianismo y lo envió de vuelta a Groenlandia para convertir al resto de colonos.

Según las *Sagas islandesas*, escritas hacia 1200, Erikson navegó a la deriva y llegó a un lugar que llamó Vinland por la abundancia de vides que allí crecían. Las pruebas arqueológicas sugieren que esto pudo haber ocurrido cerca del golfo de San Lorenzo, hoy en Canadá.

PRINCIPALES LOGROS

*c.*1000 **Descubre América del Norte; es posible que fuese el primer europeo en hacerlo.**

▷ GEORGE EVEREST

BRITÁNICO (1790–1866)

George Everest, natural de Gales, ingresó en Artillería Real en 1818. Fue nombrado ayudante del coronel William Lambton, impulsor del Gran Proyecto de Topografía Trigonométrica de India, un plan iniciado en 1806 para tomar medidas de todo el subcontinente indio con precisión científica. Tras la muerte de Lambton en 1823, Everest lo sustituyó y años después fue nombrado topógrafo general de India.

Everest fue fundamental para completar la sección de 2400 km desde el cabo Comorín (actual Kanyakumari), el extremo más meridional de India, hasta la cordillera del Himalaya, al norte. Al cabo de 23 años, y pese a una infinidad de penurias, terminó el proyecto en 1841, pero empleó dos años más en realizar todos los cálculos y ordenar los resultados.

Los problemas de salud le obligaron a retirarse del proyecto en 1843 y regresar a Inglaterra, donde ingresó en la Royal Geographical Society, y en 1861 fue nombrado caballero.

PRINCIPALES LOGROS

1823 Es nombrado superintendente del Gran Proyecto de Topografía Trigonométrica de India.
1830 Es nombrado topógrafo general de India.

SIR JOHN EVEREST

1862 Es elegido vicepresidente de la Royal Geographical Society.
1865 Se nombra al monte Everest en su honor, pese a sus objeciones.

AHMAD IBN FADLAN

ÁRABE (c. 877–c. 960)

El erudito islámico Ahmad ibn Fadlan es conocido por su viaje de 4000 km desde Bagdad hasta el río Volga, en el este de Europa. Ibn Fadlan partió de Bagdad como secretario del embajador del califa al-Muqtadir, con la misión de difundir el islam entre los habitantes de la zona y construir una fortaleza contra los jázaros.

Durante el viaje desde el mar Caspio hasta la llanura europea oriental, Ibn Fadlan escribió un diario que no se descubrió hasta 1923 y en el que describe las tribus que encontró, como los nómadas turcos oguz y otros pueblos de piel clara a los que llamó «rus», que podrían ser descendientes de los vikingos. El diario también permite aproximarse a las culturas de Europa oriental de principios de la Edad Media. Así, Ibn Fadlan narra el ritual funerario de un caudillo durante el cual depositaban el cadáver en un barco al que prendían fuego, junto con esclavos sacrificados.

FAXIAN

CHINO (337–c. 422)

Faxian es el nombre espiritual (que significa «esplendor del dharma») de un monje budista chino llamado Sehi. Nació en la provincia de Shanxi en la época de esplendor budista de China y de niño ingresó en un monasterio. Entre 399 y 412, movido por su fe religiosa, viajó a pie en busca de las escrituras budistas desde Chang'an, en el centro de China, hasta India, pasando por Asia central.

Caminó por eriales helados, escarpados desfiladeros y desiertos con «vientos abrasadores» y entró en India por el noroeste. Durante su viaje pasó por lugares sagrados budistas en Xinjiang (China), Bangladés, Nepal e India, así como en Pakistán y Ceilán (hoy Sri Lanka). Al cabo de dos años emprendió el camino de vuelta a China por mar desde Ceilán, llevando consigo copias de los textos budistas e imágenes sagradas.

Meses después llegó al monte Lao, en el norte de China. Pasó los últimos años de su vida traduciendo los sutras budistas del sánscrito al chino y dejó testimonio de su periplo en *Foguo ji (Noticia de los reinos budistas)*, una obra repleta de observaciones sobre la geografía y la historia de los países de la Ruta de la Seda y de descripciones de los lugares budistas y las prácticas que presenció. Su diario traza un panorama fascinante de la India budista del siglo v.

RANULPH FIENNES ARRASTRA UN TRINEO DURANTE SU EXPEDICIÓN AL POLO NORTE EN 1986

▽ PATRICK LEIGH FERMOR

BRITÁNICO (1915–2011)

Hijo del director del Gran Proyecto de Topografía Trigonométrica de India sir Lewis Leigh Fermor, Patrick fue un viajero intrépido, un soldado heroico y un escritor único.

PATRICK LEIGH FERMOR, ESCRITOR DE VIAJES Y SOLDADO

En diciembre de 1933, a la edad de 18 años, emprendió la ruta a pie desde la localidad neerlandesa de Hoek van Holland hasta Estambul (o Constantinopla, como insistía en llamar a la ciudad). En enero de 1935 cruzó la frontera turca en Adrianópolis, llegó a Estambul y continuó su viaje por Grecia y Rumanía. Regresó a Inglaterra en septiembre de 1939, al estallar la Segunda Guerra Mundial, para enrolarse en el ejército británico. Sirvió con los Irish Guards y combatió en Creta y en la península helénica. En 1941 se incorporó al SOE (Dirección de Operaciones Especiales).

Durante la década de 1950 se dedicó a recorrer el mundo y a escribir. Se casó en 1968, y aunque su esposa y él continuaron viajando, pasaron mucho tiempo en Grecia.

PRINCIPALES LOGROS

1945 Es nombrado vicedirector del Instituto Británico en Atenas.
1950 Publica su primer libro, *El árbol del viajero*, sobre sus viajes por el Caribe después de la guerra.
1977 Publica *El tiempo de los regalos*, primera parte de una trilogía sobre su travesía de Europa a los 18 años.

1986 Publica *Entre los bosques y el agua*, el segundo volumen de su trilogía inconclusa.

△ RANULPH FIENNES

BRITÁNICO (n. en 1944)

El explorador Ranulph Fiennes no solo ostenta numerosos récords de resistencia, sino que es también un prolífico escritor y poeta. De familia aristocrática, pasó ocho años en el ejército, en los Royal Scots Greys (el regimiento de su padre) y en comisión de servicio en el SAS (Servicio Aéreo Especial). No obstante, decepcionado con las fuerzas armadas, las abandonó para emprender una destacada carrera como aventurero.

Fiennes fue la primera persona en llegar a los polos Norte y Sur por tierra, y en atravesar la Antártida a pie. En el año 2000 sufrió varias congelaciones durante el intento fallido de ser la primera persona en llegar al polo Norte en solitario y sin apoyo. Ha encabezado numerosas expediciones a otras partes del mundo, como la exploración del Nilo Blanco en Omán a bordo de un aerodeslizador en 1969. Pese a sus problemas cardiacos, en 2009 se convirtió en la persona de más edad que ha ascendido el Everest.

En 2016, con 72 años, emprendió el Global Reach Challenge, un reto para convertirse en la primera persona en cruzar los dos círculos polares y ascender las cimas más altas de cada continente.

PRINCIPALES LOGROS

1979–1982 Emprende la expedición Transglobe, una vuelta a la Tierra pasando por los dos polos utilizando solo medios de transporte de superficie.
2000 Intenta llegar por sus medios al polo Norte.
2003 Completa siete maratones en siete días.
2009 Asciende el monte Everest a los 65 años.

△ JOHN FRANKLIN

BRITÁNICO (1786–1847)

Franklin fue un oficial de la marina británica cuyas proezas árticas lo convirtieron en un héroe nacional, a pesar de que dos de sus tres

JOHN FRANKLIN EN UN VIAJE ANTERIOR A AUSTRALIA (GRABADO DE c. 1880)

expediciones tuvieron un desastroso final. En 1819, un año después de participar en la misión que intentó, sin éxito, hallar una ruta marítima al polo Norte, fue elegido para dirigir una expedición terrestre en busca del paso del Noroeste. La misión resultó un desastre, y 11 de los 20 hombres murieron. Hubo incluso indicios de asesinato y canibalismo.

Entre 1825 y 1827, Franklin condujo su segunda expedición a Canadá y la tercera al litoral ártico. En 1845 regresó al Ártico con la expedición mejor equipada de la época, pero quedó encallado en el hielo. La búsqueda de Franklin y su tripulación desaparecida sedujo la imaginación del público durante años, hasta que una nota hallada en 1859 reveló el destino de Franklin: había muerto en junio de 1847.

PRINCIPALES LOGROS

1825–1827 Explora el este y el oeste del río Mackenzie, en los Territorios del Noroeste de Canadá.

▽ XU FU

CHINO (c. 255–c. 210 a.C.)

Monje budista, explorador y hechicero de la corte, Xu Fu partió enviado por el emperador Qin Shi Huangdi con el fin de difundir el budismo allende China y hallar el elixir de la vida. Xu Fu realizó dos viajes entre 219 a.C. y 210 a.C. Se cree que su flota se componía de 60 bricbarcas (veleros de tres palos), una tripulación de 5000 hombres y 3000 niños y niñas.

Xu Fu zarpó en 219 a.C. en busca del legendario monte Penglai, donde se rumoreaba que se hallaba el elixir de la vida. La expedición resultó un fracaso, y Xu Fu alegó que una criatura gigante le había cerrado el paso. Emprendió su segunda misión en 210 a.C. y nunca regresó. Las *Memorias históricas*, una crónica de la antigua China, sugieren que llegó a un lugar con «inmensas llanuras y cenagales» y se proclamó rey. Otros relatos afirman que llegó a «Danzhou», cuya ubicación exacta se desconoce. Mil años después de la expedición de Xu Fu, un monje japonés sugirió que había terminado en Japón. Los defensores de esta teoría creen que introdujo nuevas técnicas agrícolas y muchas nuevas plantas en Japón.

EL BARCO DE XU FU DURANTE SU VIAJE EN BUSCA DEL ELIXIR DE LA VIDA, POR UTAGAWA KUNIYOSHI (c. 1840)

LLEGADA DE VASCO DA GAMA A CALICUT (INDIA) EN 1498

otros 19 aviadores para el programa espacial soviético por su excelente forma física y por su corta estatura (1,57 m), que lo hacía apto para la reducida cabina de mando de la nave. En agosto de 1960, todos sus compañeros, salvo tres, le votaron como el mejor candidato para volar en primer lugar.

En abril de 1961, el *Vostok 1* despegó, y Gagarin se convirtió en héroe de la Unión Soviética y en una celebridad mundial. Después consagró varios años al diseño de una nave espacial reutilizable para la URSS y fue ascendido a coronel de las Fuerzas Áreas Soviéticas en 1963. Murió en 1968 en un accidente de aviación.

PRINCIPALES LOGROS

1961 Es el primer ser humano en viajar al espacio y orbitar en torno a la Tierra.

H

▷ HANNÓN

CARTAGINÉS (*c.* 500 a.C.)

Hannón, oriundo de la ciudad fenicia de Cartago, hoy día en Túnez, realizó el primer viaje documentado por la

G

△ VASCO DA GAMA

PORTUGUÉS (*c.* 1460–1524)

Vasco da Gama fue el primero que conectó Europa y Asia por mar tras completar el novedoso trayecto hasta India pasando por el cabo de Buena Esperanza, así como el explorador más implacable de la era de los descubrimientos europea.

Hijo del gobernador de la provincia portuguesa del Alentejo, se formó como militar y marinero. En 1497, el rey Manuel I lo escogió para dirigir la expedición encargada de hallar una ruta comercial por el Índico. Así, Gama posibilitó la primera importación directa a Occidente de especias y demás mercancías orientales. Durante el trayecto de ida navegó de Lisboa a Natal, en el sur de África, la travesía sin avistar tierra más larga de la época. Durante su segundo

viaje, en 1502, defendió los intereses mercantiles de Portugal en India y logró que el zamorín (gobernador) de Calicut le otorgara condiciones comerciales favorables. En Cannanore (India), halló un barco cargado de musulmanes que regresaban de La Meca, lo saqueó, encerró a los 400 pasajeros en la bodega y los quemó vivos. En 1524 realizó una tercera expedición a India, esta vez para consolidar el poder portugués, pero murió de malaria tres meses después.

PRINCIPALES LOGROS

1497–1499 Viaja por mar de Lisboa a Calicut, y de vuelta a Lisboa. Es el primer europeo en pisar Mombasa.
1502 Regresa a India con 20 navíos y obliga al soberano local a comerciar.
1524 Vuelve a India para establecer la administración colonial.

▷ YURI GAGARIN

SOVIÉTICO (1934–1968)

Yuri Gagarin, el primer ser humano en viajar al espacio exterior, nació en un pueblo cerca de la ciudad rusa de

Gjatsk (llamada Gagarin después de su muerte), en la URSS. Tras acabar sus estudios, el ejército soviético lo reclutó y lo envió a la Escuela Militar de Pilotos de Chkálov (hoy Oremburgo). En 1960 fue seleccionado junto con

EL COSMONAUTA YURI GAGARIN EN LA CÁPSULA DEL *VOSTOK 1*, EN 1961

HANNÓN ENCUENTRA GORILAS EN LA COSTA OCCIDENTAL AFRICANA

costa occidental de África. Su relato estaba grabado en fenicio en una tablilla de piedra destruida o perdida cuando los romanos arrasaron Cartago en 146 a.C. Por fortuna, se conservó una traducción al griego. La narración describe una expedición para colonizar la costa al oeste del estrecho de Gibraltar y un viaje por el que probablemente sea el río Senegal. La flota se componía de 60 barcos, cada uno con 50 remeros y unos 500 hombres y mujeres.

Es probable que Hannón navegase a la vista de la costa, para permitir a los colonos desembarcar a intervalos regulares. Durante el descenso de un gran río, posiblemente el Senegal, Hannón describe elefantes, cocodrilos e hipopótamos («caballos de río»), y la llegada a una «inmensa apertura al mar», el estuario del Gambia, según se cree. Hacia el final del viaje relata el encuentro con una especie de «gorilas» semihumanos en una isla frente a la costa. «Los perseguimos, pero no logramos atrapar a ninguno de los machos, todos huyeron hacia lo alto de los precipicios, que escalaron con facilidad y desde donde nos tiraron piedras; capturamos tres hembras, pero emitían violentos alaridos y mordieron a sus captores, así que las matamos, las desollamos y llevamos las pieles a Cartago.»

PRINCIPALES LOGROS

c. **500 a.C.** Zarpa de Cartago y desciende por la costa oeste de África.

▽ HARJUF

c. 2230 a.C.

Harjuf es el primer explorador del que se tiene noticia. Nacido en una familia noble de Elefantina, una isla del Nilo cerca de la frontera egipcia con Nubia (hoy Sudán del Norte), fue funcionario en la corte de Merenra y Pepi II, dos faraones de la 6.ª dinastía. Las inscripciones de las paredes de su tumba relatan que realizó cuatro expediciones a Nubia y descendió el Nilo hasta Yam, que los arqueólogos

han reconocido como una fértil llanura al sur de la actual Jartum, en la confluencia del Nilo Azul y el Blanco.

En su primera misión viajó con su padre, Iri, el «supervisor de los intérpretes», y trabó amistad con varios jefes nubios, pero en las misiones posteriores estuvo al frente. Merenra lo envió en una tercera ocasión cargado de regalos para pacificar a las tribus nubias en guerra. Tras la muerte de Merenra, Harjuf volvió al sur y regresó con un pigmeo para el nuevo faraón Pepi II. A propósito de aquel, Harjuf escribió: «Cuando desciende contigo al barco, designa a las mejores personas, que deberán flanquearlo a ambos lados del barco y cuidar de que no caiga al agua... Mi Majestad desea ver a este enano más que los regalos de Sinaí y de Punt». En 800 años, ningún egipcio volvió a viajar tan al sur.

PRINCIPALES LOGROS

c. **2230 a.C.** Consigue acceso a las rutas comerciales nubias para Egipto.

▷ ZHENG HE

1371–1433

El eunuco de la corte y almirante Zheng He (cuyo nombre original era Ma He) nació en el seno de una familia musulmana en Kunyang (hoy Jinning),

TUMBA DE HARJUF (DETALLE) EN LA NECRÓPOLIS DE QUBBET EL-HAWA, EN ASUÁN (EGIPTO)

EL NAVEGANTE, EXPLORADOR, DIPLOMÁTICO Y ALMIRANTE CHINO ZHENG HE

en el suroeste de China. A los diez años fue capturado por el ejército de los Ming y, según las costumbres de la época, castrado y enviado a Pekín para servir a la corte imperial.

Entre 1405 y 1433 hizo seis viajes y dirigió un séptimo bordeando el litoral del océano Índico hasta Malindi, en la costa oriental africana. Estos viajes no solo son memorables por la intención de establecer el dominio chino en los principales puertos comerciales del Sureste Asiático, Arabia y África oriental, sino también por su escala colosal. Se dice que la primera flota de Zhen He estaba formada por 28 000 marineros y más de 60 «barcos del tesoro» (algunos de 140 m de eslora). Hasta la Segunda Guerra Mundial, no volvió a verse en el Pacífico una flota tan grande. Zheng He fue nombrado defensor de Nankín en 1425, pero murió poco después de su último viaje en 1433. Como correspondía a un almirante, su cuerpo fue arrojado al mar.

PRINCIPALES LOGROS

1405–1409 Realiza dos viajes a Calicut, en la costa oeste de India.
1409–1415 Completa dos viajes a Ormuz y Arabia, visita las Maldivas y llega a Yidda, desde donde emprende su *hayy* a La Meca.
1421–1422 Vuelve a África y navega hacia el sur hasta Malindi.
1430–1433 Completa su último viaje, de itinerario desconocido.

▷ SVEN HEDIN

SUECO (1865–1952)

Durante su infancia en Suecia, el geógrafo, explorador y escritor de viajes Sven Hedin devoró las historias de exploradores, reales o ficticias, y creció con la resolución de emularlas. Siendo estudiante, viajó por Rusia, el Cáucaso y Persia, y estuvo al borde de la muerte a causa de una tormenta de nieve en las montañas del Elburz.

En 1890, Hedin regresó a la región y emprendió la antigua ruta de las caravanas a través de Persia hasta Samarcanda y Kashgar. En 1893 partió hacia el desierto de Taklamakán, en Asia central. La expedición estuvo a punto de acabar en catástrofe al quedarse sin agua, pero Hedin decidió continuar y al final dio con la ciudad perdida de Dandan Uiliq, donde recogió muchos artefactos. Repitió el viaje entre 1899 y 1902, y entre 1906 y 1908 cartografió zonas desconocidas de Asia central. Después, y pese a su ideología nazi, salvó a muchos judíos de los campos de concentración.

PRINCIPALES LOGROS

1890 Emprende su primera expedición en Persia.
1893 Explora Asia central y el desierto de Taklamakán.
1899 Regresa a Taklamakán.
1906 Cartografía Asia central.

EL EXPLORADOR SUECO SVEN HEDIN Y DOS COSACOS DURANTE UNA EXPEDICIÓN AL HIMALAYA (c. 1900)

EL EXPLORADOR POLAR AFROAMERICANO MATTHEW HENSON

◁ MATTHEW HENSON

ESTADOUNIDENSE (1866–1955)

La vida de Matthew Henson, conocido por haber descubierto el polo Norte con Robert Peary, debe mucho a un encuentro fortuito en una tienda de pieles de Washington D.C. Henson, un huérfano afroamericano de Maryland, había surcado los mares durante seis años como grumete antes de conocer a Peary. Este, impresionado por la experiencia marinera de Henson, lo contrató primero como ayudante para una misión topográfica a Nicaragua en 1887 y luego lo invitó a una expedición a Groenlandia, el primero de sus seis intentos de alcanzar el polo Norte.

Henson no solo resultó ser hábil con los perros y los trineos, sino también un trabajador tenaz, capaz de soportar el frío. Trabó amistad con los inuits y aprendió su idioma y sus métodos de supervivencia.

Durante mucho tiempo, el logro de Henson como acompañante de Peary en la expedición de 1909, en la que este último afirmó haber alcanzado el polo Norte, fue ignorado tanto por el propio Peary como por el resto del mundo. Después de su hazaña polar, Henson trabajó en una oficina de aduanas y solo obtuvo reconocimiento al final de su vida.

PRINCIPALES LOGROS

1887 Conoce al explorador polar Robert Peary en Washington D.C.
1891 Lleva a cabo la primera de seis expediciones con Peary a las regiones polares, que continúan hasta 1909.
1912 Publica sus memorias: *A Negro Explorer at the North Pole*.
1954 Recibe reconocimiento público por el presidente Eisenhower.

▽ THOR HEYERDAHL

NORUEGO (1914–2002)

El antropólogo Thor Heyerdahl nació en Larvik (Noruega). Su inconformismo le llevó a realizar varios viajes en embarcaciones ligeras para demostrar que los pueblos de la Antigüedad habrían atravesado los océanos. Si bien algunas de sus teorías sobre los contactos transoceánicos no han

THOR HEYERDAHL EN MAR ABIERTO, ATRAVESANDO EL ATLÁNTICO NORTE DESDE MARRUECOS HASTA BARBADOS EN SU BARCO DE PAPIRO *RA II* (1970)

resistido el paso del tiempo, sus viajes probaron que era posible navegar por el mundo con una simple balsa.

El interés de Heyerdahl por esta cuestión surgió cuando, después de dejar sus estudios en Oslo, pasó un tiempo en el Pacífico Sur en 1937 y se convenció de que los polinesios no eran emigrantes del Sureste Asiático, como se creía, sino de América del Sur. Para corroborar esta hipótesis, en 1947 recorrió los 6500 km del Pacífico que separan Perú de la Polinesia Francesa a bordo de la *Kon-Tiki*, una balsa de troncos que construyó él mismo.

Después intentó demostrar que los antiguos navegantes podrían haber cruzado el Atlántico desde África. Para ello diseñó un barco basándose en datos del antiguo Egipto al que llamó *Ra*, en honor al dios del Sol egipcio. Azotado por los temporales, el *Ra* se hundió, pero Heyerdahl logró su propósito al segundo intento, con el *Ra II*, en 1970. En 1978, Heyerdahl hizo su último viaje por la costa arábiga a bordo de un barco de juncos.

PRINCIPALES LOGROS

1947 Atraviesa el Pacífico a bordo de la balsa de madera *Kon-Tiki*.
1970 Atraviesa el Atlántico en el barco de papiro *Ra II*.
1978 Navega por el golfo Pérsico en el barco de juncos *Tigris*.

▷ EDMUND HILLARY Y TENZING NORGAY

HILLARY: NEOZELANDÉS (1919–2008)
NORGAY: NEPALÍ (1914–1986)

Cuando se seleccionaron los alpinistas que coronarían el Everest, la montaña más alta del mundo (8848 m), aún sin conquistar, Edmund Hillary y Tenzing Norgay no fueron la primera opción. John Hunt, el jefe de la expedición, escogió a dos británicos, pero a 300 m de la cima estos se vieron obligados a dar media vuelta a causa de las dificultades.

Norgay ya era un montañero experto, pero Hillary, según sus propias palabras, no era ninguna «maravilla de escalador». Pero el neozelandés poseía una férrea determinación y, con ayuda de una bombona de oxígeno para combatir los efectos de la altitud extrema, la

pareja llegó a la cumbre a las 11:30 h del 29 de mayo de 1953.

Siempre ha existido controversia sobre quién alcanzó la cima del Everest primero. Hillary sostenía que llegaron al mismo tiempo, pero después Norgay reveló que Hillary iba unos pasos por delante. Además, persiste la duda sobre si los montañeros George Mallory y Andrew Irvine coronaron la cima en 1924. Con todo, puesto que estos perecieron en la montaña, Hillary y Norgay se llevaron los honores.

PRINCIPALES LOGROS

1953 Hillary y Norgay son los primeros alpinistas en escalar el Everest.
1958 Hillary se convierte en la primera persona en llegar al polo Sur por tierra después de Robert Scott en 1912.

THOMAS HIRAM HOLDING

BRITÁNICO (1844–1930)

Hasta principios del siglo xx, la acampada se consideraba una necesidad incómoda más que una manera agradable de pasar unas vacaciones. El hombre que cambió esta percepción fue Thomas Holding, un sastre viajero inglés. Su pasión por la acampada nació en 1853, cuando cruzó EE UU con sus padres en una caravana de carretas; él tenía nueve años. En 1877, buscando escapar del humo de Londres, partió de acampada con una canoa a las Highlands escocesas y al año siguiente llevó a cabo un viaje del mismo estilo.

Dos libros vieron la luz a raíz de las aventuras de Holding. Tras unas vacaciones pedaleando escribió *Cycle and Camp* en 1898. Después, en 1901 creó la Association of Cycle Campers, el primer club de acampada del mundo. En 1907, este se había unido a otras entidades para formar el Camping Club de Gran Bretaña, y en 1910 publicó *The Camper's Handbook*, donde ensalzaba «el encanto y la libertad de la acampada».

PRINCIPALES LOGROS

1878 Es cofundador del Bicycle Touring Club.
1901 Crea la Association of Cycle Campers.
1908 Publica *The Camper's Handbook*.

EDMUND HILLARY Y TENZING NORGAY DURANTE EL ASCENSO AL EVEREST (NEPAL), EN 1953

LLEGADA DE HUDSON EL SOÑADOR A ORILLAS DE LA BAHÍA DE DELAWARE, POR JEAN LEON GEROME FERRIS (1609)

△ HENRY HUDSON

INGLÉS (c. 1560–1611)

Se sabe poco de la vida de Henry Hudson, famoso por sus cuatro intentos de hallar una ruta desde Europa hasta China por el Ártico.

Patrocinado por la Compañía de Moscovia de Londres, Hudson zarpó en 1607 rumbo al archipiélago de las Svalbard y Groenlandia, y se alejó más al norte del círculo polar ártico que ningún otro explorador. Su segunda expedición, en 1608, pretendía hallar una ruta marítima por el norte de Rusia, pero se vio frenada por la banquisa en las islas de Nueva Zemla. En 1609, financiado por la Compañía Neerlandesa de las Indias Orientales, zarpó hacia el oeste y exploró un río en el estado de Nueva York que desde entonces lleva su nombre. En 1610 se hizo a la mar de nuevo, esta vez hacia la gran bahía nombrada también en su honor. Atrapados en el hielo y obligados a pasar allí el invierno, los miembros de la tripulación se amotinaron y dejaron a Hudson a la deriva con su hijo y otros seis hombres. No se les volvió a ver.

PRINCIPALES LOGROS

1607 Explora Svalbard y Groenlandia.
1608 Viaja hasta las islas árticas de Nueva Zemla.
1609 Cruza el Atlántico y explora el río Hudson.
1610–1611 Último viaje a la bahía de Hudson, donde su tripulación se amotina y lo abandona a la deriva.

▷ ALEXANDER VON HUMBOLDT

PRUSIANO (1769–1859)

Humboldt nació en Berlín en una familia de militares. Estudió finanzas y ciencias políticas, pero su pasión por la exploración científica le llevó por otro camino. Participó en dos expediciones geológicas por Europa, pero tras la muerte de su madre en 1796, y habiendo recibido una importante herencia, renunció a su cargo de asesor de minas del gobierno para dedicarse a la ciencia.

En 1799, durante un viaje a América Latina, comprendió que la rotación de la Tierra no afectaba a la dirección de las corrientes marinas. Además, planteó la hipótesis de que las dos masas terrestres de ambos lados del Atlántico (África y América del Sur) habían formado en origen un mismo continente. Durante una expedición de cuatro meses en América del Sur que cubrió más de 2776 km, descubrió la conexión entre los sistemas hidrográficos del Orinoco y el Amazonas. Estudió las virtudes fertilizantes del guano, introducido en Europa gracias a sus escritos.

Tras explorar Perú, navegó hasta México y viajó a Washington D.C., donde se entrevistó con el presidente Jefferson. A su regreso a Europa puso por escrito sus teorías y llevó a cabo un último viaje de 15 000 km por Rusia. Humboldt, el primer auténtico científico de la naturaleza moderno, fue probablemente la última persona en haber contribuido a tantos campos de conocimiento diferentes.

PRINCIPALES LOGROS

1789 Primera expedición geológica por el valle del Rin.
1795 Segunda expedición geológica, esta vez por Suiza e Italia.
1799–1804 Viaja por América Latina. Visita Cuba, la cuenca amazónica, los Andes y México.
1828 Atraviesa Rusia.
1845 Publica el primer volumen de *Cosmos*, un intento de reunir todo el conocimiento científico.

I

KURBAT IVANOV

RUSO (n. en 1666)

Kurbat Ivanov, un cosaco ruso nacido cerca del río Yeniséi, en Siberia central, fue uno de los grandes exploradores de Siberia y su principal cartógrafo. Sirviéndose de la información aportada por el explorador Iván Moskvitin (el primer ruso en alcanzar el océano Pacífico),

Ivanov trazó el primer mapa del litoral del mar de Ojotsk en 1642. Un año después, con 74 hombres y guiado por un príncipe tungús llamado Mozheul, remontó el curso del río Lena, cruzó la cordillera de Primorski y se convirtió en el primer europeo en ver el lago Baikal. Una parte de su equipo pereció durante la exploración del margen septentrional del lago, pero él regresó sano y salvo, y dejó constancia de sus hallazgos en *La carta del Baikal y las tierras y los ríos que fluyen al Baikal*.

No está claro a qué se dedicó durante los años siguientes, pero en 1660 navegó hasta el cabo Dézhniov, el extremo oriental del continente asiático. A partir de esta y otras expediciones, trazó un mapa de Siberia y del estrecho de Bering en el que incluyó las islas Diómedes en el estrecho y Alaska hacia el este, si bien es poco probable que hubiera avistado esos territorios.

PRINCIPALES LOGROS

1642 Cartografía el litoral del Extremo Oriente ruso.
1643 Descubre el lago Baikal.
1660 Navega hacia el este y cartografía el estrecho de Bering.

K

MARGERY KEMPE

INGLESA (c. 1373–c. 1438)

La mística Margery Kempe, durante mucho tiempo olvidada, merece ser recordada por sus muchos viajes por Europa y Tierra Santa en una época en que las mujeres no viajaban, y por *El libro de Margery Kempe*, la primera autobiografía en lengua inglesa.

Kempe, nacida en Bishop's Lynn (hoy King's Lynn), en Norfolk (RU), era hija de un comerciante y representante de la ciudad en el parlamento y hacia 1393 se casó con John Kempe, un funcionario local con quien tuvo al menos 14 hijos. Ferviente cristiana, experimentó visiones divinas y derramó lágrimas en público mientras imploraba el perdón de sus pecados.

En 1413 emprendió la primera de varias peregrinaciones a los Santos Lugares de Palestina. Peregrinó también a Santiago de Compostela. A su regreso dictó su historia a un escriba (es posible que Kempe fuera analfabeta) y describió sus visiones, sus viajes, sus tentaciones sexuales y sus juicios por herejía. En realidad, las herejías de Kempe eran fruto de la imaginación de sus acusadores, por lo que siempre obtuvo la absolución de las autoridades eclesiásticas.

PRINCIPALES LOGROS

1413 Emprende la peregrinación a Jerusalén.
1417–1418 Peregrina a Santiago de Compostela.
1433 Viaja a Danzig y Aquisgrán, en Alemania.

▽ MARY KINGSLEY

BRITÁNICA (1862–1900)

Como era habitual en el caso de una joven victoriana de clase media, Mary Kingsley no recibió educación formal, pero era una ávida lectora y devoraba los periódicos que su padre, médico, traía de sus viajes. Deseaba escapar de las limitaciones de la sociedad victoriana y, al morir sus padres en 1892, obtuvo libertad para viajar. A fin de no perder la decencia, solicitó un encargo del Museo Británico para recopilar «fetiches», o artefactos de la religión africana.

En su primera expedición llegó a Angola y penetró por el Congo y Gabón, donde regresó dos años después, en 1895, resuelta a explorar la desconocida región del río Ogooué. Estuvo a punto de morir varias veces: cuando cayó en una trampa para animales, al encontrar una aldea de caníbales y al ascender al monte Camerún, un volcán. Firme defensora de la igualdad racial, trató a los africanos con gran respeto y viajó siempre sola, o acompañada exclusivamente por africanos.

PRINCIPALES LOGROS

1893–1894 Navega de Nigeria a Angola y después por el Congo y Gabón.
1895 Regresa a África para explorar Gabón y Camerún.
1900 Muere en Sudáfrica cuidando prisioneros de la segunda guerra de los Bóers.

ALEXANDER VON HUMBOLDT, PIONERO

MARY KINGSLEY, EXPLORADORA DE ÁFRICA Y ADALID DE LA IGUALDAD RACIAL

CARRERAS DE PIRAGUAS EN EL RÍO BASSAC, DEL ATLAS DE UN VIAJE DE EXPLORACIÓN POR INDOCHINA, OBRA PÓSTUMA DE DOUDART DE LAGRÉE

L

△ ERNEST DOUDART DE LAGRÉE

FRANCÉS (1823–1868)

En 1866, las autoridades francesas coloniales de Indochina decidieron organizar una expedición para cartografiar el río Mekong y decidir si podía servir para conectar el puerto de Saigón con las riquezas de China y el reino de Siam (Tailandia). El elegido para encabezar la expedición fue Ernest Doudart de Lagrée, un capitán de fragata apasionado por la arqueología, nacido en Saint-Vincent-de-Mercuze (Isère) y formado en la École Polytechnique. Los problemas de salud le persiguieron toda la vida. Cuando le propusieron la aventura, aceptó esperando que el clima beneficiara a su garganta ulcerada; sin embargo, padeció fiebres, disentería amebiana e infecciones causadas por caminar descalzo, una vez hubo agotado la reserva de calzado. Para cuando la expedición alcanzó la provincia de Yunnan, en el sur de China, se encontraba demasiado enfermo para moverse y murió de un absceso en el hígado.

En total, la expedición recorrió más de 11 000 km por el río Yangtsé hasta Shanghái y de vuelta a Saigón. Si bien no consiguió enriquecer a Francia, completó muchos espacios en blanco de los mapas de la época.

WILLIAM LAMBTON

BRITÁNICO (1753–1823)

A medida que el poder británico se extendía por India a principios del siglo XVIII, la necesidad de mapas precisos se hizo acuciante. Había que trazar las fronteras entre las regiones y medir las distancias (intuidas hasta ese momento) con exactitud. Con tal fin, la Compañía Británica de las Indias Orientales contrató al topógrafo William Lambton. Su instrumento fundamental era el teodolito, un telescopio rotatorio que medía ángulos verticales y horizontales.

Lambton, de origen humilde, tenía talento para las matemáticas, que empleó en labores topográficas al servicio del 33.º Regimiento en las colonias norteamericanas. Su primera tarea en India consistió en medir la anchura del país, de Madrás a Mangalore, y obtuvo un resultado de 580 km, 64 km menos de lo que se creía hasta entonces. Luego siguió hacia el norte e inició el proceso de establecer una «parrilla» de sucesivas triangulaciones de norte a sur y de este a oeste de todo el subcontinente. Dedicó a esta labor 20 años, hasta su muerte mientras trabajaba en India central. Su sucesor, George Everest, continuó el proyecto en el Himalaya, cuyo pico más alto lleva su nombre. El Gran Proyecto de Topografía Trigonométrica se completó en 1871.

PRINCIPALES LOGROS

1802–1823 Trabaja en el Gran Proyecto de Topografía Trigonométrica de India.

▽ RICHARD LANDER

BRITÁNICO (1804–1835)

Desde que Mungo Park vio el río Níger por primera vez, cartografiarlo se convirtió en el gran objetivo de los exploradores británicos. La persona que lo consiguió fue Richard Lander.

Lander nació en Cornualles (RU), hijo de un posadero, y pronto demostró tener madera de explorador. A los nueve años fue caminando hasta Londres y a los once navegó a las Indias Orientales. Después ayudó a los viajeros ingleses en Europa y Sudáfrica. El punto de inflexión llegó en 1825, cuando acompañó a Hugh Clapperton en su segunda expedición por el Níger. Clapperton murió antes de completar la misión, pero Lander volvió a Londres y logró convencer al gobierno para que financiara otra expedición. Así, en 1830, partió con su hermano y trazó el curso del río hasta su desembocadura en el golfo de Benín. A su regreso se le concedió la medalla de la Royal Geographical Society «por importantes servicios para determinar el curso y la culminación del Níger».

En 1832, Lander dirigió una última misión, esta vez con el propósito de establecer un asentamiento comercial en la confluencia de los ríos Níger y Benue. Cuando remontaba el río en una canoa fue atacado por unos nativos y murió como consecuencia de las heridas el 6 de febrero de 1834

PRINCIPALES LOGROS

1825–1827 Explora el alto Níger con Hugh Clapperton.
1830–1831 Llega hasta el delta del Níger con su hermano John.
1832 Recibe la Medalla del Fundador de la Royal Geographical Society por «determinar el curso y la culminación del Níger».

RICHARD LASSELS

INGLÉS (c. 1603–1668)

Nacido en Lincolnshire (RU), Richard Lassels estudió en el Colegio (o Seminario) inglés de Douai, en el Flandes español, donde en 1629 se convirtió en profesor de estudios clásicos. Ordenado sacerdote católico en 1631, fue tutor de varios miembros de la nobleza inglesa, a quienes acompañó en tres viajes por Flandes, seis por Francia, cinco por Italia y uno por Alemania y Países Bajos.

Fruto de su periplo por Italia fue su *Voyage or a Complete Journey through Italy* (1670), en el que afirma que todo el que quiera conocer la Antigüedad, la arquitectura y el arte debe viajar por Italia y Francia. De hecho, aconsejaba a los «jóvenes caballeros» hacer el que él llamaba *Grand Tour*, a fin de comprender la realidad económica, social y política del mundo. Pronto, ese «gran viaje» se convirtió en un

rito iniciático para los jóvenes ingleses de clase alta (o de clase media que encontrasen patrocinador), y se mantuvo hasta la década de 1840, cuando el ferrocarril puso el viaje al alcance de todos los estratos sociales y contribuyó a desmitificar Europa.

PRINCIPALES LOGROS

1670 Publicación de *Voyage or a Complete Journey through Italy.*

△ JUAN PONCE DE LEÓN

ESPAÑOL (1475–1521)

Gran parte de la vida de Juan Ponce de León, noble que buscó fortuna en el Nuevo Mundo, es un misterio. Se cree que tras luchar en la guerra de Granada en 1492 embarcó en el segundo viaje de Colón a las Indias en 1493 y que arribó a la isla de La Española (hoy Haití y República Dominicana). Se le menciona en

PONCE DE LEÓN EN LA FUENTE DE LA JUVENTUD (GRABADO DEL SIGLO XVIII)

1504 por su papel crucial en el aplastamiento de una rebelión en la isla. Como recompensa se le dio el cargo de gobernador de una provincia. En 1508 navegó hasta Borinquén (hoy Puerto Rico), donde acumuló grandes cantidades de oro. A su regreso a La Española fue nombrado gobernador de la colonia, pero su fracaso a la hora de sofocar una segunda revuelta llevó a su destitución.

En 1513, habiendo oído hablar de unas islas más al norte, navegó hasta una tierra a la que llamó Florida. Hay quien afirma que partió en busca de la mítica fuente de la eterna juventud. Ponce de León reclamó Florida para España, pero cuando regresó para tomar posesión en 1521, murió asesinado por los indígenas.

PRINCIPALES LOGROS

1493 Se incorpora a la segunda expedición de Colón al Nuevo Mundo.
1508–1509 Explora Puerto Rico.
1513 Descubre Florida.

RICHARD Y JOHN LANDER VISITAN AL REY DE BADAGRY, EN LAGOS (NIGERIA)

CHARLES LINDBERGH SE PREPARA PARA VOLAR UN MONOPLANO CURTIS CON CONFIGURACIÓN PROPULSORA

▽ MERIWETHER LEWIS Y WILLIAM CLARK

LEWIS: ESTADOUNIDENSE (1774–1809)
CLARK: ESTADOUNIDENSE (1770–1838)

En 1803, el presidente de EE UU Thomas Jefferson negoció con Francia la adquisición de un basto territorio al oeste del río Misisipi. Por un total de 15 000 dólares, la «compra de Luisiana» supuso duplicar la extensión de los recién independizados EE UU. El territorio era prácticamente desconocido, así

LEWIS Y CLARK EN UNA ILUSTRACIÓN DE *THE AMERICAN FRONTIER* (1931)

que Jefferson envió una expedición para cartografiarlo y establecer una ruta hacia el Pacífico, con el capitán Meriwether Lewis al frente, que escogió a William Clark como asistente. El grupo partió de Camp Dubois (Illinois) el 14 de mayo de 1804 y remontó el río Misuri. Los hombres pasaron el invierno en el fuerte Mandan, donde reclutaron a un trampero francocanadiense llamado Toussaint Charbonneau y a Sacajawea, su mujer shoshone, como intérprete. La ayuda de esta resultó inestimable a la hora de adquirir a los shoshone los caballos que necesitaban para atravesar las Rocosas.

Lewis y Clark llegaron al nacimiento del Misuri el 12 de abril de 1805 y siguieron por el valle del Columbia hasta llegar al Pacífico el 20 de noviembre. Un año después, a su regreso a San Luis, la pareja dio parte de su expedición al presidente.

PRINCIPALES LOGROS

1804–1805 Viaje de Camp Dubois a la costa del Pacífico.
1805–1806 Viaje de vuelta por el río Columbia.
1806 Lewis y Clark se separan; Lewis sigue el río Misuri, y Clark, el Yellowstone.

△ CHARLES LINDBERGH

ESTADOUNIDENSE (1902–1974)

La mañana del viernes 20 de mayo de 1927, el piloto de correo aéreo Charles Lindbergh se convirtió en héroe. Aquel aviador desconocido despegó del Roosevelt Field de Long Island para hacerse con los 25 000 dólares del premio Orteig, ofrecido al primer piloto que sobrevolase el Atlántico sin escalas en cualquiera de las dos direcciones. A bordo del *Spirit of Saint Louis*, monoplano de una sola plaza, Lindbergh recorrió 5800 km en 33 horas y media, y aterrizó en el aeropuerto de Le Bourget, en París, el sábado 21 de mayo a las 22:22 h.

Lindbergh fue reconocido como un héroe, pero la tragedia se cernió sobre su vida cuando su hijo de 20 meses, Charles, fue secuestrado y asesinado en 1932. Después de aquel «crimen del siglo», como fue calificado, los Lindbergh huyeron a Europa. Al regresar a EE UU en 1939, Lindbergh se opuso a la entrada de su país en la Segunda Guerra Mundial, por lo que fue acusado de simpatizar con el fascismo. Sin embargo, cuando en 1941 EE UU entró en la guerra, voló en 50 misiones de combate en el Pacífico contra los japoneses.

PRINCIPALES LOGROS

1927 Cruza el Atlántico en un vuelo en solitario y sin paradas.
1940 Se convierte en portavoz del American First Committee, contrario a la intervención en la guerra.
1944 Vuela en misiones de combate contra los japoneses.

▽ DAVID LIVINGSTONE

BRITÁNICO (1813–1873)

A pesar de su origen humilde, el escocés David Livingstone murió considerado un héroe nacional, tras haber sido médico, misionero y, por último, explorador en África central. Durante años vivió obsesionado por hallar las fuentes del Nilo y, pese a fracasar en dicha empresa, dejó un legado imperecedero en los lugares que exploró y que terminó por abrir a la colonización británica.

En su primera expedición partió de Ciudad del Cabo hacia el norte por el interior, para establecer su propia misión en Mabotsa (Botsuana). Entre 1850 y 1856 atravesó el continente de costa a costa siguiendo el río Zambeze. En 1858 remontó este río en un barco de vapor y descubrió que no era navegable en todo su curso. En 1866 emprendió su última expedición, esta vez en busca de las fuentes del Nilo, sin éxito. Se dice que cuando el explorador Henry Stanley dio con él en 1871, al reconocerlo pronunció la célebre frase: «El doctor Livingstone,

PORTADA DE UN LIBRO SOBRE LA VIDA DE DAVID LIVINGSTONE (c. 1875)

ELLEN MACARTHUR, FOTOGRAFIADA EN FALMOUTH (RU), EN 2000

supongo». Cuando Livingstone murió en África central, su cadáver fue transportado a la costa para llevarlo a Inglaterra, donde fue enterrado como un héroe.

PRINCIPALES LOGROS

1841–1849 Viaja hacia el norte desde Ciudad del Cabo para fundar una misión y descubre el lago Ngami en Botsuana.
1850–1856 Atraviesa el continente africano hasta Luanda, en el litoral atlántico, y regresa descendiendo el Zambeze hasta el Índico.
1858–1864 Remonta el Zambeze y camina hasta el lago Nyasa.
1863–1873 Busca las fuentes del Nilo.

M

△ ELLEN MACARTHUR

BRITÁNICA (n. en 1976)

Navegar es una pasión para muchas personas, pero pocas la han llevado a tal extremo como Ellen MacArthur. De niña, inspirada por los libros de *Swallows and Amazons* de Arthur Ramson, compró un bote que pagó a base de ahorrar el dinero de la comida durante tres años. En 1995 circunnavegó las islas Británicas en un yate individual y en 1997 participó en una competición transatlántica en solitario. Subió de nivel en el año 2000, cuando estableció el récord

femenino, aún vigente, de la travesía del Atlántico en solitario de este a oeste. Un año después obtuvo el segundo puesto en la Vendée Globe, una regata en solitario alrededor del mundo, y marcó el récord femenino de circunnavegación en solitario, también imbatido. En 2004 estableció otro récord atlántico, esta vez de oeste a este. Como colofón, al año siguiente superó con más de un día de ventaja el récord mundial de circunnavegación en solitario y sin escalas, una epopeya durante la cual no durmió más de

20 minutos seguidos diarios y se mantuvo en un estado de alerta constante. Hoy en día, MacArthur está retirada del mundo de la vela, y lucha en favor de una economía circular que reduzca los residuos y evite la contaminación.

PRINCIPALES LOGROS

2000 Establece el récord femenino de la travesía del Atlántico de este a oeste.
2000–2001 Segundo puesto en la regata Vendée Globe y récord femenino.
2004 Marca un nuevo récord por la travesía más rápida oeste-este por una mujer.
2005 Bate el récord de la vuelta al mundo en solitario y sin escalas.

▽ FERNANDO DE MAGALLANES

PORTUGUÉS (1480–1521)

El navegante portugués Fernando de Magallanes comenzó su carrera al servicio de Portugal, pero tras ser acusado de comerciar ilegalmente con el enemigo (España), se trasladó a España y convenció a Carlos I para que patrocinara una expedición en busca de una ruta a Asia por el oeste. Vasco da Gama había llegado

a Asia por el este, rodeando África, y Cristóbal Colón, navegando hacia el oeste, había descubierto América. Magallanes proponía poner rumbo oeste hacia América y descender la costa a fin de encontrar un acceso al Pacífico por el oeste.

Magallanes zarpó en 1519 y, pese a un motín, a los temporales y a la hambruna, dio con un canal (después llamado estrecho de Magallanes) en el extremo meridional de América del Sur por el que entró en el Pacífico. Por desgracia, murió mientras ayudaba a un gobernante local en una guerra en Filipinas, y su tripulación regresó a España al mando de Juan Sebastián Elcano. La expedición fue la primera en completar la circunnavegación de la Tierra.

PRINCIPALES LOGROS

1505 Se incorpora a la armada portuguesa y afianza su monopolio comercial en torno al cabo de Buena Esperanza.
1512 Participa en una expedición a Marruecos, pero es falsamente acusado de comerciar con el enemigo.
1519 Zarpa de Sevilla con cinco naves, al servicio de la corona española.
1520 Recorre el estrecho de Magallanes y llega al océano Pacífico.
1521 Muere asesinado en Filipinas.

FERNANDO DE MAGALLANES DESCUBRE UN CANAL EN EL EXTREMO DE AMÉRICA DEL SUR

▽ SAKE DEAN MAHOMED

INDIO (1759–1851)

Sake Dean Mahomed, viajero, cirujano y empresario bengalí, fue uno de los primeros y más célebres inmigrantes indios de Europa, y el primer indio en publicar un libro en inglés. Nacido en Patna, en Bihar (entonces parte de la Presidencia de Bengala), aprendió todo cuanto sabía sobre las costumbres mogolas de su padre, empleado de la Compañía Británica de las Indias Orientales. Con diez años y tras la muerte de este, entró al servicio del ejército de la compañía como aprendiz de cirujano, lo que le permitió viajar.

Siguió a su mentor Godfrey Baker hasta Inglaterra y escribió su primer libro: este empieza con un elogio a los antiguos conquistadores de India y describe algunas de las principales ciudades indias. En 1810 abrió en Londres el primer restaurante indio del país, pero fracasó y se trasladó a Brighton, donde instaló un negocio de «baños de vapor y champú» que tuvo un éxito rotundo y le valió ser conocido como «el doctor Brighton».

PRINCIPALES LOGROS

1783 Se traslada a Gran Bretaña.
1794 Publica *The Travels of Dean Mahomed.*
1810 Abre el primer restaurante indio de Gran Bretaña.
1814 Abre en Brighton el primer local de baños de «champú» de Gran Bretaña.

LA PINTORA, GRABADORA Y NATURALISTA ALEMANA MARIA SIBYLLA MERIAN

SAKE DEAN MOHAMED, INTRODUCTOR DEL CHAMPÚ EN EUROPA

△ MARIA SIBYLLA MERIAN

ALEMANA (1647–1717)

La entomología debe mucho a la naturalista e ilustradora científica Maria Sibylla Merian, cuyas representaciones de la metamorfosis de las mariposas no tenían parangón en la época y que descubrió una gran cantidad de datos sobre la vida de los insectos. Nacida en Frankfurt, perdió a su padre a los tres años, pero en 1651 su madre volvió a casarse con Jacob Marrel, un pintor especializado en cuadros florales y bodegones que le animó a dibujar y pintar, sobre todo los insectos y las plantas de su entorno.

En 1675 publicó *Nuevo libro de flores*, su primer libro de grabados de naturaleza. En 1679 publicó otro libro sobre insectos: *La maravillosa transformación y extraña alimentación floral de las orugas*. Al cabo de 20 años, en 1699, Merian y su hija Dorothea se embarcaron hacia América del Sur en una expedición científica, por lo que fueron posiblemente las primeras personas en viajar por puro interés científico. La malaria interrumpió su viaje, pero los meticulosos estudios de Merian en Surinam desembocaron en *Metamorfosis de los insectos de Surinam*, la obra que la hizo famosa.

PRINCIPALES LOGROS

1675 Publica *Nuevo libro de flores*, su primer libro de ilustraciones de naturaleza.
1679 Publica *La maravillosa transformación y extraña alimentación floral de las orugas.*
1699–1701 Viaja a América del Sur.
1705 Publica *Metamorfosis de los insectos de Surinam.*

MANSA MUSA

(c. 1280–c. 1337)

Musa Keita I de Mali, conocido como Mansa Musa (*mansa* significa «sultán» en mandinga), pasó a la historia como uno de los soberanos más ricos de todos los tiempos. Durante su reinado, Mali era el mayor productor de oro, en una época de gran demanda. En su peregrinación a La Meca, Mansa Musa llevó 80 camellos, cada uno cargado con entre 23 y 136 kg de polvo de oro, que repartía a los pobres que encontraba en su camino.

Mansa Musa ascendió al trono de Mali en torno a 1312 y extendió sus dominios por los territorios actuales de Mali, Mauritania, Senegal y Guinea. Potenció la expansión del islam en su imperio y realizó el *hayy* (peregrinación a La Meca). Viajó durante dos años con un séquito de 60 000 hombres, 12 000 de ellos esclavos, cada uno cargado con 1,8 kg de lingotes de oro, y de heraldos que empuñaban bastones de oro. Atravesó el desierto del Sáhara e hizo etapa en El Cairo para continuar hacia el sur hasta llegar a La Meca.

PRINCIPALES LOGROS

1312 Asciende a sultán de Mali.
1324–1325 Lleva a cabo el *hayy.*

▽ FRIDTJOF NANSEN

NORUEGO (1861–1930)

Uno de los exploradores polares más grandes de todos los tiempos, Fridtjof Nansen, adoptó los métodos de viaje de los inuits y se hizo famoso por su osadía. Desde su infancia en la Noruega rural sintió pasión por la naturaleza, el esquí y el patinaje, e hizo su primer viaje al Ártico estando en la universidad. Cuando el barco de la expedición, el *Viking*, quedó atrapado en el hielo y derivó durante varios meses, Nansen estudió las corrientes oceánicas. Observó un trozo de madera congelado en la banquisa y planteó la hipótesis de que podría haber llegado de Siberia. Tiempo después lo corroboró.

En 1888, Nansen cruzó Groenlandia, junto con otros cinco esquiadores, «en sentido contrario» (de la desconocida costa este a la oeste). Cinco años después emprendió otra misión aún más memorable a bordo del *Fram*, convencido de que cuando el barco quedase congelado en el hielo, las corrientes lo harían derivar y atravesar el polo Norte. Al final su teoría resultó errónea, pero sus dos tentativas de llegar al polo junto con otro hombre en 1895, aunque infructuosas, le acercaron más que a nadie a aquella escurridiza meta.

PRINCIPALES LOGROS

1882 Viaja al océano Ártico.
1888 Atraviesa Groenlandia de este a oeste esquiando.
1893–1896 Intenta derivar por el polo Norte a bordo del *Fram.*
1895 Intenta alcanzar el polo Norte con otro aventurero.
1906–1908 Trabaja como embajador noruego en Londres.
1922 Recibe el Nobel de la paz por su labor en la Primera Guerra Mundial.

EL ESCRITOR DE VIAJES BRITÁNICO ERIC NEWBY FOTOGRAFIADO EN 1992

△ ERIC NEWBY

BRITÁNICO (1919–2006)

Eric Newby nació al final de una era en que los viajes se emprendían con un propósito, más que por placer. Sus libros de viajes eran entretenidos, pero además aportaban abundante materia de reflexión sobre la gente y los lugares que había visitado.

Nacido en Londres y educado en una prestigiosa escuela, Newby ingresó en una agencia publicitaria en 1938. Durante la Segunda Guerra Mundial formó parte del regimiento Black Watch y del Servicio Especial de Embarcaciones. En 1942 fue capturado durante una operación en Sicilia y estuvo prisionero, pero logró escapar poco después del armisticio italiano de septiembre de 1943. Sus experiencias en Italia inspiraron uno de sus libros más conocidos, *Love and War in the Apennines* (1971). Tras la guerra se dedicó a la moda femenina hasta convertirse en editor de viajes en *The Observer* en 1964.

Su libro más famoso, *Una vuelta por el Hindu Kush*, el relato de su ascensión al monte Samir, en Afganistán, vio la luz en 1958.

PRINCIPALES LOGROS

1958 Publica *Una vuelta por el Hindu Kush.*
1964–1973 Es editor de viajes en *The Observer.*

FRIDTJOF NANSEN (DELANTE) SE DESPIDE DE SU TRIPULACIÓN ANTES DE PARTIR HACIA EL POLO NORTE EN FEBRERO DE 1895

▽ CARSTEN NIEBUHR

ALEMÁN (1733–1815)

El matemático y cartógrafo autodidacta Carsten Niebuhr, hijo de un granjero, se formó como topógrafo y en enero de 1761 partió de Copenhague con una expedición científica auspiciada por Federico V de Dinamarca. Sus compañeros de viaje eran dos daneses (un lingüista y un médico), un antiguo soldado sueco, un pintor alemán y un sirviente. Para evitar que los identificaran como europeos, viajaron vestidos a la turca hasta Alejandría y El Cairo, y luego atravesaron el mar Rojo hasta Yidda y descendieron por tierra la península Arábiga. La enfermedad se cebó en la expedición, y tres de sus miembros perecieron antes de alcanzar Mocha, en Yemen. Los demás navegaron hasta Bombay, en India, pero Niebuhr fue el único superviviente.

Niebuhr volvió a Europa por tierra y llegó a Copenhague en noviembre de 1767, habiendo tomado muchas notas sobre las gentes, la geografía y los artefactos de los lugares que había visitado y que publicó en *Viajes por Arabia*, con mapas de Arabia, cartas del mar Rojo y el golfo Pérsico, y bocetos de ciudades interesantes. Esta obra representa la mejor contribución individual al conocimiento europeo de Arabia en el siglo XVIII.

En 1809, Niebuhr recibió uno de los más excelsos honores de Dinamarca: la condecoración de caballero de la Orden de Dannebrog.

CARSTEN NIEBUHR DISFRAZADO DE ÁRABE DISTINGUIDO EN YEMEN

PRINCIPALES LOGROS

1761 Viaja por Europa y Egipto, donde permanece un año.
1762–1763 Recorre la península Arábiga.
1764–1767 Viaja en solitario por tierra desde Bombay hasta Copenhague, vía Mascate, Persia, Palestina y Turquía.
1774 Publica el primero de los cuatro tomos de *Viajes por Arabia*.

▷ ADOLF ERIK NORDENSKJÖLD

FINLANDÉS (1832–1901)

El mineralogista y geólogo Adolf Erik Nordenskjöld pasó a la historia por haber sido la primera persona en surcar el paso del Noreste entre el Atlántico y el Pacífico bordeando la costa norte de Rusia.

Hijo de un eminente geólogo y explorador, estudió geología en Helsinki antes de instalarse en Suecia. En 1858 participó en la expedición a Spitsbergen (en el Ártico noruego) y pocos años después dirigió la suya propia. En julio de 1868 zarpó con el objetivo de comprobar hasta dónde era posible acercarse al polo Norte. Confiaba en que, hacia el final del verano, el Ártico no tuviera hielo, pero estaba muy equivocado. Tan solo alcanzó la latitud de 81°42'N y a fuerza de «hacer estallar el hielo en muchos sitios», en palabras del capitán del barco.

Diez años después, tras fracasar en el intento de alcanzar el polo Norte a pie, zarpó de Karlskrona en un vapor y llegó a Asia en dos meses, vía Spitsbergen. Bloqueada por el hielo, la expedición hubo de invernar en la bahía de Koliuchin y después siguió una ruta austral para regresar a Suecia, donde sus miembros fueron acogidos como héroes, pues los habían dado por perdidos en el mar.

PRINCIPALES LOGROS

1868 Dirige una expedición para comprobar hasta dónde puede acercarse al polo Norte.
1872 No logra alcanzar a pie el polo Norte, pero instala tres observatorios árticos.
1878 Abre el paso marítimo del Noreste.
1880 Regresa a Suecia por el sur, vía el estrecho de Bering, Extremo Oriente, India, el canal de Suez y el Mediterráneo.

▷ KAZIMIERZ NOWAK

POLACO (1897–1937)

Nacido y criado en Polonia, Kazimierz Nowak fue un viajero apasionado, escritor y fotógrafo. Tras sus largas aventuras ciclistas por Europa entre 1925 y 1930, decidió recorrer África. En noviembre de 1931 partió de Trípoli, en Libia, con la bicicleta que le acompañaba desde hacía siete años, siguió el Nilo hasta los Grandes Lagos del valle del Rift, comerciando con las tribus locales que hallaba a su paso, y llegó al cabo de las Agujas, en el extremo de Sudáfrica, casi tres años después. Luego reanudó la marcha para remontar el continente y acabó en Argel en noviembre de 1936. En total, recorrió 40 000 km y se convirtió en el primer hombre en completar solo un viaje de ida y vuelta a lo largo de toda África. La enfermedad y la mala alimentación se cobraron su parte, y Nowak murió un año más tarde. Durante su viaje escribió diarios y cartas y tomó fotografías, pero sus primeras fotos no se publicaron hasta 1962 y sus escritos hasta el año 2000.

ADOLF ERIK NORDENSKJÖLD CON EL VAPOR *VEGA* EN LA BAHÍA DE KOLIUCHIN

EL ESCRITOR POLACO KAZIMIERZ NOWAK, QUE RECORRIÓ ÁFRICA

PRINCIPALES LOGROS

1936 Es la primera persona en completar en solitario el viaje de ida y vuelta desde la costa norteafricana hasta Sudáfrica.
1962 Se publica *Por la tierra negra*, un álbum de sus fotografías seleccionadas por su hija.

P

▷ PABLO DE TARSO

JUDÍO ROMANO (c. 5 a.C.–c. 67 d.C.)

El apóstol san Pablo, ciudadano romano nacido en una familia judía de la ciudad de Tarso, en Asia Menor, fue una de las figuras más relevantes de los primeros años del cristianismo. Tras convertirse en el camino de Damasco, perdió temporalmente la vista y pasó los diez años siguientes en su ciudad natal, sumido en una relativa oscuridad. Luego recorrió el Mediterráneo para difundir la fe cristiana, aprovechando su condición de judío y ciudadano romano para ocuparse de las comunidades hebrea y romana, y fundó varias iglesias en Asia Menor y Europa.

Los viajes de Pablo duraron unos diez años y se describen en el libro de los Hechos de los Apóstoles de la Biblia. En el primero fue de Antioquía (hoy en Turquía) a Chipre y al sureste de Asia Menor. En el segundo salió de Jerusalén y recorrió el Mediterráneo. En el tercero partió de Galacia, en Turquía central, hacia Éfeso (entonces el centro de la cristiandad), Macedonia y Grecia, antes de volver a Jerusalén.

PRINCIPALES LOGROS

c. **31–36 d.C.** Se convierte al cristianismo.
c. **45–46 d.C.** Comienza sus viajes. Viaja a Jerusalén con Bernabé, otro apóstol, para entregar el apoyo económico de la comunidad de Antioquía.
c. **55–58 d.C.** Escribe la primera de sus epístolas conservadas, a los romanos.

CONDE DE LA PÉROUSE

FRANCÉS (1741–c. 1788)

El navegante Jean François de Galaup, conde de La Pérouse, nació cerca de Albi, en el sur de Francia. Con 15 años de edad se embarcó y participó en la lucha contra los británicos durante la guerra de los Siete Años, tras la cual ascendió a alférez de navío.

En 1785, Luis XVI le encomendó continuar la obra cartográfica del capitán James Cook, abrir nuevas rutas comerciales y enriquecer los conocimientos científicos de Francia.

La Pérouse zarpó de Brest con dos navíos y muchos científicos a bordo. La expedición cruzó el Atlántico, bordeó el cabo de Hornos y estudió el territorio del litoral norteamericano. Sus hallazgos fueron durante siglos la referencia más precisa de la flora y la fauna de la región. Desde allí, los barcos atravesaron el océano Pacífico hasta Macao (China) y luego siguieron hasta Australia. En marzo de 1788 zarparon de la bahía de Botany hacia Nueva Caledonia, pero nunca llegaron. Los restos de ambas naves aparecieron en las islas Santa Cruz (parte de las Salomón), en 1825.

PRINCIPALES LOGROS

1781 Conduce la fragata francesa *Astrée* a la victoria contra los británicos en la batalla de Louisbourg, durante la guerra de la independencia de EE UU.
1782 Toma dos fuertes británicos en la bahía de Hudson.
1786–1787 Cruza el océano Pacífico y en enero de 1787 llega a Macao (China), desde donde envía colecciones y crónicas a París.
1788 Llega a la bahía de Botany (Australia) el 26 de enero.

PABLO DE TARSO, EL PRIMER GRAN MISIONERO CRISTIANO

FRANCISCO PIZARRO PRENDE AL INCA DE PERÚ, POR JOHN EVERETT MILLAIS (1846)

▽ IDA PFEIFFER

AUSTRÍACA (1797–1858)

En una época en que las mujeres no viajaban, Ida Pfeiffer fue una pionera. Nacida en Viena en el seno de una familia pudiente, vistió y fue educada

LA VIAJERA AUSTRÍACA IDA PFEIFFER (GRABADO DE *c.* 1856)

como un chico. A los cinco años acompañó a su padre en un viaje a Palestina y Egipto. En 1820 se casó con Mark Pfeiffer, un abogado mucho mayor que ella. Por razones políticas, este no pudo encontrar trabajo, e Ida se vio obligada a dar clases de dibujo y música para mantener a su familia. El sueño de Ida era viajar y, después de la muerte de su marido (1838) y la mayoría de edad de sus hijos, eso fue lo que hizo.

En su primera expedición Pfeiffer descendió el Danubio y cruzó el Mediterráneo hasta Egipto. El éxito del relato del viaje que publicó le permitió dedicarse a exploraciones más prolongadas. Tras una visita a Escandinavia, dio dos veces la vuelta al mundo (pasando un tiempo en América y las Indias Orientales) y, por último, viajó a Madagascar.

PRINCIPALES LOGROS

1842 Desciende por el Danubio hasta el mar Negro, Estambul y Egipto.
1845 Explora Escandinavia e Islandia.

1848–1851 Completa su primera vuelta al mundo.
1851–1854 Completa su segunda vuelta al mundo.
1857 Visita Madagascar, pero es expulsada al verse involucrada en un golpe contra el gobierno.

△ FRANCISCO PIZARRO

ESPAÑOL (1471–1541)

El conquistador Francisco Pizarro, hijo ilegítimo y analfabeto, fue un explorador extraordinario. Tras servir como soldado, llegó a América Central en 1502 y se abrió paso en la sociedad colonial hasta reunir una fortuna. Antes de iniciar su propia aventura participó en varias expediciones, como la da Balboa a la costa del Pacífico en 1513. Su primera empresa en América del Sur resultó un fracaso, pero durante la segunda se enteró de la existencia del oro del Impero inca, más al sur.

Con la concesión real del dominio de los territorios de Nueva Castilla, o Perú, partió de nuevo en 1531. En esa época, el Imperio inca estaba inmerso en una guerra civil, así que Pizarro llegó en el momento idóneo. En 1532, su pequeña tropa armada lanzó un ataque sorpresa contra el inca Atahualpa en Cajamarca. A pesar de que el emperador cautivo entregó una estancia repleta de oro a cambio de su vida, fue ejecutado, y el imperio cayó en manos de los españoles, que gobernaron la región durante casi 300 años.

PRINCIPALES LOGROS

1502 Llega a América Central con Nicolás de Ovando.
1513 Participa en la expedición de Vasco Núñez de Balboa que descubre el Pacífico.
1524–1525 Primera expedición a América del Sur, fracasada.
1526 Durante su segunda expedición oye hablar del oro inca.
1531–1533 Derroca a Atahualpa y conquista el Imperio inca.

▽ MARCO POLO

VENECIANO (1254–1324)

La suerte de Marco Polo fue nacer en el seno de una familia acaudalada de mercaderes de joyas en el puerto comercial de Venecia. Solo tenía seis años cuando acompañó a su padre y a su tío en una expedición comercial a Constantinopla y Crimea. Desde allí viajaron hasta Bujará, en Asia central, donde permanecieron tres años. El embajador chino de la corte de Qubilay Kan los invitó a China, donde pasaron un tiempo antes de volver a Europa como embajadores del kan.

Dos años después, los Polo partieron de nuevo y cruzaron Asia central para visitar al kan, que les encomendó explorar el sur de China y Birmania. Los Polo volvieron a casa tras 17 años en China, pero al poco Marco se vio involucrado en la guerra de Venecia contra Génova y fue apresado por los genoveses. Dictó sus memorias a otro prisionero, Rustichello de Pisa, y cuando le acusaron de contar mentiras, respondió: «Solo he contado la mitad de lo que vi». Su relato se publicó como *El libro de las maravillas del mundo*, también conocido como *Los viajes de Marco Polo*, en torno a 1300.

PRINCIPALES LOGROS

1260–1269 Visita China por primera vez con su padre y su tío.
1271–1295 Segunda visita a China.
1296–1299 Tras su regreso a Venecia, es encarcelado por los genoveses y dicta sus memorias a otro prisionero.

▷ TOLOMEO

GRIEGO (c. 100–c. 170 d.C.)

Se sabe poco acerca de la vida de Tolomeo, aparte de que era griego, o egipcio de educación griega, y ciudadano romano, y que nació, vivió y murió en Alejandría (Egipto) en el siglo II d.C.

Escribió tres obras científicas clave. El *Almagesto*, en 13 volúmenes, es el único tratado astronómico que se conserva de ese periodo. La segunda, *Tetrabiblos* («cuatro libros» en griego), versa sobre astrología. La tercera, y más importante, *Geografía*, es un documento crucial sobre el estado de los conocimientos geográficos en la época del Imperio romano. A lo largo de ocho libros, *Geografía* aborda la ciencia de la cartografía, explica las diferentes proyecciones necesarias para trazar un mapamundi (fue el primero en proyectar la Tierra en una superficie bidimensional) e incluye una relación de las ubicaciones de todos los lugares conocidos por los romanos, así como una serie de mapas regionales. Con la invención de la latitud y la longitud, un sistema global de coordenadas para localizar lugares, Tolomeo revolucionó la cartografía. Su *Geografía* fue una obra muy influyente durante más de 1400 años.

PRINCIPALES LOGROS

c. **130–40 d.C. Escribe el *Almagesto* y el *Tetrabiblos*.**
c. **150 d.C. Posible fecha de publicación de *Geografía*.**

TOLOMEO, «EL REY DE LA CIENCIA», GUIADO POR LA MUSA DE LA ASTRONOMÍA, EN UN GRABADO DE *MARGARITA PHILOSOPHICA*, DE GREGOR REISCH (1500)

LOS HERMANOS POLO LLEGAN A LA ISLA DE ORMUZ, EN EL GOLFO PÉRSICO, EN UN BARCO CARGADO DE MERCANCÍAS INDIAS

PITEAS

GRIEGO (c. 350–c. 285 a.C.)

En torno a 325 a.C., el viajero griego Piteas, oriundo de la colonia griega de Massalia (la actual Marsella), en el sur de Francia, se hizo a la mar rumbo al norte de Europa. No se conoce la razón de su viaje, pero puede que partiera buscando rutas comerciales hacia las tierras del norte a petición de unos ricos mercaderes.

Piteas evitó el estrecho de Gibraltar, bloqueado por los cartagineses, y atravesó Francia hasta el golfo de Vizcaya, desde donde zarpó. Tras cruzar el canal de la Mancha, visitó en Gran Bretaña las minas de estaño de Cornualles y supo del comercio de ámbar con Escandinavia. Después alcanzó Tule, tierra desconocida que pudo haber sido Islandia. De camino hacia el norte, fue la primera persona en describir el sol de medianoche (cuando el sol no se pone en verano) y descubrió los icebergs y otros fenómenos árticos. También fue el primero en sugerir que las mareas estaban causadas por la Luna.

Como geógrafo y como explorador, Piteas realizó una gran aportación a la visión antigua del mundo. El relato de sus viajes no sobrevivió; pese a esto, gozó de gran popularidad en la Antigüedad y fueron muchos los autores que lo mencionaron, entre ellos, Estrabón.

PRINCIPALES LOGROS

c. **325 a.C. Emprende un épico viaje hacia el norte de Europa desde el mar Mediterráneo.**
23 d.C. En su *Geografía*, Estrabón cita fragmentos del relato perdido de Piteas.

Q

ZHANG QIAN

CHINO (*c.* 195–114 a.C.)

Zhang Qian, célebre por sus viajes a través de los desiertos y las montañas de Asia central hasta territorios por aquel entonces desconocidos para los chinos, nació en la provincia de Shaanxi, en China central. Pionero de los caminos de la Ruta de la Seda, abrió nuevas rutas comerciales con Occidente. Hacia 140 a.C. entró al servicio del emperador de la dinastía Han y realizó tres grandes misiones. En la primera (138–125 a.C.) viajó hacia el oeste de Chang'an, pero fue capturado y retenido prisionero durante diez años por los xiongnu, pueblo nómada enemigo de los Han.

En su segundo viaje, iniciado en 124 a.C., avanzó más al oeste, hasta Daxia, pero las tribus hostiles le cortaron el paso. Su tercera y última misión (119–115 a.C.) transcurrió por Asia central. Regresó tras haber iniciado contactos comerciales en India y fue nombrado gran mensajero de la corte Han. Sus periplos se narran en el *Shiji (Memorias históricas)*.

PRINCIPALES LOGROS

119–115 a.C. Establece contacto comercial con Occidente.
115 a.C. Es premiado con el cargo de «gran mensajero», uno de los nueve ministros más importantes del gobierno Han.

R

FERDINAND VON RICHTHOFEN

ALEMÁN (1833–1905)

Von Richthofen, reconocido como uno de los fundadores de la geografía moderna, es famoso sobre todo por haber acuñado el nombre de «Ruta de la Seda». Al acabar sus estudios de geografía en la Universidad de

Berlín se marchó a las montañas del Tirol austríaco para llevar a cabo investigaciones geológicas. En 1858 fue invitado por el gobierno prusiano a participar en una misión comercial y diplomática a Asia Oriental. Deseaba realizar una expedición a China, pero la inestabilidad política se lo impidió, y en lugar de eso emprendió una exploración topográfica y geológica de la Sierra Nevada, en California, donde encontró oro. Al final, en el otoño de 1871 partió rumbo a Pekín y recorrió todas las provincias de la China imperial.

Al margen de su labor topográfica y geológica, Von Richthofen dejó un valioso testimonio escrito sobre China, su cultura, su clima, su política y su ejército. Tras su regreso a Alemania en 1872, compiló sus hallazgos en un estudio de cinco volúmenes.

PRINCIPALES LOGROS

1859–1861 Participa en una misión diplomática y comercial por Asia oriental.
1861 Viaja por su cuenta por Tailandia y Birmania hasta Kolkata (Calcuta).
1863 Inicia estudios pioneros sobre las rocas volcánicas de California.
1877 Se publica el primer volumen de su estudio sobre China.

S

SACAJAWEA

ESTADOUNIDENSE (1788–1812)

Sacajawea, hija de un jefe shoshone nacida en Idaho, fue secuestrada con 12 años por una tribu enemiga y luego se convirtió en esposa de un trampero llamado Toussaint Charbonneau. En noviembre de 1804, Meriwether Lewis y William Clark contrataron a Charbonneau como guía para su expedición al Oeste americano y se llevaron a Sacajawea como intérprete, pues sabían que necesitarían comprar caballos a los shoshones para llegar a la costa del Pacífico. Sus dotes como traductora y su conocimiento del terreno fueron clave. Gracias a ella, Lewis y Clark comerciaron con los shoshones y pudieron completar el viaje hasta el Pacífico. Sacajawea, Charbonneau y su hijo recién nacido les acompañaron durante la expedición y acabaron por instalarse en Misuri.

PRINCIPALES LOGROS

1804 Se incorpora a la expedición de Lewis y Clark.
1805 Negocia con los shoshones la compra de caballos para la expedición.

▽ ROBERT FALCON SCOTT

BRITÁNICO (1868–1912)

Nacido en Devonport (Plymouth), Scott inició su carrera naval como cadete con 13 años, en 1881. En 1883 viajaba como guardiamarina rumbo a Sudáfrica en el *Boadicea*. Su primera experiencia en la Antártida fue la Expedición Antártica Nacional de 1901–1904, que dirigió con Ernest Shackleton como tercer oficial. Su barco, el *Discovery*, especialmente diseñado para la investigación, arribó al cabo Adare el 9 de enero de 1902.

Scott realizó la primera ascensión en globo sobre el continente antártico para identificar una posible ruta hacia el polo Sur. Tras resguardarse para pasar el invierno, parte del equipo caminó hacia el oeste en busca del polo magnético, mientras que Scott, Shackleton y el físico Wilson se

ROBERT FALCON SCOTT JUNTO A UNA GRIETA EN UN CAMPO DE NIEVE DURANTE LA EXPEDICIÓN DEL *TERRA NOVA* **(1911)**

dirigieron al polo geográfico, pero dieron media vuelta a 850 km de su objetivo. Al final Scott logró alcanzar el polo el 17 de enero de 1912 solo para constatar que el noruego Roald Amundsen lo habría logrado 36 días antes. El equipo británico intentó volver a su base, pero murió a tan solo 18 km del depósito One Ton debido a los temporales y a la falta de víveres.

En la última entrada de su diario, el 29 de marzo, Scott escribió: «De haber sobrevivido, habría podido contar la historia de la intrepidez, la resistencia y el valor de mis compañeros, que habría conmovido el corazón de cualquier inglés».

PRINCIPALES LOGROS

1901–1904 Dirige la Expedición Antártica Nacional y marca un récord al alcanzar el punto más meridional hasta la fecha.
1910–1912 Vuelve a la Antártida, pero pierde la carrera al polo Sur en 1912.

▷ ERNEST SHACKLETON

IRLANDÉS (1874–1922)

El explorador polar irlandés Ernest Shackleton participó en cuatro expediciones a la Antártida. En la primera, la Expedición Antártica Nacional británica de 1901–1904, dirigida por el capitán Scott, formo parte del equipo que llegó al punto más meridional alcanzado hasta entonces. Con otros tres compañeros volvió a batir el récord del «punto meridional más lejano» durante su segunda expedición, en 1907–1909, a bordo del *Nimrod*.

Pero fue su tercera expedición la que le hizo famoso. Como Amundsen había llegado al polo Sur, Shackleton propuso atravesar el continente, un viaje de 2900 km. Shackleton compró dos barcos, el *Endurance* y el *Aurora*, de 385 y 425 toneladas respectivamente, y seleccionó a los 56 miembros tripulantes entre 5000 candidatos. La expedición estuvo al borde de la tragedia cuando el *Endurance* quedó encallado en el hielo, pero, al final, toda la tripulación fue rescatada y consiguió regresar a salvo.

En la cuarta expedición que hizo a la Antártida, a bordo del *Quest*, Shackleton sufrió un fatal ataque al corazón en la isla de Georgia del Sur.

ERNEST SHACKLETON (CENTRO), CON ROBERT FALCON SCOTT Y EDWARD WILSON EN LA ANTÁRTIDA (1903)

PRINCIPALES LOGROS

1901–1904 Expedición de Scott a la Antártida.
1907–1909 La expedición del *Nimrod* marca un récord al viajar hasta el punto más al sur.
1914–1917 Emprende la Expedición Imperial Transantártica, con el *Endurance* y el *Aurora*.
1921 Su último viaje, a bordo del *Quest*, termina con su muerte.

▷ NAIN SINGH RAWAT

INDIO (1830–1895)

Nain Singh Rawat, nacido en el valle de Johar, en la frontera con el Tíbet, fue el primero de los topógrafos autóctonos (*pandits*, o «expertos») que exploraron regiones del norte de India para los británicos. Tras abandonar la escuela, ayudó a su padre en el tradicional comercio transfronterizo con el Tíbet y de este modo aprendió el idioma y conoció los usos y costumbres tibetanos.

A los 25 años fue reclutado por los geógrafos alemanes Adolf y Robert Schlagintweit para explorar el Tíbet. En 1863 se unió al equipo del Gran Proyecto de Topografía Trigonométrica, auspiciado por la Compañía Británica de las Indias Orientales con el fin de medir todo el subcontinente indio. Los exploradores estaban formados para medir las distancias y acometían su tarea disfrazados de monjes o comerciantes. Nain Singh Rawat llevó a cabo numerosos viajes, que podían tener varios meses de duración, actuó como espía, y exploró y cartografió el Tíbet. Asimismo, formó a topógrafos y exploradores.

Como reconocimiento por su labor, la Royal Geographical Society de Londres le premió en repetidas ocasiones. En 1877, el gobierno indio le ofreció dos pueblos como obsequio.

PRINCIPALES LOGROS

1855–1857 Participa en una expedición topográfica al Tíbet.
1863–1875 Trabaja para el Gran Proyecto de Topografía Trigonométrica.

EL EXPLORADOR Y CARTÓGRAFO INDIO NAIN SINGH RAWAT

▽ FREYA STARK

BRITÁNICA (1893–1993)

Freya Stark fue una de las primeras europeas en explorar el Hadramaut, una remota zona desértica del sur de Arabia. Exploradora y escritora, viajaba por su cuenta, sacando partido del hecho de que una aventurera solitaria en la década de 1930 era todo un enigma. Stark relató sus viajes con una prosa evocadora y escribió más de 24 libros de viajes y varios volúmenes de cartas y autobiografías.

Nacida en París, se crió entre Italia y Devon (Inglaterra). En 1929, tras estudiar árabe y persa, realizó su primer viaje sola a Bagdad (Irak). Siguieron dos peligrosas travesías por la agreste región de Luristán, en el oeste de Persia, donde estudió la topografía y los nombres locales de pueblos y accidentes geográficos. Durante su tercer viaje localizó el mítico valle de Alamut, conocido como «el valle de los asesinos», en el norte de Persia. En su expedición de 1934 al Hadramaut buscaba la antigua capital, la ciudad de Shabwa, pero contrajo el sarampión y tuvo que ser evacuada en avión. No obstante, dejó un íntimo retrato del paisaje y los habitantes. A sus sesenta años, recorrió zonas remotas de Turquía y siguió viajando por Nepal y los montes del Pamir antes de retirarse a Asolo (Italia), con más de ochenta años.

PRINCIPALES LOGROS

1934 Viaja al Hadramaut (Yemen) en busca de Shabwa, la ciudad a la que Plinio el Viejo llama Sabota.
1934 *El valle de los asesinos* lanza su carrera como escritora de viajes.
1936 Escribe sobre su estancia en las tierras altas yemeníes en *The Southern Gates of Arabia*.
1939–1945 Trabaja para el Ministerio Británico de Información en Oriente Medio elaborando propaganda para animar a los árabes a apoyar a los aliados en la Segunda Guerra Mundial.
1942 En *Letters from Syria* describe sus viajes por la zona en 1928.
1942 Es nombrada dama del Imperio británico.

MARIANA STARKE

BRITÁNICA (1761–1838)

Podría decirse que la escritora Mariana Starke fue la primera persona en percatarse de que las guías de viaje del siglo del *Grand Tour* de Europa del siglo XVIII no eran muy útiles para las familias y la gente de menos recursos. Así, a principios del siglo XIX elaboró manuales para los viajeros por Italia y Francia con información práctica sobre la comida, el equipaje, los transportes y el alojamiento que se convirtieron en el modelo de las guías modernas. Incluso contaban con un sistema de evaluación mediante signos de exclamación, precursor de las estrellas de hoy en día.

Starke creció en la Madrás colonial (actual Chennai), en India, y pasó seis años en Italia. También escribió poesía y teatro, aunque con menos éxito. Volvió a Italia al acabar las guerras napoleónicas y se dedicó a revisar y mejorar las guías que la habían hecho famosa. *Mrs.* Starke (como se hacía llamar, pese a no haber estado nunca casada) aparece en la novela *La cartuja de Parma* de Stendhal cuando se habla de un viajero e historiador británico que nunca pagaba ni la menor nimiedad sin consultar el precio en el libro de viajes de una tal *Madame* Starke.

PRINCIPALES LOGROS

1802 Publica *Travels in Italy, Between the Years 1792 and 1798.*
1820 Publica *Travels on the Continent: Written for the Use and Particular Information of Travelers.*
1828 Publica *Travels in Europe, Between the Years 1824 and 1828.*

ESTRABÓN SEGÚN UN GRABADO DEL SIGLO XVI

△ ESTRABÓN

GRIEGO (64–63 a.C.–24 d.C.)

El geógrafo, filósofo e historiador Estrabón, que vivió en Asia Menor en la época de transición entre la República y el Imperio romano, pasó a la historia por su obra *Geografía*, una relación descriptiva de todas las regiones conocidas de su mundo.

Nacido en una familia acomodada de Amasia, en el Ponto (hoy día en Turquía), se trasladó a los 21 años a Roma, donde estudió filosofía y adquirió conocimientos acerca de partes del imperio desconocidas para él. Continuó explorando el Mediterráneo y Oriente Próximo, llegando hasta la costa de Toscana por el oeste y hasta Etiopía por el sur. En Egipto visitó Kus y remontó el Nilo hasta File. Su *Geografía* arroja luz sobre el mundo antiguo y recoge las primeras ideas sobre geología. Estrabón sugiere que si aparecen conchas en lugares sin salida al mar y a gran altitud es porque los terremotos y las erupciones volcánicas también se producen bajo el mar, y los continentes han emergido por encima del nivel de este.

PRINCIPALES LOGROS

***c*. 20 a.C.** Escribe *Memorias históricas*, su primera obra importante.
***c*. 25 a.C.** Remonta el Nilo hasta File, en el Alto Egipto.
1469 Se publica en Roma la traducción latina de *Geografía*.
***c*. 1516** Primera edición griega de *Geografía*, publicada en Venecia.

FREYA STARK MONTANDO UNA MULA EN YÁBAL AL-DRUZ, EN EL SUR DE SIRIA (1928)

T

▷ ABEL TASMAN

NEERLANDÉS (1603–1659)

Las expediciones de Abel Tasman no gozaron de gran aprecio en su época. No obstante, aunque el comandante de la Compañía Neerlandesa de las Indias Orientales fracasara en su intento de encontrar nuevas rutas comerciales hacia América del Sur y Australia, sus viajes enriquecieron el conocimiento neerlandés del Pacífico y contribuyeron al descubrimiento de Tasmania, Nueva Zelanda, Fiyi y Tonga.

Nacido en 1603 en Lutjegast (Países Bajos), Tasman llegó a comandante en la Compañía Neerlandesa de las Indias Orientales y fue enviado a su sede de Batavia (hoy Yakarta) en 1638. En su primer gran viaje al mando del *Heemskerk* aprovechó los vientos dominantes hacia la isla Mauricio y luego puso rumbo sureste. Plantó la bandera neerlandesa en Tasmania, a la que llamó Tierra de Van Diemen, por el gobernador general de las Indias Orientales Neerlandesas, y en el viaje de regreso, la tripulación desembarcó en Nueva Zelanda y cartografió varios archipiélagos del Pacífico.

En enero de 1644, Tasman zarpó para averiguar si Nueva Guinea y Australia formaban parte de la misma masa terrestre, pero confundió el estrecho de Torres, que las separa, con una bahía. Decepcionada por el resultado de Tasman, la compañía desistió de las exploraciones. Ningún europeo desembarcó en Tasmania o Nueva Zelanda hasta la llegada del capitán Cook, 126 años más tarde, y el continente australiano solo recibió visitantes accidentales.

PRINCIPALES LOGROS

1642 Reclama la Tierra de Van Diemen (después llamada Tasmania).

1644 Segundo viaje en busca de un paso hacia la costa este de Nueva Holanda (hoy Australia).

*c.*1690 Se completa el mapa de Tasman, basado en cartas originales de los dos primeros viajes.

RETRATO AL ÓLEO DE ABEL TASMAN CON SU ESPOSA Y SU HIJA (1637)

▽ WILFRED THESIGER

BRITÁNICO (1910–2003)

Hijo de un diplomático británico, Wilfred Thesiger nació en Addis Abeba, en Abisinia (actual Etiopía). Cuando era estudiante en Oxford viajó a Constantinopla (hoy Estambul) en un vapor de mercancías y a Islandia en un pesquero. Durante la Segunda Guerra Mundial luchó en el SAS (Servicio Aéreo Especial), en el norte de África y en Oriente Medio.

En 1945, en el marco de un estudio de la ONU sobre la langosta, pasó cinco años explorando el desierto de Rub al-Jali, el Cuarto Vacío, y llegó a conocer muy bien a su población beduina.

En la primera de sus dos travesías, un periplo de 2400 km a camello, cartografió el oasis de Liwa y fue el primer europeo en ver las célebres arenas movedizas de Umm al Samim. Thesiger continuó viajando toda su vida: en la década de 1950 pasó cinco años con los árabes de las marismas de Irak, viajó con los nómadas bajtiaríes de Irán, y exploró el Hindu Kush, Afganistán, India, Kenia y África occidental. En 1995 fue nombrado caballero.

PRINCIPALES LOGROS

1930 Es invitado a la coronación del emperador Haile Selassie de Abisinia.

1933 Dirige una expedición para explorar el curso del río Awash en Abisinia.

1959 Publica *Arenas de Arabia*, sobre sus viajes por el Rub al-Jali.

2004 El Museo Pitt Rivers de Oxford adquiere su extensa colección de fotografías.

WILFRED THESIGER CON SU CAMELLO EN 1948, DURANTE UN VIAJE DESDE LAS ARENAS DE AS SARUQ HASTA ABU DABI (DUBÁI)

BERTRAM THOMAS EN EL RUB AL-JALI, SEGÚN UNA ILUSTRACIÓN DE 1970

△ BERTRAM THOMAS

BRITÁNICO (1892–1950)

Bertram Thomas, natural de Bristol, trabajaba como ministro de finanzas para el sultán de Mascate cuando planeó convertirse en el primer europeo en atravesar el Rub al-Jali. El periplo de 1000 km arrancaría en la costa de Omán y pasaría por Arabia Saudí hasta Catar. El famoso Rub al-Jali, o Cuarto Vacío, es un desierto deshabitado y cambiante, con dunas de hasta 250 m de altura. Thomas tuvo que abandonar en el primer intento, ya que sus camellos de montaña resultaron inútiles en

EL EXPLORADOR Y ESCRITOR BRITÁNICO COLIN THUBRON EN 2008

las arenas del desierto. En octubre de 1930 partió en un barco (en secreto, pues competía con otros exploradores) desde Mascate hasta Salalah, pero al llegar se encontró con que las tribus en guerra habían bloqueado el paso. Cambió de plan y emprendió el viaje con Salih bin Kalut, un jeque de la tribu rashidí que compartía su sueño, además de 30 hombres y 40 camellos. La pareja negoció con las tribus locales un paso seguro, avanzando de una fuente de agua a otra, y sobrevivió a tormentas de arena y a conflictos de sangre hasta alcanzar, al cabo de 60 días, el límite norte del desierto y después el golfo Pérsico.

PRINCIPALES LOGROS

1916 Es destinado a Mesopotamia durante la Primera Guerra Mundial.

1928 Viaja en camello de Mascate a Sharjah y a Salalah.

1932 Publica *Arabia Felix*.

1944 Es el primer director del Centro de Estudios Árabes de Oriente Medio en Palestina.

▷ CHARLES WYVILLE THOMSON

BRITÁNICO (1830–1882)

La oceanografía moderna nació de hecho con el viaje del *Challenger*, organizado por la Royal Society de Londres, entre los años 1872 y 1876. Charles Wyville Thomson, profesor de historia natural de la Universidad de Edimburgo, estuvo al cargo de la expedición.

Thomson, nacido en West Lothian (Escocia) en 1830, era hijo de un cirujano de la Compañía Británica de las Indias Orientales. Su interés por la biología marina lo llevó a estudiar los invertebrados y a llevar a cabo expediciones de dragado en el norte de Escocia.

Para su histórica expedición, iniciada el 21 de diciembre de 1872, mandó retirar los cañones de la corbeta *Challenger* para poder instalar dos laboratorios. Durante aquel viaje de más de 29 000 millas náuticas (130 000 km), Thomson y un equipo de científicos midieron las profundidades oceánicas, llevaron a cabo cientos de sondeos, dragados, lances y tomas de temperatura, y descubrieron más de 4500 especies

CHARLES WYVILLE THOMSON DURANTE LA EXPEDICIÓN DEL *CHALLENGER*

marinas. Los hallazgos de esta expedición fueron compilados en un colosal informe de 50 volúmenes.

PRINCIPALES LOGROS

1870 Es nombrado catedrático regio de historia natural de la Universidad de Edimburgo.

1872 El *Challenger* inicia su pionera exploración del medio marino.

1877 Es nombrado caballero por la reina Victoria.

1983 El infortunado transbordador espacial de la NASA *Challenger* es bautizado en honor a la expedición de Thomson.

◁ COLIN THUBRON

BRITÁNICO (n. en 1939)

Del escritor de viajes Colin Thubron se ha dicho que es un viajero de otra época. Nacido en Londres, hijo de un general de brigada, y educado en Eton, se convirtió en un intrépido cronista de lugares que le han obsesionado a lo largo de su carrera: China, la URSS, Asia central, Afganistán, Turquía e Irán. El lirismo de sus indagaciones sobre la historia, el paisaje, la lengua y las tradiciones de un país emana de una respetuosa inmersión en su pueblo y su cultura. Su primer libro,

Semblanza de Damasco, publicado en 1967, es una prueba de amor a una ciudad con un rico legado artístico, social y religioso. Thubron se ha basado en sus múltiples viajes en solitario por Oriente Medio, Rusia y Extremo Oriente para sus libros. En *La sombra de la Ruta de la Seda*, publicado en 2006, relata su viaje de 11 300 km en vagones destartalados, autobuses y coches desde China hasta el Mediterráneo. Actualmente vive en Londres y es también autor de varias novelas, como *The God in the Mountain* (1977).

PRINCIPALES LOGROS

1987 *Behind the Wall: A Journey through China* gana el premio Hawthornden y el Thomas Cook Travel Award.
1999 Publica *En Siberia*, el relato de su viaje de 24 000 km por Siberia tras el desmembramiento de la URSS.
2007 Es nombrado comendador de la Orden del Imperio Británico.
2009 Preside la Royal Society of Literature.

EL ESCRITOR ESTADOUNIDENSE MARK TWAIN EN LA DÉCADA DE 1890

△ MARK TWAIN

ESTADOUNIDENSE (1835–1910)

Uno de los escritores más relevantes de EE UU, Samuel Langhorne Clemens (posteriormente conocido como Mark Twain), era el sexto de los siete hijos de una humilde familia que vivía a orillas del Misisipi en Hannibal (Misuri). Con 22 años, Clemens se convirtió en aprendiz de patrón de los barcos de vapor que surcaban el majestuoso río entre San Luis y Nueva Orleans. Más de dos décadas después escribió *Las aventuras de Huckleberry Finn*, inspiradas en el Misisipi de su infancia. El viaje de Huck en la novela, en el que navega río abajo junto con un esclavo fugitivo, era una amarga sátira de la dura realidad del sur de EE UU antes de la guerra de Secesión.

Cuando en 1861 la guerra acabó con el comercio fluvial, Twain viajó hacia el oeste en busca de plata, aunque con escaso éxito. En 1865, mientras trabajaba como reportero en California, publicó su primer relato breve, *La célebre rana saltarina del condado de Calaveras*. Siguió, en 1869, el éxito de ventas *Guía para viajeros inocentes*, una novela sobre su viaje

PRINCIPALES LOGROS

1869 Publica *Guía para viajeros inocentes.*
1876 Publica *Las aventuras de Tom Sawyer.*
1883 Publica *Vida en el Misisipi*, basado en sus años como patrón de barco de vapor.
1885 Publica *Las aventuras de Huckleberry Finn* y una biografía del presidente Ulysses S. Grant.

U

▽ NAOMI UEMURA

JAPONÉS (1941–1984)

El aventurero Naomi Uemura exploró en solitario algunos de los rincones más inhóspitos de la Tierra. Hijo menor de un cultivador de arroz de Hidaka, comenzó a escalar siendo estudiante, con la esperanza de ganar fuerza y confianza en sí mismo. Uemura, con solo 1,60 m de estatura pero una tenacidad a toda prueba, remontó en solitario

de Europa a Tierra Santa con un grupo de estadounidenses. Mark Twain alcanzó fama internacional gracias a sus libros de viajes y giras de conferencias. Había escrito 28 libros cuando murió en Redding (Connecticut) en 1910.

el Amazonas en balsa, recorrió Japón a pie y coronó algunas de las cumbres más altas del mundo antes de conquistar la cima más alta de América del Norte, el monte Denali (antes McKinley), en Alaska.

En 1978 fue el primer explorador en llegar al polo Norte solo con un equipo de perros de trineo. Durante la hazaña tuvo que yacer inmóvil cuando un oso polar entró en su campamento y se quedó un tiempo aislado con sus perros al romperse un témpano de hielo. En el invierno de 1984, durante su segundo intento de coronar el Denali, alcanzó temperaturas en la cumbre de hasta −46 °C. Por desgracia, desapareció durante el descenso, y sus restos no se han encontrado.

PRINCIPALES LOGROS

1970 Llega a la cima del Everest en la primera expedición japonesa.
1970 Primer ascenso en solitario del Denali (6190 m), en Alaska.
1976 Marca un récord con los 12 000 km de travesía en solitario con trineo de perros desde Groenlandia hasta Alaska.
1978 Es la primera persona en alcanzar el polo Norte en solitario a través del hielo ártico.

NAOMI UEMURA DURANTE SU VIAJE EN SOLITARIO AL POLO NORTE EN 1978

EL EXPLORADOR HÚNGARO ÁRMIN VÁMBÉRY CON SUS ROPAS DE VIAJE (c. 1890)

V

△ ÁRMIN VÁMBÉRY

HÚNGARO (1832–1913)

Desde hacía más de 250 años, Asia central resultaba inaccesible para los occidentales, cuando, en 1861, Ármin Vámbéry emprendió un peligroso viaje a Samarcanda, en el actual Uzbekistán, vestido como un derviche suní.

Nacido en una familia judía humilde en Szentgyörgy, en Hungría (actual Svaty Jur, en Eslovaquia), y cojo de nacimiento, Vámbéry mostró desde pequeño una gran facilidad para los idiomas. Trabajó como profesor en Constantinopla (hoy Estambul), y en esa época aprendió unos 20 dialectos turcos y estudió el Corán para preparar su viaje en busca de los orígenes del idioma húngaro.

Con el nombre de derviche Rashid Efendi, viajó a pie, en burro, camello y carreta, de Constantinopla, pasando por Trebisonda, a orillas del mar Negro, a Teherán, donde se unió a un grupo de peregrinos derviches. Tras

desviarse hasta Shiraz, cerca del golfo Pérsico, viajaron a Jiva, Bujará y Samarcanda. En aquella época los extranjeros eran encarcelados, y el emir de Samarcanda, recelando del «comportamiento osado» de Vámbéry, solicitó entrevistarse con él a solas, pero, para su disgusto, Vámbéry superó el reto.

Vámbéry regresó a Constantinopla por Herat (Afganistán) en 1864. Tras su viaje a Londres para conseguir publicar un libro en inglés sobre sus viajes, su fama se extendió entre la sociedad británica y fue contratado por los servicios secretos como agente externo en Turquía.

PRINCIPALES LOGROS

1861 Emprende un viaje de Constantinopla a Samarcanda disfrazado de derviche.
1865 Publica *Travels in Central Asia*.
1865 Se convierte en profesor de lenguas orientales y estudios húngaros orientales en la Universidad de Pest.

▷ AMÉRICO VESPUCIO

ITALIANO (c. 1454–1512)

El científico y comerciante Américo Vespucio (cuyo nombre original era Amerigo Vespucci) se hizo explorador cuando rondaba la mediana edad, llevado del entusiasmo por la navegación hacia el Nuevo Mundo entre finales del siglo XV y principios del XVI. Nacido en un pueblo cerca de Florencia, trabajaba como agente comercial para la familia Médicis en Sevilla cuando consiguió un puesto como astrónomo y cartógrafo en una nave española.

Después de cambiar de barco en el Caribe para navegar hacia el sureste, Vespucio descubrió costas arboladas, con vegetación frondosa y un gran flujo de agua dulce allí donde el río Amazonas llegaba al Atlántico. A una jornada en barco remontando la doble desembocadura, llegó a un «paraíso terrenal» de colorida naturaleza. La nave descendió hasta Recife, en el actual Brasil, y regresó a España pasando por Trinidad, Venezuela y la isla caribeña de La Española.

Durante una segunda expedición, entre 1501 y 1502, al mando del explorador portugués Gonçalo Coelho, Vespucio sostuvo haber

cartografiado casi 2000 leguas de la costa del continente y más de 5000 islas. Si bien fue Cristóbal Colón quien descubrió el Nuevo Mundo, Vespucio reveló que aquella tierra pertenecía a un continente hasta ese momento desconocido, y no a la costa de Asia, como se creía, y con ello cambió el modo de entender el globo.

PRINCIPALES LOGROS

1499 Se embarca como astrónomo y cartógrafo en la expedición española de Alonso de Ojeda.
1501 Una segunda expedición, portuguesa, convence a Vespucio de haber llegado a un nuevo continente.
1507 El cartógrafo alemán Martin Waldseemüller da al nuevo continente la versión femenina del nombre de Vespucio.

W

WILLEM VAN RUYSBROECK

FLAMENCO (c. 1220–1293)

«Así como Dios nos da los diferentes dedos de la mano, da a los hombres distintos caminos.» Con estas palabras rechazó el gran kan de Mongolia los intentos de convertirlo al cristianismo del franciscano flamenco Willem van Ruysbroeck (conocido en España como Rubruquis), enviado en 1253 por el rey Luis IX de Francia (san Luis) con la

AMÉRICO VESPUCIO CON UN ASTROLABIO, GRABADO DE JAN COLLAERT II (c. 1600)

misión de difundir la fe cristiana entre los mongoles y forjar una alianza contra los sarracenos de Tierra Santa.

En una carreta tirada por bueyes, el franciscano emprendió un viaje de tres años desde Acre, en Palestina, hasta la corte del kan Batu, a orillas del Volga, vía Constantinopla. Batu se negó a convertirse y lo envió a visitar a Möngke, el gran kan de Karakórum. Willem documentó la cultura mongola y debatió con budistas y musulmanes ante el gran kan; sin embargo, no consiguió convencer a ninguno. A su vuelta al estado cruzado de Trípoli presentó a Luis IX un relato de 40 capítulos sobre sus viajes, considerado una obra maestra de la literatura geográfica medieval.

PRINCIPALES LOGROS

1248 Acompaña a Luis IX de Francia a la tercera cruzada.
1253 Viaja a Karakórum con la misión de evangelizar a los mongoles.
1254 Permanece siete meses en la corte del kan Möngke.

▷ FRANCISCO JAVIER

ESPAÑOL (1506-1552)

El misionero jesuita san Francisco Javier recorrió Asia en el siglo XVI, siendo el primer misionero cristiano en muchos de los lugares que visitó. Si bien sus misiones cosecharon un éxito limitado, sus cartas ofrecen vívidas descripciones de lugares poco conocidos para los europeos.

Nacido en el castillo de Javier (Navarra), Francisco de Jaso, más conocido como Francisco Javier, embarcó en Lisboa rumbo a Goa en 1541 para administrar comunidades portuguesas en el sur de India y conseguir nuevas conversiones. Viajó a las islas de las Especias, en Indonesia, visitó Malaca, en la actual Malasia, y en 1549 se convirtió en el primer explorador misionero de Japón. Aunque manteniéndose al margen de las todopoderosas religiones budista y sintoísta, profesó una gran admiración por la cultura japonesa. En su última

MILAGRO ATRIBUIDO A FRANCISCO JAVIER EN LA CARRACA *SANTA CRUZ* (PINTURA DEL SIGLO XVII)

y malograda misión a China, en 1552, se le prohibió el acceso al continente. Permaneció un tiempo en Sangchuan, una isla comercial situada frente a la costa de Cantón, y murió de fiebres ese mismo año.

PRINCIPALES LOGROS

1542 Es nombrado nuncio apostólico, enviado oficial de la Iglesia, por el papa Paulo III.
1549 Viaja en un junco chino desde Goa (India) hasta Japón, siguiendo una ruta comercial portuguesa.
1552 Bernardo, un japonés convertido por él, llega a Lisboa: es la primera persona de Japón conocida que pisa Europa.
1622 Es canonizado.

XUAN ZANG

CHINO (c. 602-664)

Los escritos de Xuan Zang, un erudito y monje budista que llevó a cabo una peregrinación de 16 años por las montañas y desiertos de Asia central hasta India, han dado pie a mitos y leyendas. Nacido en la provincia china de Henan, Xuan Zang ingresó en un monasterio budista a los 13 años, fue ordenado monje a los 20 y emprendió su peregrinación en busca de las auténticas escrituras sagradas en 629. Pese a la prohibición de viajar al extranjero a causa de la guerra, encontró una ruta a través de las provincias de Liangzhou y Qinghai y por el desierto de Gobi.

Siguió la franja norte de la Ruta de la Seda y atravesó el desierto de Kizilkum hasta alcanzar la ciudad comercial de Samarcanda, hoy en Uzbekistán, y después Afganistán.

Llegó a India en 630 y continuó visitando lugares sagrados como Lumbini y Kushinagar, donde nació y murió Buda, respectivamente. Regresó a China con más de 600 textos en sánscrito, que tradujo al chino posteriormente.

PRINCIPALES LOGROS

c.630 Visita la gran estupa de Gandhara, el edificio más alto del mundo en la época.
c.1592 Sus aventuras inspiran la novela titulada *Viaje al oeste*, uno de los grandes clásicos de la literatura china.

VIAJES

África

▽ **CRUCERO POR EL NILO**

EGIPTO

En torno al 90 % de Egipto es desierto, y las únicas partes habitables del país son el fértil valle del Nilo y el delta de este río. El Nilo alimentó a la antigua civilización egipcia y llegó a ser la principal vía comercial entre el reino de Nubia y el Mediterráneo. Los egipcios trocaban sus recursos naturales (oro, papiro, cereales y lino) por maderas nobles tropicales, metales preciosos, incienso y mirra.

Siglos después, los monumentos erigidos en honor de los faraones seguían en pie, y por ello Thomas Cook dirigió el primer viaje organizado entre El Cairo y Asuán en 1869. Desde entonces, un crucero por el Nilo ha sido la quintaesencia del viaje a Egipto. El periplo tradicional se inicia con una excursión de El Cairo a las pirámides de Guiza (2560–2510 a.C.), uno de los monumentos más antiguos de Egipto junto con la necrópolis de Saqqara y su pirámide escalonada. Desde El Cairo, el barco remonta el Nilo con breves paradas en Tell el-Amarna, la antigua ciudad de Akenatón, el faraón hereje, y en Qena y su templo de Dendera, antes de atracar en Luxor.

Antiguamente llamada Tebas, Luxor fue capital de Egipto en el momento álgido del poder faraónico. Hoy sigue siendo un inmenso museo al aire libre, con la mayor concentración de monumentos de Egipto. En la ribera derecha se alzan los templos de Luxor y Karnak, y en la izquierda, los vastos complejos funerarios y valles de tumbas reales. Entre estos últimos se halla el Valle de los Reyes, donde Howard Carter descubrió la tumba de Tutankamón en 1922.

El barco se detiene en otros tres templos antes de llegar a Asuán, la última población antes de la frontera con Sudán. Esta ciudad es una base excelente para visitar los templos de la isla de File (380–362 a.C.) y el templo de Abu Simbel, dedicado a Ramsés II, en el lago Nasser. En ese punto, los rápidos dificultan el viaje hacia el sur, de modo que el barco da media vuelta y regresa a El Cairo.

TEMPLO DE KARNAK

discurre hacia el este por el que los folletos turísticos llaman «valle de las casbas» por las fortalezas tribales que lo jalonan. Finalmente llega al pueblo de Rissani, donde sobresalen algunas ruinas entre los palmerales: son los restos de Sijilmasa, la ciudad fortificada que marcaba el extremo norte de la ruta de las caravanas transahariana. Aquel El Dorado africano fue destruido en el siglo XVI, reconstruido y vuelto a arrasar en 1818 por las tribus nómadas. Desde Rissani es posible continuar conduciendo un poco más, pero de pronto la carretera termina y surgen, imponentes, las dunas del Sáhara. La siguiente parada es Tombuctú, a 1000 km hacia el sur.

▽ LA RUTA DE LIVINGSTONE

SUDÁFRICA, BOTSUANA Y ZAMBIA

CARAVANA DE CAMELLOS EN EL DESIERTO DEL SÁHARA (MARRUECOS)

△ LA RUTA COMERCIAL TRANSAHARIANA

MARRUECOS

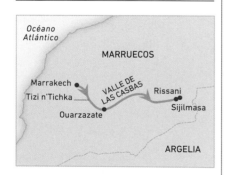

El desierto del Sáhara es un lugar inhóspito y peligroso, pero durante los siglos IV y V surcaban sus dunas rutas comerciales por las que transitaban para efectuar sus transacciones los bereberes del norte de África, habitantes de los actuales territorios de Marruecos, Argelia y Túnez, y los pueblos subsaharianos de Mali y el reino de Ghana. Estos últimos llenaban sus caravanas de mercancías valiosas, como nuez de cola, pieles, plumas de avestruz, esclavos y, sobre todo, oro, mientras que los bereberes portaban sal de las minas del desierto, un producto de primera necesidad.

Hoy viajar a Mali puede entrañar riesgo, pero aún es posible seguir el rastro de la antigua ruta de las caravanas. Al norte de la cordillera del Atlas, en Marruecos, se halla la ciudad de Marrakech. Nació como un enclave comercial, y hoy en día, su medina (barrio antiguo) continúa dominada por un extenso zoco. En este laberinto de callejuelas sombrías y estrechas, los comerciantes exponen especias, utensilios de latón, prendas de seda, alfarería y, quizá, plumas o huevos de avestruz. De la puerta sur de la ciudad, aún amurallada, sale una carretera que deja atrás la árida planicie y se pierde en las montañas. Asciende hasta el paso de Tizi n'Tichka y desciende sinuosa hasta la ciudad de Ouarzazate, la puerta del desierto. Desde allí, una carretera solitaria

El misionero y luchador abolicionista escocés David Livingstone fue uno de los exploradores de África más importantes. Hoy es posible visitar muchos de los territorios que recorrió y admirar su belleza sin pasar por las

EL *PRIDE OF AFRICA* ATRAVIESA SUDÁFRICA

penurias que él hubo de soportar. Nada más llegar a Ciudad del Cabo (Sudáfrica) en 1841, Livingstone viajó al norte para ocupar un puesto de misionero en el interior. Hoy merece la pena detenerse en Ciudad del Cabo. La montaña de la Mesa ofrece bonitos senderos que explorar, y la región de los Viñedos del Cabo está muy cerca, así como kilómetros de playas.

Desde Ciudad del Cabo se puede llegar al interior en autobús o en ferrocarril, pero la mejor manera de hacerlo es a bordo del *Pride of Africa*, un lujoso tren que avanza hacia el noreste atravesando el corazón del país y dispone de un vagón mirador para disfrutar del paisaje. Realiza paradas en Kimberley, la ciudad de las minas de diamantes, Johannesburgo y Pretoria, desde donde remonta hacia el norte por la sabana hasta llegar a Botsuana. Fue aquí donde Livingstone fundó una misión en Kolobeng antes

de dedicarse a la exploración, cruzar el desierto del Kalahari y llegar al lago Ngami en 1849. El tren también cruza el desierto del Kalahari antes de alcanzar las imponentes cataratas Victoria, que Livingstone fue el primer europeo en admirar en noviembre de 1855 y a las que los nativos llamaban «humo que truena». A día de hoy siguen siendo una de las mayores maravillas naturales del mundo.

Desde las cataratas, el tren continúa hacia Zambia, un país estrechamente vinculado a Livingstone, que siguió el curso del río Zambeze hasta el océano Índico. A pocos kilómetros al norte del río se encuentra la ciudad moderna de Livingstone, así llamada en honor del explorador. Desde allí se puede continuar hacia el lago Tanganica, donde Livingstone pasó los últimos años de su vida buscando, sin éxito, las fuentes del Nilo.

Asia

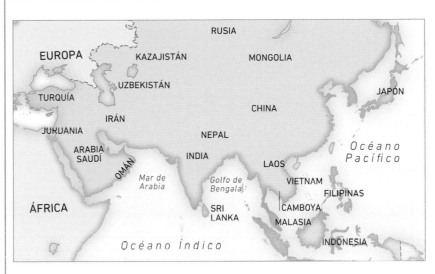

MONJES EN EL TEMPLO PRINCIPAL DE ANGKOR VAT (CAMBOYA)

◁ DE ANGKOR VAT A CIUDAD HO CHI MINH

CAMBOYA Y VIETNAM

Con sus 4350 km, el Mekong es el río más largo del Sureste Asiático. Fluye desde la meseta tibetana hasta el sur de Vietnam y desemboca en el mar de la China Meridional. Esta sensacional vía fluvial, tan solo superada por el Amazonas en cuanto a fauna y flora, era prácticamente desconocida hasta que en 1866 una expedición francesa se aventuró a explorarla, con la esperanza de demostrar que era navegable y podía ser una arteria comercial vital entre Saigón (hoy Ciudad Ho Chi Minh) y China.

El Mekong abastecía al Imperio jemer, que floreció en el siglo VIII, de modo que el viaje ideal comienza en su antigua capital, Angkor Vat, en Camboya. Obra maestra de la arquitectura jemer, Angkor Vat es un complejo originalmente dedicado al

dios hindú Visnú. Sobre sus torres con forma de loto y los recintos amurallados del siglo XII, unos complejos relieves describen acontecimientos históricos y escenas mitológicas. Abandonado en el siglo XIV, durante el declive del Imperio jemer, desapareció sepultado por la selva y era prácticamente desconocido para Occidente hasta que el explorador francés Henri Mouhot lo encontró a mediados del siglo XIX. Algunas partes no se han restaurado, y la selva, una vez más, se apodera de él.

Siem Reap, una ciudad turística a pocos kilómetros de Angkor Vat, sirve de base para explorar los templos. Su puerto fluvial acoge a los barcos que navegan hacia el sur por el gran lago Tonlé Sap hasta Nom Pen, la capital camboyana, a orillas del Mekong, un viaje que transcurre entre aldeas y mercados flotantes, y coloridas pagodas. Desde Nom Pen se puede remontar el Mekong hasta Kratie, un buen punto de partida para hacer senderismo por la selva.

La alternativa es continuar hacia el sur, cruzar a Vietnam y disfrutar del idílico paisaje de canales y arroyos enmarcados en el verdor intenso de los arrozales del delta del Mekong. El destino final es Ciudad Ho Chin Minh, una atractiva mezcla de edificios coloniales franceses y bulliciosos comercios del siglo XXI.

▽ LA GRAN MURALLA CHINA

CHINA

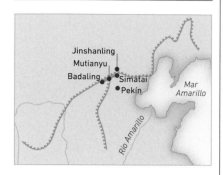

La Gran Muralla china, la más larga del mundo, es una de las obras más impresionantes construidas por el ser humano. Visitarla es un viaje en sí mismo, y muchos exploradores europeos han acudido para poder contemplarla con sus propios ojos.

La parte más antigua de la muralla se construyó entre 220–206 a.C., tras la unificación del país bajo el primer emperador, Qin Shi Huangdi, a fin de frenar las invasiones y proteger el comercio de la Ruta de la Seda. Millones de soldados, campesinos y prisioneros trabajaron para levantarla, y muchos murieron en el proceso.

Deteriorada por el paso del tiempo, la muralla fue reconstruida bajo la dinastía Ming (1368–1644), y la mayor parte de lo que se conserva data de esa época. La Gran Muralla de los Ming se extendía a lo largo de más de 8851 km, entre la provincia de Xinjiang, en el extremo oeste de China, y el mar Amarillo, al este. Hoy en día, buena parte está en ruinas y faltan grandes tramos, pero la estructura histórica ha sido restaurada emulando su antiguo esplendor.

El tramo más popular está en Badaling, a 70 km al oeste de Pekín. En la década de 1980 se llevó a cabo una importante labor de restauración e incluso se añadió una tirolina. Más espectacular y menos concurrido es el sector de Mutianyu, a 90 km al norte de Pekín, un tramo de 2250 m que serpentea entre colinas jalonado por múltiples atalayas. Se puede llegar en teleférico o en telesilla.

El mejor lugar para hacerse una idea de la Gran Muralla original es Simatai, a 110 km al noreste de Pekín. Allí arranca una ruta de 8 km por la muralla hasta Jinshanling, por la que pocos turistas se aventuran. Hay partes increíblemente empinadas (la Escalera Celestial tiene una pendiente de 80 grados), y en algunos lugares los escalones están desgastados y las torres se desmoronan. No obstante, quienes estén en buena forma y dispuestos a caminar cinco horas verán sus esfuerzos recompensados con creces. El punto más alto de este sector es la torre vigía de Pekín, a 986 m, desde la cual, por la noche, se alcanzan a ver las luces de la capital titilando a 120 km de distancia.

EL RÍO YANGTSÉ A SU PASO POR LA GARGANTA DE QUTANG

△ LAS TRES GARGANTAS

CHINA

El Yangtsé, el tercer río más largo del mundo, fluye a lo largo de 6300 km de la meseta tibetana, en el oeste, al mar de la China Oriental. Conecta el interior con la costa y es una de las principales arterias de China y una de las vías fluviales más transitadas del mundo, usada tanto para transportar carbón y mercancías como pasajeros.

En la mitad de su curso, este río posee un tramo de enorme belleza natural relativamente corto, de unos 200 km, entre Chongqing y Yichang, conocido como las Tres Gargantas. Cuando el Yangtsé atraviesa las gargantas de Qutang, Wu y Xiling, sus aguas transcurren entre majestuosos desfiladeros de menos de 100 m de ancho en los puntos más estrechos. La panorámica de la garganta de Qutang es tan famosa que figura en el billete de diez yuanes. Son muchos los cruceros que se pasean por las

AMANECER SOBRE LA GRAN MURALLA CHINA EN SIMATAI

gargantas, en una excursión de tres días. El recorrido típico comprende varias paradas en el camino para que los viajeros visiten los templos o los monumentos históricos. Los pasajeros también pueden tomar embarcaciones más pequeñas para explorar las llamadas Gargantas Menores, y otras aún más ligeras para aventurarse por algunos de los muchos afluentes del Yangtsé.

Desde la década de 1990, una de las imágenes más impactantes del río es la Presa de las Tres Gargantas, con la mayor central hidroeléctrica del mundo, cuya construcción terminó en 2006. Desde la garganta de Qutang, el embalse genera electricidad y reduce el riesgo de inundaciones aguas abajo. El aumento del nivel del río ensancha su cauce y facilita la navegación, a la vez que hace parecer más pequeños los acantilados circundantes. Aún así la zona sigue siendo espectacular. Este controvertido proyecto requirió el traslado de 1,3 millones de personas, y en consecuencia, los barcos ahora navegan sobre «ciudades fantasma» sumergidas. Para sortear la presa, las embarcaciones deben pasar por una serie de gigantescas esclusas escalonadas, una travesía de por sí impresionante.

▷ EL FERROCARRIL HIMALAYO DE DARJEELING

INDIA

Muchos trenes atraviesan un paisaje fantástico, pero el ferrocarril himalayo de Darjeeling es único. Tras viajar en el «tren de juguete» desde Siliguri hasta Darjeeling en 1896, Mark Twain escribió que el viaje había sido «tan espectacular, interesante, emocionante y encantador que merecía durar una semana». En un breve recorrido de 78 km, el tren resuella montaña arriba por una vía simple de solo 61 cm de

EL FERROCARRIL DE DARJEELING DEL HIMALAYA SERPENTEA ENTRE LAS COLINAS DE BENGALA OCCIDENTAL

ancho y trazado tortuoso para pasar de 100 m sobre el nivel del mar a unos 2200 m, impulsado por una minúscula locomotora de vapor (de ahí su apodo de «tren de juguete»). A pesar de las apariencias, la línea ofrece un servicio de 16 trenes diarios, salvo cuando los desprendimientos obstruyen la vía.

Como casi todos los ferrocarriles de montaña construidos por los británicos en India, el principal objetivo del Darjeeling del Himalaya era facilitar el acceso a zonas más frías en verano. La propia Darjeeling, una ciudad entre las plantaciones de té de Bengala Occidental, se convirtió en un verdadero hogar para muchos

británicos que decidieron construir allí casas coloniales. Terminado en 1881, el ferrocarril conecta Darjeeling con Nueva Jalpaiguri, uno de los principales nudos ferroviarios indios, y se detiene en 13 estaciones. Desde Nueva Jalpaiguri asciende rápidamente gracias a las frecuentes estaciones de cambio de sentido a lo largo de una vía en zigzag, que le permiten superar cada vez una sección de la pendiente. En algunos puntos el trazado es curvo para ayudar a los trenes a ganar altura. La vía transcurre junto a la carretera Hill Cart, igualmente vertiginosa, y en los puntos donde ambas se cruzan, el

pitido de los trenes resuena sobre el tráfico. El viaje completo requiere ocho horas exasperantemente lentas, pero el paisaje merece la pena. El tren circula entre valles semitropicales, plantaciones de té, frondosos bosques y pueblos con comercios a pie de vía. El punto más alto de la línea, y la estación de tren a mayor altura de India, se encuentra en Ghum, a las afueras de Darjeeling. Allí, en un día claro, puede admirarse el espectacular panorama del Himalaya dominado por el Kanchenjunga, la tercera montaña más alta del mundo.

▽ EL TRIÁNGULO DE ORO

INDIA

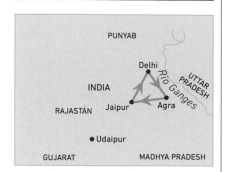

El triángulo de oro de India está formado por las tres ciudades más memorables del país, relativamente cercanas y bien conectadas mediante una extraordinaria red ferroviaria, si se está dispuesto a pagar por ella. Los ferrocarriles indios, construidos por los británicos en el siglo XIX, son los más antiguos de Asia. La primera línea importante, entre Bombay y Calcuta, se inauguró en 1870, y tres décadas después el país tenía 65 000 km de vías. En 1891, la editorial londinense de guías de viaje de John Murray publicó el primer manual exhaustivo para recorrer India, que afirmaba que un viaje por India ya no era una extraordinaria odisea, sino que «el inglés que lo emprende simplemente pasa de una parte del imperio a otra».

Las ciudades clave eran y son Delhi, Agra y Jaipur, que constituyen los vértices de un triángulo casi equilátero trazado al señalarlas en un mapa y llamado «de oro» por las joyas arquitectónicas que albergan. Delhi cuenta con el imponente Qutub Minar, un alminar del siglo XII; las construcciones mogolas de la tumba de Humayun y el Fuerte Rojo, así como edificios coloniales británicos y los enormes y abarrotados bazares de la vieja Delhi. Agra posee su propio Fuerte Rojo y el Taj Mahal, y es la puerta de acceso a Fatehpur Sikri, la espléndida ciudad fortificada antaño capital del Imperio mogol. El tercer vértice es la ciudad rosa de Jaipur, antigua capital de la árida provincia de Rajastán. Esta magnífica ciudad de palacios y bazares es un buen punto de partida para visitar el exquisito Fuerte Amber, en lo alto de una colina situada a pocos kilómetros. El acceso a las tres ciudades es relativamente fácil, en tren expreso o autobús. Asimismo, existe el lujoso *Palacio sobre ruedas*, un premiado servicio ferroviario que conecta las ciudades del triángulo de oro y además pasa por Udaipur, una seductora ciudad a orillas de un lago hacia el suroeste.

AMANECER EN BENARÉS A ORILLAS DEL RÍO GANGES

UNOS CAMELLOS CRUZAN EL RÍO YAMUNA FRENTE AL TAJ MAHAL, EN AGRA

△ EL RÍO GANGES

INDIA

Uno de los ríos más largos del planeta, el Ganges, nace en las montañas del Himalaya y fluye a lo largo de 2525 km hacia el sureste hasta el golfo de Bengala, en el océano Índico. Es sagrado para los hindúes, que lo veneran como diosa Ganga. Ha sido un foco de peregrinación, por lo que seguir su curso significa emprender un viaje por el corazón espiritual de India.

Rishikesh, en las estribaciones del Himalaya, es un buen punto de partida. Allí viajaron los Beatles en la década de 1960 cuando se adscribieron al movimiento de Maharishi Mahesh Yogi. La ciudad, repleta de templos, sigue siendo un importante centro del yoga y la meditación, y atrayendo a peregrinos con túnica naranja.

El Ganges deja el Himalaya en Haridwar, una ciudad hindú más tradicional, donde los peregrinos se bañan a la caída del sol. Está muy concurrida entre mayo y octubre, y especialmente en julio, cuando miles de hindúes acuden en masa.

Desde Haridwar parte un tren a Allahabad y, con un transbordo, se llega a Benarés (Varanasi). Esta ciudad es célebre por los *ghats*, escaleras de piedra que bordean el Ganges y a las que acuden a diario miles de hindúes para rezar y limpiarse de sus pecados en las aguas sagradas del río. Dos de los *ghats* se usan para la cremación de cadáveres, organizada por los parientes del difunto y a la que asiste el público general. Una vez consumida la pira, las cenizas se esparcen por el río, en la creencia de que ello beneficiará al alma del fallecido. Una de las mejores maneras de contemplar la escena es desde una barca en el río, una posición estratégica para observar a la gente llevar a cabo sus abluciones diarias durante el día o dedicarse a sus actividades nocturnas a la luz de las antorchas. La sagrada Benarés permite a los visitantes entender la esencia de la peregrinación hindú.

▷ ISLAS DE LAS ESPECIAS

INDONESIA

La historia reciente de las islas Molucas no es precisamente feliz. En 1999, este archipiélago de Indonesia se dividió en dos provincias, lo que causó un conflicto entre los habitantes musulmanes y cristianos que se saldó con medio millón de desplazados.

No era la primera vez que estas islas eran objeto de disputas. Célebres por la nuez moscada y el clavo, en otro tiempo se llamaban islas de las Especias. En la época en que las especias valían más que el oro fueron muy buscadas por los navegantes europeos. Al fin, los portugueses dieron con ellas, pero tras el hallazgo, se vieron envueltos en conflictos con los neerlandeses y los ingleses. Estos últimos se centraron en las islas de Ai y Run, mientras que los neerlandeses construyeron fuertes por todas las islas. El monopolio insular de las especias perduró hasta el siglo XVIII, y desde entonces las Molucas han

permanecido casi olvidadas. Debido a las malas comunicaciones reciben pocos turistas, pero varias ciudades cercanas de Indonesia disponen de vuelos regulares a Ambon, la capital. Allí, la influencia neerlandesa es aún palpable en los viejos edificios coloniales y en el hecho de que la mitad de la población es cristiana. La ciudad es, asimismo, la puerta de entrada a las vecinas islas Banda.

Las diez islas del archipiélago de Banda, a las que hoy se puede llegar en lancha o en un breve vuelo en una avioneta de doce plazas, fueron el corazón del comercio holandés de las especias. Su capital, Bandaneira, en la isla central de Neira, está

sembrada de reliquias históricas como Bentang Nassau, una fortaleza donde los neerlandeses decapitaron a 44 jefes locales en 1621. Hay muchos fuertes repartidos por las islas, olvidados desde hace siglos y casi en ruinas. También se pueden encontrar antiguos secaderos de nuez moscada escondidos entre bosques de mirísticas mezcladas con almendros y mangos. No obstante, los visitantes acuden allí atraídos por las paradisiacas playas de arena blanca, los jardines de coral submarinos, las rutas por la selva y los magníficos volcanes (la última erupción tuvo lugar en 1988).

LA DIMINUTA ISLA RUN EN EL ARCHIPIÉLAGO DE LAS MOLUCAS (INDONESIA)

▽ JERUSALÉN

ISRAEL Y PALESTINA

Jerusalén ha sido un centro de peregrinación para judíos, cristianos y musulmanes durante cientos de años. Los judíos peregrinan a la ciudad desde que Salomón ascendió al trono de Israel y erigió el primer templo en 970–931 a.C. Para los judíos, el templo se alzaba sobre la piedra fundacional a partir de la que se creó el mundo y sobre la que Abraham preparó el sacrificio de su hijo Isaac. Tras la destrucción de este templo se volvió a construir otro, también derruido en la Antigüedad. Hoy solo queda el Kotel, o Muro de las Lamentaciones, que se cree era uno de los muros de contención del segundo templo. Para los judíos modernos es sagrado, pues representa lo más cerca que pueden estar de su antiguo lugar de culto.

Los cristianos han estado presentes en Jerusalén desde los primeros tiempos de su historia. Su principal centro de culto es la iglesia del Santo Sepulcro, construida en 325 a.C. por Constantino, el primer emperador cristiano, sobre la cueva donde se cree que fue sepultado Jesucristo. Otros lugares emblemáticos de la ciudad están relacionados con la Última Cena, el camino de Jesús al Calvario (la Vía Dolorosa) y la crucifixión en sí. Todos estos lugares, sean judíos, islámicos o cristianos, siguen atrayendo a miles de peregrinos cada año.

El espacio del templo también ha sido sagrado para los musulmanes desde que las fuerzas islámicas tomaran Al-Quds (Jerusalén) en 637 d.C. Para los musulmanes, ese lugar es el Haram ash-Sharif, o Noble Santuario, que el profeta Mahoma visitó durante su «viaje nocturno» de La Meca a Jerusalén y a los cielos. La piedra del sacrificio sobre la que un día reposó el templo judío está hoy cubierta por la Cúpula de la Roca, un bello santuario islámico octogonal coronado por una cúpula dorada levantado en el año 691. El recinto comprende varios edificios religiosos más, como la mezquita de al-Aqsa, activa todo el año y en especial los viernes y durante el mes sagrado del Ramadán. Sin embargo, no es necesario ser creyente para apreciar el peso de la historia en la Ciudad Santa, así como su extraordinario patrimonio arquitectónico y cultural.

GOSHOJI, EL TEMPLO NÚMERO 78

△ PEREGRINACIÓN DE SHIKOKU

JAPÓN

De las cuatro islas principales de Japón, Shikoku es la más pequeña y la menos poblada. En ella se halla la ruta de peregrinación más famosa del país, un recorrido circular de 1200 km conocido como «peregrinación de los 88 templos». Cada año, miles de japoneses recorren el circuito, o parte de él, en autobús. Algunos valientes, los menos, lo hacen a pie, lo cual requiere una media de 50 días. La caminata es más fiel al espíritu del fundador de esta peregrinación, Kobo Daishi, un maestro itinerante que contribuyó a difundir el budismo en Japón. Sin embargo, precisa una buena forma física.

El circuito comienza en Tokushima, donde están los 23 primeros templos. Lo mejor es visitarlos en sentido horario y siguiendo las señales para evitar perderse. En cada uno, el *henro* (peregrino), vestido con un *hakue* (chaqueta blanca) y un sombrero cónico, realiza una serie de rituales que culmina con el canto del *Sutra del corazón*, una plegaria budista. Luego, uno de los monjes sella en rojo el libro del peregrino, que se adquiere en el primer templo, y anota el nombre del templo y la fecha. Algunos templos están especializados en bendiciones para recuperar la salud, aprobar exámenes o quedarse embarazada (uno de ellos, en Uwajima, cuenta con un museo del sexo repleto de antiguos objetos para propiciar la fertilidad, así como obras de arte «adulto» japonés). Zentsuji, el templo n.º 75 y el más grande de la ruta, donde nació Kobo Daishi, es uno de los puntos fuertes de la peregrinación.

La ruta entre los templos serpentea por un terreno escarpado, pero el camino sigue la costa y, además de evitar las montañas, permite disfrutar de hermosas vistas del Pacífico. En un lugar de la costa llamado Ishite, una estatua gigante de Kobo Daishi otea el mar con ademán contemplativo. Los habitantes de la isla suelen ayudar a los peregrinos y ofrecerles un lecho para pasar la noche, pero también hay albergues por todo el camino.

LA CÚPULA DE LA ROCA EN EL MONTE DEL TEMPLO, EN LA CIUDAD VIEJA DE JERUSALÉN

▷ **MONTE FUJI**

JAPÓN

Dice un proverbio japonés: «Un sabio sube el monte Fuji una vez; solo un necio lo sube dos veces». Y es que la ascensión a la cumbre más alta de Japón (3775 m) es, sin duda, ardua. Si bien no es tan dura como la del Everest (la vida de los escaladores no corre peligro), la subida es exigente, y las vistas desde arriba son una escasa recompensa (y eso, cuando la cima no está envuelta en nubes). Aunque el monte Fuji ofrece su imagen más espectacular –su bella silueta de perfecto cono volcánico coronado de nieve– a distancia, enfrentarse a su ascenso es una experiencia única.

Cuenta la leyenda que el Fuji era la morada de una diosa del fuego que de vez en cuando mostraba su descontento provocando erupciones volcánicas. Durante la última erupción, en 1707, la ceniza cubrió las calles de Tokio, a unos 100 km de distancia. Por su forma cónica y su potencia, el Fuji ha sido venerado como un lugar sagrado del sintoísmo. Hay varias rutas para subir a la montaña, y el camino está dividido en secciones, conocidas como estaciones. Hoy, lo habitual es llegar en autobús hasta Kawaguchi-ko, la quinta estación, que se halla a medio camino y donde una tienda de regalos en un chalet de estilo suizo marca el final de la carretera, pero tradicionalmente los peregrinos comenzaban en Fuji-Yoshida, donde presentaban sus respetos a los dioses antes de emprender la caminata de cinco horas hasta Kawaguchi-ko. Desde aquí hay unas seis horas de subida pronunciada hasta alcanzar la cumbre. Es tradición japonesa subir al volcán de noche y ver amanecer desde la cima.

A lo largo del camino, una serie de cabañas ofrecen comida y alojamiento básico. Una vez arriba, se tarda una hora en dar la vuelta al cráter, de 4 km de circunferencia. También hay una oficina de correos, desde la que los japoneses suelen enviar una carta para que llegue con un matasellos del monte Fuji de recuerdo. La temporada ideal para subir al Fuji comprende los meses de julio y agosto, cuando el clima es más templado. Durante el resto del año, la cumbre puede estar extremadamente fría y nevada.

EL TREN BALA TOKIO-KIOTO PASA ANTE EL MONTE FUJI CORONADO DE NIEVE

LA ANTIGUA CARRETERA DEL TOKAIDO ESTÁ PAVIMENTADA CON GRANDES LOSAS

△ LA RUTA DEL TOKAIDO

JAPÓN

El Tokaido, uno de los cinco caminos pavimentados durante el periodo Edo (1603–1858), conectaba Edo (hoy Tokio) con Kioto y bordeaba la costa suroriental de la isla de Honsu. En esta transitada carretera circulaban viajeros a pie, a caballo o, en el caso de los nobles, en *kago*, una especie de palanquín llevado por porteadores. Célebre por sus vistas, fue un tema recurrente de la literatura y el arte. Matsuo Basho (1644–1694), el poeta más famoso de Japón, escribió acerca de sus viajes por esta ruta, y el pintor Hiroshige (1797–1858) representó las 53 estaciones del camino en una serie de xilografías.

Hoy en día, el Tokaido sigue siendo un importante corredor, con dos autopistas y dos líneas ferroviarias, por una de las cuales circula el tren bala entre Tokio y Kioto. Sin embargo, todavía quedan sinuosos tramos del antiguo Tokaido entre el espléndido paisaje japonés, excelentes para las excursiones a pie. El tramo más popular es el paso Hakone, no lejos de Tokio y al que se llega en tren suburbano. Los senderistas parten de la estación de Hakone-Yumoto con una subida pronunciada por una carretera de grandes losas, al estilo de las calzadas romanas, que serpentea entre frondosos bosques de bambúes y cipreses. De camino pasa por el *amazake-jaya*, una antigua posada de madera con tejado de paja donde los viajeros pueden hacer un alto y tomar un té verde.

Al final, el camino corona la cresta de una cadena de colinas y baja hasta la pequeña localidad de Moto-Hakone, a orillas del lago Ashi, un antiguo cráter volcánico con el monte Fuji como telón de fondo. Antes cruza el Hakone Sekisho, un puesto de control gubernamental antaño decorado con los restos de criminales crucificados, pero que hoy alberga un pequeño museo. De Moto-Hakone sale un tren de vuelta a Tokio. La caminata es más fácil si se sigue la ruta en dirección inversa, de modo que la mayor parte del camino sea cuesta abajo.

▽ PETRA Y EL UADI RUM

JORDANIA

Cuando el explorador suizo de 27 años Johann Ludwig Burckhardt llegó a Petra en agosto de 1812, fue el primer europeo en más de 600 años en visitar las ruinas de la ciudad desértica. Petra fue en otro tiempo un próspero núcleo comercial de 30 000 habitantes y la capital del reino de los nabateos, un pueblo del desierto que controlaba una red comercial más bien flexible, centrada en los oasis de los actuales territorios de Jordania, Siria e Israel. Tras la conquista romana, Petra acabó abandonada y olvidada, excepto por los beduinos de la zona, que ocultaron su existencia a los extranjeros.

Hoy, los viajeros pueden llegar desde Ammán, la capital jordana, hasta la pequeña localidad de Uadi Musa, a pocos kilómetros de la entrada a Petra. El Siq, un imponente cañón angosto y sinuoso, conduce hasta la antigua

EL TESORO DE PETRA, TALLADO EN LA PARED DE ARENISCA

ciudad. Tras el pronunciado descenso emerge el impresionante edificio del Tesoro, y ni siquiera la presencia de turistas mermará un ápice la emoción del descubrimiento.

El conjunto de Petra está excavado en arenisca. Los arcos, columnas y frontones están esculpidos sobre las paredes de roca de un tono rojizo. Entre las espectaculares ruinas que aún perduran hay templos, iglesias, un teatro de tipo romano y un sensacional monasterio que domina desde la cima, al que se accede por un antiguo sendero con más de 800 peldaños tallados en la roca.

A un par de horas al sur de Petra, siguiendo el «Camino de los Reyes» (una antigua ruta que iba de Heliópolis, en Egipto, a Palmira, en Siria), se encuentra el Uadi Rum. Este áspero valle también estuvo ocupado por los nabateos y todavía conserva un pequeño templo, pero la sobrecogedora belleza natural eclipsa sus ruinas, pues se trata de uno de los paisajes desérticos más espectaculares de todo el mundo. Unos abruptos afloramientos rocosos emergen del desierto, y la erosión de los fuertes vientos y la arena ha esculpido gigantescos champiñones de arenisca, arcos de piedra y cañones. El paraje resulta tan extrañamente inquietante que se usó en la película de Ridley Scott *Marte* (2015) para representar al planeta rojo.

▷ CIRCUITO DEL ANNAPURNA

NEPAL

No es necesario ser montañero para sentir la emoción del Himalaya. En las faldas de las cordilleras más bajas existen rutas de senderismo espectaculares que llevan a lugares que parecen la cima del mundo, sin necesidad de crampones y piolets. El

BANDERAS DE ORACIÓN CERCA DEL CAMPAMENTO BASE DEL ANNAPURNA

Circuito del Annapurna, por ejemplo, es para muchos la mejor travesía de larga distancia de todo el mundo. Se trata de un recorrido de 205 km en forma de herradura en torno al macizo nepalí del Annapurna, que incluye un pico de más de 8000 m y 13 de más de 7000. El paisaje es sublime.

Tras siete horas en coche desde Katmandú, el recorrido comienza en Besisahar, en el valle del río Marshyangdi, y termina en la ciudad de Pokhara. A lo largo de todo el camino hay alojamiento y teterías. La ruta arranca con unas vistas espectaculares de arrozales en terrazas y bosques subtropicales, además de cascadas, desfiladeros vertiginosos y aldeas nepalíes, y continúa por un frondoso bosque de esbeltos pinos que ocasionalmente permiten vislumbrar las montañas. El camino está jalonado por constantes recordatorios de que se trata de una antigua ruta aún muy usada en la actualidad, y los senderistas pueden encontrarse con reatas de burros cargados de víveres y combustible para abastecer a las aldeas y tiendas. Finalmente, al salir del bosque, emergen majestuosas las montañas y comienza una progresiva ascensión hasta el punto más alto del circuito, el puerto de Thorung La, a 5416 m de altitud. Desde allí, el sendero desciende hasta Muktinath, una localidad sagrada para budistas e hindúes, donde el agua brota de 108 manantiales y una llama de gas natural reluce sobre el agua en uno de los templos. Los hindúes creen que Muktinath es el único lugar de la Tierra donde existen los cinco elementos en todas sus formas. Puede parecer que se ha alcanzado el nirvana, pero desde allí aún quedan otros cuatro días para completar el circuito.

ANOCHECER EN EL CAMPAMENTO BASE DEL EVEREST

△ CAMPAMENTO BASE DEL EVEREST

NEPAL

El monte Everest cautivó el corazón de los montañeros desde los primeros intentos de alcanzar su cima, en la década de 1920. Desde entonces, los nombres de algunos de los que lo han coronado, como George Mallory, Edmund Hillary o Tenzing Norgay, han pasado a la historia. Varios miles de personas han seguido sus pasos, arriesgando la vida por estar en el techo del mundo. Sin embargo, existe una meta más fácil para quienes solo deseen ver la cumbre de cerca, y es caminar hasta el campamento base del Everest (donde, por supuesto, se da media vuelta). Este campamento es el lugar donde los aspirantes a coronar la cima pasan unos días para aclimatarse y reducir el riesgo de mal de altura. Se halla a 5463 m sobre el nivel del mar y a unos 3484 m de la cima. No hay gran cosa que ver allí (semeja un campamento de refugiados improvisado en la nieve con banderas de oración ondeantes), pero la emoción de estar al pie del Everest y el majestuoso paisaje cortan el aliento. De paso, es posible hacerse una idea de la cultura sherpa, cortesía de varios monasterios y museos.

La aventura empieza en Katmandú, desde donde despega un avión hasta Lukla, un lugar remoto sin carreteras ni coches, a 2860 m de altitud. El aeropuerto Tenzig-Hillary es una pista en medio de la nada y suele figurar entre los aeropuertos más peligrosos del mundo. Desde allí, unos caminos bien definidos conducen de aldea en aldea, pernoctando en teterías que sirven *dal bhat* (sopa de lentejas con arroz) y abundante agua. Se recomienda caminar entre tres y siete horas diarias, para dar al cuerpo tiempo de aclimatarse. El recorrido total suele ser de unos doce días: ocho hasta el campamento base (días de descanso incluidos) y otros cuatro para bajar. Muchos afirman que merece la pena solo por la euforia del camino de vuelta, pues a medida que la altitud disminuye, aumenta la sensación de ligereza a cada paso. Eso, y la atractiva posibilidad de una ducha caliente al final del camino.

▽ EL OLÍBANO OMANÍ

OMÁN

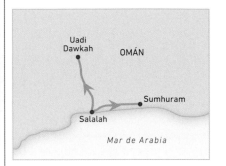

Desde la noche de los tiempos, Arabia ha sido la tierra de los aromas por excelencia. Los escritores griegos y romanos ya hablaban de una Arabia perfumada de especias y fragancias. Muchas de estas eran importadas, pero una era autóctona del sur de la península Arábiga: el olíbano, una resina aromática obtenida de un árbol del género *Boswellia* común en Somalia, Yemen y, sobre todo, Omán.

Todavía hoy, Omán está impregnado de olíbano. Para encontrarlo hay que ir a Salalah, una ciudad del suroeste del país, tan lejana de Mascate, la capital, que es fácil ir sin atravesar la frontera de Yemen. Allí, el zoco está repleto de olíbano (entre otras sustancias aromáticas), que los lugareños compran y queman en sus casas, no solo para perfumar el ambiente, sino también para alejar a los insectos. También se quema durante las celebraciones, sobre todo de nacimientos y bodas. En Salalah existe incluso un museo dedicado al olíbano.

ÁRBOLES DE OLÍBANO EN EL UADI DAWKAH (OMÁN)

UN TREN TRANSIBERIANO ATRAVESANDO RUSIA EN OTOÑO

La ciudad es también una base perfecta para visitar los cercanos bosquecillos de *Boswellia* en Uadi Dawkah, un amplio valle pedregoso donde crece este árbol espinoso y se puede ver el método de extracción de la resina. Al cortar trozos de corteza del tamaño de una mano, la salvia aflora y se solidifica en la superficie formando gotas lechosas que luego se rascan para obtener el olíbano.

A menos de una hora en coche de Salalah se encuentran las ruinas de la ciudad comercial de Sumhuram. En el siglo I a.C. era uno de los principales puertos del sur de Arabia, vital para el comercio internacional de olíbano, desde donde zarpaban los barcos hacia Egipto e India. En el siglo V d.C. fue abandonado, tal vez debido a la invasión de una barra de arena, por lo que quedan pocos restos visibles, pero es un enclave precioso, en lo alto de una pequeña colina sobre las aguas tranquilas del arroyo de Khor Rori.

△ EL TRANSIBERIANO

RUSIA, ASIA

En realidad, no existe un tren llamado *Transiberiano*, ni una vía férrea con ese nombre. El ferrocarril transiberiano es una vasta red ferroviaria rusa que conecta Europa con Asia. Existen tres rutas transiberianas principales, y todas parten de la estación Yaroslavski de Moscú. Desde allí, un tren llamado *Rossiya* –Rusia– emprende, en días alternos, la ruta transiberiana original,

un viaje de seis noches y 9259 km hasta llegar a la ciudad portuaria de Vladivostok, en el Extremo Oriente ruso. Sin embargo, muchos viajeros prefieren el transmanchuriano, un servicio semanal (en el *Vostok*) a Pekín vía Manchuria, o el transmongoliano, también semanal, que llega a la capital china atravesando Mongolia y el desierto de Gobi.

La aventura transiberiana comienza en el pequeño compartimento del tren que será el hogar del viajero durante casi una semana. Aquellos que lo compartan (la mayoría de compartimentos tiene cuatro camas) tendrán tiempo de sobra para conocer tanto a sus compañeros de viaje como a la *provodnitsa*, la azafata de cada vagón. Hay poco que hacer aparte de contemplar el lento cambio de paisaje, preparar té con el agua caliente del samovar del pasillo, leer y dormitar. Mantener la noción del tiempo puede resultar complicado, puesto que este tren atraviesa hasta

siete husos horarios. Los pasajeros terminan padeciendo un «*tren-lag*» ligeramente perturbador y durmiendo a horas extrañas. Una complicación añadida es que todos los horarios y los relojes de estaciones y trenes de Rusia están en hora con Moscú y solo adoptan la hora local cuando entran en China o en Mongolia.

Los tres trenes realizan numerosas paradas por el camino, pero se trata de servicios regulares, no turísticos, de manera que las pausas nunca son lo bastante largas como para dar a los pasajeros la oportunidad de apearse y explorar. Los rusos aprovechan para estirar las piernas y comprar comida a los vendedores ambulantes que se instalan en el andén. Para los que deseen dividir el trayecto y ver algo en el camino, los destinos más populares son Ekaterimburgo (por su historia zarista), Irkutsk (por el magnífico lago Baikal) y Ulán Bator, la capital de Mongolia.

VISTA AÉREA DE LA MECA

△ PEREGRINACIÓN A LA MECA

ARABIA SAUDÍ

La Meca ha sido el principal destino de los peregrinos musulmanes desde que el propio profeta Mahoma llevara a cabo la peregrinación, llamada *hayy*, en 632 d.C., poco antes de su muerte. La ciudad se considera tan sagrada que solo los musulmanes pueden entrar en ella. Todo musulmán debe peregrinar a La Meca al menos una vez en la vida, si es físicamente capaz. El *hayy* comienza el octavo día de *dhul hiyya*, el duodécimo mes del calendario lunar musulmán, y acaba el decimotercer día del mismo mes. En esos días, hasta tres millones de peregrinos afluyen a La Meca, que registra la mayor concentración anual de personas del mundo. La mayoría viaja en avión a la cercana ciudad costera de Yidda y de allí por tierra hasta La Meca. La idea del *hayy* es recordar a los musulmanes que todos son iguales ante Alá. También pretende reunir a musulmanes de todas las nacionalidades, limpiarlos de sus pecados y acercarlos a Alá.

El *hayy* comienza en unas estaciones denominadas *miqat*, a las afueras de La Meca, que los peregrinos no pueden atravesar hasta estar debidamente vestidos. Los hombres deben llevar dos piezas de tela blanca, llamadas *ihram*, una enrollada desde la cintura y la otra sobre los hombros. Para las mujeres, la única consigna es vestir con modestia. Después, los peregrinos recitan la *talbiya*, plegaria con la que anuncian a Alá que han llegado para el *hayy*. Luego comienzan varios días de rituales. El primero es el *tawaf*, que consiste en circunvalar la Kaaba siete veces en sentido contrario a las agujas del reloj. El origen de estos rituales se remonta a tiempos del profeta Ibrahim (Abraham). Otros ritos son recorrer el trayecto entre las colinas de Safa y Marwa junto a la Masyid al-Haram, orar en la estación de Abraham y beber agua del pozo de Zamzam.

▽ CAPADOCIA

TURQUÍA

En la década de 1960, cuando los *hippies* viajaban a India en busca de la iluminación espiritual, vía los fumaderos de hachís de Afganistán, el verdadero punto de partida era Estambul. Allí, Europa empezaba a quedar atrás, reemplazada por la onírica silueta de los alminares recortada en el cielo, las llamadas del almuédano flotando en el aire y las densas nubes de humo blanco de los narguilés de los cafés del Cuerno de Oro. La primera parada obligatoria era un restaurante sobre el antiguo Hipódromo conocido como *Pudding Shop*, donde cabía encontrar gente de mentalidad similar y recabar la última información sobre la ruta. Aunque aquel *Pudding Shop* ya no existe, los restaurantes de la misma bulliciosa calle siguen atrayendo a los turistas.

Desde Estambul solo había que cruzar el Bósforo en *ferry* para llegar a Asia, y luego un autobús llevaba al corazón de Turquía. Algunos optaban por recorrer la costa y detenerse en alguna playa desierta, pero la mayoría

CHIMENEAS DE HADAS EN CAPADOCIA

VISTA DE LA MADRASA DE MIR-I ARAB Y DE LA CIUDAD DE BUJARÁ

iba directamente a Capadocia. Hoy, lo habitual es volar desde Estambul. Llegar a Capadocia es como aterrizar en otro planeta. Esta región es una auténtica rareza geológica, con sus «chimeneas de hadas», o cerros testigo esculpidos por la erosión. A lo largo de la historia, la población ha horadado la roca blanda para construir viviendas-cueva, auténticas obras maestras de arquitectura subterránea. Hay antiguas iglesias y otros lugares históricos, pero casi todas las cuevas siguen ocupadas por alojamientos, restaurantes o bares. Con el fin de ofrecer la mejor perspectiva de este excepcional paraje, varias empresas organizan vuelos en globo, que vale la pena realizar al amanecer, cuando el sol naciente tiñe el paisaje con una luz rosada de otro mundo.

△ LA RUTA DE LA SEDA

UZBEKISTÁN

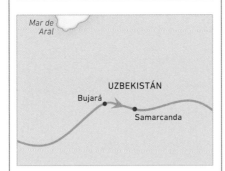

Asia central, hoy una región olvidada por el tiempo, fue antaño el núcleo del tránsito de caravanas de mercaderes que recorrían la Ruta de la Seda, entre China y Constantinopla, transportando seda, té, especias, plata y oro, entre otras mercancías. Así, la región se

enriqueció. El emperador Timur Lang, conocido como Tamerlán, empleó esa riqueza en sufragar campañas militares que extendieron su poder hasta Persia, Irak y Delhi, pero en el siglo XV, cuando se descubrió la ruta marítima alrededor de África, la prosperidad se esfumó, y Asia central desapareció del mapa.

Incluso hoy, debido a su pasado de antiguas repúblicas soviéticas, los actuales países de la región reciben escasas visitas de extranjeros. No obstante, en Uzbekistán, las antiguas ciudades timuríes de Bujará y Samarcanda albergan algunas de las obras de la arquitectura islámica medieval más exquisitas del mundo.

Bujará, antiguo centro de estudios islámicos, posee unos 140 edificios históricos protegidos que, en palabras de un visitante de 1938, rivalizan con «la arquitectura más bella del

Renacimiento italiano». El centro histórico de adobe, algo decadente, no parece haber cambiado mucho desde hace dos siglos y es uno de los mejores lugares para imaginar qué aspecto tenía el mundo en la época de esplendor de la Ruta de la Seda.

En contraste, la Samarcanda moderna es una verdadera urbe soviética con sus anchas avenidas y edificios sobredimensionados, pero encierra magníficos monumentos. Cuenta con la espléndida plaza del Registán, flanqueada por tres grandes madrasas, así como la grandiosa mezquita de Bibi Janum, el Gur-i Mir (mausoleo de Tamerlán) y el complejo funerario de Sah-i Zanda, en la colina. Todos estos edificios están cubiertos de azulejos y mosaicos con intricados motivos y coronados por relucientes cúpulas azul turquesa.

Australasia

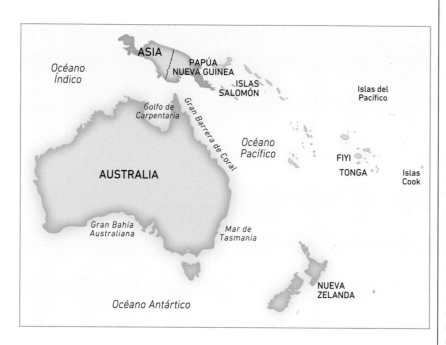

▷ RUTA DE BURKE Y WILLS

AUSTRALIA

La hazaña de Burke y Wills (recorrer a pie los 3220 km de la travesía de Australia desde Melbourne hasta el golfo de Carpentaria) fue tan increíble que pasaron 150 años hasta que alguien logró repetirla. Lo consiguió el historiador Dave Phoenix, empezando en agosto de 2008 y terminando ese mismo año. Caminó durante 114 días de los 152 que duró la expedición y después escribió una guía para que otros pudieran seguir sus pasos. Como reconoce el mismo Phoenix, el itinerario exacto de la expedición original se desconoce, puesto que los registros históricos son incompletos.

Por lo tanto, todo cuanto se puede hacer hoy es seguir un trayecto aproximado. Además, para reducir el riesgo de muerte por deshidratación o inanición, solo debería realizarse en un vehículo todoterreno.

Desde Melbourne, la autopista serpentea entre los suburbios y sube por la Gran Cordillera Divisoria. Tras superar el macizo, la ruta atraviesa bosques y cultivos, dejando atrás granjas y aldeas casi despobladas. Una opción para pasar la primera noche es la ciudad de Bendigo, antiguo centro de la minería del oro. Desde allí, casi todas las carreteras son excelentes hasta Swan Hill, pero a partir de esta ciudad son poco más que pistas de gravilla en medio de vastos parajes vacíos. Cuando llueve, estas pistas son intransitables, por lo que es crucial estar pendiente del tiempo. Con todo, aquí es donde comienza la aventura del *outback* australiano. La siguiente etapa es Menindee, un pueblecito habitado por menos de 500 almas, pero orgulloso del legado de Burke y Wills. Fue allí donde Burke dividió la expedición por cuestiones de velocidad.

A unas 20 horas en coche se halla Innamincka, tal vez el lugar más significativo de la ruta, a orillas del río Cooper, donde Burke y Wills perdieron la vida durante el viaje de vuelta. Allí están sus tumbas, así como el famoso árbol donde Burke enterró su diario.

De nuevo en el vehículo, aún quedan 24 horas hasta el golfo de Carpentaria, en la costa norte, donde Burke y Wills dieron media vuelta.

▷ RUTA DEL EXPLORADOR

AUSTRALIA

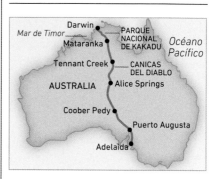

El gran eje de la autopista del Explorador, cuyo nombre oficial es autopista Stuart, se extiende a lo largo de 2834 km a través del Gran Desierto Australiano, desde Darwin, al norte, hasta Puerto Augusta, en la costa sur. Fue la primera carretera transcontinental del país y se conoce popularmente como *The Track* (la pista). Cruza la inmensidad infinita del corazón de Australia y es una arteria vital para comunidades muy aisladas, al igual que la Ruta 66 estadounidense, cargada de romanticismo e historia.

LAGOS DE MENINDEE, EN LA RUTA DE BURKE Y WILLS

LA AUTOPISTA DEL EXPLORADOR SERPENTEA TRAS LA CORDILLERA FLINDERS

Debe su nombre al escocés John McDuall Stuart, que fue el primero en completar la travesía del continente de sur a norte, en 1862.

Su trazado sigue aproximadamente el itinerario de Stuart. En general, los viajeros realizan el recorrido de sur a norte desde Adelaida, la capital de Australia Meridional. Tras atravesar una hermosa región vinícola cubierta de pequeños viñedos se llega a Puerto Augusta. Otra jornada es necesaria para cruzar la accidentada cordillera Flinders y alcanzar Cobber Pedy, la extravagante ciudad de las minas de ópalo, cuyos habitantes han excavado durante generaciones viviendas, tiendas y hoteles subterráneos para escapar al calor. La siguiente parada es Alice Springs, centro de la cultura aborigen y punto de partida hacia Uluru, el inconfundible monolito de arenisca antes llamado Ayers Rock.

De nuevo en la autopista, hay diez horas hasta llegar a las Canicas del Diablo, un grupo de rocas redondas y en asombroso equilibrio que, según el mito aborigen, son los huevos de la Serpiente Arcoíris. En torno a una hora después está Tennant Creek, la ciudad de la fiebre del oro, y tras otras seis horas se llega a Mataranka y sus paradisíacas fuentes termales. El Parque Nacional de Kakadu, célebre por las pinturas rupestres aborígenes, los pantanos y el exotismo de su fauna y flora, es la recompensa por el largo trayecto. El mar de Timor se vislumbra poco después, pues la autopista Stuart desemboca en Darwin, la única ciudad tropical importante de Australia, un antídoto animado y cosmopolita para compensar los diez o doce días de coche que cuesta llegar hasta allí.

▽ EL INDIAN PACIFIC

AUSTRALIA

Se ha dicho que un viaje en el ferrocarril Indian Pacific es como una travesía de la nada, pero en realidad se trata de una experiencia épica. El tren cruza el continente australiano desde Sídney, junto al Pacífico, hasta Perth, en el Índico, y cubre 4352 km. El viaje transmite una sensación de la inmensidad de Australia que el avión es incapaz de igualar.

No es un ferrocarril histórico, pues la red se construyó en la década de 1970 y los primeros trenes empezaron a funcionar en 1973. Se trata de un tren de lujo similar a un hotel sobre raíles. Si bien los compartimentos tienen dos literas, también existe la opción más cara del servicio Platinum, con una cama doble o dos individuales. El vagón restaurante, con manteles de hilo, sirve algunos de los mejores manjares que puedan degustarse a bordo de un tren, y hay varios salones para relajarse y disfrutar del paisaje.

El Indian Pacific sale de la estación central de Sídney y serpentea por los suburbios antes de ascender poco a poco las montañas Azules. Tras ellas se extiende el *outback* australiano, un mundo de tierra roja tachonado de oscuros matorrales y algún eucalipto. El tren se detiene el tiempo suficiente para permitir a los viajeros apearse y visitar la remota ciudad minera de Broken Hill, la cosmopolita Adelaida, la ciudad fantasma de Cook (cuatro habitantes), Rawlinna (que compite con Cook por el puesto de «centro de ninguna parte») y Kalgoorlie, donde se halla la mayor mina de oro a cielo abierto del país. El gran hito de este viaje es Adelaida, a partir de la cual comienza la abrasadora, polvorienta y desértica llanura de Nullarbor (de *nullus arbor*, «sin árboles», en latín). A 297 km se encuentra uno de los tramos de vía rectos más largos del mundo. El cuarto día de viaje, el tren llega a Perth, la capital de Australia Occidental, que ofrece la oportunidad de zambullirse en las olas del océano.

LAS TRES HERMANAS DE KATOOMBA, EN LAS MONTAÑAS AZULES (NUEVA GALES DEL SUR)

EL COASTAL PACIFIC

NUEVA ZELANDA

El tren Coastal Pacific (antes TranzCoastal) nació como la línea principal del norte con el objetivo inicial de conectar las ciudades, pero acabó por convertirse en una ruta turística estival por sus formidables vistas. Funciona entre septiembre y abril, y va desde Picton, en el extremo nororiental de la isla Sur de Nueva Zelanda, hasta Christchurch, a unos 340 km al sur. En noviembre de 2016, los terremotos destruyeron el tramo entre Blenheim y Kaikoura, y se cerró la línea para poder repararla.

El viaje, de apenas más de cinco horas, es una delicia para la vista. El tren bordea la accidentada costa pacífica con la cordillera de Kaikoura como telón de fondo y atraviesa más de 175 puentes y 22 túneles.

Si se sale de Wellington, la capital neozelandesa, en el extremo meridional de la isla Norte, la travesía de tres horas del estrecho de Cook es uno de los trayectos en *ferry* más pintorescos del mundo. Al llegar, la estación de tren de Picton está justo enfrente. El tren parte de Picton y circunvala el valle de las afueras de la ciudad para atravesar la región vinícola de Marlborough, donde los viñedos cubren las llanuras y las onduladas colinas. El tren se detiene en Blenheim, la ciudad más relevante de la región, y poco después emprende el ascenso, largo y constante, de las frondosas colinas, con las montañas nevadas a la derecha en la lejanía. Al cabo de una hora y media llega a la costa y la bordea durante 100 km. A veces, focas y delfines emergen a la superficie. Después, el tren se detiene en Kaikoura, el lugar más importante de la isla para avistar ballenas y nadar con delfines, idóneo para hacer un alto de un par de noches. Más al sur, el tren regresa hacia el interior y se desliza entre verdes colinas y valles. Deja atrás las pequeñas poblaciones de Waipara y Rangiora antes de entrar en los suburbios de Christchurch, en cuya nueva estación, comunicada con la ciudad por un breve trayecto en lanzadera, culmina el viaje.

▽ TRAS LOS PASOS DE COOK

ISLAS DEL PACÍFICO

Teniendo en cuenta que el capitán Cook circunnavegó el mundo dos veces y media, seguir sus pasos es todo un desafío. El viaje comienza en el condado inglés de Yorkshire, donde nació, y sigue en Plymouth, donde se embarcó por primera vez para una expedición exploratoria en 1768. Tahití fue el primer puerto donde Cook recaló en el primer viaje importante, y Hawái, el punto final de su tercera aventura (donde murió asesinado). Entretanto cartografió todo el litoral neozelandés y fue el primer europeo en establecer contacto con el pueblo maorí. Hoy en día, la Reserva Natural Histórica del Desembarco de Cook, en Gisborne, en la isla Norte, rememora aquel encuentro. Fue allí donde, más de 400 años antes, arribaron los propios maoríes. En Christchurch, en la isla Sur, puede verse una estatua de mármol de Cook inaugurada en 1932.

Cook también fue el primer europeo en cartografiar la costa oriental australiana, tras llegar a la bahía de Botany, hoy en el extrarradio de Sídney. Actualmente, el lugar forma parte del Parque Nacional de la Bahía de Botany, con un Centro de Descubrimientos dedicado al navegante británico. En el museo marítimo de la ciudad se puede ver una réplica a tamaño real del barco de Cook, el *Endeavour*. Más hacia el norte, en Queensland, la ciudad de Cooktown le debe su nombre. Fue allí donde recaló para reparar el *Endeavour*, agujereado en la Gran Barrera de Coral, un suceso recordado en el Museo Histórico Municipal de James Cook. La fauna marina, las aves y los especímenes botánicos que la tripulación de Cook registró en tierra corresponden con lo que puede verse hoy en día.

Todo admirador de Cook debería visitar las islas Cook, un archipiélago de 15 islas volcánicas en el Pacífico Sur, cuyos primeros habitantes, los polinesios, emigraron desde Tahití en el siglo VI. Cook llegó allí en 1773, y en 1777 las llamó islas Hervey, pero fueron rebautizadas en su honor. Con sus palmeras, playas de arena blanca y aguas turquesas, siguen siendo tan idílicas como en tiempos de Cook.

LA BAHÍA DE COOK, REPLETA DE ARRECIFES DE CORAL, EN LA ISLA DE MOOREA, CERCA DE TAHITÍ (POLINESIA FRANCESA)

América Central y del Sur

IGUANAS MARINAS EN LA ISLA SANTA CRUZ (GALÁPAGOS)

de visita de Darwin– y Santa Cruz) y ofrecen alojamiento para los turistas. Está prohibido pernoctar en cualquiera de las otras, si bien Darwin pasó en Santiago más de una semana. Solo cinco de las islas deshabitadas están lo bastante cerca para visitarlas en excursiones de un día, así que son todo lo que los visitantes hospedados en hoteles podrán ver. La alternativa es viajar en un barco con camarotes para llegar a las islas más alejadas.

Independientemente de la opción elegida, la abundancia de flora y fauna en las Galápagos es impresionante. Las tortugas gigantes, los cormoranes no voladores y varias especies de pinzones que ayudaron a Darwin a elaborar su teoría siguen habitando las islas. En sus aguas prístinas viven iguanas marinas, leones marinos, tortugas y mantas blanquinegras. En cuanto a las aves, pueden verse desde cómicos piqueros de patas azules hasta elegantes flamencos rosas. Igual que cuando Darwin visitó las islas en el siglo XIX, muchos de los animales son extraordinariamente mansos, ya que no han aprendido a temer al ser humano, así que con frecuencia pueden verse de cerca.

RUTA DEL CHE GUEVARA

BOLIVIA

Gracias a la película biográfica *Diarios de motocicleta* se conoce el viaje de 9 meses que emprendieron en enero de 1952 un joven de 23 años llamado Ernesto «Che» Guevara y su amigo Alberto Granado por Argentina, Chile, Perú, Colombia y Venezuela.

El Che pasó a la historia por luchar al lado de los hermanos Castro para derrocar al régimen de Batista en Cuba en 1959. Se sabe poco sobre el tiempo que pasó en Bolivia entre 1966 y 1967 con el propósito de promover

un fallido levantamiento en Bolivia similar al de Cuba que terminó con su captura y fusilamiento en 1967.

Pese a que fue el propio gobierno boliviano quien persiguió, capturó y ejecutó a Guevara hace 50 años, hoy el Ministerio de Culturas y Turismo promueve la Ruta del Che. El trayecto, de varios días, recorre las aldeas y los bosques donde el Che y sus hombres se ocultaron cuando intentaban buscar apoyo para la causa revolucionaria.

La ruta parte hacia el oeste por carretera desde Santa Cruz de la Sierra, capital del departamento de Santa Cruz, hacia Samaipata, una pequeña y tranquila localidad, en el pasado tomada por el Che y sus guerrilleros. Hoy en día es famosa como base para visitar El Fuerte, un misterioso asentamiento preincaico en un alto cercano, así como para hacer excursiones al Parque Nacional Amboró. La carretera continúa hacia Vallegrande, donde puede visitarse el lavadero del hospital en el que se exhibió públicamente el cadáver del Che. También hay un Museo del Che Guevara y un monumento que señala el lugar donde él y seis compañeros fueron enterrados hasta que en 1997 sus restos fueron exhumados para trasladarlos a Cuba.

De camino al sur, la carretera pasa por la pintoresca aldea de Pucará antes de alcanzar el pueblo de La Higuera. Fue allí donde llevaron a Guevara y sus guerrilleros cuando los capturaron el 8 de octubre de 1967. El Che estuvo retenido en una pequeña escuela, hoy abierta a las visitas, y un día después fue fusilado en el exterior. *Che: guerrilla*, la segunda parte de la película de 2008 de Steven Soderbergh, aporta documentación sobre los acontecimientos que se rememoran a lo largo de la ruta.

△ ISLAS GALÁPAGOS

ECUADOR

Aunque muchísimos lugares han sido calificados de «inspiradores», pocos merecen dicho epíteto tanto como las Galápagos, un archipiélago de 21 islas frente a la costa ecuatoriana donde Charles Darwin concibió su teoría de la evolución. En 1835, con 26 años de edad, el naturalista pasó allí dos

semanas y media estudiando su flora y fauna, una estancia esencial para la publicación de su revolucionaria obra *El origen de las especies* en 1859.

En tiempos de Darwin pocos habían visitado estas islas, situadas en el océano Pacífico a unos 1000 km del litoral de Ecuador. Hoy, el acceso está controlado para minimizar el impacto humano en el medio ambiente. Solo cuatro islas se hallan habitadas (San Cristóbal, Floreana, Isabela –por orden

EXCURSIONISTAS EN EL GLACIAR PERITO MORENO, EN EL PARQUE NACIONAL LOS GLACIARES, AL FINAL DE LA RUTA NACIONAL 40 (ARGENTINA)

◁ **RUTA NACIONAL 40**

ARGENTINA

La Ruta Nacional 40 (RN40) argentina, popularmente «la cuarenta», es una de las mejores del mundo para hacer un viaje por carretera. Abarca más de 5000 km, siguiendo la cordillera de los Andes, desde la frontera con Bolivia al norte, hasta el faro del cabo Vírgenes, en el extremo suroriental del país. En Abra del Acay, cerca de Bolivia, alcanza una altitud de 5000 m, mientras que en el extremo meridional desciende hasta el nivel del mar. Durante este descenso sosegado cruza 27 pasos andinos, 20 parques naturales y 18 ríos importantes. El calificativo de «épica» se queda corto.

Recorrer la RN40 de un extremo a otro es una empresa seria. Muchos tramos son poco más que pistas llenas de socavones, y gran parte de la ruta transcurre por páramos desérticos. Hoy, pese a que se está asfaltando, un vehículo todoterreno sigue siendo indispensable. Asimismo, el aprovisionamiento resulta vital: es preciso llevar reservas de comida, agua y gasolina en abundancia. Entre las recompensas cabe mencionar la belleza del magnífico paisaje, desde los majestuosos picos andinos hasta llanuras y ríos de aguas prístinas.

A esto debía de parecerse el Oeste americano hace 150 años.

Para aquellos que vayan justos de tiempo, la mejor parte de la RN40 es el tramo de Patagonia, al sur de la provincia de Río Negro. Los puntos fuertes son los pequeños pueblos de El Calafate y El Chaltén, ambos puertas de entrada a los paisajes helados del Parque Nacional Los Glaciares, así como al arte rupestre de 13 000 años de antigüedad de la Cueva de las Manos, sin olvidar las estancias (fincas ganaderas) aisladas, las granjas de ovejas, la estepa y los guanacos (parientes de la llama autóctonos de la estepa patagónica) que de vez en cuando se cruzan por el camino. La ruta termina en la ciudad de Río Gallegos, cerca del estrecho de Magallanes. Allí, el letrero de un faro reza «0 km» y marca así el final de un viaje increíble.

Lo ideal es reservar entre uno y dos meses para esta aventura, entre diciembre y marzo, cuando el tiempo es más propicio. El viaje será más rápido una vez que la carretera esté pavimentada, pero también se habrá perdido algo. De momento, la rudeza de la ruta forma parte de su encanto.

▽ **TREN DE LAS BARRANCAS DEL COBRE**

MÉXICO

Prácticamente desconocidas fuera de México, las Barrancas del Cobre son un sistema de cañones del estado de Chihuahua, mayor y más profundo que el Gran Cañón de EE UU. En parte, este desconocimiento se debe a que está en una zona increíblemente perdida y poco propicia para el viaje, con la única excepción del ferrocarril que cruza la región, conocido como «el Chepe».

La ruta fue concebida como una conexión de mercancías entre Chihuahua y la costa. La construcción de la línea, terminada en 1961, llevó casi 90 años. El tren recorre 673 km entre Los Mochis, junto al mar de Cortés (golfo de California), hasta Chihuahua, en el interior del estado. De camino atraviesa 37 puentes y 86 túneles, con frecuencia pegado a vertiginosos precipicios. Cada día dos trenes circulan en ambas direcciones: uno rápido para turistas, y otro lento y con paradas para los lugareños, adecuado para hacer etapas. Hay pocos lugares que merezca la pena visitar. El primero es Divisandro, el mejor punto de partida para explorar el cañón a pie. Creel es una antigua ciudad maderera, rodeada de pinares y extrañas formaciones geológicas, ideal para hacer excursiones a las cataratas Cusárare y a las aguas termales de Basirecota, o para tomar el autobús a Batópilas, un antiguo pueblo al fondo del cañón construido en torno a una mina de plata. Creel es, asimismo, el lugar donde ver las coloridas ropas de los tarahumara.

Chihuahua, al final del trayecto, es la capital del estado más grande de México, una bonita ciudad colonial, con preciosos edificios y un pasado revolucionario recordado en varios museos, uno de ellos particularmente colorido dedicado a Pancho Villa.

PARQUE NACIONAL DE LAS BARRANCAS DEL COBRE EN CHIHUAHUA (MÉXICO)

▽ LA RUTA MAYA

MÉXICO Y GUATEMALA

Los asentamientos mayas de América Central no han variado mucho en los últimos 500 años, si bien los cultivos y los animales de la región llegaron con los conquistadores españoles de México. Cuando Hernán Cortés arribó a Yucatán en febrero de 1519, la civilización maya tenía 3500 años de historia. Muchas de las ciudades hoy en ruinas estaban ya abandonadas y no despertaron especial interés hasta que, a finales del siglo xix y principios del xx, los exploradores occidentales las redescubrieron. Desde entonces, la fascinación por esta enigmática cultura no ha dejado de crecer.

Los yacimientos mayas se hallan en varios países. La mayoría están en México, Belice y Guatemala, aunque también hay varios en El Salvador y Honduras. Pese a que los folletos turísticos hablen de la Ruta Maya, esta no existe como tal, y los viajeros han de crear su propio itinerario. Chichén Itzá y Tulum, en México, y Tikal, en Guatemala, son los yacimientos más importantes. Los dos primeros se pueden visitar en una excursión de un día desde el complejo hotelero de Cancún. En Chichén Itzá destaca El Castillo, un gran templo piramidal de caras escalonadas. En Tulum, más hacia el este, las torres al borde de la ruina dominan sobre los acantilados de 12 m de la península de Yucatán. El gran complejo de Tikal, conocido como «la madre de las ruinas mayas» por su extensión, atrae un número de visitantes mucho menor, aunque resulta mucho más pintoresco.

Al oeste de Tikal, de nuevo en México, se encuentra Palenque, un conjunto de templos y tumbas sepultados por la selva. Entre Tikal y Palenque, al pie del camino fronterizo entre México y Guatemala, está Yaxchilán. Solo se puede llegar en barca por el río Usumacinta tras varias horas en coche desde el hotel más cercano. Es tan remoto que los visitantes tienen muchas probabilidades de disfrutarlo para ellos solos. Al abrirse paso entre lianas y hojas gigantes, y descubrir ruinas hasta donde alcanza la vista, se tiene la sensación de entrar en un reino secreto, tal como les debió de ocurrir a los antiguos exploradores.

RUINAS DE LA CIUDAD INCA DE MACHU PICCHU (PERÚ)

△ EL *HIRAM BINGHAM*

PERÚ

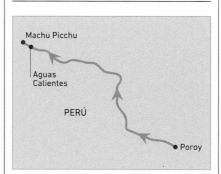

Si las ruinas incas de Machu Picchu son una de las maravillas del mundo, llegar a esta meseta montañosa puede ser igual de maravilloso. Un tren llamado *Hiram Bingham* (como el explorador estadounidense que redescubrió Machu Picchu en 1911) circula entre Poroy, a las afueras de Cuzco, y Aguas Calientes, aldea desde donde se puede llegar a Machu Picchu en autobús. Sin ser un viaje demasiado épico, pues cubre 97 km en algo más de 3 horas, transcurre en un magnífico escenario de montañas escarpadas, cañones profundos, ríos caudalosos y bosques frondosos. El *Bingham* es un tren abiertamente lujoso, y ello se refleja en su precio, pero existe un tren local que realiza el mismo trayecto por una parte de ese precio.

Asimismo, cualquier persona en buena forma y físicamente capaz debería probar el Camino Inca, una ruta guiada de cuatro días a lo largo de 43 km entre montañas. El estrecho y sinuoso camino comienza entre Cuzco y Aguas Calientes y atraviesa bosques nublados exuberantes, plantados por los propios incas, hasta alcanzar los 4215 m sobre el nivel del mar en su punto más alto, Huarmihuañusca (el paso de la Mujer Muerta). La ruta avanza a un ritmo constante y prevé numerosas paradas para explorar las ruinas menos conocidas que se encuentran por el camino, como los escalonados baños ceremoniales de agua cristalina de Phuyupatamarca. Se llega a Machu Picchu desde arriba, en lugar de por la entrada turística principal, y la primera visión de las ruinas es inolvidable. A fin de limitar el impacto ambiental del turismo, el número de participantes de la ruta está estrictamente controlado y es necesario solicitar un permiso con meses de antelación.

Para aquellos que no dispongan de reserva para el Camino Inca y deseen llegar caminando a Machu Picchu existen otras alternativas de distinta longitud y dificultad, desde el Camino Inca de un día hasta la caminata de Lares, de 3–5 días, o la de Salcantay, de 5–8 días.

YACIMIENTO MAYA DE TIKAL (GUATEMALA)

Europa

En 1809, años antes de hacerse famoso en toda Europa, George Gordon Byron (más conocido como Lord Byron) pasó unos diez días en Albania, viajando a pie y a caballo junto con un amigo de la infancia llamado John Cam Hobhouse. Al penetrar en lo que entonces era un rincón olvidado del Imperio otomano, los dos jóvenes visitaron varias ruinas antiguas y gozaron de la hospitalidad del déspota local Alí Bajá.

Llegaron a Grecia por el puerto de Preveza, desde Malta, y visitaron las cercanas ruinas romanas de Nicópolis, antes de viajar a la localidad de Arta, famosa por su puente medieval. Desde allí cabalgaron hacia el norte hasta Ioanina, el centro de la región, y posteriormente a la pequeña aldea de Zitsa, según Byron uno de los lugares más bellos de cuantos había visto. La siguiente etapa fue Albania, un país que, a causa del aislamiento en que lo mantuvo el dictador comunista Enver Hoxha después de la Segunda Guerra Mundial, no es más conocido hoy que en tiempos de Byron. Los paisajes albaneses, con sus montañas y sus abundantes lagos y bosques, y las luminosas playas adriáticas todavía conservan su belleza primigenia.

Tras cruzar la frontera, Byron y Hobhouse se dirigieron al castillo de Libohova, cuyas murallas son la única parte abierta al público hoy en día. Su meta era Tepelena, donde los acogió Alí Bajá, a quien Lord Byron describió como «un tirano sin remordimientos, culpable de las más horribles crueldades» (de hecho, quemaba a sus enemigos vivos), «muy valiente y tan buen general que lo llaman el Bonaparte mahometano». Una placa en una gasolinera recuerda la visita. Desde allí, la pareja regresó a Grecia, donde Byron comenzó a componer *Las peregrinaciones de Childe Harold*, un poema inspirado en sus viajes y publicado entre 1812 y 1818. Así nació el «héroe byroniano» y el autor alcanzó fama imperecedera.

EL ODEÓN ROMANO DE NICÓPOLIS, CERCA DE PREVEZA (GRECIA)

▷ ROBERT LOUIS STEVENSON EN LAS CEVENAS

FRANCIA

En 1878, el joven escocés de 27 años Robert Louis Stevenson era un escritor en ciernes con un único y oscuro libro de viajes a sus espaldas (*Un viaje al continente*, publicado ese mismo año). Un mal de amores le llevó hasta Le Monastier-sur-Gazeille, en el sur de Francia central, desde donde partió hacia las montañas con una burra llamada Modestina y provisto, entre otras muchas cosas, de un batidor de huevos y un revólver.

«No viajo para ir a alguna parte, sino para ir. Viajo por el placer de viajar», escribió en su diario. «La cuestión es moverse, sentir las necesidades y las complicaciones de nuestra vida con más claridad». Sus apuntes fueron la base de su libro *Viajes con una burra por los montes de Cévennes*, que llegó a ser un clásico menor de la literatura de viajes y cuyo éxito dio a Stevenson ánimo y dinero necesarios para seguir escribiendo. Su dedicación pronto se vio recompensada con la publicación consecutiva de sus novelas *La isla del tesoro*, *El extraño caso del Dr. Jekyll y Mr. Hyde*, y *Secuestrado*.

Hoy existe una ruta de senderismo de Stevenson, marcada como GR70 en la red nacional francesa. Amplía la ruta que siguió el escritor desde Le Puy-en-Velay, al norte de Le Monastier, y termina 225 km al sur, en Alès. Se precisan unos 12 días para recorrerla, y en algunos tramos se puede alquilar un burro. Tras cruzar una meseta volcánica se adentra en las Cevenas,

BURRO DE CARGA EN LAS MONTAÑAS DE LAS CEVENAS (FRANCIA)

una de las zonas menos pobladas y más accidentadas de Francia, hoy protegida en gran parte como parque natural. El camino discurre entre bonitos pueblos como Pradelles, Pont-de-Montvert y Florac, cuyos habitantes siguen llevando boina y jugando a la petanca a la sombra en la plaza, como en tiempos de Stevenson.

Viajes con una burra fue uno de los primeros libros de viajes en presentar las caminatas y la noche al raso como un placer más que una necesidad. Stevenson llevaba un primitivo saco de dormir, hecho específicamente para él, para dormir bajo las estrellas, aunque abultaba y pesaba tanto que necesitaba una burra para cargarlo.

▷ LAS PLAYAS DEL DESEMBARCO

FRANCIA

Al alba del 6 de junio de 1944, unos 160 000 soldados desembarcaron en Normandía, a lo largo de unos 80 km de playas, durante una operación de las tropas aliadas para liberar Francia y forzar la retirada del ejército alemán hasta Berlín. El general Eisenhower habló de una cruzada en la que «no aceptaremos menos que una victoria completa». El coste humano fue enorme (más de 10 000 soldados aliados heridos o muertos), pero al final de aquel día, llamado día D, los aliados habían conquistado una posición crucial que fue ampliándose durante las semanas y los meses posteriores. A finales de agosto, París había sido liberado, y la rendición de Alemania llegó al poco tiempo.

Más de 70 años después, Normandía ofrece un litoral apacible, con bonitos pueblos y pintorescas playas, y un paisaje interior de campos y granjas por el que parece no pasar el tiempo. Sin embargo, el recuerdo del día D es omnipresente. De las cinco playas, las dos que fueron tomadas por las fuerzas estadounidenses recibieron nombres en clave: Omaha y Utah. La primera fue la más mortífera de todas, como atestiguan las 9387 tumbas de soldados que dominan la playa desde el Cementerio y Memorial Americano de Colleville-sur-Mer. Cerca de allí, en Saint-Laurent-sur-Mer, se alza un monumento dedicado a la «Big Red One», la 1.ª División de Infantería de EE UU. No demasiado lejos, el Museo Memorial de Omaha Beach exhibe uniformes, armas, objetos personales y vehículos de campaña. Para hacerse una idea de a qué se enfrentaron las fuerzas aliadas se puede visitar el Museo de las Baterías de Maisy, un grupo de instalaciones de artillería

alemana con una trinchera y cañones originales. En ese mismo lugar, un monumento rinde homenaje a los Rangers estadounidenses.

Utah, la más occidental de las cinco playas, fue el escenario de descensos en paracaídas en masa, cuya historia se recoge en el Airborne Museum, en Sainte-Mère-Église. En este pueblo, numerosas placas conmemorativas evocan las operaciones de las tropas aerotransportadas estadounidenses, y un falso paracaidista cuelga de la iglesia en recuerdo de aquel cuyo paracaídas quedó enganchado en el campanario.

▷ EL RIN ROMÁNTICO

ALEMANIA

El Rin es una de las principales vías fluviales europeas. Junto con el Danubio, delimitó parte de la frontera norte del Imperio romano y desde

CASTILLO STAHLEK, UNA DE LAS MUCHAS FORTALEZAS QUE DOMINAN EL RIN

entonces ha sido una arteria vital para Europa, la vía de tránsito de bienes y mercancías al interior del continente. Los numerosos castillos que se alzan a lo largo de su curso testimonian su importancia histórica y cultural como frontera y como vía de paso.

Tras nacer en Suiza, la mayor parte de sus 1230 km fluye por Alemania, antes de desembocar en el mar del Norte en Países Bajos. A su paso atraviesa espléndidos paisajes que han seducido a los viajeros durante siglos. Los románticos del siglo XIX celebraron sus escarpados riscos y sus ruinas góticas. Uno de sus lugares

favoritos era Drachenfels («roca del Dragón»), sobre el que Lord Byron escribió: «la almenada roca de Drachenfels domina altiva los anchos recodos del Rin». El visitante puede seguir las huellas de Byron por la empinada carretera hasta las ruinas del castillo y disfrutar de las vistas del río hasta las agujas de la catedral de Colonia. Byron no fue el único poeta que habló del castillo, cuyo nombre se debe al dragón legendario que vivía en la montaña y al que mató Sigfrido, el héroe del *Cantar de los nibelungos* medieval. En el Medio Rin, el tramo de 100 km entre Coblenza y Maguncia (Mainz), unos 40 castillos similares –casi todos reconstruidos durante el siglo XIX para darles un aire más medieval– coronan las laderas cubiertas de viñas.

Todo circuito por el Rin debería incluir Assmannshausen, un pueblo situado al oeste de Wiesbaden y lugar preferido del poeta y dramaturgo alemán Johann Wolfgang von Goethe, autor de *Fausto*. No muy lejos está Sankt Goarshausen, donde se halla el imponente risco de Lorelei, la bella sirena que atraía a los marineros hacia las rocas al pie del promontorio, abocándolos a la muerte. Mark Twain incluyó un poema sobre la leyenda de Lorelei en *Un vagabundo en el extranjero* (1878), la obra donde relata sus viajes por el valle del Rin, entre otros, y afirma que «Alemania, en verano, es la perfección de la belleza».

LES BRAVES, MONUMENTO EN LA PLAYA DE OMAHA, EN SAINT-LAURENT-SUR-MER (FRANCIA)

COLUMNAS DÓRICAS DEL TEMPLO DE APOLO (DELFOS)

◁ **GRECIA CLÁSICA**

GRECIA

Los antiguos griegos desarrollaron una de las culturas más avanzadas del mundo y sentaron las bases del mundo moderno. También fueron grandes viajeros y arquitectos. Una visita a algunos de los principales yacimientos arqueológicos de Grecia proporciona una visión fascinante de su antigua civilización.

El viaje debería comenzar en Atenas, donde se alza el Partenón, el templo dedicado a la diosa que da nombre a la ciudad, Atenea. Erigido entre 447 y 438 a.C., durante la época de máximo esplendor de Atenas, hoy sigue siendo la construcción más importante de la antigua Grecia de cuantas perduran. Se trata de un exquisito ejemplo de la arquitectura clásica, con planta rectangular y una hilera de columnas dóricas en todos sus lados.

Desde Atenas resulta muy fácil salir hacia el oeste en coche, cruzar el canal de Corinto y adentrarse en el Peloponeso para visitar Epidauro, que conserva un espléndido teatro del siglo IV a.C., posteriormente ampliado por los romanos para acoger a más de 14 000 espectadores. No muy lejos se encuentra uno de los yacimientos arqueológicos más impresionantes del país: Micenas, la ciudad del rey Agamenón, que dirigió las tropas griegas contra las troyanas.

La ruta continúa hacia el oeste hasta Olimpia, cuna de los Juegos Olímpicos. En la Antigüedad, miles de griegos visitaron la ciudad, donde había varios templos dedicados a Zeus, el rey de los dioses, y a Hera, su esposa, así como un antiguo estadio.

Tras la destrucción ordenada por Teodosio II y los estragos causados por varios terremotos, ninguno de los templos sigue en pie, pero las ruinas permiten hacerse una idea del antiguo esplendor del lugar, y a día de hoy, allí se sigue encendiendo la llama de los Juegos Olímpicos modernos.

El siguiente destino es Delfos, sede de un oráculo al que los antiguos griegos consultaban antes de tomar cualquier decisión importante. Para los griegos, aquel lugar era el centro del mundo. Delfos es, sin duda, una visita obligada, tanto por el significado histórico de las ruinas como por su privilegiado emplazamiento en una ladera del monte Parnaso.

▽ TRAS LAS HUELLAS DE ALEJANDRO MAGNO

GRECIA, TURQUÍA E IRÁN

En el siglo IV a.C., el rey Alejandro de Macedonia emprendió, a los 22 años de edad, una gran expedición con la que, en tan solo diez años, construyó uno de los mayores imperios que el mundo había conocido y que se extendía por tres continentes, desde Grecia y Albania al oeste, hasta Egipto por el sur, e India al este.

Un recorrido tras las huellas de Alejandro Magno bien podría arrancar de Pela, al norte de Grecia, donde nació el soberano en 356 a.C. y que hoy alberga un museo y un yacimiento arqueológico. En la cercana Vergina, Alejandro fue proclamado rey tras el asesinato de su padre, Filipo II de Macedonia, cuya tumba se descubrió intacta en 1976. Actualmente, la armadura, el carcaj bañado en oro y el escudo de marfil y oro con los que fue enterrado se exhiben al público. Alejandro partió de Grecia y llegó a Asia por el Helesponto, hoy estrecho de los Dardanelos, en Turquía. Luchó contra los persas en el río Gránico, no muy lejos de la actual ciudad de Biga, y a continuación viajó vía Troya y Éfeso hasta Priene, donde sufragó un nuevo templo dedicado a Atenea cuyos restos aún pueden visitarse, así como las ruinas de un edificio conocido como Casa de Alejandro, donde se dice que el rey se alojó durante su estancia en la ciudad. En ese punto, un desvío hacia el norte podría conducirnos a la ciudad de Yassıhüyük, en el corazón de Anatolia, erigida donde en otro tiempo estuvo Gordion, capital de la antigua Frigia. Allí fue donde Alejandro cortó el famoso nudo y se proclamó «dueño de Asia». La última etapa en Turquía podría ser Iskenderun, fundada y bautizada por Alejandro Magno como Alejandría del Issos para celebrar su victoria sobre Darío III, ocurrida en un lugar cercano. Al otro lado de la frontera iraní debería visitarse la antigua capital persa de Persépolis, ocupada por el ejército macedonio alrededor de enero de 330 a.C., y hoy uno de los yacimientos arqueológicos más fascinantes de todo el mundo, así como Pasargada, la primera capital del Imperio persa, que el propio Alejandro visitó.

△ RUTA DE LA *ODISEA*

GRECIA

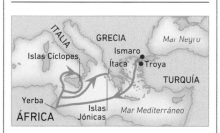

La *Odisea*, el poema épico de Homero, cuenta la historia del héroe Odiseo (Ulises) durante el viaje de regreso a Ítaca, donde le aguardan su mujer y su hijo, tras la guerra de Troya. El viaje le llevó diez años, durante los cuales él y sus hombres erraron por el mar Mediterráneo, encontraron numerosos lugares extraños y vivieron otras tantas aventuras fantásticas. Aunque la *Odisea* es una obra de ficción y no un libro de viajes, puede tener cierta

BAHÍA DE NAVAGIO EN ZAKYNTHOS, UNA DE LAS ISLAS JÓNICAS (GRECIA)

base real. Así, los historiadores de todos los tiempos han relacionado ciertos lugares geográficos con algunos descritos en el poema. De lo que no cabe duda es de que el viaje empieza en Troya, hoy en la provincia de Çanakkale, en la costa turca del Egeo. Luego, Odiseo y su tripulación saquearon Ismaro, que podría haber estado en la costa de Tracia, hoy en el norte de Grecia. Pusieron rumbo al sur, pero los vientos y las corrientes los arrastraron a la deriva, y acabaron recalando en el país de los lotófagos, que comen un extraño fruto que produce olvido. El historiador griego Polibio lo identificó con la isla de Yerba, frente a la costa tunecina. La isla del cíclope suele identificarse con Sicilia, frente a cuya costa oriental está el archipiélago de las Cíclopes, pero muchos consideran que en este pasaje Homero cruzó una vez más la frontera al reino de la fantasía.

Tal vez, la mejor idea para quien busque el espíritu de Homero sea visitar las islas Jónicas, entre ellas Ítaca. Se cree que allí estaba el hogar al que Odiseo anhelaba volver y donde le aguardaba su fiel esposa Penélope. No es difícil entender su empeño en regresar. Se trata de un lugar realmente encantador, con una costa accidentada que está bordeada por un mar azul intenso y un interior montañoso salpicado de olivares, pinos y cipreses, con pintorescos pueblos. Algunos escritores de viajes afirman que es la isla más bonita de toda Grecia.

NOBLES LLEVANDO TRIBUTOS A SU REY EN UN RELIEVE DE PERSÉPOLIS

▽ VÍA FRANCÍGENA

SUIZA E ITALIA

La Vía Francígena es una antigua ruta de peregrinación medieval que partía de Canterbury, en Inglaterra, cruzaba Francia y Suiza, y culminaba en Roma, donde descansan los restos de san Pedro y san Pablo. Recorrer a pie los más de 2000 km del camino requería unos cuatro meses. No es de extrañar que pasara de moda y que el número de peregrinos mermase notablemente. Sin embargo, en 2009, el gobierno de Italia lanzó un proyecto para recuperar el tramo italiano de la ruta. Desde entonces, se ha restaurado y señalizado, y cuenta con una página web (www.viefrancigene.org) que ofrece información práctica y mapas que se pueden descargar.

La ruta parte del puerto del Gran San Bernardo, en la frontera entre los Alpes Occidentales suizos e Italia. Allí, un hospital fundado por los agustinos en 1049 es famoso por la hospitalidad que brindaba a los caminantes y por el uso de perros San Bernardo para los rescates de montaña. De allí desciende rápidamente a las llanuras del norte de Italia, sortea las ciudades de Turín y Milán, y se ciñe a pistas forestales y carreteras secundarias entre praderas cubiertas de hierba y muretes de piedra seca. Luego continúa hacia el sur serpenteando por Emilia-Romaña y las colinas de Toscana. De nuevo, el camino sortea Pisa y Florencia (aunque visitarlas bien valdría un desvío), y cruza la ciudad medieval de Siena y el pueblo de Montefiascone, que domina el lago de Bolsena, sobre un antiguo cráter volcánico.

La Vía Francígena ofrece una amplia variedad de paisajes, como colinas y montañas onduladas cubiertas de viñedos, llanuras litorales y tramos junto al mar. Con todo, la vista más grata puede ser la primera imagen de la cúpula de la basílica de San Pedro desde lo alto del monte Mario, a las afueras de Roma, el final del trayecto.

LA ESTATUA DE SAN BERNARDO DOMINA EL PUERTO DEL GRAN SAN BERNARDO

RUINAS DE LA ANTIGUA ROMA CON EL COLISEO AL FONDO

△ LA ROMA CLÁSICA

ITALIA

Aunque la ciudad moderna de Roma alberga tesoros más recientes, como la basílica de San Pedro del Vaticano, palacios y plazas, todavía es posible admirar los vestigios de la ciudad clásica en una jornada de paseo. Muchos monumentos de la antigua Roma, capital de uno de los mayores imperios del mundo, siguen en pie repartidos por la extensa urbe.

Quizá el edificio más asombroso sea el Panteón, un templo terminado por el emperador Adriano en torno a 216 d.C. Se trata de un edificio circular precedido por un enorme pórtico y cubierto con un techo abovedado de hormigón con casetones. Casi 2000 años después de ser erigido, el Panteón sigue teniendo la mayor cúpula de hormigón no armado del mundo. Es imposible visitarlo y no rendirse ante la pericia constructiva romana. También es uno de los edificios mejor conservados de la antigua Roma, ya que se ha usado durante toda su historia (ha sido iglesia desde el siglo VII).

El foro y el Palatino, a escasos kilómetros de allí, eran los centros de la antigua Roma. La colina del Palatino acogía las residencias de senadores y emperadores, y el foro combinaba las funciones de mercado, distrito de negocios y centro cívico. Hoy, ambas zonas son un laberinto de columnatas y edificaciones que van desde meros contornos en el suelo a viviendas completas con espléndidos frescos.

Entre los monumentos antiguos destaca el Coliseo. Terminado en el año 80, este anfiteatro acogía a más de 50 000 espectadores, desde el emperador hasta el más de humilde de los ciudadanos, y ha servido de modelo para todos los estadios posteriores. Hoy los visitantes pueden explorar los pasadizos subterráneos por los que los gladiadores y las fieras entraban a la espectacular arena.

Las termas de Caracalla son otra maravilla, más impresionante si cabe, de la ingeniería romana. Fundadas en 217 a.C., contaban con dos grandes gimnasios, una piscina al aire libre y varias salas de baños de vapor a diversas temperaturas, entre ellas una abovedada y particularmente caliente, el *caldarium*. El complejo podía acoger hasta 1500 personas, y sus majestuosas ruinas siguen admirando al visitante de hoy.

▷ EL *GRAND TOUR*, HOY

FRANCIA, SUIZA E ITALIA

Mientras que un viajero del *Grand Tour* del siglo XVIII podía deambular a su placer en busca del arte, la cultura y las raíces de la civilización occidental, los turistas de hoy deben lidiar con limitaciones tanto temporales como financieras y, por tanto, seleccionar un tramo del *Grand Tour* original.

París sigue siendo el punto de partida ideal, con sendas visitas al Louvre y al cercano Versalles. Desde allí, una posibilidad es tomar un tren hasta Ginebra, en Suiza, y después otro hasta Turín, aunque la alternativa más sugestiva es viajar a Lyon y luego seguir en tren hasta Turín pasando por el túnel de Fréjus, en los Alpes. Antes llamado túnel de Mont-Cenis, este sigue la ruta aproximada de muchos viajeros del *Grand Tour*, solo que ellos iban en diligencia de caballos, durante el verano, o en trineo, en invierno.

Uno de los principales puntos de interés para los turistas que visitan hoy Turín, como para aquellos que lo hacían hace dos siglos y medio, es la Galleria Sabauda, la colección de arte de la casa de Saboya, reunida durante 400 años y hoy exhibida en el Palacio Real. Desde allí, los viajeros se solían dirigir a la que entonces era, y sigue

VISTA DE FLORENCIA EN TORNO A LA CATEDRAL

siendo, uno de los grandes hitos del itinerario: Florencia. Allí, los turistas pasaban semanas, o incluso meses, empapándose del esplendor de la ciudad renacentista de los Médicis, holgazaneando en la plaza de la Catedral a la sombra de la hermosa cúpula de Brunelleschi, visitando las innumerables iglesias con sus magníficos frescos y retablos, y extasiándose ante las esculturas de Miguel Ángel. Únicamente la

idea de que Roma aguardaba a lo lejos les animaba a partir.

En Roma, la zona predilecta eran los alrededores de la escalinata de la plaza de España, donde vivió el poeta romántico inglés John Keats desde 1820 hasta su muerte, un año después. Además de las ruinas de la ciudad antigua, los viajeros del *Grand Tour* ansiaban admirar tantas obras de Miguel Ángel, Rafael, Botticelli y Caravaggio como les fuese posible,

exhibidas en iglesias y museos por toda la ciudad. Hoy, el turista puede ir directamente a la Galería Borghese, con una de las mayores colecciones de arte del mundo, y a los Museos Capitolinos. Después de Roma, quienes dispongan de más tiempo pueden tomar el tren a Nápoles para ver el Vesubio y visitar Herculano y Pompeya, recién descubiertas en la época del *Grand Tour*.

▽ CAMINO DE SANTIAGO

ESPAÑA

En la Edad Media, la ciudad episcopal gallega de Santiago de Compostela, vinculada a la tumba del apóstol Santiago, era el tercer destino de peregrinación cristiana, después de Jerusalén y Roma. Hoy día aún atrae a más de 100 000 personas al año, muchas de las cuales llegan, a pie o en bicicleta, por el Camino de Santiago. Algunas son peregrinos modernos que viajan por devoción, mientras que otras disfrutan de la travesía de las llanuras de la meseta castellana y las montañas de Galicia.

El camino no tiene una ruta ni un punto de partida únicos. Muchos peregrinos arrancan en Roncesvalles, un pueblo de los Pirineos cerca de la frontera francesa. Desde allí hay unos 780 km hasta Santiago de Compostela, que requieren unas tres o cuatro semanas de caminata, o diez días en bicicleta. Los senderos hacia el oeste están marcados con flechas amarillas y conchas de

ARCOS DE HERRADURA DE LA MEZQUITA DE CÓRDOBA (ESPAÑA)

vieira, símbolo de la peregrinación. A lo largo del recorrido hay albergues que ofrecen alojamiento barato a los caminantes. Para demostrar su calidad de peregrinos, estos llevan una credencial, que se sella dos veces al día.

El recorrido presenta múltiples oportunidades para hacer turismo, como la ciudad de Pamplona, famosa por los Sanfermines, la

LOS PEREGRINOS CRUZAN EL ARGA POR ESTE PUENTE, EN PUENTE LA REINA (NAVARRA)

fiesta celebrada en el mes julio. También vale la pena visitar su catedral, su ciudadela y el mítico Café Iruña, uno de los favoritos del escritor Ernest Hemingway. El majestuoso castillo de Clavijo, visible a kilómetros y coronado por una cruz de Santiago, también merece un desvío al sur. Otras paradas recomendables son los monasterios de Suso y de Yuso de San Millán de la Cogolla y la ciudad de Burgos, cuya maravillosa catedral gótica compite en esplendor con la catedral románica de Santiago, cuya fachada barroca da la bienvenida a los peregrinos al final del camino.

△ AL ÁNDALUS

ESPAÑA

La Europa medieval no fue exclusivamente cristiana: en 711, un ejército compuesto por bereberes norteafricanos y árabes cruzó el

estrecho de Gibraltar y avanzó a través de la península Ibérica hasta ser detenido en Poitiers (Francia). La presencia musulmana en la Península se prolongó unos 800 años, si bien reducida al reino de Granada desde el siglo XIII. En el territorio peninsular, conocido como Al Ándalus, los musulmanes fundaron un califato independiente cuya capital era Córdoba, entonces un centro comercial e intelectual cuyo prestigio traspasaba sus fronteras. En consecuencia, surgió una civilización única cuyo legado arquitectónico es visible en todo el sur de la península Ibérica, y en especial en Andalucía.

Las brillantes cerámicas azules, las intrincadas celosías, los tejados de tejas verdes y la tradición de jardines con fuentes delatan el pasado musulmán de esta soleada región y le confieren un carácter muy particular, distinto del de cualquier otra parte de España o de Europa.

Tal vez el lugar más emblemático de la cultura hispanoárabe y el mejor punto de partida de una ruta por Al Ándalus sea la Alhambra de Granada, un complejo de palacios, fortalezas y jardines que se extiende sobre la colina que domina la ciudad. Washington Irving, que vivió un tiempo en la Alhambra, escribió: «Todo parece aquí preparado para inspirar sentimientos serenos y apacibles, pues todo es bello y delicado».

En Córdoba, al oeste de Granada, se conserva la mezquita construida entre los siglos VIII y X, con infinidad de arcos de herradura, convertida en catedral tras la reconquista cristiana de la ciudad en 1236. A unos 8 km al oeste están las ruinas de la ciudad califal Medina Azahara.

Sevilla es un buen lugar para acabar una breve ruta por Al Ándalus. Además del conjunto del Real Alcázar, ampliado por diversos gobernantes árabes y reyes cristianos, la ciudad ofrece la Giralda, inicialmente alminar de la desaparecida mezquita y hoy campanario de la catedral gótica. Desde arriba, después de ascender por una empinada rampa interior, la vista de la ciudad es fabulosa.

⊳ *TOUR* DEL MONT BLANC

SUIZA, ITALIA Y FRANCIA

El pico más alto de Europa, el Mont Blanc, en los Alpes, fue la cuna del montañismo. El reto de coronar su cumbre, lanzado en 1760, precipitó el nacimiento de un deporte que en sus inicios se llamó «alpinismo». Sin embargo, no es preciso ser un escalador avezado para disfrutar del Mont Blanc.

El *tour* del Mont Blanc es una ruta de senderismo circular que rodea el macizo del Mont Blanc pasando por Suiza, Italia y Francia, cubriendo una distancia de unos 170 km y alcanzando hasta los 2665 m de altitud máxima. Se trata de una de las rutas de larga distancia clásicas de Europa. No existe otro lugar donde puedan contemplarse tantas espectaculares cimas desde tan cerca. El paisaje es magnífico

REFUGIO BONATTI, UNO DE LOS MÚLTIPLES ALOJAMIENTOS DEL *TOUR* DEL MONT BLANC

también en las faldas, con senderos bien señalizados y mantenidos entre bucólicos valles alpinos. Además, como discurre por tres países, cruza una atractiva mezcla de tres culturas.

La ruta más habitual sigue el sentido contrario a las agujas del reloj, desde cualquiera de los tres países: Champex o Martigny, en Suiza; Courmayeur, en Italia; o Les

Houches, en el valle de Chamonix, en Francia. La mayoría de los senderistas completa el circuito en unos 11 días, jornada más o menos.

Vale la pena reservar unos días de descanso para entretenerse en algunas localidades, como el pueblo italiano de Courmayeur, con un pintoresco teleférico. También hay oportunidades de esquiar y probar

otras actividades al aire libre, como patinaje sobre hielo, en Argentière, en el valle de Chamonix. El *tour* del Mont Blanc ofrece una gran variedad de alojamientos, desde refugios alpinos y zonas de acampada hasta hoteles de lujo, de modo que puede dividirse en tramos de distinta longitud para adaptarlo al ritmo de cada uno.

▽ EL ORIENT EXPRESS

EUROPA Y TURQUÍA

La ruta original del que en su día fue el ferrocarril más romántico del mundo, inaugurado el 5 de junio de 1883, iba de París a Viena. Seis años después se prolongó hasta Constantinopla (Estambul). A partir de ese momento, la línea que unía la capital francesa y la turca se convirtió en un servicio conocido como Orient Express que funcionó hasta la década de 1970

con interrupciones puntuales durante la guerra. En ese tiempo surgieron itinerarios diferentes, como el Venice-Simplon Orient Express, que pasaba por Milán y Venecia (este fue el tren en que Agatha Christie ambientó su *Asesinato en el Orient Express*). Sin embargo, la ruta clásica fue París-Viena-Budapest-Bucarest-Estambul.

En 1982, el Venice-Simplon resurgió como empresa privada. El servicio todavía funciona entre Londres y Venecia de marzo a noviembre, con vagones de las décadas de 1920 y 1930 restaurados de color azul real y con emblemas de latón. El viaje dura dos días, con una noche a bordo, y está orientado sobre todo a viajeros nostálgicos y pudientes (los billetes cuestan varios miles de euros).

Un personal elegantemente uniformado atiende a los pasajeros, y cada noche se sirve una cena de cuatro platos en el vagón comedor revestido de madera. Una vez al año, la empresa oferta un servicio

de ida y vuelta París-Estambul que comprende tres noches en el tren, una en Budapest y otra en Bucarest.

La alternativa más barata es hacer el viaje con los servicios normales. Se puede hacer un trayecto relativamente directo desde París, vía Bucarest (Rumanía), o vía Belgrado (Serbia) y Sofía (Bulgaria). Ambos trayectos suponen cuatro noches, una de ellas en Bucarest o en Sofía. Otras posibles ciudades donde hacer paradas son Múnich, Salzburgo y Viena. En ambos casos, los trenes cuentan con cómodos coches cama. Sea cual sea el trayecto, es indispensable leer el libro *El tren de Estambul*, de Graham Greene, a propósito del cual su autor afirmó: «Es la primera y la última vez en mi vida que me propongo deliberadamente escribir un libro para agradar». Otra manera de evocar el pasado es reservar habitación en el elegante Hotel Pera Palas de Estambul, donde se hospedaba Agatha Christie.

▷ UN MODERNO CUENTO DE CANTERBURY

REINO UNIDO

El viaje de 30 personas que parten de Londres hacia la tumba del santo Tomás Becket en Canterbury, narrado por Chaucer, es la peregrinación más famosa de la literatura inglesa. Al comienzo, un posadero propone que por el camino cada peregrino cuente dos historias para pasar el rato y promete un banquete a la vuelta como premio para el mejor narrador. El elenco de personajes de los *Cuentos de Canterbury* abarca todo el espectro de la sociedad inglesa del siglo XIV e incluye un caballero, un monje, un clérigo, un mercader, una priora y un molinero obsceno. Los cuentos son de corte humorístico, reflexivo, procaz o moral y retratan el país de la época. Intentar redescubrir la Inglaterra de Chaucer puede ser divertido, y una manera de hacerlo es seguir los pasos de sus peregrinos.

Una primera parada podría ser la Biblioteca Británica de Londres, que conserva dos ediciones de los *Cuentos de Canterbury*, de 1476 y 1483 (unos 80 años posteriores a la muerte de su autor). La posada El Tabardo de Southwark, en el sur de Londres, de la que salen los peregrinos, no existe hoy en día, pero el George Inn, actualmente el *pub* londinense más antiguo, puede hacer sus veces. En una calle aledaña, una placa indica el lugar que ocupaba El Tabardo. La vía principal junto al George es la antigua carretera a Kent y Canterbury, pero la alternativa moderna es tomar el tren en la estación Victoria hasta Rochester, donde los peregrinos atravesaron el río Medway. Allí es posible hacer la North Downs Way, una pintoresca ruta de senderismo que atraviesa Kent con un itinerario similar al de los personajes de Chaucer.

VAGÓN COMEDOR REVESTIDO DE MADERA DEL ORIENT EXPRESS

CATEDRAL DE CANTERBURY, DONDE FUE MARTIRIZADO SANTO TOMÁS BECKET

De Rochester a Canterbury hay unos 55 km, que pueden recorrerse en tres días, pernoctando en pueblos al pie del camino como Charing o Chilham. La caminata acaba en la catedral de Canterbury, que guarda la tumba de santo Tomás Becket, asesinado allí en 1170 tras una disputa con el rey de Inglaterra Enrique II.

▷ INGLATERRA DE COSTA A COSTA

REINO UNIDO

El Distrito de los Lagos es una región montañosa del noroeste de Inglaterra cantada por el poeta romántico William Wordsworth, con valles color verde esmeralda, cerros escarpados punteados de ovejas, muretes de piedra seca y lagos resplandecientes. Aquí vivió y tuvo una granja la escritora e ilustradora Beatrix Potter, que dejó sus tierras a la Fundación Nacional para Lugares de Interés Histórico o de Belleza Natural. En el siglo XX, esta zona (hoy parque nacional protegido) encontró un nuevo paladín en Alfred Wainwright, un contable que dedicó su vida a explorarlas y creó guías de senderismo ilustradas a mano.

Wainwright fue el creador de la Ruta Costa a Costa, de 305 km, que va de la costa oeste de Cumbria a la de Yorkshire, al este, y cuya guía publicó en 1973. El camino cruza tres parques nacionales con paisajes magníficos: el del Distrito de los Lagos, el de Yorkshire Dales y el de North York Moors.

El mejor momento para recorrer la ruta es entre mayo y octubre, y son indispensables las botas de montaña, los mapas y la brújula. Está dividida en 12 etapas, factibles en un día cada una, y termina en un pueblo con diversas opciones de alojamiento y un *pub* animado que sirve comida y cerveza local. Con un par de días de descanso, esta ruta puede ser un plan ideal para pasar dos semanas de vacaciones por algunos de los parajes más bonitos de Inglaterra. Cabe destacar el espectacular paisaje de montaña de Ennerdale, y Rosthwaite, una aldea de granjas enjalbegadas. En el pueblo de Grasmere se halla Dove Cottage, hogar de William Wordsworth, y la escuela donde enseñó el poeta (hoy día es una tienda de pan de jengibre). Yorkshire Dales es una zona de colinas onduladas y ríos y valles pintorescos, con una bonita ciudad histórica, Richmond, de calles empedradas. Los vastos páramos de North York Moors están cubiertos de brezo. La ruta culmina en la costa este, en Robin Hood's Bay, un antiguo pueblo de contrabandistas construido en una fisura entre dos acantilados.

PAISAJE CERCA DE ENNERDALE, EN EL DISTRITO DE LOS LAGOS (REINO UNIDO)

América del Norte

▷ LA RUTA DE LOS VIKINGOS

CANADÁ

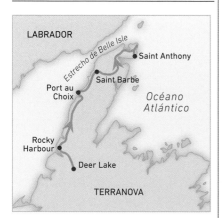

Además de ser una de las carreteras más pintorescas de Canadá, la Ruta de los Vikingos atraviesa una región de gran trascendencia histórica, la zona donde los vikingos se asentaron por primera vez en América del Norte hace más de mil años y donde se halla el único asentamiento vikingo autentificado del continente.

La carretera remonta la costa oeste de Terranova y cubre un total de 415 km, desde Deer Lake, al sur, en la intersección con la Ruta 1 de Terranova y Labrador, hasta el centro de avistamiento de ballenas de Saint Anthony, al norte.

La mayor parte del recorrido bordea el golfo de San Lorenzo, con vistas al agua a un lado, y las Long Range Mountains al otro. Desde el sur, la primera parada suele ser el pueblo de Rocky Harbour, la puerta de entrada al Parque Nacional de Gros Morne, 1800 km² de increíbles paisajes y joyas geológicas declarados Patrimonio de la Humanidad por la UNESCO. El parque tiene unas veinte rutas de senderismo señalizadas y previstas para un día de marcha, que permiten explorar los paisajes del litoral y los del interior. En algunos lugares es posible avistar alces y caribúes en libertad. La carretera sigue por aldeas de coloridas casas de madera con nasas para langostas en el exterior y pasa por los históricos centros pesqueros de Port au Choix hasta llegar a Saint Barbe, de cuyo puerto sale el *ferry* hacia Labrador.

Poco antes de que la carretera llegue a su fin en Saint Anthony, un desvío lleva al yacimiento de L'Anse aux Meadows. A este terreno cenagoso a orillas de un Atlántico color pizarra fue a parar en el año 1000 un grupo de vikingos de Groenlandia que estableció un asentamiento cientos de años antes de que Colón llegase a América. Durante una excavación de la década de 1960 salieron a la luz las pruebas arqueológicas del hallazgo vikingo. Hoy hay una reproducción de una casa comunitaria vikinga de una planta con tejado de tepe, una réplica de un barco vikingo y un centro informativo que expone artefactos originales y acoge demostraciones de artesanía tradicional, como la forja o el tejido.

ACANTILADOS EN EL PARQUE NACIONAL DE GROS MORNE, EN TERRANOVA (CANADÁ)

EQUIPO DE HUSKIES EN LA ISLA DE BAFFIN

△ EL PASO DEL NOROESTE

CANADÁ Y EE UU

En 1906, cuando el explorador noruego Roald Amundsen logró convertirse en la primera persona en surcar el paso del Noroeste, nadie esperaba ya que este fuera el anhelado atajo marítimo entre Europa y Asia. Sin embargo, el deshielo de los polos durante los últimos años a causa del calentamiento global ha abierto las aguas árticas, y en 2009, el paso tan buscado por los marineros quedó despejado para la navegación. En 2013, un carguero demasiado ancho para el canal de Panamá se aventuró en el Ártico y bordeó por arriba América del Norte. Hoy, a fin de sacar partido de esta nueva ruta marítima, ya se están planificando servicios regulares por el paso del Noroeste.

Con todo, para un viajero sigue resultando complicado explorar la región y surcar el paso del Noroeste por su cuenta. La única opción son los cruceros ofertados por turoperadores especializados. Para quien se lo pueda permitir, el viaje es una experiencia única. En general, los barcos, básicos o lujosos, zarpan de Kangerlussuaq,

en Groenlandia, atraviesan la bahía de Baffin y hacen escala al norte de la isla canadiense del mismo nombre en Pond Inlet, un pequeño asentamiento inuit entre montañas nevadas, fiordos y glaciares, considerado la entrada al paso del Noroeste. Tras otra jornada rumbo al oeste se llega a la isla de Beechey, donde la malograda expedición británica de John Franklin invernó en 1845–1846. Después de que sus dos naves con 129 hombres a bordo zarparan de allí, nunca más se las volvió a ver. Un par de días hacia el sur está la isla del Rey Guillermo, en el corazón del paso del Noroeste,

en cuya costa sur se encuentra Gjoa Haven, cuyo nombre rinde homenaje a Roald Amundsen, que pasó allí un invierno con su barco, el *Gjøa*.

Aún queda una semana de barco, durante la cual se visita la antigua base ballenera de la isla de Herschel y Diómedes Menor, una isla en el límite de la línea internacional de cambio de fecha entre Alaska y Rusia, antes de atracar en Nome habiendo completado una ruta buscada por los exploradores durante siglos.

▽ RUTA 66

EE UU

Tal vez sea un cliché, pero la razón que anima a tanta gente a recorrer la Ruta 66 es que muestra casi todo lo mejor del Oeste estadounidense. Las ciudades de Chicago y Los Ángeles son sus puntos de partida y llegada, y entre ellas, incluyendo la esquina de Kansas que atraviesa, pasa por ocho estados. Hay margen para improvisar cuanto se desee,

pues el número de lugares donde parar y de cosas que hacer y ver es abrumador. La mitad de la gracia consiste en montarse en el coche e ir viendo qué hay por el camino, según la más pura tradición del viaje por carretera estadounidense.

Algunos tramos de la Ruta 66 original han sido sustituidos por autopistas modernas; sin embargo, los que quedan ofrecen toda una experiencia de conducción. Como se trata de carreteras más pequeñas, la marcha se aminora, lo que permite parar en antiguos restaurantes de carretera, gasolineras restauradas y pueblos detenidos en el tiempo, así como moteles *vintage* que evocan el clásico estilo americano.

Resulta fácil dar con un motel para cada noche, pero el Hotel Campbell de Tulsa (Oklahoma) es uno de los hitos del viaje. Este hotel, construido en 1927, tiene 26 habitaciones temáticas, incluida la suite Route 66, decorada con señales de tráfico antiguas.

Al pasar de las llanuras y praderas del Medio Oeste a los desiertos de Nuevo México y Arizona, merece la pena desviarse hasta el Gran Cañón, una maravilla natural sin par, con enormes y heterogéneas formaciones geológicas de un intenso color rojo.

Desde los maizales de Illinois hasta las arenas doradas de California, la Ruta 66 ofrece a los conductores una visión panorámica del tamaño, los colores y los contrastes de EE UU.

TRAMO ORIGINAL DE LA RUTA 66 A TRAVÉS DEL DESIERTO

LA ESTATAL 1 CRUZA EL PUENTE DE BIXBY EN CALIFORNIA CENTRAL

△ RUTA DE LA COSTA DEL PACÍFICO

EE UU

En materia de viajes por carretera por EE UU es difícil hallar una ruta capaz de rivalizar en belleza con la de la Costa del Pacífico, la estatal 1, que cubre más de 1000 km desde la frontera de California con Oregón hasta San Diego. Son suficientes dos días para recorrerla, pero hay tanto para ver que vale la pena tomarse una o dos semanas para disfrutar por el camino de los acantilados que dominan el Pacífico, con largos tramos de playa, excelentes bodegas y restaurantes, y algunas grandes ciudades.

El punto de partida típico desde el norte es San Francisco. Sin embargo, en vez de empezar a rodar hacia el sur, se puede dar un rodeo hasta la bahía de Bodega, un bonito trayecto a través de dos parques naturales que requiere cruzar el puente Golden Gate (dos veces). Después de «la ciudad de la niebla», Santa Cruz y su parque de atracciones de Beach Boardwalk aporta el toque clásico «americano». De nuevo rumbo al sur, tras Monterrey y Carmel, la carretera inicia un suave ascenso hasta el fotogénico puente del Bixby por el que se accede al Big Sur, un tramo de costa que no ha perdido su belleza natural (con frecuencia envuelto en niebla en verano).

Abundan las vistas espectaculares, como Pfeiffer Beach, las cascadas McWay, el Parque Estatal de Point Sur o Ragged Point.

La siguiente parada podría ser San Simeón, para ver el Castillo Hearst o la playa de Piedras Blancas, donde crían los elefantes marinos. El «castillo» era la mansión de William Randolph Hearst, el magnate de la prensa, en la que se inspiró Orson Welles para el Xanadú de *Ciudadano Kane*. No menos extravagante es el Madonna Inn, en San Luis Obispo. Después de Santa Bárbara y Ventura, y antes de alcanzar los suburbios de Los Ángeles, la estatal 1 bordea kilómetros de magníficas playas por la zona de Malibú. Es el momento de abandonar la ruta de la costa para adentrarse hacia el espectacular cañón de Topanga, desde cuyo mirador la vista del valle de San Fernando es fabulosa. La última parada es Los Ángeles.

▷ RUTA DE LEWIS Y CLARK

EE UU

Durante el viaje que Meriwether Lewis y William Clark realizaron en 1804 para hallar una ruta hasta el Pacífico por el centro de EE UU siguieron en gran medida el curso del río Misuri, desde el norte de San Luis hasta la cabecera del río en Montana. Allí, la expedición siguió el río Jefferson (bautizado por Lewis en honor al presidente que los había enviado) en dirección suroeste, antes de remontar hacia el norte hasta el río Clearwater.

Lewis y Clark siguieron hacia el oeste hasta el río Snake, que los llevó al río Columbia y, por último, al Pacífico. Hoy se pueden seguir sus pasos por la Ruta de Lewis y Clark, a lo largo de la cual museos, parques y monumentos celebran su proeza. La ruta está señalizada por el Servicio de Parques Nacionales y documentada en mapas fáciles de conseguir.

Un punto de partida es el Gateway Arch de San Luis, monumento sobre el río que conmemora el papel de la ciudad en la expansión de EE UU hacia el oeste, explicada en el Museo Old Courthouse. También en Misuri se halla Fuerte Osage, una reconstrucción del fuerte erigido por los expedicionarios como puesto militar en el recién adquirido territorio de Luisiana. En Council Bluffs (Iowa) está el Centro de Senderos Históricos del Oeste, que ofrece material sobre los exploradores, así como un sendero por la naturaleza hasta un prístino punto del río. Uno de los hitos de la ruta está en Dakota del Norte, donde una réplica del fuerte Mandan marca el lugar donde pasaron el invierno de 1804–1805 y conocieron a su intérprete, Sacajawea.

En Great Falls (Montana), el equipo hizo frente a la etapa más dura, pues los hombres tuvieron que cargar las canoas y los víveres para sortear cinco cascadas. Por desgracia, hoy los saltos de agua están contenidos por presas, pero hay un espectacular Centro de Interpretación de Lewis y Clark. Cerca de allí se encuentra el Parque Nacional de Giant Springs, uno de los pocos lugares donde el paisaje conserva el aspecto de la época de Lewis y Clark. También en Montana, cerca de Billings, hay una

AMANECER SOBRE EL MONTE KATAHDIN, EN EL PARQUE ESTATAL DE BAXTER (MAINE)

prueba física de la expedición: la firma de William Clark grabada en una roca llamada Pompeys Pillar durante su viaje de vuelta en 1806. El recorrido culmina en el Monumento Nacional del Fuerte Clatsop, cerca de Astoria (Oregón), otra réplica de la fortaleza erigida en el lugar donde la expedición pasó el invierno de 1805 a 1806, antes de dar media vuelta y volver al este.

△ RUTA DE LOS APALACHES

EE UU

La Ruta de los Apalaches no es ni el más antiguo ni el más largo de todos los itinerarios de senderismo de larga distancia de EE UU, pero sí el más apto para cualquier excursionista de las tres grandes rutas (las otras dos son la Pacific Crest y la Continental Divide). El camino fue trazado por un guarda forestal en 1921 para los senderistas urbanos más que para los caminantes de la vieja escuela. Además pasa por multitud de pueblos, por lo que es más fácil de planificar que las rutas mencionadas. Con todo, el camino no es sencillo. Del monte Springer, en Georgia, al monte Katahdin, en Maine, sigue la cordillera de los Apalaches de sur a norte a lo largo de 14 estados y 3524 km. Los tramos llanos escasean y están alejados y, aunque el pico más alto de la ruta, el Clingman's Dome, supere por poco los 2000 m sobre el nivel del mar, las subidas y bajadas equivalen a 16 ascensos al Everest.

Cada año, entre dos y tres millones de personas recorren parte de la ruta, aunque solo unas 2500 se proponen completar el itinerario (y unos tres cuartos de estas abandonan). Recorrer todo el sendero requiere 5 o 6 meses, pero hay restaurantes, autobuses y albergues que les hacen la vida más fácil a los senderistas.

También es fácil orientarse, pues la ruta está señalizada con rectángulos blancos pintados en árboles o vallas. Además, hay más de 250 pequeños refugios triangulares para pasar la noche, separados entre sí por un día de marcha, que evitan tener que cargar con una tienda (solo se necesita una esterilla y un saco de dormir).

La parte más dura de la ruta es el tramo norte, llamado Hundred-Mile Wilderness, en Maine. Los que sigan hacia el norte deben aprovisionarse en Monson antes de partir hacia su destino final, la cumbre del monte Katahdin, en el Parque Estatal de Baxter. El ascenso hasta los 1605 m de altitud solo debería abordarse en días de buen tiempo.

MONUMENTO A LEWIS, CLARK Y SACAJAWEA (CON SU HIJO) EN MONTANA

▽ EL *CALIFORNIA ZEPHYR*

EE UU

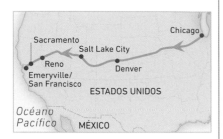

En 1869, los magnates del ferrocarril clavaron el último clavo de la primera vía transcontinental de EE UU, que conectaba las costas atlántica y pacífica. Hoy, la línea original está dedicada al transporte de mercancías, pero el *California Zephyr* cubre una parte de la ruta y cumple la función conectora entre este y oeste. Circula cada día entre Chicago y San Francisco y atraviesa siete estados (Illinois, Iowa, Nebraska, Colorado, Utah, Nevada y California), a lo largo de 3924 km. No es la ruta más larga de Amtrak (le supera el servicio *Texas Eagle*, de Chicago a Los Ángeles), pero sí es la más pintoresca. Tras salir de Chicago, cruza el río Misisipi para dejar Illinois y entrar en Iowa, discurre por las llanuras de Nebraska y Denver, cruza las Rocosas hasta Salt Lake City y, tras pasar por Reno y Sacramento, llega a Emeryville/San Francisco. El tren dispone de un vagón salón-mirador, cuyas paredes han sido reemplazadas por ventanales para que los viajeros disfruten de las vistas sin interrupción.

También es una ruta histórica: un tren llamado *California Zephyr* cubrió ese recorrido entre 1949 y 1970. La versión moderna de Amtrak tarda dos días y dos noches, que pueden pasarse en un amplio vagón de asientos o en un pequeño reservado en un coche cama. Sin embargo, ofrece la posibilidad de apearse en una de las 35 paradas y pasar 24 horas (o más) en ciudades secundarias que la mayoría de la gente no visitaría de otro modo.

Las principales candidatas para las etapas son Denver, en Colorado, apodada la *mile-high city* por estar exactamente a una milla de altitud; Reno, con su casino e instalaciones deportivas al aire libre, y tal vez, Sacramento, la pequeña y discreta capital de California. Allí, una visita al Museo del Ferrocarril del Estado de California complementa el viaje en tren. Incluso sin realizar paradas antes de San Francisco, cualquier pasajero del *California Zephyr* habrá visto más de EE UU que la media de los estadounidenses.

▷ LA GREAT RIVER ROAD

EE UU

El gran río Misisipi ocupa un lugar casi mítico en el paisaje estadounidense. Era una vía fluvial utilizada por los

EL *CALIFORNIA ZEPHYR* DE AMTRAK SURCA EL OESTE AMERICANO

primeros colonos y marcaba el inicio del Oeste. También dio a la nación uno de sus mejores escritores, Mark Twain, que hizo del río su personaje más potente en novelas como *Las aventuras de Tom Sawyer* (1876) y *Las aventuras de Huckleberry Finn* (1884). Hoy día es posible recorrer algunos tramos del río a bordo de réplicas de los barcos de vapor, pero conducir por la Great River Road (GRR) brinda la posibilidad de sentir una libertad de la que el propio Finn habría estado orgulloso.

La GRR no es una carretera única, como su nombre podría sugerir, sino un itinerario establecido que conecta varios segmentos de otras carreteras y autopistas, y pasa por diez estados (Minnesota, Wisconsin, Iowa, Illinois, Misuri, Kentucky, Tennessee, Arkansas, Misisipi y Luisiana). La ruta, señalizada con indicadores blanquiverdes de un vapor rodeado por un timón, cambia de sentido a menudo, cruza muchas veces el río y serpentea entre cientos de pequeñas poblaciones. No siempre es bonita, ni rápida, pero la riqueza de estampas locales compensa con creces.

Para realizar lo más parecido a un recorrido completo es preciso salir de Minneapolis en dirección sur hacia el centro del país, una región de ciudades medianas entre las que destacan La Crosse, en Wisconsin, y Collinsville, en Illinois. Una de las paradas fundamentales es Hannibal, en Misuri, para visitar la Casa Museo de Mark Twain. También en Misuri, otra opción es San Luis, en la frontera con Illinois, si bien aquellos que prefieran evitar las grandes ciudades disfrutarán de Sainte Geneviève, el único pueblo colonial francés que perdura en EE UU, fundado en 1735 y repleto de antiguas casas coloniales bien conservadas, anticuarios y cafés.

Más al sur llegan las oportunidades para empaparse de todo el pasado musical de Memphis (Tennessee), la ciudad de Graceland, el Sun Studio y el Museo Stax de la Música Soul Estadounidense. Más allá, en Nueva Orleans, el Misisipi vierte sus aguas en el golfo de México. Este es un lugar tan bueno como cualquier otro para aparcar y seguir el consejo del sabio del Misisipi, Mark Twain, que dijo: «No sueñes tu vida, vive tu sueño».

PUENTES SOBRE EL MISISIPI EN NUEVA ORLEANS (LUISIANA)

▽ EN EL CAMINO CON JACK KEROUAC

EE UU

A Jack Kerouac se le considera el gran novelista del viaje por carretera estadounidense; no obstante, condujo más bien poco. Solía viajar en autobús y también hacía autostop. Nueva York es el punto de partida y llegada de su obra *En el camino* (1957). Toda peregrinación en honor al escritor debería incluir una visita al club de jazz Village Vanguard, en Greenwich Village, donde recitaba poesía *beat* en la década de 1960, y al White Horse Tavern, otro de sus locales favoritos, núcleo de la cultura bohemia de las décadas de 1950 y 1960. Tras un intento fallido de salir de Nueva York en autostop, Kerouac tomó un autobús Greyhound hasta Chicago y atravesó la mayor parte de Nueva Jersey, Pensilvania, Ohio e Indiana de noche.

El Chicago de la época vibraba con el jazz, sobre todo en el Loop, la zona central entre vías de tren elevadas que hoy es el distrito financiero, muerto por la noche. Hacia el norte, el Green Mill (reducto de Al Capone y otros gánsteres en la década de 1920 y hoy consagrado al jazz) puede transmitir el antiguo ambiente de la ciudad. Desde Chicago, Kerouac hizo autostop hasta Denver, donde vivía Neal Cassady, el modelo del héroe de *En el camino*, Dean Moriarty. El corazón de la Denver de Cassady era la calle Larimer, atestada de «viejos vagabundos y vaqueros *beat*». Hoy gentrificada, pertenece al distrito de Lower Downtown, o LoDo, la zona de restaurantes, *lofts* y pequeñas cervecerías artesanas. Algunos locales asociados a Kerouac sobreviven, como El Chapultepec, un antiguo club de jazz que ofrece música en directo casi todas las noches, y el Don's Club Tavern, un bar de la vieja escuela, abierto en 1947 y supuestamente uno de los predilectos de Kerouac.

Después, Kerouac viajó en autobús a San Francisco. Allí se hospedó con Neal Cassady y su mujer, en el 29 de la calle Russell, en Russian Hill, donde trabajó en el manuscrito de *En el camino*. La casa sigue en pie. San Francisco puede presumir de ser la cuna del movimiento *beat*, cuya base era la librería City Lights, en la avenida Columbus, abierta por Lawrence Ferlinghetti, poeta y amigo de Kerouac, que seguía vivo cuando se escribió este libro y podría ser la última conexión con unos EE UU que parecen pertenecer a un pasado muy lejano.

LIBRERÍA CITY LIGHTS EN LA AVENIDA COLUMBUS DE SAN FRANCISCO

ÍNDICE

A

abasí, Califato 66, 71
Abhara 67
Abisinia 316
abolicionista, movimiento 158, 159
Abu Bakr (califa) 64
Abu Simbel 195, 210
acampada *véase* campismo
Aconcagua 245
Acqui, Jacopo d' 97
Acre 88
  sitio 75
acueductos 46–47
Adirondack, montañas 265
Adler 217
Adriano, muro de 46
aéreos, viajes 10
  carteles 303
  era del reactor 308–309, 318–319
  globos aerostáticos 184–185
  Imperial Airways 300–301
  inicios 256–257, 286–289
  primeras compañías aéreas 287
  vuelos de bajo coste 309, 328–329
  zepelines 298–299
  véase también aviones
Afganistán 16, 59, 92–93, 294, 334, 335
África
  circunnavegación fenicia 26–27
  exploración 108, 208, 209, 212–215
  ferrocarril 267–268
  rutas aéreas 300–301
  Thesiger 316
  trata de esclavos 158–159
  viajes 385–387
agencias de viajes
  Thomas Cook 191, 222–223, 248, 249
Agra 390
Air Asia 329
Air France 337
Airbus A380 320–321
Aix-les-Bains 225
Alaska 143, 168–169, 280
Albania, Lord Byron en 407
Albany (Nueva York) 139, 153, 202–203
albergues
  hospederías y hospitales de
    peregrinos 81
  romanos 46
Alcock, John 289
Alcuino de York 71
Aldrin, Edwin «Buzz» 309, 332, 333
Alejandría 194, 195, 267, 300
  faro 32, 33
Alejandro VI (papa) 136

Alejandro Magno 10, 15, 36–37, 51, 411
Alemania 181, 225, 268
  El Rin romántico 409
  emigración 271–272
  nazismo 310–311
Aleutianas, islas 169
alfabeto 26, 41
Alfredo el Grande de Wessex 70
algodón, plantaciones de 159
Alice Springs 233
Allen, Benedict 345
Almagesto (Tolomeo) 52, 53
Alpes
  esquí 261
  Tour del Mont Blanc 415
  travesía de Aníbal 40–41
  viajeros románticos 204–205
alpinismo 244–245
Álvares Cabral, Pedro *véase* Cabral,
  Pedro Álvares
Amazonas, río 114
  descubrimiento 126–127
ámbar 32
Amedeo, Luigi 277
América Central
  viajes 405–406
  véase también Antillas; Caribe
América del Norte
  colonización 150–153
  exploraciones y colonias francesas
    130–135
  misioneros cristianos 136
  paso del Noroeste 138–139
  rusos 168, 16
  trata de esclavos 158–159
  viajes 418–423
  viajes de James Cook 174
  vikingos 57, 70, 72–73
  véase también Canadá; Estados
    Unidos; México
América del Sur 103, 248
  conquista de Perú 124–125
  descubrimiento de Machu Picchu
    284–285
  expedición de la *Kon-Tiki* 314–315
  exploración de Humboldt 192–193
  misioneros 136
  trata de esclavos 158
  viajes 403–406
  viajes del *Beagle* 206–207
Americano de Historia Natural, Museo
  (Nueva York) 296, 297
Americanos, río de los 220
Amílcar Barca 41
Amón 23, 37
Amundsen, Roald 256, 257, 276, 279,
  280–281, 341, 345
Amur, río 167

Ana de Rusia 143
Anatolia 16, 75, 77, 82
Anaximandro 32
Andamán, islas 67
Andes 127, 193, 245, 295
Andrée, S.A. 185, 277, 345
Andrews, Roy Chapman 296–297, 346
angario 28–29
Ángeles, Los 326
Angkor Vat 211, 234
  De Angkor Vat a Ciudad Ho Chi Minh 387
Anglesey 32
anglo-neerlandesas, guerras 145
anglosajones 70, 72
Angola 215
Aníbal Barca 15, 41–42
Annapurna, Circuito del 395
Anse aux Meadows, L' 73
Anthony, Susan B. 263
Antártida 10, 143, 250, 251, 256, 280, 341
  expediciones al polo Sur 278–279
  viajes de James Cook 172, 173
Anthony, Susan B. 263
Antibes 293
Antigüedad 14–53
Antillas
  exploración por Cristóbal Colón 112
  piratas 161
  véase también Caribe
Apalaches, Ruta de los 421
Apia, vía 45
Apolo, misiones 332–333
Apolonio de Pérgamo 69
Aqua-Lung (pulmón acuático) 330
aqueménida, Imperio 28–29, 37
árabes
  eruditos 50, 66, 69
  exploración 66–67
Arabia 78, 105
  viajeros occidentales 290–291
  Thesiger 316–317
Arabia Saudí 291, 398
Arábigo, desierto 256, 291, 308
Argantonio (rey de Tartessos) 32
Argentina 114, 115, 119, 404–405
Arlandes, marqués de 184
armas y armaduras españolas 125
Armenia 63, 66, 272, 310
Armstrong, Neil 171, 309, 332–333, 346
Arnarson, Ingólfur 72
arqueología
  Egipto 195, 259
  fenicia 26
  Grecia 18
  inca 259, 284–285
  Mesopotamia 16
  Roma 183
  souvenirs arqueológicos 229
  submarina 331

arquitectura
  influencia del *Grand Tour* 183
  islámica 65
  romana 44, 47
Arráez, Morato (Murat Reis) 161
Arrowsmith, Aaron 212
Artajerjes I de Persia 33
arte
  carteles *Art Déco* 303
  Grand Tour 181, 183
  naturaleza 178–179
  orientalismo 196–197
artesanía, *souvenirs* de 228–229
Ártico, océano 10, 33, 167, 280
  expediciones al polo Norte 276–277
Asclepio 31, 33
asfalto 90
ashrams 335
Asia
  expansión del islam 64
  exploración de Asia central 258–259
  misioneros cristianos 136
  viajes 387–399
Askold 72
Astor, John Jacob 200
Astor House (Nueva York) 238
Astoria 200
astrolabios 68–69
astronautas 332–333
astronomía 24, 52–53, 67, 69
AT&T (Aircraft Transport and Travel)
  286, 287
Atahualpa 124, 125
Atenas 31
Ati (reino de Punt) 23
Atlántico, océano
  barcos de vapor 203
  Colón 102, 110–113
  cruceros de lujo 274–275
  Magallanes 119
  oceanografía 250, 251, 331
  paso del Noroeste 138–139
  trata de esclavos 158–159
  Vespucio 114–115
  vikingos 70, 72
  vuelos transatlánticos 257, 289, 320
Atlas catalán 94, 98–99
Atlas Vallard 78–79
Attlee, Clement 313
Aude, río 32
Augusto (emperador romano) 42, 49,
  62
Aurangzeb (emperador mogol) 163
Australasia
  viajes 400–402
Australia 249, 334
  colonias penales 186–187
  emigrantes británicos 187

Australia *(Cont.)*
  expedición de Burke y Wills 232–233
  exploración 148–149, 176, 207
  rutas aéreas 257, 300, 301
  viajes 400–401
  viajes de James Cook 172–173
Austria 268, 310
autobuses 90–91
automóviles 90–91
  Ford T 91, 256, 282–283
  viajes por carretera 308, 324–327
autopistas 324, 325, 327
Aventura brasileña (Fleming) 294
Avery, Cyrus 327
aves, rutas migratorias de las 25
aviones 320–321
  Concorde 326–327
  solar 10
  suborbital 343
Ayres, Thomas 246
azafea 68
Azarquiel 68
azteca, Imperio 103, 122–123

B

Babilonia 28, 37
  jardines colgantes 33
Baco, templo de (Heliópolis) 47
Bad Ems 225
Bad Gastein 225
Baden-Baden 225
Baedeker, Karl 191, 217, 226, 227
Baffin, isla de 138
Bagdad 56, 66, 86, 88, 96, 268
Bahamas 111
Baikal, lago 166–167, 267
bajo coste, vuelos de 309, 328–329
Balboa, Vasco Núñez de 134
Balj 86
Ballard, Robert 331
ballestilla 66
balnearios 224–225
Báltico, mar 71, 77, 267, 293
Baltimore y Ohio, ferrocarril de 216, 217
Balto, Samuel 260
Bamiyán, budas de 59
Banda Azul, transatlánticos con 10, 274, 275
Bangalore 242
Bangkok 334
Bangladés 59
Banks, Joseph 143, 172, 173, 176–177, 193, 212

Bara Gumbad, mezquita de (Delhi) 69
bárbaras, invasiones 63
barcos 106–107
  canoas polinesias 24, 25, 314–315
  carabelas portuguesas 108
  carracas 107, 111
  carteles de viajes 303
  de vapor 10, 106, 107, 190, 202–203, 217, 272
  dhows 56, 66
  egipcios 20–21, 106
  emigración 271, 272, 274
  expedición del *Challenger* 250–251
  flota del tesoro china 105
  galeras fenicias 26–27
  investigación oceanográfica 330–331
  mercantes romanos 47, 51, 106
  minoicos 18–19
  negreros 158–159
  transatlánticos de lujo 274–275
  trirremes 32–33
  vikingos 70, 71, 106
  vuelta al mundo 249
Barnard, Guilford y Catherine 200
Barnet, Jonathan 161
Barrancas del Cobre, tren de las 405
Barrera de Coral, Gran 173
Barth, Heinrich 213
Basora 83
Bassac 235
Batavia 144, 145, 148
Bates, Henry Walter 177
Batoni, Pompeo 229
Battuta, Ibn 57, 94, 95, 96–97, 346–347
Baybars, sultán 77
Beagle 193, 206–207, 208
beato de Saint Sever, mapamundi del 98
Beato, Felice 211
Beckford, William 183
Bedford, Francis 210
beduinos 265, 316
Beebe, William 330
Beedon, John 340, 341
Beerbohm, Max 241
Beethoven, Ludwig van 225
Bekétov, Piotr 166
Belém, monasterio de los Jerónimos de 109
Belén 62, 83
Bélgica 268
Bell, Gertrude 347
Bell, William 211
Benarés 335, 390, 391
Benjamín de Tudela 347
Benoist, Thomas 287
Benz, Karl 283
berberiscos, corsarios 160, 161

Bering, estrecho de 168, 169
Bering, mar de 169
Bering, Vitus 142–143, 168–169, 348
Berlín 310
Bernardo de Claraval, san 77
Bernier, François 162–163
Besso 37
Biblos 26
bicicletas 90, 91, 256, 262–263, 264
biciclos 262, 263
Bingham, Hiram 284–285, 348
bipedismo 14
Bird, Isabella 191, 208, 348
Birmania 67
Bixby, Horace 203
bizantino, Imperio 26, 64, 69, 71, 72, 96
Bjorn Costado de Hierro 70
Blackpool 292
Blair, Eric 295
Blériot, Louis 287, 321
Bly, Nellie 248–249, 252, 263
BOAC (British Overseas Airways Corporation) 301, 303, 318, 319
bodega (tercera clase), viajeros en 257, 271, 272, 274
Bodh Gaya 58
Boeing 707 318–319
Boeing 727 321
Boeing 737 319
Boeing 747 320
Bohemia 77
Bolívar, Simón 285
Bolivia 403
Bombay 334
Bonifacio VIII (papa) 76
Bonny, Anne 161
Bonpland, Aimé 193
Boone, Daniel 349
Bora Bora 24
Boston 238, 272
Botany, bahía de 173, 175, 186–187
Botsuana 215, 386–387
Bounty 177
Bowers, Henry 279
Brahe, William 232, 233
Brahms, Johannes 225
Braniff 319
Brannan, Samuel 220
Brasil 109, 114, 115, 119, 131, 136, 207
Braun, Wernher von 332
Brindisi 47, 268, 300
Británica de las Indias Orientales, Compañía 139, 142, 144, 163, 242
Británico, Museo (Londres) 146, 195
British Airways 328, 337
Bronce, Edad del 18, 19
Brookes (barco negrero) 158–159
Brougham, lord 293

Brown, Emmett 342
Brown, teniente Arthur 289
brújulas 103
Brunéi 120
Bryson, Bill 338
buceo 330
Budapest 258
budismo
  civilización perdida 259
  escrituras 59
  expansión 56, 58, 59, 60
Buena Esperanza, cabo de 108, 207
Buenos Aires 285
Bujará 86, 258, 399
Bulgaria 268
Bunnell, Lafayette 246
Burckhardt, Johann Ludwig 291
Burke, Robert O'Hara 232, 349, 400
  Ruta de Burke y Wills 400
Burton, Richard 214, 291, 349
Byron, Lord 204, 205, 226, 350
  en Albania 407
Byron, Robert 294

C

caballos, coches de 90, 182, 164-165, 256
caballos de Ferganá 38, 39
Cabo Verde, islas de 108, 119
Cabo, Ciudad del 267
Caboto, Giovanni 153
Cabral, Pedro Álvares 114, 144, 350–351
Cachemira 163
cafés 142, 156–157
Cahill, Tim 338
Caillié, René 214, 351
Caimán, islas 113
Cairo, El 65, 77, 82, 83, 86, 92, 94, 263, 267
Calcuta 203, 334
Calico Jack 161
Calicut 144
California 136
  fiebre del oro 191, 220–221, 246
  Ruta de California 220–221
California Zephyr 422
Calipso (ninfa) 35
Calypso 330
calzadas romanas 15, 44–47, 49, 62
Camboya 211, 234, 235, 387
camellos, caravanas de 87, 94–95
Cameron, James 340
Camino de Santiago 414

Camino Inca 406
Camino Real (Persia) 28–29
Camp, Maxime du 210
campismo 264–265
caña de azúcar, plantaciones de 159
Canadá 103, 152, 208
　exploración de Cartier 130–133
　exploración de Champlain 134–135
　inmigración 271
　paso del Noroeste 138–139, 280
　viajes 418–419
Canarias, islas 111, 114, 119
caníbales 215, 249
Cannes 293
canoas polinesias 24, 25
Canopo 331
Canterbury, catedral de 81, 82, 416–417
Canuto el Grande 72, 73
Cão, Diogo 108
Capadocia 334–335, 398–399
Capitolio (Washington D. C.) 183
caravanas
　de camellos 87, 94–95
　de carretas 200–201
　de sal 94–95
　Ruta de la Seda 10, 86, 87
caravanas de cámping 91, 265, 334
caravasares 29, 87, 92–93
Caribe 102, 122, 131, 177
　Colón 111–113
　emigración 273, 312–313
　esclavitud 158, 159
　piratería 161
Carlomagno 56, 70
Carlos V (emperador del Sacro
　Imperio) 119
Carolina, Fuerte 151
Carpentaria, golfo de 148, 232
Carpentier, Pieter de 148
carraca 111
carretas
　pioneros del Oeste 90, 200–201
carretera, viajes por 308, 324–325
　En el camino con Jack Kerouac 423
　Nacional 40 (Argentina) 404–405
　Ruta 66 326–327, 419
　Ruta de la Costa del Pacífico (EE UU)
　420
　Ruta del Che Guevara 403
　Ruta del Explorador 400–401
　ruta *hippie* 334–335
carreteras 90
　calzadas romanas 15, 44–47, 49, 62
　diligencias 164–165
　Imperio aqueménida 28–29
　modernas 324
　transporte 90–91
　véase también autopistas

carros
　aqueménidas 29
　egipcios 21, 90
　romanos 46, 47, 90
carrozas y carruajes 165
Carson, Kit 351
Carstensz, Jan 148
Carta pisana 98
Cartagena, Juan de 119, 120
Cartago 26, 32, 40–41, 47
Cartago Nova (Cartagena) 41
carteles de viajes 302–303
Cartier, Jacques 130–133, 351
cartografía *véase* mapas
Carvajal, Gaspar de 127
Carvalho, Solomon Nunes 211
Casa de la Sabiduría (Bagdad) 66
Casas, Bartolomé de Las 136
casetas de playa rodantes 292, 293
Casola, Pietro 82
Caspio, mar 66, 71, 87
Cassandre, A.M. 303
Catar 291
cátaros 77
católicos, misioneros 136
Cáucaso 245, 258
cazadores-recolectores 14
Ceilán 136, 144, 249
　véase también Sri Lanka
Çelebi, Evliya 154–155, 351
Central Pacific, ferrocarril 236, 237
Cernan, Gene 333
Cevenas, Robert Louis Stevenson en
　las 408
Challenger 250–251
Challenger, sima 340
Chamay, Claude-Joseph Désiré 211
Champlain, lago 134
Champlain, Samuel de 134–135, 352
Champollion, Jean-François 195
Chanel, Coco 293
Chang'an 59
Chaplin, Charles 293
Charbonneau, Toussaint 198, 199
Charlesbourg 132–133
Charlotte Dundas 202, 203
chárter, vuelos 328
Chatwin, Bruce 338, 352
Chaucer, Geoffrey 81, 416
Che Guevara, Ruta del 403
Checa, República
　balnearios 224–225
Cheliuskin, cabo 276
Chesapeake, bahía de 131
Chiang Kai-shek 304
Chicago 326, 423
　Exposición Mundial de 1893
　230–231

Chimborazo, volcán 193, 245
chimeneas y fumarolas hidrotermales
　330, 331
China 85, 96, 211
　cartografiar el Mekong 235
　comercio con los árabes 66, 67
　emigración 221, 271, 272
　expansión hacia Asia central 258
　Larga Marcha 304–305
　Marco Polo 88, 89
　misioneros cristianos 137
　Ruta de la Seda 15, 86, 87
　Viaje al oeste 60–61
　viaje de Xuan Zang 58–59
　viajes 388–389
　viajes de Zhang Qian 38–39
　viajes de Zheng He 104–105
China to Chitral (Tilman) 295
Chipre 26
Chírikov, Aléxei 169
Chittenden, Hiram 201
Cholula 123
Christian, Fletcher 177
Christie, Agatha 269
ciclismo 256, 262–263
cíclopes 34–35
ciencia ficción 252
ciguayos 111–112
cine
　viajes por carretera (EE UU) 325
Circe 35
circunnavegación del globo 103,
　118–121, 161, 341
Cirilo, san 63
Ciro el Grande de Persia 28
ciudades estado 31
Clapperton, Hugh 213
Clark, William 198–199, 200, 368
　Ruta de Lewis y Clark 420–421
Clearwater, río 199
Clemente VIII (papa) 156
Clerke, Charles 175
Clermont (barco de vapor) 190, 203
climático, cambio 193
Cnosos 18, 19
Coastal Pacific, ferrocarril (Nueva
　Zelanda) 402
Cobham, Alan 257, 288
Coca, río 127
coches
　véase automóviles; caballos, coches de
Cochrane, Elizabeth 249
Cod, cabo 134, 151
cohetes 332–333, 342–343
Cole, Nat King 326
Collins, Michael 332, 333
Colombia 124, 285
colombino, intercambio 103, 128–129

Colón, Cristobal 10, 103, 314
　biografía 352–353
　influencia 114–115, 118, 122, 150
　lectura del libro de Mandeville 84
　mapas 99, 170
　viajes transatlánticos 102, 110–113
Colonia, catedral de 81
colonias penales (Australia) 186–187
Columbia, río 199
comercio
　antigua Grecia 32
　árabe 66
　café 156
　caravanas de sal transaharianas
　94–95
　caravasares 92–93
　desarrollo 14
　dinastía Ming 105
　egipcios 23
　era de los descubrimientos 102
　españoles 111, 113
　especias 144–145
　fenicios 26–27
　Imperio aqueménida 29
　India 162
　intercambio colombino 128–129
　medieval 56
　minoicos 18–19
　pieles 133
　portugueses 108–109
　romanos 44, 47, 51, 63
　Ruta de la Seda 38, 39, 57, 86–87
　Sumer 16–17
　trata de esclavos (comercio
　triangular) 142, 158–159
　venecianos 88
　vikingos 70–73
comidas de avión 319
Commonwealth, emigrantes a RU de la
　313
Concorde 320–321, 326–327
Congo Belga 268
conquistadores 103, 122–125, 136,
　150, 285, 315
Constantino I (emperador romano) 62,
　63, 80
Constantinopla 63, 64, 86, 87, 156–157,
　195, 258
　cruzadas 75
　Ibn Battuta 96
　Orient Express 268
　vikingos 70, 72
　véase también Estambul
Conti, Niccolò de' 162
Cook, Frederick A. 276, 280
Cook, James 25, 149
　biografía 353
　cartografía 186, 187

Cook, James *(Cont.)*
  naturalistas 176, 177, 193
  Tras los pasos de Cook 402
  viajes 142, 143, 172–175, 280
Cook, Thomas 191, 222–223
Cooper, río (Australia) 232, 233
copernicana, revolución 52
Corán 64
Cordero negro, halcón gris: un viaje al interior de Yugoslavia (West) 295
Córdoba (España) 65, 414
Corea 66, 208
Corinto 31
Coronelli, Vincenzo 149
correos
  antigua Roma 47
  diligencias 165
  véase también mensajeros
Cortés, Hernán 103, 122–123, 353
Cosa, Juan de la 114, 115
cosacos 166
costa, vacaciones en la 292–293
Costa Azul 293
Costa del Pacífico, Ruta de la (EE UU) 420
Cousteau, Jacques-Yves 308, 330, 331, 354
Covilhã, Pêro da 78
Cresques, Abraham 99
Creta 18–19
Crimea, guerra de 211
cristianismo
  cruzadas 74–77
  difusión 62–63
  misioneros 136–137
  Nuevo Mundo 128
  peregrinaciones medievales 56, 80–83
Crocker, Sewall 324
Cruz Roja 311
cruzadas 57, 74–77, 78, 83
cuadrante de Davis 103
cuarto oscuro portátil 211
Cuarto Vacío *véase* Rub al-Jali
Cuba 113, 122, 123
Cuentos de Canterbury (Chaucer) 81
  Un cuento de Canterbury moderno 416–417
cuevas, exploración de 341
Cunard, naviera 257, 274, 275
Curaçao 114
Cuzco 124–125, 284, 285

D

Dadu, río 304
Daguerre, Louis 210
Damasco 64, 65, 83, 86, 268

Dampier, William 149, 172
Darfur 316
Darío I de Persia 28, 29
Darío III de Persia 37
Darjeeling, ferrocarril himalayo de 389
Darling, río 232
Darwin, Charles 176, 177, 193, 208, 250, 354
  viajes del *Beagle* 206–207
Darwin, Erasmus 176
Davidson, Arthur 90
Davidson, Robyn 233, 354–355
Dávila, Pedrarias 124
Davis, John 138
Davos 260
Daxia 38
Dayuan 38
De Havilland Comet 318–319
Declaración Universal de los Derechos Humanos 311
Deepsea Challenger 340
Deir el-Bahari 23
Delacroix, Eugène 197
Delaporte, Louis 234, 235
Delaware, río 131, 203
Delfos 31, 410
Delhi 96, 242, 390
democracia ateniense 31
Depresión, Gran 273, 294, 327
Desceliers, Pierre 10–11
Desideri, Ippolito 355
descubrimientos, era de los 102–139
desigualdad social en los viajes 257
desplazados de guerra 311
Detroit (Michigan) 283
dhows 56, 66
día D, desembarco del 408–409
Dias, Bartolomeu 108, 355
Dickens, Charles 191, 209
diligencias 164–165
dinosaurios 296
Dir 72
dirigibles 257, 281, 298–299
Discovery 279
Diski, Jenny 269
Dniéper, río 71, 72
Dniéster, río 71
Doha 291
Dominica 112
dominicos 136
Dongchuan 235
Donnacona 132, 133
Donner, paso 237
Dorado, El 127
Dostoiesvski, Fiódor 225
Doudart de Lagrée, Ernest 234, 235, 366
Doughty, Charles Montagu 291

Doyle, Arthur Conan 260
Drake, Francis 138, 161
D'Oyly Carte, Rupert 239
drakkars 70–71
drive-in, restaurantes 325
Dublín 231
Dugua de Mons, Pierre 134
Dunhuang 87
Dunlop, John Scott 262

E

Eames, Andrew 269
Earhart, Amelia 257, 289, 356
easyJet 328–329
ecuador 53, 68
Ecuador 126–127, 193, 403
Edmundo Costilla de Hierro 72
Edo, periodo 211
EE UU
  expedición de Lewis y Clark 198–199
  ferrocarriles 217, 236–237, 268–269
  fiebre del oro 220–221
  guerra de la Independencia 186, 190
  guerra de Secesión 185, 237
  inmigración 257, 270–273, 311
  Oeste 190, 211
  primeros parques nacionales 246–247
  programa espacial 309, 332–333, 342
  Ruta 66 326–327
  Ruta de Oregón 200–201
  trata de esclavos 158-159, 212, 271
  viajes 222, 419–423
Éfeso 33
Egeria 63
Egipto 64, 66, 78, 96, 210, 211, 248
  antiguo 15, 20–23, 26, 42, 50, 106
  Crucero por el Nilo 385
  redescubrimiento 190, 191, 194–195, 208
  viajes 222, 223, 249
  véase también Cairo, El
Eisenhower, Dwight D. 318, 324, 325, 327
Ejército Rojo chino 304
Elba, río 32
Elcano, Juan Sebastián 119, 121
elefantes de Aníbal 40–41
Elena, emperatriz 63, 80
Elfrico de Eynsham (abad) 63
Ellis, isla de 272, 273
Ellis, John 176, 177
Ellsworth, Lincoln 276
Emerson, Ralph Waldo 265

Empire State (Nueva York) 299
Empire Windrush 312–313
En la Patagonia (Chatwin) 338
Endeavour 172–173, 176–177
enfermedades
  escorbuto 169, 175
  intercambio colombino 103, 128
  peste bubónica 87
Enrique IV de Francia 134
Enrique el Navegante 102, 108
epidemia de peste 87
Epopeya de Gilgamesh 14, 17
Equiano, Olaudah 158, 159, 356–357
equipaje, etiquetas de 240–241
Eratóstenes 42
Erik el Rojo 72, 73
Erikson, Leif 73, 357
Eritrea, mar de 50–51
Eruç, Erden 341
escafandra autónoma 330
Escila y Caribdis 34, 35
Escitia 26
esclavos, trata de 26, 114, 128, 142, 158–159, 212, 271
Escoffier, Auguste 239
escorbuto 175
esfinge de Guiza 195
espacial, carrera 309, 332
espacial, exploración 343
espaciales, viajes 10, 309, 332–333, 342–343
España
  armas y armaduras 125
  colonias en América del Norte 150, 152, 153
  conquistadores 103, 122–125, 136, 315
  misioneros 136
  musulmana 64, 65, 67, 96
  paquetes de vacaciones 328
  piratería 161
  trata de esclavos 158
  viajes 414–415
  viajes de exploración 102, 110–113, 114, 119–123, 126–127, 150
Española, La 110, 111, 112, 113, 114, 124, 161
Esparta 31
especias 88, 89, 102, 108, 109, 114, 120, 126, 127, 142, 144–145
Especias, islas de las 87, 112, 118, 120, 121, 144, 145, 391
especies, nuevas
  cueva de Krúbera-Voronia 341
  expedición del *Challenger* 250, 251
  expediciones de Humboldt 193
  naturalistas del *Endeavour* 176–177
  viaje de Magallanes 119
  viajes de Darwin 206–207

Espíritu Pampa 285
esquí
   primera estación de esquí 260
   travesía de Groenlandia 260–261
Estación Espacial Internacional (EEI)
   309, 342
Estambul 63, 155, 156–157, 268, 316, 334
   véase también Constantinopla
estima, navegación por 170
Estrabón 15, 33, 42–43, 378
Etelredo (rey anglosajón) 71
Etiopía 50, 78, 84, 156, 316
etiquetas de equipaje 240–241
Éufrates, río 20, 106
Eugenia (emperatriz de Francia) 238
Europa
   aerolíneas de bajo coste 329
   cristianismo 63
   era de los descubrimientos 102–103
   ferrocarriles 217, 268
   Grand Tour 180–183, 195, 204
   migraciones forzosas 310–311
   trata de esclavos 158–159
   viajes 407–417
   viajes a India 163
   viajes por carretera 324–325
Evangelios 62, 63
Evans, Arthur 18, 19
Evans, cabo 279
Evans, Edgar 279
Evelyn, John 146
Everest, George 243, 357
Everest, monte 243, 245, 308, 322–323,
   340, 341
   Campamento base del Everest 396
evolución 207
Expedición al Norte, Gran 162–163,
   167, 168–169, 176
Explorador, Ruta del (Australia) 400–401
Exposición de Londres, Gran (1851)
   222, 229, 230
Exposición Internacional de Dublín
   (1865) 231
Exposición Mundial Colombina
   (Chicago, 1893) 230–231
exposiciones universales 230–231, 238

F

Fadlan, Ahmed ibn 67, 357
Fang Zhimin 304
fantásticos, viajes 341
Fawcett, Percy 294
Faxian 358
Fear, cabo 131

Federici, Cesare 162
Federico I Barbarroja (emperador del
   Sacro Imperio) 77
Federico II (emperador del Sacro
   Imperio) 77
Felipe II Augusto de Francia 76
Felipe II de España 127
Felipe IV de Francia 77
fenicios 15, 26–27, 31
Fenius Farsa (rey de Escitia) 26
Fenton, Roger 211
Ferganá, caballos de 38, 39
ferias mundiales *véase* exposiciones
   universales
Fermor, Patrick Leigh 358
Fernando II de Aragón *véase* Reyes
   Católicos
Feroe, islas 70, 72
ferrocarril *véase* tren, viajes en
Fez 65
fiebre del oro 191, 220–221, 246, 271
Fiennes, Ranulph 340–341, 358–359
File 42, 194
Filipinas 120
Filópono, Juan 69
Fisher, Carl G. 293
Fitch, John 203
Fitzgerald, F. Scott 293
FitzRoy, Robert 206, 207
Fiyi 148
Flagler, Henry 268–269
Flaubert, Gustave 210
Fleming, Peter 294
Florencia 181, 182, 413
Florida 150, 152, 293
   ferrocarril costero 268–269
Ford, Henry 90, 231, 283, 318
Ford T 91, 282–283, 318
Forster, E. M. 226
Forster, Georg 193
fósiles 296
fotografía 210–211
Fowkes, Francis 186, 187
Francia 408–409, 413, 415
   campaña de Egipto 194–195
   colonización de América 103,
   130–133, 152, 153, 198
   Costa Azul 293
   exploración 102, 103, 190
   imperialismo 95
   India 162
   revolución 183
   Sureste Asiático 234–235
franciscanos 136
Francisco I de Francia
Francisco Javier, san 136, 383
francos 64, 65
Franklin, Benjamin 184, 271

Franklin, John 208, 209, 280, 359
Fremont, John Charles 211, 245
Frith, Francis 210, 211
Frobisher, Martin 138, 139
Frost, David 337
Fuji, monte 393
Fulton, Robert 202–203
Fundy, bahía de 134
Fysh, Hudson 301

G

gabinetes de curiosidades 142,
   146–147
Gabón 26
Gabón, río 215
Gagarin, Yuri 332, 333, 360
Galápagos, islas 207, 403
Gales 205
Galia 41
Galilei, Galileo 53
Gama, Vasco da 102, 108, 109, 144,
   170, 360
Gambia 212
Gandhara (Kandahar) 59
Gandhi, Mahatma 311
Ganfu 38, 39
Ganges, río 51, 335, 390, 391
Garnier, Francis 234, 235
Garona, río 32
Garrow-Fisher, Paddy 334
Gaspé, bahía de 131
Gally, Harold 289
Gémino de Rodas 32
Gengis Kan 57, 86, 341
Génova 57, 76, 89, 111, 119
geocéntrica, teoría 52, 53, 69
Geografía (Estrabón) 33, 42
Geografía (Tolomeo) 52–53
Geográfica Belga, Real Sociedad 279
Geographical Society, Royal 214, 279,
   291
Georgia 66
Geraldo de Gales 84
Gérôme, Jean-Léon 195, 197
Ghosh, Amitav 339
Gibraltar, estrecho de 32
Gilgamesh (rey de Uruk) 17
Gilpin, William 204, 205
Glenn, John 332
Global Reach Challenge 341
globos aerostáticos 10, 143, 184–185
Goa 136, 335
Gobi, desierto de 59, 296
Goddard, Robert H. 332

Goddio, Franck 331
Godofredo de Bouillon 75
Goethe, Johann Wolfgang von 182, 183,
   225
Gokstad, barco funerario de 71
Golfo, corriente del 331
Gómez, Estêvão 150
Graaf, Laurens de 161
Grahame-White, Claude 329
gran bazar del ferrocarril, El (Theroux)
   338
Gran Bretaña
   colonias norteamericanas 151–153
   destierro 186–187
   exploración de Grecia 32
   exploradores decimonónicos 190
   Imperial Airways 300–301
   imperio marítimo 102, 142, 144–145
   India 162, 194, 195, 311
   inmigración 312, 313
   introducción del cristianismo 63
   trata de esclavos 158, 159
Grand Hôtel (Paris) 238–239
Grand Hôtel du Louvre (Paris) 239
Grand Teton 245
Grand Tour 143, 180–183, 195, 204,
   225, 226, 229, 334
   hoy 413
Grandes Lagos (América del Norte) 134
Grandes Llanuras 200
Grant, Ulysses S. 247
Gravé du Pont, François 134
Gray, Charlie 232, 233
Great River Road (EE UU) 422–423
Grecia 248, 407
   Alejandro Magno 36–37, 411
   antigua 10, 15, 26, 30–33, 106,
   410–411
   navegantes minoicos 18–19
   viajes 410–411
   viajes de Odiseo 34–35, 411
Greeley, Horace 200
Green, Charles 172
Greenwich 170–171
Greg, Percy 252
Groenlandia 57, 70, 72, 138, 276
   travesía con esquís 260–261
Gsell, Émile 211, 234
Guadalupe 112, 131
Guam 120
Guatemala 161, 406
guerra, fotografía de 211
Guerra Fría 332
Guerra Mundial, Primera 257, 272, 275,
   287, 310
Guerra Mundial, Segunda 227, 257,
   273, 294, 308, 310–311, 313, 316
   Las playas del Desembarco 408–409

guerreros viajeros
    antiguos 14
    cruzadas 74, 75, 77
    vikingos 57, 70, 72
Guevara, Ernesto «Che» 403
guías de viaje
    Baedeker 191, 226–227, 295
    Grand Tour 182, 226
    mochileo 335
    para peregrinos 82
    siglo XIX 191, 226–227, 249
Guillermo II de Alemania 227
guti 17
Guyana 114, 127

H

Haarlem, Jan Janszoon van 161
Hailey, Arthur 319
Haití 111
Halicarnaso, mausoleo de 33
Halley, Edmond 330
Hamburg-Amerika Linie 274–275
Hamilton, Emma 183
Hamilton, William 183
Han, dinastía 38, 39
Hannón 26, 360–361
Harjuf 20, 361
Harley, William S. 90
Harrison, John 170, 171, 174
Hastein 70
Hatsepsut (reina de Egipto) 20, 23
Hattin, batalla de 76
Hawái 24, 172, 174–175
Hawqal, Ibn 67
hayy 56, 65, 83, 290
Hearst, William Randolph 299
Hébridas, islas 32, 70
Hedin, Sven 258–259, 362
Helena de Troya 34
Helesponto 37
heliocéntrica, teoría 52
Hemingway, Ernest 239
Henson, Matthew 362
Heracleion 331
Herculano 183
Hereford, catedral de 98
Herjolfsson, Bjarni 72
Heródoto 15, 26, 27, 29, 32, 33
Hesse, Hermann 334
Heyerdahl, Thor 314–315, 362–363
hicsos 21
hidroaviones 10, 300–301, 320
Hillard, George Stillman 227
Hillary, Edmund 308, 322–323, 363

Hilliers, John K. 211
Himalaya 245, 322–323
    viajes 389, 395, 396
Hindenburg 298–299
Hindu Kush 37, 96, 316
hinduismo 59
Hipatia de Alejandría 68, 69
Hipias 31
hippie, ruta 334–335
Hirohito (emperador de Japón) 299
hititas 21
Hitler, Adolf 310–311, 332
Ho Chi Minh, Ciudad 387
Holding, Thomas Hiram 264, 265, 363
Homero 15, 18, 34–35
Homo sapiens 14
Honduras 113
Hooker, William Jackson 177
hormigón 44
hornillo portátil 264
Horsfield, F. 265
hospitalarios, caballeros 76, 77, 83
hoteles 238–239, 241
Hudson, bahía de 139
Hudson, Henry 138–139, 153, 280, 364
Hudson, río 202
Hueso, Cayo (Key West) 269
Hughes, Howard 320
Hugli 144–145
Hugo, Victor 184, 185
hugonotes 136, 151
Humabón de Cebú 120
Humboldt, Alexander von 177, 192–193, 245, 284, 364
Humboldt, corriente de 315
Hungría 268, 311
Hunt, William Holman 197
husitas 77
Hutchings, James Mason 246
Hyperloop 343

I

IATA (Asociación Internacional del Transporte Aéreo) 328
Idrisi, Al- 67, 98
Ignacio de Loyola 136
Ilustración 194, 205, 212
Imperial Airways 300–301
imperios, era de los 142–187
incas 103, 124–125, 285
    Camino Inca 406
incienso, árboles del 23
Independence (Misuri) 200
Independence Rock 201

Independencia de EE UU, guerra de la 186, 190
India 66, 85, 96, 105
    Alejandro Magno 37
    antiguos griegos 50–51
    británicos 142, 162, 194, 195, 311
    cartografía 242–243
    comercio en la Antigüedad 16
    Gran Proyecto de Topografía Trigonométrica 242–243, 322
    Imperio mogol 162–163
    misioneros cristianos 136
    navegantes portugueses 108, 109, 144
    partición 311
    viaje de Xuan Zang 58–59
    viajes 222, 249, 389–391
Indian Pacific, ferrocarril 401
Índico, océano 15, 26, 50, 51, 66, 78, 108, 109, 144
indios norteamericanos *véase* nativos norteamericanos
Indo, río 106
Indonesia 85, 144, 145, 391
industrial, revolución 106, 190, 218, 230, 292
Inglaterra 417
Inglis, Mark 341
Ingres, Jean-Auguste-Dominique 197
Inocencio III (papa) 77
inuits 138, 139, 280
Iona 70
Irak 66, 96, 248, 316
Irán 248, 258, 294, 334, 335, 411
Irkutsk 267
Irlanda 32, 84, 161, 250
    emigración 271–272
iroqueses 132, 134
Irtish, río 166
Irvine, Andrew 322
Irving, Washington 164, 191
Isaac Jogues, san 153
Isabel I de Castilla 352
    véase también Reyes Católicos
Isabel I de Inglaterra 161, 165
islam
    Al Ándalus 414–415
    cruzadas 74–77
    expansión 56, 64–65, 96
    peregrinaciones 82, 83
Islandia 15, 33, 57, 70, 72, 161, 316
Israel 26, 392
Italia
    Grand Tour 181, 182–183
    Orient Express 268
    romanticismo 204, 205
    viajes 222, 412–413, 415
Iván IV el Terrible de Rusia 166
Ivanov, Kurbat 166, 167, 365

J

Jackson, Horatio Nelson 324
Jackson, William Henry 247
Jacobo II de Inglaterra 153
Jaffa 195
jainismo 59
Jaipur 390
Jamaica 113, 312–313
James, bahía 139
James, Henry 209
Jamestown 151, 158
Janszoon, Willem 148
Japón 136, 208, 211, 256
    viajes 249, 392–394
Japón, mar del 167
Java 105, 148
Jefferson, Thomas 183, 198
Jenarco 42
Jenocles 33
Jerome, Jerome K. 264
Jerusalén 392
    conquista musulmana 64
    mapas medievales 98
    peregrinaciones 10, 56, 80, 82, 83
    sitio 74, 75–76
jesuitas 136, 137
Jesús 62
Jiangxi (China) 304
Jiva 258
Johansen, Hjalmar 277
Johnson, Amy 257
Johnson, Lyndon 273
Johnson, Samuel 180
Jones, Steve 263
Jordania 195, 394–395
Jordanus Catalani 78, 85
Jorge III de Inglaterra
Juan, Preste 56, 78
Juan II de Portugal 78
Juan III de Portugal 136
Juan-les-Pins 293
Juba II de Mauritania 42
judíos 75, 272, 308, 311
Juegos Olímpicos 31, 32
Justiniano I (emperador bizantino) 15

K

Kaaba 64–65
Kabul 334
kamal 66
Kamchatka 167, 168, 169

Kara-jitay, Imperio 78
Karakórum 84, 316
Karlsbad 224–225
Katmandú 334, 335
Kempe, Margery 85, 365
Kenia 316
Kenia, monte 245
Kennedy, Edward 244
Kerouac, Jack 324, 325, 334
   En el camino con Jack Kerouac 423
Khone, cataratas de 235
Kíev 71
Kilimanjaro, monte 245
Kindertransport 311
King, John 232, 233
Kinglake, Alexander 208
Kingsley, Mary 215, 365
Kioto 249
Kirguistán 59
Kirke, hermanos 134
Kitchener, Lord 313
Klee, Paul 197
KLM 287
knarrs 71
Kobe 249
köktürks 59
Kon-Tiki, expedición de la 314–315
krak de los Caballeros 77
Kratie 234
Krúbera Voronia, cueva de 341
Kuomintang 304

L

Labrador 138, 139, 176
Ladoga, lago 71
Lagos, Distrito de los (RU) 205, 417
Laing, Alexander Gordon 214
Laker, Freddie 309, 328
Lambton, William 242, 243, 366
Landa, Diego de 136
Lander, John 213
Lander, Richard 213, 367
Langford, Nathaniel P. 246–247
Laos 235
Lapu-Lapu 120
Larga Marcha 304–305
Lassels, Richard 181, 367
latitud 33, 53, 68, 69, 99, 170
Leipzig 227
Lena, río 167
Leonardo da Vinci 332
Lewis, John Frederick 196–197
Lewis, Meriwether 198–199, 200, 368
   Ruta de Lewis y Clark 420–421

Lhasa 290
Líbano 14, 16, 20, 26, 47
Libertad, estatua de la 270, 273
Libia 27, 213
Lillie, Beatrice 275
Lima 124, 285
Lincoln, Abraham 237, 246
Lindbergh, Charles 257, 289, 320, 368
Lindholm Hoje 72–73
Lindisfarne 70
Linneo, Carlos 176
Lisboa 109
literatura de viajes
   décadas de 1930 y 1940 294–295
   Evliya Çelebi 154–155
   ficción 252–253
   medieval 84–85
   moderna 338–339
   siglo xix 191, 208–209
   véase también guías de viaje
Liverpool y Manchester, ferrocarril de
   216–217, 218
Livingstone, David 214–215
   Ruta de Livingstone 306–307
Livingstone, Robert 202–203
Liwa 316
locomotoras 218–219
Loira, río 32, 70
Londonderry, Annie 263
Londres 230, 238, 239
longitud 53, 99, 170–171, 174
Lucas, capitán 210
Lucknow 162
Luis IX de Francia 57, 76, 77
Luisiana, compra de 198, 203
lujo, viajes de 257
Luna, viajes a la 309, 332–333, 342
Lundy 161
Lusitania 274, 275
Lyon, George Francis 213

M

MacArthur, Ellen 369
Macedonia 37
Machu Picchu 259, 284–285
Mackinder, Halford 245
Maclean, Rory 334
Mactán, batalla de 120
Mada'in Saleh 291
Madagascar 249
Magallanes, estrecho de 121
Magallanes, Fernando de 103,
   118–121, 131, 144, 170, 369
Mahabodhi, templo (Bodh Gaya) 58

Mahoma 64
Mahomed, Sake Dean 163, 370
Malaca 144
Malaca, península de 66, 67, 136
Mali, Imperio de 57, 94, 96
Malinche, la 122–123
Malindi 108
Mallory, George 322, 340
Man, isla de 32
Mancha, Canal de la 32
Mandan, fuerte 198, 199
Mandeville, Juan de 56, 57, 84, 85, 99
Manhattan 152, 153
Mansa Musa 94, 371
mansiones (posadas romanas) 46
Manuel I de Portugal 108, 118, 119
Mao Zedong 304
maoríes 148–149
mapas
   Atlas catalán 94, 98–99
   Atlas Vallard 78–79
   Carta pisana 98
   Colón 112–113
   guías Baedeker 227
   India 242–243
   mapamundi de Desceliers 10–11
   mapamundis 98, 99
   medievales 66–67, 98–99
   océanos 250–251
   planisferio de Cantino 108–109
   polinesios 24, 25
   primer mapa conocido 32
   primer mapa del Nuevo Mundo 116–117
   Roma antigua 48–49, 50–51
   Tolomeo 15, 52–53
mareas 32–33
marfil 50
María, Virgen 62
Marianas, fosa de las 251, 330
Marienbad 225
Marino de Tiro 53
marítimos, viajes *véase* barcos;
   navegación
Markham, Albert 276
Marquesas, islas 174, 314
Marruecos 26, 64, 95, 96, 161, 316, 386
Mars One, proyecto 342–343
Marshall, James 220
Marte, viajes a 342–343
Martines, Joan 127
Masudi, Al- 66
Matisse, Henri 197, 293
Matterhorn 245
Mauro, Fra 162
mayas 136, 211
   La ruta maya 406
Mayflower 152, 153, 229
Mayid, Ahmad ibn 108

McKinley, monte 245
Meca, La 64, 69, 156, 223, 290, 291
   peregrinación 10, 56, 65, 82, 83, 94,
   96, 398
Media, Edad
   comercio y conquista 56–99
   exploración portuguesa 108–109
   Zheng He 104–105
Medina 64, 65, 290
Mediterráneo, mar
   árabes 66
   cruzados 76
   egipcios 20
   fenicios 26–27
   griegos 31–33
   minoicos 14, 18–19
   Odiseo 34–35
   veraneantes 292–293
   vikingos 70
Mehta, Suketu 339
Mekong, río 190, 234–235, 387
Melbourne 231, 232
Melville, Herman 191, 271
Menelao 34
Menindee 232, 233
mensajeros
   persas 15, 28–29
   romanos 47, 49
Merenra I (faraón) 20
Merian, Maria Sibylla 178–179, 370
meridiano de referencia 53, 171
Mesopotamia 14, 16–17, 90, 106
meteorología 185
Metodio, san 63
México 211
   conquista del Imperio azteca 103,
   122–223, 124
   emigración 272, 273
   viajes 405–406
Meyer, Hans 245
Miami 293, 318
Miami, río 268
micénicos 18, 19, 31
Michelet, Jules 225
Michelin, André y Edouard 324, 325
migraciones
   Polinesia 314–315
   siglo xx 310–313
mihrab 65, 69
Milán 268
Ming, dinastía 87, 105
minoica, civilización 14, 18–19
Minos 18
mirra 23
misioneros cristianos 63, 136–137
Misisipi, río 150, 198
   barcos de vapor 203
   Great River Road 422–423

Misuri, río 198, 199, 237
Mitrídates VI (rey del Ponto) 42
mochileo 335
Moctezuma 123
mogol, Imperio 162–163
Molay, Jacques de 77
Molucas, islas 136, 144
Mónaco 293
mongoles 56, 57, 84–85, 86–87, 88, 89, 96, 258
Mongolia 259, 296
Mont Blanc 244–245
    Tour del Mont Blanc 415
montañismo 244–245, 308, 322–323, 340, 341
    véase también alpinismo
Montgolfier, Joseph-Michel y Jacques-Etienne184
Montreal 132
Moore, Annie 273
Moreton, bahía 187
Morgan, Henry 161
Moscú 267
Moseley, Henry 250
Moskvitin, Iván 167
moteles 325, 327
motocicletas 90–91
Mozambique 17
Muawiya (califa) 65
Muhammad ibn Tugluq 96
Muir, John 246, 247
mujeres
    aviadoras 257, 289
    ciclistas 263
    viajeras 222, 248, 294–295
Muqaddasi, Al- 66
Muralla china, Gran 259, 388
Murat IV (sultán otomano) 156
Murat Reis 161
Murray, John (editor) 191, 226–227, 249
Murray, John (naturalista) 250, 251
museos
    gabinetes de curiosidades 142, 146–147
    nacionales 195
Musk, Elon 342–343
Mysore 242

N

Nagasaki 249
Nagelmackers, Georges 268
Naipaul, V. S. 338, 339
Nalanda 59
Nansen, Fridtjof 260–261, 276–277, 280, 371

Napoleón I 190, 191, 194, 195, 197, 198, 227
napoleónicas, guerras 183, 205
Nápoles 143, 181, 183
Nares, George 250
Narragansett, bahía 131
NASA 331, 333, 342
nativos norteamericanos 131, 134, 136, 139, 151, 152, 273
    expedición de Lewis y Clark 198–199
    intercambio colombino 128–129
    iroqueses del San Lorenzo 132
naturalistas 143, 176–177, 192–193, 206–207, 214–215, 250, 251, 296–297
navegación 33, 98–99, 170–171
    astrolabios 68–69
    brújulas 103
    cuadrantes de Davis 103
    polinesios 24–25
    sextantes 53, 66
    véase también mapas
Necao II (faraón) 26, 27
Neerlandesa de las Indias Occidentales, Compañía 152
Neerlandesa de las Indias Orientales, Compañía 139, 144, 145, 148–149, 152
Negro, mar 31, 66, 71, 72, 86, 87, 88, 89
Negro, río 127
Nehemías 33
Nelson, Horatio 183
Nepal 322, 335, 395
Neptuno (planeta) 343
Nerón (emperador romano) 63
Nerval, Gérard de 208
neumáticos 90
Neuzillet, Henri 269
Nevada, Sierra (EE UU) 237, 246
Newby, Eric 227, 269, 371
Ngami, lago 215
Niágara, cataratas del 246
Niebhur, Carsten 372
Níger, río 94, 190, 212–213
Nigeria 213
Nikitin, Afanasi 162
Nilo, río 20, 23, 42, 106, 190, 191, 331
    Crucero por el Nilo 385
    fuentes 214, 215
Nimes 46
Niza 293
Nobile, Umberto 276, 281
Noirmoutier, isla de 70
Nom Pen 234
nómadas 14
Norddeutscher Lloyd 274
Nordenskjöld, Adolf Erik 258, 260, 261, 372
Noreste, paso del 258

Norfolk, isla 187
Norge 257
Normandía
    Las playas del Desembarco 408–409
Normandie 106–107, 275
normandos 73, 75
Noroeste, paso del 138–139, 152, 174, 175, 276, 280, 341, 419
Norte, polo 185, 276–277, 280, 341
Noruega 260
    emigración 272
Nowak, Kazimierz 372–373
Nubia 20, 21, 26, 42
Nueva Ámsterdam 152–153
Nueva Caledonia 175
Nueva Escocia 134, 139
Nueva Francia 130–135
Nueva Guinea 148–149, 173
Nueva Holanda 148–149, 172, 173
Nueva Inglaterra 134
Nueva York 145, 150, 202–203, 238, 239, 275, 298–299, 324, 326
    colonización 152–153
    inmigración 270–273
Nueva Zelanda 24, 148, 176, 207, 222, 249, 256, 402
    viajes de James Cook 172–173
Nuevas Hébridas 174
Nuevo Mundo 114, 115, 118, 122–125
    colonización 150–153
    Cristobal Colón 110–111
    misioneros 136
    primer mapa 116–117
    trata de esclavos 158–159
Nuevos Países Bajos 145, 152–153
Nugent, Thomas 182
Núñez de Balboa, Vasco véase Balboa, Vasco Núñez de
Nuuk 261

O

Oates, Lawrence 279
oceanografía 175, 250–251
océanos, exploración de los 10, 308, 330–331, 340, 341
Odisea (Homero) 15, 34–35, 411
Odiseo 14, 34–35, 411
Odorico da Pordenone 84
O'Dougherty, Paddy 272
O'Hanlon, Redmond 338
Ohio, río 203
Ojeda, Alonso de 114, 115, 124
Ojotsk 168, 169
Old Faithful, géiser 246–247

olíbano 23, 50, 51, 396–397
Olimpia 33
Olmsted, Frederick Law 246, 247
Omán 291, 317
    El olíbano omaní 396–397
Omar (califa) 64
omeya, Califato 65
Ontario, lago 132
Opio, guerras del 211
Orange, fuerte 152
Orcadas, islas 32, 70
Oregón, Ruta de 200–201, 220
Orellana, Francisco de 126–127
Orient Express 10, 257, 268, 269, 416
orientalismo 196–197, 208
Oriente, Extremo 230, 249
    comercio 144
    ruso 167, 266, 267
    ruta marítima 258
Oriente Próximo 210, 248
Ormuz 88, 105
oro 103, 113, 124, 127
    fiebre del oro 191, 220–221, 246, 271
oro de los tontos 133, 138
O'Rourke, P. J. 338
Orwell, George 295
Osaka 249
Osborn, Henry Fairfield 296
Ostende 268
Ostia 47
O'Sullivan, Timothy H. 211
otomano, Imperio 77, 83, 87, 155, 156, 168, 194, 310
    esclavos 161
Otón de Frisinga 78
Ottawa, río 134
outback australiano 232–233
Oxus, tesoro del 28, 29

P

Pablo, san (Pablo de Tarso) 63, 373
Paccard, Michel-Gabriel 244
Pacífico, islas del 402
Pacífico, océano 15, 120, 121, 124, 131, 143, 198, 199, 249
    expansión y exploración rusa 166–167, 168, 169, 267
    expedición de la Kon-Tiki 314–315
    oceanografía 251, 330, 340
    primera travesía aérea 289
    travesía a remo 340, 341
    viajes de James Cook 173–174
Padres Peregrinos 131, 151–152, 229
Paestum 30–31

paisaje
  parques nacionales 246–247
  romanticismo 204–205
Países Bajos
  colonias en América del Norte
  imperio marítimo 142, 144–145, 162
Pakistán 59, 311, 313, 334, 335
Palacio de Cristal (Londres) 230
Palestina 26, 62, 63, 75, 76, 77, 82, 85,
  195, 311, 392
Palladio, Andrea 183
Pamir, cordillera del 87, 89
Pan Am (Pan American Airways) 310, 320
Panamá 113, 123, 124, 125
Panamá (ciudad) 161
Panteón (Roma) 44
paquetes de vacaciones 328
Parahu (rey de Punt) 23
París 181, 182, 268
  ataque vikingo 71
  exposiciones universales 230, 239
  hoteles 238–239
Park, Mungo 212–213, 214
Parker, Peter 216
Parkman, Francis 200
parques nacionales de EE UU,
  primeros 211, 246–247
Parry, William Edward 276
pasaportes
  griegos 33
  romanos 46
Pascua, isla de 24, 173, 175
paseos en barca 265
Patagonia 119
  Ruta Nacional 40 404–405
Paulo III (papa) 136
Paxton, Joseph 230
peajes 165
Peary, Robert 276, 277, 280
Pedro el Ermitaño 75
Pedro I el Grande de Rusia 142, 146,
  168–169, 176
Pegolotti, Francesco 87
Pekín 57, 96
Pène du Bois, William 185
Pepi II (faraón) 20
Pepys, Samuel 171
peregrinaciones
  antigua Grecia 33
  Benarés 335
  Imperio romano 46
  La Meca 56, 65, 83, 290, 398
  medievales 56, 80–83, 412, 414
  primeros cristianos 63
  Shikoku 392
Periplo del mar Eritreo 50–51
Pérouse, Jean François de Galaup,
  conde de La 175, 373

Persépolis 28, 411
Persia 15, 28–29, 31, 37, 39, 64, 66, 88,
  89, 96, 105, 162, 208, 294
Pérsico, golfo 50
Perú 284–285
  conquista por Pizarro 103, 124–125
  El *Hiram Bingham* 406
peste bubónica 87
Petiver, James 146
Petra 195, 394–395
Peutinger, Konrad 49
Peutinger, tabla de 46, 48–49
Pfeiffer, Ida 248, 374
Philby, Harry St. John 291
Philip, Arthur 186
Pian del Carpine, Giovanni da 84
Piccard, Jacques 330–331
pícnics 265
pieles 103, 133, 152, 200
Pigafetta, Antonio 102, 119, 120
Pilâtre de Rozier, Jean-François 184
pingüinos 119, 193
Pinzón, Martín Alonso 111
pirámides de Guiza 33, 42
piratería 63, 160 161
Piri Reis155
Pirineos 81, 245
Piteas 15, 32–33, 375
Pizarro, Francisco 103, 124–125, 374
planisferios 69
plantaciones 159
playa, veraneo en la 292–293
Plymouth (Massachusetts) 151, 229
Poiarkov, Vasili 167
Poitiers, batalla de 64, 65
Polinesia Francesa 314, 315
polinesios 10, 15, 24–25, 173,
  314–315
Polo, Marco 57, 84, 88–89, 99, 115, 162,
  341, 375
Polo, Niccolò y Maffeo 88, 89
Polonia 311
Poma de Ayala, Felipe Huamán 125
Pompeya 183
Ponce de León, Juan 150, 367
Pont du Gard 46–47
Ponting, Herbert 278
Pope, Alexander 181
Poraz, Francisco 113
Port Arthur 187
Port Jackson 187
Port Macquarie 187
Portugal
  India 144, 162
  misioneros 136
  trata de esclavos 158
  viajes de exploración 78, 102, 108–109,
  114–115, 118–119, 162, 212

portulanos 98–99
Post, Wiley 289
postales 229
Potsdam, conferencia de 311
Prajñakara 59
Preatapang 235
Procopio 47
Promontory, cima 236, 237
Puabi (reina de Ur) 17
publicidad 227, 303
Pucci, Emilio 319
Puerto Rico 112
Punt 15, 20, 22–23
Punyab 163
puritanos 151–152
púrpura 15, 26
Purtscheller, Ludwig 245
Putman, Andrée 336

Qadesh, batalla de 21
Quantas Empire Airlines 301
Qubbet el-Hawa 20
Qubilay Kan 88, 89
Quebec 132, 134
Queen Mary 275
Quito 126, 127

R

Raban, Jonathan 338
Rainhill, concurso de 218
Ramhormuzi, Al- 67
Ramsés II (faraón) 21, 195
Raveneau de Lussan, Jacques
  161
Ravna, Ole Nielsen 260
reacción, avión a 308–309, 320–321
  era del reactor 318–319
Read, Albert 289
Read, Mary 161
refugiados 308, 311
Reino Unido
  viajes 416–417
  véase también Gran Bretaña
Remps, Andrea Domenico 146–147
Renoir, Auguste 197, 293
Resolution 173–174
Réveillon, Jean-Baptiste 184
Revolución Francesa 183
Reyes Católicos 192, 111, 112

Rhode Island 131
Rhodes, Cecil 267, 268, 300
Ricardo I de Inglaterra (Corazón de
  León) 75
Ricci, Matteo 137
Richelieu, cardenal 134
Richthofen, Ferdinand von 376
Rin, río 70
  El Rin romántico 409
Ringmann, Matthias 116
Ritz (París) 239
Ritz, César 239
Riviera francesa *véase* Costa Azul
Roanoke, isla de 151
Robert, Anne-Jean y Nicolas-Louis
  184
Roberts, David 197
Roberval, Jean-François de La Rocque
  de 132
Rocket 216, 218
Rocosas, Montañas 198–199, 200, 208,
  245, 261
Rodas, coloso de 33
Roger II de Sicilia 67, 98
Rojo, mar 20, 23, 26, 50–51, 56, 57, 66,
  105
Rollón 70
Roma 49, 412–413
  Grand Tour 143, 180–183, 413
  peregrinaciones 63, 81, 82, 412
Roma, antigua 412–413
  calzadas 15, 44–47, 49, 62
  cartagineses 41
  cristianismo 62–63
  Imperio romano 42, 44–47, 49, 50
  tabla de Peutinger 48–49
romanticismo 204–205, 292
Roosevelt, Nicholas 203
Roosevelt, Theodore 246, 265
Rosetta, piedra de 195
Ross, mar de 279
Rousseau, Jean-Jacques 204, 205
Royal Society 143, 172, 250
Rub al-Jali 290, 291, 316
ruedas 90–91
Ruijin 304
Rumanía 268
Rusia 67, 139, 248, 272
  expansión por Asia central 258
  exploración y colonización de Siberia
  142, 166–167
  Gran Expedición al Norte 142–143,
  168–169
  Humboldt 193
  ferrocarriles 266–267
  transiberiano 397
  revolución y guerra civil 310
  véase también URSS

Rustichello de Pisa 89
Ruta 66 326–327, 419
Rutherford, Matt 341
Ruysbroeck, Willem van 84–85, 382–383
Ruysch, Frederik 146
Ryanair 328–329
Rylands, papiro 63

S

Saarinen, Eero 318, 319
sabeos 50
Sachs, Oscar 269
Sacramento, río 237
Safer, Morley 268
sagas islandesas 73
Saguenay 132, 133
Sáhara, desierto del 295
    caravanas de sal 94–95
    Ruta comercial transahariana 386
Said, Edward 197
Saigón 234, 235
Saint Raphaël 293
Saint-Exupéry, Antoine de 288, 295
Sajalín 167
sal, caravanas de 94–95
Saladino 75, 76, 77
Salé, República de 161
Salomón (rey de Israel) 26
Salomón, islas 148
Salt Lake City (Utah) 265
salud, turismo de 225
Samarcanda 59, 86, 96, 258
Samoa 24, 136
Samojin, Gennadi 341
San Agustín (Florida) 150, 151
San Francisco 220, 221, 324, 326
    inmigrantes 191, 271
San Juan, río 134
San Lorenzo, golfo de 131, 132
San Lorenzo, río 130, 131, 132, 133, 134
San Luis (Illinois) 199
San Petersburgo 168, 169, 267
Sandwich, islas 174
Sankoré, mezquita de (Tombuctú) 95
Santa Cruz, islas de 175
Santa Irene (Estambul) 63
Santa María 107, 111
Santa Sofía (Estambul) 96
Santiago de Compostela 81
    Camino de Santiago 414
Sargón de Acad 16, 17
Sargón II de Asiria 27

sasánida, Imperio 64
satélites 340
Saturno (planeta) 343
Saussure, Horace-Bénédict de 244
Savoy (Londres) 239
Savoy, Gene 285
Schlieman, Heinrich 18
Scott, Robert Falcon 256, 264, 279, 280, 376–377
SCUBA 330
Sebojt, Severo 69
Secesión, guerra de 185, 237
Seda, Ruta de la 10, 15, 28, 38, 39, 57, 59, 86–87, 89, 96, 259, 334, 399
Seis Cumbres, Proyecto 341
seléucida, Imperio 38
selvas tropicales 10, 340
selyúcidas, turcos 75
Sena, río 70
Serbia 268
Seth, Vikram 339
Severin, Tim 341
sextante 53, 172
Sha Yahan (emperador mogol) 162–163
Shaanxi (China) 304
Shackleton, Ernest 256, 377
Shanghái 249
Shelley, Mary 191
Shelley, Percy Bysshe 191, 195, 205
Shetland, islas 32, 70
Shigatse, dzong de 258–259
Shikoku, Peregrinación de 392
Shufelt, Sheldon 221
Siberia 193
    destierro 167, 311
    exploración y colonización 142, 166–167, 168–169
    ferrocarril 266–267
Sichuan 304
Sicilia 67
Sídney 187, 231
Siena 183
siete maravillas del mundo (Antigüedad) 33
Sigurd (rey de Noruega) 76
Sijilmasa 95
Sikdar, Radhanath 243
Sikorski, Ígor 287
Silabhadra 59
Simbad el Marino 67, 341
Sin blanca en París y Londres (Orwell) 295
Sinaí 16
Sinatra, Frank 318, 319
Sinesio de Cirene 68, 69
Singapur 249
Singh Rawat, Nain 377
sirenas 35

Siria 26, 66, 77, 316
Skytrain 328
Smith, Charles Kingsford 289
Snefru (faraón) 20
Sociedad, islas de la 24, 25
Solander, Daniel 176
Somalia 26, 50
songay, Imperio 95
Sorlingas, islas 170, 171
Soto, Hernando de 150
Southwest Airlines 309, 328
souvenirs 228–229
Spa (Bélgica) 225
Space X 342–343
Speke, John Hanning 214–215
Sperling, Marcus 211
Sputnik 332
Sri Lanka 52, 96, 101, 144
    véase también Ceilán
Stadacona 132
Stanley, Henry Morton 208, 209, 214, 215
Stanovói, montes 167
Stark, Freya 294–295, 378
Starke, Mariana 226–227, 378
Stein, Marc Aurel 258–259
Steinbeck, John 325, 327
Steller, Georg Wilhelm 169
Stephenson, George 216, 217
Stephenson, Robert 216, 217, 218
Stevens, Thomas 263
Stevenson, Robert Louis 10, 209, 294
    en las Cevenas 408
Stuart, Robert 200
Stuck, Hudson 245
submarina, exploración 330–331
Subramanian, Samanth 338
Sudáfrica 215, 240, 248, 249, 267, 300, 303
Sudán 316
Suecia 168
Suez, Canal de 248, 249
Suiza 181, 204, 222
    alpinismo 245
    esquí 260
    hoteles 238, 239
    viajes 412, 413, 415
Sumatra 105
Sumer 16–17
supersónicos, aviones 336–337
Sur, paso (Wyoming) 200, 201
Sur, polo 173, 256, 278–279, 280, 341
Surinam 179
Susa 28, 29
Sutter, aserradero de 220
Svavarsson, Gardar 72
Sweetwater, río 201
Symington, William 202, 203

T

tabaco, plantaciones de 159
Tabriz 89
Taghaza 95
Tahití 172, 173, 174, 176, 177, 207
Taizong (emperador de China) 59
Taj Mahal 390
Taklamakán, desierto de 87, 89, 258
Talas, batalla del 64
Talbot, Henry Fox 210
Támesis, río 265
Tang, dinastía 59
Tanganica, lago 214
Tánger 96, 97
Tanzania 50, 96, 214
Taqi al-Din Muhammad ibn Maruf 67
Tarim, cuenca del 38
tártaros 166
Tartessos 32
Taskent 59
Tasman, Abel 148–149, 173, 379
Tasmania 148, 187
Tavernier, Jean-Baptiste 162
Tebas 23, 31
Teherán 258, 268
templarios, caballeros 75, 76, 77, 83
Tenochtitlán 123
Tenzing Norgay 308, 322–323, 363
Tera (Santorini) 18, 19
termales, fuentes 225
Termez 59
Terra Nova 256, 278, 279
Terranova 73, 131, 132, 153, 172, 176, 250, 289
Theroux, Paul 269, 325, 338
Thesiger, Wilfred 291, 308, 316–317, 379
Thomas Cook & Son 191, 222–223, 230, 248, 249
Thomas, Bertram 290, 291, 380
Thompson, Charles 182
Thompson, Hunter S. 339
Thomson, Charles Wyville 250, 380
Thoreau, Henry David 265
Thubron, Colin 338, 380–381
Tian Shan 59
Tierra de Fuego 206
Tierra de hombres (Saint-Exupéry) 295
Tierra deVan Diemen 148, 187
Tierra Santa
    cruzadas 74–77
    en los Evangelios 62
    peregrinación 63, 80, 82–83, 248
    viajes 209, 222, 249

Tigris, río 106
Tilman, H.W. 295
Tipu (sultán) 242
Tiranión de Amiso 42
tiranos griegos 31
Titanic 274, 275, 331
tlaxcaltecas 123
Tobol, río 166
Tobolsk 166, 167
Tokaido, Ruta del 394
Tokio 249
Tolomeo 15, 52–53, 69, 98–99, 115, 116, 375
Tom Thumb 217
Tomás Becket, santo 81, 82
Tombuctú 94, 95, 96, 213, 214, 290
Tonga 24, 148, 174
Toponce, Alexander 236
Tordesillas, Tratado de 119, 136
Torres, estrecho de 148, 149, 173
Tradescant el Viejo, John 148
Trajano (emperador romano) 45
transatlánticos de lujo 10, 106–107, 257, 274–275
transcontinental, ferrocarril (EE UU) 190, 201, 236–237
transiberiano 266–267, 397
transporte, sistemas de 186–187
Tremont House (Boston) 238
tren, viajes en
    Barrancas del Cobre 405
    California Zephyr 422
    carteles 302–303
    Coastal Pacific 402
    era del ferrocarril 10, 190–191, 216–217, 256, 292
    ferrocarril transcontinental (EE UU) 190, 201, 236–237
    hoteles 238
    Indian Pacific 401
    Le Train Bleu 293
    literatura ferroviaria 269
    Orient Express 10, 257, 268, 269, 416
    transiberiano 266–267, 397
    tren bala 218
    tren himalayo de Darjeeling 389
    trenes de larga distancia 266–269
    trenes y locomotoras 218–219
    viajes organizados 222
Tres Gargantas (China) 388–389
triángulo de oro (India) 390
Trieste (batiscafo) 330
Trinidad 112, 113
Trípoli 213
Trippe, Juan 318
Tromsø 260

Troup, Bobby 308, 326
Troya 18, 34
tuaregs 94–95
Tule 15
Túnez 26, 64
Túnez (ciudad) 77
Tupaia 25
Turguéniev, Iván 225
turismo de masas 222
Turkana, lago 316
Turquestán 258, 295
Turquía 26, 248, 334–335, 398–399, 411, 416
Tutankamón 21, 195, 259
TWA 318, 319
Twain, Mark 165, 191, 203, 209, 249, 381
Tyndall, John 245

U

Uadi Rum 394–395
Uemura, Naomi 381
Ulises *véase* Odiseo
Umm As-Samim 316
Union Pacific, ferrocarril 236, 237
Unión Soviética *véase* URSS
Ur 16–17
    estandarte 17
Urales 166, 167, 193
Urano (planeta) 343
Urbano II (papa) 75
URSS
    deportaciones 311
    Europa oriental 311
    programa espacial 309, 332
    véase también Rusia
Urubamba, valle del 284
Utmán (califa) 64
Uzbekistán 59, 399

V

V-2, cohetes 332
valle de los asesinos, El (Stark) 295
Vámbéry, Ármin 258, 259, 382
Vancouver, isla de 174
vapor
    barcos 106, 190–191, 202–203
    trenes y locomotoras 216–219
varega, guardia 72
Varthema, Ludovico de 290

Velázquez, Diego 122, 123
Venecia 57, 76, 77, 82, 88–89, 108, 181, 268
Venezuela 114, 285
Venus, tránsito de 172
Veracruz 123
Verne, Jules 249, 252
Verrazano, Giovanni da 131
Vesconte, Pietro 99
Vespucio, Américo 102, 114–115, 116, 382
Vesubio 143
Vía Francígena 412
Viaje a Oxiana (Robert Byron) 294
Viaje al oeste 60–61
Victoria, cataratas 215, 267, 268
Victoria, lago 214, 300
Viena 155
Vietnam 67, 105, 234, 387
vikingos 10, 57, 67, 70–73, 106
    Ruta de los vikingos 418
Vilcabamba 285
Vilgerðarson, Flóki 72
Virginia de Londres, Compañía de 151
Vístula, río 71
Vizcaína, bahía (Biscayne Bay) 268
Vladimiro I (gran príncipe de Kiev)
Vladivostok 267
Volga, río 67, 71
Voltaire 144
Voyager 1 y 2 309, 343
vuelta al mundo
    en bicicleta 263
    espacial 332
    por aire 289, 299
    por mar 103, 118–121, 161, 341
    turismo 248–249

W

Waldorf Astoria (Nueva York) 239
Waldseemüller, Martin 116
Walpole, Horace 182
Walpole, Robert 182
Walsh, Don 330
Walsingham 81
Washington D.C. 324
Watkins, Carleton E. 211
Waugh, Andrew Scott 243
Waugh, Evelyn 295, 338
Wells, H.G. 252, 263
Wells, Mary 319
West, Rebecca 295
West, Thomas 205

Wheeler, Tony 335
Whibley, Charles 272
White Star, naviera 257, 274, 275
White, John 150, 151
Whitman, Marcus 201
Whymper, Edward 245
Whymper, monte 245
Wight, isla de 32
Wikalat Bazar'a (El Cairo) 92
Wild, John James 250
Wilde, Oscar 245
Wilkie, David 197
Willamette, valle de (Oregón) 200
Williams, Roger 128–129
Willis, Alfred 245
Wills, William John 232, 349, 400
Wilson, Edward 279
Winthrop, John 129
Wordsworth, William 205, 417
Wright, Wilbur y Orville 256–257, 286–287, 320
Wu (emperador de China) 38, 39
Wu Cheng'en 60
Wulf, Andrea 193

X

Xiang, batalla del río 304
xiongnu 38–39
Xu Fu 359
Xuan Zang 54, 58, 61, 383

Y

Yakutsk 166, 167
Yale, Expedición Peruana de (1911) 284–285
Yam 20
Yangtsé, río 105, 235
    Las Tres Gargantas 388–389
Yaqubi, Ahmad al- 66
Yellowstone 246–247, 265
Yemen 50, 156
Yidda 291, 361, 377, 398
Yosemite, Parque Nacional 211, 246, 247
Yuan, dinastía 89
Yudu, río 304
yuezhi 38
Yugoslavia 295

Z

Zambeze, río 215, 267, 268
Zambia 386–387
zepelines 298–299
Zeppelin, Ferdinand von 299
Zeus 33, 34
Zhang Qian 14, 15, 38–39, 376
Zhao Mengfu 59
Zhao Mo 39
Zheng He 104–105, 361
Zhu Di (emperador de China)
zoroastrismo 29
Zufar 291

AGRADECIMIENTOS

Dorling Kindersley desea agradecer a las siguientes personas:
Colaboradores: Phil Wilkinson, Jemima Lord, Esther Ripley. Índice: Helen Peters. Asistencia editorial: Anna Fischel, Sam Kennedy, Sugandha Agarwal, Devangana Ojha. Asistencia en el diseño: Rohit Bhardwaj, Devika Khosla, Vikas Chauhan. Asistencia en el diseño y páginas de inicio de capítulo: Phil Gamble. Cubierta: Priyanka Sharma

El editor agradece a las siguientes personas e instituciones su generosidad al conceder permiso para reproducir sus fotografías:

Clave: a-arriba; b-abajo; c-centro; e-extremo; i-izquierda; d-derecha; s-superior

1 Dorling Kindersley: James Stevenson / National Maritime Museum (Londres, RU). **2-3 Bridgeman Images:** Ira Block / National Geographic Creative. **4 Getty Images:** DEA / G. Nimtallah / De Agostini (sd). **5 akg-images:** Pictures From History (si). **Alamy Stock Photo:** Lebrecht Music and Arts Photo Library (bc). **6 akg-images. Alamy Stock Photo:** Mary Evans Picture Library (bd). **Getty Images:** MPI / Stringer (sd). **Rijksmuseum. 7 Alamy Stock Photo:** Contraband Collection (bi). **Getty Images:** Sky Noir Photography by Bill Dickinson (sd). **Library of Congress, Washington, D.C.** (si). **NASA:** (bd). **8-9 Getty Images:** Robbie Shone / National Geographic (s). **11 Bridgeman Images:** British Library (Londres, RU) / © British Library Board. All Rights Reserved. **12 Getty Images:** DEA / G. Nimtallah / De Agostini (i); Science & Society Picture Library (c); DEA / G. Dagli Orti (d). **13 Alamy Stock Photo:** Uber Bilder (i). **Getty Images:** DEA / G. Dagli Orti (c); Marc Hoberman (cd). **14 Alamy Stock Photo:** kpzfoto (bc). **Getty Images:** DEA / G. Dagli Orti (bi); VCG (bd). **15 Bridgeman Images:** Pictures from History (bd). **Getty Images:** Fine Art Images / Heritage Images (bc); Too Labra (bi). **16 Alamy Stock Photo:** INTERFOTO (bi). **16-17 Alamy Stock Photo:** Peter Barritt (s). **17 akg-images:** Erich Lessing (cib). **Alamy Stock Photo:** Classic Image (bd). **18-19 Getty Images:** DEA / G. Nimtallah / De Agostini (s). **19 Alamy Stock Photo:** INTERFOTO (c). **Dorling Kindersley:** Graham Rae / Hellenic Maritime Museum (bi). **Dreamstime.com:** Denis Kelly (bd). **20 akg-images:** Hervé Champollion (ci). **20-21 Getty Images:** Leemage / Corbis (b). **21 Bridgeman Images:** Egyptian National Museum (El Cairo, Egipto) (cd). **Getty Images:** DEA / G. Dagli Orti (sc). **22-23 Getty Images:** CM Dixon / Print Collector. **24-25 Getty Images:** Science & Society Picture Library (b). **24 Science Photo Library:** Library of Congress, Geography and Map Division (sd). **25 Alamy Stock Photo:** The Natural History Museum (cib). **Getty Images:** Science & Society Picture Library (bd). **26 akg-images:** Erich Lessing (bc). **Bridgeman Images:** Pictures from History (cia). **26-27 Getty Images:** DEA / G. Dagli Orti (s). **27 Alamy Stock Photo:** Anka Agency International (bd). **28 akg-images:** British Museum (Londres, RU). **29 Alamy Stock Photo:** imageBROKER (sc). **Getty Images:** DEA Picture Library / De Agostini (ebd, br). **30-31 Bridgeman Images:** Private Collection / Photo © Ken Welsh. **31 Alamy Stock Photo:** Science History Images (bc). **Dreamstime.com:** Olimpiu Alexa-pop (cda). **32-33 Dorling Kindersley:** Graham Rae / Hellenic Maritime Museum (b). **32 Alamy Stock Photo:** Charles O. Cecil (bi); North Wind Picture Archives (sd). **Getty Images:** DEA / G. Dagli Orti (cia). **33 Getty Images:** Marc Hoberman (cia). **American School of Classical Studies en Atenas, Agora Excavations:** (cda). **34 Getty Images:** DEA / G. Dagli Orti / De Agostini (bi); Heritage Images (cia). **34-35 Photo Scala (Florencia, Italia):** White Images (b). **35 Alamy Stock Photo:** kpzfoto (si). **Getty Images:** Universal History Archive / UIG (cdb). **36 Getty Images:** DEA / M. CARRIERI / De Agostini. **37 123RF.com:** Juan Aunin (bc). **Getty Images:** Universal History Archive (bd). **Rex Shutterstock:**

The Art Archive (cd). **38 Bridgeman Images:** Pictures from History (c). **38-39 Getty Images:** VCG (s). **39 Bridgeman Images:** República Popular de China (bc). **Western Han Dynasty Museum of the South Vietnamese:** (cdb). **40-41 Getty Images:** DEA / G. Dagli Orti. **42 Alamy Stock Photo:** Granger Historical Picture Archive (cda). **iStockphoto.com:** sculpies (bi). **43 Alamy Stock Photo:** Granger Historical Picture Archive (cd); The Granger Collection (i). **44 Alamy Stock Photo:** Kenneth Taylor (cib). **Bridgeman Images:** The Israel Museum (Jerusalén, Israel) / The Ridgefield Foundation (Nueva York), en memoria de Henry J. y Erna D. Leir (ca). **44-45 Alamy Stock Photo:** adam eastland. **46 Getty Images:** DEA / G. Dagli Orti (sc). **46-47 Dreamstime.com:** Robert Zehetmayer (b). **47 Dreamstime.com:** Axel2001 (cdb). **Getty Images:** PHAS (ca). **48-49 Getty Images:** Photo12 / UIG. **50-51 Bridgeman Images:** Royal Geographical Society (Londres, RU), (s). **50 Alamy Stock Photo:** Ken Welsh (c). **51 Dreamstime.com:** Marilyn Barbone (bc). **Getty Images:** Science & Society Picture Library (bd). **52 Getty Images:** Fine Art Images / Heritage Images (s). **53 Getty Images:** Ann Ronan Pictures / Print Collector (cd); Fine Art Images / Heritage Images (si); Universal History Archive (bi). **54 akg-images:** Album / Oronoz (c). **Alamy Stock Photo:** Granger Historical Picture Archive (d). **Getty Images:** Heritage Images (i). **55 Dorling Kindersley:** National Maritime Museum (Londres, RU) (cd). **Getty Images:** Stefano Bianchetti (c); Print Collector (i). **56 Getty Images:** Arne Hodalic / Corbis (bi); Kazuyoshi Nomachi (bc). **Science Photo Library:** NYPL / Science Source (bd). **57 Alamy Stock Photo:** GL Archive (bc). **Getty Images:** Leemage / Corbis (bd); Leemage (bi). **58 Photo Scala, Florence:** The British Library Board (s). **59 Bridgeman Images:** Pictures from History (bc). **Imaginechina:** (si). **Rex Shutterstock:** Sipa Press (cda). **60-61 akg-images:** Pictures From History. **62 Alamy Stock Photo:** ART Collection (s). **Getty Images:** Heritage Images (cdb). **63 Alamy Stock Photo:** www.BibleLandPictures.com (ci). **Dreamstime.com:** Viacheslav Belyaev (bd). **Getty Images:** Heritage Images (cda). **64 Alamy Stock Photo:** Niels Poulsen mus (sd). **64-65 Getty Images:** Ullstein Bild (b). **65 Alamy Stock Photo:** Science History Images (cda); Sklifas Steven (bd). **Bridgeman Images:** Ashmolean Museum, Universidad de Oxford (cia) **66 Getty Images:** Arne Hodalic / CORBIS (bi). **66-67 Alamy Stock Photo:** World History Archive (s). **67 Bridgeman Images:** Private Collection (bd). **Rex Shutterstock:** Alfredo Dagli Orti (sd). **68 Dorling Kindersley:** National Maritime Museum (Londres, RU) (d). **Getty Images:** Bettmann (cib). **69 Alamy Stock Photo:** Charles O. Cecil (si). **Getty Images:** Leemage (cib); Print Collector (bd). **70 Bridgeman Images:** British Library (Londres, RU) / © British Library Board (bc). **71 123RF.com:** Nickolay Stanev (bc). **Alamy Stock Photo:** Heritage Image Partnership Ltd (cdb). **Getty Images:** Stefano Bianchetti (s). **72 Alamy Stock Photo:** ART Collection (sc). **72-73 Alamy Stock Photo:** Hemis. **73 Alamy Stock Photo:** Arctic Images (sc). **Getty Images:** Russ Heinl (cd); Universal History Archive (cib). **74 akg-images:** Jérôme da Cunha. **75 Alamy Stock Photo:** Josse Christophel (cd). **76 akg-images:** Album / Oronoz (b). **Getty Images:** Leemage (sc). **77 Alamy Stock Photo:** INTERFOTO (ci); robertharding (si). **Getty Images:** Heritage Images (cra, br). **78-79 Alamy Stock Photo:** Granger Historical Picture Archive. **80 Rex Shutterstock:** Alfredo Dagli Orti (s). **81 Alamy Stock Photo:** The Granger Collection (cd); robertharding (cib); GM Photo Images (b). **82 akg-images:** Fototeca Gilardi (sd). **Getty Images:** Angelo Hornak / Corbis (cia); Fine Art Images / Heritage Images (bd). **83 Getty Images:** Fine Art Images / Heritage Images. **84 Rex Shutterstock:** British Library / Robana (ca). **Science Photo Library:** NYPL / Science Source (bc). **85 Bridgeman Images:** British Library (Londres, RU) (sd). **Getty Images:** DEA / M. Seemuller (si). **86 Alamy Stock Photo:** GL Archive (bc). **Getty Images:** Leemage / Corbis (s). **87 Alamy Stock Photo:** Niday Picture Library (bi). **Bridgeman Images:** Pictures from History / David Henley (bc). **Getty Images:** Martin Moos (bc). **88 Alamy Stock Photo:** The Granger Collection (cia). **88-89 Getty Images:** Print Collector (b). **89 Alamy Stock Photo:** Pictorial Press Ltd (bc). **Bridgeman Images:** Private Collection / Pictures from History (sd). **90 Alamy Stock Photo:** D. Hurst (sd). **Dorling Kindersley:** Cortesía del Deutsches Fahrradmuseum (Alemania) (sc).

Rex Shutterstock: Bournemouth News (cd). **90-91 123RF.com:** Richard Thomas (c). **Dorling Kindersley:** Matthew Ward (b). **91 Dorling Kindersley:** A Coldwell (cdb); National Motor Museum (Beaulieu, RU) (si); Jerry Young (sc); R. Florio (sd); Jonathan Sneath (cb). **Nissan Motor (GB) Limited:** (bd). **92-93 akg-images:** Roland y Sabrina Michaud. **92 akg-images:** Gerard Degeorge (bi). **94 Alamy Stock Photo:** The Granger Collection (ca). **94-95 AWL Images:** Nigel Pavitt (b). **95 4Corners:** Tim Mannakee (ci). **Alamy Stock Photo:** Ian Nellist (sd). **96 Bridgeman Images:** Private Collection / Archives Charmet (bi). **97 Alamy Stock Photo:** dbimages (cdb). **Getty Images:** Heritage Images (i). **Württembergische Landesbibliothek Stuttgart:** (cd). **98-99 Bridgeman Images:** Bibliotheque Nationale (París, Francia) / Index (s). **98 Getty Images:** Heritage Images (bd); Universal History Archive (ci). **99 Library of Congress (Washington, D.C.):** G5672.M4P5 1559 .P7 (bc). **100 Alamy Stock Photo:** Stuart Forster (i); Visual Arts Resource (d) **Bridgeman Images:** Private Collection / Index (c). **101 Alamy Stock Photo:** Alberto Masnovo (cd); North Wind Picture Archives (i); Ken Welsh (c). **102 akg-images. Alamy Stock Photo:** North Wind Picture Archives (bi). **Getty Images:** Bjorn Landstrom (bd). **103 Alamy Stock Photo:** Lebrecht Music and Arts Photo Library (bi). **Getty Images:** DEA / G. DAGLI ORTI (bc); UniversalImagesGroup (s). **104 Alamy Stock Photo:** Stuart Forster. **105 Alamy Stock Photo:** Chris Hellier (bi). **Bridgeman Images:** Pictures from History (cd). **Getty Images:** Chris Hellier (bd). **106-107 SD Model Makers:** (b). **106 National Maritime Museum, Greenwich (Londres, RU):** (ci); **107 National Maritime Museum, Greenwich (Londres, RU):** (cda), (cdb), (bi). **107 Getty Images:** Science & Society Picture Library (sc) **108 Getty Images:** Culture Club (ca). **Rex Shutterstock:** Gianni Dagli Orti (cia). **SuperStock:** Phil Robinson / age fotostock (bd) **108-109 Photoshot:** Atlas Photo Archive (s). **109 Getty Images:** G&M Therin-Weise (bc). **110 Alamy Stock Photo:** North Wind Picture Archives. **111 Alamy Stock Photo:** Chronicle (cib); musk (bd). **112 Alamy Stock Photo:** Granger Historical Picture Archive (si). **Getty Images:** Leemage (sd). **112-113 Bridgeman Images:** Photo © Tallandier (b). **113 Alamy Stock Photo:** Mary Evans Picture Library (sc); The Granger Collection (cdb). **114 akg-images. Alamy Stock Photo:** Granger Historical Picture Archive (bd). **Getty Images:** Fine Art Images / Heritage Images (c). **115 Alamy Stock Photo:** Chronicle (b); Prisma Archivo (sd). **116-117 Photo Scala, Florence:** bpk, Bildagentur fuer Kunst, Kultur und Geschichte (Berlín, Alemania). **118 Bridgeman Images:** Private Collection / Index (s). **119 Alamy Stock Photo:** Colport (c); LMR Group (sd). **Getty Images:** DEA / G. Dagli Orti (si). **120-121 Alamy Stock Photo:** The Granger Collection (b). **120 Alamy Stock Photo:** Chronicle (bc); The Granger Collection (sc). **Getty Images:** Bjorn Landstrom (cia). **121 Alamy Stock Photo:** robertharding (sc). **122 Alamy Stock Photo:** Lebrecht Music and Arts Photo Library (s). **Getty Images:** Stock Montage (cdb). **123 Alamy Stock Photo:** Alberto Masnovo (cda). **Bridgeman Images:** Newberry Library (Chicago, EE UU) (bc). **124 Alamy Stock Photo:** Peter Horree (cda). **Getty Images:** DEA / G. Dagli Orti (cia). **124-125 Alamy Stock Photo:** Graham Prentice (b). **125 Alamy Stock Photo:** Granger Historical Picture Archive (si). **Getty Images:** PHAS (cda). **126-127 akg-images:** Album / Oronoz (b). **127 Alamy Stock Photo:** Peter Horree (bd); The Granger Collection (tc, c). **128-129 Getty Images:** Stock Montage. **130-131 Getty Images:** UniversalImagesGroup. **131 Alamy Stock Photo:** The Granger Collection (c). **132 Alamy Stock Photo:** Hi-Story (ci); Stock Montage, Inc. (sd). **132-133 Getty Images:** Leemage (b). **133 Alamy Stock Photo:** North Wind Picture Archives (cdb). **Library of Congress (Washington, D.C.):** 02616u (ca). **134 Alamy Stock Photo:** North Wind Picture Archives (cib); The Protected Art Archive (cd). **135 akg-images. Alamy Stock Photo:** The Granger Collection (bd). **Bridgeman Images:** American Antiquarian Society, Worcester (Massachusetts, EE UU) (cd). **136 Getty Images:** DEA / M. Seemuller (bc); Robert B. Goodman (cda). **Mary Evans Picture Library:** (cia). **137 Getty Images:** Stefano Bianchetti. **138-139 Royal Geographical Society:** Jodocus Hondius Snr (b). **139 Getty Images:** De Agostini Picture Library (bd). **Rex Shutterstock:** Harper Collins Publishers (cda). **140 akg-images. Şermin Ciddi. Getty Images:** Ullstein Bild (c). **141 Alamy Stock Photo:** Lebrecht Music and Arts Photo Library. **Bridgeman Images. 142 Bridgeman Images:** Pictures from History (bi). **Getty Images:** Historical Picture Archive / Corbis (bc); Universal Images Group (bd). **143 akg-images:** Fototeca Gilardi (bc). **Alamy Stock Photo:** North Wind Picture Archives (bi). **Getty Images:** (bd). **144-145 Rijksmuseum:** (s). **144 Rijksmuseum. 145 Bridgeman Images:** Pictures from History (bd). **146-147 akg-images:** Rabatti & Domingie. **148 Bridgeman Images:** Escuela holandesa (siglo xvii) / Private Collection (ci). **Dorling Kindersley:** Mike Row / Trustees of the British Museum (ca). **148-149 Nationaal Archief, Den Haag:** (s). **149 Wikipedia:** Bibliothèque François Mitterrand / TCY / CC license: wiki / File:Globe_Coronelli_Map_of_New_Holland (bd). **150 Alamy Stock Photo:** Photo 12 (s). **151 Alamy Stock Photo:** Granger Historical Picture Archive (bi). **Getty Images:** MPI / Stringer (sc). **iStockphoto.com:** CatLane (bd). **152 Alamy Stock Photo:** ClassicStock (bi). **Nationaal Archief, Den Haag. Pilgrim Hall Museum:** (bd). **152-153 Getty Images:** The New York Historical Society (s). **154 Şermin Ciddi. 155 Getty Images:** DeAgostini (bi); DeAgostini (bd). **The Walters Art Museum (Baltimore, EE UU):** (ci). **156-157 Getty Images:** Historical Picture Archive / Corbis. **158 akg-images. Bridgeman Images:** Peter Newark American Pictures (cd). **159 Getty Images:** SSPL / Florilegius (cd). **Wilberforce House, Hull City Museums:** (b). **160 akg-images. 161 Alamy Stock Photo:** Granger Historical Picture Archive (cib); Uber Bilder (cd). **Bridgeman Images:** Peter Newark Pictures (ci). **162 AF Fotografie. Alamy Stock Photo:** The Natural History Museum (bi). **163 Getty Images:** Historical Picture Archive / Corbis (d). **Royal Pavilion & Museums, Brighton & Hove:** (ci). **164-165 Bridgeman Images:** Bonhams (Londres, RU). **166-167 Getty Images:** Anton Petrus (b). **167 Alamy Stock Photo:** AF Fotografie (si). **Getty Images:** Fine Art Images / Heritage Images (bd). **168 Alamy Stock Photo:** INTERFOTO (ci). **168-169 Alamy Stock Photo:** North Wind Picture Archives (b). **169 Alamy Stock Photo:** AF Fotografie (si); INTERFOTO (bd). **Dorling Kindersley:** Harry Taylor / Natural History Museum (Londres, RU) (sd). **170-171 Getty Images:** DeAgostini (b). **170 AF Fotografie:** (ci). **Getty Images:** Science & Society Picture Library (sd). **171 Alamy Stock Photo:** Granger Historical Picture Archive (si); Granger Historical Picture Archive (sd). **172 Getty Images:** Universal Images Group (cia). **National Maritime Museum, Greenwich (Londres, RU):** (ca). **173 Trustees of the British Museum:** (si). **Photo Scala, Florence:** White Images (b). **174 Getty Images:** Universal History Archive (sd). **Mary Evans Picture Library:** The Natural History Museum (si). **174-175 akg-images:** Private collection. **175 Alamy Stock Photo:** Granger Historical Picture Archive (si). **National Maritime Museum, Greenwich (Londres, RU). 176 Alamy Stock Photo:** The Natural History Museum (bi). **177 Alamy Stock Photo:** Florilegio (si); The Natural History Museum (sd). **Mary Evans Picture Library:** Natural History Museum (bi). **178-179 Bridgeman Images:** Royal Collection Trust © Her Majesty Queen Elizabeth II, 2017. **180 Bridgeman Images:** Escuela inglesa (siglo xix) (after) / Private Collection (s). **181 AF Fotografie. Bridgeman Images:** Escuela inglesa (siglo xix) / Private Collection (bd). **182 Bridgeman Images:** Civico Museo Sartorio (Trieste, Italia) / De Agostini Picture Library / A. Dagli Orti (sd). **182-183 Bridgeman Images:** Christie's Images (b). **183 akg-images:** Fototeca Gilardi (sc). **184 Bridgeman Images:** Archives Charmet (bi). **Getty Images:** (ci). **184-185 Alamy Stock Photo:** Mary Evans Picture Library (s). **185 Bridgeman Images:** SZ Photo / Scherl (bd). **186 Alamy Stock Photo:** Chronicle (ci); The Natural History Museum (cd). **186-187 State Library Of New South Wales:** (b). **187 National Library of Australia:** (sd). **National Archives of Australia:** (bd). **State Library Of New South Wales:** Donación de sir William Dixson, 1952 (ci). **188 Bridgeman Images:** Alte Nationalgalerie (Berlín, Alemania) / De Agostini Picture Library (c). **Getty Images:** Science & Society Picture Library (i); Science & Society Picture Library (d). **189 akg-images:** ullstein bild (i). **Dorling Kindersley:** Gary Ombler / Christian Goldschagg (cd). **TopFoto.co.uk:** Roger-Viollet. **190 Getty Images:** Archive Photos / Smith Collection / Gado (bi); Hulton Fine Art Images / Heritage Images (bd). **The Stapleton Collection:** (bc). **191 akg-images:** Universal Images Group / Underwood Archives (bc). **Bridgeman Images:** Keats-Shelley Memorial House (Roma, Italia) (bi). **Thomas Cook Archives:** (bd). **192 Bridgeman Images:** Alte

Nationalgalerie (Berlín, Alemania) / De Agostini Picture Library. **193 Getty Images:** De Agostini Picture Library (bd); iStock / andreaskrappweis (bc). **Missouri Botanical Garden:** Peter H. Raven Library (cd). **Zentralbibliothek Zurich:** (ca). **194 Alamy Stock Photo:** Hemis (sd). **Getty Images:** De Agostini / G. Dagli Orti(ci). **194-195 Bridgeman Images:** Pictures from History. **195 Bridgeman Images:** The Stapleton Collection (cd). **Getty Images:** Fotosearch (sc). **196-197 Getty Images:** Fine Art Photographic Library / Corbis. **198 Alamy Stock Photo:** North Wind Picture Archives (cia). **198-199 Alamy Stock Photo:** North Wind Picture Archives (s). **199 Alamy Stock Photo:** Don Smetzer (bd); Granger Historical Picture Archive (cd). **Bridgeman Images:** Private Collection (bi). **200-201 Getty Images:** Fotosearch / Stringer (b). **200 Benton County Historical Society Museum in Warsaw, MO:** (bi). **201 Getty Images:** James L. Amos / National Geographic (bd); MPI / Stringer (si). **202 Getty Images:** Science & Society Picture Library (bi). **202-203 Getty Images:** Archive Photos / Smith Collection / Gado (s). **203 Getty Images:** Bettmann (bd). **Library of Congress (Washington, D.C.):** (sd). **204 Alamy Stock Photo:** V&A Images (sd). **Getty Images:** Dea / G. Dagli Orti/ De Agostini (b). **205 Alamy Stock Photo:** John Baran (si). **Bridgeman Images:** Keats-Shelley Memorial House (Roma, Italia) (bc). **Wikipedia:** I.H. Jones (sd). **206 Getty Images:** GraphicaArtis (ci). **206-207 Bridgeman Images:** Historic England (b). **207 Alamy Stock Photo:** The Natural History Museum (ci). **Getty Images:** Science & Society Picture Library (bd). **208 Historic England Photo Library:** (b). **208-209 Getty Images:** SSPL (sc). **209 Boston Rare Maps Incorporated, Southampton, (Massachusetts, EE UU):** (bc). **Getty Images:** Bettmann (bd). **Penrodas Collection:** (sd). **210 Getty Images:** Hulton-Deutsch Collection / Corbis (ci). **210-211 akg-images:** ullstein bild (b). **211 Boston Public Library:** (si). **Library of Congress (Washington, D.C.). 212-213 Alamy Stock Photo:** The Granger Collection (b). **212 David Rumsey Map Collection www.davidrumsey.com:** (sd). **Getty Images:** Time Life Pictures / Mansell / The LIFE Picture Collection (c); Universal History Archive / UIG (bi). **213 Bridgeman Images:** Pictures from History (sc). **214 Getty Images:** Photo12 / UIG (bi). **214-215 Bridgeman Images:** Royal Geographical Society (Londres, RU) (s). **215 Alamy Stock Photo:** Mary Evans Picture Library (bd). **Bridgeman Images:** Royal Geographical Society (Londres, RU) (cib). **Getty Images:** The Print Collector (sd). **216 Getty Images:** Photo12 / UIG (sd); Science & Society Picture Library (b). **217 colour-rail.com:** (bd). **Getty Images:** Bettmann (sc). **218-219 Dorling Kindersley:** Gary Ombler / Didcot Railway Centre (c); Mike Dunning / National Railway Museum (York, RU) (cb). **218 colour-rail.com. Dorling Kindersley:** Gary Ombler / The National Railway Museum (York, RU) (sd). **Getty Images:** Bettmann (cia). **Science & Society Picture Library:** National Railway Museum (bd). **219 colour-rail.com. Dorling Kindersley:** Gary Ombler / B&O Railroad Museum (si); Gary Ombler / Virginia Museum of Transportation (cb). **Getty Images:** SSPL (sd). **Vossloh AG:** (bd). **220 akg-images:** Universal Images Group / Underwood Archives (b). **Alamy Stock Photo:** E.R. Degginger (sd). **221 Alamy Stock Photo:** Chronicle (bi); Granger Historical Picture Archive (bd). **Getty Images:** GraphicaArtis (sd). **222 Bridgeman Images:** (bi). **Thomas Cook Archives. 223 Getty Images:** Hulton Archive / Stringer (i). **Thomas Cook Archives. 224-225 Getty Images:** Culture Club. **226 Bridgeman Images:** Bibliotheque des Arts Decoratifs (París, Francia) / Archives Charmet (cda); Ken Walsh (bi). **227 Alamy Stock Photo:** Antiqua Print Gallery (sd). **Bridgeman Images:** Look and Learn / Barbara Loe Collection (bd). **Getty Images:** Ullstein Bild (bi). **228 Alamy Stock Photo:** Amoret Tanner (bi). **Bridgeman Images:** The Geffrye Museum of the Home (Londres, RU) (bc); Private Collection / Christie's Images (cia). **Dorling Kindersley:** Gary Ombler / The Universidad de Aberdeen (RU) (cda); Jacob Termansen y Pia Marie Molbech / Peter Keim (sd). **Getty Images:** De Agostini Picture Library / De Agostini / G. Dagli Orti(si); De Agostini / DEA / L. DOUGLAS (cb); Jason Loucas (cdb). **National Museum of American History / Smithsonian Institution:** (sc). **Wellcome Images http://creativecommons.org/licenses/by/4.0/:** (ca). **229 Alamy Stock Photo:** Basement Stock (sd); Chronicle (sc); Caroline Goetze (cda);

INTERFOTO (cia). **Getty Images:** Chicago History Museum (si); Photolibrary / Peter Ardito (bd). **230 Bridgeman Images:** Look and Learn / Peter Jackson Collection (sd). **Getty Images:** The Print Collector (ci). **230-231 Getty Images:** Chris Hellier / Corbis (b). **231 Getty Images:** Chicago History Museum (bd); Science & Society Picture Library (s). **232 Getty Images:** Universal Images Group (b). **NYCviaRachel:** (sd). **233 Bridgeman Images. Getty Images:** Don Arnold (sd); Joe Scherschel / National Geographic (si). **234 Bridgeman Images:** Luca Tettoni (b). **235 Bridgeman Images:** Pictures from History (bc). **RMN:** Thierry Ollivier (ci). **236-237 Beinecke Rare Book And Manuscript Library/Universidad de Yale. 237 Bridgeman Images:** Peter Newark American Pictures (bd). **238 Getty Images:** Daniel Mcinnes / Corbis (cd). **Mary Evans Picture Library:** SZ Photo / Scherl (ci). **238-239 Bridgeman Images:** Tallandier (b). **239 akg-images:** (sd). **Bridgeman Images.** City of Westminster Archive Centre (Londres, RU) (cd). **Mary Evans Picture Library:** Pharcide (si). **240-241 Tom Schifanella:** (todas las imágenes). **242 Getty Images:** Science & Society Picture Library (i). **243 Bridgeman Images:** Royal Geographical Society (Londres, RU) (c). **Getty Images:** Best View Stock (bd). **Royal Geographical Society:** (si). **244-245 Photo Scala, Florence:** White Images (b). **245 akg-images:** Fototeca Gilardi (si). **Alpine Club Photo Library (Londres, RU):** (sd). **Getty Images:** Kean Collection / Archive Photos (b). **246 Alamy Stock Photo:** Universal Art Archive (bc). **Getty Images:** Swim Ink 2, LLC / Corbis (ci). **247 The J. Paul Getty Museum, Los Angeles:** William Henry Jackson; I.W. Taber (sd). **248 Alamy Stock Photo:** Art Collection 2 (ci). **Thomas Cook Archives. 248-249 Alamy Stock Photo:** Old Paper Studios. **249 Bridgeman Images:** Cauer Collection (Alemania) (bd). **Getty Images:** LL / Roger Viollet (c). **250 Getty Images:** DeAgostini (bc); Time Life Pictures / Mansell / The LIFE Picture Collection (cd). **Science Photo Library:** Natural History Museum (Londres, RU) (ci). **250-251 Getty Images:** Time Life Pictures / Mansell / The LIFE Picture Collection (b). **251 Alamy Stock Photo:** AF Fotografie (bc). **Getty Images:** Science & Society Picture Library (sc). **252-253 Alamy Stock Photo:** Vintage Archives. **254 akg-images. Getty Images:** General Photographic Agency (d). **255 akg-images. Alamy Stock Photo:** Lordprice Collection (i). **Dorling Kindersley:** Gary Ombler / Jonathan Sneath (cd). **256 Getty Images:** Bettmann (bd); Cincinnati Museum Center (bi); Herbert Ponting / Scott Polar Research Institute, Universidad de Cambridge (bc). **257 Alamy Stock Photo:** Contraband Collection (bd) **Getty Images:** Time Life Pictures / Mansell / The LIFE Picture Collection (bc); Topical Press Agency / Stringer (bi). **258 Bridgeman Images:** United Archives / Carl Simon (bi). **The Trustees of the British Museum:** (c). **Getty Images:** Universal Images Group (ci). **259 akg-images. Museum of Ethnography, Sweden:** Sven Hedin Foundation (si). **260 Alamy Stock Photo:** Lordprice Collection (bd). **Getty Images:** Thinkstock (c). **The National Library of Norway:** Siems & Lindegaard (bi). **261 Getty Images:** Uriel Sinai (sd). **The National Library of Norway. Skimuseet i Holmenkollen:** Silja Axelsen (si). **262 Dorling Kindersley:** Gary Ombler / Jonathan Sneath (si). **Getty Images:** Cincinnati Museum Center (b). **263 AF Fotografie. Alamy Stock Photo:** Mary Evans Picture Library (bi); Universal Art Archive (sd). **Getty Images:** Bettmann (ci). **264 Alamy Stock Photo:** Marc Tielemans (sd). **The Camping and Caravanning Club:** (cia). **264-265 Country Life Picture Library:** (b). **265 Alamy Stock Photo:** AF Fotografie (sc). **Bridgeman Images:** Christie's Images (bd). **266-267 Bridgeman Images:** Look and Learn. **267 Getty Images:** Sovfoto (sd). **Mary Evans Picture Library:** Illustrated London News Ltd (bd). **268 Alamy Stock Photo:** The Granger Collection (bd). **Getty Images:** Wolfgang Steiner (si). **269 Alamy Stock Photo:** Chronicle (b). **Bridgeman Images:** The Advertising Archives (b). **PENGUIN and the Penguin logo are trademarks of Penguin Books Ltd:** (sd). **270-271 Alamy Stock Photo:** Contraband Collection. **270 Alamy Stock Photo:** Universal Art Archive (sd). **271 akg-images. Alamy Stock Photo:** Contraband Collection (bi). **272 Getty Images:** Bettmann (si). **Library of Congress (Washington, D.C.). 272-273 Library of Congress (Washington, D.C.). 273 Alamy Stock Photo:** Glyn Genin (bd). **274 Getty Images:** Bettmann (ci); Roger Viollet (bc); VCG Wilson / Corbis (c). **275 Bridgeman Images:** Cauer Collection (Alemania) (d).

Photo Scala, Florence: (si). **276 Getty Images:** Bettmann (ci). **276-277 Alamy Stock Photo:** Universal Art Archive (b). **277 Getty Images:** Bettmann (sc); Universal History Archive (bd). **278 Getty Images:** Herbert Ponting / Scott Polar Research Institute, Universidad de Cambridge. **279 Alamy Stock Photo:** Uber Bilder (c). **Bridgeman Images:** Granger / Herbert Ponting (bc). **280 akg-images:** Sputnik (cd). **Getty Images:** Universal History Archive (bi). **281 Alamy Stock Photo:** Interfoto (cd). **Getty Images:** Bettmann (i); Time Life Pictures / Mansell / The LIFE Picture Collection (br, br); Time Life Pictures / Mansell / The LIFE Picture Collection (br, br). **282-283 Getty Images:** Bettmann. **284 Alamy Stock Photo:** Granger Historical Picture Archive (sd). **284-285 4Corners:** Susanne Kremer. **285 Alamy Stock Photo:** Granger Historical Picture Archive (sd). **Rex Shutterstock:** Eduardo Alegria / EPA (bd). **286-287 Getty Images:** Bettmann (s). **286 Getty Images:** Topical Press Agency / Stringer (bd). **287 Alamy Stock Photo:** John Astor (bd). **Getty Images:** Bettmann (bd). **288-289 Getty Images:** Kirby / Topical Press Agency (s). **289 Alamy Stock Photo:** Danita Delimont (si). **Getty Images:** Bettmann (cd). **Mary Evans Picture Library:** John Frost Newspapers (bd). **290-291 Royal Geographical Society. 291 Getty Images:** arabianEye / Eric Lafforgue (sd); Universal Images Group (si). **Royal Geographical Society. 292 Getty Images:** Roger Viollet. **293 Mary Evans Picture Library. 294-295 Alamy Stock Photo:** Royal Geographical Society (b). **294 AF Fotografie. Beinecke Rare Book And Manuscript Library/Universidad de Yale. 295 Getty Images:** Roger Viollet (sd). **296 Affiliated Auctions:** (cda). **Getty Images:** Photo12 / UIG (bi). **297 Getty Images:** Bettmann. **The Granger Collection (Nueva York):** National Geographic Stock: Vintage Collection (bd). **Mary Evans Picture Library:** SZ Photo / Scherl (cd). **298-299 Alamy Stock Photo:** Contraband Collection. **300-301 Getty Images:** SSPL. **300 Getty Images:** SSPL (sd). **301 Getty Images:** General Photographic Agency (sd). **302 AF Fotografie. Getty Images:** Corbis / swim ink 2 llc (bi). **Mary Evans Picture Library:** Everett Collection (ftr); Onslow Auctions Limited (sd) **303 1stdibs, Inc:** (sc). **Alamy Stock Photo:** Vintage Archives (sd). **Canadian Pacific Railway. Getty Images:** Corbis Historical. **Mary Evans Picture Library:** Onslow Auctions Limited (si). **304-305 Alamy Stock Photo:** INTERFOTO. **306 Alamy Stock Photo:** Dimitry Bobroff. **Getty Images:** Popperfoto (i). **Rex Shutterstock:** Turner Network Television (d). **307 Alamy Stock Photo:** A. T. Willett (cd). **Getty Images:** SSPL / Daily Herald Archive (i). **NASA. 308 Bridgeman Images:** Pitt Rivers Museum (Oxford, RU) (bi). **Getty Images.** Fotosearch (bc). **Royal Geographical Society. 309 Getty Images.** Hawaiian Legacy Archive (bi). **NASA. 310 Getty Images:** Margaret Bourke-White / The LIFE Images Collection. **311 Getty Images:** Corbis Historical / Hulton Deutsch (si); Stringer / AFP (cd); Photo12 / UIG (bd). **Press Association Images:** (c). **312-313 Getty Images:** SSPL / Daily Herald Archive. **314 Getty Images:** Archive Photos (ci). **314-315 The Kon-tiki Museum (Oslo, Noruega). 315 Getty Images:** ullstein bild (bd). **316 Bridgeman Images:** Pitt Rivers Museum (Oxford, RU) (bi). **317 Bridgeman Images:** Pitt Rivers Museum (Oxford, RU) (bd); Pitt Rivers Museum (Oxford, RU) (i). **Roland Smithies / luped.com:** (cd). **318 Getty Images:** Hulton Archive (bi); David Pollack / Corbis (cd). **318-319 Getty Images:** Museum of Flight / Corbis (s). **319 Alamy Stock Photo:** Collection 68 (bi). **Getty Images:** Bettmann (bd). **Roland Smithies / luped.com:** (cd). **320-321 Alamy Stock Photo:** Tristar Photos (b). **Dorling Kindersley:** Gary Ombler / Brooklands Museum (cb). **320 Cody Images:** (cda). **Kristi DeCourcy:** (cd). **Dorling Kindersley:** Gary Ombler / Paul Stone / BAE Systems (cib); Martin Cameron / The Shuttleworth Collection (Bedfordshire, RU) (s). **321 aviation-images.com. aviationpictures.com:** (bd). **Dorling Kindersley:** Peter Cook / Golden Age Air Museum, Bethel (Pensilvania, EE UU) (cdb); Gary Ombler / The Real Aeroplane Company (cib); Gary Ombler / De Havilland Aircraft Heritage Centre (cda); Dave King (si). **National Air and Space Museum, Smithsonian Institution:** (sd). **322 Royal Geographical Society. 322-323 Royal Geographical Society. 323 Getty Images:** Moment Select / Jason Maehl (cr, c). **324-325 Getty Images:** Corbis / Hulton Deutsch. **324 Bridgeman Images:** Christie's Images (bi). **Getty Images:** Fotosearch (tr/1). **325 Getty Images:** Alfred

Eisenstaedt / The LIFE Picture Collection (sc); Moviepix / Silver Screen Collection (bd). **326-327 Getty Images:** Sky Noir Photography by Bill Dickinson. **327 Getty Images:** Lonely Planet Images / Kylie McLaughlin (sd). **328 Getty Images:** Robert Alexander (sd); Alan Band / Keystone (cd); John Williams / Evening Standard (bi). **328-329 Getty Images:** AFP Photo / Philippe Huguen (b). **329 Dreamstime.com:** Tan Kian Yong (sc). **330 Getty Images:** Corbis Documentary / Ralph White (bc); Haynes Archive / Popperfoto (cia); SSPL (sd). **331 Rex Shutterstock:** Turner Network Television (bc). **World Wide First Limited:** Christoph Gerigk (c) Franck Goddio / Hilti Foundation (sd). **332 Getty Images:** Bettmann (si); SSPL (sd); SSPL (bi); Blank Archives (cdb). **333 Getty Images:** Business Wire (sd). **NASA: JSC. 334 Alamy Stock Photo:** (bi); Profimedia.CZ a.s. (cdb). **335 Getty Images:** Jack Garofalo / Paris Matc (s). **336-337 Getty Images:** Keystone / Hulton Archive. **338 Alamy Stock Photo:** Atlaspix (cda). **PENGUIN and the Penguin logo are trademarks of Penguin Books Ltd:** (ci). **Paul Theroux:** (bc). **339 Getty Images:** The LIFE Images Collection / Matthew Naythons (sd). **Magnum Photos:** Steve McCurry (b). **340-341 Getty Images:** CANOVAS Alvaro. **340 National Geographic Creative:** Mark Thiessen (bi). **341 Alamy Stock Photo:** (cd); Royal Geographical Society. **342 Alamy Stock Photo:** Futuras Fotos (i). **NASA. 342-343 Mars One:** Bryan Versteeg (b). **343 Getty Images:** Corbis (cd). **345 Alamy Stock Photo:** Adrian Arbib (bi). **Bridgeman Images:** SZ Photo / Knorr & Hirth (bd). **Getty Images:** Apic (sc). **346 Getty Images:** Photo12 / UIG (si). **NASA: JSC** (bd). **347 Alamy Stock Photo:** AF Fotografie (si). **Getty Images:** Culture Club (sd). **Mary Evans Picture Library. 348 Bridgeman Images:** Private Collection (sd); State Central Navy Museum (San Petersburgo) (si). **The Granger Collection (Nueva York):** National Geographic Stock: Vintage Collection (bd). **349 Getty Images:** Hulton-Deutsch Collection / Corbis (bd). **350 Getty Images:** Fine Art Images / Heritage Images. **351 Şermin Ciddi:** (sc). **Getty Images:** DEA PICTURE LIBRARY / De Agostini (bd). **352 Alamy Stock Photo:** Universal Art Archive. **Getty Images:** Ulf Andersen (bi). **353 Getty Images:** Fine Art Images / Heritage Images (sd); Hulton Archive (bd). **354 Getty Images:** Hulton Archive / Print Collector (sd); Paul Popper / Popperfoto (bi). **355 Alamy Stock Photo:** PjrTravel (d). **Getty Images:** Fairfax Media (bi). **356 Getty Images:** New York Daily News Archive (i). **357 Alamy Stock Photo:** Dimitry Bobroff (bi). **Bridgeman Images:** Royal Geographical Society (sd). **358 Alamy Stock Photo:** Royal Geographical Society (sd). **Getty Images:** Ulf Andersen (bi). **359 Getty Images:** Universal History Archive (sc). **Photo Scala, Florence:** Museum of Fine Arts (Boston, EE UU) (b). **360 Alamy Stock Photo:** Pictorial Press Limited (si). **Getty Images:** Sovfoto (bd). **361 Alamy Stock Photo:** Chris Hellier (sd); Mary Evans Picture Library (si). **Getty Images:** DeAgostini (bc). **362 Getty Images:** Bettman (bi); Ullstein Bild (sd); Ullstein Bild (bd). **363 Getty Images:** Mondadori Portfolio (d). **364 Getty Images:** SuperStock (s). **365 Alamy Stock Photo:** Mary Evans Picture Library (bd). **Bridgeman Images:** Granger (bi). **366 Bridgeman Images:** Bibliotheque des Arts Decoratifs (París, Francia) / Archives Charmet (s). **367 Alamy Stock Photo:** Chronicle (bi). **Getty Images:** Hulton Archive / Stringer (sd). **368 Getty Images:** Bettman (si); GraphicaArtis (bi); Universal History Archive (bd). **369 Alamy Stock Photo:** Science History Images (bd). **Getty Images:** Harry Borden (si). **370 Alamy Stock Photo:** Granger Historical Picture Archive (sd). **Bridgeman Images:** British Library (bi). **371 Bridgeman Images:** Louis Monier (sd). **Mary Evans Picture Library:** Illustrated London News Ltd (bi). **372 Bridgeman Images:** Nationalmuseum (Estocolmo, Suecia) (bd). **The Royal Library (Copenhague, Dinamarca):** (bi). **373 Getty Images:** Hulton Fine Art Collection / Heritage Images (d). **Kazimierz Nowak Foundation:** (si). **374 Alamy Stock Photo:** Granger Historical Picture Archive (bi). **Getty Images:** Fine Art (s). **375 Alamy Stock Photo:** AF Fotografie (sd). **Getty Images:** Corbis Historical (bi). **376 Getty Images:** Herbert Ponting / Scott Polar Research Institute, Universidad de Cambridge (bd). **377 Getty Images:** Popperfoto (bd). **TopFoto.co.uk:** (bd). **378 Alamy Stock Photo:** AF Fotografie (sd); Royal Geographical Society (b). **379 Alamy Stock Photo:** Uber Bilder (sc). **Bridgeman Images:** Pitt Rivers Museum (Oxford, RU) (bd). **380 Bridgeman Images:** Private Collection / Look

and Learn (si). **Getty Images:** Ulf Andersen (bi); Time Life Pictures (sd). **381 Getty Images:** Bettmann (si). **National Geographic Creative:** Ira Block (bd). **382 Alamy Stock Photo:** AF Fotografie (si); Science History Images (bd). **383 Getty Images:** DeAgostini / Museu De Marinha (Lisboa, Portugal) (sd). **385 Getty Images:** Oversnap (b). **386 Getty Images:** Dave Stamboulis (si); David Lefranc (bd). **387 Getty Images:** Peter Chrarlesworth (bi). **388 Alamy Stock Photo:** jejim120 (sd). **389 Getty Images:** Steve Winter (sd). **390 Getty Images:** Douglas Pearson (bi); Instants (sd). **391 Alamy Stock Photo:** Joris Croesi (bd). **392 Getty Images:** Joris Gorling / EyeEm (bi); JTB Photo (sd). **393 Getty Images:** GenPi Photo (d). **394 Alamy Stock Photo:** Robert Harding (si). **Getty Images:** holgs (sd). **395 Alamy Stock Photo:** Whit Richardson (sd). **396 Alamy Stock Photo:** National Geographic Creative (bd). **Getty Images:** Jake Norton (si). **397 Getty Images:** Wolfgang Kaehler (s). **398 Alamy Stock Photo:** Image Source (bd). **Getty Images:** Issam Madkouk (si). **399 Getty Images:** Tim Makins (s). **400 Getty Images:** Yury Prokopenko (b). **401 Getty Images:** Australian Scenics (bd); Ian Waldie (si). **402 Getty Images:** DeAgostini (bd). **403 Getty Images:** Rodrigo Buendia / AFP (sd). **404 Getty Images:** Mario Tama. **405 Getty Images:** LightRocket / Wolfgang Kaehler. **406 Getty Images:** Gerig / ullstein bild (sd); Lonely Planet Images / Diego Lezama (bi). **407 Alamy Stock Photo:** Hercules Milas (b). **408 Alamy Stock Photo:** ImageBROKER. **409 Getty Images:** Arterra / UIG (bi); Heinz Wohner / LOOK-foto (sd). **410 Getty Images:** Medioimages / Photodisc. **411 Getty Images:** Evgeni Dinev Photography (sd); Tuul and Bruno Morandi (bi). **412 Getty Images:** Arterra / UIG (bi); DEA / Pubbli Aer Foto / De Agostini (sd). **413 Getty Images:** Tim Graham. **414 Getty Images:** Education Images / UIG (bi); Geography Photos / UIG (sd). **415 Getty Images:** Lonely Planet Images / Glenn Van Der Knijff. **416 Getty Images:** Andy Shaw / Bloomberg (b). **417 Getty Images:** Moment Open / Angel Villalba (s); Moment / Joe Daniel Price (bd). **418 Alamy Stock Photo:** Gaertner (bd). **419 Getty Images:** LightRocket / Wolfgang Kaehler (si); Photolibrary / Scott Quinn Photography (bd). **420 Getty Images:** Mint Images / Frans Lanting. **421 Alamy Stock Photo:** Stephen Saks Photography (bi). **Getty Images:** Gallo Images / Robert C Nunnington (sd). **422 Getty Images:** Joe Raedle. **423 Alamy Stock Photo:** David R. Frazier Photolibrary, Inc. (sd). **Getty Images:** Moment / Joerg Haeske (bd)

Guardas: Despedida de emigrantes el 20 de agosto de 1912: Los emigrantes dan su último adiós desde el *Monrovian* al dejar Tilbury (Essex) rumbo a Australia. (Fotografía de Topical Press Agency/Getty Images) Créditos: Getty Images / Topical Press Agency / Stringer

Imágenes de cubierta: Posterior: **akg-images:** Pictures From History eci; **Alamy Stock Photo:** Granger Historical Picture Archive ci; **Getty Images:** Sky Noir Fotografía de Bill Dickinson ecd; **Photo Scala (Florencia):** Christie's Images (Londres, RU) cr

Las demás imágenes © Dorling Kindersley
Para más información, consulte: **www.dkimages.com**